Strafrecht und Neukantianismus

Strafrecht und Neukantianismus

herausgegeben von

Michael Pawlik, Carl-Friedrich Stuckenberg
und Wolfgang Wohlers

Mohr Siebeck

Michael Pawlik ist Professor für Strafrecht, Strafprozessrecht und Rechtsphilosophie an der Universität Freiburg i. Br.

Carl-Friedrich Stuckenberg ist Professor für deutsches und internationales Strafrecht und Strafprozessrecht, Strafrechtsvergleichung sowie Strafrechtsgeschichte an der Universität Bonn.

Wolfgang Wohlers ist Professor für Strafrecht und Strafprozessrecht an der Juristischen Fakultät der Universität Basel.

ISBN 978-3-16-160149-1/ eISBN 978-3-16-162539-8
DOI 10.1628/978-3-16-162539-8

Die Deutsche Nationalbibliothek verzeichnet diese Publikation in der Deutschen Nationalbibliographie; detaillierte bibliographische Daten sind im Internet über *http://dnb.de* abrufbar.

Das Buch wurde von Gulde Druck in Tübingen gesetzt, auf alterungsbeständiges Werkdruckpapier gedruckt und von der Buchbinderei Spinner in Ottersweier gebunden.

Printed in Germany.

Vorwort

In seiner von Max Grünhut betreuten Habilitationsschrift *Teleologische Begriffsbildung im Strafrecht* bescheinigte Erich Schwinge 1930 dem Neukantianismus, er habe namentlich in seiner südwestdeutschen Ausprägung auf die Rechtswissenschaft einen ungewöhnlich starken Einfluss ausgeübt. Gleichlautende Einschätzungen finden sich bis in die Gegenwart. In der Tat ist es im Bereich des Strafrechts nicht schwer, Personen und Themen zu benennen, die als spezifisch neukantianisch gelten. Die Reihe der vom Neukantianismus beeinflussten Strafrechtslehrer reicht von Gustav Radbruch bis zu Edmund Mezger, diejenige der als neukantianisch imprägniert geltenden Lehrstücke des Allgemeinen Teils erstreckt sich von der Entdeckung der normativen Tatbestandsmerkmale über die Materialisierung des Rechtswidrigkeitsbegriffs bis zum normativen Schuldverständnis. Aber wie weit reicht diese Imprägnierung genau? Diese Frage lässt sich nicht allein dadurch beantworten, dass auf die Präsenz gewisser mit dem philosophischen Neukantianismus assoziierten Termini wie Wert, Geltung oder Telos in den einschlägigen strafrechtlichen Schriften verwiesen wird. Die Übernahme eines bestimmten philosophischen Jargons besagt nämlich nichts darüber, inwieweit auch die Tiefenstruktur der betreffenden Philosophie mit rezipiert worden ist. Diese Frage ist nach unserem Eindruck bislang noch nicht hinlänglich beantwortet worden. Hierüber größere Klarheit zu erlangen ist deshalb das Ziel, das wir mit dem vorliegenden Sammelband verfolgen. Dieser bringt Philosophen und Juristen zusammen und kombiniert personen- mit sachbezogenen Untersuchungen sowie wirkungsgeschichtlichen Analysen. Wir hoffen, dass diese Kombination unterschiedlicher Perspektiven eine detailgetreuere und damit realistischere Abschichtung der genuin philosophischen Einflüsse auf das „neukantianische“ Strafrechtsdenken von primär innerdogmatischen Fragestellungen und Begründungstraditionen ermöglicht.

Die meisten der in diesem Band versammelten Beiträge wurden auf einer Tagung im Oktober 2021 vorgetragen und diskutiert. Einige Abhandlungen sind speziell für die Buchpublikation verfasst worden. Allen Autoren danken wir herzlich für ihre Mitwirkung. Ein besonderer Dank gilt Herrn Prof. Dr. Dres. h.c. Ulfrid Neumann, der sich, nachdem der ursprünglich vorgesehene Aufsatz über Gustav Radbruch nicht zustande gekommen war, spontan mit dem Wiederabdruck seines Beitrags *„Methodendualismus“ in der Rechtsphilosophie des Neukantianismus. Positionen zum Verhältnis von Sein und Sollen bei Gustav*

Radbruch einverstanden erklärte. Die redaktionelle Bearbeitung der einzelnen Manuskripte lag hauptsächlich in den Händen von Jonas Els, Rafael Görgen, Celina Marie da Ponte Farinha, Antonia Reermann, Aleksandra Shcherbakova, Nils Lennart Stahnke, Malte Thurm (Bonn). Auch dafür vielen Dank! Nicht zuletzt gilt unser Dank Frau Dr. Julia Scherpe-Blessing und den Mitarbeiterinnen und Mitarbeitern des Verlags Mohr Siebeck für die Aufnahme dieses Bandes in das Verlagsprogramm und die wieder einmal hervorragende Zusammenarbeit.

Basel, Bonn, Freiburg im Dezember 2022 *Die Herausgeber*

Inhaltsverzeichnis

Neukantianismus und neukantianische Rechtsphilosophie

Christian Krijnen

Nicht nur ist in der Forschung mittlerweile deutlich geworden, daß die Neukantianer zu den Gründungsvätern der modernen Kulturphilosophie gehören, vielmehr hat sich auch die Auffassung verfestigt, daß der Neukantianismus selbst im Kern Philosophie der Kultur ist.[1] Für ein adäquates Verständnis des Neukantianismus ist es allerdings wichtig, zu verstehen, in welchem Sinne der Neukantianismus Kulturphilosophie ist. Vor diesem programmatischen Hintergrund ist auch die Rechtsphilosophie des Neukantianismus zu deuten. Insofern ist ein zureichend bestimmter und triftiger Begriff neukantianischer Kulturphilosophie erforderlich. Dem ist der erste Teil der vorliegenden Abhandlung gewidmet. Deren zweiter Teil wendet sich sodann der neukantianischen Rechtsphilosophie zu. Hier treten auch relevante Differenzen zwischen den beiden Hauptschulen des Neukantianismus, d. i. der Marburger und der südwestdeutschen Schule, hervor. Wie schon Siegfried Marck feststellte, schlagen die Neukantianer zwar vereint, marschieren jedoch getrennt.[2] Angesichts der Tatsache, daß eine spezifische Rechtsphilosophie von den führenden Denkern des Neukantianismus nicht entwickelt wurde, werden in einem dritten und abschließenden Teil Probleme im Verhältnis von neukantianischer Rechtsphilosophie und dem, was in der Forschung „juristischer Neukantianismus" genannt wird, herausgearbeitet.

---

[1] *Konersmann*, in: ders. (Hrsg.) Handbuch Kulturphilosophie, 2012, 1, hat unlängst den Neukantianismus zu Recht als den „seriösen Anfang" der Kulturphilosophie als einer akademischen Disziplin bezeichnet. Vgl. zum Thema Neukantianismus und Kulturphilosophie näherhin: *Ferrari*, Ernst Cassirer. Stationen einer philosophischen Biographie, 2003, Kap. 10; *Krijnen*, Nachmetaphysischer Sinn. Eine problemgeschichtliche und systematische Studie zu den Prinzipien der Wertphilosophie Heinrich Rickerts, 2001, Kap. 2; *ders.*, in: de Warren/Staiti (Hrsg.), New Approaches to Neokantianism, 2015, 111–126; Krijnen/Orth (Hrsg.), Sinn, Geltung, Wert. Neukantianische Motive in der modernen Kulturphilosophie, 1998; *Orth*, Von der Erkenntnistheorie zur Kulturphilosophie. Studien zu Ernst Cassirers Philosophie der symbolischen Formen, 1996.

[2] *Marck*, in: Ollig (Hrsg.), Materialien zur Neukantianismus-Diskussion, 19, 20. Er fügt dem hinzu, „H. Rickert zitierte einmal in einem Freiburger Seminar eine Wendung, die er in einem Brief an P. Natorp gebraucht hatte: ‚Wir kritischen Idealisten meinen im Grunde alle dasselbe; deshalb müssen wir uns bis aufs Messer bekämpfen'."

I. Neukantianismus als Kulturphilosophie

1. Geltung und Begründung

Die Neukantianer konzipieren Philosophie als Philosophie der Bestimmungsdeterminanten menschlichen Verhaltens, als, wie die südwestdeutschen Neukantianer sagen, Wertphilosophie bzw. Philosophie der symbolischen Formen, wie sich der Marburger Neukantianer Cassirer ausdrückt bzw. Ideenlehre, um einen schulübergreifenden Terminus zu verwenden. Als umfassende Philosophie solcher Bestimmungs- oder Orientierungsdeterminanten erweist sich die Philosophie als Philosophie der Kultur: sie schickt sich an, deren Grundlagen zu bestimmen. Diese Auffassung von Philosophie ist nicht zuletzt das Ergebnis einer Aneignung der Transzendentalphilosophie Kants, und zwar in der Absicht, Kants kopernikanische Revolution angesichts der philosophischen Probleme, mit denen die Neukantianer sich in ihrer Zeit konfrontiert sahen, zu erneuern.

Für ein Verständnis neukantianischer Philosophie ist also die Einsicht wichtig, daß Philosophie Grundlagenwissenschaft ist. Insofern greift der Neukantianismus das ursprüngliche Anliegen der Metaphysik auf, dem menschlichen Selbst- und Weltverständnis auf seinen Grund zu gehen.[3] In problemgeschichtlicher Hinsicht ist hier an erster Stelle Platons Philosophie zu nennen, mit der gerade die Neukantianer sich ausführlich auseinandergesetzt haben.[4] Platon hat nämlich gezeigt, daß wir uns den Grund des Seienden und unserer Erkenntnis von Seiendem nur dadurch begreiflich machen können, daß wir ein Reich von Ideen annehmen, die unserer sinnlichen Erfahrung transzendieren. Philosophie ist *Idealismus* – so Platon, so die Neukantianer. Nach neukantianischer Einschätzung hat Platon dieses Reich der Ideen allerdings inadäquat konzipiert. Platon denkt die Ideen zwar als Prinzipien von Objektivität, seines metaphysischen Ansatzes gemäß, faßt er sie jedoch selbst ebenfalls in der Art des Seienden: als Allgemeinseiendes, transzendent, nicht-sinnlich Seiendes. Das Bedenken der erfahrbaren Gegenstände führt Platon so zwar zu einer anderen Gegenstandsart, zu einem anderen Typus des Seienden, hinter Platons Ideenlehre steht aber eine *Metaphysik* des Transzendenten (Übersinnlichen). Logik und Ontologie, Denken und Sein sind, wie die Neukantianer von Kant gelernt haben, damit unzureichend unterschieden bzw. aufeinander bezogen.

---

[3] Vgl. für eine eingehende Betrachtung *Krijnen*, Nachmetaphysischer Sinn (Fn. 1), Kap. 1–3.

[4] Vgl. zu Platon im Neukantianismus etwa *Holzhey*, in: Kobusch/Mojsisch (Hrsg.), Platon in der abendländischen Geistesgeschichte. Neue Forschungen zum Platonismus, 1997, 227–240; *Lembeck*, Platon in Marburg. Platon-Rezeption und Philosophiegeschichtsphilosophie bei Cohen und Natorp, 1994.

Kants Transzendentalphilosophie hat den Neukantianern zufolge einer derartigen Reifikation von Ideen also einem Ende bereitet. Die Sphäre philosophischer Grundlagen erweist sich als eine Sphäre von Prinzipien, die den Grund unseres Denkens, Tuns und Lassen ausmachen. Sie sind nicht als eine Art von Seiendem zu begreifen, sondern als ein Ganzes von Prinzipien der *Geltung,* d. h. als begriffliche („logische") Bedingungen, die den Gegenstandesbezug unseres Denkens und Handelns allererst ermöglichen. Folglich sind Prinzipien konzipiert als etwas, das der „Erfahrung" vorhergeht und darauf zugleich intrinsisch bezogen ist. Allgemein formuliert: Ontologie setzt stets eine Logik ihres Gegenstandes voraus. Kant begründet die Erkenntnis entsprechend in der Erkenntnisrelation selbst qua Inbegriff von a priori Bedingungen, die sowohl unserer Erkenntnis als auch die Gegenstände unserer Erkenntnis ermöglichen. Die objektive Geltung dieser Bedingungen wird nicht durch den Rekurs auf ein Seiendes ausgewiesen, sei es ein transzendent Seiendes, wie in der Metaphysik, oder ein immanent Seiendes, wie im Empirismus, sondern durch den Nachweis ihrer Funktion, Erfahrung zu ermöglichen. Transzendentalphilosophie gestaltet sich somit als eine Prinzipienlehre der Erkenntnis, die den Grund der Erkenntnis nicht in einem konkret-inhaltlichen Wissen von irgendwelchen Gegenständen findet, sondern einzig und allein in der durchgängigen Geltungsstruktur der Erkenntnis selbst.[5]

2. Die geistige Situation der Zeit

Solche systematischen Bezüge zur Geschichte der Philosophie bilden allerdings nur die eine Seite neukantianischen Philosophierens. Die andere Seite betrifft den Umstand, daß Philosophen niemals in einem kulturgeschichtlichen Vakuum operieren. Gerade für den Neukantianismus gilt, daß er als eine Reaktion auf die geistige Situation der Zeit und daher aus dieser Situation heraus verstanden werden kann. Aus diesem multifaktoriellen Bedingungsgefüge „geistige Situation der Zeit" soll aus pragmatischen Gründen nur eine Linie nachgezeichnet werden:

Sie beginnt mit der Anerkennung von Hegels Tod als philosophiehistorisch symbolischem Datum, an dem die bis dahin führende Philosophie der nachkantischen Idealisten ihre beherrschende Stellung im geistigen Leben Deutschlands verliert. Hinsichtlich des jetzt beginnenden Zeitalters der Wissenschaft, der his-

---

[5] Vgl. zu Kant im Neukantianismus etwa Heinz/Krijnen (Hrsg.), Kant im Neukantianismus. Fortschritt oder Rückschritt?, 2007. Vgl. neuerdings auch das Themenheft zum Neukantianismus des Kant Yearbook 12 (2020).

torischen Bildung, des Realismus und des „Illusionsverlusts“,[6] hat man geradezu von einer bis heute andauernden nachidealistischen Identitätskrise gesprochen.[7] Mit der Auflösung der Hegelschen Systematik und der in ihr gedachten Einheit von Faktizität und Sinn, von Vernunft und Wirklichkeit, entsteht nicht nur Raum für die so wirkungsmächtige Thematik der Weltanschauung als ein gleichsam entabsolutisiertes, situiertes Totalitätssurrogat; zugleich wird der Weg für allerlei sinnentleerende naturalistische und fachwissenschaftliche Reduktionen vom Sollen auf das Sein geebnet. Der Nihilismus, das Gespenst einer drohenden metaphysischen Sinnlosigkeit der Welt, wirft seinen Schatten schon voraus.

Dieser geistige Hintergrund führt unmittelbar in den Neukantianismus hinein, ist dieser doch ganz wesentlich darum bemüht, die erwähnte Kluft zwischen „Sein“ und „Sollen“ zu überbrücken. Die philosophische Situation kompliziert sich freilich nochmals dadurch, daß die empirischen Wissenschaften sich ihrem Selbstverständnis nach von der Philosophie emanzipiert haben: Wozu überhaupt noch Philosophie?

3. Neukantianismus als Erkenntnistheorie und als Weltanschauungslehre

Als entthronte Königin der Wissenschaften sieht die Philosophie sich Mitte des 19. Jahrhunderts vor der Forderung eines Legitimationsnachweises ihrer Position und Funktion im Ganzen der Wissenschaften gestellt.[8] Dies führt uns direkt in die Anfänge der neukantianischen Programmatik. In bezug auf die Identitätskrise der Philosophie plädiert der Neukantianismus insgesamt, in seinen frühen wie in seinen reiferen Gestalten, für eine Rehabilitierung der Philosophie. Diese setzt mit einem Plädoyer für die Erkenntnistheorie als Grundlehre der Philosophie und der übrigen wissenschaftlichen Disziplinen ein.[9]

---

[6] Nach *Plessner*, Die verspätete Nation. Über die politische Verführbarkeit bürgerlichen Geistes, 5. Aufl. 1994, 101, ist das 19. Jahrhundert die „Epoche des Illusionsverlusts“.

[7] So *Schnädelbach*, Philosophie in Deutschland 1831–1933, 1983, 11, der den problemgeschichtlichen Kontext, in dem der Übergang vom deutschen Idealismus zum Neukantianismus sich vollzog, lehrreich erläutert.

[8] Vgl. dazu etwa Neukantianer wie *Rickert*, System der Philosophie. Erster Teil: Allgemeine Grundlegung der Philosophie, 1921, Kap. 1, oder *Cassirer*, Das Erkenntnisproblem in der Philosophie und Wissenschaft der neueren Zeit, 1994, Bd. 4, 19–26.

[9] Geradezu berühmt geworden in dieser Hinsicht ist die Abhandlung von *Zeller*, Über Bedeutung und Aufgabe der Erkenntnistheorie (1862), in: Vorträge und Abhandlungen II 1877, 479–496. Zeller tritt hier für die Erkenntnistheorie als Grundlehre der Philosophie ein und nimmt Kant als Richtpunkt für eine Neuorientierung in Anspruch. Es handelt sich damit um einen der Gründungstexte des Neukantianismus.

Zwar ist es gang und gäbe den Neukantianismus als eine erkenntnistheoretische Kantbewegung aufzufassen. Und tatsächlich gibt es zahlreiche Gründe für diese Auffassung: Die thematische und methodische Unsicherheit an den deutschen Universitäten stimulierte Philosophen wie Eduard Zeller und Naturwissenschaftler wie Hermann von Helmholtz, durch eine kantisch motivierte Erkenntnistheorie sowohl der Philosophie eine eigene Thematik und Methodik zu sichern als auch die Prinzipien und Methoden der sich zunehmend herausbildenden Einzelwissenschaften zu diskutieren. Solche Versuche verfestigen sich dann seit Ende der siebziger Jahre als Marburger und südwestdeutsche Schule des Neukantianismus. Diese beherrschen alsbald die erkenntnistheoretischen Debatten des 19. Jahrhunderts. Insofern ist es nicht völlig abwegig, den Neukantianismus als (reine) Erkenntnistheorie zu bestimmen.

Gleichwohl entspricht diese Bestimmung keinesfalls dem Stand der Forschung. Es handelt sich vielmehr um ein weit verbreitetes Mißverständnis, das das Verständnis neukantianischen Denkens geradezu in die Irre führt. Durch den Fokus auf eine angebliche Reduktion der Philosophie auf Erkenntnistheorie kommt es nämlich nicht zu einer angemessenen Würdigung der *kulturphilosophischen* Pointe, und damit zugleich des Krisenbewußtseins des Neukantianismus. Es sind Weltanschauungsfragen, die als leitende Kraft die „logischen" Exerzitien der Neukantianer führen.[10] Kant würde sagen, die Hauptfrage der Philosophie in ihrer „weltbürgerlichen Bedeutung" lautet: „was ist der Mensch?", und die dazugehörige Frage: „was kann ich wissen?" bietet nur eine Teilantwort.[11] Trotz der inhaltlichen Verschiedenheit ihrer Lehrstücke,[12] ist es die Einheit des Ziels, d. i. die Entwicklung einer modernen Kulturphilosophie, die den Neukantianismus zusammenhält.[13] Auch die Kant-Rezeption des Neukantianismus gilt es als Funktion dieses Ziels zu begreifen.

Der Begriff der Weltanschauung und der Weltanschauungsnot fungiert geradezu als Kürzel für die Frage nach der Begründung von Werten. Er signalisiert damit den Streit um die Gestaltung der Kultur. Die Thematik des Nihilismus,

---

[10] Vgl. wegweisend für die spätere Forschung etwa die Beiträge von *Homann, Orth, Malter* und *Tenbruck* in Holzhey/Orth (Hrsg.), Neukantianismus. Perspektiven und Probleme, 1994.

[11] *Kant*, in: Kants gesammelte Schriften, hrsg. der von Königlich-Preußische Akademie der Wissenschaften (Akademie-Ausgabe, AA), Bd. IX, 25.

[12] Vgl. zu den Differenzen Krijnen/Noras (Hrsg.), Marburg versus Südwestdeutschland. Philosophische Differenzen zwischen den beiden Hauptschulen des Neukantianismus, 2012.

[13] Für *Rickert*, Wilhelm Windelband, 2. Aufl. 1929, 17, etwa verbindet die Auffassung Windelbands mit der „Schule Hermann Cohens und Natorps" nicht nur die „Berufung" auf Kant sowie die „Ablehnung einer Metaphysik der ‚Dinge an sich'", sondern auch das Bestreben, „zum Ganzen einer Kulturphilosophie zu kommen, sich also nicht auf Erkenntnistheorie zu beschränken".

des verloren gegangenen Glaubens an die Vernünftigkeit der Welt und der in ihr geltenden Werte, bildet dabei nicht nur für die Neukantianer, sondern auch für zahlreiche andere Wissenschaftler des ausgehenden 19. Jahrhunderts – beispielsweise Bergson, Sorel, Durkheim, Dilthey, Weber, Simmel, Michels, Mosca, Pareto – die gemeinsame Herausforderung.

Allerdings sollte die Betonung des kulturphilosophischen Aspekts wiederum nicht die spezifische Weise überwuchern, in der die Neukantianer als „Botaniker im Garten des Apriori"[14] die Kultur in Angriff nehmen. Denn nicht nur, *daß* der Neukantianismus als Kulturphilosophie verstanden werden kann und sich selbst so versteht, sondern *wie* der Neukantianismus als Kulturphilosophie verstanden werden kann und sich selbst versteht, macht seine Eigenart, seine Einheit sowie seine Beziehung zu Kant und nicht zuletzt sein argumentatives Potential aus.

4. „Zurück zu Kant"

Der Begriff „Neukantianismus" bzw. „neukantianischer Kritizismus" läßt sich am besten für die sich Ende der siebziger Jahre formierenden Schulen von Marburg (Hermann Cohen, Paul Natorp, Ernst Cassirer u. a.) und Südwestdeutschland (Wilhelm Windelband, Heinrich Rickert, Emil Lask, Bruno Bauch u. a.) verwenden. Denn dieser Neukantianismus im strikten Sinne enthält, anders als die Anfänge der Bewegung, seine ausgereiften Lehrstücke.[15] Hinsichtlich des sachlichen Gehalts dieses eigentlichen Neukantianismus lassen sich mehrere Aspekte unterscheiden. Zu ihnen gehört auch der Bezug auf Kant.

---

[14] *Plessner* (Fn. 6), 185, bezeichnet neukantianisches Philosophieren als „endloses Botanisieren in den Gärten des Apriori".

[15] Freilich gibt es auch breitere Konzeptionen des „Neukantianismus". *Österreich*, Friedrich Ueberwegs Grundriss der Geschichte der Philosophie, Teil 4: Die deutsche Philosophie des neunzehnten Jahrhunderts und der Gegenwart, 12. Aufl. 1923, 46 ff., etwa unterscheidet nicht weniger als sieben Richtungen des Neukantianismus. Vgl. zur engeren Fassung des Neukantianismus *Holzhey*, in: Hügli/Lübcke (Hrsg.), Philosophie im 20. Jahrhundert I, 1992, 19, 25; *Flach*, in: Holzhey/Orth (Hrsg.) Neukantianismus. Perspektiven und Probleme, 1994, 174, 175 Anm. 3; *Köhnke*, Entstehung und Aufstieg des Neukantianismus. Die deutsche Universitätsphilosophie zwischen Idealismus und Positivismus, 1986, 17, 433. Neuerdings hat es einen Streit über die Frage gegeben, ob dem eigentlichen Neukantianismus nicht ein „realistischer" Neukantianismus (realistischer Kritizismus) hinzugefügt werden sollte, dem Philosophen wie Alois Riehl, Otto Liebmann, Richard Hönigswald und Bruno Bauch angehörten. Vgl. dazu *Krijnen*, in: Krijnen/Zeidler (Hrsg.), Wissenschaftsphilosophie im Neukantianismus. Ansätze – Kontroversen – Wirkungen, 2014, 11–56. Jüngst ist *Noras*, Geschichte des Neukantianismus, 2020, im 1. Kapitel des ersten Teils seiner umfangreichen Studie dem Problem der Bestimmung des Neukantianismus nachgegangen.

Zweifelsohne bringt das berühmte Diktum Otto Liebmanns[16] – einer der Wegbereiter des Neukantianismus –, „zurück zu Kant“, den dezidierten Rückgriff der führenden Neukantianer auf Kant prägnant und programmatisch zum Ausdruck. Dennoch lassen sich kantische Motive nicht nur im Neukantianismus, sondern in den meisten relevanten philosophischen Strömungen des 19. und 20. Jahrhunderts nachweisen (jedenfalls in der kontinentalen Tradition, etwa bei den nachkantischen Idealisten, Fries, Herbart, Lotze, Laas, Avenarius, Mach, Dilthey, Jaspers, Heidegger, Horkheimer, Arendt, Habermas, Apel, Lyotard, Foucault usw.). Deshalb präzisiert das nicht weniger bekannte Diktum Windelbands, „Kant verstehen, heißt über ihn hinausgehen“,[17] die gesuchte Bestimmung dahingehend, daß der Rückgriff auf Kant für die Schulhäupter des Neukantianismus keineswegs eine bloße Erneuerung des historischen Kant sein soll. Vielmehr bedeutet ihnen „Kant verstehen“, die Philosophie mit der Hilfe Kants systematisch weiterbilden.

Nun stehen die Neukantianer auch mit diesem von Kants Philosophie inspirierten Streben nach systematischer Weiterbildung keineswegs alleine, denkt man nur an nachkantische Idealisten wie Fichte oder Hegel. Zwecks Bestimmung der Eigenart des Neukantianismus gilt es also nach weiteren Merkmalen Ausschau zu halten.

5. Das Problem der Geltung

Bekanntlich kreisen die Bemühungen der Neukantianer um das oben anhand von Platon und Kant dargelegte Problem der Geltung, also um die Geltungsbestimmtheit unserer theoretischen und atheoretischen (praktischen, religiösen, ästhetischen etc.) Leistungen. Für sie ist Philosophie Geltungstheorie. In der Entwicklung ihrer Theorie der Geltung sind sie nicht nur Platons Überzeugung verpflichtet, daß Philosophie nur als Idealismus sinnvoll sein kann; zugleich betonen sie eine grundlegende Einsicht der kritischen Philosophie Kants, nämlich, daß sich die Bestimmtheit menschlicher Leistungen oder Objektivationen,

---

[16] *Liebmann*, Kant und die Epigonen. Eine kritische Abhandlung, 1865 (hrsg. von Bauch, 1912), vergleicht die Philosophien des deutschen Idealismus sowie Herbarts, Fries' und Schopenhauers mit Kants kritischer Philosophie, von deren „Unumstößlichkeit und Gewißheit“ er überzeugt war (ebd. 13). Der Schlußsatz eines jeden Kapitels lautet „Also muß auf Kant zurückgegangen werden“.

[17] *Windelband*, Präludien. Aufsätze und Reden zur Philosophie und ihrer Geschichte., 5. Aufl. 1915, Bd. I, IV. Zu Kants hundertjährigem Todestag stellt Windelband explizit die Frage: „Wie müssen wir Kant recht verstehen, um über ihn hinauszugehen?“, *Windelband*, ibid. 147, 148.

als die Produkte der Vernunft, die sie sind, nur über ihre Geltungsbestimmtheit ermitteln läßt, genauer: über die Prinzipien der Geltung dieser Leistungen.

Kants Beitrag zur Philosophie schätzen die Neukantianer also nicht nur hinsichtlich seiner Einsicht in das Problem der Geltung (vgl. paradigmatisch die *quid iuris*-Frage der „transzendentalen Deduktion der Kategorien"). [18] Zugleich kommt es ihnen darauf an, Kants Idee einer sich weder in metaphysischen Spekulationen – wie es den Neukantianern zufolge im nachkantischen Idealismus der Fall ist – noch in positivistischen Verkürzungen verlierenden Methodik, mit der das Problem der Geltung philosophisch bewältigt werden soll, aufzugreifen und auszufeilen. Insofern reaktivieren sie nicht nur Kants Beitrag, sondern streben sowohl seine Verbesserung als auch seine Reaktualisierung in einer durchaus anderen problemgeschichtlichen Situation an.

Wider den nachkantischen Idealismus betonen die Neukantianer, daß es der Philosophie nicht darum geht, die Dinge in ihrem Sein zu erkennen, sondern die Geltung, mit der das Sein der Dinge gedacht wird.[19] Zwar läßt sich Hegels Logik in gewisser Hinsicht als eine Weiterbildung der Kantischen transzendentalen Logik auffassen; nach dieser Lesart führt Hegels Analyse der Bestimmungen des Gedankens entsprechend zu einem grundlegenden Bestand von Aprioritäten. Indem Hegel jedoch, nach neukantianischer Deutung, die Logik nicht nur als Inbegriff logischer Bedingungen für die Geltung des Denkens, sondern das sich begreifende Denken zugleich als metaphysische Geistwirklichkeit interpretiert, schreitet er weit über Kants Transzendentalphilosophie hinaus. Den Neukantianern zufolge koinzidiert bei Hegel die Thematik der Letzt und Selbstbegründung der Philosophie erneut mit der Thematik der klassischen Metaphysik. Sie ist damit restituiert.[20] Dagegen wollen die Neukantianer den vermeintlich metaphysischen Zuschnitt des spekulativen Idealismus Hegels durch die von

[18] Die dabei verwendete Terminologie ist diesbezüglich von sekundärer Relevanz. Begriffe wie Geltung, Gültigkeit, Wert, Sinn, Bedeutung, Gehalt, Rechtfertigung, Grundlage, Grundlegung, Begründung o. ä. spezifizieren das allgemeine Problem der Geltung.

[19] Vgl. etwa die berühmten Wendungen von *Cohen*, Kants Begründung der Ethik. Nebst ihren Anwendungen auf Recht, Religion und Geschichte, 2. Aufl. 1910, 27 f., und *Cassirer* (Fn. 8), Bd. II, 648.

[20] Vgl. zum Thema „Hegel und Neukantianismus" aus der jüngeren Literatur etwa: *Krijnen*, Philosophie als System. Prinzipientheoretische Untersuchungen zum Systemgedanken bei Hegel, im Neukantianismus und in der Gegenwartsphilosophie, 2008; *ders.*, in: Gerhard/Sell/de Vos (Hrsg.), Metaphysik und Metaphysikkritik in der Klassischen Deutschen Philosophie, 2012, 171–210; *ders.*, in: Krijnen/Ferrari/Fiorato (Hrsg.), Kulturphilosophie. Probleme und Perspektiven des Neukantianismus, 2014, 35–84; *ders.*, in: Busche/Heinze/Hillebrandt/Schäfer (Hrsg.), Kultur. Interdisziplinäre Zugänge, 2018, 419–452; *ders.*, in: Hegel-Studien 56 (2002), 97–127. Aus der älteren Literatur vgl. *Levy*, Die Hegel-Renaissance in der deutschen Philosophie, 1927; *Marck*, Die Dialektik in der Philosophie der Gegenwart, 1929–31; *Wolfgang Marx*, Transzendentale Logik als Wissenschaftstheorie. Systematisch-kritische

ihnen so geschätzten metaphysik-kritischen Pointen Kants korrigiert sehen. Daher unterscheiden sie streng zwischen Geltungsbestimmtheit und Seinsbestimmtheit und beziehen Sein und Geltung gemäß Kants Vorlage dergestalt aufeinander, daß sie die Seinsbestimmtheit in der Geltungsbestimmtheit begründen und damit „Ontologie“ in „Erkenntnistheorie“. Ihrem Verständnis von Kants transzendentaler Methodik gemäß, setzt die philosophische Reflexion bei einem Gegebenen, d.i. der konkreten Erfahrung, wie es auch heißt: dem „Faktum“ der Kultur an, um sodann dessen Prinzipien („Bedingungen der Möglichkeit“) auf- und auszuweisen.

6. Reines und empirisches Subjekt

Und wie es dem Neukantianismus in der Nachfolge Kants weder in direkter Gegenstandszuwendung um die Dinge, noch um das nicht weniger dinghafte empirische Ich bzw. um die Relation dieser Relata geht, sondern um die Bestimmung der Geltungsstruktur der Erfahrung, so richtet er sich zugleich gegen jegliche metaphysischen, psychologischen, physiologischen Ansätze in der Erkenntnistheorie, allgemeiner: der philosophischen Kulturtheorie überhaupt, und damit im Prinzip ebenso gegen die heute prosperierenden (neo)strukturalistischen oder naturalistischen Philosopheme. Denn in solchen Konzeptionen ist die Erkenntnis (wie jedwede andere menschliche Leistung) immer als ein Seinsverhältnis begriffen. Sie, samt ihren agnostizistischen und relativistischen Implikationen, stellen deshalb nach dem Urteil der Neukantianer eine Deprivation des Grundproblems der Erkenntnisbegründung – das der Geltung der Erkenntnis – dar.

Der Kritizismus neukantianischer Prägung trachtet geradezu danach das empirische Ich und die damit verbundenen anthropologischen oder metaphysischen Konnotationen aus seiner Theorie insofern auszuschließen, als er sich zunächst auf das „reine Subjekt“ im Sinne eines Inbegriffs von Geltungsprinzipien (Aprioritäten, Werten) konzentriert. Dies ist das der Geltung „Zugrundeliegende“ (ὑποκείμενον, subjectum) und damit der Grund von Objektivität. Mit Hilfe der Strategie einer scharfen Trennung zwischen dem „reinen“ Subjekt als Normierendem und dem „empirischen“ Subjekt als dem zu Normierenden sucht er die von ihm als unzulässige Verabsolutierungen partikulärer Standpunkte eingeschätzten vulgär-objektivistischen Weltdeutungen, ob als Naturalismus, Materialismus, Psychologismus, Empirismus, Positivismus, Logizismus, Fideismus, Historismus, Lebensphilosophie, Nihilismus u.dgl., zurückzuweisen.

Untersuchungen zur philosophischen Grundlegungsproblematik in Cohens „Logik der reinen Erkenntnis“, 1977, 133 ff.; *Holzhey*, Il cannocchiale. Rivista di studi filosofici 1991, 9–27.

7. Philosophie der Kultur

Wie in der theoretischen Philosophie spielt in der Kulturphilosophie als solcher das Verhältnis von unbedingter Forderung des reinen Subjekts und bedingter Erfüllung durch das empirische Subjekt eine zentrale Rolle. Durch dieses proportionale Geltungsverhältnis läßt sich begreifen, weshalb der krisenhafte Dualismus von Faktizität und Sinn, Sein und Sollen, Wirklichkeit und Wert den Neukantianern zufolge auf philosophisch unhaltbaren Prämissen beruht. Um es mit Hilfe von Rickerts Sinnbegriff zu illustrieren: Sinnstiftung ist hier als Anerkennung von absolut geltenden theoretischen und atheoretischen Werten durch das endliche Vernunftwesen Mensch verstanden. In diesem wechselseitigen Implikations und einseitigen Begründungsverhältnis von Norm und Normiertem, absoluter Forderung und bedingter Erfüllung, Prinzip und Prinzipiatum liegt freilich, daß menschliche Sinnstiftung sich durch einen Einschlag von Endlichkeit und Bedingtheit auszeichnet. Die Neukantianer müssen also schon die erkenntnistheoretische Gleichursprünglichkeit von empirischem Ich und inneren oder äußeren Gegenständen leugnen. Indem sie ein diesen Subjekt-Objekt-Gegensatz noch fundierendes Verhältnis herausarbeiten, wird eine philosophische Denkfigur faßbar, die sich dann als bestimmend für die Kulturphilosophie erweist. Ausgehend von den vorliegenden Kulturgebieten, die ohne Ausnahme, zumindest ihrer formalen Bestimmtheit nach, einen Anspruch auf allgemeine Gültigkeit erheben, setzen die Neukantianer nicht bei irgendeinem dogmatisch festgeschriebenen „Faktum" an, sondern bei der Kultur als Problem, als einen philosophisch zu bestimmenden und begründenden Geltungsanspruch.[21] Ihrem Verständnis der transzendentalen Methodik entsprechend artikulieren sie die Eigenbestimmtheit der jeweiligen Kulturgebiete durch eine geltungsreflexive Aufdeckung ihrer Sinnkonstituentien oder Geltungsprinzipien.

8. Der Primat des Sollens

Mit Kant stellt sich der Neukantianismus von vornherein in die Kultur als das Sinngefüge der Welt, um ebendiese Welt des Menschen, und damit zugleich die „Vernunft" als Prinzip der Kultur, auf ihren Begriff zu bringen.

Dies läßt sich anhand des werttheoretischen Kritizismus der Südwestdeutschen näher ausführen und präzisieren. Denn anders als die Marburger unterliegen die Südwestdeutschen zunächst nicht jener „intellektualistischen Veren-

---

[21] Vgl. für das neukantianische Faktumtheorem *Krijnen*, Philosophie als System (Fn. 20), Kap. 1.3.

gung" Cohens,[22] der die philosophische Analyse vornehmlich auf das Kulturfaktum der wissenschaftlichen Erkenntnis einengt, während erst in einer späteren Phase Paul Natorp und Ernst Cassirer die philosophische Analytik auf die anderen Gebiete kultureller Objektivationen ausdehnen. Die Südwestdeutschen sind von Anfang an bemüht die Kultur in ihrer ganzen Bandbreite zu bearbeiten und steuern insofern von vornherein auf eine umfassende Kulturphilosophie zu.

Die Südwestdeutschen konzipieren Kultur als eine von Werten bestimmte Wirklichkeit. In dieser Konzeption kommt aus philosophischer Sicht der sogenannten theoretischen Kultursphäre („Erkenntnis") ein logischer wie systemischer Primat zu. Schon in der theoretischen Philosophie stellt sich heraus, daß die theoretische Kultur in einem Inbegriff theoretischer Werte (Aprioritäten im Sinne Kants, Geltungsprinzipien) gründet, die für die Geltung theoretischer Leistungen bestimmend sind. Diese Werte, deren Inbegriff der der „Wahrheit" ist, sollen das faktische Denken normieren, damit es Erkenntnis von Gegenständen, also objektives Denken ist. Indem die Südwestdeutschen dieses logische Verhältnis innerhalb des theoretischen Wertgebiets auf die Kulturgebiete atheoretischer Objektivationen transponieren, diese daher ebenso als „Stellungnehmen" zu Werten denken, lehren sie einen Primat des Sollens oder der „praktischen Vernunft": eine umfassende, nicht primär ethisch gedachte Wertphilosophie als Kulturphilosophie.[23]

Als derart umfassende Wertphilosophie ist der südwestdeutsche Neukantianismus auch in verschiedene historische und systematische Abhandlungen zur Wertthematik im ersten Drittel des Jahrhunderts eingegangen. Dabei fungiert der Wertbegriff in der Regel keineswegs als eine begriffliche Mode neueren Datums, sondern geradezu als Grundbegriff der Philosophie selbst: Philosophie ist Wertphilosophie. Freilich kommt darin nicht zuletzt das Krisenbewußtsein der Zeitgenossen zum Ausdruck. Denn immerhin soll die Thematisierung der Wertfrage einen Beitrag zur theoretischen Bewältigung jenes Grabens zwischen Wert und Wirklichkeit liefern, der menschliche Orientierung praktisch unmöglich und theoretisch unbegreiflich zu machen scheint. Die Folie des Nihi-

[22] So *Holzhey*, in: Flach/Holzhey (Hrsg.), Erkenntnistheorie und Logik im Neukantianismus. Eine Textauswahl, 1980, 15, 19.

[23] Vgl. zum Lehrstück des „Primats der praktischen Vernunft" etwa *Rickert*, Fichtes Atheismusstreit und die Kantische Philosophie, 1899; *ders.*, Kant-Studien 14 (1909), 169, 215 f.; *ders.*, Der Gegenstand der Erkenntnis. Einführung in die Transzendentalphilosophie, 6. Aufl. 1928, VII, 309 ff., 437; *Windelband*, Kulturphilosophie und transzendentaler Idealismus (1910), in: Präludien (Fn. 17), 279, 287. Dazu *Krijnen*, Nachmetaphysischer Sinn (Fn. 3), Kap. 7.2.3.1; *ders.*, in: Graf/Schwaetzer (Hrsg.), Das Wirklichkeitsproblem in Metaphysik und Transzendentalphilosophie. Heinrich Barth im Kontext, 2014, 15–51.

lismus versucht die Wertphilosophie durch den Nachweis der objektiven Geltung von Werten zu zerschneiden.

Daher weist der Wertbegriff – sowie eng mit ihm verbundene Begriffe wie „Sinn“, „Sollen“ oder „Geltung“ – über seine bloß methodologische Funktion hinsichtlich der Konstitution der Gegenstände der Geistes- oder Kulturwissenschaften hinaus, in jene eingangs exponierte metaphysische Dimension hinein, die die Gründe unseres Denkens, Tuns und Lassen betrifft. Im Lichte des nachhegelschen Verständnisses der Wirklichkeit als wert- und sinnfreier Faktizität wird hier nicht primär über den Geltungswert und Stellenwert von irgendwelchen überlieferten Werten gestritten. Vielmehr stehen die Grundlagen des menschlichen Welt und Selbstverständnisses selbst zur Diskussion. Der Inbegriff jener einst von der Metaphysik bearbeiteten Größen wie Wahrheit oder Moralität, Einheit oder Vielheit, gar Wert oder Wirklichkeit fungiert gleichsam als mehrdimensionale Ordnung, dank derer wir Menschen die Wirklichkeit zu verstehen und zu bewältigen vermögen. So handelt die Wertphilosophie vor dem Hintergrund eines absoluten Nihilismus von Fragen nach dem Sinn, der Bedeutung, dem Wert der menschlichen Existenz und deren Welt.

Kurzum: Für den Neukantianismus der Marburger und Südwestdeutschen bildet das Problem der Geltung unserer theoretischen und atheoretischen Leistungen das Grundproblem der Philosophie. Es ist durch eine Bestimmung der Prinzipien ihrer Geltung zu lösen. Diese Prinzipien machen, mit Blick auf Kant gesprochen, die Sphäre des „Transzendentalen“ aus. Das Transzendentale ist daher nicht zu verwechseln mit der Psychologie eines empirischen Subjekts oder einer absoluten metaphysischen Realität. Weit entfernt davon, die Welt, in der wir leben, als sinn- und wertlos zu erklären, fördern die Neukantianer ihre philosophischen Grundlagen zu Tage und damit ihre Vernünftigkeit. Der Begriff der Kultur übernimmt dabei jene fundamentale und universale Rahmenfunktion, die traditionell vom Begriff der Metaphysik besetzt wurde. Deren ontisierende Prämissen gilt es freilich zu tilgen. Ebendeshalb vermag der Neukantianismus dem Nihilismus entgegenzuwirken. Damit zur Rechtsphilosophie als Kulturphilosophie!

II. Rechtsphilosophie als Kulturphilosophie

1. Das Interesse der Rechtswissenschaft für den Neukantianismus

Offenbar hat der Neukantianismus stark auf die Rechtswissenschaft und deren Philosophie gewirkt. Diese Wirkung ergibt sich zunächst aus der oben skizzierten nachidealistischen Sinnkrise, auf die der Neukantianismus mit seinem

Rückgriff auf Kant und dessen Idee der Transzendentalphilosophie reagiert hat. Er ermöglichte es der Rechtswissenschaft, sich ihres Wissenschaftscharakters zu vergewissern.

In Deutschland sind Empirismus und Positivismus erst nach Hegels Tod bedeutsam geworden. Es handelt sich dabei zunächst in wissenschaftstheoretischer Ausrichtung um eine Art Naturwissenschaftler-Philosophie, an der sich vor allem von Helmholtz, Hertz, Avenarius, Mach und Laas beteiligen, bevor die Naturwissenschaften sich darüber hinaus auch als kulturelle Führungsmacht begreifen und als Szientismus zu einer einflußreichen Weltanschauung werden. Auch in der Rechtswissenschaft wird in der zweiten Hälfte des 19. Jahrhunderts der Positivismus dominant.[24] Hiernach hat sich der Rechtswissenschaftler, näherhin der Rechtsdogmatiker in der Rechtsbestimmung auf die vorliegenden „Tatsachen", d. i. das empirische Gesetzesmaterial, das positive Recht, zu beschränken, in der Absicht es nach dem Vorbild der Naturwissenschaften zu klassifizieren und systematisieren (so etwa bei Bierling, Merkel, Bergbohm oder Strafrechtlern wie Binding und von Liszt). Gerade auf meta-juristische normative Gesichtspunkte, wie sie in der Naturrechtslehre und den Philosophien des deutschen Idealismus von Kant bis Hegel in Anschlag gebracht wurden, gilt es zu verzichten. Im Gegenzug kommt es dann allerdings zur Integration von anderen empirischen Wissenschaften in die Rechtswissenschaft wie Biologie, Ökonomie, Soziologie und Psychologie.

Der neukantianische Rückgriff auf Kant und dessen Sphäre des Transzendentalen schickt sich nicht zuletzt im Gegensatz zu solchen naturalisierenden Versuchen an, ein Konzept von Normativität zu entwickeln, das ein adäquateres Verständnis der Welt des Menschen verspricht. Diese anti-positivistische Stoßrichtung teilt der Neukantianismus selbstverständlich mit der tradierten Naturrechtslehre, der es ebenfalls auf einen meta-positivistischen Maßstab für das positiv anerkannte Recht ankommt. Deren metaphysisches Profil soll freilich abgestreift und in eine moderne Vernunftlehre transformiert werden. Transzendentalphilosophie ist generell auf ein nachmetaphysisches Konzept von Sinn aus,[25] also auch auf ein nachmetaphysisches Verständnis von Recht. Es wundert daher nicht, daß beispielsweise Neukantianer der jüngeren Generation wie der

---

[24] Vgl. zum Positivismus im Recht etwa *Larenz*, Methodenlehre der Rechtswissenschaft, 6. Aufl. 1991, 36 ff., *Boehmer*, Grundlagen der bürgerlichen Rechtsordnung, 1952, 122 ff. Vgl. speziell mit Blick auf das Strafrecht die Hinweise von *Ziemann*, Neukantianisches Strafrechtsdenken. Die Philosophie des Südwestdeutschen Neukantianismus und ihre Rezeption in der Strafrechtswissenschaft des frühen 20. Jahrhunderts, 2009, 91 ff.

[25] *Krijnen*, Nachmetaphysischer Sinn (Fn. 3); *ders.*, in: Guo/Josifovic/Lätzer-Lasar (Hrsg.), Metaphysical Foundations of Knowledge and Ethics in Chinese and European Philosophy, 2013, 177–191.

südwestdeutsche Lask[26] oder der Marburger Cassirer[27] den Begriff einer modernen Rechtsphilosophie vor dem Hintergrund des Positivismus und der vorkantischen Naturrechtslehre entwickeln. Mit Cassirer gesprochen verficht die moderne Naturrechtstheorie, d. i. ihre transzendentalphilosophische Variante, die „alte Platonische These", daß es ein Recht jenseits der „bloßen Macht- und Willenssphäre" gibt, ein Recht, das seine Grundlage in der „reinen Vernunft" als dem „ursprünglich-Setzenden" hat.[28] Für Lask zielen Transzendentalphilosophie und „naturrechtliche Metaphysik" beide zwar auf die „absolute Bedeutung", den „absoluten Sinn von Recht und Gerechtigkeit", konzipieren das Verhältnis zwischen dem unbedingten Geltung beanspruchenden Wert des Rechts und der empirischen Rechtswirklichkeit jedoch „grundverschieden".[29] Radbruch hat diesbezüglich einst vom „Kulturrecht" als dem modernen „Naturrecht" gesprochen.[30]

Vor diesem Hintergrund des Positivismus und der Naturrechtslehre wird der besondere Reiz des Neukantianismus für die Rechtswissenschaft sichtbar. Mit Radbruch und Kelsen hat es zwei vom Neukantianismus positiv beeinflußte Rechtsphilosophen gegeben, die zu den wichtigsten des 20. Jahrhunderts gehören, was für sich genommen schon dem Thema „Neukantianismus und Rechtsphilosophie" ein fortwährendes Interesse beschert.[31] Deutlich beeinflußt vom südwestdeutschen Neukantianismus, konzipiert Radbruch in seiner *Rechtsphilosophie* das Recht als Wertphänomen, als vom Wert der Gerechtigkeit bestimmte Wirklichkeit und bietet damit eine Kulturphilosophie des Rechts. Für Kelsen gilt ebenfalls, daß wichtige Lehrstücke seiner *Reinen Rechtslehre* vom Neukantianismus beeinflußt sind, besonders die Südwestdeutsche Unterscheidung von Sein und Sollen bzw. Wert und Wirklichkeit und die damit einhergehende methodologische Differenzierung naturwissenschaftlicher und kulturwissenschaftlicher bzw. normativer Betrachtungsweise oder sein Verständnis der *Reinen Rechtslehre* als Ausprägung der transzendentalen Methode, so wie er sie im Marburger Neukantianismus vorgefunden hat. Aber es sind dies nur die heute bekanntesten Juristen und Rechtsphilosophen. Rudolf Stammler etwa hatte mit seiner Lehre von der Rechtsidee und dem Rechtsbegriff aus dem Geist

---

26 *Lask*, Rechtsphilosophie, in: Gesammelte Schriften I (hrsg. von Herrigel) 1923, 275–332.

27 *Cassirer*, Zeitschrift für Rechtsphilosophie in Lehre und Praxis 6 (1932), 1–27.

28 Ibid. 8.

29 *Lask*, Rechtsphilosophie (Fn. 26), 279.

30 *Radbruch*, Rechtsphilosophie, 6. Aufl. 1963, 107.

31 Vgl. etwa Alexy/Meyer/Paulson/Sprenger (Hrsg.), Neukantianismus und Rechtsphilosophie, 2002; *Wapler*, Werte und das Recht. Individualistische und kollektivistische Deutungen des Wertbegriffs im Neukantianismus, 2008; *Ziemann* (Fn. 24).

des Marburger Neukantianismus die rechtsphilosophische Diskussion über Positivismus und Naturalismus seit Ende des 19. Jahrhunderts bis zum ersten Weltkrieg ganz wesentlich mitbestimmt.[32] Und der frühe Julius Binder beispielsweise stand ebenfalls unter neukantianischen Fittichen.[33] Im Einzelnen sind hier noch eine ganze Reihe weiterer Juristen zu nennen.[34] Diese Tatsache ist in der Forschung gut bekannt.

2. Neukantianische Rechtsphilosophie

Gut bekannt ist allerdings auch die Tatsache, daß sich eine ausgearbeitete Rechtsphilosophie bei den genuinen Vertretern des Marburger und südwestdeutschen Neukantianismus nicht findet. Immer wieder wird als Inspirationsquelle zwar Lasks Habilitationsschrift[35] *Rechtsphilosophie* genannt, aber sie ist weder eine ausgearbeitete noch eine sonderlich tiefschürfende Arbeit. Gleichwohl ist sie die einzige spezifisch rechtsphilosophische Arbeit, die von einem der führenden Marburger oder südwestdeutschen Neukantianer verfaßt wurde.[36] Das, was man aus juristischer Sicht als neukantianische Rechtsphilosophie

---

[32] *Stammler*, Die Lehre von dem richtigen Rechte, 1902.

[33] *Binder*, Rechtsbegriff und Rechtsidee. Bemerkungen zur Rechtsphilosophie Rudolf Stammlers, 1915.

[34] Vgl. beispielsweise die Aufzählung bei *Kersting*, in: Alexy/Meyer/Paulson/Sprenger (Fn. 31), 3, 25; *Amelung*, ibid., 363; *Ziemann* (Fn. 24), 103 ff. Vgl. auch die Juristen, die *Wapler*, Werte und Recht (Fn. 31), 148 ff., im Zuge ihrer Unterscheidung dreier neukantianischer Traditionslinien in der Rechtsphilosophie erwähnt. Nachzutragen wäre vielleicht, daß der südwestdeutsche Neukantianer Bruno Bauch Mitherausgeber der Zeitschrift für Rechtsphilosophie in Lehre und Praxis war und sich unter seinen Schülern etwa Julius Binder, Fritz Münch und Hans Welzel befanden.

[35] *Wapler* (Fn. 31), 162, apostrophiert die Schrift irrtümlicherweise als Dissertation, obwohl sie an anderer Stelle von einer Habilitation spricht (ebd. 16). Lask wurde 1901 bei Rickert mit einer Arbeit über Fichte promoviert (*Lask*, Fichtes Idealismus und die Geschichte, in: Gesammelte Schriften I, 1–274); 1905 habilitierte er sich bei Windelband mit einer Studie über Rechtsphilosophie.

[36] Darauf hat zu Recht auch *Kersting* (Fn. 34), 24, hingewiesen. Allerdings geht es nicht an, unter dem Titel „Neukantianische Rechtsbegründung" bloß pauschal auf „zwei tiefgreifende Fehlinterpretationen des Kantischen Philosophiekonzepts" hinzuweisen, um sich sodann auf die Marburger Konstellationen zu beschränken. So kommt es erstens nicht zu einer Verhandlung über die neukantianische, sondern bloß über die Marburger Rechtsbegründung. Zweitens wurden jene neukantianischen „tiefgreifenden Fehler" – wissenschaftslogische Reduktion und ihre allseitige Verwendbarkeit für das System der Philosophie – schon innerhalb der Marburger Schule kritisiert: bei Natorp und Cassirer wird Cohens wissenschaftslogische Verengung aufgegeben, und für die Südwestdeutschen ist sie wegen ihrer von Anfang auf eine letztbegründende Kulturphilosophie abgestellte Programmatik ohnehin nicht wirksam. Die neukantianische Systematik ist erheblich komplexer, als Kersting sie sich vorstellt.

bezeichnet, ist vor allem eine Leistung von philosophisch interessierten und gebildeten Juristen.[37]

Bezüglich der Südwestdeutschen fällt gleichwohl zunächst auf, wie sehr sie darum bemüht sind, die Relevanz der transzendentalen Wende in der Philosophie für die Bestimmtheit auch derjenigen kulturellen Wirklichkeit herauszustellen, die das Recht ist. Ob Windelband, Rickert, Bauch, Lask oder Cohn, sie alle nehmen die Naturrechtslehre als ein Begründungsmodell in den Blick, das durch das transzendentale überwunden wird.[38] In Rickerts Wertphilosophie fristet das Recht insofern ein Schattendasein, als er zwar vereinzelte Bemerkungen zum Recht macht, jedoch keine eigene Philosophie des Rechts entwickelt, die den Gehalt des Wertbegriffs des Rechts Definitheit verleiht. Südwestdeutsche Neukantianer wie Wilhelm Windelband,[39] Bruno Bauch[40] und Jonas Cohn[41] bieten da in ihren späten Arbeiten erheblich mehr an Analyse als Rickert. Gleiches gilt für den jungen Emil Lask. Seine Habilitationsschrift *Rechtsphilosophie* enthält zwar eine eingehende, südwestdeutsch orientierte Beschreibung der formalen und materialen „kritischen" Rechtsphilosophie, wobei er der Schuldoktrin entsprechend die Idee eines Systems absoluter Werte anerkennt;[42] systematisch jedoch rückt er das „methodologische" Profil der Rechtswissenschaft, die „Logik der Rechtswissenschaft" in den Vordergrund.[43] Will man sich ein Bild vom spezifischen Umgang mit der philosophischen Frage nach dem Recht im südwestdeutschen Neukantianismus verschaffen, dann sollte man gerade auch jene

[37] *Boehmer* (Fn. 24), §§ 13 f., etwa präsentiert in Sachen Marburger Neukantianismus Stammler, nennt ansonsten nur Namen und führt als Variante einer formal fundierten Rechtsidee Kelsen als Repräsentanten der Wiener Schule auf. Die Südwestdeutschen entwickeln laut Boehmer indes eine inhaltliche Rechtswertbetrachtung. Nach der Erwähnung von Namen traktiert Boehmer Radbruch (und Mayer).

[38] Siehe *Windelband*, Einleitung in die Philosophie, 3. Aufl. 1923, 321 ff.; *Rickert*, Die Grenzen der naturwissenschaftlichen Begriffsbildung. Eine logische Einleitung in die historischen Wissenschaften, 5. Aufl. 1929, 721 ff.; *Lask*, Rechtsphilosophie (Fn. 26), 287 ff.; *Jonas Cohn*, Wertwissenschaft, 1932, 350 f.

[39] *Windelband*, Einleitung (Fn. 38), § 15, bes. S. 321 ff.

[40] *Bauch*, Grundzüge der Ethik, 1935, 190 ff., bes. 211 ff.

[41] *Cohn* (Fn. 38), 341 ff., 583 ff.

[42] *Lask*, Rechtsphilosophie (Fn. 26), 289 f.

[43] Ebd. 306 ff. *Nachtsheim*, in: Alexy/Meyer/Paulson/Sprenger (Fn. 31), 301–318, hat darauf hingewiesen, daß Lask zwar an der 1905 fixierten Aufgabe der Rechtsphilosophie als kritischer Geltungs- bzw. Wertlehre zwischen metaphysischem Naturrecht und Rechtspositivismus (bzw. Historismus) festgehalten hat. Während jedoch in der Rechtsphilosophie wissenschaftstheoretische Überlegungen, die Logik oder Methodologie der Rechtswissenschaften, im Vordergrund stehen, rückt nach 1911 der Gedanke ins Zentrum, daß Rechtsphilosophie wesentlich Prinzipienlehre des Rechts ist, also Lehre von den Prinzipien (Werten) des Rechts selbst.

anderen Arbeiten in Betracht ziehen. Wer dabei jedoch hofft, eine auch nur halbwegs ausgearbeitete, zumindest in ihren Grundzügen skizzierte und auf die grundlegenden Begriffe des Rechts als Gegenstand der Rechtswissenschaften abzielende Doktrin anzutreffen, wird enttäuscht sein. Im Wesentlichen erfährt das Recht eine *systemtheoretische Exposition*, aus der seine Grundbestimmtheit hervorgeht:

Windelband teilt die Probleme der Philosophie in seiner *Einleitung* (1923) dergestalt in theoretische und axiotische ein, daß die axiotischen die ethischen, ästhetischen und religiösen Probleme betreffen.[44] Zudem wird dabei das Soziale im Rahmen der „praktischen Philosophie" bzw. der „Ethik" bestimmt.[45] Das Gesamtproblem der Ethik ist Windelband das des Menschen, „insofern er aus seinem Willen heraus handelt".[46] Das Soziale wird hier als Inbegriff von „Willensgemeinschaften"[47] durch die „Gesellschaftslehre"[48] thematisiert, so daß etwa auch eine „Wirtschaftsgemeinschaft" als die Willensgemeinschaft, die sie ist, in „letzter Instanz" in der Ethik „wurzelt".[49] Die Willensgemeinschaft ist eine Realisierungsbedingung der Kultur: Ihre Aufgabe ist das Erzeugen von Kultur.[50] Entsprechend thematisiert Windelband „das Recht" zwar im Rahmen der Ethik bzw. praktischen Philosophie, gleichwohl bestimmt er dessen Sinn, Zweck oder Aufgabe als Realisierungsbedingung von Kultur,[51] nämlich der Regelung äußerer Freiheit gemäß einem allgemeinen Vernunftgesetz (Kant), näherhin eine staatlich bestimmte Ordnung.[52]

Bauch denkt das Recht in seinen *Grundzügen der Ethik* (1935) ebenfalls im Kontext vom Gemeinschaftswert, näherhin als sozialen Verband qua Wertverband des Gemeinschaftslebens, also nicht als bloßen Interessenverband.[53] Zu den fundamentalen Strukturen des Gemeinschaftslebens gehören ihm (neben Familie und Erziehung) auch „Staat und Nation". Sinn und Zweck des Staates ist es, die Gemeinschaft in der Gesellschaft zu sein. Der Staat regelt das Leben der Gemeinschaft so, daß es Gemeinschaft werde. Das Recht (im juridischen Sinne) erweist sich dabei gemäß der Kantischen Rechtsbestimmung als im „Recht auf Pflichterfüllung" gegründete und mit Rechtszwang verbundene Regelung des

---

44 Nicht zufällig hat *Rickert*, Wilhelm Windelband (Fn. 13), 19ff., daran Anstoß genommen.

45 *Windelband*, Einleitung (Fn. 38), §§ 13 mit 15.

46 Ebd. 258.

47 Ebd. § 15.

48 Ebd. 258.

49 Ebd. 311f.

50 Ebd. 319f.

51 Ebd. 325ff.

52 Ebd. 317, 325f., 329f.

53 *Bauch* (Fn. 40), 210ff.

Zusammenbestehens der Freiheit eines jeden mit der aller anderen, als „Freiheitsregelung: Regelung der Freiheit der Person zur Persönlichkeit, der Gesellschaft zur Gemeinschaft“.[54] Die positiven Gesetze des Staates sind ein Instrument dieser Regelung. Das Recht ist Freiheitssicherung. Dadurch werden Werte realisiert. Wie Bauch sagt, ist das auf Gemeinschaft und Persönlichkeit bezogene Wertganze ein Ganzes von Aufgaben; deren Darstellung im wirklichen Leben ist die Kultur.[55] Das Recht ist das Recht auf Freisein zur Pflichterfüllung in Kultur.[56]

Cohn hat mit seiner *Wertwissenschaft* (1932) ein System vorgelegt, das nicht nur in vielfältiger Weise auf soziale Phänomene eingeht, sondern in dem zugleich die Verwirklichungsdimension der Geltung in der Weise einer „Ergetik“ (Lehre von der Wertverwirklichung) bestimmt wird. Die Wertphilosophie kann sich also nicht in einer „Axiotik“ (allgemeinen Wertlehre) und „Systematik“ (der Werte) erschöpfen. In der Ergetik geht es um das Verhältnis von Wert und Aktivität des Menschen. Hier denkt Cohn das Recht als positive Gesellschaftsregelung, das des Normen aus sich selbst erzeugenden „Vernunftrechts“ als seines Maßstabes bedarf.[57] Der Staat wird sodann als das ausgesonderte Machtmoment der Gemeinschaft, als Inbegriff der Macht bestimmt.[58] Er ist unbedingt souverän. Auch das Recht ist Satzung des Staates, aber an ebendiese Satzung und damit seinen Ordnungswillen ist auch der Staat unterworfen. Insofern steht die Vernunft über den Staat, der staatlichen Willkür, und zwar nicht nur hinsichtlich der „formalen Gesetzmäßigkeit“, sondern auch bezüglich der „materialen Gerechtigkeit“.[59] Das „ungerechte Gesetz“ ist wertwidrig, mag es auch positiv gelten.[60] Zwar setzt der Staat das Recht als positives, verleiht dem positiven Recht also den Wert der „formalen Rechtsgeltung“, gleichwohl schöpft er den Gehalt der Gesetze nicht aus sich selbst: Positives und richtiges Recht sind nicht identisch.[61]

Die skizzierte südwestdeutsche Rechtsphilosophie betrifft also im wesentlichen Gedanken zum Sinn des Rechts, dessen Stellenwert im System der Philosophie und die dafür ausschlaggebende Bestimmtheit. Mit dieser Ausgliederung und ansatzmäßigen Bestimmung des Rechts betreiben die Südwestdeutschen, mit Kant gesprochen, das „kritische Geschäft“, nicht eine doktrinäre

---

[54] Ebd. 214.
[55] Ebd. 218.
[56] Ebd. 219.
[57] *Cohn* (Fn. 38), 350 f.
[58] Ebd. 606 ff.
[59] Ebd. 608 f.
[60] Ebd. 609.
[61] Ebd. 611.

Ausarbeitung des Rechts.[62] Wie Bauch es einmal in einem Aufsatz über das Rechtsproblem in Kants Philosophie formuliert hat:[63] Die Aufgabe ist der „Aufweis des Rechtsproblems" und seine „Stelle" im „System der kritischen Philosophie".[64] So wird die „quaestio juris, was Rechtens ist" im Unterschied von der „quaestio facti" bezüglich des Rechts aufgeworfen. Sie ist Bauch die „eigentlich „kritische" Fragestellung".[65]

Im Grunde ist es bei den Marburgern nicht anders. Das noch zu dessen Lebzeiten erschienene religionsphilosophische Buch Cohens trägt bezeichnenderweise den Titel *Der Begriff der Religion im System der Philosophie* (1915). Cohen beginnt diese programmatische Schrift mit Ausführungen über das Problem der Begriffsbestimmung einer Wissenschaft,[66] begreift den Begriff der Religion als Voraussetzung aller Rede von irgendwelchen (historisch situierten) Konkretionen[67] und bestimmt damit den Begriff der Religion zu einem Problem der Philosophie.[68] Die Religion, als das Kulturfaktum, das sie ist, gilt es dabei im „Rechtsgrund ihres Bestehens" zu klären.[69] Diese philosophische Klärung läßt sich nur hinreichend durchführen, wenn die Stellung des zu Klärenden innerhalb des Systems der Philosophie bestimmt wird,[70] und damit seine Stellung innerhalb des Kulturganzen.[71] „Die Philosophie kommt nur als System zu ihrem Begriffe".[72] Ganz im Sinne seines Verständnisses der transzendentalen Methode geht die Philosophie Cohen zufolge immer von der „Faktizität" vorliegender Kulturgebiete („Grundmächte der Kultur") aus und befragt sie nach ihrem Recht, nach dem „Rechtsgrund ihres Bestehens", d. i. nach der objektiven Gültigkeit ihres fundierenden Begriffs; sie fragt damit nach den Bedingungen, die ihren Geltungswert sichern; dieser „transzendentalen Inquisition" ist wie jed-

---

62 Noch die (auch) vom Neukantianismus inspirierte Transzendentalphilosophie der Nachkriegszeit hat es bei einer grundsätzlichen Auszeichnung des Rechts belassen, vgl. etwa *Wagner*, Philosophie und Reflexion, 3. Aufl. 1980, § 28. In Flachs Ideenlehre spielt das Recht so gut wie keine Rolle, wird aber wie bei Wagner der Sphäre des Ökonomisch-Sozialen zugeordnet, *Flach*, Grundzüge der Ideenlehre. Die Themen der Selbstgestaltung des Menschen und seiner Welt, der Kultur, 1997, 144 f. mit 152 u. 156).

63 *Bauch*, Zeitschrift für Rechtsphilosophie in Lehre und Praxis 3 (1921), 1–26.

64 Ebd. 2.

65 Ebd. 3.

66 *Cohen*, Der Begriff der Religion im System der Philosophie, 1915, Kap. 1 § 1.

67 Ebd. § 6, vgl. § 8.

68 Ebd. § 9.

69 Ebd. § 15.

70 Ebd. §§ 18 f. mit 30.

71 Typischerweise hat *Bauch* einen Aufsatz über die Religion verfaßt mit einem ebenfalls vielsagenden Titel „Das Problem der Religionsphilosophie im System des transzendentalen Idealismus", Zeitschrift für Theologie und Kirche 6 (1925), 1–28.

72 *Cohen*, Logik der reinen Erkenntnis, 1902, 512.

wedes „Kulturfaktum" auch das Recht oder der Staat zu unterwerfen.[73] Laut Cohen setzte sich diese Inquisition nur „oberflächlich" ins Werk, ginge es dabei bloß um die Auszeichnung philosophischer Motive; indes ist der Wirt der philosophischen Rechnung das System der Philosophie.[74] Eine nicht vom System der Philosophie als dem „Mittelpunkt" her bestimmte „Abzweigung" des Begriffs der Philosophie bleibt „haltlos und unmotiviert".[75]

Während beim frühen Cohen in *Kants Begründung der Ethik* dieser Systembezug noch eine Form annimmt, die er später in seiner *Logik der reinen* Erkenntnis bzw. *Logik des reinen Willens* aufgegeben hat, nämlich, daß schon das Erkennen von einem Sollen geleitet wird (auch wenn dieses Sollen nicht wie bei Rickert als konstitutiv, sondern nur als regulativ gedacht wird), also nicht bloß methodisch der Logik oder Erkenntnistheorie als der philosophia prima verbunden ist, sondern sich sachlich aus ihr ergibt, bleibt sie für Natorp maßgebend: Natorp konzipiert das Sollen als regulative Idee des unendlichen Erfahrungsfortgangs. Von diesem regulativ bestimmten theoretischen Sollen gelangt Natorp zur Einbindung der Ethik in das philosophische System. Das Erkennen unterliegt bei Natorp einem ihm immanenten Sollen qua Erfüllung einer unendlichen Aufgabe der Erkenntnis dessen, was ist.[76] Der Aufgabencharakter der Erkenntnis wirft systemisch das Moment des „Wollens" ab; das Gesetz des Sollens spricht sich als „Gesetz des Wollens" aus,[77] zunächst freilich als das Wollen der Erkenntnis.[78] Die geltungsreflexive Bestimmung einer Kultursphäre gibt das Moment für die Bestimmung einer nächsten Kultursphäre her. Innerhalb der Ethik zeigt sich sodann die „Willens-Gemeinschaft", die „Vernunft der Gemeinschaft", die „soziale Vernunft" als Moment der Idee des Guten im Sinne des unbedingt Gesetzlichen.[79] Die Vernunft der Gemeinschaft besteht in der „sozialen Regelung".[80] Durch sie wird ein Wille der Gemeinschaft hergestellt. Die „rechtliche Regelung" ist Natorp zufolge die explizite Form solcher Regelung (im Unterschied von impliziten Formen wie Sitte und Brauch etwa): sie spricht sich als „Willenserklärung der Gemeinschaft" vergemeinschafteter Individuen aus.[81] Damit erfüllt das Recht die spezifische Geltungsfunktion der

73 *Cohen*, Begriff der Religion (Fn. 66), § 15.
74 Ebd. § 18.
75 Ebd. § 30.
76 *Natorp*, Philosophie. Ihr Problem und ihre Probleme: Einführung in den kritischen Idealismus, 3. Aufl. 1921, 61 ff., bes. 66 ff.
77 Ebd. 74.
78 Ebd. 75.
79 Ebd. 81 ff.
80 Ebd. 85.
81 Ebd. 86.

Regelung menschlichen Zusammenlebens als eines vernünftigen Zusammenlebens.

Cohen indes konzipiert seine *Ethik des reinen Willens* geradezu als Rechtsphilosophie: „die Ethik muss selbst als Rechtsphilosophie sich durchführen".[82] Sie handelt freilich von der „Idee des Guten".[83] Sie tut dies als eine „Lehre vom Begriff des Menschen".[84] Indem sie so grundlegende Begriffe wie Wille, Person, Handlung usw. philosophisch bestimmt, wird Cohens Ethik zur „Prinzipienlehre der Philosophie von Recht und Staat".[85] Der Begriff des Menschen ist Cohen nämlich ein normativer Begriff. Während die Logik der Erkenntnis das Sein der Natur qua Inbegriff naturwissenschaftlicher Erkenntnis als denkerzeugt ausweisen will, nimmt sich seine Ethik des reinen Willens des Seins des Sollens vor.[86] Das Wollen wird durch das Sollen als bestimmt gedacht. Näherhin ist das Sollen das „gesetzmäßige Wollen", das Wollen gemäß den Gesetzen der Ethik.[87] Die Ethik wird so zur Lehre des reinen Willens. Wie in der Erkenntnislogik, sichert der Ethik die Bezugnahme auf ein Wissenschaftsfaktum die Sachhaltigkeit der Grundlegung oder Denkerzeugung des Sollens. Für Cohen hat die transzendentale Methode von einem Wissenschaftsfaktum, vom Anspruch auf wissenschaftliche Erkenntnis, auszugehen, um die Prinzipien der Geltung solcher Erkenntnis auf- und auszuweisen. Cohens Ethik ist dabei auf das Faktum der Rechtswissenschaft abgestellt, vor allem der Staatsrechtslehre.[88] Der „reine" Wille nämlich ist nur in einer reinen, also weder empirisch noch metaphysisch konzipierten Rechtslehre ausfindig zu machen: mit dem an die „Handlung" geknüpften Recht liegt eine reine Form des Sollens vor, und zwar ein Inbegriff von normativen Sätzen. Speziell die Staatsrechtslehre entwickelt Cohen zufolge „rein" die Idee der staatlichen Rechtsordnung. Der Wille muß zur Handlung werden, und die Handlung bildet das „Grundproblem der Ethik".[89] Der Staat erweist sich dabei als das eigentliche ethische Willenssubjekt, ist hier doch die Gemeinschaft moralischer, sich selbst bestimmender Personen repräsentiert; er verkörpert die Idee des sittlichen Subjekts als einer Gemeinschaft moralischer Wesen. Der reine Wille entpuppt sich somit als die im Staat konkretisierte Rechtsordnung.[90] Cohen als Transzendentalphilosophen ist dabei klar, daß eine

[82] *Cohen*, Ethik des reinen Willens, 1904, 213.
[83] Ebd. VI.
[84] Ebd. 1ff.
[85] Ebd. V.
[86] Ebd. 26.
[87] Ebd.
[88] Ebd. 60ff.
[89] Ebd. 68.
[90] Ebd. 74.

solchermaßen konzipierte Ethik ein naturrechtliches Profil im modernen Sinne hat. Wie es heißt, bricht der „alte Zusammenhang des positiven Rechts mit dem Naturrecht" immer wieder durch.[91] „Die Rechtswissenschaft bedarf der Ethik zu ihrer eigenen Grundlegung."[92] Wie schon oben beim Marburger Neukantianer Cassirer sichtbar wurde, ist das Naturrecht strikt genommen „Vernunftrecht"; im Laufe der Geschichte wird, wie Cohen sagt, die Vernunft auch im Recht „mündig" gemacht, namentlich bei Kant und Fichte – der „hohe ethische Sinn" des Naturrechts.[93] „Das Recht des Rechtes ist das Naturrecht oder die Ethik des Rechts".[94] Zwar nimmt Cohen vielfach auf Grundbegriffe der Rechtswissenschaft Bezug, um sie als Material für die Konstitution des Begriffs des Menschen zu verwenden,[95] dennoch bietet er nicht eine auf die Grundbegriffe der Rechtswissenschaft ausgelegte Rechtsphilosophie. Diese werden, wie bei den anderen diskutierten Neukantianern, einem eigenen Erkenntnisprogramm subordiniert, bei Cohen: das einer Ethik des reinen Willens. Insofern jedenfalls konnte man die rechtsphilosophischen Arbeiten von Stammler oder Kelsen etwa als Ausarbeitungen der Cohenschen Ethik für die Begründung des positiven Rechts wahrnehmen.

Rückblickend ergeben sich mit Blick auf die gegenwärtige Forschungsliteratur mehrere Fragen, die das Thema des abschließenden dritten Teils bilden: Läßt sich die Ausarbeitung der Prinzipientheorie des Neukantianismus für das Recht als „materiale" Wertlehre begreifen, die der „formalen" neukantianischen Wertlehre Inhalt gibt? Darauf gehe ich mit Blick auf den Südwestdeutschen Rickert ein, dessen Bestimmung des Rechts ebenfalls einer näheren Betrachtung unterworfen wird, in der Absicht, zu klären, wie sich der Begriff des Rechts neukantianisch konstruieren ließe. Und bildet Kelsens Lehre von der „Grundnorm" wirklich die rechtsphilosophische Ausformulierung von Cohens Ursprungsgedanken? Bevor diese Fragen traktiert werden, bietet es sich jedoch an, eine Unterscheidung zu befragen, die sich in der neueren Literatur eingebürgert hat: die zwischen Neukantianismus und juristischem Neukantianismus.

---

[91] Ebd. 64.

[92] *Cohen*, Ethik (Fn. 82), 214.

[93] Ebd. 64 f.

[94] Ebd. 66.

[95] Vgl. dazu eingehend *Winter*, Ethik und Rechtswissenschaft. Eine historisch-systematische Untersuchung zur Ethik-Konzeption des Marburger Neukantianismus im Werke Hermann Cohens, 1980, 279 ff.

III. Probleme im Verständnis neukantianischer Rechtsphilosophie

1. Juristischer Neukantianismus?

Bekanntlich ist die Ausgestaltung des Neukantianismus zur Rechtsphilosophie hauptsächlich eine eigenständige Leistung von philosophisch, an den Grundbegriffen ihres Gegenstandsbereiches und der Methode der Erkenntnis juristischer Gegenstände interessierten Juristen. Wegen des Einflusses neukantianischer Philosophie auf die Grundlegungsdebatten in der Rechtsphilosophie und Rechtswissenschaft des frühen 20. Jahrhunderts sowie der daraus resultierenden neukantianischen Prägung der Theoriebildung, hat man von einem „juristischen Neukantianismus" gesprochen.[96] Prima facie leuchtet eine solche Qualifizierung ein. Vor dem Hintergrund der im zweiten Teil dargelegten Bestimmung des Neukantianismus sollte sie allerdings auch Anlaß für Verwunderung sein. Immerhin ist der Neukantianismus unter anderem dadurch gekennzeichnet, daß er auf Kant zurückgreift in der entschiedenen Absicht der Fortentwicklung seiner Transzendentalphilosophie.[97] Obwohl Neukantianer wie Cohen, Bauch oder Cassirer zugleich Kant-Exegeten sind,[98] bringt der spiritus rector der südwestdeutschen Neukantianer Windelband den neukantianischen Umgang mit Kant schon früh einprägsam auf den Punkt: „Kant verstehen, heißt über ihn hinausgehen",[99] d.h., ihn systematisch weiterbilden. Ins gleiche Horn stoßen die anderen Neukantianer. Cohen war es, wie er schreibt, „von vornhinein [...] um die Weiterbildung von Kant's System zu tun".[100] Rickert zufolge dürfen sich Neukantianer nur diejenigen nennen, die etwas Neues gebracht haben, und zwar so, daß sie „dadurch, daß sie auf Kant *zurück*gingen, die wissenschaftliche Philosophie zugleich *vorwärts*" führten.[101] Für Paul Natorp wird nicht „etwa diese oder jene Aufstellung Kants starr festgehalten", sondern es geht darum, daß „die Bearbei-

---

[96] Vgl. neuerdings etwa *Ziemann* (Fn. 24), 100f. Bei *Wapler* (Fn. 31), Teil § 1.1 u. Teil 3, fungiert „juristischer Neukantianismus" sogar als Überschrift.

[97] Freilich sollte man sich in bezug auf die Kant-Interpretation des Neukantianismus vor der Suggestion allzu großer Homogenität hüten (schon Cohens Kant-Deutung wurde sowohl innerhalb der Marburger Schule wie seitens der Südwestdeutschen kritisiert).

[98] Vgl. *Cohen*, Kants Begründung der Aesthetik, 1889; *ders.*, Kants Begründung der Ethik. Nebst ihren Anwendungen auf Recht, Religion und Geschichte, 2. Aufl. 1910; *ders.*, Kants Theorie der Erfahrung, 3. Aufl. 1918; *Bauch*, Immanuel Kant, 3. Aufl. 1923; *Cassirer*, Kants Leben und Lehre, 1994; *ders.*, Das Erkenntnisproblem in der Philosophie und Wissenschaft der neueren Zeit. Teil 2, 3. Aufl. 1994, 585–762.

[99] *Windelband*, Vorwort, in: Präludien I (Fn. 17), III, IV.

[100] *Cohen*, Logik (Fn. 72), VII.

[101] *Rickert*, Logos 13 (1924/25), 162, 163–166.

tung der Aufgabe, die er der Erkenntniskritik […] mit Klarheit gestellt hat, mit gesammelter Kraft aufgenommen, was er und die großen vor und nach ihm zur Lösung dieser Arbeit beigetragen haben, gewissenshaft genutzt, geklärt, vertieft und weitergeführt wird".[102] Eine Strömung, die auf den Neukantianismus zurückgreift, um ihn in rechtsphilosophischer Hinsicht weiterzubilden, wäre also strikt genommen ein Neu-Neukantianismus. Dies gilt umso mehr, als es in der praktischen Anwendung des Neukantianismus durch die Rechtswissenschaftler zu Transformationen von Theoremen eben des Neukantianismus kommt.[103]

„Juristischer Neukantianismus" ist zwar ein ungenauer, jedoch durchaus handlicher Terminus, und über Worte sich zu streiten, führt nicht immer in der Sache weiter. In diesem Fall aber liegt es anders. Über den Einfluß des Neukantianismus auf die Theoriebildung der Juristen hinaus, hat man den Neukantianismus und den juristische Neukantianismus durch folgende Charakteristika gekennzeichnet:[104] Juristische Neukantianer seien solche Juristen und/oder Rechtsphilosophen, die eine persönliche Beziehung zu neukantianischen Philosophen haben und zudem die Kriterien erfüllen, die den Neukantianismus überhaupt auszeichnen: Die Neukantianer trennen erstens Sein und Sollen, vertreten zweitens einen gegenstandserzeugenden Standpunkt und setzen sich drittens mit den Erkenntnismöglichkeiten der Wissenschaften auseinander.[105]

Nun ist das zuerst genannte Merkmal keine sachliche Auszeichnung: Kein Neuplatoniker, Neuthomist, Neukantianer oder Neuhegelianer etwa kannte den Namensgeber seiner Denkrichtung persönlich. Aber auch die sachlichen Merkmale diskriminieren für sich genommen nicht zureichend. Sie treffen beispielsweise unter anderem ebenfalls auf sozialkonstruktivistische, postmoderne oder transzendentalpragmatische Spielarten der Philosophie zu. Für den Neukantianismus ist zu den genannten Merkmalen wichtig, daß und wie er Geltungstheorie ist, daß er also auf die Prinzipien der Geltung abgestellt ist und sie aus vorliegenden Geltungsansprüchen durch eine immanente Sinnklärung dieser Ansprüche selbst versucht zu ermitteln, so daß, wie der Neukantianer Bauch es einprägsam formuliert hat, Erfahrung Anfang und Ende der transzendentalen Methode ist: Anfang in ihrer Wirklichkeit, Ende in ihrer Möglichkeit.[106] Mit

[102] *Natorp*, in: Kopper/Malter (Hrsg.), Immanuel Kant zu ehren, 1974, 236, 243.

[103] Vgl. dazu *Ziemann* (Fn. 24), 138 ff.

[104] Ich beziehe mich vor allem auf *Wapler*, die dem Begriff eingehende Betrachtungen gewidmet hat. *Ziemann* führt nur eine sehr allgemeine Beschreibung von Habermas an, die freilich die Debatte über die Eigenart des Neukantianismus nicht abbildet bzw. mit reflektiert (ebd. 24). Vgl. zur Bestimmung von „Neukantianismus" etwa *Krijnen*, Nachmetaphysischer Sinn (Fn. 3), Kap. 2, sowie die erwähnte Darstellung von *Noras* (Fn. 15).

[105] Vgl. dazu *Wapler* (Fn. 31), 148, 154 mit 29 ff.

[106] *Bauch*, Wahrheit, Wert und Wirklichkeit, 1923, 359 f.; *ders.*, Immanuel Kant (Fn. 98) 131 f.

Rickert gesprochen ist die Kultur eine wertbehaftete Wirklichkeit und damit der Ort, an dem sich die Geltung bzw. der Wert realisiert; entsprechend ist die Kultur ihm einerseits das „empirisch gegebene ‚Material'" und anderseits der „Gegenstand", der philosophisch auf seinen Begriff zu bringen ist.[107]

2. Formale versus materiale Wertlehre?

Stellt man diese methodische Disposition neukantianischer Transzendentalphilosophie in Rechnung, dann wird ebenfalls sichtbar, daß man die Durchführung einer neukantianischen Philosophie des Rechts nicht als eine „inhaltliche und materiale" Aufladung der Wert- oder Prinzipienlehre im Unterschied von einer „formalen" verstehen sollte.[108] Es ist nämlich nicht so, daß ein Kulturgebiet spezifizierender Wert zunächst formal ist und sodann inhaltlich belastet wird, sondern die Bestimmung und Unterscheidung eines Kulturgebiets ist immer schon inhaltlich spezifiziert, sonst bliebe es beim „Wert überhaupt". Zudem konstituiert ein geltungsregionaler Grundwert wie Wahrheit, Schönheit, Recht usw. die jeweilige Sinnsphäre bzw. das jeweilige Wertgebiet. Insofern ist der Wert als Konstituens konkreter Gegenständlichkeit konzipiert – eben nicht als eine abstrakte Allgemeinheit, die einer nachträglichen Aufladung mit Inhalt bedürfte. Gerade in ihrer gegenstandsermöglichenden Funktion sind Werte von einer transzendentalen Philosophie der Kultur bzw. Philosophie eines Kulturgebiets

[107] *Rickert*, Grundprobleme der Philosophie. Methodologie, Ontologie, Anthropologie, 1934, 161.

[108] So bei *Ziemann* (Fn. 24), 139. Auch für *Wapler* (Fn. 31), 157, treten nach 1920 neben die „formalen neukantianischen" Interpretationen des Wertbegriffs zunehmend „materiale Wert- und Kulturverständnisse". Wert sei dann nicht mehr „nur formale Erkenntnisbedingung, nicht nur das ‚Sollen' zum ‚Sein', sondern Teil des Seins". Dagegen findet sich eine solche Bedeutung des Seins seit 1921 schon beim Neukantianer Rickert selbst; anders als in den früheren Schriften gilt ihm der Seinsbegriff nicht mehr nur für das Reale im Gegensatz zum Geltenden, sondern für alles Denkbare überhaupt (vgl. *Krijnen*, Nachmetaphysischer Sinn [Fn. 3], 392 f.). – Zudem soll Kultur anders als bei Rickert nicht bloß auf Werte „bezogen", sondern selbst „werthaft" sein (*Wapler* [Fn. 31], 157). Auch diese Pointierung ist kurios, denn Kultur ist Rickert zufolge eben wertbehaftete Wirklichkeit und insofern selbst werthaft. – Und schließlich ist es eine Verkehrung der Sachlage, wenn es an derselben Stelle heißt, „neukantianische Theorien entwickeln die Begriffe des Wertes und der Kultur auf der Grundlage des Methodendualismus". Vielmehr ist der sog. Methodendualismus in der Erkenntnistheorie grundgelegt; er betrifft die methodologischen Erkenntnisformen im Unterschied von den konstitutiven Wirklichkeitsformen. Der Wert- und Kulturbegriff haben eine „logische", keine „methodologische" Grundlage. In *Rickerts* Grenzen heißt es entsprechend, der Begriff der „objektiven Wirklichkeit" sei nur im Zusammenhang mit den erkenntnistheoretischen Darlegungen seines Gegenstandsbuches zu klären (*Rickert*, Grenzen (Fn. 38], 37 Anm.). Vgl. dazu auch *Rickert*, Gegenstand (Fn. 23), 404 Anm. 1, wo Rickert den Hauptinhalt der Grenzen mit Blick auf die methodologischen Formen bestimmt.

auf den Begriff zu bringen. In der Transzendentalphilosophie ist der „Wert", der „Begriff", das „Prinzip", die „Idee" nicht als bloß formal gedacht. Ebendies macht nach Kant, auch wenn er das Verhältnis von „Verstand" und „Sinnlichkeit" anders konzipiert als die Neukantianer, den transzendentalen Gesichtspunkt schon der Logik aus. Eine transzendentale Logik abstrahiert nicht vom Inhalt, sondern dem Denken eignet ein materialer Gebrauch, den es zu bestimmen gilt.

Rickerts Ausführungen zur Methodik philosophischer Erkenntnis und zum damit verbundenen Allgemeinheitscharakter ihrer Begriffe mögen dies erhellen:[109] Obwohl Philosophie immer „generalisierende Erforschung der irrealen Sinngebilde" ist,[110] unterscheidet Rickert bezüglich der Abstraktion in dieser Generalisierung eine generalisierende Abstraktion der Gattungsallgemeinheit von der isolierenden Abstraktion philosophischer Begriffsbildung. Im Einklang mit seiner Heterologie, d.i. seiner Lehre von der Grundstruktur des Denkens, aus der hervorgeht, daß Inhalt selbst ein formaler Faktor der Erkenntnis ist, sind Begriffe im Sinne von Prinzipien nicht als abstrakte Allgemeinheiten und Produkte generalisierender Abstraktion zu denken, sondern als Konstituentien konkreter Gebilde. Entsprechend sucht die Philosophie nicht den allgemeinen Begriff von Individuellem, sondern den allgemeinen Begriff eines Allgemeinen.[111] Methodisch geht sie dabei in der Weise der „isolierenden Abstraktion" vor,[112] d.i. die Methodik der Geltungsreflexion. Indem Rickert von dieser geltungsreflexiven Reduktion auch als von einer „isolierenden Abstraktion", einer „zu Ende geführten Subtraktion"[113] oder „allmählichen Verminderung"[114] spricht,[115] sogar die Form des Subjekts bisweilen als „nur leere Form"[116] bestimmt, beschwört er – ganz entgegen seiner Intention und Durchführung – den von Grund auf verfehlten, aber populären „Formalismusvorwurf" geradezu herauf.[117] Indes ergibt sich im Zuge seiner Heterologie Inhalt selbst als eine Form des logischen Denkens.[118] Entsprechend weist Rickert das Bewußtsein über-

---

[109] Vgl. *Krijnen*, Nachmetaphysischer Sinn (Fn. 3), 179 ff. mit 288 ff.

[110] *Rickert*, Grenzen (Fn. 38), 597.

[111] *Rickert*, in: Faust (Hrsg.), Unmittelbarkeit und Sinndeutung. Aufsätze zur Ausgestaltung des Systems der Philosophie, 1939, 9, 27 ff.

[112] Ebd. 29.

[113] *Rickert*, Gegenstand (Fn. 23), 41.

[114] Ebd. 57.

[115] Geglückter ist m.E. die Rede vom „Prinzip fortschreitender Desobjektivierung" (ebd. 55).

[116] Ebd. 59 u.ö.

[117] Vgl. zu diesem Vorwurf *Krijnen*, Nachmetaphysischer Sinn (Fn. 3), 295 ff.

[118] *Rickert*, Das Eine, die Einheit und die Eins. Bemerkungen zur Logik des Zahlbegriffs, 2. Aufl. 1924, 11 ff.; *ders.*, System (Fn. 8), 52 f. Dazu *Krijnen*, Nachmetaphysischer Sinn

haupt als „Inhaltsbewußtsein überhaupt"[119] aus. Folgerichtig moniert er das Verständnis des Wertes als einer bloß „abstrakten Allgemeinheit" und die Verwechslung der Wertgeltung mit der abstrakten Gattungsallgemeinheit eines Wertgehalts.[120]

Die Formalität des recht verstandenen Formalen besteht in seiner Funktion, Bestimmungsbedingung des Konkreten zu sein.[121] Als logisch Primäres enthält es die Bestimmungen des Konkreten in seiner Konkretheit. Für eine Transzendentalphilosophie auf der Reflexionsstufe Rickerts kann es nichts Denkfremdes, nichts Nicht-Geltungsartiges, nichts nicht aus der Geltung selbst Konstituiertes geben, sondern höchstens Stufen relativer Ursprünglichkeit. Bezüglich der theoretischen Sphäre beispielsweise reichen diese von der Ursprungssynthesis des Denkens im Modell eines Gegenstandes überhaupt bis hin zur Konstitution des konkret-gegenständlichen Sinns durch methodologische Erkenntnisformen. Sie ergeben so ein System von Werten, die den theoretischen Sinn prinzipiieren, ein System, das selbst wiederum Teil des Systems der Werte ist. Auch das Recht wäre ein solches System: ein System von Rechtsbestimmungen, das seine Stelle im System der Werte hat. Diese Stelle exponiert die grundlegende Bestimmung des Rechts. Sie ließe sich sodann hinsichtlich konkreterer Rechtsbestimmungen ausarbeiten.[122] Zunächst aber: Wie ist der Rechtswert bestimmt?

(Fn. 3), 241 ff.; *Flach*, Negation und Andersheit. Ein Beitrag zur Problematik der Letztimplikation, 1959.

[119] *Rickert* (Fn. 111), 26.

[120] *Rickert*, Die Probleme der Geschichtsphilosophie, 3. Aufl. 1924, VIII.

[121] Die intrinsische, wechselseitige und wohlgeordnete Beziehung von Prinzip und Konkretum ist im Neukantianismus klar gesehen und prägnant herausgearbeitet worden. Vgl. dazu etwa: Windelbands Auffassung der Synthetizität des Bewußtseins – *Windelband*, Immanuel Kant, in: Präludien (Fn. 17), Bd. I, 112–146; *ders.*, Kulturphilosophie (Fn. 23); *ders.*, Prinzipien der Logik, in: Ruge (Hrsg.), Encyclopädie der philosophischen Wissenschaften I, 1912, 1–60. Rickerts „Gegenstandsmodell", das Inhalt als logisch äquivalenter „formaler" Faktor innerhalb der noematischen Geltungsstruktur konzipiert – *Rickert*, Das Eine (Fn. 118), 8 ff.; *ders.*, System (Fn. 8), 50 ff. – bzw. Rickerts Ablehnung einer abstrakt-allgemeinen Fassung des „Wertes" oder der „Form" – *Rickert*, Das Eine (Fn. 118), 51 f.; *ders.*, Geschichtsphilosophie (Fn. 120), VIII; *ders.*, Kulturwissenschaft und Naturwissenschaft, 6. Aufl. 1926, 170 f. Anm. 2; *ders.*, Grenzen (Fn. 38), 702 ff.; *ders.*, Grundprobleme (Fn. 107), 175. Bauchs Bestimmung des Logischen als „abstrahent" und „konkreszent" – *Bauch*, Kant-Studien 19 (1914), 303, 325 f.; *ders.*, Wahrheit (Fn. 106), 283 f.; *ders.*, Die Idee, 1926, 133 f. – bzw. des Begriffs als „allgemeiner Bedingung des Besonderen" – *Bauch*, Wahrheit (Fn. 106), 276 ff.; *ders.*, Die Idee, 131. Cassirers Unterscheidung des „Substanzbegriffs" vom „Funktionsbegriff" – *Cassirer*, Substanzbegriff und Funktionsbegriff. Untersuchungen über die Grundfragen der Erkenntnistheorie, 4. Aufl. 1976.

[122] Unpräzise ist auch die Wendung, es komme im juristischen Neukantianismus zu einer „funktionalen" Transformation des Wertbegriffs, da er über seine „ursprünglich erkenntnistheoretisch-methodologische Funktion" eine „praktische Wendung" erfahre: er sei nicht nur

3. Der Rechtswert in Rickerts System der Werte?

Bekanntlich ist es für Rickert sehr wichtig, daß eine Philosophie spezifischer Wertsphären nur auf der Grundlage logischer und methodischer Bestimmungen möglich ist. Wie für die Transzendentalphilosophie typisch, gründet Ontologie in Erkenntnistheorie und Methodologie, d.i. in den Formen theoretischer Erkenntnis von Gegenständen. Rickerts Methodologie wissenschaftlicher Begriffsbildung ist, wie im vorhergehenden Abschnitt angedeutet, keine abstraktionstheoretische Konzeption. Anstatt den Bezug zur „wirklichen Welt" preiszugeben, versteht sie, dem transzendentalen Ansatz gemäß, die wissenschaftliche Begriffsbildung in ihrer *objektiven* Bedeutung, überwindet also geradezu den wirkungsmächtigen Subjekt-Objekt-Dualismus: Methodologische Prinzipien bestimmen mögliche Objekte eines jeweiligen Forschungsgebiets.

Näherhin unterscheidet Rickerts Methodologie der empirischen Wissenschaften Natur- und Kulturgegenstände: Während die Natur in der Perspektive der Naturwissenschaften als wert- oder sinnfreie Wirklichkeit gedacht ist, konzipieren die Kulturwissenschaften Kultur als eine sinnvolle oder wertbehaftete Wirklichkeit. Rickerts Methodologie bestimmt jedoch nicht, was es für Kulturphänomene gibt: Um die Kultur in ihrer konkret-inhaltlichen Bestimmtheit zu bestimmen, muß die methodologische, allgemein: die logische Thematisierung ergänzt werden, und zwar durch ein philosophisches System der Werte, sind es doch Werte, die die kulturelle Wirklichkeit konstituieren. Die Logik fordert also ihre Ergänzung durch eine Philosophie der Prinzipien (Werte) der Kultur, die die Kultur sowohl in ihrer Einheit als in ihrer Vielheit versteht, d.h. die verschiedenen Wertsphären und deren Grundlage begreift. Den südwestdeutschen Neukantianern zufolge sind die Prinzipien der kulturellen Wirklichkeit Werte; um sie zu finden und zu bestimmen, müssen Kulturwissenschaft und Philosophie miteinander verbunden werden: Die Kulturwissenschaft liefert „Material" für die philosophische Reflexion; die Philosophie als Philosophie der Werte thematisiert die Wert- oder Geltungsbestimmtheit dieses kulturellen Materials und systematisiert es.

Werte lassen sich nur als Teil eines Systems der Werte zureichend rechtfertigen, d.i. in ihrer Geltung bestimmen, also nicht als irgendein positivistisch oder

„Garant für die Objektivität kultureller Wirklichkeitserkenntnis", sondern bezeichne nunmehr auch ein „zu verwirklichendes Ziel" (*Ziemann*, (Fn. 24), 140). Schon der Wert ist als Aufgabe auf das konkrete Subjekt bezogen; das konkrete Subjekt schafft Kultur, indem es sich auf Werte bezieht und sie „realisiert". Rickert hat sogar die Dimension des Praktischen als die der Realisierung von Werten verstanden (vgl. *Krijnen*, Dasein der Freiheit [Fn. 20]). – Unbeschadet dessen, daß die systematischen Bewertungen und Interpretationen auch Anlaß zu kritischem Nachfragen geben, sind die Waplersche und Ziemannsche Arbeit ungemein informativ was den Einfluß des Neukantianismus auf die Rechtsphilosophie betrifft.

metaphysisch „Gegebenes". Dies gilt für jedweden Wert, folglich auch für Werte wie Sozialität oder Gerechtigkeit. Durch ihre spezifische Stelle im System der Werte werden sie als absolute Werte begründet, d.i. als Werte, die dem Menschen als eines Subjekts seines Denkens und Handeln intrinsisch zugehören, also seine Bestimmung als vernunftbegabtes Wesen ausmachen. Die jeweiligen (spezifischen) Kulturgebiete sind konstituiert durch die jeweiligen (spezifischen) Werte (Prinzipien). Indem die Kulturgebiete als Teile eines umfassenden Systems der Werte gedacht werden, werden sie zugleich in ihrer spezifischen Wertbestimmtheit bestimmt. Rickert bietet uns einen transzendentalen, nicht-metaphysischen Begriff eines solchen Wertsystems. Seine Grundlegung etwa der sozialen Wirklichkeit integriert die methodologische Perspektive wissenschaftlicher Begriffsbildung und die Perspektive des Systems der Werte. Durch diese Kombination von Methodologie und Systemdenken vermag Rickert es, Normativität in nicht-naturalistischer Weise methodologisch zu begreifen und zugleich zu vertreten, daß das Soziale – und damit auch das Recht – ein objektiver Wert ist, dem Subjekte sich unterwerfen sollen.

Was die Stelle des Rechts im System der Rickertschen Philosophie der Werte betrifft, muß man in Rechnung stellen, daß Rickert von der Perspektive des Systems her gesehen die Ethik als eine „Sozialethik" denkt.[123] *Innerhalb* dieser Sozialethik im weiten Sinne unterscheidet Rickert eine Individualethik von einer Sozialethik im engen Sinne. Diese nimmt nicht, wie die Individualethik, das Individuum – das im Rahmen der Ethik stets ein soziales Individuum ist – in den Blick, sondern richtet sich auf die sozialen Verhältnisse zwischen den Individuen. Sie führt bei Rickert zum Problem der „überpersönlichen" Güter. Die Philosophie des Rechts gehört zur Sozialethik im engen Sinne. Tatsächlich argumentiert Rickert im Kontext einer Kritik der Naturrechtsdoktrin für ein allgemeingültiges „normatives Recht", für einen gültigen „*Wert*begriff des Rechtes"[124] also; für einen Begriff, der damit zwar formal im transzendentalen, nicht aber formal im abstrakten Sinne ist. Gleichwohl fristet das Recht in Rickerts Wertphilosophie ein Schattendasein: Rickert macht zwar vereinzelte Bemerkungen zum Recht, entwickelt jedoch keine eigene Philosophie des Rechts, die den Gehalt des Wertbegriffs des Rechts Definitheit verleiht.

---

[123] Vgl. *Rickert*, System (Fn. 8), 328ff.; *ders.*, Kant-Studien 19 (1914), 182, 214ff.; *ders.*, Grundprobleme (Fn. 107), 188ff.

[124] *Rickert*, Grenzen (Fn. 38), 724.

4. Kelsens Grundnorm als Ausgestaltung des Hypothesis-Gedankens Cohens?

Die Berücksichtigung der methodischen Disposition neukantianischer Transzendentalphilosophie macht noch ein Weiteres sichtbar. Es handelt sich geradezu um ein Kuriosum, das diesmal eine These nicht von Juristen, sondern von Neukantianismusforschern betrifft, und zwar bezüglich Kelsen.

Gelegentlich wird Kelsen zum juristischen Neukantianismus gerechnet.[125] Zweifelsohne hat er sich eingehend mit sowohl dem südwestdeutschen als auch dem Marburger Neukantianismus beschäftigt. Er behauptet geradezu, seine *Reine Rechtslehre* könne „in Analogie zur Kants Erkenntnistheorie“ als eine „transzendentallogische Rechtfertigung der Geltung des positiven Rechts“[126] aufgefaßt werden. Während aus der Perspektive Kants und des südwestdeutschen Neukantianismus diese Einschätzung Kelsens als „Verballhornung“ beurteilt wurde,[127] begrüßen renommierte Cohen-Forscher Kelsens Grundnorm als das Ergebnis einer Anwendung der transzendentalen Methode Cohens auf die Rechtswissenschaft.

Allen Gegenwärtigen voran ist Helmuth Holzhey dem Verhältnis von Kelsen und Cohen aus philosophischer Sicht nachgegangen.[128] Holzhey ist der Auffassung, Kelsens *Reine Rechtslehre* stelle eine „Gestalt des Vernunftrechts dar, wie sie durch Hermann Cohen vollzogen wurde“.[129] Entscheidend für diese Beurteilung ist, daß Kelsens Grundnorm als Geltungsgrund der Rechtsordnung im

---

[125] *Wapler* (Fn. 31), 155. – Vgl. zum Thema „Kelsen und Neukantianismus“ die Sammelbände von Alexy/Meyer/Paulson/Sprenger (Fn. 31) und Langford (Hrsg.), Hans Kelsen and the Natural Law Tradition, 2019, sowie Bryan/Langford/McGarry (Hrsg.), The Foundation of the Juridico-Political. Concept Formation in Hans Kelsen and Max Weber, 2016. Zusätzlich zu den in diesem Abschnitt erwähnten Arbeiten zu Cohen und Kelsen vgl. noch *Heidemann*, Die Norm als Tatsache. Zur Normentheorie Hans Kelsens. 1997, sowie die zahlreichen Studien von *Paulson*, etwa in: Heinz/Krijnen (Hrsg.), Kant im Neukantianismus. Fortschritt oder Rückschritt?, 2007, 149–165; *ders.*, in: Krijnen/Noras (Fn. 12), 141–162; *ders.*, in: Krijnen/Zeidler (Hrsg.), Wissenschaftsphilosophie im Neukantianismus. Ansätze – Kontroversen – Wirkungen, 2014, 259–281.

[126] *Kelsen*, Vom Geltungsgrund des Rechts, 1960 (zit. nach Klecatsky/Marcic/Schambeck [Hrsg.], Die Wiener rechtstheoretische Schule. Schriften von Hans Kelsen, Adolf Merkl und Alfred Verdross, 1968), 1417, 1427. Siehe *Kelsen*, Die philosophischen Grundlagen der Naturrechtslehre und des Rechtspositivismus (1928), ibid. 281, 339.

[127] *Krijnen*, in: Özmen (Hrsg.), Hans Kelsens politische Philosophie, 2017, 79, 81.

[128] *Holzhey*, in: Fischer/Mock/Schreiner (Hrsg.), Hermeneutik und Strukturtheorie des Rechts, 1984, 99–110; *ders.*, in: Paulson/Walter/Hammer (Hrsg.), Untersuchungen zur Reinen Rechtslehre, 1986, 167–192; *ders.*, in: Weinberger/Krawietz (Hrsg.), Reine Rechtslehre im Spiegel ihrer Fortsetzer und Kritiker, 1988, 47–75.

[129] *Holzhey*, in: Fischer/Mock/Schreiner (Fn. 128), 100. Vgl. auch *ders.*, in: Paulson/Walter/Hammer (Fn. 128), etwa 186.

Sinne einer „rechtslogischen Voraussetzung" fungiere.[130] Holzhey unterstreicht zu Recht, für Kant sei die Grundlage des positiven Rechts in der bloßen Vernunft zu suchen.[131] Die normative Rechtsidee sei vernünftigen „Ursprungs".[132] Näherhin bilde das Prinzip des Rechts die Vereinigung der Willkür aller nach einem allgemeinen Gesetz der Freiheit; Freiheitssicherung sei der Zweck des Rechts.[133] Für Holzheys These indes spielt diese inhaltliche Bestimmung des Rechtsprinzips keine Rolle. Vielmehr stellt er ganz auf das ab, was er als die „methodische Vernünftigkeit des Rechts" bezeichnet.[134] Zwar macht Holzhey kenntlich, daß mit dieser methodischen Orientierung der „ethisch-naturrechtliche Sinn" der Ethik Cohens preisgegeben werden muß, die „inhaltlichen Momente" also der Methode geopfert werden; dies müsse jedoch als eine Konsequenz der Cohenschen „Abarbeitung naturrechtlicher Traditionen" aufgefaßt werden.[135] Allerdings sei es nicht mit Cohens Begriff der Reinheit konform, wie Kelsen die Rechtslehre von der Ethik zu lösen.[136] Mittels der Methode der Reinheit erzeuge Cohen die Grundbegriffe, die Grundlage seiner Rechtsphilosophie; die Methode der Reinheit sei ein Erkenntnisvorgang. So kommt es zu Holzheys These: Kelsens Theorie der Grundnorm bilde „rechtstheoretisch Cohens Lehre vom Ursprung der Erkenntnis im Denken ab".[137] Sie ist seines Erachtens die „transzendentale Geltungsbedingung eines Systems von Rechtsnormen".[138] Dabei gibt Holzhey Kelsens Grundnorm in derjenigen Fassung wieder, die besagt, man solle sich gemäß der Verfassung verhalten.[139]

Schon diese Formulierung hätte aus transzendentalphilosophischer Sicht stutzig machen sollen, gerade wenn man einsetzt mit Kants Bestimmung der Sicherung der äußeren Willkürfreit als Zweck des Rechts. Oder um es mit einer Wendung aus Kants *Kritik der reinen Vernunft* zu sagen: Im Unterschied von einer „allgemeinen" Logik (bloß formalen Logik), abstrahiert eine „transzendentale" Logik gerade nicht vom Inhalt der Erkenntnis, sondern denkt die logischen Bestimmungen als Inhaltsbestimmungen; sie geht, wie Kant sagt, auf den „Ursprung" unserer Erkenntnisse,[140] denkt die Form also als Inhalt formende Form. Im Falle des Rechts formt die Form den Inhalt des Rechts. Der Inhalt des

---

130 *Holzhey*, in: Fischer/Mock/Schreiner (Fn. 128), 100.
131 Ebd.
132 Ebd. 101.
133 Ebd.
134 Ebd. 104ff.
135 Ebd. 104.
136 Ebd. 105.
137 Ebd. 106.
138 Ebd. 107.
139 Ebd. 106.
140 *Kant*, AA Bd. V, B 79f.

Rechts ist entsprechend als Bestimmung der Freiheit konzipiert. Positives Recht hat als Recht dieser freiheitsfunktionalen Ausrichtung zu genügen. Bekanntlich ist in Cohens Ethik die Bestimmung des Menschen qua sittliches Wesen thematisch. Mit Blick auf das Recht formuliert: Gerechtigkeit ist das Grundprinzip des Rechts, wie Cohen auch sagt: „Die Gerechtigkeit ist die Tugend des Rechts und des Staates".[141] Hingegen ist Gerechtigkeit als Rechtsprinzip bei Kelsen ausdrücklich nicht vorgesehen. Kelsens Grundnorm zeichnet sich durch eine formale Rationalität aus, die abstrahiert vom Inhalt: Jeder Inhalt kann bei Kelsen Recht sein, vorausgesetzt, das Rechtserzeugungsverfahren ist korrekt.[142]

Die Ineinssetzung von Cohens Ursprung mit Kelsens Grundnorm ist in einem doppelten Sinne formalistisch. Zum einen reduziert sie Geltungsprinzipien auf bloße Erzeugungsprinzipien (es tritt gewissermaßen Kants subjektive Deduktion an die Stelle einer objektiven Deduktion reiner Begriffe)[143], läßt also den zu erzeugenden Inhalt – Recht als vernünftige Freiheitsbestimmung – beiseite. Zum anderen sieht sie vom Inhalt der Kelsenschen Grundnorm ab. Denn die Grundnorm wird durch den Rekurs auf eine „historisch erste Verfassung" als notwendige Bedingung des Rechts abgestützt. Diese historische Verfassung

---

[141] *Cohen*, Ethik (Fn. 82), 565. Es ist für Cohen sodann die Gerechtigkeit, die sich zur Methodik, nämlich zur Rechtswissenschaft ausbildet (ebd. 566 f.). Das Naturrecht als Ethik ist die Vorgabe für die Rechtswissenschaft; die Rechtswissenschaft hat darin ihre Selbständigkeit, „dass sie das ewig, ungeschriebene Recht, das ethische Gesetz in Begriffen schreibt" (ebd. 567). Die „ethische Legitimation" der Rechtswissenschaft entspringt der Forderung der „Methodik" durch die „Tugend der Gerechtigkeit" (ebd.). Gerechtigkeit ist also die „Tugend der Rechtsphilosophie" (ebd. 570, vgl. 568). Ob das positive Recht in seinen grundlegenden Begriffen im Einklang steht mit der Ethik (Naturrecht, Rechtsphilosophie) ist für Cohen geradezu eine „Gewissensfrage" der Jurisprudenz (ebd. 571).

[142] Kelsens Reine Rechtslehre folgt ganz dieser Konzeption des Rechts: Die Grundnorm fungiert als Geltungsgrund des positiven Rechts, *Kelsen*, Reine Rechtslehre, 2. Aufl. 1960, 8. Sie ist eine Regel für die Erzeugung eines Systems des positiven Rechts und daher rein formal (ebd. 99). Sie delegiert die Rechtserzeugungskapazität einer bestimmten Rechtsautorität, ohne diese irgendwie inhaltlich einzuschränken; die Geltung hängt ausschließlich an der grundnormgemäßen Erzeugung: Gerechtigkeit ist kein Kriterium der Geltung des Rechts (ebd. 201, vgl. 199 ff., 50 f.). Siehe zur Lehre von der Grundnorm als Grundlage des positiven Rechts auch *Kelsen*, Die Idee des Naturrechts (1927/28), in: Die Wiener rechtstheoretische Schule (Fn. 126), 245, 255 ff.; *ders.*, Naturrechtslehre und Rechtspositivismus (Fn. 126), §§ 3 f., 9 f., 35 ff.; *ders.*, Geltungsgrund (Fn. 126), 1427.

[143] Vgl. dazu *Krijnen*, Zeitschrift für philosophische Forschung 62 (2008), 254–273 In der ersten Auflage der Kritik der reinen Vernunft unterscheidet Kant eine subjektive von einer objektiven Deduktion (A XVI f.). Auf diese kommt es Kant an. Sie betrifft nämlich den Nachweis der Gültigkeit der reinen Verstandesbegriffe als Grundbestimmungen des Gegenstandes, jene hingegen das geltungsfunktionale Zustandekommen der Gegenstandskonstitution, den Erkenntnisvollzug. Dieser Vollzug als Geltungsvollzug hat nur auf der Grundlage der objektiven transzendentalen Bedingungen selbst objektiven Wert und objektive Gültigkeit.

bildet bei Kelsen die meist fundamentale Ebene der normativen Hierarchie der Rechtsordnung. Sie sei keiner weiteren Begründung fähig. An ihr hängt gleichwohl die intersubjektive Verbindlichkeit des Rechts. So gesehen ersetzt die historisch erste Verfassung formaliter den Begriff der Gerechtigkeit. Recht gilt Kelsen immer nur relativ und hypothetisch; es gründet nicht in einem objektiven Prinzip, sondern ist das Ergebnis menschlicher Leistungen gemäß eines generativen Rechtserzeugungsverfahrens. Der Wert dieses Verfahrens ist Kelsen zufolge selbst „hypothetisch" „vorausgesetzt"[144]: *Falls* vorausgesetzt wird, daß eine gewisse Institution autorisiert ist, Rechtsnormen zu setzen, *dann* ist richtiges Recht Recht, das durch dieses Rechtsorgan erzeugt ist. Diese Voraussetzung einer höchsten Rechtsautorität, etabliert durch die Grundnorm, ist der Geltungsgrund der Normativität eines Rechtssystems. Innerhalb der Sphäre des positiven Rechts bleibt die Geltung dieser Voraussetzung jedoch, wie Kelsen sich ausdrückt, „unbegründet und unbegründbar".[145] Transzendentalphilosophisch gesehen aber ist eine solche Grundbestimmung des Rechts mitnichten „Denken", „Vernunft" o. ä. Vielmehr besagt sie gerade die Absicherung der Grundnorm in einem vorgegebenen (wenn auch fingierten) Faktum. Immer wieder betont Kelsen, daß nicht nur Gott oder die Natur als Geltungsgrundlage zu fungieren vermag, sondern eben auch die Vernunft vermag es nicht. Vernunft in diesem pejorativen Sinne ist dann gedacht als eine objektive Vernunft im Unterschied von einer menschlichen, subjektiven. Kelsen präsentiert Kant in diesem Kontext unermüdlich als Metaphysiker, und damit als Repräsentanten der Naturrechtstradition im Kelsenschen Sinne.[146] Dies paßt gut zu der Identifikation von (objektiver) Vernunft als Grund von Normativität mit Gott, die Kelsen fortwährend und umstandslos vornimmt. Diese Kelsensche Identifikation läuft schließlich auf die These hinaus, die Naturrechtslehre gründe in einem religiös fundierten Begriff von Normativität, nicht auf „rationalen Argumenten", auf „logisch-rationalem Denken".[147] Noch abgesehen davon, daß Kelsens Kant-Deutung bezüglich der Grundlage von Normativität derjenigen der Neukantianer diametral entgegengesetzt ist, konzipieren sie die Vernunft als Nicht-Metaphysisches, als Subjektivität im Sinne eines Inbegriffs von Prinzipien, die als Gel-

---

[144] Vgl. *Kelsen*, Idee (Fn. 142), 256 f.; *ders.*, Naturrechtslehre und Rechtspositivismus (Fn. 126), § 4; *ders.*, Geltungsgrund (Fn. 126), 1421 ff.; *ders.*, Die Rechtswissenschaft als Norm- oder Kulturwissenschaft (1916), in: Die Wiener rechtstheoretische Schule (Fn. 126), 37, 75.

[145] *Kelsen*, Idee (Fn. 142), 256.

[146] Vgl. zu Kelsens Vernunftbegriff samt Belegen *Krijnen* (Fn. 127).

[147] *Kelsen*, Die Grundlagen der Naturrechtslehre (1963), in: Die Wiener rechtstheoretische Schule (Fn. 126), 869, 873. Kelsen bemüht sich, den theologischen Charakter der Naturrechtslehre durch historische Studien untermauern. Siehe *Kelsen*, Geltungsgrund (Fn. 126), 1421, 1425; *ders.*, Idee (Fn. 142), 257; *ders.*, Reine Rechtslehre (Fn. 142), 404 ff.

tungsgrund für jedwede Objektivität fungieren. Dagegen verfügt Kelsen nur über einen subjektiven Begriff von Vernunft oder Rationalität. Dies führt ihn unter anderem zu seinem positivistischen Ansatz in der Konstruktion des Rechts, seiner Auffassung der hypothetischen Gültigkeit von Normen sowie seinem wissenschaftlichen Abschied vom Begriff der Gerechtigkeit als Inhalt des Rechts. Er verzichtet also auf die objektive Bedeutung der Vernunft, während sie für die Transzendentalphilosophie zwecks Bestimmung des Rechts wie eines jedweden anderen Kulturphänomens ausschlaggebend ist.[148]

Auch für Cohen ist es die Eigengesetzlichkeit der Vernunft, die als Geltungsgrundlage fungiert. Mit Kelsen wendet er sich zwar gegen metaphysische und naturalistische Normativitätsverständnisse, an deren Stelle tritt jedoch die Vernunft. Er buchstabiert sie freilich nicht als spekulativen Idealismus, sondern als kritischen Idealismus aus. Gleichwohl ist seine Philosophie des Rechts vom Ursprung her freiheitsfunktional ausgerichtet. Ein „neukantianischer Vernunftbegriff", der bloß auf der „Methode der Erzeugung" aufbaut,[149] ist mit Blick auf Kelsen unterbestimmt. Auch in der methodischen Bestimmtheit ist das Woraufhin der Erzeugung in Rechnung zu stellen. Wenn die „transzendentale Methode" auf den „Nachweis des Gesetzesgrundes" von Vernunftleistungen des Menschen ausgerichtet ist,[150] dann ist dieser Gesetzesgrund die Vernunft und keine durch Vernunft angenommene externe Größe wie eine historisch erste Verfassung. Konstituiertes träte an die Stelle von Konstituierendem, Sein an die Stelle

[148] Interessanterweise hat *Schild*, ARSP Suppl. 1 (1983), Bd. IV, 425–435, Kelsens Reine Rechtslehre deshalb als eine versteckte Naturrechtslehre qualifiziert, weil sie wie das klassische Naturrecht das Sollen (Geltung des rechtlichen Sinnes) wie ein Sein im Sinne eines vorgegebenen Gegenstandes behandelt. Daran ändere auch die Lehre von der Grundnorm nichts, denn sie vermöge die Verbindlichkeit des Sollens nicht im Modus der Theorie zu begründen. Die Rechtswissenschaft sei als Wissenschaft außerstande Inhalte zu formulieren, komme über gerechtigkeitsindifferente Strukturzusammenhänge nicht hinaus. So aber werde man dem Recht als Problem menschlicher Freiheit nicht gerecht. Der Anspruch auf Verbindlichkeit, den Rechtsvorschriften erheben, müsse als Freiheitsbestimmung verstanden werden können: Das Recht sei kein „vorgegebener Gegenstand, sondern Wille, der den Anspruch stellt, allgemein (verbindlich, gerecht) zu sein" (ebd. 435). Im Grunde klagt Schild gegen Kelsen jene Vernunftdimension ein, die Cohen als die „Gewissensfrage der Jurisprudenz" bezeichnete (vgl. oben). Vgl. zu Kelsens „völliger Trennung" von „Positivität und Legitimität" bzw. „Gerechtigkeit" und dem Sollen als bloß formales, das nur als rechtliches im Sinne der Existenz positiven Rechts „gilt" – also als „vorgegebenen Gegenstand" –, etwa auch *Schild*, in: Memoria del X Congreso Mundial Ordinario de Filosofia del Derecho y Filosofia Social, Mexico City 1981, Bd. V, 179, 180. Hier heißt es pointiert, letztlich müsse Kelsens Reine Rechtslehre darauf verzichten, „das positive Recht selbst zu begreifen" (ebd. 191). Diese Stellungnahme macht nur zu deutlich, wie unendlich weit eine solche Theorie davon entfernt ist, eine rechtsphilosophische Ausarbeitung von Transzendentalphilosophie zu sein.

[149] *Holzhey*, in: Paulson/Walter/Hammer (Fn. 128), 167.

[150] Ebd. 175.

von Denken. Nicht nur, daß eine immer vorausgesetzte Grundnorm in Anschlag gebracht wird, ist für den kritischen Idealismus das Entscheidende, sondern auch wie und in welcher Bestimmtheit sie in Anschlag gebracht wird.

Laut Holzhey gibt es zwar einen Unterschied zwischen Kelsens Rechtsfundierung ohne „Ethik" bzw. „Naturrecht" und Cohen. Immerhin konzipiere Cohen seiner ethischen Profilierung entsprechend die Grundnorm als „Sittengesetz", als fundiert in der „Gesetzgebung praktischer Vernunft"; das praktische Gesetz werde als etwas „vernünftig-Allgemeines" begriffen. Dieser Unterschied solle jedoch „nicht zu groß gesehen werden".[151] Dagegen liegen gerade in diesem Unterschied (trotz aller Kritik Cohens an Kants materialem Apriori der Rechtslehre) Welten der Philosophie als radikaler Fundierungslehre.[152] Der

---

[151] Ebd. 186.

[152] Wie bei Holzhey, bildet auch für *Edel*, in: Zurbuchen/Schmid (Hrsg.), Grenzen der kritischen Vernunft. Helmut Holzhey zum 60. Geburtstag, 1997, 178, 180, die Grundnorm das „transzendentallogische Fundament" der Kelsenschen Reinen Rechtslehre; Kelsen könne sich durchaus auf Cohens erkenntnistheoretische Grundeinstellung berufen (ebd. 184); die Grundnorm sei Hypothesis nicht nur insofern, als sie sich aus der gleichnamigen Methode Cohens ergebe, sondern auch im Sinne von Grundlegung (ebd. 188), „Hypothesis im Sinne Cohens", „transzendentallogisch notwendige Voraussetzung" (ebd. 191 f.). Obwohl *Pascher*, Einführung in den Neukantianismus. Kontext – Grundpositionen – praktische Philosophie, 1997, 157, durchaus sieht, daß es Cohen, anders als Kelsen, „letztlich" darum geht, eine bestimmte Rechtsordnung als „gerecht" auszuweisen, hält er die Grundnorm für das „spezifisch neukantianische Element in der Theorie Kelsens" (ebd. 169). – Allerdings finden sich auch andere Beurteilungen der Sachlage als diejenigen Holzheys und Edels, die das im Haupttext Ausgeführte unterstützen: Für *Gigliotti*, in: Holzhey (Hrsg.), Ethischer Sozialismus. Zur politischen Philosophie des Neukantianismus, 1994, 166, 182 ff., bleibt die Grundnorm laut Kelsen innerhalb der Sphäre des positiven Rechts zwar unbegründbar, deren Grundbegriffe mittels der transzendentalen Methode zu legitimieren, gehöre jedoch zur Aufgabe der Cohenschen Ethik; auch das Sollen werde als kategoriale Form interpretiert. Zu Cohens transzendentalisierter Konzeption des Naturrechts im Unterschied vom klassischen Naturrecht vgl. *Schmid*, Zeitschrift für philosophische Forschung 47 (1993), 408–421. Für Schmid gründet das positive, nach Kelsen durch menschliche Tat gesetzte Recht in der immer vorausgesetzten, nicht erzeugten Grundnorm. Schmid zeigt sodann, daß gerade Cohen diese Grundnorm als Bedingung des positiven Rechts „hinterfragt", und zwar, indem er deren „Vernünftigkeit" und damit die des gesamten Rechtssystems aufdeckt: die Verfassung werde einer rechtsethischen Reflexion unterzogen (ebd. 412). Während Cohen einerseits das klassische Naturrecht als ein dem positiven Recht gegenüber stehendes Normensystem ablehnt, wird ihm das „Recht des Rechtes" das neue „Naturrecht" als die „Ethik des Rechts" (*Cohen*, Ethik [Fn. 82], 66). Es ist ein formales Naturrecht, wie Schmid sagt: die „rein methodische Prinzipienwissenschaft des Rechts (*Schmid*, ibid. 414). Der Rekurs auf das Naturrecht ist also methodischer Art: das positive Recht wird normativ hinsichtlich seiner Geltungsprinzipien rekonstruiert. Der Maßstab für das positive Recht sei dessen Vernünftigkeit, d. i. das „kritisch verstandene Naturrecht" (ebd. 417). Dieses Naturrecht betreffe die dem positiven Recht intrinsisch zugehörige normative Rechtsidee. Auch Winter betont, daß Cohen den Grund und damit zugleich den Maßstab des positiven Rechts in der Ethik sucht (*Winter*

Rekurs auf eine historisch erste Verfassung und der Fokus auf das methodisch korrekte Erzeugen von Rechtsgesetzen auf jener Grundlage setzen das Recht qua objektives Kriterium immer schon voraus. Dieses immer schon vorausgesetzte objektive Kriterium zu bestimmen und zu begründen – ist das Kernanliegen neukantianischer Rechtsphilosophie.

[Fn. 95], 23 f., vgl. 262 f., 273 u. ö.). Unter bewußter Rückbesinnung auf die Naturrechtstradition sei Cohens Ethik eine „Lehre vom richtigen Handeln"; sie bestimme den „Inbegriff der Bedingungen, welche unter der Voraussetzung der Freiheit die Handlungen der Individuen miteinander verträglich machen" (ebd. 26). Ob Cohen dabei methodisch gesehen erfolgreich gewesen ist, steht freilich auf einem anderen Blatt. Vgl. dazu die kritische Analyse von Winter (ebd. 238 ff.). (Auch angesichts dessen ist die Behauptung von *Kersting* [Fn. 34], 25 Anm. 8, Winters Buch biete keine systematische Analyse, sondern stelle nur dar, unzutreffend.)

Das Verständnis der Rechtswissenschaft bei den frühen Neukantianern[1]

Kurt Seelmann

I. Klassifizierung der Wissenschaften in der neukantianischen Philosophie

Ende des 19. Jahrhunderts bemühte man sich im Umkreis der südwestdeutschen neukantianischen Philosophie um eine Klassifizierung der Wissenschaften. Man wird sagen können, dass diese Klassifizierung das Hauptanliegen der südwestdeutschen Neukantianer war. Es ging den Neukantianern also nicht dezidiert und eher etwas am Rande um eine Stellungnahme zur philosophischen Ethik. Sie konnten mit ihrem methodischen Ansatz selbst weder Werte noch normative Gründe generieren.[2] Insbesondere Heinrich Rickert[3] (1863–1926) befasste sich mit Fragen der Methodik, nämlich mit einer klaren Unterscheidung der Naturwissenschaften von denjenigen Wissenschaften, die man seit Wilhelm Dilthey (1833–1911) gewohnt war, als „Geisteswissenschaften" zu kennzeich-

[1] Eine frühere Version dieses Beitrags ist vor der Tagung der SVRSP (Schweizerische Vereinigung für Rechts- und Sozialphilosophie) 2007 in Zürich vorgetragen und im selben Jahr veröffentlicht worden: *Seelmann*, in: Senn/Puskas (Hrsg.), Rechtswissenschaft als Kulturwissenschaft?, 2007, 121. Die Berücksichtigung verschiedener Einwände an der Zürcher Tagung und an der hier geführten Online-Debatte hat zur vorliegenden gründlichen Umgestaltung des Textes geführt.

[2] Dazu *Gutmann*, Recht als Kultur? Über die Grenzen des Kulturbegriffs als normatives Argument, 2015, 29. Von einer „Wiederbelebung der wesentlichen Gedanken des deutschen Idealismus" wie bei *Jing Zhao*, Die Rechtsphilosophie Gustav Radbruchs unter dem Einfluss von Emil Lask. Eine Studie zur neukantianischen Begründung des Rechts, 2020, 48, wird man deshalb wohl jedenfalls pauschal nicht sprechen können. Zu Recht weist allerdings *Wapler*, Werte und das Recht. Individualistische und kollektive Deutungen des Wertbegriffs im Neukantianismus, 2008, 24 f., darauf hin, dass sich eine kollektivistische ethische Unterströmung bei manchen Neukantianern feststellen lässt.

[3] Über ihn *Holzhey/Röd*, in: Röd (Hrsg.), Geschichte der Philosophie, Bd. XII, 2004, 96 ff. Für einen Überblick über die wichtigsten Autoren der neukantianischen Schulen vgl. *Stuckenberg*, in: Kindhäuser u. a. (Hrsg.), Strafrecht und Gesellschaft. Ein kritischer Kommentar zum Werk von Günther Jakobs, 2019, 125 ff.

nen. Der Begriff der Geisteswissenschaften erschien Rickert und vielen anderen aber nunmehr in seiner Vieldeutigkeit unangemessen.

Mehr Klarheit in der Debatte erhoffte man sich durch Abgrenzungen von diesem unbeliebt gewordenen Begriff der Geisteswissenschaften. Zum einen wurde der Begriff der Geisteswissenschaften gerade in der zweiten Hälfte des 19. Jahrhunderts immer auch psychologisierend und individualisierend verwendet und somit weitgehend auf Bewusstseinsphilosophie eingeengt,[4] was nicht Rickerts Vorstellungen entsprach. Aber zum anderen bestand auch ein Abgrenzungsbedürfnis zu Hegels „Geist". Dieser „Geist" Hegels, der ja als „objektiver" sowie „absoluter" Geist" auch Institutionen wie Recht und Staat sowie Kunst und Religion mit umfasste, war nunmehr im philosophischen Diskurs nicht mehr vorherrschend. Aber wenngleich nicht mehr im Wort, so doch in der Sache blieb das Hegelsche Verständnis der Referenzpunkt auch der frühen Neukantianer. An die Stelle eines im Hegelschen Sinn verstandenen, die institutionellen und eben kulturellen Gegebenheiten mit umfassenden „Geistes" trat jetzt aber bei Rickert der Begriff der „Kultur", der bei aller Nähe zu Hegels „Geist" in der Abgrenzung zur Natur doch eine andere Funktion erhält.

Kultur sollte im Unterschied zur Natur als dem „Inbegriff des von selbst Entstandenen"[5] eine andere Wirklichkeit bezeichnen, nämlich „das von einem nach gewerteten Zwecken handelnden Menschen entweder direkt Hervorgebrachte oder, wenn es schon vorhanden ist, so doch wenigstens um der daran haftenden Werte willen absichtlich Gepflegte"[6]. Kultur reicht also von Religion und Recht als vom Menschen Hervorgebrachtem bis zur Landwirtschaft als vom Menschen gepflegter Natur. Schlüsselbegriff ist für Rickert dabei der des Werts. „Haftet" er an der jeweiligen Wirklichkeit, so handelt es sich um Kultur, wo nicht, so haben wir es mit Natur zu tun. Dabei stellen „Werte" für Rickert wie für die anderen Neukantianer teilweise keine objektiven vor- oder außermenschlichen Gegebenheiten dar – Wert ist für einige der Autoren einfach die façon de parler für das Resultat menschlicher Bewertungsakte. Andererseits ist aber mit dem „Wert" auch ein Geltungsanspruch verbunden. Wer etwas für wahr hält, möchte auch, dass die anderen es für wahr halten. Viele andere Autoren übernehmen dann diese etwas schillernde und Objektives mit Subjektivem verbindende Terminologie, z. B. auch Max Weber: „Die empirische Wirklichkeit", so Weber, „ist für uns ‚Kultur', weil und sofern wir sie mit Wertideen in Beziehung

---

[4] *Rickert*, Die Grenzen der naturwissenschaftlichen Begriffsbildung. Eine logische Einleitung in die historischen Wissenschaften, 5. Aufl. 1929, 182.

[5] *Rickert*, Kulturwissenschaft und Naturwissenschaft, Nachdruck 1986 der 6. und 7. Aufl. 1926, 35.

[6] *Rickert* (Fn. 4).

setzen, sie umfasst diejenigen Bestandteile der Wirklichkeit, welche durch jene Beziehung für uns bedeutsam werden […]".[7]

Entscheidend ist nun, dass für Rickert aus dieser Differenz von Natur und Kultur die Differenz zweier Typen von Wissenschaft folgt, eben von Naturwissenschaften und – gerade nicht mehr „Geisteswissenschaften", sondern – „Kulturwissenschaften". Für die Kulturwissenschaften kommt es darauf an, dass sie die Wirklichkeit gerade in ihrem Wertbezug erfassen. Rickert gesteht zu, dass man insofern auch von einem „Verstehen" im Unterschied zum „Wahrnehmen" sprechen könne, hält den Verstehensbegriff aber für zu vieldeutig, als dass man weiter damit arbeiten sollte. Wichtiger ist ihm der Grund dafür, warum man hinsichtlich der Kulturwissenschaften überhaupt von einem Verstehen reden könne: weil man sich im Unterschied zu den Naturwissenschaften auf einen Sinn oder eine Bedeutung beziehe, und Sinn und Bedeutung würden eben durch einen jeweiligen „Wert" konstituiert.[8]

Neben den Unterschieden „gegeben/wertbehaftet" hinsichtlich der Objekte der jeweiligen Wissenschaften und „Wahrnehmen/Verstehen" hinsichtlich der Methode der Annäherung an ihren Gegenstand gibt es für Rickert aber noch eine dritte Differenz, welche das Verhältnis der Kulturwissenschaften zu den Naturwissenschaften kennzeichnet: Im Unterschied zu den auf das Auffinden von Gesetzmäßigkeiten hin orientierten Naturwissenschaften erfassten die Kulturwissenschaften die Bedeutung von Einzelereignissen, erkennbar in der Geschichtswissenschaft.[9]

Rickerts Lehrer Wilhelm Windelband[10] (1848–1915) hatte für diese Differenz die Begriffe „nomothetisch" versus „idiographisch" vorgeschlagen. Rickert sucht auf Windelbands Differenzierung aufzubauen. Aber wenngleich auch für Rickert die Geschichtswissenschaft der Prototyp der Kulturwissenschaft ist, so bleibt er sich doch dessen bewusst, dass es auch unter den Kulturwissenschaften solche mit „generalisierenden Bestandteile(n)" gibt, die sich nicht nur für die

---

[7] *Max Weber*, Archiv für Sozialwissenschaft und Sozialpolitik 1 (1904); wieder abgedruckt in: ders., Gesammelte Aufsätze zur Wissenschaftslehre, hrsg. v. Johannes Winckelmann, 1968, 175. Zu diesem nicht eindeutig bestimmten Status des „Werts" bei den Neukantianern vgl. *Ziemann*, Neukantianisches Strafrechtsdenken. Die Philosophie des Südwestdeutschen Neukantianismus und ihre Rezeption in der Strafrechtswissenschaft des frühen 20. Jahrhunderts, 2009, 70ff. Weitergehend und die politischen Bekenntnisse zum Individualismus oder Kollektivismus stark fokussierend *Wapler* (Fn. 2), 15ff., 30f. unter Hinweis auf Bekenntnisse zu „absoluten Werten" bei einigen der Neukantianer wie Windelband, Rickert und Lask.

[8] *Rickert* (Fn. 4), 38.

[9] *Rickert* (Fn. 4), 42f.

[10] Über ihn *Holzhey/Röd* (Fn. 3), 89ff.

Bedeutung von Einzelereignissen interessieren. Er nennt in diesem Zusammenhang auch die Rechtswissenschaft,[11] geht auf sie aber nicht weiter ein.

II. Das Verständnis der Rechtswissenschaft unter den frühen Neukantianern

Es ist sein Schüler Emil Lask[12] (1875–1915), der sich dann aber genau dieser Charakterisierung der Wissenschaft vom Recht als einer Kulturwissenschaft zuwendet. Auch sein Anliegen war, bei ihm in Bezug auf das Recht, die Verwissenschaftlichung, nicht die philosophische Ethik.[13] In einem 1905 erschienenen und mit „Rechtsphilosophie" bezeichneten Festschriftbeitrag von gerade einmal 50 Seiten, der an wirkungsgeschichtlicher Bedeutung den Umfang weit überragt, entwickelt er sein Verständnis von der Rechtswissenschaft als einer Kulturwissenschaft.[14] Für ihn ist die Rechtswissenschaft „ein Zweig der empirischen ‚Kulturwissenschaften'"[15]. Sie habe, im Unterschied zur Rechtsphilosophie[16] als einer reinen Wertwissenschaft (die sich etwa mit dem Rechtswert der Gerechtigkeit befasse), wie alle Kulturwissenschaften eine schon auf Kulturbedeutungen bezogene empirisch erforschbare Welt zum Gegenstand[17]. Dabei unterscheidet Lask allerdings noch innerhalb der Rechtswissenschaft zwei Typen von Kulturwissenschaften: Die Sozialtheorie des Rechts erfasse dieses als einen realen Kulturfaktor, die Jurisprudenz im engeren Sinn dagegen als Inbegriff von nur gedachten Bedeutungen.[18] Aber auch diese reine Jurisprudenz ist für ihn eine empirische Wissenschaft – befasst sie sich doch mit dem konkreten Recht eines konkreten Staates und damit mit empirisch – etwa durch Lektüre eines Gesetzbuches – erfassbaren Normen.

Gustav Radbruch (1878–1949) schließt sich als einer von vielen, wahrscheinlich aber als wirkungsgeschichtlich wichtigster Autor, dieser Lehre im Prinzip an. In ausdrücklicher Abgrenzung zu Rudolf Stammler (1856–1938) und seiner Unterscheidung der Wirklichkeit des Rechts von der Rechtsidee als Wert besteht

---

[11] *Rickert* (Fn. 4), 136.

[12] Über ihn *Holzhey/Röd* (Fn. 3), 107 ff.

[13] Dazu *Paulson*, in: Alexy u. a. (Hrsg.), Neukantianismus und Rechtsphilosophie, 2002, 223, 229.

[14] *Lask*, Rechtsphilosophie, in: Windelband u. a. (Hrsg.), Die Philosophie im Beginn des zwanzigsten Jahrhunderts – Festschrift für Kuno Fischer, II. Band, 1905, 1 ff.

[15] Ibid. 27.

[16] Ibid. 9: „Die Rechtsphilosophie gehört als Werttypuslehre der systematischen Wertwissenschaft an."

[17] Ibid. 29.

[18] Ibid. 32.

er darauf, das Recht sei generell eine „wertbezogene Wirklichkeit, Kulturerscheinung".[19] Der Begriff des Rechts ist für Radbruch ein „Kulturbegriff", „d. h. ein Begriff von einer wertbezogenen Wirklichkeit, einer Wirklichkeit, die den Sinn hat, einem Werte zu dienen".[20] Daraus ergibt sich für ihn: „Rechtswissenschaft ist verstehende Kulturwissenschaft"[21] – methodisch gibt es also in der Rechtswissenschaft neben einer ausschließlich auf Wirklichkeit (Rechtssoziologie) und einer ausschließlich auf Werte bezogenen Wissenschaft (Rechtsphilosophie) eine dritte Kategorie von Wissenschaften, eben diejenige, die sich auf die wertbezogene Wirklichkeit, auf die Kultur, richtet – die Rechtswissenschaft im engeren Sinn. Radbruch spricht deshalb in Bezug auf sein eigenes Verständnis auch von einem „Methodentrialismus".[22]

III. Normwissenschaft statt Kulturwissenschaft?

Hans Kelsen (1881–1976) hat schon früh auf diese Vorstellung von der Rechtswissenschaft als einer „Kulturwissenschaft" reagiert, und zwar mit scharfer Kritik. In einem Beitrag in „Schmollers Jahrbuch" aus dem Jahr 1916 benennt er bereits im Titel die Alternative: „Die Rechtswissenschaft als Norm- oder als Kulturwissenschaft".[23] Man geht wohl nicht fehl, wenn man die kritische Position Kelsens, dessen Werk wirkungsgeschichtlich für das Verständnis von Rechtswissenschaft schwerlich überschätzt werden kann, für einen der Gründe dafür hält, warum die Vorstellung von der Rechtswissenschaft als einer Kulturwissenschaft die neukantianische Epoche kaum überlebt hat.

Kelsen wendet sich bereits gegen Rickerts Unterscheidung in Naturwissenschaften und Kulturwissenschaften. Er wirft Rickert vor, dass dieser zwischen einer deskriptiven (Erkenntnis von Wertungen) und einer normativen (Aufstellung von Wertungen) Aufgabe der Kulturwissenschaft nicht hinreichend unterscheide.[24] Die Kulturwissenschaft könne sich mit der Beziehung von Wirklichkeiten befassen – dann sei sie aber nicht wirklich von den Naturwissenschaften zu unterscheiden. Eine von der Naturwissenschaft unterschiedene Methode

[19] *Radbruch*, Rechtsphilosophie, Studienausgabe (hrsg. v. Dreier und Paulson), 2. Aufl. (Textgrundlage ist Radbruchs 2. Aufl. der Rechtsphilosophie von 1932), 31.

[20] Ibid. 34.

[21] Ibid. 115.

[22] Ibid. 31.

[23] *Kelsen*, in: Schmollers Jahrbuch für Gesetzgebung, Verwaltung und Volkswirtschaft im Deutschen Reiche 40 (1916), 95 ff.

[24] Ibid. 105 ff.

könne demgegenüber nur mit der Untersuchung einer Beziehung von Werten als solchen befasst sein.[25]

In der Auseinandersetzung mit Emil Lask macht Kelsen die Voraussetzungen seiner Kritik noch deutlicher. Wert und Wirklichkeit könnten niemals verbunden werden, sondern nur je für sich zum Gegenstand einer Wissenschaft werden: „Es gibt ebenso wenig eine wertvolle Wirklichkeit, wie es einen wirklichen Wert geben kann; beides wäre eine contradictio in adjecto“[26]. Nach seiner Auffassung ist es die spezifische Geltung des Rechts und nicht seine Faktizität, die den Gegenstand nicht nur der Rechtsphilosophie, sondern auch der Rechtswissenschaft ausmacht.[27] Während die Rechtsphilosophie in ihrem materiellen Teil sich mit dieser Geltung normativ auseinandersetze, geht Kelsen bei der Rechtswissenschaft von einer deskriptiven Befassung mit dem Aspekt des Geltens aus.

Die Auseinandersetzung Kelsens mit Lask ist bis auf weiteres weitgehend zugunsten von Kelsen ausgegangen. Der neukantianische Begriff der Rechtswissenschaft als einer Kulturwissenschaft konnte sich offenbar nicht durchsetzen. Dennoch besteht heute eher wieder der Eindruck, die Angelegenheit sei nicht wirklich ausdiskutiert. In welchem Sinn ist die Rechtswissenschaft eine deskriptive, in welchem Sinn eine normative Wissenschaft? Lask selbst sah dies offenbar differenzierter, als Kelsen ihm unterstellt. Er geht durchaus von einer Besonderheit der Rechtswissenschaft im Umkreis der empirischen Kulturwissenschaften aus, wenn er den Gegenstand der Rechtswissenschaft als einen „Inbegriff von nur gedachten Bedeutungen“[28] versteht. Kelsens Missverständnis ist wohl, bei „Wirklichkeit“ im Laskschen Sinn handle es sich um materielle Gegenstände, für Lask hingegen geht es durchaus um Normen, die aber nach seinem Verständnis in der Rechtswissenschaft, anders als in der Rechtsphilosophie, empirisch erforscht werden.[29] Der Unterschied zwischen dem, was Kelsen eine Normwissenschaft und dem, was Lask im Fall der Rechtswissenschaft eine Kulturwissenschaft nennt, dürfte eher gering sein. Dennoch besteht dieser Unterschied.

---

[25] Ibid. 112 f.

[26] Ibid. 124.

[27] Ibid. 125.

[28] *Lask* (Fn. 14), 32.

[29] Dazu auch *Larenz*, Rechts- und Staatsphilosophie der Gegenwart, 1931, 33 ff., 34; *Carrino*, L'Irrazionale nel concetto. Comunità e diritto in Emil Lask, 1983, 151 ff.; vgl. auch *dens.*, Die Normenordnung. Staat und Recht in der Lehre Kelsens, 1998, 69 ff. Terminologisch dürfte Lask aber auch Kelsen missverstehen, wenn er, wie *Zhao* (Fn. 2), 122, zeigt, „Normwissenschaft“ mit Naturrecht in Verbindung bringt.

IV. Die Neukantianer und der gegenwärtige Stand der Theorie der Rechtswissenschaft

Der Streit, ob es sich bei der Rechtswissenschaft um eine „Kulturwissenschaft“ oder eine „Normwissenschaft“ handelt, lässt sich nun durchaus in die Sprache der modernen Theorie der Rechtswissenschaft übersetzen – und man braucht wohl diese Übersetzung, um heute die damalige Auseinandersetzung zu verstehen. Neben den unumstritten auf die Erforschung der empirischen Wirklichkeit gerichteten Wissenschaften der Rechtssoziologie und der Rechtsgeschichte wird im eigentlich im Streit befindlichen Bereich der Rechtswissenschaft als einer auf Normen bezogenen Wissenschaft letztlich ähnlich argumentiert wie früher, nur dürfte die Terminologie nunmehr etwas mehr Klarheit erlauben. Kelsen ging mit seinem Begriff der „Normwissenschaft“ offenbar von einem norm-deskriptiven Begriff der Rechtswissenschaft aus: Normen sollen in ihrer Struktur und ihrer Systematik in ihrem speziellen Modus des Geltens beschrieben werden. Lask folgt ihm darin teilweise – auch er versteht die Rechtswissenschaft nicht im engeren Sinn als normativ. Denn auch Lask erwartet vom Juristen in seiner wissenschaftlichen Tätigkeit ausdrücklich weder eine norm-propositive[30] noch gar eine norm-expressive Tätigkeit, will die Rechtswissenschaft also weder Normen vorschlagen noch gar festsetzen lassen. Wenn er aber auf die „Wertbezogenheit“ der Rechtswissenschaft insistiert und damit aus Kelsens Sicht Wirklichkeitswissenschaft und Normwissenschaft vermischt, so bezieht er sich damit möglicherweise auf ein Problem, das er mehr ahnt als ausdrücklich benennt.

Es könnte darum gehen, dass eine deskriptive Wissenschaft in jenem Bereich, den Rickert als „Kulturwissenschaft“ bezeichnet hat, in der Tat unvermeidlich normative Elemente enthält – und sich nicht nur mit einem normativen Gegenstand befasst. Denn schon die sich rein deskriptiv gebende Behauptung, ein bestimmter Deutungsvorschlag beinhalte eine mögliche Interpretation der Norm, enthält zugleich notwendig eine wertende Aussage über den Geltungsumfang der betroffenen Norm.[31] Insoweit ist diese Wissenschaft unvermeidlich „wertbeziehend“ im nicht nur norm-deskriptiven, sondern auch im norm-propositiven Sinn. Ja, das gilt nicht einmal nur für die Rechtsdogmatik, sondern sogar für die unmittelbar auf die soziale Wirklichkeit zielende Rechtssoziologie: Untersucht sie etwa, ob richterliche Entscheidungen durch außerrechtliche Fak-

---

[30] Zur Differenzierung in norm-deskriptive sowie norm-propositive und norm-expressive Herangehensweisen an das Recht vgl. *Neumann*, in: Arth. Kaufmann/Hassemer/Neumann (Hrsg.) Einführung in die Rechtsphilosophie und Rechtstheorie der Gegenwart, 7. Aufl. 2004, 385 ff., 396 f.

[31] Ibid. 398.

toren mit beeinflusst sind, so muss sie ihrerseits unvermeidlich das Recht interpretieren und in dieser Interpretation einen wertenden Akt vornehmen.

Eben dies, die Untrennbarkeit deskriptiver und normativer Aussagen in der Rechtswissenschaft, gilt für Lask auch in umgekehrter Richtung: Angesichts der Rückbindung der juristischen Norm an die positive Anordnung des Gemeinschaftswillens ist Rechtswissenschaft nicht nur Normwissenschaft, sondern in ihrer Abhängigkeit von den gesetzgeberischen Vorgaben zugleich auch eine deskriptive Wissenschaft.[32]

V. Funktion des neukantianischen Begriffs der „Kulturwissenschaft"

Warum aber wird diese Problematik unter dem Begriff der „Kulturwissenschaft" abgehandelt? Die Antwort erfordert einen Blick auf die Entstehungsbedingungen der neukantianischen Kulturphilosophie, die offenbar durch mehrere Verunsicherungen gekennzeichnet sind.

Am Ende des 19. Jahrhunderts sahen sich Philosophie und Rechtswissenschaft gleichermaßen einer Entwicklung der empirischen Wissenschaften gegenüber, die ihnen Zweifel an der eigenen Wissenschaftlichkeit aufdrängte und so einen besonderen Legitimationsbedarf schuf. Offenbar entstand in der Rechtswissenschaft ein starkes Bedürfnis, die eigene Wissenschaftlichkeit nachzuweisen. Aber nicht nur die Naturwissenschaften wirkten hier stark verunsichernd. Auf der anderen Seite entwickelte sich in der Geschichtswissenschaft eine Historisierung der Werte, ein Vorgang, der gleichermaßen als Herausforderung für die auch an Werten orientierte Rechtswissenschaft empfunden wurde.[33] Wie sollte man es anstellen, so wissenschaftlich wie die Naturwissenschaft zu sein, zugleich Werte zum Gegenstand zu haben – und sich doch von der typischen Geschichtswissenschaft mit ihrer Orientierung an einzelnen Geschehnissen zu unterscheiden?

Diesem Gefühl der Legitimationsbedürftigkeit der eigenen Wissenschaftlichkeit stand eine Verunsicherung angesichts der Diversität der wissenschaftlich behandelten Gegenstände und generell der Lebenserfahrungen gegenüber, die man nur in einem Begriff von „Kultur" glaubte zusammenfassen zu können.[34] „Kultur" wurde so zur Klammer für eine unüberschaubar gewordene

---

[32] Dazu *Heller*, Die Krise der Staatslehre, 1926, in: ders., Gesammelte Schriften, 2. Bd., 2. Aufl. 1992, 2 ff., 19.

[33] Zu beiden Aspekten *Tenbruck*, in: Orth/Holzhey (Hrsg.), Neukantianismus. Perspektiven und Probleme, 1994, 71 ff., 73.

[34] Dazu *Homann*, in: Orth/Holzhey (Fn. 33), 88 ff., 91.

Auffächerung der wissenschaftlichen Disziplinen. Das konnte nun freilich nicht mehr der Herdersche Kulturbegriff einer sinnvollen Ordnung sein, sondern ein Kulturbegriff, dem Einheit als Problem galt, ja dem angesichts der gesprengten Einheit die Verselbständigung der einzelnen Teile nur noch formell gebändigt zu werden schien.[35]

Dahinter stand ein fundamentales philosophisches Problem: Nach dem Idealismus schien ein Verstehen des Sinns der Welt von ihrem Zweck her nicht mehr möglich, ja der Verlust der Identität von Sein und Sinn musste endgültig erscheinen. Das war wohl der tiefere Grund, warum man als Resultat auch philosophischer Erwägungen ein Sich-Einlassen auf die Diversität der Lebenserscheinungen und Wissenschaften für unerlässlich hielt.[36] Wissenschaftstheoretisch schien die Angelegenheit relativ klar: Wenn die Objekte nicht mehr ihren Sinn erkennbar in sich trugen, konnte er ihnen nur als Beurteilung zugemessen werden. Die Beurteilungen, also die einzelnen subjektiven Werturteile, wollte man aber nicht in ihrer bloßen Diversität bestehen lassen, die Einheit konnte gleichwohl gerade keine inhaltliche mehr sein. Also versuchte man sich in einer „Axiologie zweiter Stufe"[37], in einer wissenschaftlichen Beurteilung von Beurteilungen – nur so schienen Wissenschaft und Philosophie noch möglich. Das metaphysische Vakuum der nachidealistischen Zeit wurde so mit der Bewertung des „Werts", mit der Wertphilosophie, ausgefüllt.

Auch ein rein internes Problem juristischer Tätigkeit mag beim Streben nach Zuerkennung von Wissenschaftlichkeit eine Rolle gespielt haben: Theoretiker des Rechts stehen auch gegenüber der Rechtspraxis vor einem Legitimationsbedarf. Gerichte und Behörden stützten sich auf unbezweifelbare Rechtsquellen, nämlich Gesetz, Gewohnheitsrecht und Richterrecht. Will die Rechtslehre in ähnlicher Weise als weitere Rechtquelle fungieren, braucht sie insoweit eine eigenständige Legitimation – was, wenn nicht die Wissenschaftlichkeit ihrer Tätigkeit, könnte ihr die Hoffnung geben, sich diese Berechtigung zu verschaffen?

So führten der Legitimationsbedarf als Wissenschaft sowie die Erfahrung der Diversität der Lebenserscheinungen und Disziplinen und schließlich das Bedürfnis der Rechtslehre nach Anerkennung als „Rechtsquelle" zur Suche nach der eigenen Wissenschaftlichkeit und nach einem einigenden wissenschaftlichen Band, während die Entteleologisierung der Welt das Entstehen der Wertphilosophie begünstigte. Der Begriff der „Kultur" bot sich offenbar als Heilmittel auf allen drei Ebenen der Verunsicherung an: Orientierung an der Kultur lies in Parallele zur Ausrichtung an der Natur eine Parallel-Legitimation als Wissen-

35 *Tenbruck* (Fn. 33), 79; *Homann* (Fn. 33), 94.

36 Dazu *Schnädelbach*, Philosophie in Deutschland 1831–1933, 6. Aufl. 1999, 202.

37 Ibid. 221.

schaft begründen, Kultur bot sich als einigendes Band für die Diversitätserlebnisse an und Kultur schien schließlich tauglich zur begrifflichen Erfassung eben jener Tätigkeit des Juristen, der nicht einfach Wertungen aufeinander bezieht, sondern Beziehungen zwischen der sozialen Realität und Wertungen herstellt.

Eine vor-neukantianische Wertphilosophie?

Wert und Geltung im Werk von Adolf Merkel

Stephan Stübinger

I. Merkels rechtswissenschaftliche Bedeutung

1. Zufällige Berührungspunkte mit dem Neukantianismus

Adolf Merkel (1836–1896) in einen Zusammenhang mit jener „historisch begrenzten, einmaligen philosophischen Bewegung" bringen zu wollen, die mit einem auch nur „einigermaßen bestimmten Begriff des Neukantianismus" bezeichnet werden kann,[1] bedarf sicherlich einer Erklärung. Daher vorab zur vorbeugenden Abwendung möglicher Missverständnisse: Adolf Merkel war kein Neukantianer und es soll hier auch keinesfalls der Versuch unternommen werden, ihn zu einem solchen zu verklären!

Dies lässt sich sicher sagen, ohne überhaupt hinreichend bestimmt sagen zu können, was eigentlich einen Neukantianer kennzeichnet. Eine Benennung von Kriterien für eine Zuschreibung dieser Kennzeichnung war noch nie einfach und ist bis heute umstritten. Selbst wenn das Wort „Neukantianismus" als bloße Bezeichnung für eine bestimmte philosophische Richtung innerhalb einer philosophiehistorischen Epoche verwendet wird, scheiden sich die Geister, wann diese epochale Erscheinung begonnen hat und wann sie endete. Immerhin fällt Merkels wissenschaftliches Wirken seit Mitte der 1860er Jahre in jene Zeit, in der auch eine der Phasen der „Rückkehr zu Kant" gesehen wird.[2] Insofern gibt es eine gewisse zeitliche Koinzidenz zwischen dem Auftreten des Neukantianismus und dem wissenschaftlichen Wirken Merkels. Die eigentliche „Blüte-

---

[1] *Rickert*, Logos 13 (1924/25), 164, der allerdings „als Neukantianer, d.h. als Kantianer, die etwas Neues gebracht haben", nur jene bezeichnen möchte, die „durch ein erneutes und vertieftes Studium Kants die Philosophie über sich selbst zu besinnen suchten und dadurch zugleich wirklich über ihren schon vorher erreichten Stand hinausführten" (163 f.).

[2] Siehe zu dieser zeitlichen Einordnung z.B. *Ollig*, Der Neukantianismus, 1979, 9 ff.; *Köhnke*, Entstehung und Aufstieg des Neukantianismus, 1993, 233 ff.; *Pascher*, Einführung in den Neukantianismus, 1997, 40 ff.; *Beiser*, The Genesis of Neo-Kantianism, 2017, 207 ff.; *ders.*, After Hegel, 2014, 36 ff.

zeit",[3] in der es zu einer Ausbreitung und schließlich auch zu einem Überschwang in die Gefilde der Rechtswissenschaften – von der Rechtsphilosophie[4] bis hin zur Strafrechtswissenschaft[5] – gekommen ist, beginnt hingegen erst gegen Ende von Merkels Leben bzw. nach seinem Tod.[6]

Aber nicht allein in zeitlicher Hinsicht, sondern auch bei Betrachtung des räumlichen Wirkungskreises lässt sich eine gewisse Nähe Merkels zu einigen „Neukantianern" konstatieren. Die Universität in Straßburg, an der Merkel von 1874 bis zu seinem Tod im Jahr 1896 seine Lehrtätigkeit ausgeübt hat, war nämlich für die neukantianische Bewegung ein besonders gutes Pflaster. Zur gleichen Zeit waren dort nämlich einige prominente Vertreter des Neukantianismus tätig – allen voran die beiden Hauptvertreter der sog. „Südwestdeutschen Schule": Wilhelm Windelband (als Professor für Philosophie seit 1882) und sein Schüler, Heinrich Rickert, der dort mit Unterbrechungen seit 1885 studiert hat und 1888 mit einer von Windelband betreuten Dissertation promoviert worden ist. Zudem ist in Straßburg auch „aus der Praxis des [...] von Professor Laas geleiteten Philosophischen Seminars" der erste Band von Hans Vaihingers voluminösem „Commentar zu Kants Kritik der reinen Vernunft" (Erstauflage 1881) „herausgewachsen".[7] Die Straßburger Universität war schließlich auch eine frühe Wirkungsstätte eines der „Hauptvertreter der südwestdeutschen Schule des rechtsphilosophischen Neukantianismus". Gemeint ist Max Ernst Mayer, der kurz nach Merkels Tod im Jahr 1896 – bereits mit einem Doktortitel der Philosophie ausgestattet – nach Straßburg gekommen ist, um dort mit einer straf-

---

[3] Vgl. *Holzhey*, in: Holzhey/Röd (Hrsg.), Die Philosophie des ausgehenden 19. Jahrhunderts und des 20. Jahrhunderts 2, 2004 (Sonderausgabe 2021), 36 f., der die „eigentliche Blüte und größte Ausstrahlung im Zeitraum zwischen ca. 1895 und 1912" sieht (37).

[4] Siehe dazu etwa *Wapler*, Werte und das Recht, 2008, 149 ff.; s. a. *Rückert*, in: Alexy u. a. (Hrsg.), Neukantianismus und Rechtsphilosophie, 2002, 99 ff., die beide im Werk von Rudolf Stammler den Beginn des juristischen Neukantianismus erkennen möchten. Ähnlich sieht auch Kersting in Stammler den „Wortführer" innerhalb der neukantianischen Rechtsphilosophie: *Kersting*, in: Willoweit (Hrsg.), Die Begründung des Rechts als historisches Problem, 2000, 269 ff., Zitat 271.

[5] Hierzu *Ziemann*, Neukantianisches Strafrechtsdenken, 2009, 102 ff.

[6] Eine genaue Datierung, auf die hier verzichtet werden soll, hängt z. B. davon ab, ob man in *Stammlers* Beitrag „Über die Methode der geschichtlichen Rechtstheorie" in der Festgabe zu Bernhard Windscheids Fünfzigjährigem Doctorjubiläum (1888, 1–63) den wohl ersten Beitrag eines an „Kants Auctorität" orientierten Juristen sehen möchte: so z. B. schon *Hölder*, Zeitschrift der Savigny-Stiftung für Rechtsgeschichte, Romanistische Abtheilung 11 (1890), 55; siehe dazu auch *Müller*, Die Rechtsphilosophie des Marburger Neukantianismus, 1994, 24 ff.

[7] *Vaihinger*, Commentar zu Kants Kritik der reinen Vernunft, 1881, III. Zu dem in dem Zitat erwähnten Ernst Laas siehe sogleich im Text nach Fn. 31.

rechtlichen Dissertation promoviert zu werden und schließlich auch zu habilitieren.[8]

Merkels Schriften, die in einem Zeitraum von etwas mehr als drei Jahrzehnten erschienen sind und zwischen seiner Habilitation „Zur Lehre vom fortgesetzten Verbrechen" im Jahr 1862 und seinem letzten 1895 noch selbst veröffentlichten – zweiteiligen – Aufsatz über „Rechtliche Verantwortlichkeit" (im 1. Jahrgang des „Wochenblatts für die akademische Welt" namens „Die Aula", Sp. 289–297/328–333) datieren,[9] liegen zeitlich vor den Werken der anderen in diesem Sammelband behandelten Juristen, die zum Einflussbereich des Neukantianismus gezählt werden. Merkels strafrechtliche und rechtsphilosophische Grundansichten haben sich formiert, noch bevor der neukantianische Philosophie-Trend um 1900 das Theoriefeld der Strafrechtswissenschaft deutlich spürbar tangiert hat. Seine Ansätze zur theoretischen Grundlegung des (Straf-) Rechts kommen weitgehend ohne Unterstützung der philosophischen Klassiker aus. Er bemüht sich vielmehr um eine sichtbare Abgrenzung zu Kant und Hegel, deren Philosophie das rechtswissenschaftliche Denken über weite Strecken des 19. Jahrhunderts dominiert haben. Gleichwohl gibt es womöglich doch einen bisher weitgehend übersehenen Aspekt, in dem sich so etwas wie eine Familienähnlichkeit zwischen den Theorieannahmen Merkels und einigen neukantianischen Autoren erahnen lässt. Gemeint ist die Aufnahme der Begriffe „Wert" und „Geltung", die eine Gemeinsamkeit zwischen den rechtstheoretischen Ansichten Merkels und bestimmten Richtungen der Rechtsphilosophie des Neukantianismus markieren (dazu unten III.). Ebenso wie für einige Neukantianer mag auch für Merkel bei dieser terminologischen Anleihe der Philosoph Hermann Lotze Pate gestanden haben (vgl. sogleich unter II.2.). In bisherigen Darstellungen zum Werk von Merkel ist diese Einflussnahme vernachlässigt worden.

2. Dogmatik, Straftheorie und Allgemeine Rechtslehre

Bislang ist Merkel für mindestens drei Leistungen auf dem Gebiet der Rechtswissenschaften bekannt geworden und bis heute im kollektiven Gedächtnis der

---

[8] Siehe dazu *Ziemann*, Jahrbuch der Juristischen Zeitgeschichte 4 (2002/2003), 395 ff., Zitat S. 400.

[9] Es liegen keine früher verfassten Schriften von ihm vor, da Merkel 1858 offenbar ohne Vorlage einer schriftlichen Dissertation an der Universität in Gießen promoviert worden ist und die 1861 verfasste Schrift mit dem Titel „Zur Grundlegung des Systems der Rechtslehre", mit der sich Merkel ursprünglich habilitieren wollte, als Habilitationsschrift nicht angenommen worden ist und offenbar als verschollen gelten muss: Davon berichten zumindest *Wolf*, Nachwort, in: *Merkel*, Strafrecht und Kulturentwicklung, hrsg. v. Wolf, 2. Aufl. 1958, 42, und *Frommel*, in: Neue Deutsche Biographie, Band 17 (1994), 148.

Jurisprudenz geblieben. Seine Beiträge zur rechtswissenschaftlichen Forschung beziehen sich auf jene aneinandergrenzenden Aufgabenfelder, die zu seiner Zeit neu bestellt werden mussten; diese sind: 1. den Aufbau einer Dogmatik des gesetzlich fixierten Rechts zu organisieren; trotz der 1872 mit dem Inkrafttreten des Reichsstrafgesetzbuches vorläufig abgeschlossenen Kodifikation galt es weiterhin als dringende Aufgabe, Änderungsbedarf auszuloten und Mitwirkungsbereitschaft für weitere Reformen zu signalisieren. Dies muss durch dogmatische Bearbeitung des geltenden Rechts sowie durch kriminalpolitische Debatten geschehen. 2. eine neue Diskussion über den Zweck der Strafe bzw. des Bestrafens zu führen und schließlich 3. die Suche nach Wissenschaftlichkeit nach dem Verlust der einstigen Selbstverständlichkeit einer philosophischen Grundlegung des Rechts. Wer sich nicht auf die Rolle eines positivistischen Dogmatikers beschränken möchte, sucht für die eigene Theorie nach Anschlussstellen bei anderen wissenschaftlichen Disziplinen. Merkel hat sich bemüht, alle drei Bereiche abzudecken:

Zum einen gilt Merkel als ein zu seiner Zeit sehr geschätzter Dogmatiker, der die zeitgenössischen Diskussionen nicht unmaßgeblich mitgeprägt hat. Dies hat ihm schon zu Lebzeiten die Auszeichnung eingebracht, als einer der „hervorragendsten Criminalisten" in der zweiten Hälfte des 19. Jahrhunderts gelten zu dürfen.[10] Für Karl Binding war er gar der „der universellste Strafrechtslehrer" seiner Zeit.[11] Er sei gar „weitaus der Bedeutendste aller jüngeren nachhegelianischen Criminalisten […] mit dessen Gedankentiefe und Gedankenreichthum Keiner in Rivalität treten konnte".[12] Zu seinen besonders hervorragenden dogmatischen Leistungen zählt vor allem sein Beitrag zur Entwicklung des Betrugsbegriffs, den er im zweiten Band seiner „Kriminalistischen Abhandlungen" aus dem Jahr 1867 vorgelegt hat, in dem die „Lehre vom strafbaren Betruge" behandelt wird. Diese Reformulierung der Betrugslehre wird noch immer als „Bis heute grundlegend" bezeichnet.[13] Daneben ragen diesbezüglich noch Merkels Beiträge in dem von Franz von Holtzendorff 1871–1877 in insgesamt vier Bänden herausgegebenen „Handbuch des deutschen Strafrechts" heraus – insbesondere seine umfangreiche Darstellung der „Eigenthumsverletzungen" in

---

[10] So *Ullmann*, GS 37 (1885), 177.

[11] Aus *Bindings* Grabrede während der Bestattungsfeier zitiert nach *v. Hippel*, ZStW 55 (1936), 824.

[12] *Binding*, GS 53 (1897), 459. Eingehend zum ambivalenten Verhältnis von Merkel und Binding siehe *Stübinger*, in: Kubiciel u. a. (Hrsg.), „Eine gewaltige Erscheinung des positiven Rechts", 2020, 63 ff.

[13] So etwa *Vogel*, in: Schünemann (Hrsg.), Strafrechtssystem und Betrug, 2002, 89 Fn. 1. Eingehend zur Bedeutung Merkels für die Grundlegung der Betrugsstrafbarkeit: *Pawlik*, Das unerlaubte Verhalten beim Betrug, 1999, 120 ff.

Band 2, 1874, S. 621–855. Zudem hat sich Merkel immer wieder im Wissenschaftsmanagement seines Faches engagiert – z. B. als Referent oder Gutachter auf bzw. Mitorganisator von Juristentagen. Zeitweise hat er das Strafrecht als Mitglied im ständigen Ausschuss des Juristentages vertreten.

Zweitens ist Merkel schon zu Lebzeiten als ein vermittelnder Strafzwecktheoretiker wahrgenommen worden.[14] Er hat nämlich eine frühe Version der wohl noch immer vorherrschenden Vereinigungslehre vertreten, in der vergeltende und präventive Momente der Strafe kombiniert werden.[15] Insofern wird er bisweilen im Kontext des gegen Ende des 19. Jahrhunderts einsetzenden sog. „Schulenstreits“[16] als „Begründer der dritten Schule“ bezeichnet, die zunächst ein wenig im Schatten der klassischen (von Karl Binding angeführten) und den modernen bzw. soziologischen (von Franz von Liszt begründeten) Richtungen gestanden hat.[17] Sein Versuch, die Vergeltungsidee als Strafzweck durch Verweis auf die historisch, psychologisch und soziologisch beglaubigte Notwendigkeit eines Ausgleichsgedankens jenseits einer philosophischen Herleitung fundieren zu können, ist jüngst sogar als Vorbild für eine empirisch begründbare Vergeltungslehre wiederentdeckt worden.[18] Trotz der Beglaubigungsversuche durch Geschichte, Psychologie und Soziologie bleibt die Vergeltung für Merkel gleichwohl eine Idee, d. h. eine geistige Errungenschaft, die sich historisch bewehrt und im psychologischen Haushalt der Individuen und Gemeinschaften etabliert hat. Damit ist sie mehr als bloß eine kontingente Form einer primitiven Befriedigung eines biologisch fest verwurzelten Vergeltungstriebes.

---

[14] In diesem Sinne wird *Merkel* beispielsweise erwähnt von *Heinze*, Strafrechtstheorieen und Strafrechtsprinzip, 1871, 73 f., 75 f.; *Meyer*, Lehrbuch des Deutschen Strafrechts, 1875, 5 m. Fn. 9; *v. Liszt*, Das Deutsche Reichsstrafrecht, 1881, 23; *Berner*, Lehrbuch des Deutschen Strafrechtes, 18. Aufl. 1898, 5.

[15] I.d.S. *Janka*, Das österreichische Strafrecht, 1890, 9; *Thomsen*, Das Deutsche Strafrecht, 1906, 29; *v. Hippel,* Deutsches Strafrecht, Band I, 1925, 477; *ders*., ZStW 55 (1936), 823; *Vormbaum*, Einführung in die moderne Strafrechtsgeschichte, 4. Aufl. 2019, 136; mit Differenzierungen i. E. auch *Colsman*, Die Strafe in Adolf Merkels strafrechtlicher Dogmatik, 1955, 43 ff., bes. 50, 54.

[16] Siehe dazu etwa *Koch*, in: Hilgendorf/Weitzel (Hrsg.), Der Strafgedanke in seiner historischen Entwicklung, 2007, 127 ff.

[17] So etwa *Mayer*, Der Allgemeine Teil des Deutschen Strafrechts. Lehrbuch, 2. Aufl. 1923, 434 Fn. 16; s. a. *Liepmann,* ZStW 18 (1908), 4; *Rittler*, Lehrbuch des Österreichischen Strafrechts, Erster Band: Allgemeiner Teil, 1933, 12; *Colsman* (Fn. 15), 29; *Bohnert*, Zu Straftheorie und Staatsverständnis im Schulenstreit der Jahrhundertwende, 1992, 7/157 Fn. 52.; *Struck-Berghäuser*, Franz von Liszt und seine Gegner, 2020, bes. 205 ff.

[18] Vgl. *Müller*, Vergeltungsstrafe und Gerechtigkeitsforschung, 2019, 50 ff./125 ff.

Schließlich wird nicht selten Merkels Bedeutung als „Vater der ‚Allgemeinen Rechtslehre'"[19] als besonderes Markenzeichen betont.[20] Aus diesem Grund wurde Merkel 1893 von der Berliner Akademie der Wissenschaften sogar als „Begründer einer positiven Rechtsphilosophie" geehrt und als Nachfolger seines einstigen Mentors Rudolf von Jhering in ihren Reihen aufgenommen.[21] Diesbezüglich tritt er vor allem als Kritiker der herkömmlichen Rechtsphilosophie auf, die von ihm in der Tradition des neuzeitlichen Naturrechts gesehen wird. Nicht nur in dieser Rolle gilt er beispielsweise als einer der ersten und konsequentesten „Überwinder Hegels im Strafrecht".[22] Die Philosophie Hegels sowie die philosophischen Begründungsansätze seiner strafrechtlichen Schüler sind für Merkel gleichsam die letzten Auswüchse einer längst überkommenen Form von Rechtsphilosophie, die vor allem die Strafrechtswissenschaft noch über weite Strecken bis in die zweite Hälfte des 19. Jahrhunderts dominiert habe. Mehrfach hat er sich im Zuge der Entwicklung der „Allgemeinen Rechtslehre" mit diesem Idealismus im Strafrecht auseinandergesetzt – so beispielsweise schon im ersten Band der bereits erwähnten „Kriminalistischen Abhandlungen", der ebenfalls 1867 erschienen ist, in dem er sich kritisch mit dem Unrechtsbegriff Hegels und der Hegelianer beschäftigt,[23] sowie in einem ausführlichen Besprechungsaufsatz „Über ‚das gemeine deutsche Strafrecht' von Hälschner und den Idealismus in der Strafrechtswissenschaft", der 1881 im ersten Band der Zeitschrift für die gesamte Strafrechtswissenschaft erschienen ist.[24]

Hinter dieser Idealismus-Kritik verbirgt sich nicht zuletzt eine allgemeine Skepsis gegenüber der Philosophie als einstige Leitdisziplin. In dieser Funktion sollte die Philosophie im Laufe des 19. Jahrhundert von anderen Fächern zumindest zeitweise verdrängt werden. Die neuen Kandidaten, die zu jener Zeit in

---

[19] *Schönfeld*, Die Geschichte der Rechtswissenschaft im Spiegel der Metaphysik, 1943, 68; s.a. *v. Holtzendorff*, Franz v. Holtzendorff, 2015, 637 Fn. 3611.

[20] Dazu *Funke*, Allgemeine Rechtslehre als juristische Strukturtheorie, 2004, 1, 10, 21 ff.; s.a. *Brockmöller*, Die Entstehung der Rechtstheorie im 19. Jahrhundert in Deutschland, 1997, 238; *Frommel*, in: Schönert (Hrsg.), Erzählte Kriminalität, 1991, 476; *Hofmann*, in: Pattaro (Hrsg.), A Treatise of Legal Philosophy and General Jurisprudence, Vol. 9, 2009, 324 ff.; *Stier*, „Richtiges Recht" zwischen Entwicklungs- und Kulturgedanken, 2006, 12; *Müller* (Fn. 18), 58.

[21] Dazu *Liepmann*, ZStW 17 (1897), 642.

[22] *v. Hippel* (Fn. 15), Band I, 311; ebenso *Mezger*, Strafrecht, 2. Aufl. 1933, 26; s.a. *Friedmann*, in: Biographisches Jahrbuch und Deutscher Nekrolog I (1897), 430; *Landsberg*, Geschichte der Deutschen Rechtswissenschaft, Dritte Abteilung/Zweiter Halbband, 1910, 709; *Amelung*, Rechtsgüterschutz und Schutz der Gesellschaft, 1972, 52; *Frommel*, Präventionsmodelle in der deutschen Strafzweck-Diskussion, 1987, 168; *Altenhain*, Das Anschlußdelikt, 2002, 148 Fn. 78.

[23] *Merkel*, Kriminalistische Abhandlungen I, 1867, 4 ff.

[24] *Merkel*, ZStW 1 (1881), 553–596.

dieses Amt drängen, finden auch die Aufmerksamkeit von Merkel. So sind es vor allen die Psychologie, die sich in dieser Zeit von ihrer Rolle als Teildisziplin der Metaphysik löst und zu einer eigenständigen empirisch vorgehenden Wissenschaft mausert, die neu entstehende Soziologie sowie die Geschichts- und Natur-Wissenschaften, die Merkels besonderes Interesse geweckt haben. An diesen Disziplinen interessiert ihn freilich nicht so sehr die jeweilige wissenschaftliche Detailarbeit. Er sucht vielmehr interdisziplinäre Anschlussmöglichkeiten für die Neustrukturierung seines eigenen Faches, das dadurch aber keineswegs die Eigenständigkeit einbüßen soll. So bemüht er sich beispielsweise um eine Kombination des Entwicklungsgedankens der aufkommenden Evolutionsbiologie der Darwinisten mit dem Entwicklungsbegriff der Historischen Rechtsschule in der Nachfolge Savignys.[25] Der daraus abzuleitende Fortschrittsoptimismus soll dann wiederum durch psychologische und soziologische Erkenntnisse abgesichert werden. Daraus will Merkel Rückschlüsse für die Beschreibung des aktuellen Zustands des Rechts und insbesondere des Strafrechts ziehen.[26] Auf diese Weise soll sich eine neue Art von Rechtsphilosophie unter dem Namen der „Allgemeinen Rechtslehre" formieren, die sich nicht mehr um die Grundlegung eines idealen Sollens bemüht.

II. Philosophische Referenzautoren

1. Die (un-)üblichen Verdächtigen

Die insgesamt sehr skeptische Haltung gegenüber der Philosophie im Allgemeinen und dem Idealismus im Besonderen hat Merkel freilich keineswegs von der Lektüre und Verarbeitung philosophischer Werke abgehalten. Deren Beachtung hat er weiterhin für wichtig gehalten. Insofern bleibt die Philosophie eine weiterhin tonangebende Stimme im Konzert der Wissenschaften, die Merkel in den Dienst der Jurisprudenz stellen möchte. Merkel wird daher auch mit diversen Philosophen in Verbindung gebracht, die zu seinen nicht immer klar benannten Referenzautoren gezählt werden. Darunter finden sich vor allem prominente Hegel-Kritiker: Dazu gehört zum einen Arthur Schopenhauer, der bekanntlich

---

[25] Vgl. dazu insbesondere den zweiteiligen Aufsatz *Merkels* „Ueber den Begriff der Entwicklung in seiner Anwendung auf Recht und Gesellschaft" in: Zeitschrift für das Privat- und Öffentliche Recht der Gegenwart 3 (1876), 625; 4 (1877), 1.

[26] Siehe diesbezüglich insbesondere Merkels Rektoratsrede aus dem Jahr 1889 „Über den Zusammenhang zwischen der Entwicklung des Strafrechts und der Gesamtentwicklung der öffentlichen Zustände und des geistigen Lebens der Völker", in: E. Wolf (Hrsg.), Strafrecht und Kulturentwicklung, 2. Aufl. 1958, 21.

zu den ersten und schärfsten Widersachern Hegels gezählt wird.[27] Für dessen Philosophie hat sich Merkel offenbar schon während seiner Studienzeit interessiert; er hat ihn sogar einmal in dessen Frankfurter Domizil (an der „Schönen Aussicht“) besucht.[28] Von Schopenhauer scheint vor allem die deterministische Grundhaltung Merkels beeinflusst zu sein, die zur Kritik an einem vermeintlich idealistischen Freiheitsverständnis im Sinne eines *liberum arbitrium indifferentiae* geführt hat.[29] Allerdings erscheint ihm Schopenhauers Position diesbezüglich noch nicht radikal genug. Merkel wirft dem Philosophen sogar vor, die Annahme einer solchen Indifferenzfreiheit letztlich doch „in dem Jenseits der erscheinenden Welt sichern“ zu wollen.[30] Nicht nur auf Grund solcher distanzierender Aussagen scheint es übertrieben behaupten zu wollen, Merkel habe die theoretischen Grundlagen seiner Verbrechenslehre „im Anschluß an die Schopenhauersche Philosophie“ formuliert.[31]

Zum anderen wird der heute beinahe in Vergessenheit geratene Philosoph Ernst Laas zu Merkels wichtigsten philosophischen Gewährsmännern gerechnet.[32] Laas war sogar ein unmittelbarer Kollege an der philosophischen Fakultät der Universität Straßburg. Auf dessen Texte hat Merkel mehrfach verwiesen.[33] In Laas findet Merkel einen Verbündeten bzgl. einer deterministischen Grundhaltung, die gleichwohl nicht darauf aus ist, vollständig auf „die Kategorien der Freiheit, des Verdienstes, der Schuld, der Belohnung und Bestrafung“ zu verzichten. Ein wohlverstandener Determinismus soll nicht zu einem Materialismus oder Fatalismus führen, die für Laas Fehlformen des deterministischen Denkens darstellen. Zu der „Quantität“ der allen Ereignissen vermeintlich äquivalenten Mechanik der Naturkausalität muss auch für Laas immer noch die „Qualität“ der konkreten „Werthschätzungen“ hinzugerechnet werden, die mit der geistigen „Macht des Ich“ verbunden werden kann. Die „Freiheitsfrage“ lasse sich nämlich nur „mit der Machtfrage zusammen erledigen“; sie sei deshalb

---

[27] Zu Schopenhauers Kritik an Hegel vgl. etwa *Schmidt*, Idee und Weltwille, 1988, 11 ff. und passim; *Koßler*, Substantielles Wissen und subjektives Handeln, 1990, 15 ff. (m. Anm. 1 ff. auf S. 245 ff.) sowie S. 167 ff. u. ö.

[28] Vgl. *Hübscher*, Schopenhauer Jahrbuch 26 (1939), 314.

[29] Dazu *Stübinger*, Zeitschrift für Rechtsphilosophie N.F. 2 (2018), 80 ff.

[30] *Merkel*, Vergeltungsidee und Zweckgedanke im Strafrecht, 1892, 57 Anm. 1.

[31] So aber *Kollmann*, ZStW 28 (1908), 452.

[32] Zum Verhältnis von Merkel zu Laas siehe *Schmidt-Recla*, in: Schmoeckel (Hrsg.), Psychologie als Argument in der juristischen Literatur des Kaiserreichs, 2009, 158 ff.; in Andeutungen bereits *Adams*, Die Lehre von Verbrechen und Strafe im System Adolf Merkels, 1928, 15 f., 36, 40 ff.

[33] Vgl. etwa die Verweise auf Laas in *Merkels* Lehrbuch des Deutschen Strafrechts, 1889, 51, 65, 187, sowie in den Literaturangaben in seiner Juristischen Encyclopädie, 1885, §§ 41, 80, 236.

„einer psychologischen Analyse zu unterwerfen“. Der Begriff der Macht bezeichnet in diesem Zusammenhang die psychologische Kraft, die sich in den Handlungen der Individuen äußert und das soziale Gefüge prägt. Ähnlich wie Laas über den Menschen sagen kann: „Das Maass seiner Freiheit ist das Maass seiner Macht“,[34] so meint auch Merkel wenig später: „Frei sein heißt wirksam sein nach eigenem Maße“.[35] In diesem „Wirksamwerden nach eigenem Masse“ erkennt Merkel ebenfalls eine „Machtäusserung unserer Individualität“.[36] Durch die psychologische Analysierbarkeit soll es gelingen, die Freiheit aus dem bisherigen Kompetenzbereich der (idealistischen) Philosophie zu lösen, um sie trotz einer deterministischen Kritik am Idealismus als Begriff für das Strafrecht retten zu können.

Merkel verspürt zu den Ansichten von Laas wohl nicht zuletzt deshalb eine gewisse Nähe, da ihn namentlich dessen ethische Ausführungen an seinen eigenen akademischen Lehrer Rudolf von Jhering erinnert haben. Merkel diagnostiziert zumindest einen thematischen Berührungspunkt vor allem auf dem Gebiet der Allgemeinen Ethik und ihrer Wirkung auf eine neue Art der Rechtsphilosophie. Er zählt Jhering und Laas nämlich gleichermaßen zu den wohl prominentesten deutschsprachigen Vertretern der „Rechtsphilosophie des ‚Utilitarismus‘“ in der zweiten Hälfte des 19. Jahrhunderts.[37] Merkel teilt vor allem die anti-idealistische und pro-positivistische Grundstimmung der Philosophie von Laas, der sicher nicht zu Unrecht als einer der konsequentesten Vertreter des Positivismus in der deutschsprachigen Philosophie des späten 19. Jahrhunderts gilt.

Neben Schopenhauer und Laas wird zudem noch der seinerzeit einflussreiche englische Philosoph Herbert Spencer als mögliche Inspiration für Merkels theoretische Ansichten genannt.[38] Spencers Philosophie hat schon zu dessen Lebzeiten auch unter Strafrechtlern einige Beachtung gefunden.[39] Neben einigen gut versteckten Anspielungen verweist Merkel gelegentlich sogar ausdrücklich – aber immer nur flüchtig – auf einzelne Schriften Spencers.[40] Eine ausführliche

---

[34] *Laas*, Vierteljahrsschrift für wissenschaftliche Philosophie 4 (1880), 20, 22, 357.

[35] *Merkel*, ZStW 1 (1881), 572; ebenso auch *ders.*, in: Hinterlassene Fragmente und Gesammelte Abhandlungen, Erster Teil: Fragmente zur Sozialwissenschaft, 1898, 16.

[36] *Merkel*, Die Aula I (1895), 331.

[37] *Merkel*, in: Lexis (Hrsg.), Die Deutschen Universitäten, Erster Band, 1893, 410.

[38] Siehe dazu vor allem *Wittkau-Horgby*, Materialismus, 1998, 203 ff.; *dies.*, Rechtshistorisches Journal 18 (1999), 270 ff.; s.a. *Dornseifer*, Rechtstheorie und Strafrechtsdogmatik Adolf Merkels, 1979, 30 ff. In Andeutungen auch schon *Welzel*, Naturalismus und Wertphilosophie im Strafrecht, 1935, in: ders., Abhandlungen zum Strafrecht und zur Rechtsphilosophie, 1975, 68 f.

[39] Vgl. *Mittelstädt*, GS 46 (1892), 242; *Schäfer*, ZStW 16 (1896), 178 ff.

[40] Siehe etwa *Merkel*, Juristische Encyclopädie, § 80; *ders.*, Elemente der allgemeinen

Auseinandersetzung mit eingehender Textarbeit findet sich jedoch nirgends. Die Namen der genannten Autoren belegen bereits, dass Merkels Interesse an der Philosophie durchaus weit gestreut war. An einem Wiedererstarken der klassischen Deutschen Philosophie (von Kant bis Hegel) ist er allerdings nicht interessiert. Merkel will sich aber nicht an eine spezielle philosophische Schule binden, sondern versucht es mit einem Mix aus verschiedenen Ansätzen. Daher lässt sich eine eingehende Befassung mit einzelnen Philosophen kaum finden. Merkel begnügt sich stets mit spärlichen Hinweisen auf seine Referenzautoren.

Doch weder die thematische Breite seiner Veröffentlichungen zu den Grundlagen des Rechts, der Strafzwecklehre sowie der Dogmatik, noch die Orientierung an Philosophen unterschiedlicher Theorierichtungen haben Merkel zu einem schlichten Eklektizismus geführt. Die Perspektivenvielfalt verleitet ihn nicht zu einer beliebigen Kombination diverser Theoriemomente. Durch die Anlehnung an diverse Meinungen ebenso wie durch die Kritik an verschiedenen dogmatischen oder theoretischen Entwürfen entwickelt Merkel vielmehr seine eigne Ansicht, die trotz einer vielfachen Beeinflussung durch ganz unterschiedliche Ansätze originell zu nennen ist. Dies macht eine allseits beliebte Zuordnung zu konkreten Schulen schwierig. Gleichwohl wird er bisweilen mit diversen Etiketten versehen, mit denen er einseitig einer bestimmten Richtung zugeordnet werden soll: so gilt Merkel einigen vor allem als schlichter „Positivist“[41] bzw. als einer der ersten „Wegbereiter des frühen Rechtspositivismus“.[42] Dies scheint durch seine Opposition gegen den Idealismus sicher nicht fernliegend. Allerdings hat ihn die positivistische/idealismus-kritische Grundhaltung keineswegs zu einem reinen Rechts- oder Gesetzes-Positivisten werden lassen. Merkel will vielmehr durchaus an vor-positiven Grundlagen und Grundbegriffen des Rechts festhalten, die als solche nicht zur Disposition eines Gesetzgebers oder einer bestimmten Theorie stehen sollen. Die Positivität ist für ihn nur ein Merkmal des Rechts unter anderen (dazu näher unten III.).

Andere haben Merkel auf Grund seiner frühzeitigen Einbeziehung soziologischer Kenntnisse „zum ersten Soziologen auf dem juristischen Lehrstuhl“ ernannt.[43] Die Nähe zur Psychologie hat ihm wiederum eine Bezeichnung als

---

Rechtslehre (§ 19), in: v. Holtzendorff (Hrsg.), Encyklopädie der Rechtswissenschaft in systematischer und alphabetischer Bearbeitung, Erster, systematischer Teil, 5. Aufl. 1890, 35; *ders.*, Fragmente zur Sozialwissenschaft (Fn. 35), 23.

[41] So etwa *Sternberg*, Allgemeine Rechtslehre, Erster Teil, 1904, 175; *Holzhauer*, Willensfreiheit und Strafe, 1970, 170; s. a. *Tripp*, Der Einfluß des naturwissenschaftlichen, philosophischen und historischen Positivismus auf die deutsche Rechtslehre im 19. Jahrhundert, 1983, 246 ff, der Merkel zu den „dogmatischen Positivisten“ zählt (249).

[42] *Goller*, Naturrecht, Rechtsphilosophie oder Rechtstheorie?, 1997, 94.

[43] *Barth*, Die Rechtslehre Adolf Merkels, 1956, 167.

juristischer „Psychologist" eingebracht.[44] Auf Grund der erwähnten Spuren der Philosophie Spencers wird Merkel schließlich zu den „materialistisch orientierten Juristen" gezählt.[45] Dabei hält sich seine Wertschätzung gegenüber dem philosophischen System von Spencer allerdings durchaus in engen Grenzen. Wahrscheinlich ist Merkel erst relativ spät auf diesen Autor aufmerksam gemacht worden. Explizite Hinweise auf Spencers Schriften tauchen jedenfalls nur in späteren Texten Merkels – in etwa seit 1885 – auf.[46] Zu dieser Zeit hatte Merkel das Grundgerüst seines strafrechtlichen und rechtstheoretischen Lehrgebäudes freilich längst gezimmert. Merkel sieht in dem englischen Universalgelehrten, dessen Gesamtwerk z. T. mehrbändige Schriften zur Biologie, Psychologie, Soziologie sowie zu einer darauf gestützten Ethik umfasst, primär einen Kronzeugen, der Grundsätzliches für das Entwicklungsdenken auszusagen vermag. Immerhin ist Spencer schon zu Merkels Lebzeiten für jene Bemühungen bekannt, den biologischen Entwicklungsgedanken auf die Soziologie, Psychologie und die Ethik zu übertragen.[47] Wie bereits oben[48] erwähnt, spielt der Begriff der Entwicklung auch für Merkels eigenes Gedankengebilde eine große Rolle. Dabei versucht er jedoch schon vor seiner eigenen Entdeckung der Schriften Spencers in erster Linie, eine Synthese aus den unterschiedlichen Entwicklungslehren der historischen Rechtsschule und der darwinistischen Evolutionstheorie zu entwickeln. Ebenso wie Jhering und Laas wird auch Spencer von Merkel zu den Vertretern einer utilitaristischen Ethik gezählt, wobei Merkel einschränkend feststellt: „der Hauptgedanke des socialen Utilitarismus tritt bei Spencer nicht in gleicher Schärfe und Klarheit hervor wie bei Jhering. Spencer's System zeigt hier eine gewisse Unbestimmtheit", die „man der Jheringschen Ethik nicht vorwerfen kann".[49] Nach einer allzu großen Sympathie für diese eher unbestimmte Variante eines Sozial-Utilitarismus, für den weitaus versiertere Bestimmungs-

---

[44] *Adams* (Fn. 32), 15, 24 f.

[45] *Wittkau-Horgby* (Fn. 38), 199.

[46] In den zu Lebzeiten veröffentlichten Schriften wird Spencer wohl erstmals in § 80 von *Merkels* Juristischer Encyclopädie von 1885 erwähnt und kurze Zeit später in seiner Besprechung des Buches von *Gumplowicz*, Grundriß der Sociologie, 1885, im Jahrbuch für Gesetzgebung, Verwaltung und Volkswirthschaft im Deutschen Reich 10 (1886), 295, 296.

[47] Vgl. dazu etwa *Fischer*, Ueber das Gesetz der Entwicklung auf psychisch-ethischem Gebiete, 1875, 30 ff.; *Cathrein*, Die Sittenlehre des Darwinismus, 1885, 15 ff.; *Schneider*, Die Sittlichkeit im Lichte der Darwinschen Entwickelungslehre, 1895, 74 ff., 99 ff.; *Tille*, Von Darwin bis Nietzsche, 1895, 72 ff.; s. a. die Andeutungen bei *Liepmann*, Die Entstehung des Schuldbegriffs, 1891, 14 f., 25 f.; *ders.*, ZStW 14 (1894), 466, 470 ff.

[48] Fn. 25.

[49] *Merkel*, Jherings Jahrbücher für die Dogmatik des heutigen römischen und deutschen Privatrechts 32 = N.F. Bd. 20 (1893), 33.

versuche durch näherstehende Personen aus Sicht von Merkel bereits vorgelegen haben, klingt dies nicht.

Auch im Übrigen ist die behauptete Orientierung Merkels am Materialismus so nicht nachvollziehbar. Merkel hat nämlich meist mit Sorge auf die „sich ausbreitende materialistische Weltansicht" geblickt, die zu dieser Zeit „mit dem Einfluss, welchen die Naturwissenschaften auf das Denken der modernen Gesellschaft ausüben", entstanden ist. Die Weltanschauung des Materialismus hat laut Merkel bereits „in beträchtlichem Umfange intellektuelle Verwüstungen angerichtet". Die „materialistische Gedankenrichtung" hat aus seiner Sicht vor allem „zu einer Verwischung der Werthunterschiede zwischen den Menschen und zwischen ihren Thaten und zu einer Nullifizirung der Einzelpersönlichkeit" geführt.[50] Merkel verwendet die Bezeichnung „Materialismus" an den zitierten Stellen offensichtlich ebenso wie viele seiner Zeitgenossen als pejorativ eingesetzten Kampfbegriff. Obwohl vom „Materialismus" bereits seit der ersten Hälfte des 18. Jahrhunderts immer wieder die Rede ist,[51] wurde ihm vor allem seit Mitte des 19. Jahrhunderts vermehrt der Kampf angesagt. Dies hat zu jener bekannten Kontroverse geführt, die unter dem Schlagwort „Materialismus-Streit" bekannt ist.[52] Hierbei wird das Wort „Materialismus" u. a. für das extremste Gegenteil zum Idealismus benutzt. Dies gilt insbesondere in Bezug auf die Freiheitsfrage. Während für Merkel eine idealistische Philosophie für ein indeterministisches Freiheitsverständnis steht, das mit seiner eigenen deterministischen Grundhaltung nicht vereinbar ist, scheut er andererseits nicht minder auch „die Konsequenzen einer materialistisch-deterministischen Auffassung". Die unliebsamen Folgen des Materialismus für das Strafrecht sieht er primär darin, auf die „Begriffe von Zurechenbarkeit und Verantwortlichkeit, Verdienst und Schuld" zu verzichten. Dadurch werden jedoch gleichsam mit dem freiheitstheoretischen Bade zugleich deren Begriffskinder ausgeschüttet, die jedoch selbst für eine „deterministische Schuldlehre" erhaltenswert erscheinen.[53] Der angedeutete terminologische Kahlschlag ist für Merkel allerdings keine vertretbare Vorgehensweise. Daher stimmt er in seiner 1871 erschienenen Besprechung von Wilhelm E. Wahlbergs Werk „Das Princip der Individualisirung in der Strafrechtspflege" (1869) dessen Aussage zu, „daß der Indeterminismus zu einer wahrhaften Begründung des Strafrechts ebenso wenig fähig sei, wie der

---

[50] *Merkel* (Fn. 30), 52 f., 54.

[51] Siehe etwa den Eintrag „Materialismus" in: v. Walch (Hrsg.), Philosophisches Lexicon, Band 1, 1726, Sp. 1735 f.

[52] Vgl. dazu etwa die Einleitung der Herausgeber Bayertz/Gerhard/Jaeschke zum Sammelband „Der Materialismus-Streit", 2012, IX ff. m. N. Ausführlich auch *Wittkau-Horgby* (Fn. 38), 96 ff.; *Beiser*, After Hegel (Fn. 2), 53 ff.; *ders.*, Late German Idealism, 2016, 237 ff.

[53] *Merkel* (Fn. 30), 53, 61.

Materialismus".[54] Solche Aussagen weigern sich, für eine Zugehörigkeit Merkels zum Materialismus glaubhaft Zeugnis abzulegen. Er dürfte sich überhaupt nicht vor den Karren einer einzelnen Richtung allein spannen lassen. Insofern erweisen sich derartige Einzeletikettierungen als unterkomplex. Merkel erkennt die jeweils relative Berechtigung der verschiedenen Wissenschaftszweige an und versucht sie soweit wie möglich miteinander zu vereinbaren.

2. Hermann Lotze

Trotz der Vielfalt der bereits bekannten Einordnungsversuche wurde bislang so gut wie nicht die mögliche Bedeutung untersucht, die dem Philosophen und habilitierten Mediziner Hermann Lotze für Merkels Grundanschauungen zugekommen sein könnte. Dabei drängt sich dieser Name eigentlich auf. Schließlich gilt Lotze in den Jahrzehnten um 1900 als einer der einflussreichsten Philosophen.[55] Seine Schriften haben in dieser Zeit nicht nur bei Fachphilosophen, sondern nachweislich auch unter Juristen einige Beachtung gefunden.[56] Auf den ersten Blick scheint er freilich dennoch nicht so recht in das Schema passen zu wollen, mit dem Merkel nach Sympathisanten für sein anti-idealistisches Theorieverständnis gesucht haben mag. Lotze gehört sichtlich nicht in den Reigen der eben angedeuteten Typen jener Philosophen, die Merkels besonderes Interesse geweckt haben. Lediglich eine Gemeinsamkeit scheint sich aufzudrängen, denn immerhin wird Lotze – insofern ähnlich wie die zuvor genannten Autoren – ebenfalls zu den Hegel-Kritikern gerechnet.[57] Seine Kritik richtet sich insbesondere gegen Hegels dialektische Methode. Dies hat Lotze u. a. am Beispiel der dialektischen „Beziehungen" der Begriffe „Recht, Unrecht, Verbrechen und Strafe" erläutert.[58]

---

[54] *Merkel*, Kritische Vierteljahresschrift für Gesetzgebung und Rechtswissenschaft 13 (1871), 44; vgl. die entsprechende Passage in dem im Text genannten Buch von Wahlberg, bes. S. 75.

[55] Vgl. *Pester*, in: Gerhardt u. a. (Hrsg.), Kant und die Berliner Aufklärung, 2001, 297; *Baab*, Die kleine Welt, 2018, 11 ff. jeweils m. N.

[56] So hat sich beispielsweise 1879 Ernst Zitelmann in seinem epochemachenden Werk „Irrtum und Rechtsgeschäft" relativ ausführlich mit Lotze beschäftigt (ebenda, bes. S. 51 ff.); vgl. dazu auch *Haferkamp*, in: Schmoeckel (Hrsg.), Psychologie als Argument in der juristischen Literatur des Kaiserreichs, 2009, 217.

[57] Zu Lotzes Auseinandersetzung mit Hegel vgl. *Caspari*, Hermann Lotze in seiner Stellung zu der durch Kant begründeten neuesten Geschichte der Philosophie, 1883, 5 ff.; *Wagner*, Geltung und normativer Zwang, 1987, 76 ff.; *Pester*, Hermann Lotze, 1997, 38 ff.; *Woodward*, Hermann Lotze: an intellectual biography, 2015, 71 ff., 92 ff.; *Beiser*, Late German Idealism, 155 ff. u. ö.; *ders.*, After Hegel (Fn. 2), 1, 54 f. jeweils m. N.

[58] *Lotze*, System der Philosophie, Erster Theil, 1874, 247 ff.

Trotz aller Grundsatzkritik ist sich Lotze andererseits aber durchaus nicht zu schade, Hegel durch eine differenzierende Interpretation gegen allzu plumpe Vorurteile in Schutz zu nehmen und gegenüber einer „zu hastigen Polemik“ zu verteidigen.[59] Nach eigenen Aussagen folgt für Lotze letztlich aber die „völlige Unhaltbarkeit eines großen Theiles der Hegelschen Ansichten oder vielmehr ihres Ganzen in der Form“ insbesondere aus der neu gewonnenen Einsicht in die „Nothwendigkeit naturwissenschaftlicher Belehrung“.[60] Aus seiner Sicht zeigt sich Hegels Idealismus als belehrungsresistent gegenüber den Erkenntnisfortschritten der Naturwissenschaften. Als studierter Mediziner meint Lotze einen privilegierten Zugang zu jenen Lehren zu haben, die die Philosophie aus den Untersuchungen der Naturwissenschaften ziehen soll. Gleichwohl hat er seine Philosophie zumindest zeitweise selbst als „teleologischen Idealismus“ bezeichnet.[61] Insofern sieht er sich persönlich durchaus noch in der Tradition der idealistischen Philosophie. Seine Version des Idealismus soll dabei allerdings nicht mehr in Konkurrenz zum, sondern an die Seite des wissenschaftlichen Realismus treten, denn eine realistische Weltsicht allein kann insbesondere das ästhetische und ethische Bedürfnis der Menschen nicht befriedigen. Die Naturwissenschaften werden nämlich niemals die gesamte Lebenswirklichkeit beschreiben können; dazu bedarf es stets einer Ergänzung durch Ethik und Ästhetik. Insbesondere auf diesen beiden Wissensgebieten bedarf es einer Belebung durch idealistisches Gedankengut. Als Vertreter einer idealistischen Philosophie hat Lotze beispielsweise die Kritik des oben erwähnten Ernst Laas auf sich gezogen.[62]

Lotze möchte freilich seinen „teleologischen Idealismus“ im Unterschied zur idealistischen Philosophie der Vorgängergeneration nicht mehr hegemonial an die Spitze aller Wissenschaften setzen. Seine Art des Philosophierens soll vielmehr den naturwissenschaftlichen, historischen und psychologischen Erkenntnissen an die Seite gestellt werden. Insofern steht Lotze wie kaum ein anderer für eine „Versöhnung der Naturwissenschaften mit dem Idealismus“.[63] Dabei geht es ihm nicht um ein bloßes Nebeneinander, sondern um ein Miteinander der Disziplinen, die durchaus einen wechselseitigen Einfluss aufeinander ausüben, ohne jedoch „eine beständige Identität des Realen und des Idealen in der Welt“ behaupten zu wollen. Beide sollen einen je eigenen Platz darin finden. Die

---

[59] Vgl. etwa Lotzes „Recension von Gustav Hartenstein, die Grundbegriffe der ethischen Wissenschaften (1845)“, in: *Lotze*, Kleine Schriften, Erster Band, 1885, 271 ff., Zitat 276.

[60] *Lotze*, Streitschriften, Erstes Heft, 1857, 7.

[61] *Lotze*, Metaphysik, 1841, 329.

[62] Vgl. *Laas*, Idealismus und Positivismus, Dritter Theil, 1884, 167 ff., 224 ff., 563 ff.

[63] So lautet denn auch die Überschrift des Kapitels zur Philosophie von Lotze in dem Buch von *Brasch*, Die Philosophie der Gegenwart, 1888, 547.

Einsichten der idealistischen Philosophie sollen somit gemeinsam mit den Kenntnissen der Naturwissenschaften verrechnet werden. Lotze hält nämlich wenig von jener „Art doppelter Buchhaltung", mit der von einigen Zeitgenossen versucht wird, einerseits einem erkenntnistheoretischen „Princip zu folgen", mit dem die Naturwissenschaft zu rechnen habe, um dann andererseits, „ein anderes Princip" aus dem Hut zu zaubern, wenn sich eine gewisse „Trostlosigkeit seiner Resultate" abzeichne. Dies könnte für Lotze lediglich zu einer „Zersplitterung unserer geistigen Kräfte" führen.[64] Ein beliebiger Wechsel zwischen naturwissenschaftlichen und philosophischen Grundsätzen ist für ihn daher nicht denkbar. Für Lotze sollen das rein Physische, das nur mit naturwissenschaftlichen Methoden zu entschlüsseln ist, und das Geistige, für dessen Erfassung die Philosophie und ihre (Teil-)Disziplinen zuständig sind, gleichwohl deutlich unterscheidbar bleiben. Das von ihm gewählte Sprachbild von einem Verbot doppelter Buchführung soll eine Differenzierung naturhaft-realer und geistig-idealer Phänomene gerade nicht verhindern. Er hält es daher für ein Zeichen „irriger Willkühr", wenn behauptet wird, „daß alles Geistige vollkommen aus den Eigenschaften der Materie erklärbar sei", denn:

> „Alles, was den materiellen Bestandteilen der äußeren Natur oder denen unseres eigenen Körpers begegnet [...] ist völlig unvergleichbar mit der eigenthümlichen Natur der geistigen Zustände, mit den Empfindungen, den Gefühlen, den Strebungen, die wir thatsächlich auf sie folgen sehen".

Daher werden naturwissenschaftliche Erklärungsversuche niemals jene Kluft überwinden können, die z. B. zwischen den sinnlichen Reizungen und Bewegungen innerhalb des Nervensystems und dem menschlichen Empfinden besteht:

> „Wie weit wir auch den eindringenden Sinnesreiz durch den Nerven verfolgen [...] nie werden wir nachweisen können, daß es von selbst in der Natur irgend einer so erzeugten Bewegung liege, als Bewegung aufzuhören und als leuchtender Glanz, als Ton, als Süßigkeit des Geschmackes wiedergeboren zu werden. Immer bleibt der Sprung zwischen dem letzten Zustande der materiellen Elemente, den wir erreichen können, und zwischen dem ersten Aufgehen der Empfindung gleich groß".

Für Lotze kann es daher kein naturwissenschaftliches Deutungssystem geben, für das die unendliche Differenz zwischen Materie und Geist überbrückbar wäre. Insofern geht es um die „Anerkennung dieser völligen Unvergleichbarkeit aller physischen Vorgänge mit den Ereignissen des Bewußtseins" und die

---

[64] *Lotze*, Medicinische Psychologie oder Physiologie der Seele, 1852, 45, 36; ähnlich zuvor schon in seiner „Recension von Ottomar Domrich, Die psychischen Zustände" (1850), in: *Lotze*, Kleine Schriften, Zweiter Band, 1886, 451; siehe dazu *Borgard*, Immanentismus und konjunktives Denken, 1999, 17, 110; *Baab* (Fn. 55), 37 m. Fn. 53.

„Ueberzeugung von der Nothwendigkeit […], eine eigenthümliche Grundlage für die Erklärung des Seelenlebens" suchen zu müssen. Deshalb seien „für die beiden großen und geschiedenen Gruppen des physischen und des geistigen Geschehens eben so geschiedene und auf einander nicht zurückführbare Erklärungsgründe anzunehmen".[65] Daher geht es ihm um einen Theorie-Dualismus, mit dem das Verhältnis von Philosophie und Naturwissenschaft beschrieben werden kann, die auf unterschiedliche Erklärungsweisen zurückgreifen müssen. Nur der „Geist hat sich als Geist begreifen gelernt".[66] Dieses geistige Begreifen des Geistes kann nicht durch eine materialistische Sicht auf die natürlichen Prozesse des Körperlichen ersetzt werden.

Eben diese Form der Interdisziplinarität, in der die beteiligten Disziplinen die Eigenständigkeit der anderen achten, dürfte für Merkel attraktiv gewesen sein, da sie seinem eigenen Wissenschaftsverständnis entgegenkommt. Er bezweifelt durchaus nicht, dass die Jurisprudenz von dem natur-wissenschaftlichen Wissen profitieren kann, dennoch bleibt die Rechts-*Wissenschaft* eben *Rechts*-Wissenschaft und darf nicht zu einem bloßen Nebenfach der Naturwissenschaften mutieren. Das Recht bleibt ein Gegenstand, der sich nur mit dem Geist begreifen lässt. Merkel warnt daher vor den kritik- und kriterienlosen Übernahmeversuchen naturwissenschaftlicher Erkenntnisse auf das Recht, die zu seiner Zeit speziell durch die biologistische (Kriminal-)Anthropologie bereits erkennbar geworden sind. Durch die zu dieser Zeit spürbare Anbiederung an die Naturwissenschaften treten die unschönen „Merkmale eines prätentiösen Naturalismus" in Erscheinung. Diese zeigen sich etwa in den Versuchen der anthropologischen Schule, „das Verbrechen einfach unter biologischen Gesichtspunkten zu betrachten". Durch derart naturalisierende Betrachtungsweisen sollen aus Sicht von Merkel beispielsweise „die ideellen Grundlagen der bisherigen Strafrechtspflege, auf welche die Begriffe von Freiheit, Verantwortlichkeit, Schuld, Sühne u. s. w. hinweisen, als unhaltbar erwiesen" werden. Den zeitgenössischen „Juristen, die sich ihnen angeschlossen haben", wirft Merkel dementsprechend vor, dass sich „ihr Rechtsverständnis als so schwach erwiesen hat – als ein flackerndes Licht, das ein von naturwissenschaftlicher Seite kommender Hauch zum Erlöschen gebracht hat".[67]

---

65 *Lotze*, Mikrokosmus, Erster Band, 1856, 159, 160 f., 161 f.

66 So *Lotze* in einem nachgelassenen Fragment mit dem Titel „Geographische Phantasien", in: Kleine Schriften, Dritter Band (zwei Abteilungen mit durchgehender Paginierung), 1891, 568.

67 *Merkel*, Preußische Jahrbücher 78 (1894), 31/36 f.

a) Aufwertung des Wert-Begriffs

In der unten (unter III.) noch näher aufzuzeigenden Bezugnahme auf Lotze lässt sich eventuell eine – wenn auch eher lose – Verbindung Merkels zur Philosophie des Neukantianismus herstellen. Lotze gilt nämlich als „Mentor“[68] bzw. „Vater der Südwestdeutschen“ Richtung der neukantianischen Philosophie.[69] Diese Ahnherrschaft wird insbesondere durch die mit dieser philosophischen Schule assoziierte Wert-Philosophie begründet, die zu einem der sichtbarsten Markenzeichen des Neukantianismus geworden ist. In dieser Hinsicht wird Lotze auch der „Vater der neueren Wertphilosophie“ genannt.[70] Die ideengeschichtliche Vaterschaft Lotzes gilt somit speziell für die neukantianischen Varianten des wertphilosophischen Denkens, das auch Einzug in die von Juristen beherrschte Rechtsphilosophie um 1900 gehalten hat. So sollen speziell die entsprechenden Theorien des Lotze-Schülers Wilhelm Windelband und dessen Schüler Heinrich Rickert als „an Lotze anknüpfende Werttheorien“ bezeichnet werden können.[71] Mit Windelband gehört somit ein prominenter Schüler Lotzes seit 1882 sogar zu Merkels Kollegen an der philosophischen Fakultät der Universität in Straßburg[72]. Windelband sollte dort – laut eines Berichts des Kurators der Straßburger Universität – als Nachfolger von Otto Liebmann, der mit seinem Buch „Kant und die Epigonen“ von 1865 nicht unmaßgeblich zu einer Neubelebung des Interesses an der kantischen Philosophie beigetragen hat,[73] „das bewährte Gegengewicht“ zu „der nach der radicalen Seite neigenden Richtung des Professor Laas“ bilden.[74]

Lotzes Kritik an Hegel und die parallele Entwicklung einer (wertphilosophischen) Theoriealternative hängen durchaus zusammen. Die Aufwertung des Wert-Begriffs bei Lotze erfolgt freilich zunächst nicht etwa im engeren Kontext der praktischen Philosophie, sondern tritt als Ausdifferenzierung verschiedener Wirklichkeitsvorstellungen auf.[75] Lotze entwickelt seine Ansichten zum Wert-

---

[68] *Krijnen*, in: Enders/Szaif (Hrsg.), Die Geschichte des philosophischen Begriffs der Wahrheit, 2006, 290.

[69] Vgl. dazu *Krijnen*, Nachmetaphysischer Sinn, 2001, 94 f. m. w. N.

[70] *Lotz*, Zeitschrift für katholische Theologie 57 (1933), S. 572; s. a. *Sprenger*, in: Alexy u. a. (Hrsg.), Neukantianismus und Rechtsphilosophie, 2002, 159 f.; *Krobath*, Werte, 2009, 43, 45 f.; *Staake*, Werte und Normen, 2018, 99 ff.

[71] *Kraus*, Die Werttheorien, 1937, 281 ff.; vgl. auch *Hellmich*, Aufklärende Rationalisierung, 2013, 117 f., 120 f.; *Krijnen* (Fn. 69), 94 ff.; differenzierend: *Wiegand*, Unrichtiges Recht, 2004, 50 ff.

[72] S.o. zu Fn. 7.

[73] Zur (umstrittenen) Rolle *Liebmanns* innerhalb der Geschichte des Neukantianismus siehe einerseits *Köhnke* (Fn. 2), 211 ff.; andererseits *Beiser* (Fn. 2), 283 ff.

[74] Vgl. dazu *Köhnke*, in: Hübinger u. a. (Hrsg.), Kultur und Kulturwissenschaft um 1900 II: Idealismus und Positivismus, 1997, 44 ff. mit Fn. 14, Zitat S. 48.

[75] Siehe dazu *Schnädelbach*, Philosophie in Deutschland 1831–1933, 1983, 206 ff.

begriff vor allem in seinem Werk mit der eigentümlich latinisiert klingenden Bezeichnung „Mikrokosmus“ (erst in späteren Auflagen wird daraus der vertrautere „Mikrokosmos“). In erster Auflage ist es in den Jahren 1856, 1858 und 1864 in drei Bänden erschienen. Laut Untertitel werden darin „Ideen zur Naturgeschichte und Geschichte des Menschen“ entwickelt. Wie ein weiterer Unter-Untertitel klarstellt, soll somit ein „Versuch einer Anthropologie“ unternommen werden. Die drei Bände sind jeweils in drei Bücher unterteilt, die den Gang der Untersuchung vom „Leib“, „Seele“ und „Leben“ (in Band 1), über „Mensch“, „Geist“ und „Der Welt Lauf“ (in Band 2) bis hin zu „Geschichte“, „Fortschritt“ und einem abschließenden „Zusammenhang der Dinge“ (in Band 3) gliedern. Der anthropologische Analyse-Versuch jener „kleinen Welt“ (d.h. des „Mikrokosmos“) umfasst daher letztlich das gesamte philosophische Großprojekt einer Erklärung von „Mensch und Welt“. Somit geht es um einen großen Entwurf einer umfassenden philosophischen Anthropologie, die sich noch nicht auf die bloße Biologie reduziert hat. Diese

> „Zergliederung des Weltlaufs endet damit, unser Denken zum Bewußtsein nothwendig giltiger *Wahrheiten*, unsere Wahrnehmung zur Anschauung schlechthin gegebener *Thatsachen* der Wirklichkeit, unser Gewissen zur Anerkennung eines unbedingten Maßstabes aller *Werthbestimmungen* zurückzuführen“.[76]

Wahrheits-Bewusstsein, Tatsachen-Anschauung und Wert-Anerkennung sind somit für Lotze drei kognitive Zugangsformen, mit denen sich der Mensch die Welt erschließen kann. Denken, Wahrnehmen und Gewissen fungieren dabei als passende Grundfähigkeiten für diese Wirklichkeitserkennungsformen. Es ist daher nicht primär ein moralphilosophischer Zusammenhang, in dem die Werttheorie entfaltet werden soll. In Lotzes Projekt soll der „Begriff des Werthes“ vielmehr in einem anthropologischen Gesamtkontext expliziert werden. In dieser umfassenden Perspektive einer Lehre vom Menschen werden zwar auch die ethischen Begriffe in den Blick genommen, aber nicht in einen moralphilosophischen Begründungsrahmen eingespannt. Insofern ist zu beachten, in welchem Theoriekontext der Wertbegriff erläutert wird. In diesem Sinne wird der Wertbegriff von Lotze zwar in einem Kapitel über „Das Gewissen und die Sittlichkeit“ näher behandelt: genauer gesagt ist die Explikation des Wertbegriffs im zweiten Band seines „Mikrokosmus“ platziert; dort findet sich die Wertlehre im Fünften Buch mit dem Titel „Der Geist“ und bildet darin das Fünfte Kapitel.[77] Allerdings wird bereits in den Büchern und Kapiteln zuvor inflationär Gebrauch von dem Wort „Wert“ gemacht. Die Hinweise auf das Ge-

---

[76] *Lotze*, Mikrokosmus, Dritter Band, 1864, 457.

[77] *Lotze*, Mikrokosmus, Zweiter Band, 1858, 296ff. Die nachfolgend im Text genannten Seitenzahlen beziehen sich auf dieses Buch.

wissen und die Sittlichkeit in der genannten Kapitelüberschrift dürfen daher nicht dazu verleiten, einen moralphilosophischen Kontext zu vermuten. In der anthropologischen Draufsicht auf diese ethische Begrifflichkeit sollen nicht die normativen Begründungen gewissenhafter und sittlicher Handlungen nachvollzogen werden. Es geht vielmehr um eine theoretische Klärung ihrer Bedeutung für das Gesamtkonzept der Entwicklung einer neuen und umfassenden Anthropologie, die weit mehr als eine Lehre vom Menschen im herkömmlichen Sinne sein will. Daher fragt Lotze „nicht nach den Idealen, welche das Handeln bestimmen sollen, sondern nach den Kräften, die es allenthalben wirklich in Bewegung setzen“ (302). Aus diesem Grund benötigt seine Sicht auf die Bedeutung des Wertbegriffs auch nicht jene durchaus „lobenswürdige Strenge der praktischen Philosophie, die sittlichen Gebote von dem schielenden Hinblick auf den eigenen Vortheil des Handelnden zu befreien“ (304).

Dies richtet sich ganz offenkundig gegen die moralphilosophische Grundlegung Kants, die besonders strikt und rigoros zwischen reinen moralischen Pflichten und bloßen Neigungen in einer Weise unterschieden hat, in der die ethische Begründung von jeglicher Kontamination mit dem utilitaristischen Nutzenkalkül freigehalten werden sollte. Die Unterscheidung zwischen handlungsbestimmenden Idealen der praktischen Philosophie und der anthropologischen Klärung der realen Kraftentfaltung der menschlichen Verhaltenswirklichkeit ermöglicht es Lotze demgegenüber, die in der kantischen Ethik diskreditierten Erklärungsmodelle zumindest in einer realistischen Perspektive ein Stück weit zu rehabilitieren. Nicht die reine praktische Vernunft als Grundlage von Gewissensentscheidungen und sittlichen Handlungen soll betrachtet werden, sondern die bloße Rationalität, die innerhalb der ethischen Praktiken am Werk ist, spielen für Lotzes Anthropologie-Projekt eine Rolle. Für die anthropologische Beobachtung der ethischen Begriffe kann deshalb der von der kantischen Moralphilosophie „verachtete und in seinen meisten Anwendungen verächtliche Begriff der Lust“ ins Zentrum rücken (304). Das bedeutet für Lotze jedoch keineswegs, dass „man allen moralischen Gesetzen nur“ einen bloß „abgeleiteten Werth zugestehen wollte, nothwendige Maximen der allgemeinen Lustökonomie zu sein“; denn: „Niemand wird nämlich wagen, Lust in jeder Form oder Lust um jeden Preis als das zu billigende Ziel des Strebens aufzustellen“ (308). Der „Lust“ eine zentrale Bedeutung für die theoretische Bestimmung menschlicher Verhaltensweisen zuzugestehen, bedeutet daher keineswegs, auf eine darüber hinausgehende ethische Beurteilung zu verzichten. Im Grunde geht es Lotze um die Einsicht, dass der Handelnde durch die Orientierung an der eigenen Lust bzw. zur Vermeidung von Unlust „Von dem eignen Werth der Dinge […] bezwungen“ wird. Damit wird behauptet, dass der Wert der Dinge nicht durch eine subjektive Wertung erzeugt wird, sondern vom Subjekt vorgefunden wird bzw. als ein Vorgefundenes verstanden werden muss. Die Lust an der Realisierung von Handlungsobjekten erzeugt nicht etwa die Werthaftigkeit des erstrebten Dinges, sondern reagiert auf sie. Erst mit diesem Verständnis kann davon ausgegangen werden, dass der in den Dingen selbst erkannte Wert eine Art psychologischen Zwang auf das Erkennen und Handeln der Subjekte ausübt.

In dieser Lesart ist es der jeweilige Wert der Dinge, der eine Kraft zu seiner eigenen Realisierung entfalten soll. Dabei sollen es nicht „blos quantitative Verschiedenheiten", sondern qualitative Wert-Unterschiede sein, die das subjektive Lustempfinden aktivieren (309). So soll von einer Objektivität der Werte ausgegangen werden können, ohne eine völlige Subjektunabhängigkeit des Wert-Denkens behaupten zu müssen. Schließlich ist die Realisierung von Werten stets auf die Anerkennung durch die Menschen bzw. durch das menschliche Gewissen angewiesen, die somit zwar nicht als Produzenten der Werthaftigkeit angesehen werden sollen, wohl aber als Adressaten der in den Dingen selbst liegenden Wertansprüche angesprochen werden. Denn Lotze sieht sehr wohl, „daß die einzelnen Formen der Lust der Art nach verschieden, daß die eine der andern über- oder untergeordnet ist, daß jede an sich positiv, doch negativ werden kann im Vergleich zu andern". Für ihn führt jedoch gerade die Einsicht in diese Relativität zu der Erkenntnis, „daß nur die Befriedigung des Gewissens selbst, die Lust also an der Uebereinstimmung jeder einzelnen Lust mit dieser Gesetzgebung über alle, diesem Schwanken ihres Werthes entzogen ist" (310). Es ist nämlich die Aufgabe des Gewissens, den Wert der Dinge zu erkennen bzw. anzuerkennen und dabei zwischen dem individuellen Gefühlshaushalt bzw. Lustempfinden und einer auf Allgemeinheit ausgerichteten Selbst-Gesetzgebung zu vermitteln. Die Anerkennung ist hierbei die spezifische Erkenntnisform für die Werte – vergleichbar dem Bewusstsein der Wahrheit als kognitive Form des Denkens und der sinnlichen Anschauung für die Wahrnehmung von Tatsachen.[78] Für eine zusätzliche Absicherung der Objektivierung sorgt nach Ansicht von Lotze zudem noch die Teilnahme der subjektiven Wertschätzungen am gesamten „Zustand der Völker" und der „fortgeschrittenen Civilisation". Dies sorgt gewissermaßen für eine Vergemeinschaftung der Wert-Bestimmungen, da es nicht um individuelle Wertsetzungen geht, sondern um eine Einordnung in den sozialen Zivilisationsprozess. Dies sorgt dafür, dass sich nicht etwa immerzu „die Begierde nach dem unmittelbaren sinnlichen Genuß" durchsetzt, sondern sich letztlich eine von einer zivilisierten Gesellschaft vollzogene Sublimierung der Wertorientierung behaupten kann (311 f.).

Dennoch erfüllt auch die Subjektivität der Wert-Anerkennung eine wichtige Funktion, denn sie führt dazu „anzuerkennen, daß keine Art und Weise eine

[78] Vgl. das Zitat zu Fn. 76.

allgemeine Geltung, und die eigene keine größere hat, als die abweichende fremde" (313). Das Wert-Empfinden eines Individuums muss sich in ein Verhältnis zu den Wertungen und Werten der Gemeinschaft setzen; dies führt einerseits zu einer Konkurrenz der Wertungsansprüche, die sich von der Kohärenzanforderung widerstreitender Normen unterscheidet; die konkurrierenden Wertgefühle mahnen andererseits aber auch zur Bescheidenheit. Die Anerkennung allgemeiner Wert-Bestimmungen führt nur über die Erkenntnis der Relativität der eigenen individuellen Wertungen. Dies verhilft letztlich zu der Einsicht, dass in einem schnöden „Egoismus ein innerer Widerspruch" zum Vorschein kommen muss, „der als Heilmittel gegen seine eigenen Consequenzen wirkt" (315). Auch ein eingefleischter Egoist bindet sich an die Vorstellung einer Anerkennung durch andere, die den egoistischen Selbstbezug des eigenen Wert-Empfindens notwendig übersteigt. Dies zeigt sich für Lotze daran, dass die „Gebundenheit des Selbstgefühls an das Allgemeine" vor allem nach Zustimmung zur eigenen Meinung trachtet: „Damit das, was wir errungen haben, auch nur für uns selbst Werth habe, muß es nothwendig als ablösbar von unserer Individualität, als die Natur der Sache selbst, als allgemeine Wahrheit anerkannt werden". Der ich-bezogene Wert hat keinen Wert, solange er sich als bloß individuelle Wertung darstellen lässt. Deshalb bedürfe der zunächst bloß egoistische „Uebermuth [...] zu seinem eignen Genuß das Mitwissen und die Anerkennung Anderer". So entsteht das „tiefe Bedürfniß des Egoismus, sich durch die Anerkennung der Andern zu rechtfertigen" (317 f.). Dies gilt für Lotze nicht nur auf der Ebene der Individuen, sondern ebenso für die Interaktionen zwischen Gemeinschaften. Die Sphäre des Individuellen und des Allgemeinen berühren sich dabei nicht nur in der skizzierten Weise, in der ein individueller Geltungsanspruch auf allgemeine Anerkennung formuliert wird, sondern auch dadurch, dass der Einzelne etwas als „bereits geltend vorfindet, von Andern befolgt sieht". Hierin kann für Lotze ein Grund für „ein sehr kräftiges Bewußtsein des Sollens und sittlicher Verpflichtung liegen" (320 f.). Davon lässt sich weiter abstrahieren bis schließlich „der Glaube an ein Sollen überhaupt, an eine verbindliche Gesetzgebung unsers Handelns, als ein hellleuchtender, seiner selbst gewisser Punkt hervor(tritt)" (325).

b) Zwischen Ethik und Psychologie

Trotz dieser anthropologischen Einbettung hat diese Umstellung auf eine Theorie der Werte innerhalb der Philosophie nicht zuletzt mit der Krise der herkömmlichen Begründung von Ethik und Recht zu tun, die in der zweiten Hälfte des 19. Jahrhunderts spürbar geworden ist. Es ist nämlich kein Zufall, dass die Karriere des philosophischen Wertbegriffs kurz nach dem vermeintlichen Ende der großen idealistischen Entwürfe beginnt. Die Subjekt- bzw. Geist-Philosophie des klassischen Deutschen Idealismus hat noch den Primat der praktischen gegenüber der theoretischen Vernunft postuliert. Die Begriffe des Guten und des Rechts werden darin aus einem gemeinsamen Grund heraus entwickelt, der auf den Freiheitsgebrauch als Praxis freier Willen verweist. Dieses Verhältnis wird in der zweiten Hälfte des 19. Jahrhunderts zunehmend gedreht. Das neu erwachte Interesse an Kant konzentriert sich vor allem auf dessen theoretische Philosophie. Es wird sogar behauptet: „Die ganze praktische Philosophie aber ist der wandelbare und vergängliche Theil der Kant'schen Philosophie", sie sei nämlich „schwerlich zu den bleibenden Bestandtheilen des Systems zu rechnen".[79] Für eine derartige Drehung sorgt vor allem die zunehmende Orientierung an den Naturwissenschaften und deren an durchgehender Kausalanalyse interessiertem Erkenntnisideal, in dem die Begriffe Freiheit und Willen kaum mehr Platz finden.[80] Selbst für die ethischen und rechtlichen Grundlagen soll dann nur noch ein Gegenstand gesucht werden, der in analoger Weise einer theoretischen Erkenntnis zugänglich ist.

Diesbezüglich bietet sich der Begriff der Werte an. Die Rede von Werten suggeriert deren Erkennbarkeit, soweit damit eine Art vorgefundene Wirklichkeit gemeint ist. Werte sollen dann wie erkennbare Gegenstände behandelt werden. Die Philosophie der Werte kann insofern als „Substitut oder funktionales Äquivalent für die alte praktische Philosophie" fungieren, d. h. für jene aus der philosophischen Antike übermittelte Ansicht, für die das Gute als eine Idee fungiert hatte, die philosophischer Erkenntnis oder zumindest der Weisheit einiger Philosophen zugänglich ist.[81] Insofern ist es nicht verwunderlich, dass Lotze seine philosophischen Grundbegriffe – Wert und Geltung – nicht zuletzt durch eine Neuinterpretation der Ideenlehre Platons zu stützen versucht hat (dazu sogleich unten II.2.c).[82] Der Begriff des Wertes tritt insofern in ethischer Hinsicht an die Stelle des Begriffs des Guten, ohne ihn je ganz verdrängen zu können. Die Gründe für die Attraktivität der Rede von Werten sind im 19. Jahrhundert sicher vielfältig:

Dazu gehört zum Beispiel, dass sich eine wertbezogene Ethik leichter mit der zu dieser Zeit aufstrebenden Psychologie in Verbindung bringen lässt.[83] Da sich

---

[79] So *Lange*, Geschichte des Materialismus und Kritik seiner Bedeutung in der Gegenwart, Zweites Buch, 3. Auflage 1877, 2.

[80] Siehe hierzu den Überblick von *Heinrichs*, Willenlos, 2017, 187 ff.

[81] *Gebhardt*, Politik, Hermeneutik, Humanität, hrsg. v. Kauffmann u. a., 2004, 176; s. a. *Joas*, Entstehung der Werte, 6. Aufl. 2013, 39.

[82] Zu Lotzes Platon-Interpretation und deren Bedeutung für seine Hervorhebung des Wertbegriffs eingehend *Wagner* (Fn. 57), 82 ff.

[83] Siehe dazu *Wolfradt*, in: Werbik u. a. (Hrsg.), Historische Entwicklung und aktuelle Perspektiven des Verhältnisses von Philosophie und Psychologie, 2021, 327 ff.

die „Psychologie mit ihrem Räthsel des Ich“ für Lotze noch ganz im Sinne der neuzeitlichen Tradition als ein Teilbereich der Metaphysik darstellt, liegt diese Verbindung durchaus nahe. Wie er in seinem Buch von 1841 mit dem Titel „Metaphysik“ betont, sei nämlich „der Anfang der Metaphysik [...] nicht in ihr selbst, sondern in der Ethik“ zu suchen.[84] Ebenso „wie der Anfang der Metaphysik, so liegt auch der der Logik in der Ethik, und zwar durch das Mittelglied der Metaphysik selbst“.[85] Die ethische Grundlage der Metaphysik soll demnach mittelbar auch als Anfangsgrund der philosophischen Logik dienen. Damit wird die Ethik zum Urgrund der Philosophie. In seinem späteren „System der Philosophie“, dessen „Zweiter Theil“ aus dem Jahr 1879 „Drei Bücher der Metaphysik“ (namentlich sind Ontologie, Kosmologie und Psychologie gemeint) enthalten, gibt Lotze zwar in einem Anflug von Selbstkritik an dieser These von der Ethik als Anfangsgrund der Metaphysik und Logik ausdrücklich „das Unzutreffende dieses Ausdruckes Preis“; gleichwohl bleibt er jedoch weiterhin „der Ueberzeugung, auf dem rechten Wege zu sein, wenn ich in Dem, was sein soll, den Grund dessen suche, was ist“.[86] In diesem Bekenntnis erhält sich Lotzes Grundüberzeugung von einer normativen Aufladung der gesamten Wirklichkeit, durch die das Sein durch das Sein-Sollen verstärkt wird. Dies kennzeichnet auch sein Verständnis des Idealismus, denn es

> „macht der Idealismus den Grundsatz geltend, dass zwar das, was geschieht, zunächst aus dem zu erklären sei, was ist; dasjenige aber, was ist, stehe nicht auf eigenen Füssen, sondern erhalte Form und Werth seines Daseins allein von dem, was gleichzeitig ist und um seines inneren Werthes willen sein soll, oder mit anderen Worten von demjenigen, dessen Dasein anzunehmen wir nicht nur durch irgend eine Forderung der Erfahrung, sondern zugleich durch die Würde seines eigenen Inhaltes aufgefordert werden“.[87]

Um eine zustellbare Adresse für diese normativen und „dringende Aufforderungen, welche in der Natur der Sache liegen“, angeben zu können, hält Lotze an dem „Namen der Seele“ fest, den „die lebendige Bildung aller Völker“ erschuf.[88] Somit bleibt er einem Verständnis der Psychologie als metaphysische Seelen-Lehre verbunden.[89] Dies ist in jener Zeit nicht mehr selbstverständlich. Immerhin rufen andere bereits dazu auf, einen Ersatz für „das alte Fabelwesen der Seele“ zu suchen und „eine Psychologie ohne Seele“ zu entwerfen.[90] Die allzu

---

84 *Lotze*, Metaphysik (Fn. 61), 329.

85 *Lotze*, Logik, 1843, 9.

86 *Lotze*, System der Philosophie, Zweiter Theil, 1879, 604.

87 *Lotze*, Seele und Seelenleben (1846), in: ders., Kleine Schriften II, 1866, 175.

88 *Lotze*, Mikrokosmus, Erster Band, 1856, 156.

89 Siehe insbesondere *Lotze*, Medicinische Psychologie (Fn. 64), 9 ff. und passim; *ders.*, Mikrokosmus, Erster Band (Fn. 88), 155 ff.; *ders.*, System 2 (Fn. 86), 471 ff.

90 So ausdrücklich (zuerst 1866) *Lange*, Geschichte 2, 381; insofern zustimmend z. B.

traditionelle Verortung der Psychologie innerhalb der Metaphysik mag mit dafür gesorgt haben, dass Lotze in der fachspezifischen Historiographie bislang noch immer keinen angemessenen Platz gefunden zu haben scheint.[91] Wenn überhaupt wird Lotze meist eher beiläufig zu den Vorläufern der modernen Psychologie gezählt, der primär durch persönliche Kontakte zu später bekannt gewordenen Psychologen und karrierefördernde Einflussnahmen gewirkt habe.[92]

Eine systematische Verbindungsmöglichkeit zwischen der Wertphilosophie und Psychologie ergibt sich freilich, soweit die Werte mit Gefühlen assoziiert werden, durch die sich im Kontrast zur rein theoretischen Kognition eine andere Wahrnehmung erschließt: „jene feine und bewegliche Urtheilskraft des Gefühls", die Lotze mit dem „Namen der Phantasie" ansprechen will, fasst „nicht wie das gleichgültige Erkennen, nur die Thatbestände von Eigenschaften, Verhältnissen und Beziehungen" auf. Die Phantasie erkennt als emotionales Urteilsvermögen vielmehr in einer Weise, in der sie „in jedem dieser Gegenstände ihres Schauens zugleich seinen Wert mitempfindet".[93] In dieser wert-fühlenden Anschauungsweise kommt die „Welt der Thatsachen" mit der „Welt der Werte" in Berührung,[94] die wiederum durch die Kunst in die „Welt der Formen" eingeführt werden kann.[95] Die verschiedenen Welten sind dabei zwar unterscheidbar und ermöglichen durch ihre Differenzierung eine jeweils eigene Beschreibungsweise; sie sind aber nicht voneinander getrennt. Lotze geht es vielmehr um eine mehrdimensionale Theorie der Einheit mehrerer „Welten" – der Mensch steht dabei gleichsam im Zentrum eines multiversalen Universums. So können ethische und ästhetische Untersuchungen den Anschluss an diese neue Leitdisziplin der Psychologie üben. Zu diesem Zweck ist das in der zweiten Hälfte des 19. Jahrhunderts von der Nationalökonomie übernommene „Werth-Problem" schließlich vor das „Forum der Psychologie" gezogen worden.[96] Werte fungie-

---

Brentano, Psychologie vom empirischen Standpunkte, Erster Band, 1874, 13; *Stumpf*, Im neuen Reich IV/2 (1874), 204.

[91] Vgl. dazu *Sprung/Sprung*, Psychologie und Geschichte 10 (2002), 271 ff.; *Wolfradt*, in: Benetka/Werbik (Hrsg.), Die philosophischen und kulturellen Wurzeln der Psychologie, 2018, 135 ff.

[92] So etwa *Fahrenberg*, Theoretische Psychologie, 2015, 179; *Eckardt*, Ausgewählte Texte zur Entstehung der Psychologie als Wissenschaft, 2019, IX, 15 f.; s. a. schon *Klemm*, Geschichte der Psychologie, 1911, 113 ff.

[93] So *Lotze* in seiner „Recension von Eduard Hanslick, vom Musikalisch-Schönen" (1855), in: Kleine Schriften III, 205. Siehe dazu auch *Herrschaft*, Theoretische Geltung, 1995, 35 f.

[94] Vgl. insbesondere *Lotze*, Mikrokosmus, Erster Band, bes. 265 ff.; Dritter Band, bes. 220 ff.

[95] *Lotze*, Kleine Schriften III, 205; s. a. *ders.*, Streitschriften (Fn. 60), 54: „Welt der Werthe" ist zugleich der „Schlüssel für die Welt der Formen".

[96] So etwa *Meinong*, Psychologisch-Ethische Untersuchungen zur Werth-Theorie, 1894, 3.

ren dann als Gegenstände für das „Fühlen und Begehren“ als grundlegende Erkenntnisweisen und „Functionen der menschlichen Psyche“.[97]

Darüber hinaus hängt die Anziehungskraft des Wertbegriffs vermutlich zudem noch damit zusammen, dass der Bezug zu einem Absoluten ersetzt wird durch einen Werte-Pluralismus. Nicht nur das Universum der einen Realität wird in eine Vorstellung eines Multiversums vieler Wirklichkeits-Welten (Tatsachen, Werte, Formen etc.) überführt, sondern auch das eine absolute Gute tritt in der Vielfalt von Werten in Erscheinung. Gerade mit Lotze setzt „die Pluralisierung des Wertbegriffs“ ein.[98] Wert fungiert nicht mehr als ein abstrakter Allgemeinbegriff. Die Rede von einer „Welt der Werte“ suggeriert deren Vielfalt. An die Stelle des Einen/Absoluten, von dem in der idealistischen Philosophie noch die Rede war, tritt die Mannigfaltigkeit von Werten. So wird die „Annahme der Relativität des Werthbegriffes“ in dessen Definition vorausgesetzt.[99]

c) Geltungswirklichkeit

Der Begriff des Wertes hätte freilich kaum jene erstaunliche Karriere starten können, wenn er nicht mit dem Aufkommen eines anderen Begriffs flankiert worden wäre, mit dem jene besondere Form der Wert-Wirklichkeit zum Ausdruck gebracht werden soll. Gemeint ist der Terminus der Geltung. Ideengeschichtlich wird er ebenfalls eng mit Hermann Lotze in Verbindung gebracht. Erst bei Lotze ist nämlich aus dem Allerweltswort „Geltung“ ein philosophischer Fachbegriff geworden. Als ein solcher terminus technicus der Philosophie soll „Geltung“ eine besondere Form von Wirklichkeit im Unterschied zu anderen Wirklichkeitsformen bezeichnen. Vor allem das Kapitel „Die Ideenwelt“ in dem zuerst im Jahr 1874 erschienenen Logik-Band von Lotzes „System der Philosophie“[100] wird in dieser Hinsicht als Grund-Text für diese Begriffsbildung angesehen. Wiederum ist zunächst der Theoriekontext zu beachten, in den Lotze seinen Begriff der Geltung setzt. Anders als der Wertbegriff wird der Terminus „Geltung“ nicht im Rahmen seines anthropologischen Versuchs erläutert. Geltung ist vielmehr ein Begriff, der einer logischen Herleitung bedarf. Lotzes „Logik“ umfasst laut Untertitel „Drei Bücher vom Denken, vom Untersuchen und vom Erkennen“. Das besagte Kapitel zur „Ideenwelt“ bildet dabei das zweite Kapitel des dritten Buches, dessen Überschrift „Vom Erkennen“

---

[97] Vgl. *Ehrenfels*, Vierteljahresschrift für wissenschaftliche Philosophie 17 (1893), 89; s. a. *ders.*, System der Werttheorie, I. Band, 1897, 5 ff., 52 ff.

[98] *Krell/Mörschel*, in: dies. (Hrsg.), Werte und Politik, 2015, 11.

[99] *Ehrenfels*, Vierteljahresschrift für wissenschaftliche Philosophie 17 (1893), 87.

[100] *Lotze*, System 1 (Fn. 58), 493 ff. Die nachfolgend im Text genannten Seitenzahlen beziehen sich auf dieses Buch.

noch den Klammerzusatz „(Methodologie)“ erhalten hat. Es geht darin um eine methodologische Klärung dessen, was Platon einst als „Idee“ bezeichnet hat und in neuerer Zeit als „Allgemeinbegriff“ übersetzt worden ist (463/495). In diesem Kapitel ist dann gleichsam die „Geburtsurkunde des Geltungsbegriffs“ ausgestellt worden.[101]

Die Geltung bezeichnet für Lotze hierbei eine spezifische Ausdrucksform von „Wirklichkeit“ – nämlich jene, die sich auf Sätze beziehen lässt. Mit dem Wort „Wirklichkeit“ will er dabei „einen sehr allgemeinen Begriff von Bejahtheit oder Position“ verwenden, der sich auf vier verschiedene Sachverhalte beziehen lässt:

> „Denn wirklich nennen wir ein Ding, welches ist, im Gegensatz zu einem andern, welches nicht ist; wirklich auch ein Ereigniß, welches geschieht oder geschehen ist, im Gegensatz zu dem, welches nicht geschieht; wirklich ein Verhältniß, welches besteht, im Gegensatze zu dem, welches nicht besteht; endlich wirklich wahr nennen wir einen Satz, welcher gilt, im Gegensatz zu dem, dessen Geltung noch fraglich ist“ (499).

Wirklichkeit bezeichnet somit gleichsam die positive und somit für das Erkennen anschlussfähige Seite einer Differenz, die einen Unterschied zum Un-Wirklichen markiert, die sich als bloße Verneinung bzw. Negation darstellt. Ein Satz meint insofern mehr als die syntaktisch angeordnete Folge von Worten. Was ein solcher Satz ist bzw. die Geltung eines Satzes ausmacht, lässt sich zunächst negativ – in Abgrenzung zu den anderen genannten Formen von Wirklichkeit – bestimmen: in Sätzen werden keine Dinge oder Ereignisse beschrieben und auch keine Verhältnisbestimmungen vorgenommen, sondern ein Wahrheitsanspruch formuliert.

> „Denn aus Sein läßt sich nie ein Geschehen machen, und die Wirklichkeit, welche den Dingen zukommt, nämlich zu sein, gebührt nie den Ereignissen; diese sind nie, aber sie geschehen; ein Satz aber ist weder, wie die Dinge, noch geschieht er, wie die Ereignisse; auch daß sein Inhalt bestehe wie ein Verhältniß, kann erst gesagt werden, wenn die Dinge sind, zwischen denen er eine Beziehung aussagt; an sich aber, und abgesehen von allen Anwendungen, die er erfahren kann, besteht seine Wirklichkeit darin, daß er gilt und daß sein Gegentheil nicht gilt“ (500).

Durch diese mehrseitige Differenzierung lässt sich die Gesamtheit der Wirklichkeit in vier Sphären aufteilen: das Sein der Dinge, das Geschehen von Ereignissen, die Relation von Verhältnissen und eben das Gelten von Sätzen. Daraus folgt: Sätze „sind“ oder „ereignen“ sich nicht in einer dinghaften oder ereignisreichen Welt. Sie bestehen aber auch nicht bloß im Verhältnis zu den Gegenständen, von denen mit ihrer Hilfe die Rede ist. Das Gelten von Sätzen beruht viel-

---

[101] *Herrschaft* (Fn. 93), 38; s.a. *Windelband*, Einleitung, 212; *Wiegand*, Zeitschrift für Rechtsphilosophie N.F. 3 (2019), 78.

mehr auf eigenem Grund neben dem Sein der Dinge, dem Geschehen von Ereignissen und dem Bestehen von Verhältnissen. Die Geltung von Sätzen bildet demnach für Lotze neben dem dinglichen Sein, dem Sich-Ereignen und Sich-Verhalten von Relata die vierte Form von Wirklichkeit. Mit der Differenzierung von Sätzen, Dingen, Ereignissen und Verhältnissen beschreibt Lotze somit ein Quartett der Realitäten. Trotz ihrer Unterscheidbarkeit greifen die verschiedenen Formen gleichwohl ineinander. Diese vier Bereiche bilden für ihn jeweils eigene Wirklichkeits-Formen, die im Gelten, Sein, Geschehen und Bestehen jeweils eigene Erscheinungsweisen haben. Die verschiedenen Wirklichkeiten können dabei durchaus parallel beschrieben werden, solange ihre Differenz bewahrt wird: so „gebührt" etwa „Vorstellungen, sofern wir sie haben und fassen [...] die Wirklichkeit in dem Sinne eines Ereignisses", denn „sie geschehen in uns". Als ereignishaftes Geschehen meint das Vorstellen aber „nie ein ruhendes Sein". Von dem flüchtigen Ereignischarakter der Vorstellungen lässt sich jedoch ihr beständiger „Inhalt" unterscheiden, denn dieser gehört nicht zu jener Ereignis-Wirklichkeit, „sofern wir ihn abgesondert betrachten von der vorstellenden Thätigkeit, die wir auf ihn richten", denn dieser „geschieht dann nicht mehr, aber er ist auch nicht so wie Dinge sind, sondern er gilt nur noch". Die Erkenntnis einer Vorstellung als mentales Ereignis darf daher nicht mit dem Erfassen des Vorstellungsinhaltes verwechselt werden, der sich in der in Sätzen ausgedrückten Geltung eine eigene Wirklichkeit verschafft. Dieses „Gelten" lässt sich nicht „von etwas Anderem ableiten", wie z. B. von jenem „Geschehen, welches die vergängliche Wirklichkeit der Vorstellungen bildet, sofern sie Erregungen unseres Bewußtseins sind". Der in Sätzen formulierte Inhalt einer Vorstellung gilt bzw. beansprucht Geltung, auch wenn das Vorstellen als ein geschehenes Ereignis längst in der Vergangenheit liegt. So will Lotze den Begriff der Geltung „als einen durchaus nur auf sich beruhenden Grundbegriff ansehen, von dem Jeder wissen kann, was er mit ihm meint, den wir aber nicht durch eine Construction aus Bestandtheilen erzeugen können, welche ihn selbst nicht bereits enthielten" (500 f.). Die Geltungs-Wirklichkeit der Satz-Inhalte soll dabei nicht nur von der ereignishaften Vorstellungswirklichkeit unterscheidbar sein, sondern sie ist sogar unabhängig „von dem Geiste, welcher sie denkt", denn „wir alle sind überzeugt, in diesem Augenblicke, in welchem wir den Inhalt einer Wahrheit denken, ihn nicht erst geschaffen, sondern nur ihn anerkannt zu haben" (503). Durch die Anerkennung seiner Geltung stoßen wir auf den wahren Grund des Vorstellungsinhaltes. Das Denken wahrer Inhalte kann daher nicht auf einen Akt der Konstruktion reduziert werden, der sich als Geschehen innerhalb eines Vorstellungsorgans darstellen mag, sondern soll als An-Erkennung eines Geltungsanspruchs verstanden werden.

Die in Sätzen ausgedrückten (Allgemein-)Begriffe sind nicht in gleicher Weise wie das theoretisch erkennbare Sein dingfest zu machen, sie ereignen sich nicht als wahrnehmbare Veränderung und bestehen ebenso wenig in der bloßen Relation zu einer Außenwelt; sie „gelten" vielmehr durch prädikative Bestimmungen und beanspruchen dadurch eine eigene Wirklichkeit für das in ihnen Ausgesagte. Sätze wirken somit durch ihre Aussagekraft. Jener „technische Ausdruck der Geltung" bezeichnet für Lotze diese Aussage-Wirksamkeit, die sich in dem systematischen Zusammenhang der Reformulierung der Ideenlehre Platons, in dem Lotze den Begriff innerhalb seiner „Logik" einführt, auf „Ideen und Gesetze" beziehen, deren „Wirklichkeit als Geltung von der Wirklichkeit der Dinge als dem Sein" zu unterscheiden ist (506 f.). „Gesetze" sind daher für Lotze besondere Beispiele für „Sätze, welche eine Beziehung verschiedener Elemente ausdrücken"; an ihnen lässt sich somit beispielhaft zeigen, „was gelten heißt im Gegensatz zum sein" (509). Die Geltung von Gesetzen lässt sich ebenfalls nicht auf das schlichte Gesetzt-Sein durch einen legislativen Akt reduzieren. Die Unterscheidung der vier genannten Wirklichkeiten darf indes nicht zu dem Missverständnis verleiten, dass es sich um jeweils getrennte Realitäten handelt, so als ob die Geltung nicht von dieser einen Welt wäre, in der es ebenso Sein, Ereignisse und Verhältnisse gibt. Es geht Lotze vielmehr um eine innerweltliche Binnendifferenzierung. Die Geltungswirklichkeit teilt sich einen gemeinsamen Realitätsraum mit den anderen Wirklichkeiten des Seins, der Ereignisse und der Verhältnisse. Nur so können die in Sätzen erhobenen Geltungsansprüche bei der „Erklärung des Weltlaufs" eine Rolle spielen, in den sie „nicht blos als gültige Wahrheiten, sondern zugleich als wirkende Mächte eingreifen" (504 f.). Lotze hält die Einsicht, „daß dies so ist, daß es allgemeine Wahrheiten gibt, die nicht selber sind, wie die Dinge, und die doch das Verhalten der Dinge beherrschen", für „eine große That Platons" (508). Der antike Philosoph hatte selbst jedoch noch nicht die richtigen Mittel, diese Differenzierung zu formulieren, denn „der griechischen Sprache fehlte damals und noch später ein Ausdruck für diesen Begriff des Geltens, der kein Sein einschließt" (501). Deshalb musste die platonische Lehre das Reich der Ideen von der irdischen Welt abschotten. Erst sehr viel später haben wir daher „blos durch die Gunst unserer Sprache eine bequeme Bezeichnung gefunden", um jene innere Unterscheidung einer Welt mit vier verschiedenen Wirklichkeitsformen auf den Begriff bringen zu können (507).

Dabei ist dieser systematische Zusammenhang zu beachten, in dem Lotze die Unterscheidung der vierfachen Wirklichkeiten innerhalb seiner „Logik" vornimmt: es handelt sich um eine Neu-Interpretation der platonischen Ideenlehre im (dritten) Buch „Vom Erkennen" mit dem Klammerzusatz „(Methodologie)" (463). Lotzes Rekonstruktion dient dem Zweck, die Grundidee Platons mit neuer Begrifflichkeit zu rehabilitieren. Der Unterschied zwischen den Wirklichkeiten ist daher methodologisch und nicht metaphysisch begründet; sie bezeichnet keine ontologische Differenz. Die Pointe von Lotzes Platon-Interpretation besteht gerade in der Behauptung der Entbehrlichkeit, einen transzendenten Ideen-Himmel zu denken. Den Ideen und Gesetzen eine eigene Geltungs-Wirklichkeit zuzuschreiben, soll gerade zu einer Erdung der Ideenlehre führen. Nicht weil sie irgendwo im Jenseits ein eigenes Sein beanspruchen, sind Ideen und Gesetze wirklich, sondern weil sie gelten bzw. eine eigene Geltungswirklichkeit neben dem Sein der Dinge beanspruchen können. Die Satzaussagen sind in diesem Gelten nicht etwa weniger real, nur weil ihnen kein eigentliches Sein zugeschrieben werden kann, das mit dem Verstand begriffen oder mit den Sinnen erfahren wird. Dem Sein der Dinge kann daher nicht allein Wirklichkeit zugesprochen werden. Sätze wirken vielmehr durch die von ihnen erhobenen Geltungsansprüche nicht minder wirklich. Dies betrifft keineswegs nur die Möglichkeit deskriptiver Aussagen über wahrheitsfähige Tatsachen, sondern ebenso normative Urteile über ideale Sollgrößen. Auch wenn dies im Rahmen der „Logik" keine Rolle spielt, so lässt sich dies unschwer auch auf das beziehen, was Lotze in dem oben skizzierten Zusammengang seiner „Anthropologie" Werte genannt hat.[102] Insbesondere die Unterscheidung zwischen der Seinsweise der dinglichen Welt und der spezifischen Geltungsart von Sätzen innerhalb einer eigenen Wertsphäre hat nachhaltig die philosophische Diskussion der Jahrzehnte um 1900 geprägt, die sich mit der Bedeutung des Wertbegriffs und der Geltung der Werte befasst hat.

III. Proto-wertphilosophische Übernahme von Merkel

1. Kritische Bezugnahme auf Lotze

Jene Begrifflichkeit von Werten und deren Geltung taucht – vor allem seit den 1880er Jahren – auch in den Texten von Adolf Merkel auf. Dass sich Merkel mit der Philosophie Lotzes vertraut gemacht hat, lässt sich nicht nur mit Verweis auf einige Spuren belegen, die Merkel freilich nur spärlich in seinen noch zu Lebzeiten veröffentlichten Schriften hinterlassen hat.[103] In einem postum von Merkels Sohn, Rudolf Merkel, als „Fragmente zur Sozialwissenschaft" edierten Text fin-

[102] In seinen Vorlesungen zur Logik und Enzyklopädie hat Lotze durchaus „Untersuchungen über die Werthe" integriert: vgl. die postum veröffentlichten „Dictate aus den Vorlesungen" mit dem Titel: Grundzüge der Logik und Encyclopädie der Philosophie, 1883, 113 ff.

[103] Vgl. etwa den Verweis auf „Lotze (Mikrokosmus)" in: *Merkel*, Elemente (§ 19), in: Encyklopädie (Fn. 40), 35; s. a. den Literaturhinweis auf „Lotze, Mikrokosmus, 3. Aufl. 1878" in *Merkels* Ergänzungen zu August Geyers Beitrag in der genannten: Encyklopädie, 89 (§ 26), sowie in seiner eigenen ‚Juristischen Encyclopädie', 72 (§ 122); s. a. die Erwähnung von „Lotze's Mikrokosmus" in *Merkels* Aufsatz „Ueber den Begriff der Entwicklung in sei-

det sich beispielsweise jene auffällige Wendung von einer „Welt der Werte“,[104] die wohl eindeutig auf Lotze zurückzuführen ist[105]. Zwei Seiten nach diesem nicht als Zitat ausgewiesenen Hinweis zitiert Merkel mit dem Klammerzusatz „(Lotze)“ dessen Worte: „die ruhige Seligkeit des Schönen, die Heiligkeit der affekt- und thatlosen Stimmung“.[106] Dieses Zitat ist just derselben Seite von Lotzes „Streitschriften“ von 1857 entnommen, auf der auch die Rede von der „Welt der Werte“ zu finden ist.[107]

Ob Merkel neben der Lektüre von Lotzes Schriften – ähnlich wie Karl Binding[108] – eventuell schon als Student in Göttingen sogar selbst Vorlesungen bei Hermann Lotze gehört hat, ist leider nicht bekannt. Immerhin hatte Merkel an der Göttinger Universität – außer in Gießen und Berlin – einen Teil seiner rechtswissenschaftlichen Studienzeit verbracht, die insgesamt von 1854 bis 1857 dauerte.[109] Sicher ist aber zumindest, dass Merkel sich 1878 von dem Theologen Wilhelm Hollenberg dessen Abschriften zu Lotzes „Diktate zur Ethik (1861)“ hat zuschicken lassen. Damit sind dessen Vorlesungsmitschriften zu Lotzes Vorlesung „Praktische Philosophie“ gemeint, die dieser wohl insgesamt zehn Mal während seiner Zeit an der Göttinger Universität (zwischen 1844 bis 1881) gehalten hat.[110] Dass er diese Mitschrift eingehend gelesen hat, ergibt sich aus Merkels ausführlichem Brief an Hollenberg, den dieser wiederum an Lotze weitergeleitet hat.[111]

In diesem Schreiben betont Merkel zwar durchaus so manche Gemeinsamkeiten, nimmt jedoch auch kritisch Stellung zu einigen Grundthesen Lotzes und deutet zugleich seine eigene Position an. Dieses Vorgehen ist für Merkel durch-

---

ner Anwendung auf Recht und Gesellschaft“ in: Zeitschrift für das Privat und Öffentliche Recht der Gegenwart 4 (1877), 2.

104 *Merkel*, Fragmente zur Sozialwissenschaft (Fn. 35), 22.

105 Siehe oben die Nachweise in Fn. 94 f.

106 *Merkel*, Fragmente zur Sozialwissenschaft (Fn. 35), 24.

107 *Lotze*, Streitschriften (Fn. 60), 54.

108 In einer autobiographischen Skizze hat Karl Binding davon berichtet, dass Lotze zu denen gehört hat, deren Vorlesungen ihn am meisten „fesselten“: *Binding*, Deutsche Juristen-Zeitung XIV (1909), 1005.

109 Vgl. dazu *Günther*, in: Haupt (Hrsg.), Hessische Biographien, Band I, Lieferung 1, 1912, 69.

110 Vgl. die „Übersicht über Lotze’s Lehrthätigkeit“ im Anhang zu *Lotze*, Grundzüge der Aesthetik, 1884, 104/107 ff. Unter dem Titel „Grundzüge der praktischen Philosophie“ sind später auch entsprechende „Dictate aus den Vorlesungen von Hermann Lotze“ (aus dem Sommer-Semester 1878) veröffentlicht worden: 2. Aufl. 1884.

111 Siehe dazu einerseits den Brief von Merkel an Wilhelm Hollenberg, 30.10.1878, und andererseits den Brief von Wilhelm Hollenberg an Lotze, 6.11.1878, beide in: *Lotze*, Briefe und Dokumente, zusammengestellt von Pester, 2003, 648 ff., 651 (Dokument Nr. XXIV bzw. Brief Nr. 549).

aus typisch, da er nicht zuletzt durch die kritische Auseinandersetzung mit anderen Ansätzen seine eigene Sicht geschärft hat. Merkel ist beispielsweise im Grundsatz mit Lotzes „*Ablehnung einer theoretischen Begründung der Ethik* [...] vollkommen einverstanden". Die „theoretische Vernunft" sei nämlich „nicht in der Lage, die Gültigkeit der ethischen Imperative zu erweisen"; sie ist nämlich allenfalls fähig, „jene lediglich als eine Form des Seienden nach ihrem Was und Woher zu untersuchen". Für Merkel hat Lotze diese „Konsequenz" jedoch nicht hinreichend deutlich zu machen vermocht. Lotze geht ihm daher nicht weit genug. Nach Merkels Ansicht habe Lotze „in der Form der Behandlung seines Gegenstandes" dieser Vorlesung zur praktischen Philosophie „die Konsequenzen der älteren und vulgären Auffassung nicht vollständig überwunden", soweit er sich noch immer „auf den Standpunkt der Imperativa" stelle, von dem aus er „dann eine Art Dogmatik des Ethischen entworfen" habe. Demgegenüber plädiert Merkel dafür, dass die Ethik und ebenso auch die Rechtsphilosophie „die imperative Form aufzugeben haben". In den beiden genannten Disziplinen

> „wird dann nicht mehr in gesetzgeberischer Weise von den Zwecken zu handeln sein, welche die Menschheit sich setzen soll [...], sondern nur von den Zwecken, welche dieselbe sich unter verschiedenen Bedingungen setzt, gesetzt hat und vielleicht setzen wird. Die Wissenschaft wird die Kanzel auch auf diesem Gebiete zu verlassen und die bescheidene Rolle der bloßen Darstellerin und Interpretin dessen, was geschieht, durchzuführen" haben.

Hier schimmert die vermeintliche Bescheidenheit eines reinen Dogmatikers durch, der angeblich nur die ihm vorgesetzten Normen darstellen und interpretieren möchte, statt dem Gesetzgeber etwas vorschreiben zu wollen. Auf diese Rolle eines Gesetzes-Verstehers soll nicht nur die juristische Dogmatik beschränkt sein, sondern auch die rechtsphilosophische Sicht verpflichtet werden. In diesem Sinne will Merkel „der Rechtsphilosophie [...] die Stellung einer Interpretin des wirklichen Rechtslebens" zugestehen. „Die gesamte Rechtswissenschaft" soll für Merkel – „ebenso wie die Religionswissenschaft, die Ethik etc." – dabei „als besondere Theile der Einen Wissenschaft von der Gesellschaft (Sociologie) zu betrachten sein".[112] Die normativen Wissenschaften sollen sich einer soziologischen Darstellung des Ist-Zustandes unterordnen. Zu diesem Zweck soll auf die Formulierung von Imperativen verzichtet und das Wissenschaftsprogramm ganz auf Interpretation umgestellt werden. Für Merkel fungiert die in dieser Zeit frisch aufgekommene Soziologie als „Zukunftswissenschaft",[113] in deren Dienst sich auch die historischen und dogmatischen Untersuchungen zum Recht, zur Ethik und Religion zu stellen haben. Die „Allge-

---

112 *Merkel*, Brief an Wilhelm Hollenberg, 30.10.1878, in: Lotze, Briefe, 648 f., 650.

113 So *Merkel*, Zeitschrift für das Privat- und Öffentliche Recht der Gegenwart 4 (1877),

meine Rechtslehre" als Rahmen der Jurisprudenz, die Moralphilosophie und Theologie werden dadurch zu Sub-Disziplinen innerhalb einer übergreifenden soziologischen Forschung degradiert. In der Soziologie sieht Merkel insoweit

> „die (von der Zukunft zu erhoffende) Ergänzung und Zusammenfassung derjenigen Wissenschaften, welche soziale Strukturverhältnisse rechtlicher, ethischer, religiöser oder wirtschaftlicher Art und deren Bildungsgesetze zum Gegenstand haben".[114]

2. Wert-Geltung als Element der Allgemeinen Rechtslehre

Obwohl Merkel durchaus auf Distanz zu Lotzes philosophischem Ansatz geht und die Rechtsphilosophie in eine andere Richtung führen möchte, ist er zu dieser Zeit einer der ersten Juristen, die Anleihen an der wertphilosophischen Terminologie genommen haben. Sichtbar wird dies erst in den Texten, die er gegen Ende der 1880er Jahre verfasst hat. Besonders deutlich zeigt sich diese Anlehnung in Merkels Beitrag mit dem Titel „Elemente der allgemeinen Rechtslehre", den Merkel für die 1890 erschienene 5. Auflage der von Franz von Holtzendorff herausgegebenen „Encyklopädie der Rechtswissenschaft in systematischer und alphabetischer Bearbeitung", verfasst hat (S. 4–44).[115] In dem Abschnitt mit der Überschrift „Recht und Macht" (§ 7) differenziert Merkel z. B. zwischen verschiedenen Faktoren, die das Recht mit diversen Formen von Macht verbinden: in diesem Sinne unterscheidet er zwischen faktischer Wirksamkeit, normativer Geltung und positiver Gültigkeit. Zum einen muss demnach das Recht mit einem „materiellen Machtelement" ausgestattet sein. Damit ist die faktische Wirkungsmacht der „mechanischen" oder „psychologischen" Zwangsmittel gemeint, mit deren Hilfe sich das Recht reale Durchsetzung verschaffen kann. Ohne jene Zwangsmaßnahmen, die durch Drohung oder Vollstreckung sichtbar werden, bliebe das Recht nur ein weitgehend wirkungsloser Appell. Davon unterscheidet Merkel eine zweite Form von „Macht", die nicht in einer solch materiellen Weise bloß faktisch bzw. zwangsweise wirkt, sondern den rechtlichen „Normen aus dem Werte zufließt". Dieses wertbeeinflusste Machtelement kommt dem Recht sogar noch mehr als dem Zwangsmoment als „ein Merkmal seines Begriffs" zu. Merkel unterscheidet somit zwischen dem Recht als realem Machtfaktor innerhalb der Sozial-Mechanik einer Gesellschaft und dem eigentlichen Begriff des Rechts, in den ethische Wertungen einfließen bzw. für dessen Bestimmung auch normative Überlegungen notwendig werden,

18; *ders.*, Jahrbuch für Gesetzgebung, Verwaltung und Volkswirthschaft im Deutschen Reich 10 (1886), 295.

[114] *Merkel*, Historische Zeitschrift 74 (1894), 74.

[115] Der Text ist mit geringfügigen Änderungen wieder abgedruckt in: *Merkel*, Hinterlassene Fragmente und Gesammelte Abhandlungen, Zweiter Teil, zweite Hälfte, 1899, 577–647.

die mehr als bloß Beschreibungen einer mechanischen oder psychologischen Wirksamkeit sind. Daher ist das Wertmoment dem Recht nicht nur – wie die materielle Zwangskomponente – äußerlich verbunden. Recht lässt sich laut Merkel nur als ein Gefüge von Normen begreifen, das seine Macht zumindest auch durch eine bestimmte Form von Wertzufluss erhält. Im Vergleich zur tatsächlichen Wirksamkeit des materiellen Machtelements hat diese begriffliche Wertmächtigkeit des Rechts eine eigene – davon unterschiedene – Wirkweise.

Für diese spezielle Form des Wirkens der wertgestützten Rechtsmacht reserviert Merkel die Begriffe „Gelten" bzw. „Geltung". Für Merkel verknüpft sich mit dem Begriffsmerkmal der aus Werten bzw. Wertungen zufließenden Geltung eine gerade nicht erzwingbare „Anwartschaft auf eine freiwillige Befolgung". Werte und Wertungen werden damit normativ unterlegt: ihr Gelten besteht in einer berechtigten Aufforderung sie anzuerkennen. Das wert-gestützte Recht verdient es, zwanglos befolgt zu werden. Der Wertzufluss erzeugt somit einen Anspruch des Rechts, die Normen zu befolgen. Erst dadurch kann das Recht als „ein Inbegriff ‚geltender' Normen" bezeichnet werden. Das Wert-Gelten des Rechts fordert mit einer eigenen normativen Berechtigung jene Gefolgschaft ein, die sich nicht mit Zwang erreichen lässt, da dieser stets die Freiwilligkeit einer wertangemessenen und normkonformen Handlung ausschließt. Die in diesem Sinne ‚geltenden' Normen wirken mittels gesellschaftlicher Wertschätzung, durch die ein Anspruch auf allgemeine Anerkennung erhoben wird. Daraus schließt Merkel:

> „‚Eine Norm hat Geltung bei einem Volke' heißt soviel wie: es wird ihr von diesem ein Wert zuerkannt, auf welchen sich eine von der Anwendung irgend welcher Zwangsmittel unabhängige Wirkungsfähigkeit und thatsächliche Wirksamkeit gründet".

Für Merkel gehört folglich zum Begriff „Geltung haben", dass damit „auf einen Wert" hingewiesen wird, „der ein Motiv zu freiwilligen Handlungen darstellt".[116] Die Wertschätzung, die eine rechtliche Norm erfährt, wird damit zugleich zu einem inneren Beweggrund für seine Befolgung. Im Unterschied zur mechanischen bzw. psychologischen Wirksamkeit setzt diese Geltungskraft auf Wert-Überzeugungen ohne Zwangsmoment. Somit ist es das Volk, das als Subjekt der Wertzuerkennung für die Geltung der Rechtsnormen sorgen soll. Durch den Wertzufluss werden somit die Angehörigen eines Volkes in die Pflicht genommen, die Rechtsnormen als geltend anzuerkennen. Die Betonung der Freiwilligkeit und Unabhängigkeit von jedwedem mechanischen und psychologischen Zwang hebt dabei die besondere Wirkweise der Recht-Wert-Geltung im Unterschied zur faktischen Wirksamkeit der Rechtsmacht hervor.

---

[116] *Merkel*, Elemente (§ 7), in: Encyklopädie (Fn. 40), 11 f.

Wie Merkel an anderer Stelle betont, geht es ihm dabei nicht um die Frage: „welches sind die objectiv gültigen Werturtheile, auf welche die Imperative des Rechts sich stützen müssen, um vernünftiger Weise als verbindlich betrachtet werden zu können?“. Ihn interessiert daher nicht eine vermeintliche Objektivität einer zeitlosen Wertgeltung, die eine unbedingte Verbindlichkeit einer bestimmten Rechtsnorm erzeugt. Für Merkel sind vielmehr lediglich die faktisch vorgenommenen Wertungen von Interesse; sie allein können für ihn einen sinnvollen Gegenstand rechtswissenschaftlicher Beschäftigung sein. Damit steht die Frage im Zentrum: „welches sind thatsächlich die Functionen des Rechts, welches thatsächlich die Quellen seiner Kraft?“. Von Interesse ist daher nur das Rechts-Tatsächliche der Wertungen, d. h. ihre reale Wirkung innerhalb einer bestimmten Rechtsordnung. Dies ändert freilich nichts an der handlungsmotivierenden Geltungskraft jener Werte. Die faktisch wirksamen Wertungen können dann aber als eigentliche Kraft-Quelle des Rechts erschlossen werden. Man dürfe indes vor allem „die Frage nach dem, was ist, mit der Frage nach dem, was als vernünftig oder gültig auf Grund der logischen oder ethischen Postulate einer idealistischen Doctrin anzuerkennen sei“, nicht vermischen.[117] Merkel geht daher von einer historischen und gemeinschaftsbezogenen Relativität der Werte aus. Der Zufluss an Wert für eine Rechtsnorm variiert in dem Bezug auf die Geschichte und soziale Situation eines Volkes. Insofern bedarf es keiner rein moral- oder rechtsphilosophischen Theorie, sondern einer sozio-historischen Herangehensweise. Für Merkel ist beispielsweise „Jedes Gesetz [...] sammt seinen Sanktionen ein Ausdruck menschlicher Interessen von relativem Werthe, welchem andere Interessen von ähnlichem Werthe entgegentreten können“.[118] Trotz solcher Werte-Konkurrenzen lassen sich die durch anerkannte Werte und tatsächlich vorgenommene Wertungen gestützten Normen von der bloßen Regelhaftigkeit oder Macht des rein Faktischen unterscheiden. Merkel betont daher, dass es ihm weder um die schiere Beliebigkeit faktischer Wertungen noch um absolute und zeitlos gültige Werte geht; Wertungen sind nicht geschichtsindifferent, sondern stets zeitgebunden. Diese Einsicht schmälert jedoch nicht die im Kontrast zur bloßen Faktizität bestehende Wirkungsmacht der Wert-Geltung des Rechts. Die historische Aufklärung über die Entwicklungsabhängigkeit der ethischen und rechtlichen Werte soll keineswegs deren normative „Kraft“ mindern können, denn:

„So gewiß das eigene Wertgefühl nicht dadurch zerstört wird, daß man sich über die Bedingungen seiner Entwicklung klar wird, so gewiß werden die auf andere, auf die gesellschaftlichen Einrichtungen und die staatlichen Gesetze bezüglichen Wertgefühle samt den ihnen

[117] *Merkel*, Philosophische Monatshefte XXIV (1888), 82 f.

[118] *Merkel* (Fn. 30), 28.

entsprechenden Anschauungen über Gerechtigkeit ihrem Kerne nach nicht durch die Erweiterung unserer Einsichten in den Prozeß ihres Werdens in Wegfall gebracht werden".[119]

Ähnlich wie für Lotze[120] scheint dabei auch für Merkel das Wertgefühl nicht mit bloß gefühlten Werten verwechselt werden zu dürfen. Die Gefühle sind nicht die Produktionsstätte beliebiger Wertungen, sondern gleichsam das menschliche Erkenntnisorgan für die gesellschaftlichen Werte, die als solche einen psychisch erfassbaren Gegenstand bilden. Diese Wert-Geltung des Rechtsbegriffs muss dabei nicht nur gegenüber der bloßen Wirksamkeit des Rechts abgegrenzt werden. Sie bedeutet für Merkel andererseits nämlich auch mehr als die bloße „Gültigkeit" des positiven Rechts. Dieses – neben Wirksamkeit und Geltung – dritte (Macht-)Element des Rechts resultiert für Merkel aus dem „herrschenden Willen" der Staatsmacht. Es komplettiert die Beschreibung der dreifachen Rechtsmächtigkeit durch das Moment der „Positivität". Im Unterschied zur Geltung, die das Recht durch die Wertschätzung im Volk gewissermaßen ‚von unten' erhält, werden mit dem Etikett des ‚Gültigen' die Rechtsnormen somit – quasi ‚von oben'/von der gerade herrschenden Obrigkeit – mit dem Versprechen versehen, sie notfalls mit Staatsmacht zwangsweise durchzusetzen. Die ‚Gültigkeit' unterscheidet sich für Merkel von der Wirksamkeit durch diese amtliche Auszeichnung; sie erfolgt zunächst unabhängig von der realen Umsetzung, die von weiteren Faktoren abhängig sein kann. Gültig ist das Recht, so wie es im Buche steht. Positiv-gültiges Recht ist am leichtesten erkennbar; die bloße Form der Rechts-Gültigkeit lässt sich nämlich durch einen Blick ins Gesetz aufzeigen. Ideal wäre zwar die Übereinstimmung der drei Merkmale, so dass die Wert-Geltung der Rechtsnormen faktisch wirksam wäre und den Stempel der positiven Gültigkeit erhält. Nach allen historischen Erfahrungen kommt es jedoch nicht selten vor, dass das „Rechte und Geltung Fordernde nicht ohne weiteres Recht" im Sinne der wirksamen und gültigen Machtelemente ist. Da die Wert-Überzeugung auf Freiwilligkeit setzt, kann die Überzeugungskraft der Werte schwächeln. Die Forderung nach freiwilliger Gefolgschaft kann unerhört bleiben. Demgegenüber erweist sich das lediglich positiv ‚gültige' Recht als irrtumsanfällig; es kann „als menschliche Satzung" von den werthaften „Anschauungen über das Rechte oder Gerechte" nämlich auch „abirren".[121] Der Gesetzgeber kann die aktuellen Wertvorstellungen eines Volkes verfehlen oder an längst überkommenen Wertungen festhalten. Subjekt des Wertens ist somit das jeweilige Volk, für das die Rechtsregelungen Geltung

---

[119] *Merkel*, Elemente (§ 14), in: Encyklopädie (Fn. 40), 25.
[120] Siehe dazu oben vor und nach Fn. 93.
[121] *Merkel*, Elemente (§ 12), in: Encyklopädie (Fn. 40), 18 ff.

beanspruchen, selbst wenn ihnen die staatliche Garantie der positiven Gültigkeit versagt bleiben sollte.

Die Rede vom „Wert der Rechtsnormen" wird von Merkel sogar noch etwas weiter ausdifferenziert: damit kann nämlich „einerseits ein Zweckmäßigkeitswert" gemeint sein, „d. h. ein Wert, der sich in ihrem den Beteiligten zum Bewußtsein gelangten Verhältnisse zu gemeinsamen Interessen begründet". Die interessenbasierte Gemeinsamkeit, die das Volk für Merkel auch sonst als eine Einheit zusammenhält, wird insofern aus bloß zweckrationalen Gründen als Wert gesetzt. Es erscheint zunächst schlicht zweckmäßig zu sein, sich an den Interessen der Gemeinschaft zu orientieren, in der man lebt. Dies sichert zumindest ein Leben mit geringen Widerständen, solange man im Mainstream der Mehrheitsinteressen mitschwimmt. Dieser primär strategischen Orientierung an der vorgefundenen Wertschätzung der vorherrschenden Volksmeinung muss sodann aber noch ein zweiter Wertaspekt beigestellt werden, der als „ein ethischer" bezeichnet wird. Diese Facette des Wertes der Rechtsnormen zielt für Merkel „auf das Verhältnis dieser Normen zu den ethischen Volksanschauungen, speziell den Anschauungen über das Gerechte".[122] Es genügt daher nicht, dass die rechtlichen Regelungen und deren Befolgung lediglich zweckmäßig erscheinen, sie müssen vielmehr auch als gerecht angesehen werden, um den vollen Sinn der Wert-Geltung zu erreichen. Das Recht selbst „will seinem Gesamtinhalte nach zweckmäßig und zugleich seinem Gesamtinhalte nach gerecht sein"; die „Gerechtigkeit" gibt dabei eher die allgemeine Form, die Zwecke hingegen die konkrete Materie dieses Rechtswillens. Die Zwecke des Rechts verhalten sich für Merkel daher zur Gerechtigkeit „wie der Zweck einer Rede zu der Wahrheit ihres Inhalts".[123] Ebenso wie die Rhetorik nicht allein den Sophisten überlassen werden darf, sondern der Wahrheitsliebe der Philosophen bedarf, braucht auch das Recht eine Orientierung an praktischer Richtigkeit, um nicht als bloßes Instrument beliebiger Zwecksetzungen zu verkommen. In einem Volk wird eben nicht allein auf die Zweckmäßigkeit der individuellen und kollektiven Interessenbalance geschielt; es werden immer auch die Gerechtigkeitsvorstellungen der Gemeinschaft relevant.

Daher kann etwa „aus Recht Unrecht werden", falls beispielsweise „das Recht in seiner Entwicklung der Entwicklung der ethischen Anschauungen bei einem Volke nicht folgt". In diesem Fall „streift es den Rechtscharakter ab" und wird gleichsam positiv-gültiges Unrecht, selbst wenn es noch immer mit dem staatlichen Stempel des Rechts versehen wird.[124] Eine entsprechende Gefahr wittert

---

[122] *Merkel*, Elemente (§ 7), in: Encyklopädie (Fn. 40), 12.
[123] *Merkel*, Elemente (§ 9), in: Encyklopädie (Fn. 40), 14.
[124] *Merkel*, Elemente (§ 8), in: Encyklopädie (Fn. 40), 13.

Merkel in seiner Zeit insbesondere auf dem Gebiet des Strafrechts. Hier erkennt er eine gewisse Kluft zwischen den sozial-ethischen Anschauungen und dem positiven Rechtsbestand. Insofern geht es beispielsweise darum, „den Einklang der Strafmaasse und der Grenzen des Strafrechts mit den geltenden ethischen Werthanschauungen, das ist eben ihre Gerechtigkeit, zu wahren".[125] Die „ethische Berechtigung" der Strafe im Allgemeinen und der Strafarten sowie deren Maß im Besonderen „mißt sich an den ethischen Anschauungen, welche bei einem Volke Geltung haben, und über welche sich hinwegzusetzen der Gesetzgeber nicht berufen ist".[126] Die Legislative ist daher nicht nur klug beraten, auf die Gerechtigkeitsvorstellungen der Bevölkerung zu hören; davon hängt vielmehr auch die eigentliche Legitimität der spezifischen Wert-Geltung des Rechts ab. Nur in Verbindung der beiden genannten Wert-Aspekte kann eine Norm-Geltung einen i. d. S. wirklichen Anspruch auf Anerkennung erheben. In Merkels Unterscheidung zwischen zweckmäßigen und ethischen Wertmomenten wird bisweilen eine gewisse Ähnlichkeit zu Gustav Radbruchs einige Jahrzehnte später entfalteten Lehre von den Rechtsideen gesehen,[127] in der neben Gerechtigkeit und Zweckmäßigkeit als dritter Wert noch die Rechtssicherheit hinzugekommen ist,[128] die sich bei Merkel wohl noch hinter dem Moment der positiven Gültigkeit verborgen hält.

Merkel selbst hat die philosophische Relevanz des Geltungsbegriffs freilich noch nicht vollständig überblicken können, sondern lediglich recht vage vorweggenommen. Dessen Bedeutung im Rahmen der Wertphilosophie ist nämlich erst nach seinem Tod vor allem innerhalb der neukantianischen Bewegung ausbuchstabiert worden. Gleichwohl erahnt er offenbar die Möglichkeit, mit diesem Terminus die Unterscheidung diverser Wirkweisen des Rechts und dessen Verhältnis zum Begriff der Macht näher entfalten zu können. Dies macht Merkel – wie bereits eingangs betont – nicht zu einem Neukantianer. Gleichwohl mag es zumindest eine gewisse Plausibilität verleihen, diesen Autor im Kontext einer Tagung zur neukantianischen Strafrechtslehre nicht unerwähnt zu lassen.

---

125 *Merkel* (Fn. 30), 64.

126 *Merkel*, Lehrbuch (Fn. 33), 212.

127 Vgl. etwa *Brockmöller* (Fn. 20), 241 m. Fn. 192.

128 Siehe etwa *Radbruch*, Die Dioskuren 3 (1924), 43 ff., bes. 46 f.; *ders.*, Rechtsphilosophie, 3. Aufl. 1932 (bes. § 9), Studienausgabe 1999, 73 ff.

Der Notstand im richtigen Recht Rudolf Stammlers

Diethelm Klesczewski

Rudolf Stammler ist bekannt durch seine Lehre vom richtigen Recht. Zum Strafrecht wahrt er meist große Distanz. Er blickt auf dieses Rechtsgebiet von der hohen Warte des Rechtstheoretikers und kann an ihm wenig unbedingt Allgemeingültiges entdecken. Seinen eher verstreuten Erörterungen dazu lässt sich entnehmen, dass er das Strafrecht für eine durch und durch kontingente Rechtsmaterie hält, die allein durch positive Satzung Bestimmtheit erlangt. Dennoch meine ich, dass es sich lohnt, auf Stammler im Rahmen dieses Bandes einzugehen. Stammler wird zu den neukantianischen Rechtsdenkern gezählt. Ihnen schreibt man in der Strafrechtsdogmatik die Leistung zu, der teleologischen Betrachtung zum Durchbruch verholfen zu haben: Sie sahen den Zweck des Strafrechts darin, Rechtsgüter zu schützen, und nutzten diesen Gedanken einesteils dazu, Straftatbestände als Schilderung von Rechtsgutsverletzungen zu deuten, anderenteils dazu, die Rechtswidrigkeit eines solchen tatbestandsmäßigen Handelns auszuschließen, wenn es seinerseits dem Schutz vorrangiger Rechtsgüter diente. Stammlers Lehre vom richtigen Recht hat hier nicht nur, wie in anderen Beiträgen dieses Bandes ausführlicher dargetan wird, befruchtend auf Strafrechtslehrer seiner Zeit gewirkt; er selbst hat sich in seiner Dissertation mit der strafrechtlichen Bedeutung des Notstands befasst. Sein hierzu entwickelter Ansatz ist, wie ich zeigen möchte, durchaus originell. In ihm spiegelt sich aber auch ein zentrales Problem seines Denkens.

Mein Beitrag gliedert sich wie folgt: Nachdem ich zuerst die Epoche umrissen habe, in die das Wirken Stammlers fällt (I.), wende ich mich den beiden Elementen seiner Lehre vom richtigen Recht zu, dem Begriff (II. 2.) und der Idee des Rechts (II. 3.). Sodann befasse ich mich mit Stammlers Verständnis vom positiven Recht und seiner Theorie der Rechtsgeltung (III.). Schließlich setze ich mich mit seinen Thesen zum rechtfertigenden Notstand auseinander (IV.). An ihnen wird sich zeigen, dass Stammlers These von der Unbedingtheit der verbindenden Kraft rechtlichen Wollens der Einschränkung bedarf (V.).

I. Der Denker in seiner Zeit

Das wissenschaftliche Werk Rudolf Stammlers gehört – wie der Neukantianismus insgesamt – geistesgeschichtlich einer Epoche an, die sich vom Tode Hegels bis kurz vor unsere Gegenwart erstreckt.[1] Das historisch Bemerkenswerte am Ableben Hegels ist dabei nicht bloß der darauf folgende Zerfall seiner Schule,[2] sondern der Bruch des zeitgenössischen Allgemeinbewusstseins mit der Philosophie überhaupt.[3] Deren Erbe traten vor allem die Naturwissenschaften an.[4] Darwins Evolutionstheorie wirkte ebenso umstürzend auf das Weltbild wie Psychologismus und Psychoanalyse.[5] Der Aufweis der Triebbedingtheit des Seelenlebens weckte Zweifel am Selbstbild des Menschen als vernunftgesteuertem Wesen. Gleichzeitig setzte sich in der Nationalökonomie die Schule durch, welche sich die Vorgehensweise der Naturwissenschaften zum Vorbild nahm, die Welt anhand erfahrungsbestätigter Gesetzeshypothesen zu erklären.[6] Mit dem Siegeszug dieser Forschungsmethoden ging nun aber auch eine Vielzahl von „naturalistischen Reduktionen", etwa der des Sollens auf das Sein, einher.[7] Der Neukantianismus stellt hierzu eine prominente Gegenbewegung dar.

Bekanntlich unterscheidet man zwei Richtungen des Neukantianismus: den Marburger und den Südwestdeutschen.[8] Stammler wird gewöhnlich neben Cohen und Natorp der ersten zugerechnet.[9] Dieser Zweig ist dadurch gekennzeichnet, dass er der Hinwendung der zeitgenössischen Wissenschaft zum Naturalismus, Positivismus und Materialismus unter Rückgriff auf Kant mit einer

---

[1] *Schnädelbach*, Philosophie in Deutschland 1831–1933, 1983, 15f. Bedenkt man, dass sich die Rechtswissenschaft nach noch heute überwiegendem methodischen Selbstverständnis als Wertungsjurisprudenz bezeichnet (dazu *Horn*, Einführung in die Rechtswissenschaft und Rechtsphilosophie, 6. Aufl. 2016, Rn. 160), könnte man aber auch annehmen, dass diese Epoche in der Rechtslehre noch kein Ende gefunden hat.

[2] *Gebhardt*, Politik und Eschatologie. Studien zur Geschichte der Hegelschen Schulen 1830–1840, 1963, 69ff., 97ff.

[3] *Nipperdey*, Deutsche Geschichte 1800–1866, 1983, 531; skeptisch dazu *Wiegand*, Unrichtiges Recht, 2004, 20ff.

[4] *Nipperdey* (Fn. 3), 532.

[5] Vgl. *Horn* (Fn. 1), Rn. 369; *Kaiser-el-Safti*, in: Kaiser-el-Safti/Loh (Hrsg.), Die Psychologismus-Kontroverse, 2011, 9, 19ff.

[6] *Stavenhagen*, Geschichte der Wirtschaftstheorie, 4. Aufl. 1969, 203ff.

[7] *Schnädelbach* (Fn. 1), 23.

[8] *Ollig*, Der Neukantianismus, 1979, 29ff., 53ff.

[9] *Claudius Müller*, Die Rechtsphilosophie des Marburger Neukantianismus, 1994, 2. Das Verhältnis von Stammler und Cohen entwickelte sich freilich spannungsvoll, a.a.O., 13ff.; Nach dem Bericht *Binders* hat Stammler gegen Ende seines Lebens sogar seine Unabhängigkeit von Cohen und Natorp betont, in: ARSWiP 31 (1938), 433.

Erkenntnistheorie begegnen wollte.[10] Während Hermann Cohen sich mit einer Theorie der Erfahrung[11] und einer ethischen Theorie[12] hervortat, unternahm es Stammler, ausgehend von einer Kritik der Historischen Rechtsschule[13] und des Historischen Materialismus[14] eine eigene Rechtsphilosophie zu entwickeln.[15] Diese Rechtsphilosophie weist trotz vereinzelter terminologischer Schwankungen ein hohes Maß an Beharrlichkeit in ihren Grundbegriffen auf, die ihr Urheber seinen Zeitgenossen, wie Radbruch es formuliert hat, „ohne Scheu vor Wiederholung [...] förmlich eingehämmert“ hat.[16] Das erlaubt es, Stammlers Lehre in derjenigen Fassung in den Mittelpunkt zu stellen, die sie gegen Ende seiner aktiven Zeit mit der dritten Auflage des Lehrbuchs der Rechtsphilosophie im Jahre 1928 gewonnen hat.

Gleichwohl darf nicht unterschlagen werden, dass Stammlers Schaffen einem gewissen Wandel unterlag:[17] In der ersten, im Jahre 1896 erschienenen Auflage von „Wirtschaft und Recht nach materialistischer Geschichtsauffassung“ betrachtet er die Sozialphilosophie als eine der Jurisprudenz übergeordnete Disziplin und spricht dem Recht die Eigenschaft ab, ein selbständiges Forschungsobjekt zu sein, mit der Folge, dass seine Untersuchung ihren Ausgang von der begrifflichen Erfassung des sozialen Lebens nimmt.[18] Etwa ein Jahrzehnt später kommt es dann zu einem Umdenken, das die Rechtsphilosophie auf die gleiche Ebene neben die Sozialphilosophie stellt, wodurch nun das Recht als Form des sozialen Lebens zum eigenständigen Gegenstand wissenschaftlicher Betrachtung avanciert. Ausdruck dieser Neuorientierung ist auch, dass das Merkmal der äußeren Regelung (bzw. der Zwangsregelung) im Begriff des Rechts durch

---

[10] *Müller* (Fn. 9), 20 f.; vgl. *Zeller*, Ueber die Bedeutung und Aufgabe der Erkenntnisstheorie, 1862, 10–13.

[11] *Cohen*, Kants Theorie der Erfahrung, 1. Aufl. 1871; 3. Aufl. 1918; instruktiv: *Edel*, Von der Vernunftkritik zur Erkenntnislogik. Die Entwicklung der theoretischen Philosophie Hermann Cohens, 1988, 23 ff.

[12] *Cohen*, Ethik des reinen Willens, 1. Aufl. 1907; 2. Aufl. 1910; hierzu: *Klein*, Die Grundlegung der Ethik in der Philosophie Hermann Cohens und Paul Natorps: eine Kritik des Marburger Neukantianismus, 1976, 58 ff.

[13] *Stammler*, Über die Methode der geschichtlichen Rechtstheorie, 1888, 15 ff.

[14] Namentlich in: *Stammler*, Wirtschaft und Recht nach materialistischer Geschichtsauffassung, 5. Aufl. 1924, 34 ff. (zit. WuR).

[15] Hier sind vor allem zu nennen: *Stammler*, Theorie der Rechtswissenschaft, 1911 (zit.: TR); *Stammler*, Die Lehre vom richtigen Recht, 2. Aufl. 1926 (zit.: RR); *Stammler*, Lehrbuch der Rechtsphilosophie, 3. Aufl. 1928 (zit.: Rph).

[16] *Radbruch*, Rechtsphilosophie, 8. Aufl. (hrsg. v. Wolf u. Schneider) 1973, 112 f.; ähnlich *Vorländer*, Kant und Marx, 2. Aufl. 1926, 126.

[17] Instruktiv dazu: *Müller* (Fn. 9), 140 ff.

[18] *Stammler*, Wirtschaft und Recht nach materialistischer Geschichtsauffassung, 1. Aufl. 1895, 7 f.

das Moment des verbindenden Wollens ersetzt wird.[19] Stammler hat dies als bloßen Wechsel in der Terminologie herunterzuspielen versucht.[20] Es wird sich aber zeigen, dass mit dieser Akzentverschiebung in den Begriff des Rechts eine gewisse Doppeldeutigkeit Einzug hält, die seinen vorpositiven Charakter in Frage stellen.

II. Stammlers Lehre vom richtigen Recht

Für Stammler hat die Rechtsphilosophie zwei Hauptaufgaben: Sie hat zum einen in unbedingter Allgemeingültigkeit den Begriff des Rechts als eine besondere Art verbindenden Wollens (2.) herauszustellen,[21] und zum anderen die Idee des Rechts als Gemeinschaft selbstzweckhafter Menschen zu entwickeln[22] (3.a). Aus dieser Idee leiten sich dann Grundsätze ab (3.b), mit denen ein rechtliches Wollen auch als legitim, als *richtiges Recht* ausgewiesen werden kann.[23] In diesen Schritten stelle ich nun das Denken Stammlers vor, denen ich einen Blick auf seine Methode vorangehen lasse (1.).

1. Die Methode

Kennzeichnend für den Neukantianismus ist es eigentlich, dass er mit einem „Faktum der Wissenschaft" beginnt und daran seine erkenntnistheoretischen Überlegungen anschließt.[24] Stammler geht einen anderen Weg: In der ersten Auflage von Wirtschaft und Recht beginnt er mit „der Tatsache des sozialen Lebens der Menschen" und prüft diese auf ihre allgemeingültigen Bedingungen hin.[25] Später kommt es zu einer Akzentverschiebung: Nunmehr fängt er mit „der Tatsache des geschichtlich gegebenen Rechts" an, um seine Lehre zu entwickeln.[26] Hier scheint bereits eine gewisse Ambiguität auf. Der erste Ausgangspunkt lässt sich als wertfreie Faktizität umschreiben, der zweite ist dagegen normativ geformt.

Stammler will nun zu seinem Rechtsbegriff nicht in einem Verfahren unvollständiger Induktion gelangen, wie es in der Jurisprudenz seiner Zeit üblich

[19] *Müller* (Fn. 9), 148 f.; gegen ihn *Wenn*, Juristische Erkenntniskritik, 2003, 143 ff.
[20] *Stammler* TR (Fn. 15), S. 74 ff., 95 ff.
[21] *Stammler*, Rph (Fn. 15), 1 f.
[22] Ibid. 204.
[23] Ibid. 2 f.
[24] *Cohen*, Kants Begründung der Ethik, 1. Aufl. 1877, 20 f.
[25] *Stammler* (Fn. 18), 8, 10.
[26] *Stammler*, Rph (Fn. 15), 10 (Hervorhebungen im Original weggelassen).

war,[27] sondern über eine kritische Methode, die unter Weglassen der besonderen situations- und zeitbezogenen Elemente des Rechts das Augenmerk auf die Grundformen lenkt, die dieser Materie Einheit und Ordnung geben.[28] Stammler geht es darum, das Recht als eine eigene Art, das menschliche Zusammenleben zu führen, auszuweisen.[29] Um das Wesen des Rechts zu erkennen, will er den Gedanken erfassen, der Einheit in dieser Art des Zusammenlebens stiftet.[30] Hierzu sucht er nach einer absolut gültigen Methode des Ordnens von Bewusstseinsinhalten.[31]

Stammlers Denken findet dabei seinen erkenntnistheoretischen Ausgangspunkt in der Unterscheidung von zwei grundlegenden Weisen des Ordnens, dem *Wahrnehmen* und dem *Wollen*. Ersteres steht für die Vorgehensweise der Naturwissenschaften und bedient sich zur Vereinheitlichung der Bewusstseinsinhalte der Kategorie der Kausalität. Letzteres stützt sich auf die Grundbegriffe von Zwecken und auszuwählenden Mitteln.[32] Zwecke und Mittel sind auf diesem Stand der Analyse reine Denkformen. Sie abstrahieren sowohl von einer inneren, motivationalen, als auch von einer äußeren Wirkmacht.[33] Diese Zweckkategorie führt für Stammler nun, wie sogleich zu zeigen ist, über Zwischenschritte zur Rechtswissenschaft hin.

Im Schrifttum ist bezweifelt worden, ob Stammler mit seiner Methode wirklich über ein Verfahren der Herleitung von obersten Begriffen im Wege der Verallgemeinerung aus Gegebenem hinausgelangt ist.[34] Für diese These lässt sich anführen, dass Stammler mit den Tatsachen des sozialen Lebens beginnen und die so gesammelten Erfahrungen auf ihre allgemeingültigen Bedingungen hin

---

[27] Vgl. *Puchta*, Pandekten, 3. Aufl. 1845, 25 f.; dazu: *Henkel*, Begriffsjurisprudenz und Billigkeit, 2004, 90 ff.; *Schröder*, Recht als Wissenschaft, 2. Aufl. 2012, 178 f.

[28] *Stammler*, Rph (Fn. 15), 8 f., 52.

[29] *Stammler*, Rph (Fn. 15), 53.

[30] Vgl. *Stammler*, Rph (Fn. 15), 53.

[31] Vgl. *Stammler*, Rph (Fn. 15), 55.

[32] *Stammler*, Rph (Fn. 15), 56 f., 59. Mit dieser Entgegensetzung hat Stammler Kritik auf sich gezogen: *Kelsen* moniert, man könne sich ein Mittel zu Zwecken nicht vorstellen, ohne ersteres nach der Kategorie der Kausalität als Ursache auszuweisen, in: Hauptprobleme der Staatsrechtslehre, 1911, 58 ff. Das trifft zwar zu, übersieht aber das Moment der Wahlentscheidung, welche Mittel es lohnen, zu welchen Zwecken aufgewandt zu werden. Dazu auch: *Wenn* (Fn. 19), 87 f., wo sich auch eine konstruktive Auseinandersetzung mit weiteren Kritikpunkten findet, ibid. 86 ff.

[33] *Stammler*, Rph (Fn. 15), 58 f.

[34] *Max Weber*, Gesammelte Aufsätze zur Wissenschaftslehre, hrsg. von Winckelmann, 6. Aufl. 1985, 291, 308 ff.; *Binder*, Rechtsbegriff und Rechtsidee, 1915, 19 f., 90; *Erich Kaufmann*, Kritik der neukantianischen Rechtsphilosophie, 1921, 11 f.; zust. *Escher*, Neukantianische Rechtsphilosophie, teleologische Verbrechensdogmatik und modernes Präventionsstrafrecht, 1993, 51.

untersuchen will.[35] Dagegen spricht, dass er, wie soeben gezeigt, zu diesem Behuf zuvor unabhängig von jedwedem Einzelerlebnis zwei absolut gültige Methoden des Ordnens von Bewusstseinsinhalten einführt, von denen er eine als einzig tragfähige für die Analyse der Formen des sozialen Zusammenwirkens der Menschen auszeichnet. Darin liegt ein Bekenntnis zu einer erkenntniskritischen Position.

Die von Stammler angenommene Alternativlosigkeit dieser erkenntnistheoretischen Position lässt sich freilich mit guten Gründen bestreiten. Zum einen drängt die von ihm präferierte teleologische Betrachtung es dem Wissenschaftler auf, soziales Zusammenleben allein unter dem Gesichtspunkt intentionaler Handlungskoordination zu denken. So besteht die Gefahr, dass man das unübersehbare Phänomen einer nicht-intentionalen, systemischen Vergesellschaftung (etwa das Geschehen auf dem Markt) nicht zureichend erfasst.[36] Zum anderen hat nicht zuletzt Kant dargetan, dass sich allgemeingültige Willensbestimmungen nicht auf der Grundlage von den Zwecken, die jemand verfolgen mag, finden lassen, sondern nur ausgehend von den (universalisierbaren) Regeln des Handelns, also einem deontologischen Prinzip.[37]

2. Der Rechtsbegriff Stammlers

Das Recht zeigt sich für Stammler als eine bestimmte Art des Wollens,[38] die Rechtswissenschaft als eine bestimmte Art der Zweckwissenschaft[39]. Bei der Durchführung seines Programms bemüht Stammler eine überaus eigenwillige Terminologie, die das Verständnis seiner Lehre sehr erschwert. Das zeigt sich schon an seiner Definition des Rechts: Er nennt es: „das unverletzbar selbstherrlich verbindende Wollen“[40]. Gehen wir Schritt für Schritt vor, erschließt sich der Sinn.

a) Menschen verhalten sich in ihren Zwecksetzungen nicht nur zu sich selbst,[41] sie beziehen sich auch auf andere. Tun sie dies, so Stammlers bemerkenswerte Einsicht, dann ist ihr Wollen gewissermaßen zweigestuft. Zu dem Wollen der eigenen individuellen Zwecke trete ein Wollen hinzu, dass die beiderseitige Zweckverfolgung zueinander in Beziehung setze.[42] Jedes soziale Zusammen-

---

[35] So *Stammler*, WuR (Fn. 14), S. 10.

[36] Vgl. dazu *Habermas*, Faktizität und Geltung, 1992, 58 f., 65, 71.

[37] *Kant*, Metaphysik der Sitten (MdS), 1798, Einleitung I., zitiert nach der Werkausgabe von Weischedel (WW), 5. Aufl. 1983, Band VIII, 318.

[38] *Stammler*, Rph (Fn. 15), 65.

[39] Ibid. 62.

[40] Ibid. 92.

[41] Ibid. 70 f.

[42] Ibid. 79.

wirken ist nach Stammler durch dieses doppelstufige Wollen gekennzeichnet.[43] Es konstituiere Gesellschaft.

Stammler erläutert das verbindende Wollen in erster Linie durch das wechselseitige Einsetzen unterschiedlicher Willen als Zwecke und Mittel füreinander.[44] Stammler läuft hier Gefahr, das Verbinden gleichsam normativ besonders aufzuladen und damit die Unterscheidung von Recht und richtigem Recht zu unterlaufen. Es empfiehlt sich also, hier nicht zu viel hineinzulegen. Wir befinden uns noch ganz am Anfang der Entfaltung des Rechtsbegriffs. An anderer Stelle führt Stammler aus, das verbindende Wollen sei so weit zu fassen, dass es „in freundschaftlichem oder gegnerischem Sinne" verstanden werden kann.[45] Kantisch gesprochen gibt es eben nicht nur eine gesellige, sondern auch eine ungesellige Geselligkeit.[46] Stammler subsumiert unter diese auch das unerwiderte Dienen.[47] In der Umkehrung bedeutet dies, dass auch das einseitige Bedientwerden (bis hin zu Ausbeutung) hier mit erfasst ist. Auch dies ist ein verbindendes Wollen: Solange, wie man bedient werden will, muss man das Dasein des Dieners aufrechterhalten. Auch ein Verhältnis von Herrschaft und Knechtschaft ist danach so konstituiert, dass der Instrumentalisierung eine Grenze gesetzt ist.

b) Nicht jedes verbindende Wollen ist nun aber Recht. Hinzukommen müssen nach Stammler zwei weitere Attribute: Selbstherrlichkeit und Unverletzbarkeit. Fahren wir mit dem ersten fort:

Verbindendes Wollen ist nach Stammler zweigestuftes Wollen. Es lasse sich daher danach unterscheiden, welche Stufe des Wollens die andere dominiere. Ist das Wollen des Verbindens einseitig bedingt durch das Wollen des individuellen Zwecks, gelangt man nach Stammler nur zu Konventionen[48] oder – modern gesprochen – zu spontanen Ordnungen[49]. Deren Bestand hänge davon ab, dass die einzelnen Zwecksetzungen der miteinander interagierenden Menschen im Moment gleichsam zufällig übereinstimmten.[50] Ein Beispiel wäre die Teilnahme an

---

43 Vgl. ibid. 75ff.

44 Ibid. 69, 75 u.ö.

45 Ibid. 109. Selbst den Krieg nimmt er nicht aus, jedenfalls dann, wenn er der Rechtsdurchsetzung dient, ibid. 95.

46 *Kant*, Idee zu einer allgemeinen Geschichte in weltbürgerlicher Absicht, 1784, WW XI, 37f.

47 *Stammler*, Rph (Fn. 15), 75 Fn. 7.

48 Ibid. 80f. Stammlers Beispiele sind vor allem Regeln des Benehmens, die von Ort zu Ort und Zeit zu Zeit wechseln.

49 Der Begriff wurde von *Hayek* geprägt, in: Law, Legislation and Liberty, Vol. 1: Rules and Order, 1973, 35ff.; instruktiv dazu: *Ogus*, Journal of Law and Society 16 (1989), 393, 395ff.; *Schmidtchen*, ORDO 55 (2009), 127, 139ff.; *Schulz*, Gewährleistung kommunikativer Chancengleichheit, 1998, 70ff.

50 *Stammler*, Rph (Fn. 15), 85.

einem Gesellschaftsspiel. Für das rechtliche Wollen ist nach Stammler nun aber kennzeichnend, dass es die Verbindung „unabhängig vom Willen der Verbundenen“ herstellt.[51] Es fällt schwer, hiermit nicht sogleich den hoheitlichen Normbefehl zu assoziieren. Er ist dadurch gewiss auch nicht ausgeschlossen. Gleichwohl will Stammler auf der jetzigen Stufe der Analyse die Frage nach dem Träger des verbindenden Wollens offen lassen.[52] Das unbedingt verbindende Wollen kann z. B. auch in einer besonderen Schicht des Willens der Sich-Verbindenden selbst liegen. So ist es etwa beim Vertrag.[53] Zum Kontrahieren gehört ja nicht allein der Wille auf beiden Seiten, die Leistung der je anderen als Mittel für die eigenen Zwecke zu gebrauchen. Es gehört dazu auch der Rechtsbindungswille, § 145 BGB,[54] also der Wille, von Anderen an dem eigenen Angebot festgehalten werden zu können.

Wollen sich Menschen überhaupt zwecktätig aufeinander beziehen, müssen sie daher in einem grundlegenden Sinne den Willen zur Verbindung präsupponieren. Erst unter dieser fundamentalen Voraussetzung lassen sich dann – wie Stammler feinsinnig beobachtet hat – besondere Bereiche konstituieren, in denen die Menschen einander nach Belieben (etwa zum Spielen) begegnen können. Die Selbstherrlichkeit des Rechts zeigt sich dann auch daran, dass es der Konvention ihren Platz anweist.[55]

c) Rechtliches Wollen hebt sich nach Stammler schließlich ab von der Willkür. Maßgebend ist dabei für ihn nicht ein Unterschied in der inhaltlichen Güte, ausschlaggebend ist für ihn wiederum die Form: Damit wir es mit Recht zu tun haben, muss das selbstherrlich verbindende Wollen, wie Stammler es eigenwillig ausdrückt, zudem noch „unverletzbar“ sein. Dieser Sprachgebrauch ist irritierend. Gemeint ist damit, dass das Wollen nicht von Fall zu Fall einmal so, das andere Mal anders eine Verbindung stiftet. Ein solches Wollen ist für Stammler Willkür.[56] Als Recht wird verbindendes Wollen derart „in bleibender Art als Einheit“ gedacht, dass auch „dem Gebietenden auferlegt wird, sich selbst daran zu halten.“[57] An dieser Stelle bricht wiederum eine Doppeldeutigkeit hervor: Einerseits sucht Stammler das Gemeinte durch ein Goethezitat zu veranschaulichen: „Mit einem Herren steht es gut, der, was er befohlen, auch selbst tut.“[58]

---

[51] Ibid. 85.

[52] Ibid. 87.

[53] Vgl. das Beispiel des Tausches bei *Stammler*, WuR (Fn. 14), 99 f.

[54] BGH NJW 2010, 3087.

[55] *Stammler*, Rph (Fn. 15), 87 f. Zur Diskussion der Abgrenzung von Recht und Konvention vgl. *Wenn* (Fn. 19), 271 ff.

[56] Vgl. *Stammler*, Rph (Fn. 15), 91 f.

[57] Ibid. 92.

[58] Ibid. 92 Fn. 2. Das Zitat stammt aus dem Gedicht „Sprichwörtlich“, in: Gedichte, Ausgabe letzter Hand, 1827, hier zitiert nach der Berliner Ausgabe, hrsg. v. Holzinger, 2013, 431, 434.

Das würde auf eine Art reziproke Geltung hinweisen und das verbindende Wollen normativ aufladen. Andererseits begnügt Stammler sich damit, das Bleibende des Regelungswillens dadurch zu kennzeichnen, stets nur generelle Anordnungen zu treffen,[59] die ihrerseits allein durch Vorschriften von gleichem Allgemeinheitsgrad abgelöst werden dürfen.[60] Nun läuft die erste Variante wiederum Gefahr, den Rechtsbegriff mit der Rechtsidee zu konfundieren. Das spricht dafür, der zweiten Interpretation den Vorzug zu geben.

Was ist damit nun gewonnen? Blicken wird auf das verbindende Wollen zurück. Wir hatten gesehen, dass es auch einseitige Mediatisierung zulässt, dieser aber durch das Element des Verbindens eine Grenze setzt. Mit dem Element des bleibend verbindenden Wollens wird diese Limitation nun perpetuiert. Die Rechtsform als solche hindert es so zwar nicht, den Rechtsunterstellten zum Mittel zu machen; sie garantiert ihm nun aber auf Dauer seinen Fortbestand. Erst vor diesem Hintergrund kommt Stammlers Auffassung, auch die Despotie könne ein Rechtszustand sein, überhaupt eine gewisse Plausibilität zu.[61] Beruhe diese Herrschaftsform auf einem Verfassungsartikel, welcher es dem Potentaten auf Dauer gestatte, seine unumschränkte Willkür walten zu lassen, sei darin das bleibend verbindende Wollen zu sehen. Doch ist das nicht zu Ende gedacht. Genau betrachtet, reduziert sich der Rechtszustand auf diese eine Bestimmung. Unterhalb derselben tritt das verbindende Wollen nur in einer Vielzahl von Einzelbefehlen auf. Da diese es sind, mit denen sich der Despot an seine Untertanen wendet, unterliegen diese dann insoweit vollständig seiner Willkürherrschaft. Zur Ehrenrettung Stammlers muss man zwar erwähnen, dass er die Despotie für einen „sehr elenden sozialen Zustand“ hält.[62] Doch nimmt das der Kritik an der Deutung der Despotie als Rechtszustand nicht ihre Berechtigung.[63]

d) Zusammengenommen ist also das Recht nach Stammler ein unverletzbar selbstherrlich verbindendes Wollen. Als verbindendes Wollen schließt es, wie dargelegt, zwar die Mediatisierung nicht aus. Es moderiert sie aber, indem es als sich gleichbleibendes Wollen zu einer gleichmäßigen Beurteilung einer Vielzahl von Fällen führt. Hält man sich vor Augen, dass jede Rechtsordnung aus einem Inbegriff von Regelungen zwischenmenschlicher Zweck/Mittel-Beziehungen besteht, die ihrerseits dann untereinander in gleichbleibender Art und Weise teleologisch aufeinander abzustimmen sind, so erscheint es plausibel, dass Stammler die Hoffnung äußert, dem auf bleibende Weise verbindenden Wollen

[59] *Stammler*, Rph (Fn. 15), 92 f.

[60] *Stammler*, WuR (Fn. 14), 483 f.

[61] *Stammler*, Rph. (Fn. 15), 93 f. Auch zum Folgenden.

[62] Ibid. 94.

[63] *Ebbinghaus*, in: FS für Theodor Litt, 1960, 317, 333; zust. *Escher* (Fn. 34), 62, 78 f.

wohne eine Tendenz inne, zu einer Harmonisierung aller Zweckbestrebungen hinzuführen[64], also zu dem, was er als Leistung der Rechtsidee ansieht.

3. Die Rechtsidee und die Grundsätze richtigen Rechts

a) Der eben erläuterte Rechtsbegriff ist für Stammler eine reine Denkform. Mit ihr kann man geschichtlich gegebene Verhaltensanweisungen danach klassifizieren, ob sie überhaupt Recht sind. Entspricht eine Regelung allen in dieser Denkform zusammengefassten Kriterien, bedeutet dies freilich nur, dass sie Recht ist, nicht auch, dass sie richtiges Recht ist. Letzteres bemisst sich nach der Idee des Rechts.

b) Richtiges Recht ist für Stammler ein besonders geartetes Recht.[65] Es sei einerseits positives Recht und daher mit einem bedingten Inhalt versehen. Es sei andererseits ein Recht, dessen besonderer Inhalt in seiner begrenzten Aufgabe von der Idee des Rechts möglichst optimal geleitet ist.[66]

Zur Rechtsidee gelangt Stammler wie folgt: Recht ist nach ihm, wie wir gesehen haben, ein in bestimmter Weise verbindendes Wollen. Dieses Wollen setzt die Zwecktätigkeit der Menschen zueinander in Beziehung. Darüber lassen sich nun Zweckreihen extrapolieren. Und diese Zweckreihen lassen sich so denken, dass sie in einer Kette zusammenlaufen. Nach Stammler wird man so durch die Methode des Verknüpfens von Zwecken unweigerlich auf die Idee des Rechts hingetrieben.[67] Endpunkt ist der Gedanke des unbedingten gegenseitigen Ausgleichens. Das heißt, es werden die Verbundenen der Idee nach aus dem Mechanismus der Mittel füreinander gehoben; jeder bleibt dem anderen in ausgeglichener Weise immer auch[68] als Selbstzweck verknüpft. Ein so gedachtes verbindendes Wollen stellt seinem Inhalte nach das Wollen einer Gemeinschaft frei wollender Menschen dar.[69]

Zur Herleitung dieser Idee begnügt sich Stammler mit dem Hinweis, dass die Methode des einheitlichen Ordnens aus sich selbst heraus auf ein Konzept des unbedingten Ordnens stößt, das sich letztlich nur in der vollkommenen Harmonie der Zwecke aller miteinander verbundenen Menschen vollenden kann.[70] Nichtsdestotrotz scheint mir klar, dass Stammler sich hier untergründig der hohen Überzeugungskraft der Selbstzweck- und der Zweckreichformel des Kate-

---

[64] *Stammler*, RR (Fn. 15), 56 f.
[65] Ibid. 211.
[66] Vgl. ibid. 211 mit umfassenden Nachweisen des zustimmenden Schrifttums in Fn. 1.
[67] Ibid. 204.
[68] *Stammler* sagt sogar „nur" ibid. 204.
[69] Ibid.
[70] Ibid. 206.

gorischen Imperativs[71] bedient. Letztere lautet bekanntlich wie folgt: „Das vernünftige Wesen muß sich jederzeit als gesetzgebend in einem durch Freiheit des Willens möglichen Reiche der Zwecke betrachten.“[72] Der Gang der Begründung des Kategorischen Imperativs ist bei Kant sehr komplex.[73] Er kann hier nicht umfassend nachgezeichnet werden. So viel sollte in unserem Zusammenhang genügen: Kant versteht die Zweckreichformel neben der Naturgesetz- und der Selbstzweckformel als eine von drei Arten, die allseits bekannte Grundformel des Kategorischen Imperativs kategoriengeleitet zu veranschaulichen.[74] Wie ich an anderer Stelle dargelegt habe, lassen sich diese drei Formeln formal jeweils als eine Ausprägung der drei denkmöglichen Arten von unhintergehbaren Obersätzen identifizieren[75], mit denen es nach Kant gelingt, „eine vollständige Bestimmung aller Maximen“ zu leisten.[76] Dadurch bekommt die Redeweise vom Kategorischen Imperativ als Faktum der Vernunft einen greifbaren Sinn. Faktum meint bei Kant nicht eine beliebige Tatsache des Bewusstseins; Faktum meint die einem Subjekt zurechenbare Handlung.[77] Ist nun der Teil des Denkvermögens, mit dem man oberste Grundsätze formuliert, die Vernunft, und lassen sich bestimmte Handlungsregeln als derart höchste Prämissen identifizieren, dann folgt daraus, dass sie nicht der Natur entnommen sind, sondern sich dem Regelsetzungsvermögen der eigenen Vernunft verdanken.

Mehr noch: In seiner Kritik der reinen Vernunft hat Kant gezeigt, dass Kausalität aus Freiheit möglich ist.[78] Folglich kann man sich „unmöglich eine Vernunft denken, die mit ihrem Bewußtsein in Ansehung ihrer Urteile anderwärts her eine Lenkung empfinge“.[79] Es wäre daher ein performativer Widerspruch, sich im Akt des Statuierens der eben genannten Obersätze als unfrei zu betrachten. Nun erlaubt die These, dass Kausalität aus Freiheit möglich ist, es auch, die Idee eines Reiches in freier Wechselwirkung zueinander stehender Wesen anzunehmen.[80] In theoretischer Einstellung entspricht dem freilich keine Anschauung. Es gibt aber ein Gegenstück in praktischer Hinsicht: Die Zweckreichformel

---

[71] *Kant*, Grundlegung der Metaphysik der Sitten (GMS), 1785, WW VII, 61, 66f.

[72] *Kant*, GMS (Fn. 71), WW VII, 67.

[73] Ausführlich dazu: *Klesczewski*, Selbständigkeit und Akzessorietät der Beteiligung an einer Straftat, Habilitationsschrift Hamburg 1998, 156ff., 162ff., 181ff. (https://www.jura.uni-leipzig.de/fileadmin/Fakult%C3%A4t_Juristen/Professuren/Klesczewski/Dokumente/Forschung/HabilitationKlesczewski.pdf).

[74] *Kant*, GMS (Fn. 71), WW VII, 69.

[75] *Klesczewski*, ARSP BH 66 (1995), 77ff.

[76] *Kant*, GMS (Fn. 71), WW VII, 70 (Hervorhebung im Original nicht übernommen).

[77] *Kant*, MdS (Fn. 37), Einleitung IV., WW VIII, 334; dazu: *Heuser*, JRE 26 (2018), 343ff.

[78] *Kant*, Kritik der reinen Vernunft (KrV), 1787, WW II, 279, 282, 492f.

[79] *Kant*, GMS (Fn. 71), WW VII, 83.

[80] *Kant*, KrV (Fn. 78), WW II, 432, 679.

verlangt von uns, aufeinander wechselseitig als Selbstzwecke zu wirken. Wir können nun als Wesen, die gleichzeitig denken und handeln, diese Sollensanforderung im Lichte jener Idee interpretieren, sie „gleichsam als Vorzeichnung zum Muster“[81] nehmen. Dann zeigt sich die Gesetzgebung gemäß dem Kategorischen Imperativ nicht als eine Bindung des Willens, sondern als Ausdruck seiner Freiheit. Von dieser Warte aus kommt der von Stammler formulierten Rechtsidee eine hohe Überzeugungskraft zu. Anzumerken ist freilich, dass Stammler sich die Menschen lediglich als Gemeinschaft selbstzweckhafter Wesen denkt, ohne sie auch als deren Gesetzgeber anzusprechen, wie es Kant tut.

c) Aus dieser Rechtsidee folgert Stammler nun Grundsätze des richtigen Rechts: Die Rechtsidee fordere den Juristen auf, alle Menschen als in einer Gemeinschaft stehend zu denken. Daher dürfe kein rechtlich Verbundener nach subjektivem Belieben ausgeschlossen werden. Daraus ergibt sich der sogleich unten zitierte Grundsatz 2.a). Alle Mitglieder der Gemeinschaft sollen ferner gerade als Selbstzwecke miteinander verbunden sein. Das schließe es aus, dass ein Rechtssatz ein Mitglied zum bloßen Mittel für das subjektive Belieben eines anderen mache (Grundsatz 1.a). Darüber hinaus dürfe eine rechtliche Anforderung nur so weit gehen, dass der Verpflichtete noch als Selbstzweck bestehen könne (Grundsatz 1.b). Schließlich dürfe kein Rechtssatz jemanden eine rechtliche Verfügungsmacht in einem Umfang verleihen, dass der von ihr Ausgeschlossene nicht mehr als Selbstzweck bestehen könne (Grundsatz 2.b). Zusammengenommen:[82]

„1. Grundsätze des Achtens.
a) Es darf nicht der Inhalt eines Wollens dem subjektiven Belieben eines anderen anheimfallen.
b) Jede rechtliche Anforderung darf nur in dem Sinne geschehen, dass der Verpflichtete sich noch der Nächste sein kann.
2. Grundsätze des Teilnehmens.
a) Es darf kein rechtlich Verbundener nach subjektivem Belieben von der Gemeinschaft ausgeschlossen werden.
b) Jede rechtliche Verfügungsmacht darf nur in dem Sinne ausschließend sein, dass der Ausgeschlossene sich noch der Nächste sein kann.“[83]

Diese Grundsätze sind für Stammler nun selbst keine Rechtssätze; vielmehr sind sie Richtlinien, nach denen sich die für die Entscheidung eines Falles einschlägigen Rechtssätze auswählen und als richtiges Recht ausweisen lassen.[84]

---

[81] *Kant*, Kritik der praktischen Vernunft (KpV), 1788, WW VII, 157.
[82] *Stammler*, Rph (Fn. 15), 214 f.
[83] Ibid.
[84] Ibid. 215.

III. Das positive Recht und seine Geltung

1. Die Positivität des Rechts

Recht besteht für Stammler nicht nur aus der Denkform des Rechtsbegriffs. Für ihn enthält ein Rechtssatz neben dieser Form immer auch ein besonderes stoffliches Element. Recht sei, so gesehen, immer positives Recht. Überall dort, wo besondere menschliche Bestrebungen in einer Weise geordnet sind, die dem Rechtsbegriff entsprechen, haben wir es nach Stammler mit positivem Recht zu tun.[85] Stammler nennt als Beispiel die Regelung von Leistungen in einem Schuldverhältnis. Die besonderen Inhalte des Rechts werden für Stammler nun nicht durch einen göttlichen Willen, den Volksgeist und auch nicht durch einen schöpferisch freien Gesetzgeber erschaffen.[86] Sie ergeben sich aus dem sozialen Zusammenwirken von Menschen, das auf Bedürfnisbefriedigung gerichtet sei.[87] Hier bewegt sich Stammler in gewisser Nähe zum Historischen Materialismus, dessen einzelne Thesen zur Rechtsentstehung er sich aber nicht zu eigen macht. Überdies unterscheidet sich Stammler vom Historischen Materialismus dadurch, dass er das Basis/Überbau-Theorem ablehnt und soziales Zusammenwirken immer schon als eine durch ein verbindendes Wollen geformte Realität betrachtet.[88] Nach Stammler erfasst die Forschung in dem menschlichen Getriebe gleichförmige Ereignisse, die sich vor allem als wirtschaftliche Massenerscheinungen, aber auch als negative soziale Phänomene, wie das Verbrechen eines ist, zeigen.[89] Derartige Massenerscheinungen regten Menschen nun gelegentlich zu Bestrebungen an, eine bestimmte Fassung des positiven Rechts durch eine neue zu ersetzen. Wenn sie Erfolg haben, setzten sie an die Stelle des einen bleibenden verbindenden Wollens ein anderes, das seinerseits irgendwann durch neue Massenerscheinungen und entsprechende Reformanliegen heraus-

---

[85] Ibid., auch zum Folgenden.

[86] Ibid. 102ff. Es lässt sich dem eine gewisse Geringschätzung der Leistungen demokratischer Willensbildung entnehmen, vgl. ibid. 349.

[87] Ibid. 109ff.

[88] Ibid. 125f.; dazu instruktiv: *Stier*, „Richtiges Recht" zwischen Entwicklungs- und Kulturgedanken, 2006, 37ff. Die klassischen Stellen zum Basis/Überbau-Theorem sind: *Marx*, Zur Kritik der politischen Ökonomie, 1859, zitiert nach Werkausgabe von K. Marx u. F. Engels, hrsg. v. Institut für Marxismus/Leninismus beim ZK der SED (im Folgenden: MEW), 1956–1968, Band 13, 8f.; *Engels*, Herrn Eugen Dührings Umwälzung der Wissenschaft, 3. Aufl. 1894, in: MEW 20, 25. Zu den verschiedenen Deutungsmöglichkeiten des Verhältnisses von Produktionsverhältnis und juristischem Überbau eingehend: *Thomas Weber,* Art. Basis, in: Historisch-kritisches Wörterbuch des Marxismus, Band 2, 1995, Sp. 28ff.

[89] *Stammler*, Rph (Fn. 15), 126, 130.

gefordert werde. Es ergibt sich für Stammler so ein Kreislauf, man könnte auch sagen, ein Konjunkturzyklus des sozialen Lebens.[90]

2. Zur Geltung des positiven Rechts

Hinsichtlich der Sätze des positiven Rechts stellt sich nun die Frage nach ihrer Geltung.

a) Im Allgemeinen werden in der Literatur im Wesentlichen drei Geltungslehren vertreten:[91] Die juristische blickt darauf, ob sich eine niederrangige Norm aus einer höheren ableiten lässt. Sie kann hier außer Betracht bleiben. Die philosophische Geltungslehre fragt danach, ob einer Rechtsnorm trotz (ethischer) Unrichtigkeit dennoch Sollenscharakter zukommt. Die soziologischen Theorien stellen entweder auf die Macht des Gebietenden oder auf die Anerkennung des Rechtsunterworfenen ab. Stammler kombiniert nun Elemente der letzten beiden Ansätze. Damit einer Verhaltensanweisung Geltung zukommt, müssen für Stammler drei Dinge gegeben sein:[92] Sie habe erstens besondere Willensinhalte zu verknüpfen. Dies müsse zweitens in einer Weise geschehen, die dem Rechtsbegriff entspreche. Sei dies der Fall, ließen sich diese bedingten Willensinhalte für ihren Adressaten nicht ohne den Gedanken des Verbindens erfassen. Darin scheint sich bei Stammler der normative Aspekt von Geltung im Sinne einer philosophischen Theorie zu erschöpfen. Die sich so einstellende Vorstellung des Verbundenseins sei jedoch nicht gleichbedeutend mit der des Verpflichtetseins oder der Geltung.[93] Dazu müsse drittens als psychologisches Moment die Möglichkeit der Durchsetzung hinzutreten.[94] Nicht jedem positiven Rechtssatz kommt daher für Stammler automatisch auch (im vollständigen Sinne) Geltung zu; es gibt für ihn auch schwaches Recht.[95]

Hängt die Geltung an der Möglichkeit der Durchsetzung, muss sich nach Stammler ein besonderes rechtliches Wollen mit einzelnen Menschen verknüpfen, die es verwirklichen. Dazu entwickelt er folgende, spekulativ klingende Überlegung: An jedem menschlichen Wollen lassen sich Form und Stoff unterscheiden. Erstere werde durch den Rechtsbegriff repräsentiert. Er sei aber bloß eine Denkform. Nun sei aber geschichtlich in jeder Gesellschaft immer ein

---

[90] Ibid. 134.

[91] *Emge*, ARWiP 14 (1920), 146ff., 277ff.; 15 (1921), 54ff.; *Larenz*, Das Problem der Rechtsgeltung, 1929; *Radbruch* (Fn. 16), 170ff.; *Schreiber*, Die Geltung von Rechtsnormen, 1966; *Welzel*, An den Grenzen des Rechts, 1966; zusammenfassend *Alexy*, Begriff und Geltung des Rechts, 2020, 139ff.

[92] *Stammler*, Rph (Fn. 15), 149f.

[93] Ibid. 80 Fn. 2.

[94] Ibid. 150; auch zum Folgenden.

[95] Ibid. 147, 153f. Das Beispiel Stammlers ist das Völkerrecht seiner Zeit.

Recht gegeben. Es muss also nach Stammler eine reale Möglichkeit bestehen, dass ein bestimmtes rechtliches Wollen Wirklichkeit werden kann. Daher postuliert er, dass im besonderen stofflichen Element des Wollens, dem unmittelbaren Drängen und Streben eines jeden, eine ursprüngliche Keimanlage enthalten sei, sich mit anderen nicht nur irgendwie, sondern unbedingt und bleibend, mithin rechtlich, zu verbinden.[96]

Damit ein Rechtssatz nun in dieser Weise in Geltung tritt, bedürfe es zweierlei:[97] Auf der einen Seite müsse der Gebietende die Möglichkeit haben, auf die Rechtsunterstellten so einzuwirken, dass sie dem rechtlichen Wollen nachkommen. Dazu müssten diese für entsprechende Drohungen oder Lockungen überhaupt empfänglich sein. Damit greift Stammler einen Gesichtspunkt der Machttheorie der Geltung auf. Auf der anderen Seite bringt Stammler ein Element der Anerkennungstheorie ins Spiel: Anerkennung lasse sich psychologisch erwarten, wenn der Rechtsunterstellte aufgrund von Zutrauen zum Machthaber gewillt sei, sich einzufügen. Dieses Gewilltsein führt Stammler schließlich am Ende wieder auf das normative Moment der Geltung zurück, nämlich den Umstand, dass das Recht dort, wo es durchgesetzt wird, als bleibend verbindendes Wollen auftritt.[98]

b) Für das Problem gesetzlichen Unrechts bedeutet dies: Ein solches kann es für Stammler nicht geben. Zwar trennt er, wie wir gesehen haben, die Willkür vom Rechtsbegriff. Willkürakte sind kein Recht. Stammlers Beispiel[99] hierfür ist der Befehl Napoleons, den Buchhändler Palm zu erschießen, weil dieser ein Buch verlegt hatte, in dem zum Widerstand gegen die Franzosenherrschaft aufgerufen wurde.[100] Nach Stammler folgt aber die Nicht-Rechtlichkeit des Willküraktes nicht aus dessen evidenter Unrichtigkeit.[101] Sie folge daraus, dass hier ein Potentat nach Belieben in einem Einzelfall mal so, in einem anderen anders entschieden habe. Sie stellt für Stammler daher keinen Fall gerade *gesetzlichen* Unrechts dar. Die Despotie betrachtet Stammler dagegen, wie wir gesehen haben, als einen Rechtszustand, weil diese auf einen abstrakt-allgemeinen Verfassungsartikel gegründet sei. Stehen abstrakt-allgemeine Verhaltensanweisungen in Rede, ist also für Stammler im Gegensatz zu Radbruch[102] nur die Unterscheidung von richtigem und unrichtigem Recht maßgeblich.

---

[96] Ibid. 164ff.

[97] Ibid. 167; auch zum Folgenden.

[98] Ibid. 168.

[99] Ibid. 90 Fn. 1.

[100] Zu Palm: *von zur Mühlen*, Napoleons Justizmord am deutschen Buchhändler Johann Philipp Palm, 2003, 19ff.

[101] *Stammler*, Rph (Fn. 15), 91.

[102] *Radbruch*, SJZ 1946, 105, 107; näher dazu *Wiegand* (Fn. 3), 214ff.

Ein Recht ist für Stammler nicht erst dann richtig, wenn es vollkommen der Rechtidee entspricht.[103] Das trifft nach seiner skeptischen Haltung auf keinen positiven Rechtssatz mit absoluter Gültigkeit zu. Vielmehr gelte: „Es gibt keinen einzigen Rechtssatz, der seinem positiven Inhalte nach a priori feststände."[104] Um als richtiges Recht ausgewiesen zu werden, genüge es vielmehr, wenn eine generelle Anordnung in ihrem besonderen Aufgabenkreis möglichst optimal von der Rechtsidee geleitet sei.[105] Wann dies der Fall sei, beurteile sich danach, inwiefern ein Gesetz mit den Grundsätzen richtigen Rechts übereinstimme. Obwohl Stammler ein positives Naturrecht ablehnt, ist er dennoch der Auffassung, dass sich ex negativo Rechtssätze aufweisen lassen, die a priori unberechtigt sind.[106] Das treffe etwa auf eine Anordnung zu, die (bestimmte) Menschen Tieren gleichsetze.[107] Denn, wie dargestellt, fordert uns die Rechtsidee auf, alle Menschen als in einer Gemeinschaft stehend zu denken. Die betreffende Anordnung lässt sich daher mit keinem der Grundsätze richtigen Rechts in Einklang bringen.

Schwieriger ist aber zu beantworten, ob diese Anordnung auch ihren Verpflichtungscharakter verliert. Nach Radbruch sind die Dinge klar. Für ihn folgt das Schwinden der Geltung bereits aus dem Umstand, dass dieser Anordnung die Rechtsnatur abgeht, weil sie „die Gleichheit (...) bei der Setzung positiven Rechts bewußt verleugnet".[108] Das Urteil Stammlers ist hier zurückhaltender: Er spricht nur von einer unberechtigten Anordnung. Mir scheint, dass es sich hier um einen von ihm nicht bedachten Sonderfall handelt, den er nicht in seiner Zweiteilung – Rechtsbegriff und Rechtsidee – unterbringen kann. Denn einerseits haben wir es mit einer abstrakt-allgemeinen Regelung zu tun. Dies spricht dafür, sie in der Terminologie Stammlers als Rechtssatz anzusprechen. Andererseits besteht diese Regelung gerade darin, die Verbindung zu einem Teil der Menschen generell aufzulösen, indem man sie für rechtlos erklärt. Sie ist, so gesehen, kein verbindendes Wollen mehr. Das spricht gegen ihre Rechtsnatur. Aus der Perspektive des ausgeschlossenen Teils der Menschheit wird hier auch kein Einfügen zu erwarten sein, können sie doch eine solche Anweisung nicht als bleibendes verbindendes Wollen ansehen. Selbst wenn man also die Anordnung noch als Rechtssatz ansehen wollte, wie es Stammler wohl tut, wäre ihre Geltung wohl schlechthin zu verneinen.

---

[103] *Stammler*, Rph (Fn. 15), 211.
[104] *Stammler*, WuR (Fn. 14), 173 (Hervorhebung im Original nicht übernommen).
[105] *Stammler*, Rph (Fn. 15), 211.
[106] *Stammler*, WuR (Fn. 14), 173; dazu auch *Müller* (Fn. 9), 187.
[107] *Stammler*, WuR (Fn. 14), 647 Fn. 120.
[108] *Radbruch* (Fn. 102).

IV. Zur Rolle des Strafrecht in Stammlers Rechtsphilosophie

1. Das Strafrecht als (scheinbar) kontingente Rechtsmaterie

Wie bereits angedeutet, bewegt sich Stammlers Rechtsphilosophie meist in weitem Abstand zum Strafrecht. Zwar zählt Stammler es zu den „Grundaufgaben" des richtigen Rechts, Regeln vorzusehen, die „der Berichtigung im Falle eines Rechtsbruchs" dienen.[109] Dementsprechend postuliert er auch, dass es diesbezüglich eine vorpositive Theorie geben müsse.[110] Diese Theorie ist von ihm jedoch nicht ausgeführt worden. Mehr noch: Er hält eine allgemeingültige Theorie der besonderen Arten der Berichtigung, hierzu zählt er auch die Strafe, nicht für möglich. Das sei eine Aufgabe des positiven Rechts. Ein gegebenes Strafrecht scheint für Stammler also eine schlichtweg kontingente Erscheinung zu sein. Dabei hat er wohl die Strafe als vergeltende Sanktion vor Augen.[111] Nebenbei bemerkt könnte Stammler durch diese Sicht Radbruch ein Motiv gegeben haben, seine Reformüberlegungen zum Strafrecht zu radikalisieren und an die Stelle der Verbesserung des Strafrechts die Ablösung durch etwas Besseres, eben ein Besserungsrecht, zu setzen.[112]

Die positive Natur des Strafrechts sieht Stammler darin begründet, dass es für ihn aus einem zufällig anmutenden Geflecht von Regeln, Ausnahmen und Gegenausnahmen besteht.[113] Hierzu dient ihm das Verhältnis von Tatbestand und Rechtswidrigkeit geradezu als Musterbeispiel: Mit dem Tatbestand des Totschlages werde eine allgemeine Regel aufgestellt. Diese erfahre eine Ausnahme im Falle der Notwehr. Hierzu gebe es wiederum eine Gegenausnahme, falls die Verteidigung zwar geeignet, nicht aber erforderlich sei. Und auch dazu kenne das Strafgesetzbuch wiederum eine Gegenausnahme im Falle des Notwehrexzesses. Ehrlicherweise zeugt diese Darstellung eher von einem oberflächlichen Verständnis von Strafrecht. Was hier als geradezu aleatorisches Gefüge von Regeln und Ausnahmen präsentiert wird, zeigt sich bei näherem Hinsehen als Versuch, Rechtsprinzipien miteinander in Konkordanz zu bringen. Eine Verhaltensanweisung ist nur dann Recht, wenn sie für den Fall ihrer Übertretung mit einer Zwangsbefugnis versehen ist.[114] Die Notwehr ist nur ein Sonderfall der-

[109] *Stammler*, Rph (Fn. 15), 249.

[110] Ibid. 249 Fn. 11; auch zum Folgenden.

[111] Vgl. ibid. 201 Fn. 9.

[112] *Radbruch* (Fn. 16), 265.

[113] *Stammler*, Rph (Fn. 15), 99 f.

[114] *Kant*, MdS (Fn. 37), Anfangsgründe der Rechtslehre (RL), § D, WW VIII, 338 f. Nach *Stammler*, Rph (Fn. 15), 230, 237, folgt aus dem Element der Selbstherrlichkeit des rechtlichen Wollens auch, dass es den Bestand sozialen Lebens in seiner Gesetzmäßigkeit fixieren muss und daher erzwingbar ist.

selben.[115] Die Beschränkung der Notwehr auf die erforderliche Verteidigung ist keine Ausnahme zum Notwehrrecht, sondern Ausdruck einer immanenten Grenze dieser Zwangsbefugnis.[116] Dass schließlich das Handeln im Notwehrexzess (heute § 33 StGB, zu Stammlers Zeiten § 53 Abs. 3 RStGB) Straflosigkeit zur Folge hat, ändert nichts an der Rechtswidrigkeit der Tat. Die Straflosigkeit ergibt sich hier vielmehr aus dem Schuldprinzip,[117] das auch Stammler als eigene Voraussetzung der Strafbarkeit anerkennt.[118] Ohne Schuld handelt nämlich, wem das Unrechtsbewusstsein unvermeidbar fehlt. Nach § 33 StGB ist nur die Überschreitung der Notwehr straflos, die aus Verwirrung, Furcht oder Schrecken, also in einem asthenischen Affekt geschieht.[119] Wer in hochgradiger Erregung handelt, verfügt nicht über eine wirksame Unrechtseinsicht.[120] Dieser Mangel ist gerade deswegen nicht vorwerfbar, weil der Täter zuvor von seinem Opfer angegriffen worden war. Strafe ohne Schuld erdulden zu müssen, würde aber an den Täter eine Anforderung stellen, die ihn zum bloßen Mittel machen würde. Ein solcher Rechtssatz verstieße daher gegen den Grundsatz 1. b). Das von Stammler als zufälliges Geflecht von Regeln, Ausnahmen und Gegenausnahmen betrachtete Strafrecht erweist sich daher bei näherem Hinsehen als systematisch abgestimmter Normkomplex, der den Grundsätzen des richtigen Rechts nicht widerstreitet.

2. Die Notstandslehre

a) Wenden wir uns zum Abschluss Stammlers Notstandslehre zu. Diese hat er zuerst in seiner Dissertation entfaltet.[121] Sie bewegt sich methodisch noch in den Bahnen der Historischen Rechtsschule. Ihre zentrale These hat es aber in sich: Stammler sieht den Notstand als Rechtfertigungsgrund an und erstreckt den Ausschluss der Rechtswidrigkeit nicht nur auf den Fall, dass das höherwertige Rechtsgut gerettet wird, sondern auch auf die Konstellation, in der gleichwertige Rechtsgüter miteinander kollidieren.[122] Wem es gelinge, sein Rechtsgut zu

---

[115] So *Stammler* selbst, Rph (Fn. 15), 154 Fn. 1.

[116] Ebenso ibid. 229.

[117] Vgl. RGSt 56, 33, 34; BGHSt 3, 194, 198; zust. *B. Heinrich*, Strafrecht Allgemeiner Teil, 7. Aufl. 2022, Rn. 582 m. w. N. zum Meinungsstand.

[118] *Stammler*, Darstellung der strafrechtlichen Bedeutung des Nothstandes, 1878, 69 f.; hoch abstrakt auch *Stammler* in Rph (Fn. 15), 245 mit Fn. 5.

[119] BGH GA 1969, 23, 24. Gründlich hierzu *Zabel*, Schuldtypisierung als Begriffsanalyse, 2007, 441 ff.

[120] *Michael Köhler*, Strafrecht, Allgemeiner Teil, 1996, 417 ff.

[121] *Stammler*, Darstellung (Fn. 118), 74 ff.

[122] Ibid. 74, 76 f., 78 f.

retten, der sei auch gerechtfertigt. Die Doktorarbeit argumentiert wie folgt: [123] Alle Rechte seien bedingt durch die Möglichkeit des vernünftigen Zusammenlebens. Bewerte die Rechtsordnung, etwa durch die Höhe ihrer Strafdrohungen, ein Rechtsgut höher als ein anderes, müsse der Inhaber von ersterem eine Befugnis haben, dasselbe auf Kosten des anderen zu retten. Nach demselben Prinzip müsse man nun auch die Kollision theoretisch gleichwertiger Rechtsgüter lösen. Die Rechtsordnung habe in diesem Falle nur ein Interesse, dass eines der beiden Rechtsgüter erhalten bleibe. Der Wert der konkret konfligierenden Rechtsgüter sei hier nach der Stärke des Behauptungswillen zu messen. Das Resultat des Kampfes ergebe daher, welches Rechtsgut im Einzelfall das wertvollere sei.

Die Dissertation stammt aus der vorkritischen Phase von Stammlers Werk. Gleichwohl hat er sich auch später nicht vollständig von seiner Erstlingsschrift distanziert. Er sieht es zwar nachträglich als einen methodischen Fehler an, nach einer „absolut gültigen Lösung“ gesucht zu haben.[124] Aus seiner kritischen Sicht kann es eine solche, wie wir gesehen haben, schon generell nicht geben. Gleichwohl teilt er den Ausgangspunkt der Doktorarbeit weiterhin: Nicht der Standpunkt eines der Beteiligten sei maßgeblich, sondern der des verbindenden rechtlichen Wollens (also der der Rechtsordnung in der Diktion der Dissertation). Man habe zu fragen, welche Aufopferung die objektiv richtige sei. Antworten seien hier unweigerlich durch hohe (Wertungs-)Unsicherheiten belastet. Diese könnten nur durch „positive Durchschnittsbestimmungen“ behoben werden.

b) Für eine klassische Konstellation des Notstands, der Rettung von Leben auf Kosten des Eigentums eines für die Entstehung der Lebensgefahr unverantwortlichen Dritten, plädiert Stammlers Lehrbuch der Rechtsphilosophie nun für Rechtfertigung.[125] Diese These lässt sich anhand seiner Grundsätze des richtigen Rechts überzeugend begründen. Diskutieren wir dies anhand des Falles, in dem jemand fremdes Verbandsmaterial entwendet, um eine lebensbedrohliche Blutung zu stillen. Nach der Methodik Stammlers hätte man sich zunächst nach den einschlägigen positiven Rechtssätzen umzusehen. Hier wäre als erstes das Diebstahlverbot in den Fokus zu nehmen, das hinter dem Straftatbestand von § 242 Abs. 1 StGB steht. Darin lässt sich insofern richtiges Recht erblicken, als

---

123 Ibid. 75 f.

124 *Stammler*, Rph (Fn. 15), 339 Fn. 9, auch zum Folgenden.

125 *Stammler*, Rph (Fn. 15), 339. In der Lösung dieser Konstellation befindet sich Stammler auf einer Traditionslinie, die von Thomas von Aquin über Grotius bis zu Hegel reicht. Zu dieser Dogmengeschichte und auch anderen Denkansätzen gründlich *Küper*, in: Stammler/Klein/Kaufmann (Hrsg.), Handwörterbuch zur deutschen Rechtsgeschichte, 1971, Sp. 1204 ff.; zu Hegel speziell: *Pawlik*, Der rechtfertigende Notstand, 2002, 80 ff.

dieses Verbot dazu dient, den Eigentümer unabhängig vom Belieben Anderer zu stellen (Grundsatz 1.a). Würde man nun aber Diebstahl ausnahmslos verbieten, dürfte der in Not Geratene nicht auf das fremde Verbandsmaterial zugreifen und würde sterben. Dann hätten wir es bei dem Diebstahlsverbot mit einem Rechtssatz zu tun, der eine Anweisung enthielte, die es dem Verpflichteten unmöglich machen würde, sich selbst zu erhalten, also sich selbst noch der Nächste zu sein. Das würde gegen Grundsatz 1.b) verstoßen. Wir müssen uns daher nach einer anderen Norm in unserer Rechtsordnung umsehen, welche die Geltung des Diebstahls einschränken kann. Hier pflegt Stammler zu Recht auf § 904 S. 1 BGB hinzuweisen. Danach ist der Eigentümer einer Sache nicht berechtigt, die Einwirkung eines Anderen auf die Sache zu verbieten, wenn die Einwirkung zur Abwendung einer gegenwärtigen Gefahr notwendig und der drohende Schaden gegenüber dem aus der Einwirkung entstehenden Schaden unverhältnismäßig groß ist. Diese Vorschrift lässt sich nun ihrerseits – jedenfalls in einem Kernbereich – als richtiges Recht ausweisen. Einesteils entspricht sie dem Grundsatz 2.b), weil sie die Verfügungsbefugnis über Sachen unter die Bedingung stellt, dass Andere keinen unverhältnismäßigen Schaden erleiden, was im Falle des Todes gewiss gegeben wäre. Anderenteils lässt sie sich im Lichte von Grundsatz 1.b) allein so verstehen, dass sie nur den Zugriff auf Sachen zulässt, die der Eigentümer nicht benötigt, um sich selbst zu erhalten. Die Rechtfertigung eines Diebstahls von Verbandsmaterial ist also richtiges Recht.

Weitere Explikationen lassen sich bei Stammler nicht finden. Es sollte aber ersichtlich sein, dass Stammler mit seinen Grundsätzen des richtigen Rechts über ein methodisches Instrumentarium[126] verfügt, mit dem sich die in § 904 BGB enthaltene Regelung auch auf die Kollision von anderen Rechtsgütern ausdehnen lässt, um so schließlich zur Formulierung eines übergesetzlichen Notstandsrechts zu kommen, wie es nach dem Recht seiner Zeit nötig war, das noch keinen § 34 StGB kannte.[127] Im Unterschied zum Standpunkt der Dissertation folgt die Rechtfertigung dabei nicht schlicht aus der Feststellung eines quantitativen Übergewichts. Vielmehr wird ein qualitatives Kriterium geltend gemacht: Das Sich-Der-Nächste-Bleiben-Können bestimmt Grund und Grenze des Notrechts. Wie der Beitrag von Urs Kindhäuser eingehend zeigt, war es dann Graf zu Dohna, der, inspiriert von der Lehre Stammlers, mit seiner sog. formalen Maxime ein allgemeines Prinzip der Rechtfertigung herausarbeitete, um so

[126] Zum Methodologie Stammlers instruktiv: *Larenz*, Methodenlehre der Rechtswissenschaft, 6. Aufl. 1991, 89 f.

[127] Zur Anerkennung des übergesetzlichen Notstandes in der damaligen Rspr. vgl. RGSt 61, 242, 254; dazu: *Eberhard Schmidt*, ZStW 49 (1929), 350 ff.; diesem zust. *Grünhut*, ZStW 51 (1931), 455, 461.

auch bisher nicht gesetzlich niedergelegten Rechtfertigungsgründen eine feste Kontur zu geben.[128]

c) Die Konstellation der Kollision zweier gleichwertiger Rechtsgüter führt nach Stammlers Grundsätzen freilich in ein Dilemma. Das zeigt sich besonders, wenn auf beiden Seiten existenziell wichtige Rechtsgüter auf dem Spiel stehen. Der aus der Antike überlieferte kritische Schulfall nennt sich das Brett des Karneades.[129] Der Sachverhalt wird in mehreren Varianten geschildert. In große Schwierigkeiten führt diese: Zwei Schiffbrüchige haben sich auf eine Planke gerettet und müssen nun erkennen, dass sie nur einen von beiden trägt. Die Besonderheit dieser Konstellation besteht nicht darin, dass ein Mensch zuerst in Todesgefahr gerät und diese nun um den Preis des Lebens eines Anderen retten will – hier wäre es eindeutig, dass es sich um einen rechtswidrigen Angriff des Ersteren handelt, dem sich der Letztgenannte nach den Regeln der Notwehr entgegenstellen darf. In Rede steht ein Sachverhalt, in dem sich die Lebensgefahr erst daraus ergibt, dass sich beide Protagonisten (nennen wir sie A und B) gleichzeitig auf der Planke befinden und sie zum Sinken bringen. Sowohl für A als auch für B gilt das Tötungsverbot, wie es in § 212 Abs. 1 StGB niedergelegt ist. Es entspricht in abstracto ebenfalls dem Grundsatz 1.a) und erweist sich demnach in einem ersten Schritt als richtiges Recht. In der konkreten Situation führt es aber nun dazu, dass sowohl A als auch B den Tod durch Ertrinken hinnehmen müssten. In Anwendung auf diesen Fall stellt es sich also für beide als ein Rechtssatz heraus, der gegen Grundsatz 1.b) verstößt. Auf der Suche nach einer Rechtsnorm, mit welcher die Geltung des 5. Gebots (2. Buch Moses 20, 13) eingeschränkt werden kann, hilft uns weder § 904 S. 1 BGB noch § 34 StGB weiter. Weder A noch B kann für sich in Anspruch nehmen, ein wesentlich überwiegendes Rechtsgut zu schützen. Für die Strafgerichte besteht die Lösung darin, nicht den Weg über die Rechtfertigung, sondern den über die Entschuldigung (§ 35 Abs. 1 S. 1 StGB, damals § 54 RStGB) zu gehen. Doch bietet dies für die beiden Schiffbrüchigen keine Antwort auf die Frage, was in ihrer Situation nun das Richtige ist.

Um dies zu klären, lässt sich nach Stammlers Methode nun untersuchen, ob man die Normen des Notstands im Lichte der Grundsätze des richtigen Rechts derart neu interpretieren kann, dass eine Rechtfertigung herausspringt. Nun kann A zwar unter Berufung auf Grundsatz 2.b) geltend machen, dass der B mit

---

[128] *Graf zu Dohna*, Die Rechtswidrigkeit als allgemeingültiges Merkmal im Tatbestande strafbarer Handlungen, 1905, 38 ff., 121 ff.; *ders.*, Recht und Irrtum, 1925, 11.

[129] Karneades von Kyrene (213–128 v. Chr.) war skeptischer Philosoph. Er selbst hat keine Schriften hinterlassen. Seinen berühmten Fall hat Cicero in einem verloren gegangenen Schriftteil geschildert. Dieser ist uns von *Laktanz*, Divinae Institutiones, Buch V. Kap. 16 Abschn. 10 überliefert. Zum Ganzen beeindruckend: *Aichele*, JbRuE 11 (2003), 245 ff.

seinem Verharren auf der Planke von einem Verfügungsrecht in einer Weise Gebrauch macht, die es dem A verwehrt, sich noch der Nächste zu sein. Doch kann der B gegenüber A genau die gleiche Position vertreten. Darüber hinaus gilt Folgendes: Dem vermeinten Recht des A, den B ins Wasser zu stoßen, entspricht eine Duldungspflicht. Diese verstößt aber gegen den Grundsatz 1.b), weil sie dazu führt, dass der B sich nicht mehr der Nächste sein kann. Umgekehrt gilt das gleiche für ein ebensolches Recht des B gegenüber A. Die Grundsätze des richtigen Rechts führen also in ihrem Zusammenklang dazu, gar keine Position als richtiges Recht ausweisen zu können.

Um einen Rechtssatz als richtig zu qualifizieren, ist es nun nach Stammler nicht nötig, dass er vollkommen mit der Rechtsidee harmoniert. Vielmehr gilt, wie gezeigt, nur ein Optimierungsgebot. Das scheint die Aussicht zu eröffnen, von richtigem Recht auch dann zu sprechen, wenn eine Norm zumindest einem der vier Grundsätze des richtigen Rechts entspricht. Doch führt das hier auch nicht weiter. Wendet man diese Prinzipien selektiv an, führt dies dazu, zwei sich gegenseitig ausschließende Standpunkte gleichermaßen als richtiges Recht zu exponieren. Mangels einer lexikalischen Ordnung unter den Grundsätzen ist dann eine klare Entscheidung ausgeschlossen.[130]

d) Abschließend soll untersucht werden, ob die von Stammler in seiner Doktorarbeit eingenommene Position, bei abstrakt gleichwertigen Rechtsgütern sei dasjenige des Stärkeren das in concreto wertvollere, zumindest seinem Rechtsbegriff entspricht. Ausgangspunkt der Überlegung muss das Tötungsverbot sein. Abstrakt betrachtet, entspricht diese Norm dem Rechtsbegriff, denn sie konstituiert zwischen Menschen eine Beziehung, in der jeder das Leben des anderen achtet. In der Anwendung auf unseren Fall verkehren sich die Konsequenzen freilich in ihr Gegenteil: Halten sich sowohl A als auch B an das 5. Gebot, müssen beide sterben. Das zeigt, dass das Tötungsverbot sich hier nicht mehr als ein bleibend verbindendes Wollen verstehen lässt. Es würde dem Einen wie dem Anderen zumuten, sehenden Auges aus dem Kreis der Menschheit auszuscheiden. Die Dinge nach moralischen Grundsätzen entscheiden zu lassen, hebt das Dilemma in seiner normativen Dimension nicht vollständig auf. Die Übernahme moralischer Grundsätze kann zwar nicht erzwungen werden, so dass es die Entscheidung des Einzelnen bleibt, ob er sein Leben dran gibt. Als Grundsätze erheben sie aber den Anspruch, allgemein zu gelten, so dass sie von

---

[130] *Hegel* sucht seine Lösung über eine solche lexikalische Ordnung: Lässt sich der Fall nach Rechtsgrundsätzen nicht lösen, sei nach den Regeln der Moralität zu entscheiden, indem der Eine aus Edelmut dem Anderen die Planke überlässt, vgl. Wannenmann Nachschrift (Heidelberg 1817/18), in: G.W.F. Hegel: Die Philosophie des Rechts, hrsg. v. Ilting, 1983, 84 f.; dazu konzise *Pawlik* (Fn. 124), 96 f.

beiden Beteiligten die Aufopferung verlangen. Auch diese Lösung geht mit menschlichem Leben verschwenderisch um und ist daher kontraintuitiv.

Führen materielle Prinzipien nicht weiter, bleibt nur, durch Verfahren zu einem Ergebnis zu kommen. Hierzu stellt Stammler keine näheren Betrachtungen an. Rawls hat eine Debatte um Regeln reiner Verfahrensgerechtigkeit angestoßen.[131] Für unseren Fall wird man bei den „customs of the sea" fündig, die unter britischen Seeleuten galten. Zu ihnen gehörte bis ins 19. Jahrhundert der Brauch, das Los zu ziehen, wenn im Rettungsboot die Vorräte zur Neige gegangen waren.[132] Mit einer solchen Einigung, das Glück entscheiden zu lassen, gelingt es, auf der Metaebene eine Norm zu etablieren, die sich als bleibend verbindendes Wollen verstehen lässt. Auf der Ebene des Verfahrens sind alle Beteiligten eingebunden und die Regel lässt sich auf unbestimmt viele Fälle anwenden. Das Merkmal der Selbstherrlichkeit ist jedoch fraglich. Es ist kaum vorstellbar, dass einer der Beteiligten in dieses Verfahren aus einem anderen Grund als dem einwilligt, die Chance auf das eigene Überleben zu nutzen. Dann aber gilt das verbindende Wollen eben nicht unabhängig von den Willen, die verbunden werden sollen. Es handelt sich daher in Stammlers Diktion nicht um Recht, sondern um eine Konvention.

Möglicherweise helfen uns Stammlers Überlegungen zum Krieg weiter. Er versteht ihn – das mag uns in der heutigen Zeit erschüttern – als Rechtsgang,[133] jedenfalls dann, wenn es in ihm darum geht, ein Recht durchzusetzen, und es keine suprastaatliche Einrichtung (wie etwa den Völkerbund oder die UNO) gibt, die Rechtsschutz gewährt.[134] In der Tat ähnelt die Situation der beiden Schiffbrüchigen ein wenig dem Verhältnis von Staaten im Naturzustand. Beide Schiffbrüchige machen ein Lebensrecht geltend und auf hoher See gibt es keine hoheitliche Instanz, die sie zur Hilfe rufen könnten. Gleichwohl fällt ein wichtiger Unterschied ins Auge: Im völkerrechtlichen Verhältnis der Staaten zueinander sind diese die tragenden Rechtssubjekte. Ein Krieg als Rechtsgang lässt sich aber immer nur durch seinen Zweck limitiert denken, zum Erstreiten des Rechts erforderlich zu sein. Nun versehen zwar das unendliche Leiden und der furchtbare Tod vieler Menschen auch eine solche bewaffnete Auseinandersetzung auf

---

131 Zu Letzterer: *Rawls*, Eine Theorie der Gerechtigkeit, 1975, 107 f.; vgl. w. *Hinsch*, in: Goppel/Mieth/Neuhäuser (Hrsg.), Handbuch Gerechtigkeit, 2016, 77, 139 f.

132 *Simpson*, Cannibalism and Common Law, 1984, 110. Diesem Brauch hat erst die berühmte Entscheidung im „Mignonette-Fall" des High Court (Queen's Bench Division) v. 9.12.1884 (*Regina v. Dudley and Stephens,* 14 Q.B.D. 273) den Charakter einer Rechtsregel genommen; dazu jüngst: *Ziemann*, ZIS 2014, 479 ff., der zutreffend bemerkt, dass im Rettungsboot der Mignonette die Losregel nicht eingehalten wurde.

133 *Stammler*, Rph (Fn. 15), 95.

134 *Stammler*, Rph (Fn. 15), 291 Fn. 7.

immer mit dem Stigma, eine zweifelhafte, zu überwindende Einrichtung zu sein.[135] Nichtsdestotrotz bleibt in einem solchen Waffengang der Verlierer als Staat und damit als Rechtssubjekt bestehen. Das Völkerrechtsverhältnis beruht dann, so gesehen, weiterhin auf einem beide Staaten bleibend verbindenden Wollen. In der bewaffneten Auseinandersetzung stehen sich nun zwei einander ausschließende Rechtspositionen gegenüber. Doch bedeutet das in Stammlers Theorie nicht, dass beide gleiche Geltung beanspruchen können. Wessen Recht gilt, darüber entscheidet die überlegene Macht. Diese kann von der unterlegenen Partei nicht nur durch schieres Nachgeben, sondern auch normativ geleitet anerkannt werden, weil und soweit der Krieg gebunden ist an die Durchsetzung eines Rechts, also an ein bleibend verbindendes Wollen.

Doch auch diese Überlegung lässt sich nicht auf den Kampf der Menschen in Seenot übertragen. Hier geht zwangsläufig eine Seite dem Untergang zu. Zudem sind die Chancen bei einer physischen Auseinandersetzung nicht so fair verteilt wie beim Loseziehen. Die Körperkräfte der Menschen sind meist unterschiedlich ausgeprägt und verleihen dadurch dem Stärkeren den entscheidenden Startvorteil. Von einem bleibend verbindenden Wollen, das die unterlegene Seite notfalls anerkennen könnte, kann hier ebensowenig die Rede sein wie bei der oben diskutierten Vorschrift, die einen Teil der Menschen zu Tieren erklärt. Es ist schlicht die willkürliche Gewalt, die entscheidet. Das in seiner Dissertation erwogene Notstandsrecht kann Stammler daher im Rahmen seiner kritischen Rechtsphilosophie nicht aufrechterhalten.

V. Fazit

Nun ist das Brett des Karneades ein exzeptioneller Fall, der jeden rechtsphilosophischen Ansatz herausfordert. In den Schwierigkeiten, in die Stammler mit seiner Lösung gerät, spiegelt sich nun aber ein zentrales Problem seiner ganzen Lehre. Recht besteht für Stammler aus Form und Stoff. Die Form definiert seinen Rechtsbegriff als unverletzbar selbstherrlich verbindendes Wollen. Die Materie besteht aus besonderen Bestrebungen verschiedener Personen, die durch einen positiven Rechtssatz miteinander verbunden werden. Stammlers Denkform des Rechts ist dabei so weit gefasst, dass es eine Fülle derartiger Verbindungen abdeckt, von denen manche einander sogar widerstreiten. Mit Stammlers Rechtsidee lassen sich zwar einige dieser Normen eindeutig als richtiges Recht, andere als unrichtiges Recht kennzeichnen. Dazwischen finden sich aber

[135] Beeindruckend: *Kant*, MdS, RL, Beschluss, WW VIII, 478; dazu: *Klesczewski*, in: Klesczewski/Müller/Neuhaus (Hrsg.), Kants Lehre vom richtigen Recht, 2005, 143 ff.

auch Rechtssätze, die einem Grundsatz des richtigen Rechts entsprechen, während andere von einem anderen gestützt werden. Da Stammler diese Prinzipien nicht in eine lexikalische Ordnung gebracht hat, kann man mit ihnen keinem der konfligierenden Rechtssätze den Vorzug geben. Das zeigt sich besonders, wenn zwei gleichwertige, aber nicht überlebensnotwendige Rechtsgüter kollidieren. Einesteils widersprechen die Verbote, die hier Eingriffe in diese Rechtsgüter untersagen, nicht den Grundsätzen des richtigen Rechts. Wer sich an sie hält, muss zwar sein Rechtsgut verloren geben, überlebt jedoch, bleibt so noch sich selbst der Nächste und damit auch Glied der Gemeinschaft. Anderenteils besteht aber auch die Befugnis, das eigene Rechtsgut auf Kosten des anderen zu retten, diesen Test. Derjenige, dem sie diesen Eingriff zumutet, opfert lediglich notfalls Verzichtbares auf und er bleibt daher ebenfalls Glied der Gemeinschaft. Schließen sich Regelungen gegenseitig aus, ohne dass man einer den Vorzug geben kann, neutralisieren sie sich, sodass ein rechtsfreier Raum zu entstehen droht. Darin besteht die Not des richtigen Rechts Stammlers. Als Surrogat der fehlenden Kollisionsregel kann dann lediglich Stammlers Theorie der Rechtsgeltung dienen. Wie gezeigt, ist deren normativer Bezugspunkt lediglich der Rechtsbegriff, der wenig trennscharf ist. Den Ausschlag geben die soziologisch-psychologischen Elemente. Welche Rechtsposition in einem historisch-konkreten zwischenmenschlichen Verhältnis gilt, hängt dann ab vom Kampf, zum einen von der Durchsetzungsmacht derjenigem Person, die sie vertritt, zum anderen vom Gewilltsein des Anderen, sie (nolens volens) wie das Walten eines als Despoten eingesetzten Machthabers anzuerkennen. Im Kampf bedingt aber für die Streihähne nicht der Wille, sich miteinander zu verbinden, die besonderen Anliegen, die sie verfolgen. Vielmehr ist es umgekehrt. Was in derartigen Konstellationen Recht ist, wird dann nicht, wie es Stammlers Denkform des Rechts angibt, durch ein selbstherrliches Wollen festgesetzt, sondern durch eine Mischung aus Macht und Konvention.

„Methodendualismus“ in der Rechtsphilosophie des Neukantianismus

Positionen zum Verhältnis von Sein und Sollen bei Gustav Radbruch

Ulfrid Neumann

I. Einleitung: Das Prinzip des Methodendualismus in der (Rechts)Philosophie des Neukantianismus

Die Philosophie des Neukantianismus hat das rechtsphilosophische Denken in den ersten Jahrzehnten des 20. Jahrhunderts maßgeblich geprägt. Unter den Rechtsphilosophen mit akademischer Heimat in der Jurisprudenz sind hier vor allem Rudolf Stammler, Hermann Kantorowicz, Gustav Radbruch und Hans Kelsen[1] zu nennen. Im Kreis der Fachphilosophie ist es Emil Lask, der eine eigenständige Rechtsphilosophie auf neukantianischer Basis entwickelt und trotz seines frühen Todes die rechtsphilosophische Diskussion der Zeit maßgeblich beeinflusst hat. Seine Bedeutung für die Rechtsphilosophie Radbruchs ist kaum zu überschätzen. Das gilt nicht nur für Lasks „Rechtsphilosophie“ von 1905, sondern auch für seine Arbeit „Die Logik der Philosophie und die Kategorienlehre“ aus dem Jahre 1910, die für Radbruchs Konzept der „Stoffbestimmheit der Idee“ wegweisend geworden ist. Darauf wird zurückzukommen sein.

1. Differenzen innerhalb des Neukantianismus

Die Folgerungen, die im Bereich der Rechtsphilosophie aus dem neukantianischen Ansatz gezogen wurden, waren indes keineswegs homogen. Das gilt auch und gerade für das „Grunddogma“ des Neukantianismus, das Prinzip des Methodendualismus, also die These einer logisch nicht überbrückbaren Kluft zwi-

---

[1] Zur Frage, wie hoch der Einfluss des Neukantianismus auf die „Reine Rechtslehre“ im Einzelnen einzuschätzen ist, vgl. etwa *Paulson*, Oxford Journal of Legal Studies 18 (1998), 153 ff. Weitere Nachw. zu der kontroversen Diskussion bei *Neumann*, in: Paulson/Stolleis (Hrsg.), Hans Kelsen. Staatsrechtslehrer und Rechtstheoretiker des 20. Jahrhunderts, 2005, 35 m. Fn. 1.

schen Sein und Sollen.[2] Soweit ersichtlich, wurde dieses Prinzip im Kreis der Neukantianer niemals grundsätzlich in Frage gestellt. Gerhard Sprenger macht aber im Anschluss an Wolfgang Kersting zu Recht darauf aufmerksam, dass es in der Durchführung dieses Prinzips zwischen der Marburger Richtung des Neukantianismus einerseits, der kulturphilosophisch orientierten „Südwestdeutschen Schule" andererseits erhebliche Unterschiede gibt.[3] Die kulturwissenschaftliche Betrachtung sträubt sich gegen den Versuch, zwischen Wirklichkeit und Wert einen scharfen Schnitt zu legen.

Diese Differenz zwischen der Marburger und der Südwestdeutschen Schule spiegelt sich in der neukantianisch orientierten Rechtsphilosophie. Während Kelsen das Prinzip des Methodendualismus mit atemberaubender Konsequenz verfolgt und die Rechtswissenschaft damit in die eisigen Höhen des reinen Sollens führt, unternimmt Radbruch[4] ab einer bestimmten Phase seines Werks immer wieder den Versuch eines Brückenschlags zwischen Sein und Sollen, zwischen Wirklichkeit und Wert.[5] Zwar wird das Grundprinzip des Methodendualismus niemals aufgegeben. Noch in seinem letzten rechtsphilosophischen Text bekennt sich Radbruch zu den Prinzipien des Methodendualismus und des Relativismus als den Grundgedanken seiner Rechtsphilosophie. In dem Entwurf eines Nachworts zur geplanten Neuauflage der „Rechtsphilosophie" von 1949 heißt es:

> „Die Methodik der Rechtsphilosophie wurde auf zwei Gedanken gegründet: Methodendualismus und Relativismus. Beide Gedanken haben sich in der Zwischenzeit gewandelt und doch behauptet."[6]

Der Methodentrialismus, der aus der Einbeziehung der wertbeziehenden Methode resultiert, wird von Radbruch nicht als Kontraposition, sondern als Spielart des Methodendualismus interpretiert.[7]

---

[2] Dazu *Dreier/Paulson*, in: dies. (Hrsg.), Gustav Radbruch, Rechtsphilosophie, Studienausgabe, 2. Aufl. 2003, 237 ff., 240. Radbruch verweist für das Prinzip des Methodendualismus in den „Grundzügen" von 1914 (GRGA 2, 9 ff., 38) ebenso wie in der „Rechtsphilosophie" von 1932 (GRGA 2, 206 f., 230) vornehmlich auf Kant und Stammler.

[3] *Sprenger*, in: Alexy u. a. (Hrsg.), Neukantianismus und Rechtsphilosophie, 2002, 157, 169.

[4] Zum prägenden Einfluss des Neukantianismus auf Radbruchs Rechtsphilosophie vgl. etwa *Paulson*, in: Senn/Puskás (Hrsg.), Rechtswissenschaft als Kulturwissenschaft?, ARSP-Beiheft 115 (2007), 83 ff.; *Saliger*, ARSP 93 (2007), 236 ff., 243 ff.; *Sprenger* (Fn. 3), 157 ff.; *Ziemann*, Neukantianisches Strafrechtsdenken, 2009, 66 ff.

[5] Zu den Konsequenzen, die sich aus diesen unterschiedlichen Perspektiven für die Einordnung der Rechtswissenschaft als Normwissenschaft (Kelsen) oder Kulturwissenschaft (Radbruch) ergeben, vgl. *Neumann* (Fn. 1).

[6] *Radbruch*, GRGA 20, 25, 38.

[7] *Radbruch*, Rechtsphilosophie (1932), GRGA 2, 230 m. Fn. 2. Vgl. dazu auch *Wiegand*,

2. Methodendualismus in der Rechtsphilosophie – Leistungsfähigkeit und Defizite

Ich möchte im Folgenden versuchen, den Wandlungen in Radbruchs Position zum Prinzip des Methodendualismus nachzugehen. Das geschieht im Wesentlichen chronologisch, anhand unterschiedlicher Phasen von Radbruchs Rechtsdenken. Im Vordergrund steht aber nicht das werkgeschichtliche Interesse an der Entwicklung von Radbruchs Rechtsphilosophie, die inzwischen in zahlreichen Arbeiten gut dokumentiert ist.[8] Ich denke, dass die unterschiedlichen Positionen, die Radbruch hier im Laufe der Zeit bezogen hat, sowohl die Leistungsfähigkeit als auch die Grenzen eines strikten Methodendualismus in der Rechtsphilosophie markant hervortreten lassen.

Die *Leistungsfähigkeit* lässt sich beispielhaft anhand der scharfen Trennung von rechtsdogmatischer und „sozialtheoretischer“ Betrachtungsweise des Rechts verdeutlichen, die den Versuch einer „dogmatischen“ Bearbeitung früherer oder fremder Rechtsordnungen als eine, in der Formulierung Jellineks „den Spott herausfordernde Mühe“[9] erscheinen lässt – ein höchst aktuelles Diktum, weil die Rechtsprechung des BGH sich in den Mauerschützen-Prozessen eben dieser Mühe unterzogen hat – unter dem Beifall der Mehrzahl der Stimmen in Rechtsphilosophie und Strafrechtswissenschaft.[10] Die *Grenzen* ergeben sich aus der Logik des Ansatzes selbst. Will man die Trennung von Sein und Sollen im Bereich des Rechtsdenkens strikt aufrechterhalten, muss man die soziale Wirklichkeit des Rechts und der sozialen Verhältnisse, auf die es sich bezieht, ausblenden. Das ist, wie das Beispiel der Reinen Rechtslehre zeigt, ein möglicher Ansatz. Er muss aber dort zu Verwerfungen führen, wo das Recht gerade als Kulturphänomen in den Blick genommen werden soll. Die Spannungen, die in Radbruchs unterschiedlichen Positionen zum Problem von Sein und Sollen zum Ausdruck kommen, dürften insoweit schon in der Philosophie der kulturphilosophischen Richtung des Neukantianismus angelegt sein.

Unrichtiges Recht. Gustav Radbruchs rechtsphilosophische Parteienlehre, 2004, 123. Zum abweichenden Verständnis des Trialismus als „dritter Weg“ neben Methodenmonismus und Methodendualismus bei Hermann Kantorowicz vgl. *Saliger* (Fn. 4), 246.

8 Vgl. insbesondere die Darstellung der Entwicklung von Radbruchs Rechtsbegriff bei *Dreier*, in: FS für Hubert Rottleuthner, 2011, 17 ff. sowie die dort zitierten Arbeiten.

9 *G. Jellinek*, Allgemeine Staatslehre, 3. Aufl. 1914, 52.

10 Ausf. dokumentiert bei *Dreier*, JZ 1997, 421; *Forschner*, Die Radbruchsche Formel in den höchstrichterlichen „Mauerschützenurteilen“, Diss. Tübingen 2003; *Rosenau*, Tödliche Schüsse im staatlichen Auftrag, 2. Aufl. 1998; *Seidel*, Rechtsphilosophische Aspekte der „Mauerschützen“-Prozesse, 1999.

II. Konsequenter Methodendualismus in den frühen Arbeiten Radbruchs

In der ersten Phase von Radbruchs rechtsphilosophischen Schriften bleiben diese Spannungen allerdings noch latent. Das Prinzip des Methodendualismus wird nachdrücklich verteidigt; der Schwerpunkt liegt bei der kritischen Auseinandersetzung mit der Position des „Methodenmonismus", der Radbruch im Übrigen Zeit seines Lebens ablehnend gegenüberstand.

1. Ablehnung einer teleologischen Geschichtsdeutung

Konkret bezieht sich die Auseinandersetzung zunächst auf die Frage der normativen Relevanz notwendiger historischer Entwicklungen. Radbruch wendet sich hier in Übereinstimmung mit Stammler[11] gegen das monistisch orientierte marxistische Geschichtsverständnis.[12] Gegenüber der „Gleichstellung von Sein und Sollen, von unausweichlicher Entwicklung und erstrebenswertem Ziel" in der materialistischen Geschichtsauffassung beharrt Radbruch auf der Trennung von Faktizität und Normativität. Mit „dem Nachweis der kausalen Naturnotwendigkeit eines zukünftigen Geschichtsverlaufs" sei „der Nachweis seiner teleologischen Vernunftnotwendigkeit noch nicht geführt."[13] Der Sozialist bejahe den Sozialismus „in Wahrheit nicht deshalb, weil er ihn unvermeidlich kommend weiß, sondern weil er den gegenwärtigen Gesellschaftszustand als Unrecht empfindet…".[14]

2. Ablehnung des evolutionistischen Monismus

Diese nachdrückliche Ablehnung des „Methodenmonismus" musste Radbruch auch in einen Gegensatz zu der evolutionistischen Auffassung der Strafrechtsgeschichte bei seinem Lehrer Franz von Liszt bringen. Von Liszt hatte sein kriminalpolitisches Programm auf eine evolutionistische Theorie gegründet. Die Überlegenheit des Zweckgedankens gegenüber der blinden Vergeltung wurde gerade damit begründet, dass das Zweckdenken im Verhältnis zu dem Vergeltungsgedanken einer späteren Epoche angehöre. Solche Argumentationen dürf-

---

[11] *Radbruch*, Rezension zu Stammler, Wirtschaft und Recht nach der materialistischen Geschichtsauffassung (1924), GRGA 1, 541.

[12] Dazu und zum Folgenden schon *Neumann*, Einleitung zum Band „Strafrechtsgeschichte", GRGA 11, 1, 9ff.

[13] *Radbruch*, Rezension zu Stammler, Wirtschaft und Recht nach der materialistischen Geschichtsauffassung (1924), GRGA 1, 541.

[14] *Radbruch*, Rechtsphilosophie (1932), GRGA 2, 246.

ten uns heute eher eigentümlich anmuten. In der damaligen Zeit entsprachen sie einer verbreiteten Auffassung, die sich insbesondere in dem 1906 gegründeten „Deutschen Monistenbund" artikulierte und sich in der Zeitschrift „Der Monismus" Gehör verschaffte.[15] Im Sinne dieses monistischen Ansatzes hatte von Liszt unmissverständlich formuliert: „Werdendes und Seinsollendes sind [...] identische Begriffe. Nur die erkannte Entwicklungstendenz gibt uns über das Seinsollende Aufschluß"[16].

Radbruch wendet sich gegen diese Auffassung u. a. in seinem Aufsatz „Über die Methode der Rechtsvergleichung"[17] aus dem Jahre 1905. Das Sein-Sollende könne aus dem Werdenden nicht erschlossen werden, ebenso wenig wie aus dem Gegenwärtigen oder aus dem Vergangenen. Diese Aussage ist für Radbruch so wichtig, dass er sie in einer kurzen Selbstrezension seines Aufsatzes besonders hervorhebt.[18] In der Studie „Franz von Liszt – Anlage und Umwelt", die er 1938 in den „Elegantiae Juris Criminalis" veröffentlicht, wird Radbruch feststellen, von Liszt habe mit dieser methodologischen Grundanschauung seinerzeit fast allseitigen Widerspruch gefunden – auch innerhalb der eigenen Schule.[19] Und in seinem Beitrag zur Rosenfeld-Festschrift (1949) spricht Radbruch von den Kämpfen, die innerhalb der Liszt-Schule ausbrachen, als einige der nächsten Schüler v. Liszts von der Position des Monismus übergegangen seien „zu dem Dualismus der Südwestdeutschen Philosophenschule Windelbands und Rickerts"[20].

Seine eigene Position formuliert Radbruch exemplarisch in der „Rechtsphilosophie" von 1932. Zwar teilt er die an Jhering anknüpfende These von Liszts, dass sich das Recht notwendig zu einem immer bewusster und zweckhafter eingesetzten Steuerungsinstrument entwickle. Irgendeine Bewertung dieser Entwicklung sei damit jedoch nicht verbunden. „Die unvermeidliche Entwicklung von triebmäßiger zu zweckhafter, von irrationaler zu zweckrationaler Rechtsgestaltung kann einer verschiedenen Wertbeurteilung unterliegen".[21] Denn: Einen Fortschritt kann in ihr nur derjenige sehen, der den „Siegeszug der Vernunft" eher von gezielten Handlungen einzelner als von der „Vernunft der Dinge und der Verhältnisse" erhofft. Liszts Gleichsetzung des kommenden

[15] Später „Das monistische Jahrhundert" (1912–1915) bzw. „Mitteilungen des Deutschen Monistenbundes" (1916–1919).

[16] *v. Liszt*, ZStW 26 (1906), 553 ff., 556.

[17] *Radbruch*, GRGA 15, 152–156.

[18] *Radbruch*, GRGA 1, 473. Entsprechende Hervorhebung in einer Rezension zu Berolzheimer, System der Rechts- und Wirtschaftsphilosophie. Zweiter Band (1905), GRGA 1, 475.

[19] *Radbruch*, GRGA 16, 27 ff., 37. Vgl. auch Radbruchs Beitrag zum Gedenken an Hermann Kantorowicz (1946), GRGA 16, 75, 84.

[20] *Radbruch*, Drei Strafrechtslehrbücher des 19. Jahrhunderts (1949), GRGA 11, 407, 428.

[21] *Radbruch*, Rechtsphilosophie (1932), GRGA 2, 322.

Rechts mit dem „richtigen“ Recht ist für Radbruch deshalb ein – so wörtlich – „marxistischer Irrtum“[22].

Auf der Basis des Methodendualismus gelangt Radbruch auch zu einer skeptischen Einschätzung der normativen Relevanz rechtsvergleichender Untersuchungen. Mit Bezug auf das groß angelegte, damals kurz vor dem Abschluss stehende Projekt einer „Vergleichenden Darstellung des deutschen und ausländischen Strafrechts“[23] wird betont, dass die Existenz bestimmter strafrechtlicher Regelungen in ausländischen Rechtsordnungen keine unmittelbare Bedeutung für das Programm des nationalen Gesetzgebers habe. Die Rechtvergleichung könne zur Vorbereitung gesetzgeberischer Projekte also keine Hinweise auf die „rechtsphilosophisch richtige“ Regelung geben, wohl aber – und immerhin – rechtspolitisch mögliche Regelungen aufzeigen.[24] Für uns, die wir heute ganz überwiegend auf einem gefestigten dualistischen Standpunkt stehen, erscheint dieses Ergebnis nahezu trivial. Anders vor dem zeitgeschichtlichen Hintergrund – in der Auseinandersetzung mit der einflussreichen Gruppierung der Monisten musste man der Gefahr begegnen, dass eine weit verbreitete Regelung für eine „richtige“ Regelung genommen werden könnte.

3. Kritik einer dogmatischen Bearbeitung früherer oder fremder Rechtsordnungen

Von erheblicher Aktualität sind dagegen die Konsequenzen, die Radbruch, ebenso wie Jellinek und Kantorowicz, aus dem Prinzip des Methodendualismus für den rechtsmethodischen Umgang mit anderen Rechtssystemen zieht. Das gilt für vergangene Rechtsordnungen ebenso wie für gegenwärtige Rechtssysteme anderer Staaten. Im Hintergrund steht die Unterscheidung zwischen der *Jurisprudenz* einerseits, der *Sozialtheorie* des Rechts andererseits. Während die Jurisprudenz als Dogmatik des geltenden Rechts die Aufgabe hat, dieses geltende Recht durch Auslegung der Gesetze für seine Anwendung aufzubereiten, ist Gegenstand der Sozialtheorie des Rechts das Recht als Faktum, als soziales Phänomen. Die Jurisprudenz hat es folglich mit dem Sollen, die Sozialtheorie des Rechts mit dem Sein zu tun. Von einem Sollen aber kann nur in Bezug auf eine gegenwärtige, Verbindlichkeit beanspruchende Rechtsordnung die Rede sein. In der prägnanten Formulierung von Jellinek: „Es gibt kein Seinsollendes nach rückwärts“[25]. Deshalb habe sich die Staatsrechtslehre, als Teil der Juris-

---

[22] *Radbruch*, Über die Methode der Rechtsvergleichung (1905/06), GRGA 15, 152, 154.

[23] Vergleichende Darstellung des deutschen und ausländischen Strafrechts, hrsg. von Birkmeyer, Calker u. a., 16 Bde., 1905–1909.

[24] *Radbruch*, Über die Methode der Rechtsvergleichung (1905/06), GRGA 15, 154.

[25] *Jellinek* (Fn. 9), 52 (mit Hinw. auf Radbruch und Kantorowicz).

prudenz, maßgeblich mit der Gegenwart zu befassen; die rechtsgeschichtliche Forschung dagegen sei Aufgabe der sozialen Staatslehre als Wissenschaft von dem tatsächlichen Rechtsgeschehen.

Radbruch stimmt dieser Sichtweise in einer 1907 veröffentlichten Rezension der zweiten Auflage von Jellineks „Allgemeiner Staatslehre“ ausdrücklich zu.[26] Bereits in dem 1905 erschienenen Aufsatz „Die Methode der Rechtsvergleichung“ hatte er die Auffassung vertreten, die juristische Dogmatik sei auf eine vergangene Rechtsordnung ebenso wenig anwendbar wie auf ein fremdes Rechtssystem der Gegenwart. Denn der Zweck der dogmatischen Arbeit sei es, das Recht zur Anwendung fähig zu machen. Sobald ein Gesetz außer Kraft trete, höre es auf, Gegenstand der juristischen Dogmatik zu sein und werde Gegenstand der Sozialwissenschaft. Wörtlich heißt es: „Nicht wie die PGO auszulegen und anzuwenden wäre, sondern allein, wie sie ausgelegt und angewendet worden ist, ist heute von wissenschaftlichem Interesse.“[27]

Ebenso könne man das ausländische Gesetz lediglich als Kulturfaktor betrachten.[28] Die Beschäftigung mit ausländischem Recht gehört, ebenso wie die mit vergangenen Rechtsordnungen, nicht in den Bereich der Normwissenschaft, also der Jurisprudenz, sondern in den der Tatsachenwissenschaft.[29]

a) Aktuelle Anwendungen

Diese Kritik einer dogmatischen Behandlung vergangener Rechtsordnungen ist von hoher Aktualität. Denn sie stellt, wie schon angedeutet, nachdrücklich die rechtstheoretischen Prämissen in Frage, auf denen die Verurteilung zahlreicher ehemaliger Staatsbürger der DDR in der Bundesrepublik nach der „Wende“ von 1989 beruht. Die Gerichte der Bundesrepublik haben genau das getan, was Radbruch für unmöglich erklärt: sie haben beansprucht, die Gesetze der untergegangenen DDR selbst auszulegen und der Rechtspraxis der DDR nachzuweisen, dass diese die Gesetze ihres eigenen Staates fehlerhaft ausgelegt und angewendet habe.[30] Das aber ist genau die Tätigkeit, die Jellinek als eine „den Spott herausfordernde Mühe“[31] charakterisiert.

In der Tat: der Versuch, den DDR-Gesetzen im Wege einer „menschenrechtsfreundlichen Auslegung“[32] einen anderen Gehalt zuzuweisen als den, den sie

[26] *Radbruch*, GRGA 1, 484.

[27] *Radbruch*, GRGA 15, 155.

[28] Ibid.

[29] *Radbruch*, Rechtswissenschaft als Rechtsschöpfung (1906), GRGA 1, 409, 420.

[30] Krit. dazu – noch ohne Bezug auf Radbruch und Jellinek – *Neumann*, in: ders., Recht als Struktur und Argumentation, 2008, 163 ff.

[31] Wie Fn. 9.

[32] BGHSt 39, 1, 23; 41, 101, 111 u. ö.

nach der Interpretation der zuständigen Gerichte und anderer Institutionen des damaligen Rechtssystems hatten, ist zum Scheitern verurteilt. Das gilt *a fortiori* für das Unternehmen, der vergangenen Rechtsordnung der DDR im Wege einer naturrechtlichen Interpretation Regelungen zu inkorporieren, von denen weder der Gesetzgeber noch die Rechtsprechung noch die Rechtswissenschaft des damaligen Staates eine Vorstellung hatten. Die rechtstheoretische Position von Radbruch und Jellinek stützt also die Position all derer, die der Auffassung sind, es hätte zur Bestrafung der „Mauerschützen" einer rückwirkenden Strafgesetzgebung bedurft (die im Wege einer Verfassungsänderung ohne Verletzung der EMRK [Art. 7 Abs. 2 EMRK] möglich gewesen wäre).

b) Differenzen zwischen Radbruch und Kantorowicz

Es verdient Aufmerksamkeit, dass Hermann Kantorowicz diese Position nur mit Einschränkungen zu teilen scheint.[33] Zwar stimmt er Radbruch und Jellinek im Grundsatz zu. In der Programmschrift der „Freirechtslehre" betont er in ausdrücklichem Anschluss an beide Autoren, dass es „schlechterdings keinen Sinn" habe, „ein nicht mehr geltendes Recht mit den Mitteln der juristischen Kunst zu bearbeiten"[34]. Näher entfaltet wird diese Auffassung in seinem Vortrag über „Rechtswissenschaft und Soziologie" aus dem Jahre 1911. Hier argumentiert Kantorowicz, in der „dogmatischen", der „systematisch-konstruktiven" Behandlung von Normen eines vergangenen Rechtssystems liege ein Verstoß gegen die rechtsgeschichtliche Methode. Die Begründung bewegt sich durchaus auf der von Radbruch markierten Linie: Die dogmatische Arbeit an Rechtsnormen diene nur der praktischen Rechtsanwendung, die für vergangenes Recht logischerweise nicht in Betracht komme. Widersprüche seien zu erklären, nicht hinweg zu disputieren. Und wenn Kantorowicz ergänzt, es dürften insbesondere keine Folgerungen aus Rechtssätzen gezogen werden, die von den damals Lebenden nicht gezogen wurden und nicht gezogen werden konnten[35], dann liest sich das geradezu wie eine aktuelle Kritik an der Rechtsprechung des BGH und weiten Teilen des heutigen rechtsphilosophischen Schrifttums.

Allerdings: Kantorowicz schließt eine dogmatische Behandlung von Normen einer vergangenen Rechtsordnung nicht kategorisch aus. Für Einzelfälle, für die sich die Geschichtsforschung interessiere, müsse die Norm „dogmatisch bearbeitet" werden. Wenngleich „mit größter Zurückhaltung und ohne Anwendung

---

[33] Zu den unterschiedlichen Positionen von Radbruch und Kantorowicz gegenüber dem Prinzip des Methodendualismus instruktiv *Saliger* (Fn. 4), 245 f.

[34] *Gnaeus Flavius* (Hermann Kantorowicz), Der Kampf um die Rechtswissenschaft, 1906, 33.

[35] *Kantorowicz*, Rechtswissenschaft und Soziologie, 1911, 33.

juristischer Technik"[36]. Als Beispiel nennt er die Frage, ob Friedrich der Große den Müller-Arnold-Prozess nach dem Recht seiner Zeit so entscheiden durfte, wie er ihn tatsächlich entschieden hat. In solchen singulären Fällen habe die Rechtsgeschichte Anlass, nicht wertbeziehend, sondern wertend zu verfahren. Das bedeutet: Der Rechtshistoriker darf und sollte hier ausnahmsweise vom Standpunkt der damaligen Rechtsordnung aus ein Urteil über Rechtswidrigkeit oder Rechtmäßigkeit einer bestimmten historischen Handlung fällen.

Die Berechtigung dieser Einschränkung ist schwer zu beurteilen, weil sich die Bedeutung der methodologischen Vorbehalte nicht ohne Weiteres erschließt. Was soll es heißen, dass die Norm „mit größter Zurückhaltung" und „ohne Anwendung juristischer Technik" „dogmatisch bearbeitet" werden soll? Jedenfalls dürfte es näher liegen, das Verhalten der historischen Persönlichkeit anhand der Frage zu beurteilen, wie die einschlägigen Bestimmungen seinerzeit tatsächlich ausgelegt und angewendet wurden. Das wäre eine Frage nach einem Faktum und würde den riskanten Wechsel von einer wertbeziehenden zu einer wertenden Haltung nicht erfordern.

Radbruch jedenfalls scheint in diesem Punkt konsequenter zu sein. Das Prinzip des Methodendualismus und die aus ihm resultierende Grenzziehung zwischen den Zuständigkeitsbereichen der dogmatischen Jurisprudenz einerseits, der Sozialtheorie des Rechts andererseits werden folgerichtig durchgeführt. Radbruch wendet sich in diesem Zusammenhang dagegen, die von der Freirechtsschule propagierte Methode der Rechtsfindung als „soziologische Methode" zu bezeichnen: die Soziologie habe es mit Tatsachen zu tun; aus Tatsachen aber ließen sich Werturteile nicht ableiten.[37]

Auch in anderen Punkten bekennt sich Radbruch in dieser Phase seines Denkens zu einem strikten Methodendualismus. So wird die Denkform der „Natur der Sache", deren Analyse Radbruch später als das wichtigste Problem der gegenwärtigen Rechtsphilosophie bezeichnen wird,[38] kategorisch verworfen – aus einem Sein könne man, so die knappe Begründung, „nach Kants Lehre ein Sollen nimmermehr herausklauben"[39]. Das hat Radbruch allerdings nicht vor dem Vorwurf bewahrt, mit seinem wissenschaftstheoretischen Modell der Rechtswissenschaft Sein und Sollen unzulässig zu vermischen und sich damit einer Verletzung des Prinzips des Methodendualismus schuldig zu machen.

---

[36] Ibid.

[37] *Radbruch*, Brief an Ernst Fuchs v. 8. Oktober 1910, GRGA 17, 134f.

[38] *Radbruch*, Brief an Thomas Würtenberger v. 14. November 1949, GRGA 18, 318.

[39] *Radbruch*, Rechtswissenschaft als Rechtsschöpfung (1906), GRGA 1, 409, 418.

4. Sein und Sollen in der Wissenschaftstheorie der Rechtswissenschaft

a) Die Rechtswissenschaft als Norm- und Kulturwissenschaft

Diesen Vorwurf erhebt Kelsen in seinem 1916 veröffentlichten Aufsatz „Die Rechtswissenschaft als Norm- oder als Kulturwissenschaft“[40]. Angriffspunkt ist Radbruchs Gegenüberstellung von Gegenstand und Methode der Rechtswissenschaft in den „Grundzügen der Rechtsphilosophie“. Radbruch zufolge hat die Rechtswissenschaft, hier im engeren Sinne als juristisch-dogmatische Disziplin verstanden, den Gegenstand einer (empirischen) Kulturwissenschaft, aber die Methode einer Normwissenschaft.[41] Hinsichtlich ihres Gegenstands unterscheide sie sich deshalb nicht von der Sozialtheorie des Rechts, die sich auf eine faktische Betrachtungsweise des Rechts beschränkt und der Radbruch neben der Rechtssoziologie auch Rechtsgeschichte und Rechtsvergleichung zuordnet (S. 185). Im Unterschied zu der Sozialtheorie des Rechts müsse die Rechtswissenschaft als dogmatische Disziplin das Recht – als ihren „empirischen Gegenstand“ – aber „in normativer Richtung verarbeiten“ (S. 206). Radbruch betont in diesem Zusammenhang den kreativen Charakter der juristischen Interpretation. Da die juristische Interpretation vor die Aufgabe gestellt ist, für jeden Einzelfall eine Lösung zu finden, das Gesetz aber nicht jeden Einzelfall entscheidet, muss die juristische Interpretation über den empirischen Sinn des Gesetzes hinausgehen (S. 202). Sie huldigt, anders als die philologische Interpretation des Gesetzes, dem Dogma der Geschlossenheit und Widerspruchslosigkeit der Rechtsordnung (S. 193).

Der zentrale Einwand von Kelsen gegen Radbruch lautet, das Modell einer Wissenschaft mit empirischem Gegenstandsbereich und normativer Methode sei mit dem Prinzip der gegenstandskonstitutiven Funktion der Methode nicht vereinbar.[42] Eine normative Disziplin habe nach diesem Prinzip notwendigerweise ein Sollen zum Gegenstand. Kelsen wendet mit diesem Einwand ein zentrales Prinzip der Wissenschaftstheorie des Neukantianismus gegen einen rechtsphilosophischen Ansatz, der wie kaum ein anderer versucht hat, den Ansatz des Neukantianismus für den Bereich der Rechtsphilosophie fruchtbar zu machen.

---

[40] *Kelsen*, Schmollers Jahrbuch für Gesetzgebung, Verwaltung und Volkswirtschaft im Deutschen Reiche 40 (1916), 1181–1239 (= Heft 3, 95–151); wiederabgedruckt in: Hans Kelsen Werke (hrsg. von Matthias Jestaedt), Bd. 3, 2010, 551 ff. Der Beitrag wird hier nach der in der Kelsen-Gesamtausgabe mit der angegebenen Paginierung der Erstveröffentlichung zitiert.

[41] *Radbruch*, Grundzüge der Rechtsphilosophie, 1914, 186. – Die Seitenangaben folgen hier und im nachstehenden Text der (in der GRGA 2, 9 ff. mitgeführten) Paginierung der Originalausgabe.

[42] Ausführlich dazu *Neumann* (Fn. 1).

b) Dualismus des Rechtsbegriffs bei Radbruch

Es geht hier aber nicht um die Frage, wie weit dieses Prinzip in der neukantianischen Wissenschaftstheorie tatsächlich reicht – wer also der „bessere Neukantianer" ist, Kelsen oder Radbruch. Die Kritik von Kelsen ist vor allem deshalb interessant, weil sie frühzeitig auf eine Ambivalenz in Radbruchs Konzeption aufmerksam macht, die tendenziell zu einem Dualismus der Rechtsbegriffe führt und die sich aktuell in der kontroversen Diskussion spiegelt, ob man in Radbruchs Rechtsphilosophie Begriff und Geltung des Rechts auseinander halten könne.[43] Denn tatsächlich ist eine normative Arbeit am Recht nur dann möglich, wenn man das Recht insoweit als eine geltende, Verbindlichkeit beanspruchende Ordnung versteht – verkürzt formuliert: als Sollen. Definiert wird das Recht von Radbruch aber nicht als verbindliche Sollensordnung, also mittels einer *Wertung*, sondern über einen *Wertbezug*. Recht ist, wie es in der ersten Auflage der Rechtsphilosophie heißt, „alles, was zum Gegenstande eines Gerechtigkeitsurteils, also auch eines Ungerechtigkeitsurteils, gemacht werden kann"[44]. Definiert wird das Recht also über kulturelle, genauer: über kulturwissenschaftliche Kriterien.

Die normative Bearbeitung des Rechts aber setzt einen normativ definierten Rechtsbegriff voraus – in diesem Punkt ist Kelsen nachdrücklich Recht zu geben. Terminologisch könnte man hier von einem rechtstechnischen oder geltungstheoretischen Rechtsbegriff sprechen, der mit dem kulturellen Rechtsbegriff nicht deckungsgleich ist. In den „Grundzügen der Rechtsphilosophie" von 1914 bleibt diese Ambivalenz des Rechtsbegriffs noch latent, weil die Frage der Verbindlichkeit ungerechten Rechts noch nicht unter Bezug auf den Begriff des Rechts erörtert wird.[45] Der Übergang von der Sphäre des Seins in die des Sollens, von dem Recht als Kulturphänomen zu der Rechtsordnung als Gegenstand normativer Arbeit der Rechtswissenschaft, soll durch eine Brücke gewährleistet werden, die vom Imperativ als tatsächlicher Willensäußerung zu der Norm als deren Sinn führt.[46]

Diese Brücke ist wohl nicht tragfähig, weil von der bloßen Faktizität des Imperativs kein Weg zu dem Sollen führt, das für die Methode der Rechtswissenschaft konstitutiv ist.[47] Dass der *subjektive Sinn* eines Imperativs eine Norm ist,

---

43 Verneinend *Dreier* (Fn. 8), 20 m. Fn. 12 (gegen Funke).

44 *Radbruch*, Grundzüge (Fn. 41), 54.

45 Die Frage der Verbindlichkeit des „Schandgesetzes" wird sowohl in den Grundzügen (157ff.) als auch in der Rechtsphilosophie (GRGA 2, 168ff.) in dem Kapitel über die Geltung des Rechts erörtert.

46 *Radbruch*, Grundzüge (Fn. 41), 61ff., 161.

47 *Kelsen* (Fn. 40), 1235ff. Näher dazu *Neumann* (Fn. 1), 46 (dort Seitenzählung nach Heft 3, 95ff. [vgl. vorstehend Fn. 40]).

begründet noch nicht das *objektive Sollen*, das allein als Basis einer normativ arbeitenden Rechtswissenschaft tragfähig wäre. Die mangelhafte Statik dieser Brückenkonstruktion tritt aber erst dann offen zutage, wenn sich der Blick auf Imperative richtet, denen die Anerkennung als Quelle eines objektiven Sollens versagt werden soll. Dieser Blickwechsel, der in der „Radbruchschen Formel" kulminieren wird, beginnt sich in den Arbeiten der zwanziger Jahre abzuzeichnen.

III. Gemäßigter Methodendualismus

1. Stoffbestimmtheit der Idee

Bereits mit dem Aufsatz über „Rechtsidee und Rechtsstoff"[48] aus dem Jahre 1923 vollzieht sich der Übergang zu einem gemäßigten Methodendualismus, der durch das Bemühen gekennzeichnet ist, den schroffen Gegensatz zwischen Sein und Sollen zu entspannen.[49] Das Prinzip der „Stoffbestimmtheit der Idee", das als Bestimmtheit der Idee *durch* den Stoff und *für* den Stoff verstanden wird, hat nach Radbruch seinen systematischen Ort in der transzendentalen Logik, wird aber in der Anwendung auf die Rechtsordnung und deren Beziehung zu den sozialen Verhältnissen ihrer Zeit als empirisch-kausales Prinzip entwickelt.[50] Die Rechtsform könne den sozialen und wirtschaftlichen Verhältnissen als dem „Rechtsstoff" in unterschiedlichem Grade entsprechen. So vernachlässige das Privatrecht der Zeit die faktisch bestehenden wirtschaftlichen Ungleichheiten; demgegenüber bedeuteten Sozialpolitik und Wirtschaftsdemokratie „eine Wiederannäherung der Rechtsform an den Rechtsstoff".[51]

Es fällt auf, dass mit der Diagnose einer größeren oder geringeren Nähe von Rechtsform und Rechtsstoff keine Wertung verbunden sein soll.[52] Man wird das aber *cum grano salis* zu verstehen haben. Wäre die Denkform der „Stoffbestimmtheit der Idee", die Radbruch mit der „Natur der Sache" gleichsetzt, normativ irrelevant, so wäre nicht zu sehen, wie sie geeignet sein könnte, einen Beitrag zur „Milderung" des schroff methodendualistischen Dogmas zu leisten. In Radbruchs Aufsatz „Vom individualistischen zum sozialen Recht" aus dem

[48] *Radbruch*, GRGA 2, 453.

[49] Vgl. aus dieser Zeit auch die Rezension (1925) zu Leonard Nelsons „System der philosophischen Rechtslehre und Politik" mit Hinweis auf die „Erweichung" des „schroff methodendualistischen Dogmas" durch die „Stoffbestimmtheit der Idee", GRGA 1, 537, 540.

[50] *Radbruch*, Rechtsidee und Rechtsstoff. Eine Skizze (1923/24), GRGA 2, 453, 455.

[51] Ibid. 456.

[52] Ibid. 456 m. Fn. 2. Im gleichen Sinne in: „Die Natur der Sache als juristische Denkform" (1948), GRGA 3, 229, 251.

Jahre 1930 erhält die Feststellung eines „Widerspruchs" zwischen Rechtswirklichkeit und Rechtsform mit Blick auf den zeitgenössischen Kapitalismus denn auch einen klar negativen Akzent. Die Entwicklung des sozialen Rechts, die der Rechtswirklichkeit entsprechen soll, stellt sich dar als „Selbstverwirklichung einer überbewussten geschichtlichen Notwendigkeit"; das Ziel sei das „einer gerechteren Gesellschaftsverfassung, die nicht mehr Arbeitsherren und Arbeitsuntertanen kennen wird, sondern nur noch Arbeitsbürger"[53]. Hier sind jedenfalls *moralische* Wertungen einer stärkeren Annäherung der Rechtsform an den Rechtsstoff nicht zu überhören.

2. *Juristische und vorjuristische Begriffsbildung*

Wissenschaftstheoretisch spiegelt sich das Verhältnis zwischen Rechtsstoff und Rechtsidee in dem Verhältnis von juristischer und vorjuristischer („sozialer") Begrifflichkeit. Radbruch knüpft hier ausdrücklich an Lasks Lehre von der „Bedeutungsdifferenzierung"[54] an. Der Stoff des Rechts sei nicht eine unstrukturierte, sondern eine „mittels sozialer Begriffe vorgeformte" Gegebenheit.[55] Zu den sozialen Begriffen werden neben den sozialwissenschaftlichen auch die „vorwissenschaftlichen" Begriffe gerechnet, die in das Gebiet der Sozialwissenschaft gehören. Bei der Rechtsanwendung werde „die mittels sozialer Begriffe vorgeformte Gegebenheit den diesen Begriffen nachgebildeten Tatbestandsbegriffen subsumiert"[56].

Mit der Einbeziehung der „vorwissenschaftlichen" Begriffe wird die strenge Trennung von Wertung und Substrat der Wertung aufgegeben, die für den wissenschaftstheoretischen Ansatz des Neukantianismus ursprünglich kennzeichnend war. Denn diese Begriffe bezeichnen Strukturen der sozialen Wirklichkeit selbst, nicht (erst) den Zugriff einer strukturierenden Wissenschaft auf ein amorphes gesellschaftliches Substrat. Exemplarisch: Die wertbeziehende Wissenschaft kann die Institution des Versprechens an dem Wert der Gerechtigkeit oder dem der Rechtssicherheit messen; die normativen Implikationen dieser Institution liegen der wissenschaftlichen Rekonstruktion voraus.

---

[53] *Radbruch*, GRGA 2, 495.

[54] *Lask*, Die Logik der Philosophie und die Kategorienlehre, 1911, 1. Teil 4. Abschnitt. Zur Rezeption der Lehre von der Bedeutungsdifferenzierung durch Radbruch vgl. *Wapler*, Werte und das Recht, 2008, 199 f.

[55] *Radbruch*, GRGA 2, 458, 459. – Aus diesem Grund ist, wie Werner Maihofer zutreffend festgestellt hat, Radbruchs Vergleich des Rechtstoffes mit dem Material des Bildhauers nicht unproblematisch (*Maihofer*, Die Natur der Sache, 1958, abgedr. in: Arth. Kaufmann [Hrsg.], Die ontologische Begründung des Rechts, 1965, 52, 59).

[56] *Radbruch*, Die Problematik der Rechtsidee (1924), GRGA 2, 459.

3. Rechtsbegriff und Rechtsgeltung

Die oben diagnostizierte Ambivalenz von Radbruchs Rechtsbegriff musste in dem Augenblick zu einem manifesten Problem werden, in dem der Bezug des Rechts auf die Gerechtigkeit, der für die „wertbeziehende“ Methode der Rechtsbetrachtung konstitutiv ist, als Selektionskriterium hinsichtlich der Rechtsqualität positiv-rechtlicher Normen herangezogen wird.[57] Das geschieht in dem Aufsatz „Die Problematik der Rechtsidee“ aus dem Jahre 1924, in dem Radbruch die utilitaristische und positivistische Rechtsphilosophie des „jetzt abgeschlossenen Zeitalters“ kritisiert und auch sich selbst von dem Vorwurf nicht freispricht, den Gedanken der Gerechtigkeit vernachlässigt zu haben.[58]

Damit stellt sich die Frage, ob eine *konkrete* Rechtsnorm, der man nicht einmal zugestehen kann, dass sie „der Gerechtigkeit zu dienen wenigstens bezweckt“,[59] als geltendes Recht anzuerkennen ist. Radbruchs überraschende Antwort auf diese Frage lautet: als gültig ja, als Recht nein. Radbruch anerkennt damit das *prima facie* paradoxe Modell eines geltenden Nicht-Rechts.[60] Wörtlich heißt es:

> „Eine Anordnung, welcher nicht einmal der Wille innewohnt, Gleiche gleich und Ungleiche ungleich zu behandeln, etwa eine Ausnahmeverordnung gegen individuell bestimmte Personen oder Personengruppen, kann positiv gelten, kann zweckmäßig, ja notwendig und deshalb auch absolut gültig sein – aber den Namen Recht sollte man ihr verweigern, denn Recht ist nur, was der Gerechtigkeit zu dienen wenigstens bezweckt“[61].

Die Konstruktion eines „Nicht-Rechts“, dem gleichwohl Verbindlichkeit zukommen soll, findet sich explizit in Radbruchs 1929 veröffentlichter Rezension zu Rümelins Kanzlerrede über „Die Gleichheit vor dem Gesetz“. Radbruch wendet sich hier gegen die Auffassung Rümelins, dass Gesetzen, die überhaupt nicht mehr nach der Rechtsidee ausgerichtet seien, der Gehorsam verweigert werden dürfe. Wörtlich heißt es dort, Rümelin trete „den Beweis dafür nicht an,

---

57 „Recht ist dasjenige, was gerechtes Recht sein sollte, gleichviel ob es wirklich gerechtes Recht ist […]“ (Grundzüge, GRGA 2, 54); „Recht kann ungerecht sein (summum ius – summa iniuria), aber Recht ist es nur, weil es den Sinn hat, gerecht zu sein“ (Rechtsphilosophie, GRGA 2, 227).

58 *Radbruch*, GRGA 2, 460 ff., 460.

59 *Radbruch*, GRGA 2, 462.

60 Dazu schon *Neumann*, in: Alexy (Hrsg.), Integratives Verstehen. Zur Rechtsphilosophie Ralf Dreiers, 2005, 141, 151.

61 *Radbruch*, GRGA 2, 462. *Dreier* (Fn. 8) sieht hier zu Recht eine „Vorwegnahme der ‚Verleugnungsformel‘“; der entscheidende Unterschied (nach dem Text von 1924 kann die Anordnung gleichwohl „positiv gelten“, „absolut gültig sein“) wird bei Dreier gleichfalls angesprochen (38). Vgl. dazu auch *Paulson* (Fn. 4), 90.

dass Aufgabe des Staates nur sei, was dem Begriff ‚Recht' entspricht, nicht auch ‚Nicht-Recht', das ja noch keineswegs ‚Unrecht' zu sein braucht."[62]

Hier tritt der Dualismus der Rechtsbegriffe offen zutage. Auf der einen Seite der kulturelle Rechtsbegriff, der jetzt dadurch definiert ist, dass das Recht „der Gerechtigkeit zu dienen wenigstens bezweckt". Auf der anderen Seite der geltungstheoretische, staatstheoretische Rechtsbegriff, der die Verbindlichkeit der Gesetze von diesem definitorischen Kriterium abkoppelt. Radbruch vermeidet es an dieser Stelle, für Gesetze, die diesem Kriterium nicht genügen, den Begriff „Recht" zu verwenden. Es soll sich um geltendes „Nicht-Recht" handeln. Aber die Paradoxie dieser Formulierung lässt erkennen, dass es in der Sache um zwei verschiedene Rechtsbegriffe geht. Erst nach 1945 wird Radbruch diese beiden Rechtsbegriffe wieder zusammenführen, indem er in der „Verleugnungsformel" auch den staatstheoretischen, den geltungstheoretischen Rechtsbegriff der Voraussetzung unterwirft, dass das staatlich gesetzte Recht Gerechtigkeit jedenfalls erstrebt.[63]

IV. Denken aus der „Natur der Sache"

1. Die „Natur der Sache" als Entspannung des Methodendualismus

In den Arbeiten, die dem Aufsatz über „Rechtsidee und Rechtsstoff" folgen, kommt Radbruch immer wieder auf den Gedanken der Stoffbestimmtheit der Idee zurück, der jetzt als Abhängigkeit der „Ideen" von den „Realien" des Rechts (im Sinne Eugen Hubers) verstanden[64] und mit der Natur der Sache gleichgesetzt wird. Der Begriff der „Natur der Sache" wird dabei aus der Beschränkung auf den methodologischen Kontext, in dem er ursprünglich stand („Glücksfall der Intuition" bei der Rechtsfindung),[65] gelöst; er steht zunehmend für eine „Entspannung" des Methodendualismus und erhält damit Bedeutung auch für die Strukturtheorie des Rechts. So wendet sich Radbruch in einer 1936 erschienenen Rezension von Welzels „Naturalismus und Wertphilosophie im Strafrecht" zwar deutlich gegen Welzels metaphysische Vorstellung von einer „Seinsverwurzelung der Werte", bekennt sich aber zu der Forderung nach einer „wirklichkeitsnäheren Konkretisierung der Werte" und schreibt in diesem Zusammenhang:

---

[62] *Radbruch*, GRGA 1, 546ff., 547.

[63] *Radbruch*, Gesetzliches Unrecht und übergesetzliches Recht, GRGA 3, 83, 89.

[64] *Radbruch*, Rechtsphilosophie (1932), GRGA 2, 382.

[65] Ibid. 232.

„Jedem Werte ist die ‚Hingeltung' auf einen bestimmten Teil der Wirklichkeit eingeboren, er gilt für sie, das heißt: er ist gerade auf sie zugeschnitten und also von ihr mitbestimmt […]“[66].

Für diese Lehre von der „Mitbestimmtheit der Werte durch ihre Substrate“ stehe der Begriff der Natur der Sache; für ihre philosophische Ausarbeitung wird wiederum auf Lasks Lehre von der „Bedeutungsdifferenzierung“[67] verwiesen. In dem Aufsatz „Klassenbegriffe und Ordnungsbegriffe“ wird das Denken aus der Natur der Sache als „den Einzelfall typisierende und aus dem Typus heraus beurteilende Denkweise“ mit dem konkreten Ordnungsdenken von Carl Schmitt gleichgesetzt.[68] Dass es sich bei diesem Verweis nicht etwa um eine bloße Konzession an den Zeitgeist handelt, belegt der Umstand, dass Radbruch noch in seinem Beitrag für die 1948 erschienene Laun-Festschrift Schmitts „konkretes Ordnungsdenken“ als Denken aus der „Natur der Sache“ charakterisiert.[69]

Gleichwohl hält Radbruch daran fest, dass das Prinzip des Methodendualismus durch die Anerkennung der Denkform der Natur der Sache nicht in Frage gestellt werde. So heißt es in dem frühen (zwischen 1937 und 1939 verfassten)[70] Text über die „Natur der Sache“:

„Mag sich immerhin die NdS über das Sein der Rechtswelt erheben, indem sie den ideellen Gehalt dieser Rechtswelt herausarbeitet, so bleibt sie innerhalb des großen dualistischen Gegensatzes von Sein und Sollen schließlich doch auf der Seite des Seins, über dessen Wert das Sollen, die Idee, das letzte Wort spricht.“[71]

Im gleichen Sinne äußert sich Radbruch in der „Vorschule der Rechtsphilosophie“: Auch gegenüber der Natur der Sache, die sich „als Sinn der Gegebenheit auf der Seinsseite bewegt“, habe die Idee des Rechts „das letzte Wort zu sprechen“[72].

2. *Offene Fragen*

a) Verortung der „Natur der Sache“ im Verhältnis Sein-Sollen

Lässt sich die Denkform der „Natur der Sache“ auf diese Weise wirklich in die Konstruktion des Methodendualismus einfügen, ohne dass die Statik dieser Konstruktion Schaden nimmt? Jedenfalls auf den ersten Blick bleiben hier Zweifel. Denn ihre Zuordnung zu der Seite des „Seins“ erscheint aus zwei

---

66 *Radbruch*, GRGA 3, 29 ff., 31.
67 *Lask* (Fn. 54).
68 *Radbruch*, GRGA 3, 60 ff., 64.
69 *Radbruch*, Die Natur der Sache als juristische Denkform (1948), GRGA 3, 229 ff., 230.
70 Vgl. den Editionsbericht von *Kastner*, GRGA 20, 64.
71 *Radbruch*, Die Natur der Sache als juristische Denkform, GRGA 20, 10 ff., 21.
72 *Radbruch*, Vorschule der Rechtsphilosophie (1947/48), GRGA 3, 121 ff., 141.

Gründen als problematisch. Zum einen hat sie als „Denkform" ihren systematischen Ort in der transzendentalen Logik, wie Radbruch das für die „Stoffbestimmtheit der Idee" – im Anschluss an Lask – ausdrücklich konstatiert hatte.[73] Diese Lokalisierung scheint mit ihrer Zuweisung zu dem Bereich des Seins nicht problemlos vereinbar zu sein. Zum andern aber soll die „Natur der Sache" gerade dazu dienen, den scharfen Dualismus von Sein und Sollen zu mildern bzw. zu entspannen. Wie diese Funktion von einer Komponente übernommen werden könnte, die auf der Seite des Seins zu verorten wäre, ist nicht ohne Weiteres ersichtlich.

b) Der Übergang zum „Sollen" im Modell der „Natur der Sache"

Die entscheidende Frage für das Verständnis der Denkform der „Natur der Sache" lautet: An welchem Punkt bringt sie das normative Moment, also ein Element des „Sollens" ins Spiel? Versuchen wir, unter diesem Gesichtspunkt Radbruchs Argumentation in dem am genauesten ausgearbeiteten Konzept der „Natur der Sache" zu rekonstruieren, das er in der 1948 erschienenen Festschrift für Rudolf Laun entwickelt hat.[74]

aa) Die „Sache"

Radbruch unternimmt es hier, die Konstruktion der „Natur der Sache" systematisch aus ihren einzelnen Komponenten zu entwickeln. Die „Sache" wird bestimmt als „das Substrat, das Material, der Stoff, den das Recht zu formen hat". Der Stoff des Rechts sei „die Gesamtheit der Lebensverhältnisse und Lebensordnungen innerhalb der Gesellschaft" (S. 232). Radbruch unterscheidet hier zwischen a) den Naturtatsachen, b) den Vorformen der Rechtsverhältnisse, c) den rechtlich geregelten Lebensverhältnissen. Schon hier, bei der Definition der „Sache", kommen also normative Elemente ins Spiel. Das liegt bei der letzten Kategorie der „rechtlich geregelten Lebensverhältnisse" auf der Hand, es gilt aber auch für die zweite Gruppe der „Vorformen der Rechtsverhältnisse" und selbst für die erste Kategorie, die der „Naturtatsachen". Denn auch diese „Naturtatsachen" sind Gegenstand rechtlicher Regelung nicht als „rein naturale Rohstoffe", sondern als Sozialgebilde, wie etwa die Institutionen der Einehe oder der Mehrehe (S. 233).

Nun liegt es nahe, hinsichtlich der normativen Komponente zwischen einem sozial-normativen und einem rechtlich-normativen Element zu unterscheiden.

---

[73] Vgl. oben bei Fn. 51.

[74] *Radbruch*, Die Natur der Sache als juristische Denkform (1948), GRGA 3, 229ff. Die nachfolgenden Seitenangaben beziehen sich auf diesen Text.

Jedenfalls der Gruppe der „Naturtatsachen" wäre dann (lediglich) ein sozialnormatives Element zuzuordnen. Es ist aber zweifelhaft, ob das den Intentionen von Radbruch entspricht. Denn nach einer brieflichen Äußerung aus dem Jahre 1943 werden die „Lebensverhältnisse" insgesamt, also auch die auf Naturtatsachen basierenden sozialen Beziehungen, durch ein „präpositives Rechtsdenken" strukturiert. Die juristische Natur der Ehe und des Eigentums wird hier ausdrücklich von den Bestimmungen des positiven Rechts unabhängig gestellt. Wörtlich heißt es:

> „Die Folgerung aus der juristischen Natur der Ehe oder des Eigentumsrechts – ohne interpretative Anlehnung an ein bestimmtes positives Recht – das ist ja gerade die Argumentation aus der N[atur] d[er] S[ache]"[75].

bb) Die „Natur" der Sache

Diese auf das Recht zentrierte Perspektive setzt sich fort bei der Bestimmung des Begriffs der „Natur" in der Denkform der „Natur der Sache". Zunächst verbleibt die Definition noch im Bereich der sozialen Struktur der Lebensverhältnisse. „Natur der Sache" sei der „aus der Beschaffenheit der Lebensverhältnisse selbst zu entnehmende objektive Sinn" (S. 234/235). Aber schon der nächste Schritt der Argumentation führt in den Bereich des Rechtlich-Normativen. Denn die Frage nach dem Sinn der Lebensverhältnisse wird verstanden als Frage nach dem „juristische(n) Sinn und der Rechtsidee, die sich in ihm verwirklicht" (S. 235). Die „juristische Konstruktion", der die Aufgabe zukommt, das Lebensverhältnis in ein Rechtsinstitut umzuformen, knüpft also an einen schon *rechtlich* vorstrukturierten Sachverhalt an. Sie basiert auf einer präzisen Analyse der vorpositiven rechtlichen Struktur des betreffenden Lebensverhältnisses. Deshalb kann Radbruch die „Natur der Sache" jetzt als „Ergebnis einer streng rationalen Methode" kennzeichnen (S. 235) – unter ausdrücklicher Distanzierung von seiner früheren Einschätzung, es handele sich lediglich um einen „Glücksfall der Intuition"[76].

Die Frage, an welchem Punkt bei Radbruchs Lehre von der „Natur der Sache" ein normatives Element ins Spiel kommt, lässt sich also wie folgt beantworten: Schon auf der elementarsten Stufe, bei den Sozialgebilden, deren „natürlichen Kern" die „naturale(n) Rohstoffe" bilden. Schon sie werden bei der Bestimmung ihrer „Natur" auf die Rechtsidee bezogen. Dem entspricht, dass Radbruch zwischen die drei Kategorien, in die er die Lebensverhältnisse – als den Stoff des Rechts – gliedert, keine scharfen Schnitte legt. Die erste Klasse, die der Naturtatsachen, weise schon auf die „Vorformen der Rechtsverhältnisse" hin; diese

[75] *Radbruch*, Brief an Walter Spiess v. 4. April 1943, GRGA 18, 211.

[76] So in der Rechtsphilosophie von 1932, GRGA 2, 232.

wiederum gehe ohne scharfe Grenzen in die dritte Gruppe (die rechtlich geregelten Lebensverhältnisse) über (S. 233/234). Die normativen Elemente, die sich in der Natur der Sache identifizieren lassen, sollen offensichtlich durchgehend eine *rechtlich*-normative Prägung aufweisen.

3. Rechtliche und vorrechtliche Normativität

Es bleibt allerdings die Frage, ob die Normativität, die den sozialen Strukturen immanent ist, durchgehend als *rechtliche* Normativität interpretiert werden kann. In heutiger Terminologie: wenn aus institutionellen Tatsachen ein Sollen ableitbar ist, dann geht es um eine *vorrechtliche* Normativität, sofern es sich um soziale – und nicht um rechtliche – Institutionen handelt. Und es bleibt weiter die Frage, ob die „Entspannung" des scharfen Dualismus von Sein und Sollen, den die „Natur der Sache" leisten soll, unter Wahrung dieses Dualismus überhaupt möglich ist. Scharf formuliert: wenn nach der Lehre von der „Natur der Sache" das Sein (oder Seiendes) als solches normativ relevant sein kann, dann ist das Prinzip des Methodendualismus aufgegeben. Kommt die normative Relevanz aber nicht dem Sein, sondern einem ihm zugeordneten Sollen zu, dann ist nicht zu sehen, wie der Dualismus von Sein und Sollen durch die Idee der „Natur der Sache" entspannt werden könnte.

V. Methodendualismus im Rahmen einer Kulturphilosophie des Rechts?

Diese Überlegungen führen zurück zu dem Ausgangspunkt – zu der Frage, mit welcher Konsequenz das Prinzip des Methodendualismus in einem Ansatz, der das Recht als Kulturphänomen zum Gegenstand rechtswissenschaftlicher Betrachtung macht, tatsächlich durchgeführt werden kann. Gerhard Sprenger hatte, wie erwähnt, der kulturphilosophischen Richtung des Neukantianismus im Anschluss an Wolfgang Kersting generell eine versöhnliche, Wert und Wirklichkeit integrierende Position zugesprochen.[77] Die Richtung, in der sich Radbruchs Position zum Methodendualismus im Laufe der Entwicklung seiner Rechtsphilosophie verändert hat, scheint die Unvereinbarkeit eines strikten Methodendualismus mit einer kulturphilosophischen Betrachtung des Rechts zu bestätigen. Der methodologische Optimismus, das wertbeziehende Denken scharf von dem wertenden trennen zu können, hat sich nicht aufrechterhalten lassen. Mehr noch: Es hat sich gezeigt, dass Wertungen der sozialen Wirklich-

[77] S. oben bei Fn. 3.

keit nicht erst Produkte des wissenschaftlichen Denkens, sondern immanente und rechtlich unmittelbar relevante Bestandteile dieser sozialen Wirklichkeit selbst sind. Wenn Radbruch die Natur der Sache bis zuletzt als „Denkform“ bezeichnet, dann ist das eher der neukantianischen Tradition als dem Gegenstand geschuldet.

Möglicherweise lässt sich der Methodendualismus in der Rechtsphilosophie tatsächlich nur um den Preis der Ausblendung der sozialen, der „kulturellen“ Wirklichkeit des Rechts konsequent durchführen. Damit wären wir wieder bei Kelsen und dem Modell der Rechtswissenschaft als Normwissenschaft. Aber dieser Preis wäre hoch. Näher liegt, den legitimen Herrschaftsbereich des Prinzips des Methodendualismus von dem Gebiet abzugrenzen, in dem es als Usurpator auftritt. Denn: so richtig es ist, dass das Gesollte nicht eine Funktion des Zukünftigen ist, so falsch wäre es, den institutionellen Tatsachen eine immanente Normativität zu bestreiten. Die Normativität des Rechts schließt an diese vorrechtliche Normativität notwendig an. Das überzeugend herausgearbeitet zu haben, ist ein bleibendes Verdienst der von Lask und Radbruch entwickelten Lehre von den „Sozialbegriffen“ und deren Bedeutung für die Struktur der Rechtsordnung.

Max Ernst Mayer

Das Strafrecht als Kulturerscheinung

Michael Pawlik

I. Die Vorgeschichte eines Neukantianers

Am 7. Dezember 1894 führt das Mannheimer Hof- und Nationaltheater – immerhin die Bühne, auf der Schillers *Räuber* das Licht der Welt erblickt haben – ein Trauerspiel in vier Aufzügen mit dem Titel *Ewiger Friede* auf. Sein neunzehnjähriger Verfasser Max Ernst Mayer ist Spross einer der reichen Industriellenfamilien der Stadt; seit einem Jahr studiert er die Fächer Literaturgeschichte, Kunstgeschichte und vor allem Philosophie; die Rechtswissenschaft wird erst später hinzukommen.[1] Gewidmet ist das Stück Bertha von Suttner, und beschworen wird in ihm das Ideal eines die gesamte Christenheit umfassenden Friedensbundes. Der *Ewige Friede* ist ein typisches Stück Gymnasiastenliteratur: Hochadlige Personen, die in ihrer Eindimensionalität eher Abziehbildern als leibhaftigen Menschen gleichen, deklamieren in mitunter wackligen Blankversen bedeutungsschwere Sätze, bis am Ende die Bösen – die aus Italien angeheiratete und daher selbstverständlich verräterische Königin und der im protestantischen Deutschland als Gruselfigur wohl unvermeidliche Kardinal – entlarvt werden und der gute König, wenngleich sterbend, triumphiert. Kantisch ist daran abgesehen von dem bedeutungsschweren Titel nichts. Aber auch von dem Realitätssinn des späteren Juristen Mayer, der weiß, dass die Macht zwar nicht den Endzweck, wohl aber eine Lebensbedingung des Staates darstellt,[2] ist der ganz auf den guten Willen der Herrschenden setzende jugendliche Idealist noch weit entfernt. „Ihr müßt vertrauen, wie ich vertrau", so belehrt sein König den Minister, „daß wir/Die Menschen in die Wolken heben können, /Daß uns die Wolke dann zur Erde werde, /Damit wir dort dem Himmel näher sind."[3]

---

[1] Näher zur Biographie M. E. Mayers *Hassemer*, in: Diestelkamp/Stolleis (Hrsg.), Juristen an der Universität Frankfurt am Main, 1989, 84 ff.; *Ziemann*, Jahrbuch der Juristischen Zeitgeschichte 4 (2002/2003), 395 ff.

[2] *M. E. Mayer*, Macht, Gewalt und Recht, 1921, 6.

[3] *M. E. Mayer*, Ewiger Friede, 1895, 12.

Die Druckfassung des *Ewigen Friedens* erscheint 1895, genau einhundert Jahre nach der Schrift Kants. Nur ein Jahr später legt Mayer seine von dem berühmten Heidelberger Philosophiehistoriker Kuno Fischer betreute philosophische Dissertation mit dem Titel *Das Verhältnis des Sigismund Beck zu Kant* vor. Auch diese Arbeit knüpft an ein hundertjähriges Jubiläum an, allerdings an eines, das auf keinerlei öffentliche Anteilnahme rechnen kann. Wer kennt 1896 noch Jacob Sigismund Beck, einen der frühesten Kommentatoren Kants, der genau einhundert Jahre zuvor seine beiden Hauptschriften *Einzig möglicher Standpunkt, aus welchem die kritische Philosophie beurtheilt werden muß* und *Grundriß der kritischen Philosophie* veröffentlicht hat? Auch für das weitere Werk Mayers scheint seine Behandlung der Frage, ob Beck den transzendentalphilosophischen Neuansatz Kants richtig verstanden hat,[4] keine ernstliche Rolle zu spielen – eine Doktorarbeit, wie sie schon damals jedes Jahr zu Hunderten geschrieben werden, solide, aber keineswegs sensationell.

Aber auch wenn Mayer später nicht mehr ausdrücklich auf sein Erstlingswerk zu sprechen kommt, hält er auch als Rechtswissenschaftler an der Unverzichtbarkeit eines transzendentalphilosophischen Zugangs zu juristischen Fragestellungen fest. Bereits auf den Einleitungsseiten seiner ersten größeren strafrechtlichen Schrift, der 1899 veröffentlichten juristischen Doktorarbeit über das damals vieldiskutierte Thema *Der Kausalzusammenhang zwischen Handlung und Erfolg im Strafrecht*, wendet Mayer sich mit kräftigen Worten gegen die Nichtachtung, die die Einzelwissenschaften, nicht zuletzt die Rechtswissenschaft, der Philosophie gegenüber an den Tag legten, weil sie fälschlicherweise glaubten, der logischen und erkenntnistheoretischen Vorarbeiten der Philosophie nicht zu bedürfen. Nein, so repliziert Mayer, gerade indem die neuere Philosophie „alle Aufgaben hinter der einen, der Aufgabe, die Kant gestellt hat, zurücktreten lässt", arbeite sie „an einem notwendigen Problem und sie arbeitet an ihm mit Erfolg"; deshalb sei „Wissenschaft ohne Philosophie [...] ebenso sehr ein Unding als Philosophie ohne Wissenschaft".[5]

Kant war es freilich noch um die apriorisch im Subjekt liegenden Bedingungen der Möglichkeit von Erkenntnis schlechthin gegangen. Mayers Problemexposition deutet demgegenüber schon darauf hin, dass diese umfassende epistemologische Aufgabenstellung bei ihm zu einer (nur) wissenschaftstheoretischen zusammenschrumpft: Die Einzelwissenschaften sollen über die begrifflichen Tiefenstrukturen ihrer eigenen Arbeit aufgeklärt und dadurch zu einem besseren Verständnis ihrer selbst geführt werden. Damit übernimmt Mayer die Stra-

---

[4] So formuliert Mayer seine Leitfrage; vgl. *M.E. Mayer*, Das Verhältnis des Sigismund Beck zu Kant, 1896, 2, 24.

[5] *M.E. Mayer*, Der Kausalzusammenhang zwischen Handlung und Erfolg im Strafrecht, 1899, 2.

tegie der Neukantianer, die auf diesem Wege versuchen, der Philosophie, welche unter dem Druck der aufblühenden Einzelwissenschaften zerrieben zu werden droht, eine neue Aufgabenstellung und Existenzberechtigung zu verschaffen. So erklärt Windelband, dessen Lehrveranstaltungen Mayer als Student in Straßburg besucht hat,[6] im Einleitungsaufsatz seiner einflussreichen *Präludien*:

> „Alle anderen Gegenstände mögen restlos unter die Spezialwissenschaften verteilt und auf eine Wissenschaft der Weltanschauung mag definitiv verzichtet sein, – jene Wissenschaften selbst sind eine Tatsache, und vielleicht eine der bedeutsamsten von allen, und sie wollen selbst Objekt einer eigenen Wissenschaft sein, die sich zu ihnen verhält wie sie selbst zu den übrigen Dingen."[7]

Die Philosophie soll demnach also auf eine Metaebene ausweichen, sich mithin als eine „Theorie der Wissenschaft" begreifen,[8] und als solche die Tätigkeit der übrigen Wissenschaften „bis in ihre letzten Gründe hinein" verfolgen.[9]

Dass „der logisch-erkenntnistheoretische Zug, der die moderne Philosophie charakterisiert", im Vergleich zu den üppigen Gedankensystemen des deutschen Idealismus „matt und farblos" erscheint,[10] ist Mayer klar.[11] Allerdings bestehe keine Gefahr, dass die Philosophie ewig an den rein epistemologischen Fragen kleben bleiben werde; diese seien vielmehr nur Mittel auf dem Weg zur Wiedergewinnung einer „grosse[n] einheitliche[n] Weltanschauung".[12] Zur Bekräftigung dieser These beruft Mayer sich auf Heinrich Rickert, das zweite Schulhaupt der südwestdeutschen Neukantianer,[13] allerdings zu Unrecht. Zwar versteht der späte Rickert seine Disziplin ausdrücklich als eine „Wissenschaft vom Weltganzen"[14], die eben deshalb mit dem „Gesamtsinn des Lebens in der Welt" zu tun habe.[15] Nichtsdestoweniger müsse eine wissenschaftliche Philosophie „darauf verzichten, das zu geben, was man, nicht sehr bezeichnend, ‚Weltanschauung' nennt, denn diese geht den ganzen Menschen an und wird stets auch von atheoretischen Motiven bestimmt, so daß ihre theoretische Begründung und logische Allgemeingültigkeit für jeden Denker ausgeschlossen ist."[16] Wissenschaftliche Philosophie muss sich deshalb für Rickert darauf beschrän-

---

6 Mayer erwähnt dies in dem seiner juristischen Dissertation beigefügten Lebenslauf (*M. E. Mayer* [Fn. 5], 151).

7 *Windelband*, Präludien, Bd. 1, 6. Aufl. 1919, 19.

8 Ibid. 19.

9 *Windelband*, Präludien, Bd. 2, 6. Aufl. 1919, 10.

10 *Rickert*, Die Grenzen der naturwissenschaftlichen Begriffsbildung, 5. Aufl. 1927, 10.

11 *M. E. Mayer* (Fn. 5), 2.

12 Ibid. 1 f.

13 Ibid. 1 Fn. 1.

14 *Rickert*, Philosophische Aufsätze, 1999, 151.

15 Ibid. 255.

16 Ibid. 319.

ken, begriffliche Klarheit über die Vielfalt der tatsächlich vorhandenen Weltanschauungen zu schaffen, und damit zur Weltanschauungslehre werden;[17] sie hat die diversen Sinnangebote aufzuzeigen, aber nicht zwischen ihnen Stellung zu nehmen. Max Ernst Mayer wird sich, wie wir noch sehen werden, auf die Dauer nicht mit einer solchen Zurückhaltung begnügen und dadurch das methodische Korsett des südwestdeutschen Neukantianismus sprengen.

Sein Aufklärungsprogramm führt Mayer in seiner Doktorarbeit allerdings nicht sonderlich stringent durch. Besonders deutlich zeigt sich dies an seiner Auseinandersetzung mit einem Schlüsselsatz der Kausalitätslehre Franz von Liszts. Im Lehrbuch dieses vermeintlichen Erznaturalisten heißt es mit unüberhörbarem neukantianischen Anklang: „Wir leugnen gestützt auf die Causalität als einer Form unseres Erkennens die reale Kraft einer, von den Bedingungen verschiedenen, den Erfolg *erzeugenden* Ursache."[18] Mayer hält dieses Ausmaß an Entnaturalisierung hingegen für übertrieben. Bei aller Anerkennung, dass die Kausalität eine Form unseres Erkennens sei, könnten wir nicht umhin, die kausal verknüpften Erscheinungen Ursache und Wirkung als Kräfte aufzufassen.[19] Besonders tiefgründig ist diese Behauptung nicht. Aber auch abgesehen von derartigen methodischen Unsicherheiten ist die Abhandlung Mayers in der Durchführung konventioneller und philosophieferner, als es die starken Worte zu Beginn erwarten lassen. Sein eigentliches Thema und seinen eigenen, unverwechselbaren Denkstil hat Mayer in diesem Buch noch nicht gefunden.

II. Der Charakter der Strafrechtswissenschaft und die „moderne Schule"

1. Die Methode der Strafrechtswissenschaft: Generalisierung oder Individualisierung?

Nur zwei Jahre nach seiner Dissertation, im Jahre 1901, publiziert Mayer seine Habilitationsschrift *Die schuldhafte Handlung und ihre Arten im Strafrecht*. Bereits mit dem ersten Satz dieses Werkes stellt er klar, was er zu leisten beansprucht – und was nicht. Dort zitiert er eine berühmte Bemerkung Kants.[20] Auf den Vorwurf, seine *Kritik der praktischen Vernunft* enthalte kein neues Prinzip der Moralität, sondern nur eine neue Formel, entgegnet dieser:

---

[17] Ibid. 319.

[18] *Liszt*, Lehrbuch des deutschen Strafrechts, 8. Aufl. 1897, 125. – Ebenso *Stammler*, Theorie der Rechtswissenschaft, 2. Aufl. 1923, 44.

[19] *M.E. Mayer* (Fn. 5), 29.

[20] *M.E. Mayer*, Die schuldhafte Handlung und ihre Arten im Strafrecht, 1901, 1.

„Wer wollte aber auch einen neuen Grundsatz aller Sittlichkeit einführen, und diese gleichsam zuerst erfinden? gleich als ob vor ihm die Welt, in dem was Pflicht sei, unwissend, oder in durchgängigem Irrtume gewesen wäre.“[21]

Im Einklang mit den übrigen Neukantianern erhebt auch Mayer zeitlebens nicht den Anspruch, die Welt des Strafrechts neu zu erfinden; einen solchen Ehrgeiz könne nur ein Dilettant haben.[22] Er will vielmehr die vorhandene, tatsächlich praktizierte Strafrechtsdogmatik zu einem besseren Verständnis ihres eigenen Vorgehens anhalten und dadurch zu ihrer vorsichtigen Fortentwicklung beitragen – nicht aus einer Haltung selbstgefälliger Besserwisserei heraus, sondern, wie es in seinem 1915 veröffentlichten Lehrbuch des Allgemeinen Teils heißt, um die Zeilen des Gesetzes sachgerecht zu deuten und um die Kunst, zwischen den Zeilen zu lesen, vor Verirrungen zu schützen.[23]

In seiner Habilitationsschrift geht es Mayer darum, die Zentralkategorie der Verbrechenslehre, den Begriff der schuldhaften Handlung, angemessen zu begreifen. Im Anschluss an Windelband und vor allem an Rickert, auf dessen Arbeiten er sich ausdrücklich beruft,[24] bekennt er sich zu der Überzeugung, dass die Begriffsbildung innerhalb einer wissenschaftlichen Disziplin aus „der Aufgabe (dem Zwecke) der Einzelwissenschaft“ zu erschließen sei, welcher der zu bestimmende Begriff angehöre.[25] Bekanntlich scheidet die Unterschiedlichkeit ihrer Zwecksetzungen die Wissenschaften nach Windelband und Rickert in zwei Gruppen: die Naturwissenschaften, die das Ziel verfolgen, die Natur unter allgemeine Begriffe zu bringen, und die Kulturwissenschaften, die ein einmaliges Geschehen in seiner Besonderheit und Individualität zu verstehen suchen.[26] „Die einen sind Gesetzeswissenschaften, die anderen Ereigniswissenschaften; jene lehren, was immer ist, diese was einmal war.“[27] Der Prototyp einer Kulturwissenschaft ist bei Windelband und Rickert die Geschichtswissenschaft. Auf sie ist Windelbands Kennzeichnung der Kulturwissenschaften als idiographische, als Ereigniswissenschaften zugeschnitten; auf sie ist auch Rickerts individualisierende Methode bezogen. Freilich erheben beide Autoren nicht den An-

---

[21] *Kant*, Kritik der praktischen Vernunft A 15 Anm., in: ders., Werke in zehn Bänden, Bd. 6, 1983, 113.

[22] *M. E. Mayer*, Der Allgemeine Teil des deutschen Strafrechts, 1915, 437. – Ebenso *Rickert*, Kulturwissenschaft und Naturwissenschaft (1926), 1986, 110. Aus dem Bereich der Rechtsphilosophie vor allem *Stammler* (Fn. 18), 15 f., 38; *ders.*, Rechtsphilosophische Abhandlungen und Vorträge, 1925, Bd. 1, 420; Bd. 2, 391, dessen Methode *M. E. Mayer*, KritV 10 (1905), 185 als eine „große wissenschaftliche That“ würdigt.

[23] *M. E. Mayer* (Fn. 22), 181.

[24] *M. E. Mayer* (Fn. 20), 3 ff.

[25] Ibid. 3; vgl. *Windelband* (Fn. 9), 18; *Rickert* (Fn. 10), 31.

[26] *Rickert* (Fn. 22), 32.

[27] *Windelband* (Fn. 9), 144 f.

spruch, damit die Fülle der tatsächlich existierenden Wissenschaften abschließend rubriziert zu haben.[28] Namentlich der dogmatischen Rechtswissenschaft wird von Rickert eine Sonderstellung zugebilligt;[29] in ihr vermengten sich individualisierende und generalisierende Begriffsbildung auf das Innigste,[30] denn sie wende ein Verfahren an, das nicht rein historisch sei, sondern eine Art von Systematik anstrebe, das aber trotzdem nicht mit der Methode der generalisierenden Naturwissenschaften zusammenfalle.[31]

Mit dieser vergleichsweise unbestimmten Kennzeichnung der juristisch-dogmatischen Methode möchte Mayer sich allerdings nicht zufriedengeben. Ihm geht es um ein hartes Entweder-Oder. Ist die strafrechtswissenschaftliche Tätigkeit im Kern eher als eine auf maximale Verallgemeinerungen ausgehende Gesetzeswissenschaft nach dem Vorbild der Naturwissenschaften oder als eine der Geschichte benachbarte individualisierende Ereigniswissenschaft zu begreifen?[32] Als eine Disziplin, die ihre Aufgabe darin sieht, ein individuelles Geschehen unter allgemeine Begriffe zu subsumieren, scheint die Rechtswissenschaft auf den ersten Blick den Gesetzeswissenschaften näher zu stehen als den Kulturwissenschaften.[33] Allerdings, so gibt Mayer zu bedenken, betrachtet die Rechtswissenschaft die Bildung allgemeiner Kategorien nicht als Selbstzweck. Die einigende Klammer aller strafrechtswissenschaftlichen Arbeit, „der Lebensnerv unserer Disziplin", sei vielmehr das „Interesse am Einzelnen und Einmaligen".[34] Die Strafrechtswissenschaft habe den letzten Zielpunkt ihrer Tätigkeit darin, Menschen, und zwar einzelne menschliche Individuen, zu beurteilen. Dieser Individualitätsbezug werde durch das Schuldprinzip zum Ausdruck gebracht und gesichert.[35] In der „Anerkennung der Schuldhaftung" liegt in den Worten des Lehrbuchs deshalb nichts Geringeres als die Würde des Strafrechts,[36] und in der immer reineren Durchführung des Schuldprinzips bestehe sein wichtigster Fortschritt.[37] Auch wenn der Schuldmaßstab wie jeder Maßstab immer ein objektiver sei, sei der Gegenstand dieser Beurteilung und der letzte Zielpunkt aller dieser Beurteilung vorarbeitenden wissenschaftlichen Bemühungen doch das vor den Schranken des Gerichts stehende konkrete Individu-

---

[28] *Rickert* (Fn. 10), 619; *ders.*, System der Philosophie, 1921, 220.

[29] *Rickert* (Fn. 10), 619.

[30] Ibid. 617.

[31] *Rickert* (Fn. 28), 220.

[32] *M.E. Mayer* (Fn. 20), 5 ff.

[33] *Radbruch*, Grundzüge der Rechtsphilosophie, 1. Aufl. 1914, GA Bd. 2, 1993, 197.

[34] *M.E. Mayer* (Fn. 20), 9.

[35] Ibid. 11 f.

[36] *M.E. Mayer* (Fn. 22), 228.

[37] *M.E. Mayer*, Gutachten, in: Verhandlungen des 28. Deutschen Juristentages, Bd. 1, 1905, 151.

um.[38] Insofern sei die Strafrechtswissenschaft letztlich eine individualisierende Ereigniswissenschaft.[39]

2. *Integration statt Ausschließung*

Mit Blick auf den Schulenstreit in der deutschen Strafrechtswissenschaft des frühen 20. Jahrhunderts ist dieser Befund nicht ohne Brisanz. Er beinhaltet eine Zurückweisung der Grundposition Liszts, dessen Umkehrung aller strafrechtlichen Begriffe von der individualethischen in die psychosoziale Ebene nach dem Urteil Erik Wolfs „nicht nur die Methoden der Naturwissenschaft im Strafrecht zur Geltung brachte“[40], sondern aufgrund seiner Ersetzung des Maßstabs der Schuld durch den der Gefährlichkeit „die dem Strafrecht innewohnenden Impulse und damit alle seine Wert- und Zweckgesichtspunkte fundamental verschoben hat“[41]. Dessen ungeachtet erkennt Mayer die Bedeutung kriminalanthropologischer und kriminalsoziologischer Forschungen uneingeschränkt an.[42] Zu den zentralen strafrechtswissenschaftlichen Herausforderungen seiner Zeit gehört es nach Mayers Auffassung, einen Weg zu finden, auf dem die Erkenntnisse der gesetzeswissenschaftlich ausgerichteten Kriminologie Eingang in das Gebiet der individualisierend ausgerichteten Strafrechtsdogmatik finden können. Das wechselseitiges Anathema von klassischer und moderner Schule führe ebenso in die Irre wie ein Synkretismus, der in den Worten des Lehrbuchs „unversöhnliche Gegensätze zu einer Einheit zwingen“ will,[43] aber gerade dadurch seinen theoretischen Anspruch verfehle und auf das „Niveau des Parteiprogramms“ absinke.[44] An die Stelle dieser beiden Scheinlösungen müsse eine, wie Mayer sie im Lehrbuch nennt, distributive Theorie treten. Indem diese die konkurrierenden Ansichten nicht als kontradiktorische Gegensätze verstehe, sondern sie als Antworten auf unterschiedliche, aber gleichermaßen berechtigte Fragen begreife, eröffne sie die Möglichkeit zu deren dialektischer Vereinigung.[45]

In seinem Juristentagsgutachten von 1905 und ausführlicher sodann in seinem Lehrbuch entfaltet Mayer die straftheoretischen Konsequenzen dieser Position. Zur *Rechtfertigung* der Strafe ist danach nur die (anhand der jeweils herr-

---

38 *M.E. Mayer* (Fn. 22), 256, 498 f.

39 *M.E. Mayer* (Fn. 20), 5 ff. – Ebenso *Radbruch* (Fn. 33), 198 f.; *ders.*, Rechtsphilosophie, 3. Aufl. 1932, GA Bd. 2, 1993, 355; anders *Mittasch*, Die Auswirkungen des wertbeziehenden Denkens in der Strafrechtssystematik, 1939, 4 f.

40 *Erik Wolf*, Strafrechtliche Schuldlehre, 1928, 19.

41 Ibid.

42 *M.E. Mayer* (Fn. 20), 9 f.

43 Ibid. 422.

44 Ibid. 419.

45 Ibid. 442.

schenden Kulturüberzeugungen konkretisierte) Idee der Gerechtigkeit geeignet. Der *Zweck* des Strafens könne demgegenüber nur ein spezialpräventiver sein. Bei dessen Durchführung seien allerdings wiederum die Gerechtigkeitsrücksichten zu beachten, welche einer reinen Täterorientierung entgegenstünden.[46] Der verbrechenstheoretischen Fundierung dieses Standpunktes dient Mayer die Kategorie des Motivs, die in seiner Schuldlehre eine zentrale Rolle spielt.[47] Ermöglicht werde dadurch erstens eine angemessene Würdigung der sozialen Randbedingungen einer Tat. Da das Motiv von einem in der Außenwelt gegebenen Ding oder Vorgang herrühre, diese Außenwelt aber auch das soziale Milieu einer Tat umfasse, gestatte die Beachtung der Motive zugleich auch eine Würdigung des Milieus; „der Begriff des Motivs öffnet die Schranken"[48]. Zweitens könne auf diesem Weg auch Liszts Unterscheidung zwischen Augenblicks- und Zustandsverbrechern in die Dogmatik des herkömmlichen Schuldstrafrechts integriert werden. Da nämlich die Schuld eines Delinquenten umso größer sei, je stärker seine Handlung ihre Erklärung in seinem Charakter – dem Inbegriff „festgewordene[r]", dauerhaft wirksamer Motive – finde, wiege die Schuld des charakterlich deformierten Zustandsverbrechers *ceteris paribus* schwerer als die des Augenblicksverbrechers.[49]

Der Rückgriff auf den Gedanken der Charakterschuld führt in einem Tatstrafrecht freilich seinerseits zu erheblichen Problemen.[50] Aber auch abgesehen davon findet der Lösungsvorschlag Mayers seine Grenze an solchen Tätern, denen ihre Gefährlichkeit z. B. wegen Krankheit nicht als Charakterschwäche angelastet werden kann. In solchen Fällen ist, wie Mayer im Lehrbuch einräumt, eine „Ergänzung der gerechten Strafen durch zweckmäßige Maßnahmen ohne Strafcharakter (Sicherungsmittel)" unvermeidlich. Diese Zweispurigkeit sieht Mayer indessen nicht als Makel, im Gegenteil; sie sei das nicht mehr strittige Ergebnis der kriminalpolitischen Bestrebungen der Gegenwart.[51] „Daher ist die distributive Theorie durchaus nicht eine Erfindung eines einzelnen oder gar dieses Lehrbuchs, sondern gerade in ihrer letzten, die Vollendung enthaltenden Konsequenz das herrschende System."[52] Erneut erweist sich hier der auf Versöh-

---

46 *M. E. Mayer* (Fn. 37), 161 ff., 185; *ders.* (Fn. 22), 417 ff.

47 *M. E. Mayer* (Fn. 20), 40 ff., 137 ff., 185 ff. – Kritisch *Frommel*, Präventionsmodelle in der deutschen Strafzweck-Diskussion, 1987, 95 f.

48 Ibid. 201.

49 Ibid. 188 ff.; zusammenfassend *ders.* (Fn. 37), 153 f.

50 Dazu umfassend *Schmidhäuser*, Gesinnungsmerkmale im Strafrecht, 1958, 117 ff. (mit besonderem Bezug auf Mayer).

51 In diesem Sinne auch *Liszt*, ARWP 3 (1909/10), 613 ff.; *Exner*, Die Theorie der Sicherungsmittel, 1914, 238 (die Zweispurigkeit sei ein „Sieg aller"); aus der neueren Literatur *Frisch*, ZStW 102 (1990), 347.

52 *M. E. Mayer* (Fn. 22), 442.

nung ausgehende Grundzug von Mayers Denkstil. Statt durch steile monistische Thesen zu schockieren sucht er das Neue als organische Fortentwicklung des Bisherigen, als konsequentes Weiter-Ausziehen der schon vorhandenen Linien auszugeben.

In seiner Kulturnormtheorie, die ihm bis heute ein bescheidenes Fortleben im disziplinären Gedächtnis der Strafrechtswissenschaft sichert, wird Mayer diesem methodischen Ansatz treu bleiben. Ich werde diese Lehre in zwei Schritten nachzeichnen. Im folgenden Abschnitt erläutere ich ihren *rechtsphilosophischen* Bedeutungsgehalt; im übernächsten Abschnitt gehe ich auf ihren *strafrechtswissenschaftlichen* Stellenwert ein.

III. Kultur als Thema der Rechtsphilosophie

1. Das Recht als Kulturphänomen

a) Der Kulturbegriff Mayers

Kultur, dies ist, wie Mayer sehr wohl weiß,[53] ein großes Wort von majestätischer Unbestimmtheit; nicht zuletzt deshalb ist es in den Selbstverständigungsdebatten im Deutschland der Jahrhundertwendezeit omnipräsent.[54] Inhaltliche Konturen erhält es erst durch seinen Gegenbegriff.[55] Bei Mayer und bei seinem Gewährsmann Rickert ist dies der Begriff der Natur. Naturprodukte wachsen in den Worten Rickerts frei aus der Erde. Kulturprodukte bringe demgegenüber das Feld hervor, wenn der Mensch geackert und gesät habe. „Hiernach ist Natur der Inbegriff des von selbst Entstandenen, ‚Geborenen' und seinem eigenen ‚Wachstum' Überlassenen. Ihr steht die Kultur als das von einem nach gewerteten Zwecken handelnden Menschen entweder direkt Hervorgebrachte oder, wenn es schon vorhanden ist, so doch wenigstens um der daran haftenden Werte willen absichtlich Gepflegte gegenüber."[56] Während Natur ohne Rücksicht auf Werte betrachtet werde, sei in Kulturobjekten oder -vorgängen stets irgendein von Menschen anerkannter Wert verkörpert; daher sei Natur „das bedeutungsfreie, unverständliche, Kultur dagegen das bedeutungsvolle, verstehbare Sein"[57]: der Inbegriff der kollektiven Symbolsysteme und Praktiken, durch welche die Menschen die von ihnen vorgefundene „erste Natur" zu einer bedeu-

[53] Ibid. 38.

[54] Einen Überblick gibt *Sprenger*, in: ders. (Hrsg.), Deutsche Rechts- und Sozialphilosophie um 1900, 1991, 134ff.

[55] *Rickert* (Fn. 10), 520.

[56] *Rickert* (Fn. 22), 35.

[57] Ibid. 38.

tungshaltigen und deshalb auch der Bewertung zugänglichen „zweiten Natur“ um- und überformen.[58]

Ganz ähnlich wie bei Rickert klingt es bei Mayer. „Kultur ist Menschenwerk und steht im Gegensatz zur Natur.“[59] Während die letztere wertfrei sei, sei die Kultur „*wertvoll gewordene Wirklichkeit* und darum auch *wirklich gewordener Wert*“.[60] Die Bezwingung der Naturkräfte, die Läuterung der natürlichen Triebe, die Verfeinerung der angeborenen Bedürfnisse, das sei Kultur. „Daher sind alle Tätigkeiten, die auf solche Ziele hinarbeiten, recht eigentliche Kulturfaktoren. Wissenschaft und Kunst, Moral und Religion, Wirtschaft und Recht arbeiten mit an der Überwindung des Naturzustandes und der Veredelung des Lebens, sie sind die Schöpfer der Kultur.“[61] Dieser Veredelungsprozess findet nach Mayer niemals einen natürlichen Abschluss. Als Wertbegriff beinhalte Kultur vielmehr den Gedanken des Fortschritts und der Annäherung an ein Ideal.[62] „Kultur ist ein in der Vervollkommnung begriffener Zustand; unkultiviert zu sein, ist wie für den Landstrich, so für den Menschen oder den Volksstamm ein Mangel.“[63] Dass das Recht, durch menschliches Handeln erzeugt und nach Mayer mit der doppelten Aufgabe betraut, den Rechtsgenossen einerseits Orientierung zu verschaffen und ihnen andererseits eine Garantie ihrer Freiheit zu leisten,[64] eine Kulturerscheinung ist, stellt, wie Mayer einräumt, eine Trivialität dar; dennoch habe es lange, bis zu Montesquieu, Hegel und der historischen Rechtsschule gedauert, bis sie allgemein zur Kenntnis genommen worden sei.[65] Das philosophische Bestreben Mayers besteht vor allem darin, diese Einsicht im Einzelnen zu entfalten und ihre Fruchtbarkeit zu erproben. Erstmals unternimmt er dies in seinem bis heute wohl bekanntesten Buch: der 1903 publizierten Abhandlung *Rechtsnormen und Kulturnormen*; darauf werde ich in Kürze näher eingehen.

Bei seiner Bestimmung des Kulturbegriffs beschränkt Mayer sich indessen nicht darauf, die Formeln der südwestdeutschen Meisterdenker schlicht zu reproduzieren. Er ergänzt sie vielmehr durch den Rückgriff auf eine andere, nüchternere ideengeschichtliche Traditionslinie. Kultur, so heißt es bei ihm ebenso knapp wie sachlich, sei die Pflege eines gemeinsamen Interesses.[66] An diese

[58] Die Rede von der „zweiten Natur“ übernehme ich von Hegel (*Hegel*, Grundlinien der Philosophie des Rechts, § 4, Werke Bd. 7, 1986, 46), dessen objektiver Geist in vielerlei Hinsicht eine Vorläuferkategorie zum Kulturbegriff darstellt (vgl. *Rickert* [Fn. 22], 10 f.).

[59] *M. E. Mayer* (Fn. 22), 39.

[60] *M. E. Mayer*, Rechtsphilosophie, 1922, 34.

[61] *M. E. Mayer* (Fn. 22), 39.

[62] Ibid.; *ders.* (Fn. 60), 34.

[63] *M. E. Mayer* (Fn. 22), 39.

[64] *M. E. Mayer*, Rechtsnormen und Kulturnormen, 1903, 40, 49 ff.; *ders.* (Fn. 22), 20 ff.

[65] *M. E. Mayer* (Fn. 60), 31.

[66] *M. E. Mayer* (Fn. 22), 41; *ders.* (Fn. 60), 33.

Begriffsbestimmung knüpft auch seine Definition des Ausdrucks „Kulturnorm“ an. Dieser sei ein Sammelname für die „Gesamtheit derjenigen Gebote und Verbote, die als religiöse, moralische, konventionelle, als Forderungen des Verkehrs und des Berufs an das Individuum herantreten“[67] und durch die eine Interessengemeinschaft beliebiger Art – so definiert Mayer den Begriff der Gesellschaft[68] – von ihren Angehörigen das ihrem Interesse entsprechende Verhalten fordere.[69] Mayers Verständnis der Kulturnormen als „Forderungen, die aus den sozialen Interessen entspringen“[70], hat, wie er im Vorwort zu *Rechtsnormen und Kulturnormen* offenlegt, seine wichtigste Wurzel in der Rechtsphilosophie Rudolf von Jherings. Die Kultur löse die Aufgabe, mit der man die Rechtsordnung belastet habe, sie verkünde die Gebote und Verbote, durch welche mit der bekannten Formel Jherings die „Lebensbedingungen der Gesellschaft“ gesichert würden.[71] Mayers Wertschätzung Jherings geht so weit, dass er ihn noch über Marx stellt. Für beide sei das Werden des Rechts innerhalb der Gesellschaft ein zentrales Problem. Jhering löse es aber ungleich umfassender und tiefer als Marx, denn er gehe nicht einseitig der wirtschaftlichen, sondern der gesamten kulturellen Bedingtheit des Rechts nach.[72]

b) Das Anliegen Mayers: Einbettung des Rechts in die Einheit der Kultur

Wer sich an die in der strafrechtlichen Ideengeschichte bis heute verbreitete scharfe Entgegensetzung von Naturalismus und Neukantianismus klammert, wird die Position Mayers als synkretistisch schelten. Damit verkennt er jedoch, dass Jhering als Vorläufer des (später so genannten) teleologischen Rechtsdenkens nicht nur bei Mayer, sondern auch bei den übrigen südwestdeutschen Neukantianern, so etwa bei Radbruch,[73] aber auch bei Rickert,[74] in hohem Ansehen steht. Vor allem aber versperrt er sich den Blick auf das eigentliche Anliegen des von ihm Kritisierten: Mayer geht es letztlich darum, die Interaktion der Straf-

---

[67] *M.E. Mayer* (Fn. 64), 17.

[68] *M.E. Mayer* (Fn. 60), 25. – Kritisch zur Weite dieser Begriffsbestimmung *Armin Kaufmann*, Lebendiges und Totes in Bindings Normentheorie, 1954, 192.

[69] *M.E. Mayer* (Fn. 22), 44; *ders.* (Fn. 60), 38.

[70] *M.E. Mayer* (Fn. 64), 43.

[71] Ibid. 30; vgl. *Jhering*, Der Zweck im Recht, Bd. 1 (1877), 1904, 330, 345, 378, 399.

[72] *M.E. Mayer* (Fn. 60), 15. – Mit dieser Bewertung ist Mayer freilich aus gutem Grund allein geblieben. Verglichen mit dem hochkomplexen Theoriegebäude von Marx erscheinen Jherings Ansätze zu sozialwissenschaftlichen Theorien in den treffenden Worten Helmut Schelskys „naiv und fast begriffslos“ (*Schelsky*, Jahrbuch für Rechtssoziologie und Rechtstheorie 3 [1972], 53).

[73] Vgl. etwa *Radbruch* (Fn. 33), 36f.; *dens.*, Vorschule der Rechtsphilosophie (1948), GA Bd. 3, 1990, 137; *dens.*, Vorwort (1952), GA Bd. 4, 2002, 227ff.

[74] Vgl. *Rickert*, Zur Lehre von der Definition, 3. Aufl. 1929, 32ff.

rechtsdogmatik mit ihrer sozialen Umwelt begrifflich zu erfassen; an die Stelle einer vorgeblich reinen, gleichsam selbstgenügsamen sucht er eine Strafrechtswissenschaft zu setzen, die sich über ihre Verwobenheit mit der Gesamtkultur ihrer Zeit im Klaren ist.

Den Hintergrund dieses Bestrebens bildet eine Entwicklung, die man schlagwortartig als Technisierung des Rechtsdenkens bezeichnen kann; Max Weber hat sie eindringlich analysiert. Die Vollpositivierung des Rechts lässt demnach seine idealistische Überhöhung immer unglaubwürdiger erscheinen.[75] Das Naturrecht – der Inbegriff der Normen, die unabhängig von allem positiven Recht gelten und dessen Verbindlichkeit allererst legitimieren[76] – sei daher „in tiefen Mißkredit geraten".[77] Als Konsequenz der technischen und ökonomischen Entwicklung sei vielmehr die

„Fachmäßigkeit des Rechts, und die zunehmende Wertung des jeweils geltenden Rechts als eines rationalen, daher jederzeit zweckrational umzuschaffenden, jeder inhaltlichen Heiligkeit entbehrenden, technischen Apparats sein unvermeidliches Schicksal."[78]

Webers Entzauberung des Rechts zu dem „Produkt und technische[n] Mittel eines Interessenkompromisses"[79] setzt eine Linie des Denkens fort, die bereits von Marx, Jhering und Nietzsche vorbereitet worden ist. Der gelernte Jurist Weber verwendet jedoch zugleich beträchtliche Mühe auf den Nachweis, dass die Widerspiegelungsthese des „naiven Geschichtsmaterialismus"[80] allzu plump sei, weil sie die „interne[n] Denkbedürfnisse" der Juristen[81] und die daraus erwachsende Eigendynamik der juristischen Argumentationspraxis unbeachtet lasse. Da das moderne Rechtsdenken sich den Idealen logischer Rationalität und Systematik verpflichtet wisse, sei ihm die Tendenz zu einer zunehmenden logischen Sublimierung und deduktiven Strenge des Rechts immanent.[82] Die „Gewalt der entfesselten rein logischen Bedürfnisse der Rechtslehre und der durch sie beherrschten Rechtspraxis" könne dazu führen, „daß Interessentenbedürfnisse als treibende Kraft für die Gestaltung des Rechts weitgehend geradezu ausgeschaltet" würden,[83] mit der Folge, dass die Befunde der Juristen aus der

[75] *M. Weber*, Wirtschaft und Gesellschaft, 5. Aufl. 1980, 502.
[76] Ibid. 497.
[77] Ibid. 502.
[78] Ibid. 513.
[79] Ibid. 502.
[80] *M. Weber*, Religion und Gesellschaft, 2006, 40.
[81] *M. Weber* (Fn. 75), 493.
[82] Ibid. 504 f.
[83] Ibid. 459.

Warte der Verkehrsinteressenten „ungemein häufig gänzlich irrational und geradezu disparat" erschienen.[84]

Allerdings ist Weber sich auch darüber im Klaren, dass die betreffenden Interessenten desto weniger dazu bereit sind, diese Diskrepanz hinzunehmen, je weiter der Prozess der Entsakralisierung des Rechts fortschreitet. Ein Instrument kann und soll man jederzeit neu justieren, wenn es den eigenen Erwartungen und Bedürfnissen nicht hinreichend entspricht. Dieser Druck äußert sich schon im Kaiserreich nicht nur in Gestalt einer immer umfangreicheren (und hektischeren) Gesetzgebungstätigkeit,[85] sondern er richtet sich auch auf die Auslegung des vorhandenen Rechts. Der unorthodoxe Neukantianer Hermann Kantorowicz spricht für viele, wenn er in einem Vortrag von 1910 über das dem Postulat strikter Gesetzesanwendung verpflichtete herkömmliche juristische Methodenverständnis urteilt: „Kein Blick fällt über die chinesische Mauer hinweg in die Gefilde des sozialen Lebens, zu deren Regelung diese Gesetze ergangen sind; sie bekümmern den orthodoxen Juristen so wenig, wie den reinen Mathematiker der Gebrauch, den der Maschinenbauer vielleicht einmal von seinen Formeln machen wird."[86] So borniert soll das juristische Selbstverständnis nach der Überzeugung seiner Kritiker nicht bleiben. Vielmehr soll das Rechtsdenken materialisiert werden in dem Sinne, dass, wie Weber schreibt, „Normen anderer qualitativer Dignität als logische Generalisierungen von abstrakten Sinndeutungen" Einfluss auf die Entscheidung von Rechtsproblemen gewinnen: „ethische Imperative oder utilitarische oder andere Zweckmäßigkeitsregeln oder politische Maximen."[87]

Mit Max Weber, der selber dieser Tendenz kritisch gegenübersteht, hat Mayer sich, soweit ersichtlich, niemals näher auseinandergesetzt. Als das Beste, das es zum Thema „Recht und Kultur" gebe, lobt er vielmehr eine gleichnamige Schrift des Juristen und Philosophen Fritz Münch.[88] Zwar sind dessen Darlegungen weit von der durchdringenden analytischen Kraft Webers entfernt. Auch Münch erörtert jedoch das spannungsreiche Verhältnis zwischen der neuzeitlichen Erscheinungsform des Rechts als einem „in sich geschlossene[n], in sich selbst beschlossene[n] Sinnzusammenhang mit eigener, ihm sachlich innewohnender Sinngesetzlichkeit"[89] und seiner Einbettung in das „Gesamtideen-

---

[84] Ibid. 493.

[85] Dazu *Stolleis*, ZNR 1989, 129 ff.

[86] *Kantorowicz*, Rechtswissenschaft und Soziologie, in: Verhandlungen des 1. Deutschen Soziologentages, 1911, 279.

[87] *M. Weber* (Fn. 75), 397.

[88] *M. E. Mayer* (Fn. 22), 39.

[89] *Münch*, Kultur und Recht, 1918, 20.

system der Kultur überhaupt“[90]. Dieses Spannungsverhältnis darf Münch zufolge weder durch eine (begriffsjuristische) Verabsolutierung der „Eigengesetzlichkeit des Rechts“[91] noch durch deren (freirechtliche) Preisgabe aufgelöst werden; anzustreben sei vielmehr eine „harmonische Synthese der verschiedenen Sinnsphären in einem einheitlichen Ideensystem, in dem der kulturelle Differenzierungsprozeß seinen idealen Konvergenzpunkt hat“[92]. „Kultureinheit“[93] anstelle eines „Wertatomismus“[94] von gegeneinander verselbständigten Sinnsphären – so versucht Münch das bürgerliche Leiden an der wachsenden Unübersichtlichkeit moderner Gesellschaften zu beschwichtigen. Ein ähnliches Integrationsbestreben liegt auch der Kulturnormentheorie Mayers zugrunde. Ihr wende ich mich jetzt zu.

2. Der Begriff des Rechts

a) Kulturphilosophie statt Allgemeiner Rechtslehre

Das rechtsphilosophische Untersuchungsprogramm Mayers findet seine endgültige Gestalt in der 1922, ein Jahr vor dem frühen Tod ihres Verfassers, erschienenen *Rechtsphilosophie*. Unter Rückgriff auf eine von Rudolf Stammler begründete und von Gustav Radbruch fortentwickelte Unterscheidung[95] legt Mayer dort dar, dass das Recht als Kulturphänomen sich in zweifacher Hinsicht zum Gegenstand philosophischen Nachdenkens machen lasse. Zum einen könne nach dem Ort des Rechts in der Welt der Kultur gefragt und seine Interaktion mit den es umgebenden Kulturbereichen untersucht werden. Hier geht es nach Mayer um den *Begriff* des Rechts.[96] Zum anderen könne das anzustrebende Ziel der rechtskulturellen Entwicklung in den Blick genommen und gefragt werden, „welches Recht richtig ist“.[97] Hier steht nach Mayer die *Idee* des Rechts zur Diskussion.[98] Vom Begriff des Rechts unterscheidet sich dessen Idee mithin dadurch, dass sie nicht empirisch gewonnen wird; „der Begriff wird aus dem Stoff hervorgeholt, die Idee an ihn herangetragen; dort Formung, hier Wertung, zwei

[90] Ibid. 45.
[91] Ibid. 45.
[92] Ibid. 38.
[93] Ibid. 45.
[94] Ibid. 42.
[95] *Stammler*, Die Lehre von dem richtigen Rechte, 2. Aufl. 1926, 16 ff.; *ders.* (Fn. 18), 26 ff., 266 ff.; *ders.* (Fn. 22), Bd. 2, 11 ff.; *Radbruch* (Fn. 39), 227; *ders.* (Fn. 73), 150 f. – Näher zum Einfluss Stammlers auf Mayer *Wapler*, Werte und das Recht, 2008, 152 ff.
[96] *M. E. Mayer* (Fn. 60), 5 f.
[97] Ibid. 15.
[98] Ibid. 6.

Welten!“ Beide aber seien aufeinander angewiesen; „die Begriffsbildung ist in Gefahr zu mißlingen, wenn ihr nicht eine Idee vorschwebt, und die Erkenntnis der Idee setzt einen gesicherten Begriff voraus.“[99]

Worin liegt der spezifisch rechtsphilosophische Charakter von Mayers Frage nach dem Begriff des Rechts? In seiner Antwort hebt Mayer sein eigenes theoretisches Unternehmen von dem der Allgemeinen Rechtslehre ab, wie sie für den Bereich des Strafrechts von Adolf Merkel begründet wurde. Die letztere suche zwar die Grundbegriffe namhaft zu machen, die hinter dem Rechtsbegriff lägen, wie z.B. subjektives Recht, Rechtspflicht oder Rechtsfolge, sie setze dabei aber genau wie die dogmatische Rechtswissenschaft das Recht als solches voraus.[100] Der wahre Rechtsphilosoph schürfe hingegen nach den Voraussetzungen des Rechts, denn er wolle „das Ganze des Rechts erkennen“.[101]

Wer dies anstrebe, der darf sich in Mayers Worten „nicht innerhalb des Rechtsbezirks tummeln, sondern muß seinen Gegenstand auf dem weiteren Gebiet suchen, auf dem es selbst ein Teil ist und neben anderen Erscheinungen steht, – darf nicht im Walde bleiben, sondern muß die Höhe erreichen, die einen freien Ausblick auf die Landschaft bietet, denn nun erst sieht er den Wald als eine in saubere Konturen eingeschlossene Einheit“.[102] Dieses weitere Gebiet sei das der Sozial- und Kulturphilosophie, und die Anwendung von deren Einsichten auf das Gebiet des Rechts bilde den ersten Teil der Aufgaben der Rechtsphilosophie.[103] Deren Lösung widmet Mayer sich erstmals in seiner schon mehrfach erwähnten Abhandlung *Rechtsnormen und Kulturnormen*. Dieser Titel ist prägnant und wirkungsvoll, aber in einer wichtigen Hinsicht ungenau; der Intention Mayers hätte es besser entsprochen, wenn er statt der Konjunktion „und“ ein „als“ verwendet hätte. Die Kernthese seiner Konzeption lautet nämlich, dass es sich beim Grundbestand der Rechtsnormen um ausgewählte und präzisierte Kulturnormen handele. Wie begründet er dies?

b) Rechtsnormen als Kulturnormen

Jede Gesellschaft, so zeigte ich soeben, hat nach Mayer ihre Kulturnormen. Dieser Satz kennt jedoch eine gewichtige Ausnahme. Der Staat als Inhaber der Herrschermacht, diese verstanden als die durch Zwang gesicherte Erteilung und Durchführung von Befehlen, sei die einzige Gesellschaft, die keine Kultur schöpferisch hervorbringe.[104] Der Zwang als solcher ist nach Mayer nämlich

---

99 Ibid. 64.

100 Ursprünglich stammt dieses Argument von *Stammler* (Fn. 95), 388.

101 *M.E. Mayer* (Fn. 60), 5.

102 Ibid. 5f.

103 Ibid. 6.

104 Ibid. 39.

mächtig und ohnmächtig zugleich. „Noch nie hat es eine Kultur gegeben, die auf Befehl angetreten wäre.“[105] Zwar sei Zwang zur Durchsetzung der Rechtsordnung unverzichtbar. Aber der Zwang allein genüge nicht, um Rechtsnormen soziale Geltung zu verschaffen. Entscheidend sei vielmehr deren Anerkennung durch die Mehrheit der Rechtsgenossen; diese Anerkennung aber erwerbe das Recht vor allem dadurch, dass es mit den Kulturnormen der betreffenden Gesellschaft in Übereinstimmung stehe.[106] Die Kulturnormtheorie erweist sich insofern als eine Variante der generellen Anerkennungstheorie;[107] namentlich weist sie unübersehbare Parallelen zu den Überlegungen auf, die Adolf Merkel einige Jahre zuvor formuliert hat.[108]

Die Rolle des Staates erblickt Mayer primär darin, dass er in seinen Gesetzen zu den Kulturnormen der seiner Macht unterstehenden Gesellschaften Stellung nehme, indem er einige von ihnen anerkenne, andere hingegen verwerfe.[109] Dies sei, so schreibt Mayer nicht ohne einen gewissen Stolz, „eine der elementarsten Einsichten, die man der Rechtsordnung als einem Ganzen abgewinnen kann.“[110] Mit dieser Selektions- gehe eine Präzisierungsleistung einher. Die Kulturnormen seien in aller Regel viel zu unscharf, um „unverarbeitet, gleichsam in ihrem natürlichen Zustande“, in ein Gesetzbuch – namentlich das StGB – aufgenommen zu werden; sie bedürften vielmehr der Gestaltung und Formung, „dieser Kleinarbeit, die bei der Schaffung eines Gesetzes die größte Mühe macht und die höchste Sorgfalt fordert.“[111] Kommt der Staat dieser Aufgabe ordnungsgemäß nach, so ist das Recht in Mayers Worten der leistungsfähigste Kulturfaktor.[112] Indem eine Kulturnorm in den Schutz des Staates gestellt werde, verstärke sich ihre Durchschlagskraft um ein Vielfaches, denn allein die Tatsache, dass es sich nun um eine gesetzliche Vorschrift handelt, verschaffe ihr in den Augen

---

[105] Ibid. 40.

[106] Ibid. 58 f.

[107] *Kelsen*, Hauptprobleme der Staatsrechtslehre, 2. Aufl. 1923, 370; *Radbruch* (Fn. 33), 159 Fn. 7; *Schreiber*, Der Begriff der Rechtspflicht, 1966, 113.

[108] *Merkel*, Juristische Enzyklopädie, 1885, 29 f.; *ders.*, Gesammelte Abhandlungen aus dem Gebiet der allgemeinen Rechtslehre und des Strafrechts, 2. Hälfte, 1899, 19, 589. – Auf die betreffenden Parallelen weisen auch *Gerland*, Kritische Vierteljahresschrift für Gesetzgebung und Rechtswissenschaft 10 (1905), 453, *Schreiber* (Fn. 107), 116 und *Haferkamp*, in: Senn/Puskás (Hrsg.), Rechtswissenschaft als Kulturwissenschaft, 2007, 119 hin.

[109] *M. E. Mayer* (Fn. 60), 39, 58.

[110] *M. E. Mayer* (Fn. 22), 45.

[111] Ibid. 49.

[112] Ibid. 51.

vieler Rechtsgenossen zusätzliche Autorität;[113] im Übrigen könnten die vom Staat verwalteten Schutzmittel selbst den zähesten Widerstand brechen.[114]

Wehe hingegen dem Gesetzgeber, der kulturfremde Gesetze produziert. Mit einer über Hegel bis in die Aufklärungszeit zurückreichenden Tradition ist Mayer davon überzeugt, dass sie sich auf die Dauer nicht halten können.[115] Nur das Gesetz, welches sich einlebe, d.h. von der Kultur rezipiert werde, vermöge ein dauernder Bestandteil der Rechtsordnung zu sein;[116] hingegen „weisen [wir] zurück die Gesetze, die in unversöhnlichem Widerspruch mit Kulturforderungen stehen."[117] Als Beispiel eines Gesetzes des letztgenannten Typs nennt Hegel die Verfassung, die Napoleon den Spaniern zu oktroyieren versuchte.[118] Der Großbürger Mayer hingegen verweist interessanterweise auf das Sozialistengesetz; gegen Ideen, die die Völker bewegten, seien nur Ideen taugliche Waffen, Verurteilungen seien dagegen machtlos.[119] Dass das Sozialistengesetz ein politischer Fehler war, lässt sich kaum bestreiten. Dessen ungeachtet besteht zwischen den Fällen Hegels und Mayers ein unübersehbarer Unterschied. Der spanische Aufstand gegen Napoleon war eine echte Volksbewegung; die sozialistischen Ideen bewegten in den 70er und 80er-Jahren des 19. Jahrhunderts hingegen nicht „das" deutsche Volk, sondern nur eine – wenngleich beachtliche – Minderheit desselben, die zu den im Kaiserreich politisch, sozial und kulturell tonangebenden Kräften zudem in harter Opposition stand. An einen solchen Fall mit dem (allzu) vagen Analyseinstrument des Kulturnormbegriffs heranzugehen, läuft darauf hinaus, genuin politische Konflikte zu kulturellen Differenzen umzudeuten – eine Neigung, die Mayer selbst in einem anderen Zusammenhang (der zeitgenössischen Auseinandersetzung um die Todesstrafe) ausdrücklich als verfehlt kritisiert.[120]

c) Kritik der Kulturnormenlehre: Problemanzeige statt Problemlösung

Damit komme ich zu den Bedenken gegen die Kulturnormtheorie. Stellt diese Konzeption, so lautet der Kerneinwand gegen sie, angesichts der Realität einer hochkomplexen und von tiefen weltanschaulichen Rissen durchzogenen Industriegesellschaft, wie sie das Deutsche Reich darstellt, nicht eine schreckliche Vereinfachung dar? Überzeichnet sie nicht die Homogenität der gesellschaft-

---

113 *M.E. Mayer* (Fn. 60), 59.
114 *M.E. Mayer* (Fn. 22), 47, 51.
115 *M.E. Mayer* (Fn. 64), 23, 25f., 42.
116 Ibid. 23.
117 Ibid. 23, 26.
118 *Hegel* (Fn. 58), § 274 Z, Werke Bd. 7, 440.
119 *M.E. Mayer* (Fn. 64), 26.
120 *M.E. Mayer* (Fn. 22), 436.

lichen Wertüberzeugungen? Unterschätzt sie umgekehrt nicht die rasch wachsende Regelungsbedürftigkeit zahlloser Lebensbereiche, der sich durch die Konkretisierung einiger Kulturnormen nicht einmal ansatzweise Rechnung tragen lässt?[121] Und ist ihr nicht ähnlich wie der Volksgeistlehre der Historischen Rechtsschule, auf deren Nähe zu seinem Kulturbegriff Mayer selbst hinweist,[122] ein stark konservativer Zug eigen? Wie will sie den Beitrag des Rechts zum sozialen Wandel, den Einfluss der Gesetzgebung auf den gesellschaftlichen Wertehaushalt erfassen?[123]

Mayer sieht diese Bedenken. Er sucht ihnen allerdings vor allem dadurch Rechnung zu tragen, dass er sie bagatellisiert; erst wo dies nicht ausreicht, nimmt er vorsichtige Modifikationen seiner Ausgangsthese vor. Die erstgenannte Strategie verfolgt Mayer vor allem in dem wohl kritischsten Punkt, der Homogenitätsfrage. Unbeirrt hält er an der ganz in der Tradition der Volksgeistlehre stehenden Überzeugung fest, dass die einzelnen Nationen einheitliche Kulturkreise bilden; mit dem Wesen einer Nation sei „die Fähigkeit, eine ausgeprägte Kultur zu schaffen, unzertrennlich verbunden".[124] Zwar spiegele sich die nationale Kultur „nicht in allen Köpfen in den gleichen Formen und Farben"; außerdem sei sie manchmal schwer zu trennen von der Kultur eines Kreises, der innerhalb der Nation stehe, sich aber nicht mit ihr decke.[125] In streitigen Fällen sei es deshalb unvermeidlich, auf die Mehrheitsauffassung zurückzugreifen.[126] „Rücksicht auf abseits liegende Kulturideale, denen religiöse oder politische Dissidenten oder sonst welche Eigenbrötler huldigen", könne von der Rechtsgemeinschaft jedoch nicht verlangt werden[127] – ein Satz, der so klingt, als wäre die Kultureinheit im Kaiserreich hauptsächlich von einigen Anarchisten, Lebensreformern und Waldschraten beeinträchtigt worden.[128] Auch auf das starke Wachstum hochspezialisierter Rechtsbereiche ohne greifbaren Bezug zu irgendwelchen Kulturnormen reagiert Mayer mit dem Versuch ihrer – in diesem

---

[121] Eine prägnante Zusammenfassung dieser Bedenken gibt *Kelsen* (Fn. 107), 370 ff.; ablehnend auch *Gerland* (Fn. 108), 433 ff.; *Thon*, Jherings Jahrbücher 50 (1906), 12 ff. Aus dem heutigen Schrifttum kritisch *Funke*, in: Kubiciel u. a. (Hrsg.), „Eine gewaltige Erscheinung des positiven Rechts", 2020, 28.

[122] *M. E. Mayer* (Fn. 60), 11. – Als Nachfolgekategorie des Volksgeistbegriffs betrachtet auch Hofmann die „Kulturnormen" (*Hofmann*, in: Senn/Puskás [Hrsg.], Rechtswissenschaft als Kulturwissenschaft?, 2007, 28).

[123] *v. Hippel*, Deutsches Strafrecht, Bd. 1, 1925, 24 Fn. 5.

[124] *M. E. Mayer* (Fn. 60), 35. – In diesem Sinne auch *Rickert* (Fn. 28), 323; zum Charakter dieser These als einem typischen Intellektuellenprodukt *M. Weber* (Fn. 75), 530.

[125] *M. E. Mayer* (Fn. 22), 436.

[126] *M. E. Mayer* (Fn. 20), 110.

[127] *M. E. Mayer* (Fn. 22), 236.

[128] Treffende Kritik bei *Kelsen* (Fn. 107), 373.

Fall rechtssystematischen – Marginalisierung; derartige Regelungen gehörten ins Verwaltungsstrafrecht, nicht ins Kriminalstrafrecht.[129] Was schließlich die Eignung und Bestimmung des Rechts zur aktiven Gesellschaftsgestaltung angeht, so räumt Mayer zwar ein, dass die Gesetzgebung kulturelle Fortschritte anbahnen solle und daher nicht bei dem Eingewurzelten stehenbleiben könne. Dabei sei ihr allerdings Zurückhaltung anzuraten; es sei „eine der schwierigsten Aufgaben der Gesetzgebung, die richtige Mitte zu finden zwischen dem Anschluss an die bestehenden Normen und der Erziehung des Volkes zu neuen Richtmassen."[130] Der Vater Staat erscheint hier als der wohlmeinende Lehrmeister, der seine Kinder zwar erziehen, aber auch nicht überfordern soll – eine Position, die stärker auf das 18. Jahrhundert zurückverweist, als dass sie den Realitäten der Normproduktion im 20. Jahrhundert gerecht wird.[131]

Insgesamt ist Mayers Kulturnormenlehre gerade das nicht, was ihr Bewunderer Erik Wolf[132] in ihr sieht: eine „soziologisch unterbaute Wertphilosophie."[133] Mayers Versuche zur Rettung seiner Kulturnormenlehre weisen vielmehr eine unübersehbare Leerstelle auf; diese besteht in dem fast vollständigen Fehlen einer Theorie der modernen Gesellschaft, ihrer Funktionsbedingungen, Plausibilitätsstandards und zentralen Deutungskämpfe.[134] Auf eine solche Theorie aber kann nicht verzichten, wer das Recht an den „Lebensbedingungen der Gesellschaft" ausrichten will. Mayers Verweis auf die Rolle der Kulturnormen markiert deshalb kaum mehr als eine *Problemanzeige*, sie stellt aber keine belastbare *Problemlösung* dar.[135] Im folgenden Abschnitt, in dem ich mich der These Mayers von der (nicht nur rechtsphilosophischen, sondern auch) strafrechtswissenschaftlichen Relevanz der Kulturnormen widme, wird sich dieser Eindruck bestätigen. Zuvor aber noch einige Erläuterungen zu Mayers Lehre von der Idee des Rechts.

---

129 *M. E. Mayer* (Fn. 64), 27, 115 ff.; *ders.* (Fn. 22), 54 ff. – Kritisch dazu *Kelsen* (Fn. 107), 392 f., der darin eine Selbstaufgabe der Kulturnormlehre sieht.

130 Ibid. 25. – Kritisch zur Leerformelhaftigkeit dieser Auskunft *Radbruch*, Literaturbericht, GA Bd. 1, 1987, 443; *Sprenger* (Fn. 54), 149.

131 Zu diesen etwa *Kluth*, Parlamentarische Gesetzgebung im postnationalen Zeitalter, 2013, 13 ff.

132 Vgl. *Erik Wolf* (Fn. 40), 60.

133 Ibid. 64.

134 Die unter dem Titel „Die Gesellschaft" versammelten Darlegungen in der „Rechtsphilosophie" gelangen kaum über den Status einer groben Skizze hinaus (*M. E. Mayer* [Fn. 60], 25 ff.).

135 In diesem Sinne auch *Kohlrausch*, ZStW 24 (1904), 740; *Graf Dohna*, Der Gerichtssaal 63 (1904), 357 f.; *Stammler* (Fn. 22), Bd. 1, 426 f.; *ders.*, Lehrbuch der Rechtsphilosophie, 1928, 210. – Aus dem neueren Schrifttum: *Haferkamp* (Fn. 108), 119.

3. Die Idee des Rechts

a) Das Bedürfnis nach Weltanschauung und das Faktum des Relativismus

Nach der Eingangsdefinition Mayers sind Ideen „Gedanken, die eine Materie in Beziehung setzen zu einem Wert, vornehmlich zu einem höchsten, d. i. die letzte Synthesis bietenden Wert." Die Idee des Rechts sei mithin „der Gedanke, in dem der nicht weiter ableitbare Wert des Rechts und durch ihn die ewige Bedeutung aller Rechtsordnungen festgehalten werden soll."[136] Mayer lobt deshalb Stammler dafür, dass er das „urphilosophische Problem" des richtigen Rechts[137] wieder gestellt habe und dadurch der „große Erneuerer der Rechtsphilosophie" geworden sei.[138] Während allerdings Stammler seine Lehre von der Idee des Rechts in ein – jedenfalls der Intention nach – transzendentalphilosophisches Begründungsprogramm einfügt,[139] räumt Mayer offen ein, dass er mit seiner Ideenlehre, da sie jenseits des Bereichs der Erfahrung angesiedelt sei, den Bereich der Metaphysik betrete.[140] Jedoch hat er es schon in seiner juristischen Dissertation als eine berechtigte Forderung an die Philosophie anerkannt, eine „grosse einheitliche Weltanschauung" vorzulegen.[141] In der *Rechtsphilosophie* bekennt er sich erneut zu dieser Auffassung, und zwar unter ausdrücklicher Verwahrung gegen die „Neu-Kantianer".[142] „Der philosophische Trieb fordert Metaphysik."[143]

Was aber macht den höchsten Wert, die Idee des Rechts aus? Von der Antwort, die Mayer in seinem letzten Werk, der *Rechtsphilosophie*, entwickelt, verläuft ein untergründiger Verbindungsstrang zu seiner ersten Veröffentlichung, dem *Ewigen Frieden*. Das „Reich des Friedens, /In dem der Mensch im Menschen seinen Bruder, /Nicht seinen Feind mit grauser Waffe säh",[144] kehrt in der *Rechtsphilosophie* als Humanität wieder. Schon Windelband hat in einem Vortrag aus dem Jahre 1908 der Hoffnung Ausdruck gegeben, dass sich in der Her-

---

[136] *M. E. Mayer* (Fn. 60), 64.

[137] Ibid. 15.

[138] Ibid. 20. – Andernorts ist Mayer sogar dazu bereit, Stammlers Lehre vom richtigen Recht „unter die unvergänglichen Werke der Rechtsphilosophie einzureihen" (*M. E. Mayer*, KritV 10 [1905], 197) – ein nicht weniger voreiliges Urteil als seine Bevorzugung Jherings gegenüber Marx.

[139] Vgl. etwa *Stammler* (Fn. 95), 386ff.

[140] *M. E. Mayer* (Fn. 60), 4.

[141] *M. E. Mayer* (Fn. 5), 1.

[142] *M. E. Mayer* (Fn. 60), 4. – In seiner Doktorarbeit hat Mayer demgegenüber noch Rickert zum Kronzeugen seiner Hoffnung auf die Erneuerung einer umfassenden philosophischen Weltanschauung angerufen – wie gesehen, zu Unrecht (oben I.).

[143] Ibid.

[144] *M. E. Mayer* (Fn. 3), 14.

ausbildung einer „Lebensgemeinschaft der Völker" in allmählichem Fortschritt „das entfalten soll, was nach Herder das Thema der Geschichte ist: die Humanität".[145] Auch Mayers wichtiger Gewährsmann Fritz Münch beschwört die „wundervolle Tatsache" einer „allgemein-menschlichen Kulturgemeinschaft", die im Zuge eines allmählichen Läuterungsprozesses einen „Grundstock der ‚Humanität'" zur Existenz bringe, der Geltung für alle Menschen beanspruche.[146] Dessen ungeachtet ist Humanität ebenso wie Kultur bei Münch noch national eingefärbt; jede Nation sei „eine spezifische Ausprägung der Humanität überhaupt".[147] Demgegenüber erblickt Mayer das Wesen der Humanität in der Einschmelzung aller gesellschaftlichen und nationalen Besonderheiten. Humanität bestehe darin, „jeden Menschen in Gedanken aus allen historisch gegebenen gesellschaftlichen Eingliederungen herauszulösen und nur die Zugehörigkeit zur menschlichen Gesellschaft gelten zu lassen, also, wie auch gesagt werden kann, den Bedingtheiten, aus denen das Dasein eines jeden gesellschaftlichen Lebewesens besteht, keine und der Würde der Person alle Bedeutung beizulegen".[148]

Das sind wahrlich große Worte, im Jahre 1922 aber muten sie geradezu utopisch an. So ehrenwert sie als persönliches Bekenntnis sind, so unklar ist zudem ihre begründungstheoretische Verankerung innerhalb von Mayers Gesamtsystem. Mayer ist sich nämlich zugleich darüber im Klaren, dass jede Kultur ein historisches Produkt ist. „Was die historische Rechtsschule vom Recht gelehrt hat, gilt für die Kultur: sie wird nicht gemacht – sie wird."[149] Aufgrund seiner Abhängigkeit von Faktoren wie dem Volkscharakter und dem weltgeschichtlichen Schicksal, dem Zeitalter und seinen Aufgaben, der wirtschaftlichen Lage und dem Stand der Technik sei jeder Kulturwert nur relativ und als solcher weit davon entfernt, ausschließliche Geltung zu beanspruchen.[150] Wie soll vor diesem Hintergrund eine Lehre vom absoluten Rechtswert möglich sein? Die Antwort Stammlers lautet, dass es sich wegen der unaufhebbaren Kontingenz aller empirischen Zwecksetzungen bei dem letzten Endziel des sozialen Daseins nur um einen formalen Gedanken handeln könne:[151] die regulative Idee einer „Gemeinschaft frei wollender Menschen".[152] Mayer weist diese Formel als tautolo-

---

145 *Windelband* (Fn. 9), 257.

146 *Münch* (Fn. 89), 39 f.

147 Ibid. 47.

148 *M.E. Mayer* (Fn. 60), 87 f.

149 Ibid. 35.

150 Ibid. 68.

151 *Stammler*, Wirtschaft und Recht nach der materialistischen Geschichtsauffassung, 3. Aufl. 1925, 552, 572, 583.

152 Grundlegend *Stammler* (Fn. 151), 554; ferner *ders.* (Fn. 18), 285 f.; *ders.* (Fn. 22), Bd. 1, 424; Bd. 2, 15 f.

gisch zurück.[153] Ist er dann aber nicht zwangsläufig dazu verurteilt, bei dem (von ihm sogenannten) „skeptischen Relativismus“ seines persönlichen Freundes und philosophischen Kontrahenten Gustav Radbruch zu landen, der jede objektive Gültigkeit für Wertbestimmungen aufgebe und nur ein je individuelles Für-richtig-Halten übriglasse?[154]

b) Vom skeptischen zum kritischen Relativismus

Einen ersten Versuch zur Auflösung dieses Dilemmas unternimmt Mayer, indem er dem „skeptischen Relativismus“ seine eigene Position eines „kritischen Relativismus“ gegenüberstellt. Ein skeptischer Relativismus verkenne „den Drang und die Macht des wissenschaftlichen Impulses“; eine Philosophie, die in einer Resignation befangen bleibe, werde niemals als der Weisheit letzter Schluss anerkannt werden.[155] Sonderlich stark ist diese Kritik, die gleichsam die negative Kehrseite von Mayers Argument für die Unvermeidbarkeit der Metaphysik darstellt, freilich nicht; denn die Tatsache, dass ein bestimmtes Bedürfnis existiert, besagt nichts darüber, ob es in wissenschaftlich haltbarer Weise befriedigt werden kann.

Ergänzend bringt Mayer deshalb eine weitere Abgrenzung ins Spiel. Mit einer auf Jhering zurückverweisenden Unterscheidung beansprucht er für rechtsphilosophische Theorien nicht, dass sie wahr, sondern lediglich, dass sie richtig sein müssten.[156] Im Unterschied zu dem Richtigkeitsbegriff, der Stammlers Kategorie des „richtigen Rechts“ zugrunde liegt, versteht Mayer „richtig“ nicht als „einheitlich geordnet“, „zu einem vollendeten Ganzen zusammengefasst“,[157] sondern lediglich als „praktisch brauchbar“. „Eine Wahrheit kann und muß *bewiesen*, eine Richtigkeit *erprobt* werden.“[158] Als wäre er kein deutscher Neukantianer, sondern ein amerikanischer Pragmatist, betont Mayer deshalb, die Richtigkeit einer Theorie liege lediglich in ihrem Wert für die Erkenntnis gegebener Erscheinungen;[159] entscheidend sei, dass sie „sich bei der Ordnung eines Stoffs bewährt, also in der Ausführung befriedigende Ergebnisse zeitigt“.[160] Dieser Begründungszug gestattet es Mayer, den skeptischen Relativismus als Produkt eines überzogenen Begründungsanspruchs darzustellen. Weil der skeptische

---

153 *M.E. Mayer* (Fn. 60), 21.

154 Vgl. ibid. 68.

155 Ibid.

156 *M.E. Mayer* (Fn. 64), 71 f.; *ders.* (Fn. 60), 68 f.; vgl. *Jhering*, Der Zweck im Recht, Bd. 1 (1877), 1904, 340 ff.

157 *Stammler* (Fn. 135), 171, 173.

158 *M.E. Mayer* (Fn. 60), 69.

159 *M.E. Mayer* (Fn. 64), 71.

160 *M.E. Mayer* (Fn. 60), 69.

Relativismus durchweg Wahrheit fordere, habe er aus dem zutreffenden Befund, dass Bewertungen nicht im strengen Sinne beweisbar sind, den unzutreffenden Schluss gezogen, also bleibe als Beurteilungsinstanz nur das individuelle Dafürhalten übrig.[161] Werde hingegen erkannt, dass es im Bereich des Praktischen um Richtigkeit gehe, so eröffne sich ein Weg aus diesem Zwiespalt. Der Rückgriff auf sie ermögliche es nämlich, bestimmte Werte als adäquate Repräsentationen eines gegebenen Kulturzustandes, d. h. als zu dieser Kultur „passend" und in diesem Sinne richtig anzuerkennen.[162]

Dies ist freilich ein wenig spektakuläres Ergebnis. Mayer verschiebt die Relativität der Werte dadurch lediglich vom Gewissen des Einzelnen auf die Ebene kollektiver Überzeugungen; von dem relativ zum Stand einer bestimmten Gesellschaft Richtigen führt aber keine Brücke zur Idee eines ewigen Rechtswertes.[163] Stammler vermag diesen Graben zu überwinden, weil seine Annahme der absoluten Gültigkeit der Rechtsidee es ihm ermöglicht, einem positiven Recht, das „nach dem unbedingt geltenden Grundgedanken in dieser besonderen Lage" gestaltet ist, ungeachtet seiner empirischen Bedingtheit, die es als veränderlich und verbesserbar kennzeichne, den Status objektiver Richtigkeit zuzubilligen.[164] Diese Konstruktion übernimmt Mayer aber wegen seiner Kritik an der Formalität von Stammlers Rechtsidee gerade nicht, und deshalb bleibt sein Richtigkeitsbegriff dem Bereich des Rein-Empirischen verhaftet.

c) Mayers Fortschrittsglaube

Seine bisherigen Überlegungen ergänzt Mayer durch einen zweiten Begründungsstrang. Zu dessen Einführung verweist er auf einen weiteren Unterschied zwischen Richtigkeit und Wahrheit. Anders als die letztere sei die erstere graduierbar. Daher erlaube sie eine Ordnung der Werte nach dem Grad ihrer Relativität; je enger ein Wert mit einer bestimmten Kultur verbunden sei, desto relativer sei er und desto niedriger rangiere er daher auf dieser Rangliste.[165] Die sich daraus ergebende Reihung von Werten genügt allerdings noch nicht, um Mayers kritischen Relativismus mit seiner Ideenlehre zu verknüpfen. Mayer hält vielmehr daran fest, dass den Anspruch, „der richtigste zu sein", nur ein Wert erheben dürfe, der sich nicht nur auf dem Papier gut mache, sondern der „längst auf der weiten Erde erprobt" worden sei.[166] Der Brückenschlag zwischen der inhalt-

---

161 Ibid. 68.

162 Ibid. 69.

163 *Salomon*, Archiv für Rechts- und Wirtschaftsphilosophie 18 (1924/25), 441; *Utzerath*, Die Rechtsphilosophie Max Ernst Mayers, 1965, 120, 166 ff., 189 f.

164 *Stammler* (Fn. 95), 420.

165 *M. E. Mayer* (Fn. 60), 69.

166 Ibid. 88.

lichen Beschaffenheit und der praktischen Bewährung von Werten gelingt Mayer dadurch, dass er einen Gleichlauf der sozialen Bestandskraft von Werten mit dem Grad ihrer materiellen Richtigkeit behauptet. Die soziale Wirksamkeit eines Wertes oder einer Norm sei, wie er formuliert, „die sozialpsychologische Form des objektiv Richtigen".[167]

Die diesem Befund zugrundeliegende Ausgangsüberlegung ist bereits von Mayers Kulturnormentheorie her bekannt. Die Stabilität einer Rechtsordnung hängt danach maßgeblich davon ab, dass sie von den Rechtsunterworfenen als legitim anerkannt wird.[168] Je größer die Zahl der sie Anerkennenden ist, desto besser sind insofern die Überlebensaussichten der betreffenden Rechtsordnung. Das objektiv Richtige aber zeichnet sich nach Mayer dadurch aus, dass es alle Bedingtheit von sich abgestreift habe, also wahrhaft allgemein geworden sei,[169] und damit einen maximalen Kreis von Destinatären gewonnen habe. Dieser „über alle Bedingtheit hinausgewachsene" Wert, die Idee der Humanität, sei daher zugleich auch der am wenigsten vergängliche Wert.[170] Dies ist eine kühne These, mit der Mayer unter den Theoretikern seiner Zeit fast allein dasteht,[171] die aber auf die komplexe Frage nach den Wirksamkeitsvoraussetzungen von Rechtsnormen[172] eine extrem vereinfachende Antwort gibt. Sie vernachlässigt nicht nur die Bedeutung, die der Verfügungsgewalt über harte Machtmittel und – in der Gegenwart immer wichtiger – über die maßgeblichen Kommunikationsmedien zukommt. Sie unterschätzt auch das menschliche Bedürfnis nach Unterscheidung und Abgrenzung, mit dessen Motivationskraft die Einsicht in die Zusammengehörigkeit aller Menschen in aller Regel nicht im Entferntesten mithalten kann.

Zur Verteidigung seiner Auffassung setzt Mayer allerdings in nahezu hegelianischer Manier auf die List der Vernunft. Der Blick auf die Rechtsgeschichte lehre, dass Emanzipationsschritte wie die rechtliche Gleichstellung der Hörigen und Bauern, des dritten und vierten Standes, der Juden und der Frauen, aber auch sonstige Humanisierungsprozesse wie die Abmilderung der Strafmittel nur ausnahmsweise aus sittlicher Überzeugung, viel häufiger hingegen aus Zweckmäßigkeitserwägungen hervorgegangen seien. Als Bestandteile einer sinnvollen Geschichte ließen sie sich, wie Mayer unter ausdrücklicher Bezugnahme auf Hegels berühmtem Doppelsatz aus der Vorrede zu den *Grundlinien*[173]

---

[167] Ibid. 58.

[168] Oben III.2.b).

[169] Oben III.3.a).

[170] *M.E. Mayer* (Fn. 60), 69.

[171] *Wapler* (Fn. 95), 240 f.

[172] Ein Überblick findet sich bei *Raiser*, Grundlagen der Rechtssoziologie, 2007, 237 ff.

[173] *Hegel* (Fn. 118), 24.

feststellt, indessen nur unter der metaphysischen Prämisse deuten, dass die Idee der Humanität sich langsam, zwar nicht ohne Rückschritte, aber doch unaufhaltsam in die Kulturwirklichkeit einschreibe.[174] Steht der Neukantianer Mayer hier womöglich kurz vor der Konversion zum Hegelianismus?[175] Dies dann wohl doch nicht. Seine Position entspricht eher derjenigen Stammlers. Auch für diesen stellt der Gedanke des „Fortschreitens der Menschheit zum Bessern, zum Richtigen“[176] die „einzige Bedingung“ dar, „um die Menschengeschichte in einheitlichem Sinne zu verfolgen“.[177] Verwirklichen lasse sich diese Idee allerdings letztlich nicht; auch darin sind sich Stammler und Mayer einig.[178] Insofern bleibt ihre Haltung, mit Hegel gesprochen, die eines perennierenden Sollens[179] und erweist sich trotz äußerlicher Anklänge damit als dezidiert unhegelianisch.

Die Vernunft, auf deren listige Durchsetzung Mayer hofft, hat nach den Maßstäben Hegels zudem ein ziemlich anämisches Aussehen.[180] Im Ergebnis gelangt sie nicht wesentlich über die Position Stammlers hinaus. Was für diesen die Achtung vor der Selbstzweckhaftigkeit eines jeden Menschen ist,[181] das ist nach Mayer die Anerkennung von dessen Würde.[182] Der Vorwurf der Inhaltsleere, den Mayer gegen Stammler erhebt,[183] holt ihn insofern selber ein. Damit aber nicht genug. Eine Rechts- und Moralordnung, die von allen Besonderheiten abzusehen behauptet, ist nach Hegel in einer gefährlichen Abstraktheit befangen, und namentlich die bürgerliche Gesellschaft, auf deren Boden sich das Leitbild einer streng formalen Allgemeinheit von Moral- bzw. Rechtsnormen allererst durchsetzen konnte, sieht Hegel als durch eine extreme Instabilität gekennzeichnet.[184] Derartige Bedenken streift Mayer mit keinem Wort. Einmal mehr steht das Fehlen einer ernsthaften Sozialphilosophie der Einlösung seiner rechtsphilosophischen Ambitionen im Weg. Dieses Manko führt dazu, dass ausgerechnet hier, wo die Hauptstränge seiner Rechtsphilosophie zusammen-

---

174 *M. E. Mayer* (Fn. 60), 90.

175 Zu den hegelianischen Zügen Mayers *Kim*, Max Ernst Mayer als neukantischer Rechtsphilosoph, 2003, 106, 110, 163.

176 *Stammler* (Fn. 95), 369.

177 Ibid. 370.

178 *Stammler* (Fn. 18), 488; *M. E. Mayer* (Fn. 60), 91.

179 Vgl. *Hegel*, Wissenschaft der Logik I, Werke Bd. 5, 1986, 155.

180 In diesem Sinne auch *Utzerath* (Fn. 163), 129 (die Idee der Humanität sei „lediglich eine zur Zeitlosigkeit erhobene Abstraktion“).

181 *Stammler* (Fn. 151), 572; *ders.* (Fn. 95), 152; *ders.* (Fn. 135), 353.

182 *M. E. Mayer* (Fn. 60), 87 f.

183 Oben III.3.a).

184 Dazu etwa *Kervégan*, Die verwirklichte Vernunft, 2019, 236 ff.; *Ruda*, Hegels Pöbel, 2011, 31 ff.; *Horstmann*, in: Siep (Hrsg.), G. W. F. Hegel: Grundlinien der Philosophie des Rechts, 1997, 194 ff.

laufen, eher Mayers (höchst ehrenwerte) persönliche Wünsche und Hoffnungen die Feder führen als eine den Reflexionsstand seiner Zeit ausschöpfende theoretische Analyse.

IV. Die Kulturnormen und das Strafrecht

1. Die Position Mayers

Bislang haben wir den Rechtsphilosophen Mayer über die Kulturnormen sprechen hören. Wie bedeutsam aber sind dessen Einsichten für den Strafrechtswissenschaftler Mayer? Sie nötigen diesen dazu, sich eine Frage vorzulegen, die parallel ist zu derjenigen, mit welcher er sich bereits in seiner Habilitationsschrift auseinandergesetzt hat. Dort stand die Integration kriminologischer Einsichten in die dogmatische Strafrechtswissenschaft im Raum.[185] Nunmehr hat Mayer zu zeigen, inwiefern seine rechtsphilosophische Einsicht in den Zusammenhang von Rechts- und Kulturnormen auch strafrechtswissenschaftlich relevant ist. Genauer gesprochen: Muss die Strafrechtswissenschaft sie sich zu eigen machen, um ihre eigenen Aufgaben sachgerecht ausüben zu können? Erneut gelangt Mayer zu einer bejahenden Antwort.

Der Ausgangspunkt von Mayers Begründungsgang ist vergleichsweise unspektakulär. Wer das Wesen des Strafrechts ergründen, d.h. eine Strafrechtstheorie aufstellen wolle, der könne dies nur auf der Grundlage einer Normentheorie tun.[186] Deshalb setzen die Schrift *Rechtsnormen und Kulturnormen* und die sie weiter ausbauenden Passagen von Mayers Lehrbuch mit normentheoretischen Überlegungen ein. In deren Zentrum steht die von Binding entlehnte Unterscheidung von Strafgesetzen und Normen.[187] Die Strafgesetze, deren Grundform lautet: „Wer dies und das tut, wird so und so bestraft",[188] richteten sich an die mit der Anwendung des Strafrechts befassten Staatsorgane, vor allem an die Gerichte.[189] Der Straftäter handele nicht etwa in Widerspruch zu den Strafgesetzen, sondern vielmehr in Übereinstimmung mit ihrem ersten Teil, dem gesetzlichen Tatbestand. Die vom Straftäter missachteten Gebote und Verbote seien hingegen in den Normen enthalten,[190] deren Grundform lediglich in einem „Du sollst" bzw. einem „Du sollst nicht" besteht.

---

185 Oben II.2.

186 *M.E. Mayer* (Fn. 22), 418.

187 *M.E. Mayer* (Fn. 64), 130.

188 *M.E. Mayer* (Fn. 22), 3.

189 *M.E. Mayer* (Fn. 64), 4f.

190 *M.E. Mayer* (Fn. 22), 37.

Wo aber finden sich diese Normen? Dies ist nach Mayer die entscheidende Frage.[191] Zu ihrer Beantwortung stehen, wie er darlegt, zwei Wege offen. Der erste, der Mayer den juristisch-internen[192] oder staatsrechtlichen[193] nennt, führe zur Normentheorie Bindings, der zufolge (auch) die Normen Rechtssätze sind: methodisch aus den Strafgesetzen herauspräpariert, inhaltlich aber nicht über diese hinausgehend. Der zweite Weg führe hingegen in die Rechtsphilosophie, und zwar, sofern naturrechtliche Begründungen ausgeschlossen bleiben,[194] zu einer Kulturnormlehre.[195] Dieser Weg ist es, den Mayer für sich reklamiert. Wie schon bei seiner Einführung des Kulturnormbegriffs stellt er sich auch hier in die Tradition Jherings. Das Schlusswort in *Rechtsnormen und Kulturnormen* räumt Mayer dessen Schüler Georg Jellinek ein, bei dem er während seines Studiums in Heidelberg gehört hat.[196] Es sei unmöglich, so zitiert er Jellinek, wissenschaftlich haltbare juristische Resultate zu gewinnen, wenn man den Inhalt der Lebensverhältnisse gänzlich ignoriere. „Sonst verfällt die Jurisprudenz rettungslos der Scholastik, d.h. jener Richtung des Denkens und Forschens, welche eine Welt von Begriffen ohne Realität, von Formen ohne Inhalt, von Resultaten ohne Wert schafft."[197]

Bislang ist dies freilich eine bloße Behauptung. In *Rechtsnormen und Kulturnormen* wird sie nur ziemlich schwach untermauert. Das Volk, so behauptet Mayer dort, kenne die Rechtssätze nicht.[198] Dennoch erscheine es in der Regel nicht als willkürlich, wenn einzelne Angehörige des Volkes nach diesen Rechtssätzen gerichtet würden. Dem sei so, weil die betreffenden Rechtssätze mit Kulturnormen übereinstimmten, deren Verbindlichkeit das abgeurteilte Individuum *kenne* und *anerkenne*.[199] Auf den ersten Blick klingt dies zwar durchaus plausibel. In der Tat wissen nur die allerwenigsten Bürger, wie die Tatbestände des Mordes, des Betrugs oder der schweren Brandstiftung im Einzelnen ausgestaltet sind. Dass es strafrechtlich verboten ist, andere Menschen zu töten, sie mittels Täuschung zu schädigen und Gebäude anzuzünden, wissen die Bürger aber sehr wohl, und für eine im Wesentlichen straffreie Bewältigung ihres Lebensalltags reicht dieses Wissen in aller Regel aus.[200] Bei näherem Hinschauen

---

[191] Ibid.

[192] Vgl. *M.E. Mayer* (Fn. 64), 40; *dens.* (Fn. 22), 177.

[193] *M.E. Mayer* (Fn. 22), 418.

[194] Seine Kritik am Naturrecht entfaltet *Mayer* in: (Fn. 60), 7ff.

[195] *M.E. Mayer* (Fn. 22), 418.

[196] Vgl. die entsprechenden Bemerkungen in Mayers Lebenslauf (*M.E. Mayer* [Fn. 5], 149f.).

[197] *Jellinek*, Gesetz und Verordnung, 1887, 235, zitiert nach: *M.E. Mayer* (Fn. 64), 135f.

[198] *M.E. Mayer* (Fn. 64), 7.

[199] Ibid. 16.

[200] Überzogen ist es deshalb, wenn *Kelsen* (Fn. 107), 381 Mayers These von der allgemeinen Kenntnis der Kulturnormen als „Fiktion" abzutun können glaubt.

zeigen sich jedoch die Schwächen dieser Konstruktion. Die Probleme beginnen, wo die alltagsweltlichen Selbstverständlichkeiten versagen, namentlich in juristischen Grenzfällen. In derartigen Konstellationen hilft den Bürgern die Kenntnis der Kulturnormen nicht weiter, denn diese Normen sind viel zu unscharf, um eine verlässliche Wegweisung geben zu können. Mayers Rückgriff auf die Kulturnormen ist jedoch nicht nur übermäßig simplifizierend, er führt vielmehr auch zu einer rechtsstaatlich problematischen Entgrenzung des Strafrechts gegenüber außerrechtlichen Bewertungsmaßstäben.[201] Am deutlichsten tritt dies in der Irrtumslehre zutage, wo Mayer die Möglichkeit zur Einsicht in die Rechtswidrigkeit des eigenen Handelns durch diejenige in dessen Kulturnormwidrigkeit ersetzt.[202] Und was ist schließlich mit jenen Individuen, die die herrschenden Kulturnormen zwar kennen, sie aber nicht anerkennen? Ihnen gegenüber versagt die Legitimationsstrategie Mayers endgültig – die Achillesferse der generellen Anerkennungstheorie ist auch diejenige der Kulturnormlehre.[203]

2. Der Angriff Bindings und Mayers Verteidigung

Karl Binding, der zeitgenössische Großmeister nicht nur einer gesellschaftstheoretisch ostentativ desinteressierten Strafrechtswissenschaft, sondern auch einer allen *Best Practice*-Maßstäben hohnsprechenden Rezensionskultur, reagiert auf Mayers Provokation mit gewohnter Heftigkeit. Vor halbwahren Lehren habe die Position Mayers den Vorzug, dass an ihr alles falsch sei.[204] Was Binding aufbringt, ist die von Mayer vorgenommene Funktionsverschiebung des Normbegriffs von der rein innerjuristischen Sphäre zu einer protosoziologischen Theorie der Verbindlichkeit.[205] Es sei eine unwürdige Erniedrigung des Rechts durch den Juristen, wenn er dessen Dasein einer weiteren Rechtfertigung für bedürftig halte, als derjenigen, die der Gesetzgeber aus dem von ihm frei erkannten Bedürfnis der Gemeinschaftsregelung entnehme. „Und so ist diese Kulturnorm als der unentbehrliche Hintergrund der Rechtsnorm und als die angeblich die Rechtsgenossen allein bindenden Potenz wol [sic!] die hässlichste Schöpfung

201 In diesem Sinne bereits *Kelsen* (Fn. 107), 331 f.; *Radbruch* (Fn. 130), 442; aus dem neueren Schrifttum *Haferkamp* (Fn. 108), 119.

202 *M. E. Mayer* (Fn. 64), 82. – Kritisch *Hilliger*, Das Rechtsdenken Karl Bindings und die „Freigabe der Vernichtung lebensunwerten Lebens“, 2018, 234.

203 *Kelsen* (Fn. 107), 372 f.; *Schreiber* (Fn. 107), 116.

204 *Binding*, Die Normen und ihre Übertretung, Bd. 2/1, 2. Aufl. 1914, 368 f.

205 *Funke* (Fn. 121), 36; *Hilliger* (Fn. 202), 232, 268; *Martins*, in: Kubiciel u. a. (Fn. 121), 391 f.

einer soziologisch verdorbenen, dem wirklichen Recht vollständig abgewandten Rechtsdogmatik."[206]

Es spricht für Mayers Stilbewusstsein, dass er diesen Angriff nicht mit gleicher Münze heimzahlt, sondern Leistung und Bedeutung Bindings weiterhin anerkennt. In seinem Lehrbuch bekräftigt er, dass seine Kulturnormtheorie lediglich den Anspruch erhebe, den „von Binding glücklich gebahnten, aber nicht weit genug verfolgten Weg" konsequent fortzusetzen.[207] Dessen ungeachtet kann dieses Buch in vielen seiner zentralen Passagen als Auseinandersetzung mit dem, wie Mayer andernorts schreibt,[208] von Binding nach Art eines Diktators aufgestellten Dogma gelesen werden, „daß Doktoren der juristischen Fakultät sich immer nur juristische Aufgaben stellen dürfen".[209] Dabei verfolgt Mayer eine zweigeteilte Argumentationsstrategie.

Zum einen sucht er nachzuweisen, dass auch Binding selbst bei Licht besehen in vielen Fällen nicht ohne den Rückgriff auf die Kulturnormen, „oder, wenn man den Ausdruck vorzieht, die sozialen Zwecke" auskomme. Die Enge seines Ansatzes verbiete es ihm jedoch, diese bei ihrem tatsächlichen Namen zu nennen; nur mit gefälschten Papieren und gleichsam durch die Hintertür erhielten sie Zugang zum Gebäude des Rechts. Von seinen ungestüm bekämpften Erzfeinden unterscheide Binding sich deshalb nur „dadurch, daß er über seine Soziologie den Deckmantel des Rechtssatzes breitet; seine Theorie ist eine Verdeckung, keine Entdeckung".[210] Wie solle beispielsweise entschieden werden, ob es rechtmäßig sei, einen Sextaner von 8 Uhr bis 20 Uhr im Schulkarzer festzuhalten? Die Erwägungen, die sich jedem aufdrängten, dürften wir nach Binding nicht anstellen; „wir dürfen nicht etwa fragen, ob diese Bestrafung ein zu harter Eingriff in die Freiheit eines 10jährigen Jungen ist, ob sie pädagogisch gerechtfertigt ist, ob sie dem Zweck der Schulstrafe entspricht, denn das alles sind nach Binding keine rechtlichen Erwägungen." Vielmehr müssten wir, da das gesetzte Recht uns im Stich lasse, nachforschen, wie das ungesetzte Recht laute, d.h. welchen Willen der Gesetzgeber konkludent zum Ausdruck gebracht habe. „Wie diese Nachforschung zum Ziele führen soll, ohne daß auf das Maß, das unsere Kultur Schulstrafen setzt, zurückgegangen wird", dies, so konstatiert Mayer, „vermag ich mir nicht vorzustellen". Seien solche Erwägungen aber unvermeidlich, so solle man nicht bei einem Namen stehen bleiben, der ihr Wesen

---

[206] *Binding* (Fn. 204), 368 ff.; im gleichen Sinne *Gerland* (Fn. 108), 447 ff.

[207] *M.E. Mayer* (Fn. 22), 37.

[208] Ibid. 46.

[209] Ibid. 38.

[210] Ibid. 177. – Die grundsätzliche Kompatibilität von Bindings und Mayers Ansätzen bejahen *Müller*, Die Normentheorie von Karl Binding, Diss. Tübingen 1954, 133 und (aus der neueren Literatur) *Jakobs*, in: Kubiciel u.a. (Fn. 121), 107.

verschleiere und den Suchenden auf eine ziellose Fährte setze; „man soll mehr zu sagen wissen, als daß ungesetztes Recht anzuwenden ist, man soll ehrlich und deutlich darauf hinweisen, daß die maßgebende Norm in pädagogischen Maximen zu finden ist, die von der Rechtsordnung nicht aufgestellt, wohl aber von ihr stillschweigend anerkannt und dadurch zu ihrem Bestandteil geworden sind.“[211]

Dieses Beispiel leitet bereits zur zweiten Argumentationslinie Mayers über. Er bemüht sich darum, anhand zahlreicher Anwendungsbeispiele die Fruchtbarkeit des Kulturnormbegriffs bei der Behandlung strafrechtlicher Fragen zu demonstrieren. Das Spektrum der betreffenden Fälle reicht von den strafrechtstheoretischen Grundproblemen der Willensfreiheit und der Strafbegründung bis zu dogmatischen Einzelfragen. Worin gründet die Unverzichtbarkeit der Annahme von Willensfreiheit im praktischen Selbstverständnis der Menschen, deren – wie Mayer sie nennt – Determination zum Indeterminismus? In unserer Kultur.[212] Wonach bemisst sich die Gerechtigkeit von Strafen? Nach dem Stand der nationalen Kultur.[213] Wie lässt sich die von der Vergeltungsidee geforderte Proportionalität von Schuld und Strafübel bestimmen? Durch den Rückgriff auf die jeweiligen Kulturwerte.[214] Wie will man schließlich die Grenze zwischen erlaubten und verbotenen Gefährdungen ziehen, die Sorgfaltsanforderungen bei der Fahrlässigkeit bestimmen oder die (von Mayer als Ausdruck des allgemeinen Notstandsgedankens begriffene) Formel von der Wahrnehmung berechtigter Interessen ausfüllen? Mithilfe des Rückgriffs auf die Kulturnormen.[215]

3. Das Theoriedefizit in Mayers Strafrechtstheorie

Als Antidot gegen eine überzogene, Autonomie mit Autarkie verwechselnde Lesart ihrer disziplinären Eigenständigkeit scheint mir Mayers Erinnerung an die Strafrechtswissenschaft, dass sie in ein komplexes gesellschaftliches Erwartungs- und Begründungsgeflecht eingebunden ist und diese Einbindung bei ihrer dogmatischen Arbeit reflektieren sollte, wohlbegründet zu sein. Um mehr als einen Merkposten handelt es sich jedoch nicht. Symptomatisch für das Theoriedefizit der Kulturnormenlehre ist es, dass die Kulturnormen, auf die Mayer in den soeben genannten Fällen zurückgreift, von ganz unterschiedlichem Abstraktionsniveau sind; sie reichen von rechtsnormähnlichen Regelwerken, wie sie

211 Ibid. 176 f.

212 Ibid. 452.

213 *M. E. Mayer* (Fn. 22), 435; *ders.* (Fn. 37), 164.

214 *M. E. Mayer* (Fn. 22), 473 f.; *ders.* (Fn. 37), 164.

215 *M. E. Mayer* (Fn. 22), 197 (Gefährdungen), 253 f., 324 f. (Fahrlässigkeit), 285 ff. (Wahrnehmung berechtigter Interessen).

beispielsweise zur Bestimmung des Sorgfaltsmaßstabes bei der Fahrlässigkeit herangezogen werden, bis zu höchst allgemeinen Prinzipien wie dem Satz „Du kannst, denn du sollst“[216], der nach Mayer die strafrechtliche Zuschreibung von Willensfreiheit trägt. Je allgemeiner aber die Ausgangsmaxime ist, desto mehr Zwischenschritte braucht es bis zu dem konkreten, strafrechtlich relevanten Befund und desto größerer Raum besteht deshalb für Konflikte mit gegenläufigen normativen Prinzipien und für pure Kontingenz.

Die sich daraus ergebenden zusätzlichen Begründungserfordernisse finden bei Mayer zu wenig Beachtung. Er begnügt sich vielmehr zumeist mit apodiktisch vorgetragenen Behauptungen darüber, was „die Kultur“ in dem betreffenden Fall gebiete. Weshalb ist die Prügelstrafe unzulässig? Weil sie unserer Kultur widerspricht.[217] Warum ist die Vivisektion, das Experiment am lebenden Tier, erlaubt? Weil unser Kulturbild die Berechtigung beinhaltet, die Natur frei von dogmatischer Gebundenheit zu erforschen.[218] Und wie steht es um die Rechtmäßigkeit der Perforation, der Zerstückelung der Leibesfrucht, um das Leben oder die Gesundheit der Mutter zu retten? „Die katholische Moraltheologie verneint, die deutsche Kultur bejaht.“[219] Ohne einen Nadelstich gegen den römischen Ultramontanismus glaubt ein protestantischer Kulturtheoretiker im Kaiserreich offenbar nicht auszukommen. Der Kulturbegriff taugt eben auch als politischer Kampf- und Ausgrenzungsbegriff.

Methodisch verfährt Mayer ganz ähnlich wie die Naturrechtslehre, deren Vertreter er dafür kritisiert, dass sie nach Art von Zauberkünstlern aus dem Zylinder namens Natur das „breit herausholen“, was sie „vorher zusammengepackt hineingelegt“ haben.[220] Bei Mayer hat der Zylinder zwar seinen Namen, nicht aber seine Funktion geändert. Diese Kontinuität ist nicht zuletzt deshalb bedenklich, weil die Berufung auf die Kulturnormen ebenso wie diejenige auf die *leges naturales* nicht nur Begründungen ermöglichen, sondern auch Begründungsketten abbrechen soll; gegen die Berufung auf „unsere Kultur“ ist bei Mayer keine Revision vorgesehen. Insgesamt bleibt es also dabei: Mayer hat ein wichtiges Desiderat an die Strafrechtswissenschaft formuliert; dessen Einlösung ist er aber schuldig geblieben.

---

[216] *M.E. Mayer* (Fn. 22), 451.

[217] Ibid. 426.

[218] Ibid. 288.

[219] Ibid. 295 f.

[220] *M.E. Mayer* (Fn. 60), 9. – Einen „ausgesprochen naturrechtliche[n] Einschlag“ bescheinigt (wenig überraschend) *Kelsen* (Fn. 107), 327 der Lehre Mayers. Aber auch Kelsens freirechtlicher Antipode Kantorowicz qualifiziert die Kulturnormlehre als „Auferstehung des Naturrechtes in veränderter Gestalt“ (*Kantorowicz* [= *Gnaeus Flavius*], Der Kampf um die Rechtswissenschaft, 1906, 10 f.).

Die zeitgenössische Auseinandersetzung mit der Position Mayers weist allerdings einen möglichen Ausweg aus dieser misslichen Situation. Erik Wolf unterbreitet den Vorschlag, zwischen den Kulturnormen und den strafrechtsdogmatischen Einzelfragen eine normative Transformationskategorie als „selbständige Wertkonkretion“ einzufügen;[221] dabei soll es sich um die der betreffenden Rechtsordnung jeweils konkret zugrundeliegende Staatsidee handeln.[222] Die „Welt strafrechtlicher Begriffe“ kommt demnach „durch die Beziehung der Sozialwirklichkeit auf den Staatsgedanken als obersten Rechtswert zur Entstehung“.[223] Leider arbeitet Wolf diese Konzeption nicht im Einzelnen aus. In ihrer Grundanlage erscheint sie mir jedoch überzeugend. Ein bestimmtes – und selbstverständlich bestreitbares – Kulturverständnis in ein – wiederum kontrovers diskutierbares – System strafrechtstheoretischer Grundbegriffe zu übersetzen, welches dann die Behandlung dogmatischer Einzelfragen anleitet (nicht: determiniert!), schafft argumentative Transparenz und erlaubt es, die Beziehung zwischen der Gesellschaftsbezogenheit und der Eigendynamik dogmatischer Begründungen erheblich präziser zu bestimmen als eine pauschale Berufung auf „die“ Kulturnormen.[224]

4. Ein Funktionalismus avant la lettre?

Rickert bemerkt über den Begriff des Zeitgeistes, dieser sei, wo er als Erklärungsgrund auftrete, „nichts als ein asylum ignorantiae“.[225] Ähnliches gilt nach dem soeben Dargelegten für Mayers Kulturnormenlehre. Dennoch hat die Geschichte des Strafrechtsdenkens, die ihn dem fast vollständigen Vergessen anheimgegeben hat, dem „feine[n] kriminalistische[n] Denker“ Mayer[226] Unrecht getan. Er gehört in die Reihe der Vorläufer jener strafrechtswissenschaftlichen Strömung, die unter dem Namen „Funktionalismus“ bekannt geworden ist. Deren theoretische Basis wird gewöhnlich in der Systemtheorie erblickt. Aus meiner Sicht ist dies unzutreffend, jedenfalls aber viel zu einseitig.[227] Man wird dieser Konzeption eher gerecht, wenn man sie als Verknüpfung eines im Neu-

---

[221] *Erik Wolf*, Die Typen der Tatbestandsmäßigkeit, 1931, 9.

[222] *Erik Wolf* (Fn. 40), 175.

[223] Ibid. 178.

[224] In meinen eigenen Arbeiten habe ich versucht, dieses Programm in die Tat umzusetzen (*Pawlik*, Das unerlaubte Verhalten beim Betrug, 1999, 15 ff., 18 ff., 38 ff., 55 ff.; *ders.*, Der rechtfertigende Notstand, 2002, 9 f., 29 ff.; *ders.*, Das Unrecht des Bürgers, 2012, 82 ff., 174 ff.).

[225] *Rickert* (Fn. 10), 388.

[226] So würdigt ihn *Radbruch*, Einführung in die Rechtswissenschaft, 7./8. Aufl. 1929, GA Bd. 1, 1987, 316.

[227] *Pawlik*, in: Kindhäuser u. a. (Hrsg.), Strafrecht und Gesellschaft, 2019, 248 ff.

kantianismus wurzelnden Konstruktivismus[228] mit einer auf Jhering zurückverweisenden Reflexion auf den gesellschaftlichen Ort des Rechts begreift.[229] Eben dies entspricht, wie gesehen, der Theoriearchitektur Mayers. Auch deren zentraler Mangel in Gestalt des allzu apodiktischen Charakters vieler ihrer Ableitungen ist dem modernen Funktionalismus nicht fremd.[230]

Insgesamt verkörpert die Konzeption Mayers in ihren Leistungen, aber auch in ihren Grenzen mithin eine Theoriegestalt, die sich problembewussten Strafrechtswissenschaftlern immer wieder aufdrängt und die sie sodann mit den philosophischen Mitteln ihrer Zeit auf das Papier zu bannen versuchen. Ihr einfach nur ihre übermäßige Pauschalität vorzuhalten und sie daraufhin beiseite zu legen, würde ihr Unrecht tun. Über Jherings Motto vom Zweck als dem Schöpfer des Rechts bemerkt Mayer einmal, es sei zwar trivial, aber gerade der Entdeckung von Trivialitäten könne nicht genug Verehrung gezollt werden.[231] *Cum grano salis* gilt dies auch für Mayer selbst. Für das feine Gespür, das er mit seiner Kulturnormentheorie bewiesen hat, verdient er, wenn auch vielleicht nicht unsere Verehrung, so doch jedenfalls unseren Respekt.

---

228 *Pawlik*, in: Kubiciel u. a. (Hrsg.), Hegels Erben, 2017, 249 f.

229 Näher *Pawlik* (Fn. 228), 242 ff.

230 Ibid. 244 ff.

231 *M. E. Mayer* (Fn. 37), 165.

Alexander Graf zu Dohna

Urs Kindhäuser

I. Zur Person

Dohna ist ein Strafrechtswissenschaftler, dem seine Disziplin eine Reihe von wegweisenden Impulsen zu verdanken hat. Mit seinem Namen ist das Bemühen um eine Abgrenzung zwischen Tatbestands- und Verbotsirrtum sowie zwischen rechtfertigendem und entschuldigendem Notstand verbunden. Er forderte die Anerkennung des Unrechtsbewusstseins als Schuldelement. Im Verbrechensaufbau stufte er den Vorsatz lange Zeit vor Welzel als Merkmal eines subjektiven Tatbestands ein und gab der strengen Schuldtheorie eine erste Fassung; und Dohna plädierte in politisch dunklen Zeiten für eine strikte Wortlautinterpretation der Strafgesetze[1] und die Einhaltung rechtsstaatlicher Prinzipien im Strafverfahrensrecht[2]. In seiner wissenschaftlichen Ausrichtung war Dohna in mehrfacher Hinsicht an Kant orientiert; er fragte nach den Bedingungen der Möglichkeit, die strafrechtlichen Kategorien der Rechtswidrigkeit und Schuld zu erfassen, und griff als methodisches Instrumentarium auf das Verallgemeinerungsprinzip und die Mensch-Zweck-Formel des kategorischen Imperativs zurück. Auch gehen auf Dohna wesentliche Anstöße zu einer teleologischen Strafrechtsdogmatik und einer Interessen- und Güterabwägung in Kollisionsfällen zurück.

Kurz: Dohna gehört zu den führenden deutschen Strafrechtswissenschaftlern im ersten Drittel des 20. Jahrhunderts und war, wie es den damaligen Anforderungen an seine Disziplin entsprach, auch stets darum bemüht, seine dogmatischen Überlegungen auf einem philosophischen Fundament zu entfalten. Er ging 1902 in Berlin zusammen mit Radbruch ins Rigorosum,[3] damals noch fas-

---

[1] Vgl. nur *Dohna*, MschrKrimPsych 34 (1943), 138 ff.; zum Spannungsverhältnis von Gesetzesbindung und Ermessensfreiheit bei Dohna mit Nachw. aus dem Nachlass *Escher*, Neukantianische Rechtsphilosophie, teleologische Verbrechensdogmatik und modernes Präventionsstrafrecht. Eine biographische und wissenschaftlichsgeschichtliche Untersuchung über Alexander Graf zu Dohna (1876–1944), 1993, 122 ff.

[2] Krit. Würdigung der Abhandlungen Dohnas zum Strafprozess und Gerichtsverfassungsrecht bei *Escher* (Fn. 1), 236 ff.

[3] Hierzu und zum persönlichen Verhältnis Dohnas zu Radbruch, *Escher* (Fn. 1), 19 mit Fn. 6 f.

ziniert von der soziologischen Strafrechtsschule v. Liszts;[4] weil er von der Reformbedürftigkeit der gesellschaftlichen Verhältnisse überzeugt war, hieß er in der Verwandtschaft der „rote Graf".[5] Erst mit dem Wechsel nach Halle wurde er so maßgeblich von Stammler beeinflusst, dass August Finger seine Habilitationsschrift zunächst noch mangels hinreichender Selbstständigkeit ablehnte.[6] Der Einfluss Stammlers blieb auch in der Folgezeit prägend. Insoweit mag es durchaus berechtigt sein, Dohna einen neukantianischen Strafrechtswissenschaftler zu nennen. Jedoch hat Dohna nicht nur als Wissenschaftler, sondern auch als Politiker Bedeutung erlangt, und es dürfte wesentlich sein Verdienst sein, dass die Bonner juristische Fakultät mit einigem Anstand über die nationalsozialistische Zeit gekommen ist.[7] Nach Hellmuth v. Weber „gehörte er zum Kreise derer, die in der Zeit der nationalsozialistischen Herrschaft das deutsche Rechtsgewissen repräsentierten".[8] Escher charakterisiert in seiner umfangreichen Biographie Dohna u. a. mit folgenden Eigenschaften: Preußisches Pflichtbewusstsein, protestantischer Glaube, patriotische und monarchistische Gesinnung, Freiheit von Standesdünkeln, Toleranz gegenüber politisch Andersdenkenden, soziales Verantwortungsgefühl und geistige Gradlinigkeit.[9]

Dass solche Zuschreibungen keine leeren Hülsen sind, zeigt sich schnell bei einem Blick auf einige biographische Daten:[10] Dohna wurde 1876 in Potsdam als Sohn des Generalleutnants Hannibal Burggraf und Graf zu Dohna-Schlodien und der griechischen Prinzessin Helene Maurokordatos geboren und wuchs in einem traditionellen und zugleich weltoffenen Adelsmilieu auf. Er studierte in Rom, Lausanne, Freiburg i. Br. und Berlin Rechtswissenschaft und belegte stets auch sprachwissenschaftliche, philosophische und theologische Vorlesungen. Nach den bereits genannten Stationen bei v. Liszt und Stammler wurde er 1906 auf eine außerordentliche Professur in Königsberg berufen, übernahm aber noch im gleichen Jahr die wissenschaftliche Begleitung des Prinzen Au-

---

[4] Vgl. hierzu nur *Eb. Schmidt*, Einführung in die Geschichte der deutschen Strafrechtspflege, 2. Aufl. 1951, § 313.

[5] Nachw. bei *Escher* (Fn. 1), 19.

[6] Nachw. zum Gutachten bei *Escher* (Fn. 1), 20.

[7] Hierzu *Schmoeckel*, Vorwort, in: ders. (Hrsg.), Die Juristen der Universität Bonn im „Dritten Reich", 2004, 22 ff.

[8] Gedenkrede, in: Rechts- und Staatswissenschaftliche Fakultät der Universität Bonn, Gedenkfeier für Alexander Graf zu Dohna am 29. Juni 1947, 9. Vgl. zu Dohnas Einstellung auch *Morell*, in: Schmoeckel (Fn. 7), 106 f., 125 ff.; *Schmidt*, Einführung in die Geschichte der deutschen Strafrechtspflege, 3. Aufl. 1965 (Nachdruck 1983), 428 f.; *Wolf*, Nachwort zu *Dohna*, Kernprobleme der Rechtsphilosophie, 1959, 97.

[9] *Escher* (Fn. 1), 18.

[10] Nachw. zu den nachfolgenden biographischen Angaben bei *Escher* (Fn. 1), 8 ff.; *Morell* (Fn. 8), 107 ff.

gust Wilhelm von Preußen. 1909 kehrte er nach Königsberg zurück. 1920 folgte er einem Ruf nach Heidelberg und wechselte von dort 1926 nach Bonn, wo er bis zu seinem Tod 1944 lehrte. Seine politische Tätigkeit begann Dohna 1918 im Justizausschuss des Arbeiter- und Soldatenrates in Königsberg, 1919 wurde er Abgeordneter für die DVP in der Weimarer Nationalversammlung und war dann bis 1921 Mitglied des Reichstages. 1932 verließ er die DVP zugunsten des von ihm mitbegründeten Deutschen Nationalvereins, dem jedoch ab 1933 keine Zukunft mehr beschieden war. Obgleich Dohna den Nationalsozialismus entschieden ablehnte, in keiner NSDAP-Organisation war und während seiner universitären Tätigkeit mehrmals unter Beobachtung der Gestapo stand, konnte er mit Ausnahme einiger Schwierigkeiten bei der Publikation seiner Arbeiten recht unbehelligt in Bonn lehren.[11] Aus Angst vor der Gestapo vernichtete allerdings das Ehepaar Dohna 1944 nahezu die gesamte persönliche Korrespondenz und damit auch einen Teil des Schriftwechsels mit Radbruch.[12] Mit seinem Schüler Erik Wolf überwarf er sich wegen dessen Hinwendung zum Nationalsozialismus und bezeichnete dessen Neubau des Strafrechts als „Rückschritt um etliche Jahrhunderte". In einem Brief an Wolf Ende 1933 schrieb er den für ihn typischen Satz „Ich fürchte meinerseits, daß die Welt nach wie vor dem 30. Januar 1933 weiterhin aus einer Minderheit halbwegs anständiger und einer Mehrheit moralisch zweifelhafter Elemente bestehen wird".[13] Man kann diesen Satz durchaus als Schlüssel zu Dohnas Leben und Werk verstehen. Mit Wolf verband ihn, der Mitglied der Bekennenden Kirche war, im Übrigen nach dessen Abkehr vom Nationalsozialismus und der aktiven Hinwendung zum Widerstandskreis um Dietrich Bonhoeffer bis zum Tod wieder die alte vertraute Harmonie.

II. Neukantianismus

Dohna räumt in seinen Schriften mehrmals offen ein, sich in seiner rechtsphilosophischen Ausrichtung an Stammler zu orientieren. So schreibt er noch in der Einleitung seiner „Rechtsphilosophie" von 1940, „den bestimmenden Einfluß seines Denkens können und wollen die folgenden Ausführungen nicht verleugnen".[14] Nach Wolf ist Dohna zeitlebens den Leitgedanken Stammlers „unablenkbar gefolgt".[15] Diese enge Bindung an Stammler mag erklären, warum

---

11 Zu Details mit Nachw. aus dem Nachlass *Escher* (Fn. 1), 39 ff.

12 *Escher* (Fn. 1), 15.

13 Brief aus dem Nachlass Wolfs, Nachw. bei *Escher* (Fn. 1), 40 f.

14 *Dohna*, Kernprobleme der Rechtsphilosophie, 1940, 12; vgl. auch *ders.*, Kant-Studien 31 (1926), 1 ff.

15 Nachwort in *Dohna* (Fn. 14), 97.

Dohnas Bedeutung als (eigenständiger) neukantianischer Rechtsphilosoph begrenzt blieb. In Darstellungen der Rechtsphilosophie wird er im Kontext dieser philosophischen Richtung zumeist nicht[16] oder allenfalls am Rande erwähnt[17]. Im Rahmen unseres Symposiums dürfte das Interesse an Dohna deshalb weniger in seiner rechtsphilosophischen Grundlagenforschung liegen als vielmehr in den Konsequenzen, die er aus einigen neukantianischen Prämissen für die Weiterentwicklung der dogmatischen Verbrechenslehre gezogen hat.

Nimmt man Dohnas rechtsphilosophischen Ansatz gleichwohl kurz in den Blick, so fällt auf, dass sich – ebenso wie in Wolfs Habilitationsschrift über den strafrechtlichen Schuldbegriff[18] – an keiner Stelle eine Verteidigung der neukantianischen kritischen Methode gegen erkenntnistheoretische Konkurrenten findet. Dabei scheint sich Dohnas These, dass alle Erkenntnis aus der Erfahrung hervorgehe,[19] in der Nähe John Lockes und des Empirismus zu bewegen, demzufolge alles Material menschlicher Erkenntnis im Wege äußerer und innerer Wahrnehmung aus der Erfahrung stammt;[20] und auch eine Auseinandersetzung mit Rudolf Carnaps zeitgenössischer Konstitutionentheorie hätte nicht ferngelegen.[21] Die empiristische Tendenz in Dohnas Werk, die aufgrund seiner Herkunft aus der Liszt-Schule nicht überraschend ist, mag jedenfalls erklären, warum Dohna zu einem positivistischen Rechtsbegriff gelangt und seine auf dem Konzept der Sozialnützlichkeit aufbauende Straf-, Verbrechens- und Rechtswidrigkeitstheorie deutlich utilitaristische Züge trägt.[22]

Ungeachtet dessen geht Dohna bei seinen rechtsphilosophischen Überlegungen wie selbstverständlich von Stammlers Prämissen aus. Er schreibt zunächst Kant die philosophische Großtat zu, die Frage nach den Bedingungen der Möglichkeit und der Grenzen wissenschaftlicher Erkenntnis gestellt zu haben.[23] Für die Philosophie im Allgemeinen formuliert er sodann mit Stammler die Aufgabe, in logisch-systematischer Weise die allgemeingültigen, reinen Formen von dem geschichtlich bedingten Stoff abzusondern. In der Anwendung auf das

---

[16] Vgl. nur *Coing*, Grundzüge der Rechtsphilosophie, 2. Aufl. 1969, 70 ff.; *Hilgendorf*, in: ders./Joerden (Hrsg.), Handbuch der Rechtsphilosophie, 2017, 160 f.; *Ollig*, Der Neukantianismus, 1979; *Verdross*, Abendländische Rechtsphilosophie, 2. Aufl. 1963, 190.

[17] Beispielhaft *Stuckenberg*, in: Kindhäuser/Kreß/Pawlik/Stuckenberg (Hrsg.), Strafrecht und Gesellschaft, 2019, 125, 136.

[18] Vgl. *Wolf*, Strafrechtliche Schuldlehre, 1928, 73 ff., zu den philosophischen Grundlagen.

[19] Vgl. auch *Dohna*, MschrKrimPsych 3 (1907), 513, 515.

[20] Vgl. nur *Locke*, Versuch über den menschlichen Verstand, 1690 (Ausgabe Hamburg 2006), 2. Buch II. 2.

[21] Vgl. etwa zur Konstitution von Werten *Carnap*, Der logische Aufbau der Welt, 1928 (Ausgabe Hamburg 1998), Rn. 152.

[22] In diesem Sinne *Escher* (Fn. 1), 52 f.

[23] *Dohna* (Fn. 14), 7.

Recht besagt dies: „In der Erfahrung ist immer gleichzeitig Stoff und Form gegeben: kein Stoff ohne Form, keine Form ohne Stoff. Ihre Trennung erfolgt vermöge einer kritischen Tätigkeit des Bewusstseins. Sie ist nur an der Hand der Erfahrung möglich, liefert aber Gegenstände, die jenseits aller Erfahrung liegen. So ist auch der Begriff des Rechts nicht Gegenstand der Erfahrung, sondern er geht aller Erfahrung voraus."[24] Konkret erfordere dies, diejenigen Merkmale herauszuarbeiten, die allem und jedem Recht, aber auch den Begriffen der Gerechtigkeit und den verbrechenssystematischen Begriffen der Rechtswidrigkeit sowie der Schuld wesentlich sind.

Es geht also hier – wie auch Stammler betont[25] – nicht um ein Erkennen aus reiner Vernunft, sondern um die kritische Analyse der geschichtlichen Erfahrung. Dohna will keine transzendente Ideenwelt neben einer empirischen Welt schaffen, sondern verortet die reinen Formen in der Besinnung auf den Inhalt des eigenen bzw. unseres Bewusstseins. Doch wie sollen sich anhand rechtlicher Erfahrung erfahrungsunabhängige, von ihrem geschichtlichen Inhalt freie Formen ermitteln lassen, die als reine Verstandesbegriffe den Charakter von Kategorien aufweisen? Im Ergebnis handelt es sich bei den von Dohna angebotenen reinen Formen um begriffliche, auf empirische Befunde bezogene Abstraktionen, indem allgemeine von besonderen Begriffen geschieden werden. Max Weber sieht hierin – wohl zu Recht – die Verwechslung der höchsten Generalisation einer Disziplin mit erkenntnistheoretischen Kategorien a priori.[26] Jedenfalls auf eine Reflexion der Vernunft über ihren eigenen Anteil an der Erfahrung und der erfahrbaren Gegenstände im Sinne Kants geht Dohna nirgends ein. Und es erscheint ja auch mehr als fraglich, ob Kants Name in Anspruch genommen werden darf, um anhand der Analyse spezieller Bedingungen einer speziellen wissenschaftlichen Disziplin zur Gewinnung reiner Formen bzw. Kategorien zu gelangen.

Dohnas rechtsphilosophische Zielsetzung beschränkt sich auf die Gewinnung formaler, allgemeingültiger, apriorischer Strukturgesetze des juristischen Denkens, ausgehend von einem Dualismus zwischen Rechtsbegriff und Rechtsidee sowie zwischen juristischer Logik und Ethik. Der Rechtsbegriff soll diejenigen Merkmale enthalten, „die allem und jedem Recht wesentlich sind, weil gerade sie ihm erst den Charakter des Rechts verleihen".[27] Der sich stets wandelnde Inhalt eines beliebigen Rechtssatzes, der für seine Charakterisierung als

---

24 *Dohna* (Fn. 14), 9; vgl. auch *ders.*, Willensfreiheit und Verantwortlichkeit, 1907, 7, zur Kausalität.

25 *Stammler*, Lehrbuch der Rechtsphilosophie, 1922, S. 10 Fn. 4.

26 *Max Weber*, in: ders., Gesammelte Aufsätze zur Wissenschaftslehre, 7. Aufl. 1988, 309; hierzu auch treffend *Escher* (Fn. 1), 50 ff. m. w. N.

27 *Dohna* (Fn. 14), 8.

Satz des Rechts belanglos ist, wird dagegen unter der Fragestellung bedeutsam, ob er der Bestimmung des Rechts, also der Rechtsidee, genügt.[28] Beispielhaft für eine solche Idee nennt Dohna Kants Bezeichnung des Rechts als Inbegriff von Bedingungen, unter denen die Willkür des einen mit der Willkür des anderen nach einem allgemeinen Gesetz der Freiheit vereinigt werden kann. Doch nicht alles, was begrifflich Recht ist, entspreche einer solchen Idee, und höre deshalb auch nicht auf, Recht zu sein.[29] Diese Diskrepanz von Begriff und Idee[30] sei möglich, weil der Rechtsbegriff auf einer logisch orientierten, die Rechtsidee auf einer teleologisch orientierten Vorstellung beruhe.

In der Konsequenz dieses positivistischen Ansatzes trifft Dohna eine begriffliche Festlegung. Ob ein beliebiger Rechtssatz ein Satz des geltenden Rechts ist, ob er also in eine gegebene Rechtsordnung eingebettet ist, nennt Dohna eine Frage der „Juristischen Logik". Wie dagegen das Recht sein und ob Recht überhaupt sein soll, d. h. ob der allem Recht eigentümliche und notwendige Zwangscharakter sittlich zulässig ist, sei eine Frage der „Juristischen Ethik".[31]

III. Juristische Logik

Im Rahmen der juristischen Logik will Dohna den Begriff des Rechts nicht durch Abstraktion bestimmen – dieses Verfahren setze ja bereits einen vorhandenen Allgemeinbegriff voraus –, sondern nach *genus proximum* und *differentia specifica*. Ausgehend von einer beliebigen Vorschrift, der „ohne Besinnen" rechtlicher Charakter zugesprochen werde, gelange man der Gattung nach zu einer besonderen Art der Regelung des menschlichen Gemeinschaftslebens. Um die spezifische Besonderheit des Rechts aufzudecken, seien drei Dinge zu klären: das Wesen einer Norm, die Eigenart einer sozialen Regelung und das spezifisch Rechtliche einer solchen Regelung.[32]

1. Wesen der Norm

Das Wesen der Norm entwickelt Dohna aus der Abgrenzung vom Naturgesetz und formuliert insoweit eine Reihe von Antithesen wie u. a. Sein und Sollen,

---

28 Ibid. 9.

29 Ibid.

30 Vgl. auch *Dohna*, Die Revolution als Rechtsbruch und Rechtsschöpfung, 1923, 13: „Das Rätsel, wie aus Unrecht Recht werden könne, löst sich uns dahin, daß Unrecht sehr wohl gleichzeitig Recht sein kann."

31 *Dohna* (Fn. 14), 10.

32 Ibid. 13 f.

Kausalität und Teleologie, Natur und Zweck, Wirklichkeit und Wert, Wahrnehmen und Wollen, Realität und Idealität oder Natur- und Kulturwissenschaften, ohne hierbei mehr als sich an der Oberfläche bewegende terminologische Anleihen bei Rickert zu machen.[33] Von Belang ist jedoch, dass Dohna Norm und Wollen undifferenziert gleichsetzt und damit die Frage, ob das durch die Norm ausgedrückte Sollen nicht eine Verpflichtungskraft impliziert, die dem Müssen nach Maßgabe eines bloßen Wollens fehlt, unbeantwortet lässt.[34]

2. Eigenart sozialer Regelungen

In der Vorstellung von Gesellschaft, die nach Dohna durch die *Gemeinsamkeit der verfolgten Zwecke* ihrer Träger – bedeutungsgleich mit dem verbindenden Wollen bei Stammler[35] – konstituiert wird, sei stets das sie bedingende Moment der äußeren Regelung bereits mitgedacht.[36] Kennzeichnend für Dohnas Positivismus ist die Ansicht, dass sich äußere soziale Regelungen nicht von Sitte und Sittlichkeit durch den jeweiligen Gegenstandsbereich abgrenzen lassen. Soziale Regelungen könnten aufgrund ihrer Offenheit potenziell auch Freundschaften und sogar Intimitäten des Familienlebens erfassen; ein Staat könne somit den Anspruch auf Totalität erheben. Doch zugleich hält Dohna den NS-Juristen, die einer Einheit von Recht und Sitte bzw. Sittlichkeit das Wort reden, das positivistische Standardargument entgegen, dass sich nur bei der Möglichkeit einer Divergenz zwischen beiden Bereichen prüfen lasse, ob das Recht mit dem Sittengesetz in Einklang stehe.[37]

3. Das spezifisch Rechtliche von Regelungen

Als maßgebliches Kriterium zur Abgrenzung des Rechts von Sitte und Willkür stellt Dohna – etwa mit Blick auf das Völker- und Staatsrecht – nicht auf den Zwangscharakter rechtlicher Regelungen ab und verwirft auch eine Differenzierung zwischen äußerem – dem Recht unterworfenem – und innerem – der sittlichen Wertung unterstelltem – Verhalten, sondern erachtet die *Selbstherrlichkeit des Rechts* als ausschlaggebend (bei Stammler: Unverletzbarkeit des Rechts[38]). Das Recht bestimme selbst, wer seiner Autorität unterworfen sei, wieweit diese Unterwerfung reiche und in welchem Umfange es von dem ihm zustehenden

---

[33] Hierzu und zum Folgenden ibid. 14 ff.

[34] Hierzu treffend *Escher* (Fn. 1), 63 f.

[35] *Stammler* (Fn. 25), 76 f.

[36] *Dohna* (Fn. 14), 21 f.

[37] Ibid. 28 f.

[38] *Stammler* (Fn. 25), 77 ff.

Zwangsapparat Gebrauch machen will.[39] Insoweit lebe die Sitte von der Gnade des Rechts.

Mit diesem Ergebnis gerät Dohna freilich in die Zwickmühle eines Positivismus, der einerseits die Inhalte rechtlicher Regelungen begrifflich von sittlichen Anforderungen befreien, zugleich aber dem Vorwurf entgehen will, jedweder Willkür die Dignität von Recht zu verleihen. Dohna braucht viel Raum für Wortakrobatik, um sich bei dieser Frage nicht offen gegen das NS-Regime zu positionieren. Als Beispiel für Willkür führt er neben historischen Fällen nur die Münchener Räterepublik an. Wenig später räumt er zwar ein, dass Regelungen, die etwa die Sklaverei oder die Gestattung der Vernichtung lebensunwerten Lebens zum Gegenstand hätten, als „Willkür" bezeichnet werden könnten, aber nur in dem Sinne sachlich falschen Rechts, nicht jedoch in der von ihm gemeinten Bedeutung einer „dem Rechte begrifflich entgegengesetzten Form der Befehlserteilung".[40] Willkür in diesem Sinne könne durchaus gleichzeitig Recht sein, ohne freilich stets materiell Rechtscharakter zu besitzen. Recht müsse daher formal an anderen Merkmalen erkennbar sein.[41]

In diesem Sinne bietet Dohna in Anlehnung an Stammler als formales Wesensmerkmal des Rechts den Geltungsanspruch an, als objektive Ordnung in allgemein verbindlicher Weise das Verhalten der Gemeinschaftsmitglieder zu regeln und damit keine gleichberechtigte Ordnung neben sich zu dulden. Willkürlich sei demgegenüber ein Befehl, der in gewolltem Gegensatz zu der in ihrer sonstigen Herrschaft *gar nicht angefochtenen* Ordnung auftritt.[42] Treten also – etwa im Gefolge einer Revolution – neue Regelungen mit dem Anspruch auf, allgemein verbindlich zu sein, so wird, was nach altem Recht Unrecht war, nun Recht.[43] Von einer *Geltung* des Rechts sei schließlich auszugehen, wenn es aufgrund seiner Anerkennung durchsetzbar ist, einer freilich sehr verwässerten Anerkennung, für die es genügen soll, dass die jeweilige Rechtsherrschaft unangefochten ist. Selbst eine inhaltsbezogene Ablehnung von Normen sei hiermit vereinbar, sofern bei den Rechtsunterworfenen noch das „Bewußtsein des Verpflichtetseins" bestehe.[44]

Mit der Gleichsetzung von Norm und Wollen begibt sich Dohna jedoch auf ein sehr dünnes Eis, auf dem er bei der Abgrenzung von Recht und Willkür einzubrechen droht, wenn nicht sogar einbricht. Wie sich bloßes Wollen als objektive Verbindlichkeit soll gerieren und sich obendrein auf Anerkennung soll

39 *Dohna* (Fn. 14), 36 f.

40 Ibid. 37 f.

41 *Dohna* (Fn. 14), 38; *ders.* (Fn. 30), 12 ff.

42 *Dohna* (Fn. 14), 42 f.

43 Hierzu auch *Dohna* (Fn. 30), 8 ff.

44 *Dohna* (Fn. 14), 47 ff, insbesondere 50.

stützen können, bleibt Fiktion, wenn hierin ein Kriterium zur Abgrenzung des Rechts von den Befehlen despotischer Räuberbanden zu sehen sein soll. Wird dagegen die Norm als Sollen und damit als Verpflichtungsgrund für das Verhalten der Normunterworfenen begriffen, so wird man um das Zugeständnis eines Minimums an beanspruchter inhaltlicher Richtigkeit für den Rechtsbegriff nicht umhinkönnen.[45] An der unvermeidlichen Schnittstelle von Rechtsbegriff und Rechtsidee, bei der Frage, ob sich gänzlich unsittliche Regelungen als Recht ausgeben lassen, dürfte Dohnas Programm scheitern.[46] Nur beiläufig sei angemerkt, dass die These, Sitte beanspruche in Abgrenzung zum Recht keine allgemeine Geltung, unbegründet im Raum steht; die Entstehung von Gewohnheitsrecht, die Rolle der Verkehrssitte bei der Fahrlässigkeit oder der Grundsatz von Treu und Glauben, um nur einige Aspekte des Problems zu nennen, bleiben so unbestimmt.

IV. Juristische Ethik

Freilich stellt sich für Dohna noch die weitere Aufgabe, unter neukantianischen Prämissen die für eine juristische Ethik angemessene Rechtsidee zu bestimmen. Um dies zu bewältigen, will er die Bedingungen nennen, unter denen eine im formalen Sinne rechtliche Ordnung den Anforderungen entspricht, die an ihren Inhalt zu stellen sind, wenn sie im materiellen Sinn wirklich Recht sein will.[47] Zur Bestimmung dieser Bedingungen sei notwendig ein Standpunkt außerhalb des positiven Rechts einzunehmen. Im Gegensatz zur zeitlich bedingten Wirksamkeit einer geschichtlich gewachsenen und empirisch bedingten Ordnung versteht Dohna die Rechtsidee als eine konstante und unwandelbare regulative Idee.[48] Anders formuliert: Festzulegen sei auf dem Gebiet des Telos diejenige „Gesetzmäßigkeit, ohne die ein begründetes Urteil über Wollen und Handeln des Menschen nicht erzielt werden“ könne.[49] Der hier interessierende Zweck müsse als Endzweck aller individuellen Zweckverfolgung außerhalb aller Erfahrung liegen und dürfe deshalb auch nicht als ein überhaupt erreichbarer Erfolg in Betracht kommen.[50]

---

45 In seiner Argumentation zugunsten der Fahrlässigkeit als Schuldform stellt Dohna auf die „tief im Volksbewußtsein wurzelnden ethischen Vorstellungen“ ab und verweist auf das „ethische Empfinden“ zur Klärung der Zurechnungsvoraussetzungen, vgl. ZStW 32 (1911), 323, 326.

46 Zur Kritik auch *Escher* (Fn. 1), 66 f.

47 *Dohna* (Fn. 14), 54.

48 Ibid. 62.

49 Ibid. 63.

50 Ibid.

Die formale Bestimmung der Rechtsidee als Zweck, der keinem anderen Zweck dient, hat zur Konsequenz, dass unterschiedlich ausgestaltete Rechtsordnungen gleichermaßen zu jeweils ihrer Zeit und an ihrer Stelle die richtigen Regelungen treffen bzw. getroffen haben.[51] Insoweit sei, rechtsphilosophisch gesehen, an die Stelle des tradierten Naturrechts die Idee des richtigen Rechts zu setzen: Ein Naturrecht mit wechselndem Inhalt. Der Endzweck und damit die Leitidee des sozialen Lebens in diesem Sinne sei „die Idee einer Menschengemeinschaft, in der ein jeder die objektiv berechtigten Zwecke des anderen zu den seinigen macht; einer Regelung des vereinten Daseins und Zusammenwirkens, der jeder Rechtsunterworfene zustimmen muß, sobald er frei von bloß subjektivem Begehren sich entschiede".[52] Werde das jeweilige konkrete rechtliche Wollen von dieser Idee geleitet, so handele es sich um richtiges Recht.[53] Nach Dohna hat der Relativismus somit Recht, wenn er die unbedingte Geltung konkreter Zwecke bestreitet, aber Unrecht, wenn er – wie Radbruch – vermeint, es ließe sich über die Richtigkeit eines Sollens überhaupt nichts aussagen.[54]

Da Dohna auch bei der juristischen Ethik nicht wie in Kants metaphysischen Anfangsgründen der Tugend- und Rechtslehre auf einen von empirischen Einzelmenschen losgelösten Verallgemeinerungsgedanken abstellt, sondern die Kriterien der Richtigkeit von Recht durch kritische Selbstbesinnung dem positiven Recht entnehmen will und damit auf das kultur- und milieubedingte Vorverständnis des Interpreten zurückgreifen muss, lassen sich mangels materialer Basiswertungen Streitfragen schwerlich rational entscheiden. Staatliche Macht kann so unschwer ihre sozialen Regelungen nicht nur als Recht, sondern auch als berechtigt ausweisen. Die Fragwürdigkeit der Konzeption zeigt sich etwa in einem Aufsatz von 1924 zur Sicherungsstrafe, in dem Dohna Gerechtigkeit als nichtmetaphysischen Begriff deutet, der die Übereinstimmung mit den im Volksbewusstsein lebendigen Wertvorstellungen ausdrücke,[55] eine Formel, die zur Begrenzung staatlicher Macht wenig taugen dürfte.

V. Strafrechtstheorie

Dohnas positivistische Rechtstheorie ist mit vielen Richtungen in der Strafrechtswissenschaft kompatibel. Dies mag ein Grund dafür sein, dass Dohna in seiner Strafrechtstheorie, die nun etwas näher betrachtet werden soll, durchaus

[51] Ibid. 66.
[52] Ibid. 66 f.
[53] Ibid. 69.
[54] Ibid. 70.
[55] *Dohna*, ZStW 44 (1924), 39, 51.

konträre Positionen glaubt harmonisch unterbringen zu können, etwa einen individualethisch begründeten Schuldbegriff[56] mit einer spezialpräventiv ausgerichteten Strafzumessungslehre.[57] Neben die am Neukantianismus und bereichsweise direkt an Kant orientierten Prämissen tritt in Dohnas Strafrechtsverständnis auch deutlich Gedankengut der Liszt-Schule, das er freilich aus rechtsstaatlicher Perspektive zunehmend kritisch sieht. Wie v. Weber auf der Gedenkfeier für Dohna 1947 berichtet, soll dieser in manchen Gesprächen seiner letzten Lebensjahre besorgt geäußert haben, ob nicht v. Liszts Programm der Zweckstrafe, seiner Sicherungen entkleidet, die Grundlage verfehlter nationalsozialistischer Strafrechtspflegemaßnahmen geworden sei, denen man sicher nicht Unzweckmäßigkeit, wohl aber Ungerechtigkeit vorwerfen müsse.[58]

Für Dohna hat Strafrecht in seinem Kernbereich[59] die Aufgabe, durch seine den ethischen Kulturnormen zugehörigen, mit peinlich empfundenen Sanktionen ausgestatteten Regelungen die elementaren Lebensbedingungen der Gemeinschaft vor Angriffen zu schützen.[60] Demnach sieht er – ganz auf der Linie z.B. von Jhering,[61] v. Liszt[62] oder M.E. Mayer[63] – den Grund des Strafrechts in der unerträglichen Sozialschädlichkeit der inkriminierten Verhaltensweisen.[64] Allerdings ist Dohna ein entschiedener Verfechter des *ultima-ratio*-Prinzips und tritt für eine Entkriminalisierungspolitik zugunsten einer Ausweitung des Polizei- und Verwaltungsrechts ein. Strafrecht soll erst dann Platz greifen, wenn die Mittel der Sozialpolitik zur Verbrechensbekämpfung nicht mehr ausreichen, zumal das Strafrecht ohnehin nur eine besondere Form des (wohlfahrtsstaatlich interpretierten) Verwaltungsrechts sei.[65]

Strafjustiz und polizeiliche Prävention beruhen nach diesem Verständnis, ungeachtet der jeweils spezifischen Zwecksetzung und Eigenart auf der Rechtsfolgenseite, gleichermaßen auf dem Anspruch des Staates auf Normbefolgung.[66]

---

[56] Beispielhaft *Dohna*, GS 65 (1905), 304, 315ff.

[57] Vgl. *Dohna*, MschrKrimPsych 34 (1943), 138ff.

[58] *v. Weber* (Fn. 8), 5f.

[59] Kennzeichnend für das Nebenstrafrecht sei demgegenüber die explizite Normformulierung durch den Gesetzgeber, vgl. *Dohna*, Verwaltungsarchiv 30 (1925), 233, 240ff.

[60] *Dohna*, Verwaltungsarchiv 30 (1925), 233, 242f.

[61] *v. Jhering*, Der Zweck im Recht, Bd. 1, 6./8. Aufl. 1923: „Sicherung der Lebensbedingungen der Gesellschaft".

[62] *v. Liszt*, Lehrbuch des Strafrechts, 21./22. Aufl. 1919, 4: „Alles Recht [...] bezweckt den Schutz menschlicher Lebensinteressen"; *ders.*, Der Zweckgedanke im Strafrecht, in: ders., Strafrechtliche Aufsätze und Vorträge, Bd. 1, 1905, 145ff.

[63] *M.E. Mayer*, Rechtsnormen und Kulturnormen, 1903, 62ff.; *ders.*, Der Allgemeine Teil des deutschen Strafrechts, 1915, 20ff.

[64] *Dohna*, Verwaltungsarchiv 30 (1925), 233, 235ff., 240f., 243.

[65] *Dohna*, ZStW 44 (1924), 39, 46ff.; *ders.*, Verwaltungsarchiv 30 (1925), 233, 238.

[66] Vgl. *Dohna*, ZStW 44 (1924), 46, 47; *ders.*, Verwaltungsarchiv 30 (1925), 233, 236ff.

Daher ist Prävention im Strafrecht – beispielsweise in Gestalt der Sicherungsstrafe – für Dohna kein Systembruch.[67] Während er in seiner rechtsphilosophischen Konzeption den Regelungsbereich des Rechts nicht gegenüber der Moral begrenzt, spricht er dem Strafrecht kriminalpolitisch die Aufgabe ab, Sittlichkeit durchzusetzen, und tritt für eine Liberalisierung der Sexualdelikte und eine Abschaffung des § 175 RStGB ein.[68]

In der Strafzwecklehre i. e. S. vertritt Dohna eine Vereinigungstheorie[69] mit dem Schwerpunkt auf der Spezialprävention.[70] Die Antinomie der Strafzwecke sei bereits im Begriff der Strafe angelegt: Diese müsse einen Ausgleich finden zwischen der Schwere des Verbrechens und der an der Persönlichkeit des Täters orientierten Prävention.[71] Seinem positivistischen Ansatz entsprechend richtet sich Dohna zufolge das jeweilige Verhältnis zwischen sozialer Zweckmäßigkeit und individueller Freiheitssphäre nach dem jeweiligen staatlichen Selbstverständnis, wobei er in einer vorrangigen Garantie der „Integrität des sozialen Körpers" – ungeachtet seiner ablehnenden Haltung – kein Gespenst sieht.[72] Kriminalpolitisch befürwortet Dohna im Rahmen einer rechtsstaatlichen Fortbildung des Strafrechts ein einspuriges Sanktionensystem, das unter Beachtung von Charakter und Milieu des Täters individualisierend ausgerichtet ist.[73]

VI. Willensfreiheit

Dohna befasst sich in seinem Werk wiederholt mit der Frage, wie strafrechtliche Verantwortlichkeit von einem deterministischen Standpunkt aus begründet werden könnte. Er will hierbei keine materialistische Weltauffassung vertreten, sondern begreift Kausalität als Denkform *a priori*, also als eine allgemeingülti-

---

[67] *Dohna*, ZStW 44 (1924), 39, 46, 48.

[68] Nachw. bei *Escher* (Fn. 1), 94 mit Fn 12.

[69] Vgl. nur *Dohna*, ZStW 44 (1924), 39 ff.; *ders.*, Verwaltungsarchiv 30 (1925), 233, 239 ff. Insoweit folgt Dohna nicht v. Liszt, der eine deterministische Position nur mit der Schutzstrafe für vereinbar hält, vgl. nur *v. Liszt*, Zweckgedanke (Fn. 62), 174.

[70] Anders als die Liszt-Schule („moralische Lynchjustiz", hierzu *Schmidt* [Fn. 4], 398 f.) befürwortet *Dohna* eine Beibehaltung der sog. Ehrenstrafe, vgl. nur MschrKrimPsych 17 (1926), 352 ff.

[71] Vgl. nur *Dohna*, ZStW 44 (1924), 46, 51.

[72] *Dohna*, MschrKrimPsych 5 (1908), 65, 70.

[73] Vgl. *Dohna*, JW 1921, 368, 371 f.; *ders.*, MschrKrimPsych 34 (1943), 138 ff.; vgl. auch die Stellungnahmen DJZ 1925, 1100, 1101; DJZ 1928, 43, 46 f.; zur Befürwortung einer unbestimmten, nur durch Höchst- und Mindestmaß begrenzten Strafe bei „gemeingefährlichen Gewohnheitsverbrechern" *Dohna* ZStW 44 (1924), 39, 41 ff.; ferner *ders.*, ZStW 66 (1954), 505, 513 f.

ge Bedingung wissenschaftlicher Erkenntnis in der Erfahrungswelt.[74] Daher könne der Wille überhaupt nur innerhalb bestimmter Regeln und Gesetze erfasst werden und insoweit auch nicht in einem indeterministischen Sinne frei sein.[75] Die (subjektiv empfundene) Freiheit der Wahl vor einer Entscheidung vertrage sich durchaus mit der These, dass die „Entscheidung letztlich ein notwendiges Ergebnis der Stärkeverhältnisse der Motive" sei.[76] Motive und Zwecksetzungen deutet Dohna, unter Berufung auf Schopenhauer,[77] als Erscheinungsformen der Kausalität.[78] Es seien zwei Faktoren, als deren Produkt der Willensentschluss erscheine: die Vorstellungen, welche dem zwecksetzenden Bewusstsein die Ziele vorweisen, und die Persönlichkeit des Subjekts, auf das diese Vorstellungen zu wirken berufen sind. Die Freiheit, die bei harter Prüfung der am Zustandekommen eines Willensentschlusses beteiligten Motive empfunden werde, werde (lediglich) als eine Freiheit von psychischem Zwang gesehen, als „Nichtunterworfensein unter die Gewalt äußerer Umstände".[79]

In diesem Gedankengang nimmt der Begriff der Persönlichkeit eine Schlüsselstellung ein; in der Persönlichkeit finde der Wille seine Quelle und seine Begründung.[80] Demnach werde auch die Verantwortlichkeit für eine Tat mit Blick auf die Persönlichkeit bzw. den Charakter des Täters zugeschrieben, der sich in der Tat manifestiert.[81] Persönlichkeit und Charakter werden hierbei nicht als *prima causa* gedeutet, sondern als Produkt äußerer Einflüsse und einander widerstreitender Motive und Gefühle. „Das, was wir den Charakter nennen, (ist) im Grunde nichts anderes als der Niederschlag dauernder Motive, der damit zu einem integrierenden Bestandteil der Persönlichkeit geworden ist."[82] Insoweit

---

[74] *Dohna*, MschrKrimPsych 3 (1907), 513, 515, 517; *ders.*, ZStW 27 (1907), 329, 344; im Anschluss an Kant, vgl. hierzu *Kant*, Kritik der reinen Vernunft, 1. Aufl. 1781, in: Kant's gesammelte Schriften. Hrsg. von der Königlich Preußischen Akademie der Wissenschaften, Bd. 4, 1911, 128 ff.

[75] *Dohna*, MschrKrimPsych 3 (1907), 513, 516 f.

[76] Ibid. 519.

[77] Ibid. 517 f.; vgl. hierzu nur *Schopenhauer*, Preisschrift über die Freiheit des Willens, 1839, in: ders., Sämtliche Schriften, hrsg. von Frhr. von Löhneysen, Bd. 3, 2. Aufl. 1968, 550 ff.

[78] *Dohna*, Zeitschrift für deutsche Geisteswissenschaft 6 (1943), 52, 53; *ders.*, ZStW 27 (1907), 329, 346; *ders.*, ZStW 66 (1954), 505, 508 ff.

[79] *Dohna*, MschrKrimPsych 3 (1907), 513, 519.

[80] *Dohna*, MschrKrimPsych 3 (1907), 513, 520; vgl. ferner *ders.*, GS 65 (1905), 304. 318: Willensfreiheit bedeute nichts anderes als „Kausalität der Persönlichkeit".

[81] *Dohna*, ZStW 44 (1924), 39, 40. Zur deterministisch ausgerichteten strafrechtlichen Lehre von der Charakterschuld vgl. nur *Engisch*, Die Lehre von der Willensfreiheit in der strafrechtsphilosophischen Doktrin der Gegenwart, 2. Aufl. 1965, 48 ff.; *Robert von Hippel*, ZStW 23 (1903), 396 ff.; Überblick bei *Holzhauer*, Willensfreiheit und Strafe, 1970, 169 ff.

[82] *Dohna*, MschrKrimPsych 3 (1907), 513, 520.

ließen sich für die angeborene Veranlagung und für den anerzogenen Charakter des Menschen durchaus empirische Grundlagen ermitteln. Gleichwohl bleibe noch ein empirisch unerforschter Rest an Individualität, der „das schlechthin einzigartige der menschlichen Persönlichkeit" ausmache: die menschliche Psyche sei und bleibe ewig unberechenbar.[83] Dass sich unter diesen Voraussetzungen die eigene Position nicht klar von derjenigen des Indeterminismus abgrenzen lässt, räumt Dohna durchaus ein.[84]

Beide Ansätze unterscheiden sich nach Dohna jedoch grundlegend in der strafrechtlich relevanten Beantwortung der Frage nach der Fähigkeit des Menschen zu alternativem Handeln. Die Auffassung, dass eine sich allein oder zumindest auch als Vergeltung begreifende Strafverhängung voraussetzt, dass sich der Täter im Augenblick der Tat statt rechtswidrig auch rechtmäßig hätte verhalten können, bezeichnet Dohna als „ein unausrottbares Missverständnis".[85] Seine Argumentation[86] verkürzt allerdings die Problematik unangemessen, da sie weitgehend auf der Gleichsetzung von Indeterminismus mit Zufälligkeit beruht, auf die Verantwortlichkeit nicht gegründet werden könne; der Gedanke etwa einer Kausalität aus Freiheit[87] kommt so erst gar nicht in den Blick. Insbesondere schließt der Umstand, dass es für eine Entscheidung subjektiv zwingende Gründe geben mag,[88] als solcher schwerlich die Fähigkeit zu alternativem Verhalten aus.

Rechtsnormen integriert Dohna in dieses Konzept durch ihre Deutung als Bestimmungsgründe für Handlungen. Ausgehend von der Geschiedenheit von Sein und Sollen sucht er nach einer Antwort auf die Frage: „kann ich, was ich soll?".[89] Damit diese Frage überhaupt sinnvoll gestellt werden kann, reduziert Dohna die deterministische Position auf die bloße These, dass jedes eingetretene Ereignis eine Ursache haben müsse,[90] diese Ursache aber auch im Bereich

---

[83] *Dohna*, MschrKrimPsych 3 (1907), 513, 520 f.; ferner *ders.*, ZStW 66 (1954), 505, 510. Der Suche nach einem religiösen Fixpunkt zur Bestimmung des Unerklärlichen begegnet Dohna (wenig überraschend) zwar mit Verständnis, bestreitet aber deren Wissenschaftlichkeit (ibid.).

[84] *Dohna*, MschrKrimPsych 3 (1907), 513, 522 f.

[85] So der Titel von *Dohna*, ZStW 66 (1954), 505 ff.; ferner *ders.*, MschrKrimPsych 3 (1907), 513, 516.

[86] *Dohna*, MschrKrimPsych 3 (1907), 513, 525, im Anschluss an Adolf Merkel und Windelband; vgl. hierzu *Merkel*, Die Lehre von Verbrechen und Strafe, hrsg. von Liepmann, 1912, 89 ff.; *Windelband*, Über Willensfreiheit, 1904, 206 ff.

[87] Vgl. nur *Renzikowski*, in: FS für Ingeborg Puppe, 2011, 201 ff. m.umf.N.

[88] *Dohna*, MschrKrimPsych 3 (1907), 513, 523 f., bezieht sich u.a. auf den Luther zugeschriebenen Ausspruch auf dem Wormser Reichstag: „Hier stehe ich, ich kann nicht anders, Gott helfe mir".

[89] *Dohna*, MschrKrimPsych 3 (1907), 513, 529 f.

[90] Das hier relevante Kernproblem, die Determiniertheit der determinierenden Ursache

menschlicher Praxis das für das jeweilige Verhalten maßgebliche Motiv sein könne, das wiederum vor der Entscheidung zu seiner Realisierung einer Wahl zugänglich sei.[91] Diese Wahl wird – auf der Basis eines „Freiheitsgefühls" – zwischen einander „widerstreitenden Gefühlen" getroffen, unter denen das Pflichtgefühl eine entscheidende Rolle spielen könne.[92] An die Stelle des Pflichtgefühls könne auch das Verantwortlichkeitsgefühl treten, „also die Gewißheit, daß die Nichtbefolgung der Rechtsnormen Übel und Nachteile im Gefolge" habe.[93] Damit das Verantwortungsgefühl die entsprechende hinreichende Kraft ausüben könne, bedürfe es der Sanktion.[94] Denn die Aussicht auf Vollstreckung der angedrohten Strafe sei geeignet, einen gewichtigen und unentbehrlichen Faktor unter den Bestimmungsgründen des menschlichen Verhaltens zu bilden.[95]

Auch wenn der Entschluss, eine bestimmte Handlung auszuführen, mit dem Gefühl von Entscheidungsfreiheit getroffen wird, ist die entsprechend vollzogene Handlung nach Dohna nur Manifestation eines kausal bedingten Charakters und damit Resultat der „inneren Notwendigkeit" allen Weltgeschehens.[96] Das Problem, wie Verantwortlichkeit bei determinierten Handlungen soll begründet werden können, wird daher bei gleichem Lösungsabstand nur verschoben, wenn an die Stelle einer – jedenfalls aus der Sicht *ex post* – kausal determinierten konkreten Entscheidung zu einer Tat ein sich in der Tat manifestierender Charakter tritt, sofern dieser Charakter seinerseits als kausales Resultat von Anlage und Umwelt begriffen wird. Insoweit wirft Dohna die maßgebliche Frage auf: „Ist es gerecht, daß der Mensch büße für die Mängel und Schäden seiner Persönlichkeit, für die Bosheit und Gefährlichkeit seines Charakters, woran ihm doch keine Schuld zugeschrieben werden kann?" – und er antwortet: „Daß ein jeder für seine Individualität einstehen muss, entspricht jedenfalls einem allgemein gültigen Gesetz der sozialen Ordnung."[97] Das Gesetz der sozialen Ordnung formuliert mit anderen Worten ein Regressverbot: strafrechtliche Zurechnungsstandards sind als gegeben hinzunehmen.[98] Diesem Gesetz zufolge soll es

---

begrifflich zu erfassen, umgeht Dohna durch das Postulat der erkenntnistheoretischen Notwendigkeit eines zureichenden Grundes; Kants Dualismus will er hierbei nicht gelten lassen, vgl. *Dohna*, MschrKrimPsych 3 (1907), 513, 527; *ders.* (Fn. 14), 85 f.

91 *Dohna*, MschrKrimPsych 3 (1907), 513, 530: „Vor der Entscheidung sind gewiß dem wählenden Willen mehrere Möglichkeiten geboten; sonst gäbe es ja keine Wahl."

92 Ibid. 530 f.

93 Ibid. 531.

94 *Dohna*, Zeitschrift für deutsche Geisteswissenschaft 6 (1943), 52, 56.

95 *Dohna*, MschrKrimPsych 3 (1907), 513, 531; *ders.*, ZStW 66 (1954), 505, 511 f.

96 *Dohna*, MschrKrimPsych 3 (1907), 513, 531; vgl. auch *ders.*, ZStW 44 (1924), 39, 48 ff.

97 *Dohna*, MschrKrimPsych 3 (1907), 513, 531; *ders.* (Fn. 14), 85 f.; *ders.*, Zeitschrift für deutsche Geisteswissenschaft 6 (1943), 52, 56; *ders.*, ZStW 66 (1954), 505, 508 f.

98 Vgl. auch *Dohna*, GS 65 (1905), 304, 317 f.: Verantwortlichkeit als Zweckinstitution.

für die Möglichkeit des Andershandelnkönnens genügen, dass „man" sich unter normalen Umständen hätte anders verhalten können. Dies wiederum sei anzunehmen, wenn die Bedingungen, unter denen der Täter seinen Willensentschluss gefasst hat, ein normgemäßes Verhalten im Allgemeinen als möglich erscheinen ließen.[99] Die Grenze hinreichender Normbefolgungsfähigkeit zur (pathologisch bedingten) Unfähigkeit sei mit Blick auf einen empirisch erfassten Durchschnittstypus des Normadressaten zu ziehen. Das faktisch Durchschnittliche soll also eine normative Kraft entfalten, die es rechtfertigt, dem Einzelnen die Fähigkeit zur Realisierung des Gesollten zuzuschreiben.[100]

VII. Teleologische Verbrechenslehre

1. Grundkonzeption

Dohnas Überlegungen zum Deliktsaufbau gehen von der methodischen Einsicht aus, dass es sich bei der Konstitution der Straftat um eine analytische Konstruktion auf einer theoretischen Metaebene handelt. Aufgabe der Strafrechtsdogmatik ist es demnach nicht, eine objektsprachliche Beschreibung eines bestimmten Gegenstands namens „Verbrechen" zu liefern, sondern es sind dessen konstitutive Elemente voneinander zu trennen, begrifflich zu erfassen und dann zu einem einheitlichen Konstrukt wieder teleologisch zusammenzufassen.[101] In Methode und Ausgangspunkt unterscheidet sich Dohna nicht unerheblich von der damals gängigen und von der finalen Lehre fortentwickelten Doktrin. Dohna hält etwa v. Liszt, der eine Handlung im natürlichen Sinne zur Grundlage des Verbrechensbegriffs gemacht und das Verbrechen nur als eine bestimmte, durch die Merkmale der Rechtswidrigkeit und Schuldhaftigkeit charakterisierte Art der Handlung begriffen habe, entgegen, dass schon der Vorsatz, sofern er nicht Absichtscharakter hat, kaum, die Fahrlässigkeit aber keinesfalls Eigenschaft einer natürlich vorgegebenen Handlung seien; Fahrlässigkeit gebe es nicht in einem natürlichen, rein psychologischen Sinne, sondern nur in Beziehung zu einer Norm. Sei die Fahrlässigkeit aber keine Handlung, so sei auch das Delikt

---

[99] *Dohna*, ZStW 66 (1954), 505, 508. Gegen Dohnas Sprung von der Individualität des Täters zur „Gattung" Mensch *Engisch* (Fn. 81), 25 f., 40. Scharf ablehnend *Arth. Kaufmann*, Das Schuldprinzip, 1961, 189: Tatschuld sei „schuldhafte Tatbegehung, nicht schuldhafte Persönlichkeitsgestaltung", zu Dohna ferner dort 190 f.

[100] *Dohna*, MschrKrimPsych 3 (1907), 513, 533: der empirisch gefundene Durchschnittstypus des zur Normbefolgung für fähig Gehaltenen wandele sich „unvermerkt zu einem ethisch bewerteten Idealtypus"; vgl. auch *Dohna*, ZStW 27 (1907), 329, 346; zur Fahrlässigkeit *ders.*, ZStW 66 (1954), 505, 512.

[101] *Dohna*, ZStW 27 (1907), 329, 330.

nicht notwendig Handlung.[102] Die Straftat sei vielmehr (zurechenbare) Normwidrigkeit.

Nach Dohnas Definition ist Handlung objektivierter Wille,[103] also Verwirklichung einer auf ein bestimmtes Objekt gerichteten Intention durch (eigenhändige) Veränderung der Außenwelt. Daraus folgt, dass sich Unterlassungen ebenso wenig wie Fahrlässigkeitsdelikte auf ausgeführte Handlungen beziehen können. Dohna bestreitet freilich nicht, dass derjenige, der sich fahrlässig verhält oder eine Handlung unterlässt, durchaus andere Intentionen verfolgen und insoweit handeln kann. Nur lässt sich dieses Handeln nicht mit der jeweils strafrechtlich relevanten Handlungsdeskription erfassen.[104] Das „kriminell relevante Merkmal sämtlicher fahrlässiger Delikte" sieht Dohna in der Unterlassung der nach Maßgabe rechtlicher Erwartungen erforderlichen Umsicht und Aufmerksamkeit im sozialen Zusammenleben. Das „Wesen der Fahrlässigkeit (bestehe daher) gerade in dem Mangel dessen, was den Vorsatz ausmacht: der Kenntnis der Deliktsmerkmale, sonderlich der Erfolgsvoraussicht".[105]

Während das klassifikatorische Verbrechenssystem v. Liszts auf dem Begriff der Handlung aufbaut, dem eine Grund- und Grenzfunktion zugewiesen wird, versteht Dohna die Straftat als Abweichung vom rechtlich Gesollten. Das einzige allgemein gültige Merkmal strafbaren Verhaltens sei die Normwidrigkeit: „Das Verbrechen ist nicht unter allen Umständen Handlung, aber es ist unter allen Umständen normwidrig."[106] Allerdings folgt Dohna nicht der formalen Sicht Bindings, der das Verbrechen in der Unbotmäßigkeit gegenüber dem legislatorischen Befehl sieht.[107] Vielmehr begreift er die Normwidrigkeit als inhaltlichen Widerspruch zum Gesollten, als den Gegenstand der Zurechnung, und definiert das Verbrechen als zurechenbare Normwidrigkeit.[108] Inhalt der Norm ist die gesetzliche Tatbestandsformulierung, die nach Dohna auch subjektive Rechte – wie etwa Eigentum oder Ehre – und spezifische Absichten der Zueignung oder Bereicherung umfassen kann. Letzteres dürfte allerdings insoweit problematisch sein, als Absichten und Zwecksetzungen dann auch zum Gegenstand der subjektiven Zurechnung gehören müssten. Im Gegensatz zu Radbruch sieht Dohna in der Differenz von Tun und Unterlassen keine Zweiteilung des

---

[102] Ibid. 330 f., 348.

[103] *Dohna*, GS 65 (1905), 304, 310; *ders.*, ZStW 27 (1907), 329, 332 f., 343.

[104] Dieses Verhalten liege „logisch außerhalb des Begriffs", vgl. *Dohna*, ZStW 27 (1907), 329, 332.

[105] *Dohna*, ZStW 27 (1907), 329, 334.

[106] Ibid. 336.

[107] Ibid. 336 ff.; vgl. hierzu nur *Binding*, Die Normen und ihre Übertretung, Bd. 1, 2. Aufl. 1890, 98.

[108] *Dohna*, ZStW 27 (1907), 329, 342.

Straftatsystems, sondern nur den Gegenstand unterschiedlicher Normbefehle, scil. Verbote und Gebote.[109] Die Zurechnung findet ihre psychologische Grundlage in dieser Konzeption wiederum in der Zurechnungsfähigkeit des Täters und der Zurechenbarkeit der Tat.[110]

2. *Rechtswidrigkeit*

In seiner Habilitationsschrift von 1905 entwickelt Dohna eine Theorie der Rechtswidrigkeit, bei der er, dem philosophischen Ansatz entsprechend, zwischen einer am Rechtsbegriff ausgerichteten formellen und einer an der Rechtsidee orientierten materiellen Rechtswidrigkeit differenziert. Formell ist ein Verhalten rechtswidrig, wenn es die spezifischen Merkmale eines gesetzlichen Straftatbestands aufweist.[111] In diesem Sinne ist die Tatbestandsmäßigkeit notwendige Voraussetzung der Rechtswidrigkeit.

Nun betrachtet Dohna das positive Recht wegen dessen Anspruch auf Allgemeinverbindlichkeit schon als Versuch, richtiges Recht zu sein. „Wir leugnen nicht, daß der Gesetzgeber die Macht hat, unrechtes Handeln zu fordern und rechtes Handeln zu verbieten; wir leugnen aber bis zum Beweis des Gegenteils, daß er in dem geltenden Reichsstrafrechte von dieser seiner Macht Gebrauch gemacht hat."[112] Aufgrund dieser optimistischen Einstellung hält es Dohna für gewinnbringend, das Ideal richtigen Rechts dem positiven Recht nicht nur in kritischer Absicht gegenüberzustellen, sondern die mit seiner Hilfe entwickelten Grundsätze unmittelbar zur Auslegung und Begründung des geltenden Rechts heranzuziehen. Mit seiner an der Rechtsidee ausgerichteten Lehre von der materiellen Rechtswidrigkeit will also Dohna der Sache nach dem positiven Strafrecht einen theoretischen Unterbau liefern. Die Fundierung der kriminalgesetzlichen Rechtswidrigkeit in der Unrichtigkeit, so ließe sich sagen, ist für Dohna „gleichbedeutend mit der Frage nach der Strafwürdigkeit, nach der Ratio der gesetzlichen Regelung".[113]

Ungeachtet dessen können jedoch nach Dohna die Bedingungen, unter denen ein Verhalten materiell nach Maßgabe der Idee des Rechts als unrichtig zu bewerten ist, nicht dem positiven Recht entnommen werden. Dohna stützt sich hierbei wesentlich auf das Argument, dass vielen – damals einhellig – anerkannten Rechtfertigungsgründen die Gesetzesform fehlt, wie etwa bei der Ein-

---

[109] *Dohna*, ZStW 27 (1907), 329, 343.

[110] *Dohna*, GS 65 (1905), 304, 313 ff.; *ders.*, ZStW 27 (1907), 329, 342 f., 345 ff.

[111] *Dohna*, Die Rechtswidrigkeit als allgemeingültiges Merkmal im Tatbestande strafbarer Handlungen, 1905, 54.

[112] *Dohna* (Fn. 111), 52.

[113] So treffend *Escher* (Fn. 1), 183.

willigung, dem Züchtigungsrecht des Lehrers oder dem Operationsrecht des Arztes. Aus der mangelnden gesetzlichen Fixierung solcher Rechtfertigungsgründe sei vielmehr zu schließen, dass den tatbestandlich formulierten staatlichen Normen ein sozialethisches Unwerturteil vorgelagert sei.[114]

Um nun das Wesen der materiellen Rechtswidrigkeit aufzudecken, bedarf es nach Dohna der formal-methodischen Untersuchung, die in kritischer Selbstbesinnung die apriorische Gesetzmäßigkeit auf sozialem Gebiet offenlegt, um zu allgemeingültigen Erkenntnissen zu gelangen.[115] Ein solcher apriorischer Maßstab soll nicht nur für die Beurteilung menschlichen Handelns auf der Basis gegebener Rechtsnormen, sondern auch für die Beurteilung der Rechtsnormen selbst grundlegend sein, um die Handlungen bzw. Normen als sachlich richtig oder unrichtig ausweisen zu können.[116] Da es bei der Beurteilung menschlichen Wollens und Handelns um teleologische Fragestellungen gehe, seien die Normen der Rechtsordnung auch hinsichtlich der mit ihnen verfolgten Zwecke kritisch zu würdigen. In den Normen seien die Bedingungen zu sehen, unter denen sich die Regelung des sozialen Lebens erfüllen soll. Insofern ergebe sich für eine kritische Würdigung der Normen aufgrund eines allgemeingültigen formalen Maßstabs „die an sie mit Fug zu richtende Anforderung: daß sie rechtes Mittel zu rechtem Zwecke seien".[117] Daraus folgt wiederum im Umkehrschluss: Ein menschliches Verhalten, welches als rechtes Mittel zu rechtem Zwecke erscheint, (kann) niemals zugleich einer rechtlichen Norm, wenn dieser sachliche Berechtigung zukommen soll, widerstreiten.[118]

Hierbei sind Mittel und Zweck im Rahmen eines gegebenen Sachverhalts jeweils gesondert zu legitimieren. Für das Mittel heißt dies: Seine Berechtigung richtet sich nach seiner Tauglichkeit und Angemessenheit zur Erreichung des jeweils relevanten Zwecks. Dagegen könne sich die Berechtigung dieses Zwecks nicht nach seiner Angemessenheit zur Erreichung eines weiteren inhaltlich bestimmten Zwecks richten, sondern lasse sich nur von einem unbedingten Zielpunkt her begründen, nämlich dem sozialen Ideal im Sinne Stammlers:[119] Nach dieser Maxime verfolgt ein jeder die objektiv miteinander harmonierenden und damit berechtigten Zwecke der anderen Gemeinschaftsmitglieder. Mit anderen Worten: Berechtigte Zwecke im Sinne der Rechtsordnung können nur solche

---

114 Vgl. auch *Dohna*, Verwaltungsarchiv 30 (1925), 233, 242; vgl. auch *ders*., Recht und Irrtum, 1925, 1 ff.

115 *Dohna* (Fn. 111), 14.

116 Ibid. 40 ff.

117 Ibid. 48.

118 Ibid. 50.

119 Ibid. 49 f.

sein, „welche den Interessen des sozialen Ganzen dienen“.[120] Zur Prüfung, ob ein Zweck im Schutzinteresse der Rechtsgemeinschaft liegt, bedient sich Dohna eines dem kategorischen Imperativ Kants entlehnten Verallgemeinerungsprinzips.[121]

Das Ineinandergreifen individualethischer Maximen einerseits und Prinzipien der Sozialnützlichkeit andererseits zur Bestimmung der Angemessenheit von Mittel und Zweck führt Dohnas Zwecktheorie zwangsläufig bei der Auslegung des geltenden Rechts zu Wertungsunsicherheiten, zumal dem positiven Recht bis zum Beweis des Gegenteils unterstellt wird, materiell richtige Wertungen zu treffen.[122] Gleichwohl ist zu sehen, dass sich Dohnas Ansatz heute in vielen Regelungen wiederfindet, etwa bei der Regelung des rechtfertigenden Notstands, der Verwerflichkeitsformel im Nötigungstatbestand oder im Rechtfertigungsgrund der Wahrnehmung berechtigter Interessen.

3. Schuld

Während sich Dohna, wie bereits angesprochen, bei der Strafzweckbestimmung und der Begründung von Verantwortlichkeit unter deterministischen Prämissen als Vertreter einer Charakterschuldlehre positioniert, der eine an der Behandlungsbedürftigkeit und Gefährlichkeit des Täters ausgerichtete Spezialprävention entspricht, vertritt er bei der Begründung strafrechtlicher Schuld einen hiermit kaum zu vereinbarenden individualethischen Ansatz. Schuld sei „jene psychische Disposition des Täters im Augenblicke der Tat, welche seine Verantwortlichkeit vor dem Richterstuhle der Ethik begründet. Nicht, daß das Gesetz verantwortlich macht, sondern daß ein sittlicher Vorwurf begründet ist, macht das Wesen der Schuld aus“.[123]

Bei diesem Schuldverständnis werden Vorsatz und Fahrlässigkeit unter dem Oberbegriff der Pflichtwidrigkeit zusammengefasst.[124] Das allgemeingültige Wesen dieser Pflichtwidrigkeit wird wieder in seiner apriorischen und formalen Natur gesehen, und zwar nach Maßgabe der Bedingungen, unter denen ein wie

---

[120] Ibid. 61. Dohna reduziert die Formel in Recht und Irrtum (Fn. 114), 14, auf die Erzielung eines von der Rechtsordnung *anerkannten* Zwecks und weist sie damit als intrasystematisches Prinzip zur Begründung von (ungeschriebenen) Rechtfertigungsgründen aus.

[121] Vgl. nur *Dohna* (Fn. 111), 75: „Erst die Einordnung des subjektiven Begehrens in die Kategorie einer allgemeingültigen Gesetzmäßigkeit des Wollens macht das Handeln zu einem objektiv richtigen.“ Dohna verweist im Übrigen auf Kants „Grundlegung zur Metaphysik der Sitten“ und „Kritik der praktischen Vernunft“ als Basis seiner gesamten Überlegungen zu den Begriffen der Pflicht und der sittlichen Freiheit (14 Fn. 2).

[122] Krit. hierzu *Escher* (Fn. 1), 201 ff.

[123] *Dohna*, ZStW 32 (1911), 323, 326.

[124] *Dohna*, GS 65 (1905), 304, 314.

auch immer geartetes inhaltliches Wollen als pflichtgemäß bzw. pflichtwidrig anzusehen ist. Dohna zieht zur Bestimmung dessen den kategorischen Imperativ heran: Pflichtwidrig ist eine „Willensbestimmung, welche sich nach dem eigenen Urteile des Handelnden nicht generalisieren lässt, pflichtwidrig ein Verhalten, bei welchem der Handelnde sich selber als alleinigen Zweck setzt, alle anderen aber als bloße Mittel für seine subjektiven Zwecke verwendet. [...] Ein Wollen, das dieser obersten, grundlegenden Norm für alles menschliche Tun und Lassen widerstreitet, nennen wir schuldhaft."[125] Ungeachtet der sich hier aufdrängenden Problematik des Überzeugungstäters steht diesem Ansatz ersichtlich auch eine auf mangelnde Zumutbarkeit gestützte Entschuldigung durch Notstand entgegen. Von einer alle Schuld kennzeichnenden pflichtwidrigen Willensbestimmung kann daher nach Dohna nur dann nicht mehr die Rede sein, „wenn der Verzicht auf die Verfolgung des eigenen Interesses eine Preisgabe des Rechts der Persönlichkeit bedeuten würde".[126] Ein entschuldigender Verbotsirrtum ist gegeben, wenn der Täter aufgrund mangelnder Rechtskenntnis nichts tut, was sich nicht generalisieren ließe.[127]

Das Bewusstsein der Pflichtwidrigkeit verlangt Dohna auch bei der Fahrlässigkeit, die sich allerdings – in der ersten Konzeption – nur in der abstrakten allgemeinen Pflicht zu Sorgfalt und Aufmerksamkeit erschöpft: „Es ist die Pflicht zur Sorgfalt, Umsicht, Achtsamkeit, deren Verletzung wir dem Täter zum Vorwurf machen und als Fahrlässigkeit bezeichnen."[128] Später bezieht Dohna jedoch die Sorgfaltswidrigkeit auf das tatbestandsverwirklichende Verhalten; die Verletzung der Diligenzpflicht begründet dann die Zurechenbarkeit des konkreten Geschehens.[129]

4. Das Objekt-Wertungs-Schema

Bereits in seinem ersten Modell der Straftat,[130] in dem die Normwidrigkeit eines Verhaltens den Gegenstand der Zurechnung bildet, stellt Dohna jeweils der tatsächlichen Seite die normative gegenüber: auf der Ebene der Normwidrigkeit das tatbestandliche Geschehen als Faktum und dessen Rechtswidrigkeit als normative Bewertung, und auf der Zurechnungsebene Zurechnungsfähigkeit, Vorsatz und Fahrlässigkeit als Fakten und Schuld als deren normative Beurteilung

---

125 *Dohna*, GS 65 (1905), 304, 316.

126 *Dohna*, Der Aufbau der Verbrechenslehre, 2. Aufl. 1941, 39.

127 *Dohna*, GS 65 (1905), 304, 322 f.

128 Ibid. 323.

129 So die Korrektur seiner früher anderslautenden Ansicht in ZStW 32 (1911), 323, 337; vgl. auch *Dohna* (Fn. 126), 47 f.

130 *Dohna*, ZStW 27 (1907), 329 ff.

im Sinne einer Pflichtwidrigkeit der Willensbestimmung.[131] Da nach dieser Konzeption Schuld als Widerspruch des Willens zur rechtlichen Pflicht verstanden wird, ist das Unrechtsbewusstsein (notwendiges) Schuldelement.[132]

In seiner 1936[133] erschienen Schrift „Der Aufbau der Verbrechenslehre" fasst Dohna seine zunächst in Einzeluntersuchungen fortentwickelte Konzeption des Deliktsaufbaus in didaktischer Ausrichtung systematisch zusammen. Schärfer herausgearbeitet ist nunmehr „die Ablösung der Vorsatzlehre[134] von der Schuldlehre, des Irrtums über Tatumstände vom Irrtum über das Verbotensein[135] (und) des berechtigenden vom bloß entschuldigenden Notstand".[136] In all diesen Punkten sind Dogmatik und Gesetzgebung später in der von Dohna aufgezeigten Richtung vorangeschritten.

Dohna definiert zwar in seiner Straftatlehre nun auch das Verbrechen als „rechtswidrige schuldhafte Handlung"[137] und nennt als Handlungselemente „Willensentschluß, Willensbetätigung und Erfolg", weist aber sogleich darauf hin, dass die Begriffsbestimmung nur für das vorsätzliche Erfolgsdelikt gelten solle, die fahrlässige Tatbegehung aber nicht als Handlung verstanden werden könne.[138] In der Konsequenz hält Dohna somit an seinem Modell der Straftat als zurechenbarer Normverletzung fest, strebt aber jetzt eine systematisch durchgängige Trennung zwischen dem Objekt der Wertung und der Wertung des Objekts an. Objekt der Bewertung ist einerseits der verwirklichte objektive Deliktstatbestand, andererseits der Vorsatz als Gegenstand eines subjektiven Tatbestands.[139] Als Bewertung[140] bezieht sich die Rechtswidrigkeit auf den objektiven, die Schuld auf den subjektiven Tatbestand.[141] Neben der mangelnden Zurech-

131 *Dohna*, ZStW 27 (1907), 329, 343 ff.

132 *Dohna*, GS 65 (1905), 304, 322 ff.; *ders.*, ZStW 27 (1907), 329, 348 f.

133 2. veränderte Auflage 1941; 3. unveränderte Aufl. 1947.

134 Die Grundform des Vorsatzes wird rein intellektuell, ohne voluntatives Element definiert, vgl. *Dohna*, MschrKrimPsych 33 (1942), 239, 240.

135 Vgl. auch *Dohna*, Leipziger Zeitschrift für deutsches Recht 21 (1927), Sp. 978, 979 f.; zur Problematik der normativen Tatbestandsmerkmale bereits *ders.* (Fn. 114), 31 f.; vgl. auch *Wolf*, Krisis und Neubau der Strafrechtsreform, 1933, 39.

136 *Dohna*, Der Aufbau der Verbrechenslehre, 1936, Vorwort.

137 So auch in der Verbrechensdefinition des Gesetzgebungsvorschlags von 1942, vgl. *Dohna*, MschrKrimPsych 33 (1942), 239.

138 *Dohna* (Fn. 126), 3, 6.

139 *Dohna* (Fn. 126), 2 ff., 14 ff.

140 Terminologisch ist zu bemerken, dass Dohna nicht nur die für die Rechtswidrigkeit maßgeblichen Verhaltensnormen, sondern auch die schuldkonstitutiven Zurechnungsregeln als „Normen" bezeichnet, vgl. (Fn. 126), 19.

141 *Dohna* (Fn. 126), 20 ff., 31 ff. Wegweisend sind Dohnas Bemühungen, subjektive Unrechts- und Rechtfertigungselemente von der pflichtwidrigen Willensbestimmung als Schuldmerkmal abzugrenzen, vgl. nur MschrKrimPsych 25 (1934), 177, 181 ff. Bemerkenswert ist

nungsfähigkeit und ggf. eingreifenden Entschuldigungsgründen führt in diesem Modell auch – der Regelung des heutigen § 17 StGB entsprechend – der unvermeidbare Verbotsirrtum zu einem Schuldausschluss; der vermeidbare Verbotsirrtum soll eine Milderung der Vorsatzstrafe nach sich ziehen.[142] Bei fehlendem Vorsatz kann Fahrlässigkeit als Surrogat eingreifen, die in ihrer subjektiven wie auch objektiven Seite der Schuldebene zugeordnet wird.[143] Dass hierbei objektive Verhaltenselemente als Gegenstand der Sorgfaltsanforderungen auf der bewertenden Schuldebene loziert sind, wird von Dohna nicht als begründungsbedürftiger Systembruch thematisiert.[144]

Bei Dohna findet sich – anders als etwa bei Wolf – keine methodische Reflexion des Objekt-Wertungs-Schemas mit Blick auf den „Dualismus der Werterscheinungen".[145] Nach Wolf ist Gegenstand der Rechtswissenschaft die wertbezogene Wirklichkeit: „Die Rede von der Rechtswirklichkeit kann in keinem Fall etwas anderes meinen als empirisch-geschichtliche Kultussachverhalte, die als ‚rechtliche' Bedeutung gewinnen."[146] Das empirische Material, das in den Begriffen der Tatbestandsmäßigkeit und der Zurechnungsfähigkeit stecke, werde durch die juristische Methode umgeformt: Die strafrechtliche Betrachtung fange „erst dort an, wo eine unaufhebbare Strukturverschlingung von Wertelementen und Seinselementen vorliegt".[147] Ein Dualismus, der den Begriff der Tatbestandsmäßigkeit oder den der Zurechnungsfähigkeit als naturwissenschaftlichen, Schuld und Rechtswidrigkeit dagegen als reine Wertbegriffe verstehe, verzerre das juristische Begriffsbild. Der Strafrechtswissenschaft müsse es vielmehr, so Wolf in Anlehnung an Lask und Rickert, um die Klarstellung der Wissenschaftsform der Strafrechtsbegriffe und nicht um die Erkenntnis ihres Realitäts- oder Idealitätsgehalts gehe.[148] Wolf selbst entwickelt von diesem Ansatz her das Sollen der Norm aus dem gesollten Wert des Rechtsguts, der dessen Unverletzbarkeit fordere.[149]

---

zudem die These, dass derjenige, der einen von der Rechtsordnung anerkannten Zweck erreichen wolle, also mit *dolus bonus* handelt, sich „pflichtmäßig und darum rechtmäßig" verhält. Gleichwohl betont Dohna nachdrücklich, die Rechtswidrigkeit nicht als von der Schuld abhängig zu begreifen (183).

142 *Dohna*, MschrKrimPsych 33 (1942), 239, 240.

143 *Dohna* (Fn. 126), 37 ff., 45 ff.

144 Demgegenüber schreibt *Wolf* (Fn. 135), 39, Vorsatz und Fahrlässigkeit als psychischen Aktformen des Sichentschließens gleichermaßen eine konstitutive Bedeutung für den Handlungsbegriff, nicht aber für den Schuldbegriff zu.

145 So die Formulierung von *Wolf* (Fn. 18), 75.

146 Ibid. 76 mit Fn. 5.

147 Ibid. 92.

148 Ibid. 91, 122.

149 Ibid. 121.

Auch Dohna will im Anschluss an Rickert „der Natur die Kultur, der Naturwissenschaft die Kulturwissenschaft“ gegenüberstellen und ordnet die Rechtswissenschaft der Kulturwissenschaft zu.[150] Kultur sei nicht bloß Wirklichkeit und nicht bloß Wert, sondern beides zugleich: „Kultur ist wertvoll gewordene Wirklichkeit und wirklich gewordener Wert“.[151] Obgleich Dohna in der Erfahrung immer gleichzeitig Form und Stoff als gegeben ansieht,[152] erachtet er Werte jedoch nicht als dem Strafrecht ontologisch vorgegeben. Von „Sachlogik“ oder einer „Natur der Sache“, an deren Beachtung die strafrechtliche Wertung des Objekts – und sei es auch nur lose – gebunden wäre, ist bei Dohna nicht die Rede. Die Beantwortung der Frage nach dem Warum der Bewertung erfolgt ausschließlich aus der Perspektive des wertenden Subjekts und fällt normativistisch aus: Die Grenze zwischen strafbarem und straflosem Unrecht „wird ausschließlich durch Zweckmäßigkeit bestimmt.“[153]

---

[150] *Dohna* (Fn. 14), 20.
[151] Ibid.
[152] Ibid. 9.
[153] *Dohna* (Fn. 126), 3.

Max Grünhut

Carl-Friedrich Stuckenberg

I. Biographische Einführung[1]

Max Grünhut wurde am 7. Juli 1893 in Magdeburg geboren. Sein Vater Leo Grünhut war Chemiker und zuletzt als Professor an der Deutschen Forschungsanstalt für Lebensmittelchemie in München tätig. Seine Mutter Betty Grünhut, geb. Ebstein, starb Ende 1904, als ihr Sohn erst elf Jahre alt war, und wurde auf dem jüdischen Friedhof in Wiesbaden, wo die Familie damals wohnte, bestattet. Max Grünhut selbst wurde evangelisch getauft und erzogen, obgleich bis auf seinen ebenfalls evangelisch getauften Vater alle weiteren bekannten Vorfahren jüdisch waren.

Nach dem Abitur auf dem humanistischen Gymnasium in Wiesbaden 1912 studierte Grünhut Rechtswissenschaft zunächst in Heidelberg und München, danach in Kiel, wo sein besonderes Interesse am Strafrecht durch Moritz Liepmann geweckt wurde, dessen „intensivster Schüler"[2] er nach eigenem Bekunden werden sollte. Als er im fünften Semester war, brach der Erste Weltkrieg aus. Grünhut meldete sich freiwillig, wurde aber wegen starker Kurzsichtigkeit und Rückenleidens als dienstunfähig abgewiesen, woraufhin er sich zum freiwilligen Krankenpflegedienst meldete, den er fast vier Jahre lang versah und nach schwerer Verwundung mit Auszeichnungen verließ. Während eines Urlaubs bestand er im Februar 1917 das Referendarexamen und begann nach dem Krieg das Referendariat, führte es aber nicht zu Ende, sondern folgte Liepmann nach Hamburg, nachdem er dort im März 1920 mit einer Arbeit mit dem Titel „Die geschichtliche Bedeutung von Feuerbachs Revision der Grundsätze und

---

[1] Für biographische Angaben s. *Fontaine*, Max Grünhut (1893–1964), 1998, 17ff., dort 19 Fn. 6 auch Nachw. zu weiteren Biographien; s. a. *Friesenhahn*, Max Grünhut, Leben und Schicksal, Rede gehalten am 25.7.1964 auf der Gedächtnisfeier der Rechts- und Staatswissenschaftlichen Fakultät der Rheinischen Friedrich-Wilhelms-Universität Bonn, in: In memoriam Max Grünhut, 1965, 5, 6ff. (wiederabgedr. in H. Kaufmann/Schwinge/Welzel (Hrsg.), Erinnerungsgabe für Max Grünhut, 1965, 5ff.); *Hood*, Grünhut, Max, in: Oxford Encyclopedia of National Biography, 2004.

[2] Nach *Fontaine* (Fn. 1), 21.

Grundbegriffe des positiven peinlichen Rechts“ promoviert worden war.[3] Thematisch eng verwandt ist die 1922 angenommene Habilitationsschrift: „Anselm von Feuerbach und das Problem der strafrechtlichen Zurechnung“. 1924 wurde Grünhut außerordentlicher, im Jahr darauf ordentlicher Professor an der Universität Jena, wo er Hans Welzel kennenlernte.[4] Zum Sommersemester 1928 wechselte er als Nachfolger von Landsberg nach Bonn und teilte sich dort fünfeinhalb Jahre lang das Direktorenzimmer der neu eingerichteten strafrechtlichen Abteilung des Juristischen Seminars im neu errichteten Stadtflügel des kurfürstlichen Schlosses mit dem zwei Jahre zuvor berufenen Alexander Graf zu Dohna. Später wird er seine Bonner Zeit vor allem auch wegen der Zusammenarbeit mit dem von ihm sehr verehrten Grafen zu Dohna als eine der glücklichsten seines Lebens und als beruflichen Höhepunkt bezeichnen.[5] Grünhut war für Strafrecht und Zivilprozess berufen worden, hielt Vorlesungen über Strafrecht, Strafprozessrecht, Strafrechtsgeschichte, Strafvollzug, Kriminalpolitik, Kriminologie, Kriminalität und strafrechtliche Behandlung der Jugendlichen, Zivilprozessrecht, Zwangsvollstreckungsrecht, Konkursrecht sowie Übungen zu allem und Seminare u. a. zur forensischen Psychologie, insgesamt jeweils im Umfang von zehn bis dreizehn Wochenstunden.[6]

Mit Schreiben des Preußischen Wissenschaftsministeriums vom 23. September 1933 wurde Grünhut wegen „nicht-arischer“ Abstammung gemäß § 3 des Gesetzes zur Wiederherstellung des Berufsbeamtentums vom 7. April 1933[7] in den Ruhestand versetzt, die Zahlung der Dienstbezüge mit Ende Dezember 1933 eingestellt.[8] Versuche der Bonner Universität, für Grünhut wenigstens Ruhegehaltsbezüge zu erwirken, da ihm die dafür nötige zehnjährige Dienstzeit

---

[3] Die Dissertation wurde nie gedruckt und ist nur in einem Exemplar in der Hamburger Staats- und Universitätsbibliothek erhalten. Den Inhalt fasst *Fontaine* (Fn. 1), 22 ff., zusammen.

[4] S. *Fontaine* (Fn. 1), 31.

[5] Briefe vom 24.6.1963 an Dekan Albach und vom 11.7.1969 (*recte* wohl 11.7.1960) an Dekan Bosch, zit. nach *Fontaine* (Fn. 1), 36 f.

[6] Die Seminarthemen waren: Untersuchungen zur Geschichte der deutschen Strafrechtspflege, Forensisch-psychologische Uebungen, Moderne Schuldprobleme, Untersuchungen zur strafrechtlichen Methodenlehre, Arbeiten aus dem Gebiet der forensischen Psychologie, Die Bedeutung Karl Bindings vom Standpunkt der heutigen Strafrechtswissenschaft, Medizinisch-juristische Grenzfragen, Geschichtliche und rechtsvergleichende Untersuchungen zum Besonderen Teil, M.E. Mayers Allgemeiner Teil des Strafrechts, Der gegenwärtige Stand der strafrechtlichen Dogmatik im Anschluss an E. Mezger, Strafrechtlicher Ehrenschutz, Strafrechtliche Fragen des Wirtschaftslebens. Quelle: Vorlesungsverzeichnisse der Universität Bonn vom Sommersemester 1928 bis zum Wintersemester 1932/33.

[7] RGBl. 1933, 175.

[8] Dazu *Bernroth*, in: Schmoeckel (Hrsg.), Die Juristen der Universität Bonn im „Dritten Reich“, 2004, 252, 256 ff.; *Fontaine* (Fn. 1), 47 ff.; *Friesenhahn* (Fn. 1), 11 ff.

nur knapp fehlte, waren erfolglos. Auf der Titelei der „Zeitschrift für die gesamte Strafrechtswissenschaft", deren Mitherausgeber er neben Kohlrausch und Graf Gleispach seit 1931 war, ist sein Name ab 1934 getilgt. Erst im Januar 1939 siedelte er auf eine Einladung des Warden von All Souls College, die auf das Betreiben der Londoner *Society for Promotion of Science and Learning* (vormals *Academic Assistance Council*) zurückging,[9] nach Oxford über, wo ihm nach Entlassung aus der Internierung im Oktober 1940 ein immer wieder verlängertes Forschungsstipendium ein bescheidenes Auskommen ermöglichte. Er arbeitete während des Krieges britischen Regierungs- und alliierten Kommandostellen zu,[10] nahm 1947 die britische Staatsbürgerschaft an, wurde *lecturer* und 1951 *reader* für Kriminologie in Oxford. Grünhut wandte sich insbesondere dem Strafvollzug und namentlich der bedingten Verurteilung zu, erstellte Studien und Gutachten sowohl für das englische *Home Office* als auch das deutsche Bundesjustizministerium und die Vereinten Nationen[11]. Die Bonner Fakultät suchte nach Kriegsende rasch Verbindung zu Grünhut und bot ihm 1947 und erneut 1949 den Lehrstuhl des 1944 verstorbenen Grafen zu Dohna an. Grünhut lehnte mit Rücksicht auf die fragile Gesundheit seiner Frau ab – Welzel wird dann 1952 die Nachfolge Dohnas antreten –, erklärte sich aber zu Gastvorlesungen und Vorträgen bereit, die ihn ab 1950 regelmäßig im Sommer nach Deutschland führten. 1952 wurde er in Bonn zum Honorarprofessor ernannt, ab Sommersemester 1954 im Vorlesungsverzeichnis als Emeritus geführt, dessen Bezüge ihm im Wiedergutmachungsverfahren zuerkannt worden waren. Nach seiner Pensionierung in Oxford erwog er 1961 ernsthaft, nach Deutschland zurückzukehren, blieb aber doch in England, wo er für seine Verdienste um die Strafrechtsreform die Auszeichnung *Officer of the Order of the British Empire* (O.B.E.) erhielt, nachdem ihm ein Jahr zuvor schon das deutsche Große Verdienstkreuz verliehen worden war. Am 6. Februar 1964 ist Max Grünhut in Oxford verstorben. Ein Nachruf in der *Times* würdigte ihn als einen der drei großen Gelehrten, die vom Kontinent nach England gekommen waren und dort die Kriminologie als Disziplin begründet hatten: Hermann Mannheim in London, Leon Radzinowicz in Cambridge und Grünhut in Oxford.[12] Die von der

[9] Die immensen Schwierigkeiten zuvor schildert *Hood*, Brit.J.Criminol. 44 (2004), 469, 472 ff. (auch abgedruckt in Beatson/Zimmernann (Hrsg.), Jurists Uprooted, German-speaking Émigré Lawyers in Twentieth-century Britain, 2004, 709 ff.), auch bzgl. Hermann Mannheim.

[10] *Hood*, Brit.J.Criminol. 44 (2004), 469, 482 f.

[11] Probation and Related Matters, 1951; Practical Results and Financial Aspects of Adult Probation in Selected Countries, 1954; The Selection of Offenders for Probation, 1959.

[12] The Times, 8.2.1964, p. 12.

Bonner Fakultät zum 70. Geburtstag geplante Festschrift konnte Grünhut nicht mehr entgegennehmen, sie wurde 1965[13] als Erinnerungsgabe publiziert.

Außer seiner akademischen Tätigkeit, dem daraus resultierenden Engagement etwa für die Bewährungshilfe in beiden Ländern und seinem Wirken in Gremien der evangelisch-lutherischen Kirche[14] in England ist von Grünhut fast nichts bekannt, was an der ihm eigenen großen Zurückhaltung liegt. Die Nachrufe[15] berichten übereinstimmend von äußerster Gewissenhaftigkeit, Bescheidenheit, tiefem Glauben, großer Freundlichkeit und Feinfühligkeit; er sei „allem Lauten und Kommerziellen abhold" gewesen,[16] bei aller Entschiedenheit in der Sache nie verletzend, trotz des erlittenen Unrechts ganz ohne Klage, Groll oder Bitterkeit. Sein stilles Leben war, wie es Friesenhahn in der Gedächtnisrede ausgedrückt hat, „nur der Wissenschaft und dem Dienst am Menschen" geweiht.[17]

II. Das wissenschaftliche Werk im Überblick[18]

Um die vom südwestdeutschen Neukantianismus inspirierten methodologischen Arbeiten Grünhuts besser einordnen zu können, erscheint es nützlich, zunächst einen Umriss seines gesamten wissenschaftlichen Werks zu zeichnen. Wenn man die Schriften Grünhuts heute wieder liest, so fallen zwei Dinge auf, erstens ihre große thematische Bandbreite und zweitens ihre durchweg überragende Qualität. So umfassend wie seine Interessen, so souverän war sein Überblick, so meisterhaft seine Beherrschung der verschiedensten Materien und so beeindruckend die Fähigkeit, überall sofort den Kern eines rechtlichen oder philosophischen Problems konzise auf den Punkt zu bringen. Erkennungszeichen nahezu aller Texte, von der Monographie bis zur Buchrezension,[19] sind großer Inhaltsreichtum bei äußerer Kompaktheit. Präsentiert wird stets nur das stark konzentrierte Ergebnis vertieften Nachdenkens und Forschens ohne jede Weit-

---

13 Nicht etwa erst elf Jahre nach seinem Tod, wie *Hood* irrig annimmt, Brit.J.Criminol. 44 (2004), 469, 485.

14 *Fontaine* (Fn. 1), 56.

15 The Times, 8.2.1964, p. 12; 17.2.1964, p. 15; *Mannheim*, Brit.J.Criminol. 4 (1964), 313, 315; *Bader*, JZ 1966, 110.

16 *Friesenhahn* (Fn. 1), 22.

17 Ibid.

18 Eine knappe Würdigung unternimmt *v. Weber* in seiner Gedächtnisrede, In memoriam Max Grünhut, 1965, 24ff. (wiederabgedr. in: H. Kaufmann/Schwinge/Welzel (Hrsg.), Erinnerungsgabe für Max Grünhut, 1965, 15ff.).

19 Exemplarisch die Besprechung der 18. Aufl. des Löwe/Rosenberg, *Grünhut*, MschrKrimPsych 20 (1929), 631ff., und die Besprechung des Mezgerschen Lehrbuchs in ZStW 52 (1932), 117ff.; s.a. den Literaturbericht zum Allgemeinen Teil in ZStW 50 (1930), 283–328.

schweifigkeit. Grünhut war ein begabter Stilist und seine klare und prägnante, oft elegante Sprache sorgt für gute Lesbarkeit trotz der hohen Verdichtung des Aussagegehalts.

Beide Qualifikationsschriften befassen sich kritisch mit Feuerbach, mithin Strafrechtsphilosophie und Dogmengeschichte, aber nicht antiquarisch, sondern in stetem Bezug zu den Grundlagendiskussionen seiner Gegenwart, namentlich der zentralen Frage des damaligen Schulenstreits – Rechtsstrafe für den schuldigen Rechtsbrecher oder Sicherung vor dem gefährlichen Individuum? Schon hier tritt Grünhuts wissenschaftlicher Standpunkt klar zutage, den er später weiter entfalten wird. Wie sein akademischer Lehrer Moritz Liepmann, dem er in Verehrung und Dankbarkeit zugetan war,[20] bekannte sich Grünhut im wesentlichen zu den Ansichten Adolf Merkels und Franz von Liszts,[21] stand dabei der „Dritten Schule" Merkels aber näher, da er wie Liepmann keinen prinzipiellen Gegensatz zwischen Vergeltungs- und Zweckstrafe sah.[22] Ebenso verwarf er auch die von Lisztsche Zweispurigkeit, da sich Strafen und Maßregeln nur in der Theorie, aber nicht in der Wirkung unterscheiden ließen,[23] weshalb er eine einheitliche Sicherungsstrafe von relativ-unbestimmter Dauer[24] befürwortete. Strafe konnte nach seiner Überzeugung nur irdischen Zwecken der sozialen Brauchbarkeit,[25] d. h. der „praktischen Verbrechensbekämpfung"[26] dienen: Alle staatliche Strafe diene dem Rechtsgüterschutz, Rechtsgrund der Strafe sei aber nicht „die wirkliche Gefährdung konkreter Rechtsgüter, sondern die Verletzung der um ihres generellen Schutzes willen erlassenen Normen"[27]. Da die Wirkungen der Generalprävention unkontrollierbar seien, galt ihm die Individualprävention mit ihren „greifbareren"[28] Erfolgen und Misserfolgen nicht als einziger, aber als wichtigster Strafzweck,[29] wie bei von Liszt dezidiert in rechtsstaatlicher Einhegung[30]. „Spezial-

---

[20] Vgl. nur das Vorwort zur Habilitationsschrift „Anselm von Feuerbach und das Problem der strafrechtlichen Zurechnung", 1922, VII.

[21] Ausdrücklich *Grünhut*, ZStW 53 (1934), 1.

[22] *Grünhut*, Zurechnung (Fn. 20), 98.

[23] *Grünhut*, Zurechnung (Fn. 20), 115; s. a. *ders.*, in: Handwörterbuch der Rechtswissenschaft, Bd. III, 1928, 786, 793 ff.; die „Reinhaltung des überkommenen Strafbegriffs" sei ein „doktrinäres Phantom" (795); siehe noch *ders.*, ZStW 71 (1959), 521, 535 ff.

[24] *Grünhut*, MschrKrimPsych Beiheft 1926 (Festgabe Aschaffenburg), 87, 96; *ders.*, in: Handwörterbuch (Fn. 23), 792 f.

[25] *Grünhut*, Zurechnung (Fn. 20), 96; *ders.*, ZStW 53 (1934), 1, 8; *ders.*, Penal Reform – A Comparative Study, 1948, 3.

[26] *Grünhut*, ZStW 53 (1934), 1, 7 f.

[27] *Grünhut*, in: FG RG, Band V, 1929, 116.

[28] *Grünhut*, ZStW 52 (1932), 763, 776.

[29] *Grünhut*, Penal Reform (Fn. 25), 5 f.

[30] Vgl. *Grünhut*, in: Handwörterbuch (Fn. 23), 795; *ders.*, ZStW 53 (1934), 1, 7: „Die Strafrechtsreform erstrebte ein soziales Strafrecht im liberalen Staat. D. h. in dem Staat, der seinen

prävention heißt", so definierte er später,[31] „daß der primäre Zweck der Strafe die Verantwortung des Staates dafür ist, daß der einmal Bestrafte davon abgehalten wird, weiterzugleiten auf dem Wege der Kriminalität". Folglich gilt sein besonderes Augenmerk dem Strafvollzug, dessen Reform auf erfahrungswissenschaftlicher Grundlage ihm ein lebenslanges Anliegen war. Wie Liepmann verbindet er Strafrecht mit Erziehung und Fürsorge und befürwortet einen Behandlungsvollzug. Konsequent tritt er schon früh für eine Akzentverschiebung ein, dass der Strafvollzug nicht mehr als bloßer subalterner Anhang zu begreifen sei, sondern umgekehrt die gesamte Strafrechtswissenschaft vom Strafvollzug her gedacht werden müsse.[32] Dies führt zwangsläufig zur Befassung mit empirischen Fragen der „Gefängniskunde" wie Gefangenenarbeit oder Gefangenenfürsorge, der Behandlung von Jugendlichen, Frauen, Gewohnheitsverbrechern und psychisch Kranken, allgemeiner der Kriminologie und Psychologie, die ihm später die Emigration nach England ermöglichen sollte und seinen dortigen Arbeitsschwerpunkt bildete. Ob Strafe zur Verbrechensbekämpfung taugt, hängt, wie Grünhut später betont, nicht nur von der Ausgestaltung des Strafrechts und Strafvollzugs, sondern von weiteren gesellschaftlichen Rahmenbedingungen ab, nicht zuletzt davon, ob der strafende Staat selbst glaubhaft die höheren Werte verfolgt, deren Beachtung er vom Sträfling einfordert.[33]

Dieser Auffassung der Strafe entspricht Grünhuts symptomatischer oder charakterologischer Schuldbegriff, für den Gefährlichkeit kein außerhalb der Schuld liegender Umstand, sondern konstitutives Schuldmoment ist.[34] Strafrechtliche Schuld ist von der ethischen zu unterscheiden, da ethische Werturteile „nur zur Grenzbestimmung kriminalistischer Beurteilung zulässig"[35] sind, denn ein Richten nach sittlicher Gesinnung ist dem Staat untersagt[36]. Gegenstand der Schuld ist nicht der einzelne Willensakt, sondern die antisoziale Ge-

---

Bürgern Gewissensfreiheit, Freiheit der Meinungsäußerung, Versammlungsfreiheit verbürgt, soll und kann dem Verbrecher mit Mitteln begegnet werden, die einen wirksameren Schutz der staatlichen Gemeinschaft gewährleisten als formale Vergeltung. Daß auch diese kriminalpolitischen Maßnahmen irgendwie eine Grenze haben, mag man Liberalismus nennen, es liegt im Wesen des Straf*rechtes*, dem wie allem Recht eine doppelte Bindung immanent ist."; s.a. *ders.*, BewHi 2 (1955), 136, 144, 148.

[31] *Grünhut*, BewHi 2 (1955), 136, 138; *ders.*, in: Sexual Crime Today (Papers read by M. Grünhut, R. Sieverts, J.M. van Bemmelen), The Hague 1960, 1.

[32] *Grünhut*, DJZ 1925, Sp. 1104, 1105; *ders.*, in: Handwörterbuch (Fn. 23), 793, 798; *ders.*, Strafrechtswissenschaft und Strafrechtspraxis, 1932, 11; *ders.*, ZStW 71 (1959), 521, 526.

[33] *Grünhut*, Penal Reform (Fn. 25), 3.

[34] Dazu *Grünhut*, MschrKrimPsych Beiheft 1926 (Festgabe Aschaffenburg), 87 ff.; *ders.*, in: Handwörterbuch (Fn. 23), 797.

[35] *Grünhut*, MschrKrimPsych Beiheft 1926 (Festgabe Aschaffenburg), 90.

[36] *Grünhut*, ZStW 46 (1925), 260, 265; aus generalpräventiver Sicht sei allerdings eine Parallele zu den im Volke lebendigen sittlichen Werturteilen ratsam, ibid. 268.

sinnung. Schuld ist somit Charakterschuld des Zurechnungsfähigen,[37] dem zum Vorwurf gemacht wird, dass er seine gefährlichen Neigungen nicht beherrscht.[38] So könne etwa die Grenzziehung von bewusster Fahrlässigkeit und *dolus eventualis* nicht mit isolierter Willensschuld, sondern nur mit dem mehr oder minder geringen Interesse des Täters an der Integrität des verletzten Rechtsguts erklärt werden.[39] Schließlich wird damit auch in Anlehnung an Adolf Merkel der Streit zwischen Indeterminismus und Determinismus im Strafrecht für überwunden gehalten,[40] während die Kriminalpolitik, da sie menschliches Verhalten zu beeinflussen sucht, notwendig deterministisch denke[41]. In dieser symptomatischen Verbrechensauffassung ist das Verbrechen nicht Grund, sondern Anlass zur Strafe, nicht *ratio essendi*, sondern *ratio cognoscendi* des eigentlich Kriminellen. Daraus resultiert schließlich eine „dynamische Verbrechensauffassung, für welche die kriminelle Entgleisung ein Glied in dem wechselnden Fluß beeinflußbarer Lebensschicksale ist“[42].

Anders als der Titel glauben machen könnte, geht es in der Habilitationsschrift keineswegs nur um die Zurechnungslehre, sondern *in nuce* schon um alles, was Grünhut sonst noch interessiert, wie die Kapitelüberschriften zeigen, etwa „Die Reformbedürftigkeit der bayerischen Kriminalgesetzgebung“, „Das Bayerische Strafgesetzbuch von 1813“ und „Feuerbach als Kriminalpsychologe“.

Rein rechtsgeschichtliche oder rechtsphilosophische Arbeiten gibt es danach von Grünhut selbst nicht mehr, allerdings oftmals gediegene geschichtliche Grundlegungen in dogmatischen und kriminalpolitischen Aufsätzen.[43] An seine Schüler Schwinge,[44] Boldt[45] und Ritter[46] hat er rechtsgeschichtliche Themen vergeben, womit die Grundlage für eine neuzuschreibende Geschichte der deut-

---

[37] Darauf beharrt *Grünhut*, weil Schuld und Schuldbewertung Realitäten seien, in: Handwörterbuch (Fn. 23), 796 f.

[38] *Grünhut*, MschrKrimPsych Beiheft 1926 (Festgabe Aschaffenburg), 87, 94; *ders.*, in: Handwörterbuch (Fn. 23), 796 f.

[39] *Grünhut*, MschrKrimPsych Beiheft 1926 (Festgabe Aschaffenburg), 92.

[40] Ibid. 91 f.

[41] *Grünhut*, in: Handwörterbuch (Fn. 23), 797.

[42] *Grünhut*, ZStW 53 (1934), 1, 2 f.

[43] Z. B. zur Unabhängigkeit der Richter in MschrKrimPsych Beiheft 3 (zur Erinnerung an Liepmann), 1930, 1, 4 ff.; zu *falsum* und *calumnia* in SchwZStrR 51 (1937), 43, 47 ff.

[44] „Der Kampf um die Schwurgerichte bis zur Frankfurter Nationalversammlung“, Diss. iur. Jena 1926.

[45] „Die Voraussetzungen für die Anwendbarkeit der poena ordinaria bei J.S.F. Böhmer“, Diss. iur. Bonn 1933, später erweitert zu: „Johann Samuel Friedrich von Böhmer und die gemeinrechtliche Strafrechtswissenschaft“, 1936.

[46] „Friedrich von Spee: Cautio criminalis oder Rechtliche Bedenken wegen der Hexenprozesse“, Diss. iur. Bonn 1939.

schen Strafrechtspflege seit der Carolina geschaffen werden sollte.[47] In einem für den *Academic Assistance Council* verfassten Lebenslauf gibt er daher auch später noch als Spezialgebiete „Kriminologie, Jugendstrafrecht, Geschichte des Strafrechts und Strafrechtsphilosophie“ an.[48]

Das Interesse an den Lehren des Allgemeinen Teils, namentlich an der materiellen Verbrechensauffassung,[49] die ihren wesentlichen Ausbau dem Einfluss wertphilosophischer Gedanken der südwestdeutschen Schule Windelbands, Rickerts und Lasks verdanke, maßgebend vorangetrieben von der von Dohna begründeten Lehre der materiellen Rechtswidrigkeit,[50] tritt nach der Habilitationsschrift etwas in den Hintergrund, geht aber keineswegs verloren,[51] obschon er die Überbewertung des abstrakten Allgemeinen Teils zu Lasten der deliktischen Ausgestaltung und allgemeiner Lehren des Besonderen Teils kritisch sieht[52]. Zum Besonderen Teil gibt es einige wenige Abhandlungen wie zum strafrechtlichen Schutz wirtschaftlicher Interessen[53] und loyaler Prozessführung[54] oder zur Systematik der Vermögensdelikte,[55] die durch ihre historische Fundierung, rechtsvergleichenden Bezüge und profunden Kenntnis der außerstrafrechtlichen Anknüpfungen herausragen und wegen ihrer glänzenden systematischen und teleologischen Analysen heute noch mit Gewinn gelesen werden können. Entsprechendes gilt für die Abhandlungen zum Prozessrecht, etwa zur Wahlfeststellung,[56] zur Unabhängigkeit des Richters[57] oder zum Schifferschen Vorschlag allgemeinverbindlicher Richtersprüche,[58] die ihn bis zur Frage einer Verfassungsgerichtsbarkeit führen. Die Rechtsstellung und die Ausbildung des Strafrichters hat Grünhut immer wieder beschäftigt aus zwei Gründen, einem grundsätzlichen methodischen wegen der Rolle des Richters bei der Rechtsanwendung und einem praktischen, weil er meinte, dass es mit der Aufstellung

---

[47] *v. Weber* (Fn. 18), 26.

[48] *Grünhut*, Curriculum, Bodleian Ms SPSL 265 ff., 320–2, zit. nach *Hood*, Brit.J.Criminol. 44 (2004), 469, 476 f.

[49] Vgl. die Rezension von Mezgers Lehrbuch in ZStW 52 (1932), 117 ff. und ZStW 52 (1932), 763, 776.

[50] Vgl. *Grünhut*, ZStW 51 (1931), 455 ff. zum übergesetzlichen Notstand.

[51] Vgl. den umfangreichen Literaturbericht zum Allgemeinen Teil, *Grünhut*, ZStW 50 (1930), 283–328.

[52] Vgl. *Grünhut*, ZStW 51 (1931), 455, 456.

[53] *Grünhut*, in: FG RG, 116.

[54] *Grünhut*, SchwZStR 48 (1934), 452 ff.

[55] *Grünhut*, SchwZStR 51 (1937), 43 ff.

[56] *Grünhut*, MschrKrimPsych 25 (1934), 327 ff.

[57] *Grünhut*, MschrKrimPsych Beiheft 3 (zur Erinnerung an Liepmann), 1930, 1 ff.

[58] *Grünhut*, Judicium (Vierteljahresschrift für die gesamte Zivilrechtspflege) 2 (1929/30), 138 ff. (wiederabgedr. in: Roellecke [Hrsg.], Zur Problematik der höchstrichterlichen Entscheidung, 1982, 143 ff.).

auch der besten Normen nicht getan sei, sondern es zudem geschulten und loyalen Justiz- ebenso wie Vollzugspersonals bedürfe: „Denn der Wert der Kriminalpolitik hängt in erster Linie von den Menschen ab, die sie handhaben."[59]

Vom Beginn der Publikationstätigkeit bis zum Verlust des Bonner Lehrstuhls betreffen die meisten Abhandlungen, wie es bei einem Mitglied der deutschen Landesgruppe der IKV und der Arbeitsgemeinschaft für die Reform des Strafvollzuges zu erwarten ist, Fragen der Strafrechtsreform, insbesondere des Strafvollzugs, wobei die Umgestaltung zu einem Behandlungsvollzug gleichberechtigt neben der Einführung rechtsstaatlicher Sicherung steht. Grünhut verfasste die erste und bis heute maßgebende zusammenfassende Darstellung zum Begriff der „Kriminalpolitik", wie stets auf historischer Grundlage.[60] Strafrechtswissenschaft steht für ihn in sozialer Verantwortung, nicht nur den positiven Rechtsstoff zu analysieren und zu systematisieren, sondern an der Gestaltung des Rechts mitzuwirken:

> „Aber so wenig ein kriminalpolitisches Credo für die Beurteilung [gemeint ist: dogmatischer Fragen, C.-F.St.] entscheidend sein darf, so unerträglich wäre eine von jeder kriminalpolitischen Zielsetzung losgelöste ‚reine' Strafrechtslehre."[61]

Auch in den Schriften, die sich nicht hauptsächlich mit Reformvorhaben und Gesetzesentwürfen befassen, ist immer die Frage präsent, ob eine Regelung tauglich sei.

In der Zeit nach dem Zweiten Weltkrieg hat Grünhut in England wie angedeutet hauptsächlich zu Fragen des Strafvollzugs empirisch geforscht und publiziert, beginnend mit dem umfangreichen, ebenfalls historisch und rechtsvergleichend fundierten und sehr gut aufgenommenen[62] Buch „Penal Reform – A Comparative Study" von 1948. Jugendstrafrecht, bedingte Verurteilung (*probation*) und Bewährungshilfe beschäftigten ihn ebenso wie die Sexualdelinquenz[63] und Arbeitsmethoden der Kriminologie[64] wie die Kriminalstatistik,[65] die er in sehr differenzierter Weise benutzte und bewertete. Strafrechtswissenschaft sei heutzutage Tatsachenforschung, so lautete eine Äußerung zu Hellmuth von Weber,[66] wobei aber auch die Kriminologie für ihn mehr als bloßes Faktensammeln war, sondern der Theorie bedürfe, die zu einer Lehre vom menschlichen Verhalten führe.[67]

---

[59] *Grünhut*, in: Handwörterbuch (Fn. 23), 798.
[60] „Kriminalpolitik", in: Handwörterbuch (Fn. 23), 786.
[61] *Grünhut*, ZStW 52 (1932), 117, 125.
[62] *Hood*, Brit.J.Criminol. 44 (2004), 469, 488.
[63] Penal and Corrective Treatment of Sexual Offenders, in: Sexual Crime Today (Fn. 31), 1.
[64] *Grünhut*, ZStW 72 (1960), 267.
[65] *Grünhut*, Journal of the Royal Statistical Society, Series A (General) 114/II, S. 139 ff.
[66] *v. Weber* (Fn. 18), 36.
[67] *Grünhut*, ZStW 72 (1960), 267, 275.

Grünhuts Ziel war die sachgemäße ambulante Behandlung der Straftäter, so dass nur noch eine möglichst kleine Zahl Unverbesserlicher in Haft müsste, wobei er die Schwierigkeiten und Grenzen solcher Einwirkung sehr nüchtern registrierte. Er hat alsbald auch wieder in Deutschland publiziert, wie zuvor zu Fragen der Strafrechts- und Strafprozessreform, nun unter Einbezug der englischen Perspektive,[68] etwa zur Zweiteilung der Hauptverhandlung,[69] wie er überhaupt sich der Rechtsvergleichung zugewandt hat, die in der maßstabsetzenden Darstellung des englischen Rechts[70] in der von Mezger, Schönke und Jescheck herausgegebenen Reihe „Das ausländische Strafrecht der Gegenwart" kulminiert.

III. Neukantianische Elemente bei Grünhut

In diesem Werkumfeld sind es vor allem drei Beiträge, wegen derer Grünhut als einer der Hauptrepräsentanten des strafrechtlichen Neukantianismus gilt, seine Jenaer Antrittsvorlesung von 1926 mit dem Titel „Begriffsbildung und Rechtsanwendung im Strafrecht", der Beitrag zur Frank-Festgabe 1931 über „Methodische Grundlagen der heutigen Strafrechtswissenschaft" und der im Juli 1932 in Bonn gehaltene Vortrag über „Strafrechtswissenschaft und Strafrechtspraxis". In anderen Texten scheint die neukantische Prägung explizit zumeist nur kurz auf.[71] So gibt Grünhut eine knappe Begründung für das Interesse an der südwestdeutschen Schule in der Besprechung der Habilitationsschrift[72] von Erik Wolf: Bedingung für die Rezeption philosophischer Lehren in der Rechtswissenschaft ist allein ihre Nützlichkeit, die bejaht wird, weil „eine Weiterführung der Rickert-Laskschen Gedanken auf dem speziellen Arbeitsgebiet des Strafrechts in hohem Maße zur Bereinigung unserer Methodik dienen kann."[73] Me-

---

[68] *Grünhut*, Rechtsvergleichende Bemerkungen zum deutschen Strafgesetzentwurf, ZStW 71 (1959), 521 ff.; *ders.*, Das Minderheitsvotum, in: FS Eb. Schmidt, 1961, 620 ff.; *ders.*, Die Erfahrungen mit den modernen Formen der kurzfristigen Strafhaft in England und anderen ausländischen Staaten, RdJ 9 (1961), 6 ff.; *ders.*, Die Bedeutung englischer Verfahrensnormen für eine deutsche Strafprozeßreform, in: FS Hellmuth v. Weber, 1963, 343 ff.

[69] *Grünhut*, in: FS Hellmuth v. Weber, 343 ff.

[70] *Grünhut*, Das englische Recht, in: Mezger/Schönke/Jescheck (Hrsg.), Das ausländische Strafrecht der Gegenwart, Band 3, 1959, 133; zuvor knapp *ders.*, Geschichtliche und rationale Elemente im englischen Strafrecht, ZStW 71 (1959), 659 ff.

[71] Z.B. *Grünhut*, ZStW 52 (1932), 117, 122; *ders.*, ZStW 52 (1932), 769, 776 f.; *ders.*, MschrKrimPsych 25 (1934), 327, 335 ff.; auch in der Besprechung von Erik Wolfs Habilitationsschrift, *Grünhut*, ZStW 50 (1930), 320 ff.

[72] *Wolf*, Strafrechtliche Schuldlehre, 1928.

[73] *Grünhut*, ZStW 50 (1930), 283, 321.

thodische Überlegungen sind dementsprechend auch der Gegenstand seiner im Folgenden vorgestellten Beiträge.

Die Antrittsvorlesung befasst sich hauptsächlich mit dem normativen Charakter rechtlicher Begriffe im Anschluss an Max Ernst Mayers „Entdeckung" der normativen Tatbestandsmerkmale. Auch wenn direkte Bezüge zu den philosophischen Protagonisten weithin fehlen – einmal wird Rickerts Geschichtsphilosophie und einmal Lasks Rechtsphilosophie zitiert[74] – ist die inhaltliche Ausrichtung eindeutig. Der allererste Satz lautet: „Eine der wesentlichen Schwierigkeiten der rechtswissenschaftlichen Forschung liegt in ihrer Methode."[75] Dem Rechtsstaatsprinzip entspräche die Bevorzugung faktischer Begriffsbildung, so dass sich die richterliche Tätigkeit auf Tatsachenfeststellung beschränke. Damit sei aber nicht auszukommen, in Grenzfällen müsse das Gesetz elastisch sein und bedürfe normativer Tatbestandsmerkmale, die ein richterliches Werturteil verlangten. Grünhut unterscheidet drei Arten von Tatbestandsmerkmalen: faktische Begriffe, normative Begriffe spezifisch juristischer Art, die auf andere Normenordnungen verweisen wie die Fremdheit einer Sache, und allgemeine normative Begriffe, bei denen das Gesetz vom Richter „eine Beurteilung aufgrund allgemeiner Lebenserfahrung, eine außerjuristische Wertung, eine Stellungnahme auf weltanschaulicher Grundlage"[76] erwarte wie bei der Unzüchtigkeit einer Schrift oder der mangelnden Befugnis zur Offenbarung anvertrauter Privatgeheimnisse. Von Beccaria an wurde darin immer wieder eine Gefährdung der Rechtssicherheit gesehen. Grünhut legt dar, dass die faktischen Elemente nur scheinbar isoliert neben den normativen lägen, denn in Wahrheit liege eine „Strukturverschlingung faktischer und normativer Elemente"[77] vor, und zeigt an einer Reihe von Beispielen, dass die vermeintlichen Begriffe allesamt normativ konturiert sind – später heißt es einmal, dass die Rechtsdogmatik eine „esoterische" Begriffsbildung verlange[78] – wie die „natürliche Handlung" im Sinne der Konkurrenzlehre:

> „Ob eine Reihe einzelner Tätigkeitsakte zu einer oder zu mehreren Handlungen zusammenzufassen sind, ist nicht aus ihnen selbst zu enträtseln, sondern nur nach einem außerhalb ihrer selbst gelegenen Maßstab zu beurteilen. Dieser Maßstab ist relativ. Er ist abhängig von dem jeweiligen Bedürfnis, welches die Anerkennung bestimmter Handlungsgrößen verlangt. Es gibt keine Handlungen an sich, sondern in bezug auf bestimmtgeartete Beurteilungen."[79]

---

[74] *Grünhut*, Begriffsbildung und Rechtsanwendung im Strafrecht, 1926, Endn. 8 (S. 29).

[75] Ibid. 4.

[76] Ibid. 6.

[77] Ibid. 8.

[78] *Grünhut*, in: FG RG, 116.

[79] *Grünhut*, Begriffsbildung (Fn. 74), 12.

Er bezeichnet das „hier eingeschlagene Verfahren“ als „normative Methode“,[80] denn der faktische Begriff der natürlichen Handlungseinheit sei durch normative Faktoren bestimmt. Die Beurteilungsart schaffe sich selbst den zu beurteilenden Gegenstand,[81] so zeige sich durchgehend in der Rechtswissenschaft „die Abhängigkeit des Stoffes von der Methode“[82] mit Bezügen zu Binding und Radbruch. Freilich sei dies nicht auf die Rechtswissenschaft beschränkt, denn es gebe in den Geisteswissenschaften „keine reine Anschauung ohne begriffliche Erfassung“.[83] Daraus ergäben sich eine Reihe von Folgerungen: Erstens würden „linear abgegrenzte Begriffe“ dem Wesen juristischer Begriffe nicht gerecht, die vielmehr etwas „Fließendes“ (Adolf Merkel) hätten. In der Rechtswissenschaft führten „Begriffe von nur relativer Prägnanz zu zuverlässigeren Ergebnissen“,[84] während scheinbar trennscharfe Begriffe in bedenklicher Weise zu Problemverlagerungen in die subjektive Tatseite führten, wofür Grünhut die Äquivalenztheorie mit der Adäquanztheorie, die ein normatives Element in sich aufnehme, kontrastiert und die herrschende Lehre zum *dolus eventualis* kritisiert, die auf das Maß an Sympathie, die der Täter für den Erfolg habe, abstelle und folglich zu einem verhüllten Werturteil, nämlich einer bedenklichen Gesamtbeurteilung der Persönlichkeit des Täters durch den Richter führe[85] im Gegensatz zur Lehre des Vorentwurfs 1909, der auf den Grad an Gewissheit des erwarteten Erfolgseintritts abstelle. Auch die Grenze der im Beweisrecht nötigen Gewissheit sei „flüssig“. Zweitens warnt Grünhut vor einer Überschätzung des normativen Charakters strafrechtlicher Begriffsbildung.[86] So könnte man alle juristischen Begriffe als normative im spezifisch-juristischen Sinne auffassen, was aber eine Selbstverständlichkeit sei und nur auf den Geltungsgrund verweise. Gleichwohl habe der Gegensatz faktischer und normativer Begriffsbildung entscheidende Bedeutung, die Rechtswissenschaft müsse sich die von Lask formulierte „schwierige Frage der Anschmiegung der Rechtsbegriffe an das vorrechtliche Substrat bewußt zum Problem machen“.[87]

Als wichtigste Konsequenz ergebe sich die Problematik der Gesetzesbestimmtheit,[88] wenn die Rechtsanwendung keinen rein logischen Charakter habe. Im Zivilrecht sei dies durch Interessenjurisprudenz und Freirechtsschule längst

---

80 Ibid. 14.

81 Ibid.

82 Ibid. 15; auch *Grünhut*, in: FS Frank, Band I, 1930, 1, 23.

83 *Grünhut*, Begriffsbildung (Fn. 74), 16.

84 Ibid.

85 Ibid. 19.

86 Ibid. 20.

87 Ibid. 21.

88 Ibid.

bekannt geworden, allerdings fehle im Strafrecht der Ansatzpunkt jener Gedankengänge, weil es keine „Lücken“ – in strafbegründendem Sinne[89] – kenne. An anderer Stelle erklärt er, dass diese Lockerung auch nötig sei, denn „unter dem Dogma formaler Gesetzesbindung ist ein Strafgesetzbuch, welches den drängenden kriminalpolitischen Aufgaben der Gegenwart gerecht wird, unmöglich.“[90] Was an Gleichmaß der Berechenbarkeit der Rechtsanwendung eingebüßt werde, lasse sich durch Erweiterung des Begriffs der Gesetzesverletzung (§ 337 StPO) in der Revision wieder ausgleichen. Aber, schreibt Grünhut,

> „es bleibt in jeder Beurteilung ein irrationaler Faktor, ein Spielraum, innerhalb dessen verschiedene Möglichkeiten richterlicher Entscheidung denkbar sind. Hier wird die Rechtssicherheit zu einer Frage der Richtergesinnung und Richtererziehung.“[91]

Folglich werde die Stellung des Richters, die den

> „Ausgleich zwischen Sicherungszweck und Rechtsschutzgedanke, zwischen den Bedürfnissen einer individualisierenden Kriminalpolitik und den rechtsstaatlichen Forderungen gesetzlicher Gebundenheit“[92]

herstellen müsse, mit dem Worte Kohlrauschs zur „Schicksalsfrage der Strafrechtsreform.“[93] Hierdurch gewinne „das Kolleg über Prozeßrecht“ in der Ausbildung seine besondere Bedeutung, weil es die Stellung des Richters selbst herauszuarbeiten habe. Auch später wird Grünhut immer wieder folgendes betonen:

> „Nicht die Verhüllung durch Denkgebilde von scheinbar logischer Allgemeingültigkeit, sondern ein offenes Aufdecken dessen, was subjektives Werturteil ist, ermöglicht eine objektive Rechtsanwendung.“[94]

Der Beitrag zur Frank-Festschrift versteht sich als Vorarbeit zu einer kritischen Methodenlehre der Rechtswissenschaft.[95] Die juristische Arbeit des Alltags als auch das Nachdenken darüber sei „von den geistigen Strömungen der Zeit bestimmt“, wofür er die „Wert-Wirklichkeitsspannung“ der südwestdeutschen Lehre Windelbands, Rickerts und Lasks ausdrücklich in Bezug nimmt, von der die Strafrechtswissenschaft das Bemühen übernehme, das Recht als geistiges Kulturgut zu erfassen[96]. – Das könnte überraschen, weil zu dieser Zeit die

89 *Grünhut*, in: FS Frank, 28 gegen *Rittler*, ZStW 49 (1929), 451, 459 Fn. 18.

90 *Grünhut*, MschrKrimPsych 18 (1927), 13.

91 *Grünhut*, Begriffsbildung (Fn. 74), 25.

92 *Grünhut*, MschrKrimPsych 18 (1927), 13.

93 *Grünhut*, MschrKrimPsych 18 (1927), 13; *ders.*, in: Handwörterbuch (Fn. 23), 792.

94 *Grünhut*, Begriffsbildung (Fn. 74), 26; auch *ders.*, MschrKrimPsych 18 (1927), 13, 14.

95 *Grünhut*, in: FS Frank, Band I, 1930, 1.

96 *Grünhut*, Strafrechtswissenschaft (Fn. 32), 25 f.

Glanzzeit des Neukantianismus in der Philosophie längst vorüber war,[97] doch trat die juristische Rezeption wie auch sonst nicht selten mit bis zu 20jähriger Verspätung ein.[98] Später, im Vortrag von 1932, wird Grünhut auf den inzwischen eingetretenen Wandel der „geistigen Strömungen“ hinweisen.[99] – Grünhut unterscheidet dann nach der rechtlichen Arbeit *de lege ferenda* und *de lege lata*. Den Vorwurf Sprangers, wenn Juristen *de lege ferenda* diskutierten, fehle ihnen eine gesicherte methodische Grundlage,[100] weist Grünhut zurück, denn Kriminalpolitik sei Sozialpolitik im Sinne Max Webers und teile mit dieser die Möglichkeiten und Grenzen wissenschaftlicher Erkenntnis.[101] So stehe man heute der methodischen Grundlage der von Lisztschen Kriminalpolitik mit einer dreifachen Kritik gegenüber, die die Überschatzung der Ätiologie, den naiven Fortschrittsglauben und die empirische Bestimmung des Gesellschaftsbegriffs, der als Wertbegriff vieldeutig und wandelbar sei,[102] betreffe. Während die Strafrechtswissenschaft bei ihren kriminalpolitischen Bemühungen Teil der Sozialwissenschaften sei, erhalte sie ihre methodische Selbständigkeit erst in der Dogmatik des geltenden Rechts.[103] „Dogmatik“ versteht Grünhut in Übernahme der theologischen Definition als bezogen auf den „unmittelbaren Erkenntnisgehalt der geltenden Rechtsordnung“, als „Zusammenfassung des wissenschaftlichen Ringens um das rechte Verständnis der juristischen Gedankenwelt“[104]. Diese spezifisch strafrechtswissenschaftliche Aufgabe sei eine dreifache:

> „Klarheit über die allgemeinen Formen, in denen die Tatbestände gegeben sind, Bestimmung der Individualbegriffe in den einzelnen Tatbeständen und Mittel und Wege zur Anwendung dieser besonderen tatbestandlichen Begriffe auf die Fülle des historisch-empirischen Geschehens.“[105]

---

97 S. nur *Sieg*, in: Lehmann/Oexle (Hrsg.), Nationalsozialismus in der Kulturwissenschaften, Band 2, 2004, 199, 207 ff. m. w. Nachw.; s. a. die Nachw. bei *Stuckenberg*, in: Kindhäuser/Kreß/Pawlik/Stuckenberg (Hrsg.), Strafrecht und Gesellschaft, 2019, 125 Fn. 2.

98 Vgl. *Welzel*, in: Erinnerungsgabe Grünhut, 173, 190 Fn. 54 zur Jurisprudenz als „hochkonservativen Wissenschaft“, „die geistige Wandlungen meist erst ein Menschenalter später nachholt“.

99 S.u. bei Fn. 144.

100 *Spranger*, Der Sinn der Voraussetzungslosigkeit in den Geisteswissenschaften, 1929, 13 Fn. 15.

101 *Grünhut*, in: FS Frank, 2.

102 Ibid. 3.

103 Ibid. 4.

104 *Grünhut*, Strafrechtswissenschaft (Fn. 32), 12; s. a. *ders*., SchwZStrR 51 (1937), 43, 79: „Alle juristische Dogmatik erhält ihren Sinn allein in dem nie ruhenden Bemühen, die Bewältigung des positiven Rechtsstoffes der Gerechtigkeit dienstbar zu machen.“

105 *Grünhut*, in: FS Frank, 4.

Was die allgemeinen Lehren angeht, so stehe heute die Tatbestandslehre im Mittelpunkt des Interesses, weil sie „die Transformation, welche der theoretische Verbrechensbegriff durch die politisch gebotene legislative Technik erfährt, bewußt zum Problem erhebt“[106]. Gemeint ist damit, dass die Bewertung des Verhaltens nicht wie im Disziplinarrecht unmittelbar vom Richter vorgenommen wird, sondern im Gesetz zu Tatbeständen vertypt ist. Die Tatbestandslehre sei Spiegelbild der Verbrechenslehre, diese bewerte das rechtserhebliche Verhalten zweimal, als Rechtswidrigkeit und als Schuld, letztere versteht Grünhut mit Frank als Vorwerfbarkeit.[107]

Im Besonderen Teil gehe es um „Tatbestandsdiagnostik“.[108] Die strafrechtliche Rechtsanwendung unterscheide sich von der Reinen Rechtslehre Kelsens, weil die Norm wegen des sittlichen Pathos’ der Strafe auch materialen Gehalt, nur relativ formalen Charakter habe.[109] Daraus folge, dass bei jeder Einzelauslegung eine teleologische, den Rechtswert und Gesetzeszweck bestimmende Interpretation vorzunehmen sei. Grünhut benutzt dazu zwei „kriminalistische Begriffe“, das Rechtsgut und den „kriminellen Gehalt“.[110] Das Rechtsgut versteht er wie Honig[111] als „Abbreviatur des Zweckgedankens“.[112] Es stelle die Auslegung nach Zweckgesichtspunkten aus der Sicht des Verletzten dar, während der „kriminelle Gehalt“ die vom Täter aus gesehen typische Form der Deliktsbegehung erfasse. Er verhalte sich zum gesetzlichen Tatbestand wie ein soziologischer Allgemeinbegriff zum juristischen Normbegriff;[113] während beim Normbegriff die Abstraktion vollkommen sei, mischten sich beim „kriminellen Gehalt“ in die Generalisierung noch „deutliche Wirklichkeitselemente“, weshalb ihm bei der Interpretation der Tatbestände einschränkende Bedeutung zukäme. Beide materialen Gesichtspunkte seien unlösbar verflochten, ihre Isolierung führte zu „fatalen Fehlern“:

„Es ist eine gefährliche Versuchung, die juristische Erkenntnis der gesetzlichen Tatbestände von allen soziologischen Schlacken zu befreien und rein aus der formalen Normenordnung abzuleiten […] So führt in der juristischen Begriffsbildung der rein formale, spezifisch „normative“ Weg nicht zum Ziel, der ausschließlich soziologische in den Abgrund. Daher muß

[106] Ibid.

[107] Ibid. 5f.

[108] Ibid. 6.

[109] Ibid. 7.

[110] Ibid. 8.

[111] Näher und krit. dazu *Amelung*, in: Alexy/Meyer/Paulson/Sprenger (Hrsg.), Neukantianismus und Rechtsphilosophie, 2002, 363, 366ff.; *ders*., Rechtsgüterschutz und Schutz der Gesellschaft, 1972, 130ff.

[112] Vgl. *Honig*, Die Einwilligung des Verletzten, 1919, 94, 109.

[113] *Grünhut*, in: FS Frank, 9.

sich die heutige Strafrechtswissenschaft das Streben nach einer Resultante bewußt zum Problem machen."[114]

Den Irrweg einer rein formalen Methode illustriert Grünhut an Beispielen aus Bindings Werk. Falsch sei es aber auch, die formale und materiale Seite zu einem Methodengegensatz zu verabsolutieren, etwa Begriffs- und Interessenjurisprudenz gegenüberzustellen, vielmehr seien sie in Form und Gehalt untrennbar:[115]

„In der Frage, in welchem Maße dem sachlichen Gehalt der tatbestandlichen Individualbegriffe Einfluß auf die logische Ableitung der formalen Normbedeutung eingeräumt werden darf und muß, liegt das eigentliche Problem der strafrechtlichen Auslegung."[116]

Grünhut verkennt nicht, dass die Auswahl der Zwecke und Schutzbedürfnisse keine bloße Sache des erkennenden Intellekts ist, sondern der „Werturteile und Willensentscheidungen":

„Hier erhebt sich das Problem, wieweit solche Auswahl und damit eine auf ihr fußende strafrechtliche Begriffsbildung schon Politik ist oder noch den Anspruch erheben kann, wissenschaftliche Erkenntnis des geltenden Rechts zu sein."[117]

Die terminologische Zuordnung erscheint ihm unfruchtbar, wichtiger sei es, sich kritische Rechenschaft über die Arbeitsweise zu geben. Die hier lauernde Gefahr eines Zirkelschlusses wird – trotz gelegentlicher Formulierungen, die dies nahelegen[118] – nicht erkannt, vielmehr für eine „eigentümliche Dialektik"[119] gehalten. Für eine sachliche, am Rechtsgutsgedanken und kriminellen Gehalt orientierte strafrechtliche Begriffsbildung seien die Voraussetzungen „dogmatischer Richtigkeit" sicherzustellen. Erstens dürfe die Auswahl des Zweckmoments nicht willkürlich geschehen, sondern müsse sachlich motiviert sein unter Einhaltung der Gleichheit vor dem Gesetz. Zweitens müssten die zugrundeliegenden Auswahlprinzipien erkennbar gemacht werden, also Objektivität im Sinne von Klarheit über das subjektiv Bedingte. Drittens sei ein gewisses Maß

[114] Ibid. 10.

[115] Ibid. 11.

[116] Ibid. 12.

[117] Ibid.

[118] In der Rezension von *Mezgers* Lehrbuch von 1931 paraphrasiert *Grünhut*, ZStW 52 (1932), 117, 119, unkommentiert folgende Passage: „Das Rechtsgut wird durch sinnvolle Interpretation des Tatbestandes ermittelt, andererseits aber bildet die in der Rechtsgutsverletzung liegende materielle Rechtswidrigkeit die wichtigste Richtlinie für die Auslegung der Tatbestände." (vgl. *Mezger*, Strafrecht. Ein Lehrbuch, 3. unveränd. Aufl. 1949, 201). Zur Zirkularität des Rechtsguts als Auslegungsbehelf s. *Koriath*, GA 1999, 561, 576; *Hefendehl*, Kollektive Rechtsgüter im Strafrecht, 2002, 25; *Fiolka*, Das Rechtsgut, 2006, 448 ff., 452 f., jew. m. w. Nachw.

[119] *Grünhut*, ZStW 52 (1932), 117, 124.

an „Fungibilität" nötig, worunter er nicht empirische Durchsetzbarkeit, sondern – parallel zur Feststellung historischer Wahrheit im Wege freier Beweiswürdigung – intersubjektive Nachvollziehbarkeit versteht: die Annahme der eigenen Meinung durch die andern müsse bei Aufdeckung der Gründe „objektiv möglich" sein.[120] Als letzte Kontrolle sei zu fragen, ob der so gewonnene Begriff dem möglichen Sinn des Gesetzes entspricht.[121] Insgesamt sei auch die Auslegung des gesetzlichen Tatbestandes und Erfassung seiner Begriffe „Entscheidung" (mit Zitat von Carl Schmitt). Grünhut illustriert die Methode an einigen, heute zum Teil obsoleten Streitfragen wie der Bedeutung der Rechtswidrigkeit der Amtshandlung für § 113 StGB. Der „Auslegungsbehelf des kriminellen Gehalts" habe besondere Bedeutung etwa für die Konkurrenzlehre, namentlich die Konsumtion.[122]

Die Konsequenzen dieser Art der Begriffsbildung hat Grünhut präzise im Blick, wenn er schreibt:

> „Die teleologische Begriffsbildung im Strafrecht hat ein eigenartiges Ergebnis. Sie führt zu einer starken Modifikation der formalen Norm durch die tatsächlichen Verhältnisse, auf welche sie sich bezieht. Die Gegenstände der Rechtsanwendung beeinflussen die Begriffe, denen sie subsumiert werden. Das Recht kann nicht ohne Rücksicht auf das zu ordnende Leben gehandhabt werden. Das hat eine Relativierung des Dogmas von der Einheitlichkeit und Widerspruchslosigkeit der Rechtsordnung zur Folge. [...] Gewiß, die Rechtsordnung ist widerspruchslos oder sollte es wenigstens sein. Aber sie kann, wenn anders sie mehr ist als eine Vergewaltigung des Lebens, sich nicht auf wenige gleiche, für eine Fülle rechtlicher Institutionen austauschbare Begriffe beschränken, sondern verlangt eine individualisierende Variation der Begriffe unter Anpassung an den besonderen Sinn der einzelnen Rechtsbestimmungen."[123]

Dies ist die schon von der Interessenjurisprudenz herausgestellte „Relativität der Rechtsbegriffe".[124] Wenn die begriffliche Erfassung des gesetzlichen Tatbestandes Grundlage für Rechtsanwendung ist – freirechtliche Ansätze weist Grünhut auch im Interesse der Rechtssicherheit zurück[125] – so fragt sich, ob durch die teleologische Begriffsbildung die Entscheidung nicht bereits in die

---

[120] *Grünhut*, in: FS Frank, 13.

[121] Ibid. 14.

[122] *Grünhut*, in: FS Frank, 18 f.; *ders.*, ZStW 50 (1930), 292.

[123] *Grünhut*, in: FS Frank, 19.

[124] Dazu *Müller-Erzbach*, JherJb 61 (1912), 343 ff.; *Heck*, Begriffsbildung und Interessenjurisprudenz, 1932, 60; *Engisch*, in: Ferid (Hrsg.), Deutsche Landesreferate zum V. Internationalen Kongreß für Rechtsvergleichung in Brüssel 1958, 59 ff.; *Wank*, Die juristische Begriffsbildung, 1985, 111 ff.; *Demko*, Zur „Relativität der Rechtsbegriffe" in juristischen Tatbeständen, 2002, 13 ff.; *Hermann*, Begriffsrelativität im Strafrecht und das Grundgesetz, 2015, 1 ff.; s. a. jüngst *Kowalski*, NJW 2020, 2229, 2232; *Barczak*, JuS 2020, 905, 907 f., jew. m. w. Nachw. S. a. *Schwinge*, Teleologische Begriffsbildung im Strafrecht, 1930, 33 f.

[125] *Grünhut*, in: FS Frank, 20 f.

Auslegung der Norm vorverlegt wird. Einen solchen „monistischen“ Standpunkt hält Grünhut für „wissenschaftlich unfruchtbar“, weil wichtige Gesichtspunkte der Rechtsanwendung erst dadurch deutlich würden, wenn man sie nicht nur von der Seite der Norm, sondern auch mit Blick auf den Sachverhalt untersucht.[126] Die Anwendung des gesetzlichen Tatbestandes auf den konkreten Sachverhalt sei ein komplexer Vorgang, bei dem deskriptive Feststellung, kognitive Beurteilung und normative Bewertung unterschieden werden könnten.[127] Grünhut betont die Vorformung des zur juristischen Beurteilung herangezogenen Materials, das mit dem Wort von Lask bereits mit einem „teleologischen Gespinst“ überzogen sei, und illustriert dies an den normativen Tatbestandsmerkmalen und Beispielen aus seiner Antrittsvorlesung.[128] Auch wenn ein strafgesetzlicher Tatbestand unmittelbar wirtschaftliche Vorstellungen verwende, so würden diese dadurch zu Rechtsbegriffen.[129] Die Eliminierung „unangebrachter Naturalismen“ sei das bleibende Resultat der Auseinandersetzung mit Kelsens Reiner Rechtslehre.[130]

„Zugleich ergibt sich damit für die Methode der Rechtsanwendung das umgekehrte Ergebnis wie für die Begriffsbildung. Mußten dort die Tatbestände der Norm sich einer weitgehenden Anpassung an die zu ordnenden Interessen unterziehen, so zeigt sich hier der Einfluß der Norm auf den zu regelnden Gegenstand. Der soziologischen Auflockerung der Norm entspricht die normative Gestaltung ihres faktischen Substrats. In dieser gegenseitigen Durchdringung faktischer und normativer Strukturelemente liegt das eigentliche Problem der strafrechtlichen Dogmatik.“[131]

Schließlich sieht Grünhut es als Aufgabe der *Strafrechtstheorie* an, die gewonnenen Methoden einer einheitlichen wissenschaftlichen Klärung zuzuführen im Sinne einer allgemeinen Wissenschaftslehre des Strafrechts. Damit ist sie „nicht eine dogmatische Methode zur Lösung von Strafrechtsfällen, sondern Theorie der strafrechtlichen Dogmatik“[132]. Wenn die Strafrechtstheorie an die bewertende Funktion der Strafrechtsnorm anknüpfe, so provoziere ihr materieller Kern die weitere Frage nach Sinn und Rechtfertigung der staatlichen Strafe.

„Je mehr in der Auslegung und Anwendung der Rechtsnormen auf den sachlichen Gehalt von Rechtswidrigkeit und Schuld verwiesen wird, um so mehr gerät das Ganze in eine innere Abhängigkeit von den Zwecken und Zielen der Bestrafung.“[133]

---

[126] Ibid. 21.
[127] Ibid. 21 ff.
[128] Ibid. 22 ff., insb. 23, 27.
[129] *Grünhut*, in: FG RG, 129.
[130] *Grünhut*, in: FS Frank, 27.
[131] Ibid. 28.
[132] Ibid. 29.
[133] *Grünhut*, ZStW 52 (1932), 117, 125.

In dem Maße, wie sich die Antwort darauf durch zunehmende Verallgemeinerung über die Strafpolitik erhebe, werde sie zur *Strafrechtsphilosophie*.[134] Hier liege im kantischen Rigorismus eine Überspannung der berechtigten Kritik an der Abschreckungsstrafe:

„daß die unverlierbare Menschenwürde eine Erniedrigung als Mittel zum Zweck verbietet, vermag allenfalls den Verzicht auf Strafe, aber nicht die zweckfreie Strafe zu begründen. Irdische Notwendigkeiten allein können staatliche Strafe rechtfertigen."[135]

Orientierung an empirischer Wirksamkeit führt zur Spezialprävention. Grünhut mahnt aber auch zur Beachtung der Grenzen jeglicher Rechtfertigung und konstatiert, dass die methodischen Grundlagen der heutigen Strafrechtwissenschaft keinen Anspruch auf absolute Geltung erheben:

„Auch sie sind bedingt durch die besonderen Bedürfnisse der politischen und geistigen Lage und durch die Formen des geltenden Strafgesetzes. Aber sie sind als ein Inventar formaler Werkzeuge relativ konstant gegenüber dem inhaltlichen Wechsel strafrechtlicher Kodifikationen."[136]

An anderer Stelle heißt es, dass nicht nur die Geschichte, sondern auch die Strafrechtswissenschaft immer wieder umgeschrieben werden müsse.[137] Andererseits schreibt er 1932, dass es auch in der Strafrechtswissenschaft Gedanken und Erkenntnis von zeitlosem Wert gebe, wozu die Empirie gehöre: „Erfahrungen können berichtigt, aber nicht eliminiert werden."[138]

In dem Vortrag von 1932 unternimmt Grünhut eine Rechtfertigung der damaligen aktuellen Diskussionslage in der Strafrechtswissenschaft gegenüber Unverständnis äußernden Stimmen aus der Strafrechtspraxis. Die neuere Dogmatik unterscheide sich vom alten System durch „eine Verschiebung des Akzents von der logischen Norminterpretation zur wertenden Sinnerfassung"[139]. Er zeichnet die Verschiebungen etwa beim Notstand und beim Verbotsirrtum und deren neue Einordnung in den Verbrechensaufbau nach wie sie in Mezgers Lehrbuch vorgenommen wird. Was aus hergebrachter Sicht wie ein Scherbenhaufen aussehe, füge sich tatsächlich systematisch zusammen „zu einem har-

---

[134] *Grünhut*, Strafrechtswissenschaft (Fn. 32), 30.

[135] Ibid. 31.

[136] Ibid. 31 f.; daran anknüpfend der Beitrag von *Welzel* in der Erinnerungsgabe Grünhut, 173 ff. Welzel sieht darin die „Anfänge der finalen Handlungslehre" (173), was eher eine freundlich gemeinte Übertreibung sein dürfte, da Grünhut sich gewiss nicht auf ontologische Strukturen bezog.

[137] *Grünhut*, ZStW 52 (1932), 117, 118.

[138] *Grünhut*, ZStW 52 (1932), 763, 777.

[139] *Grünhut*, Strafrechtswissenschaft (Fn. 32), 13 schreibt das Zitat *Eb. Schmidts* Besprechung von *Belings* Grundsätzen des Strafrechts in JW 1931, 188 zu, die sich dort aber nicht findet.

monischen Ganzen von einfachen Linien [...], dessen Vorzug vielleicht ein größerer Grad von Echtheit und Lebensnähe ist.“[140] Er hebt hervor, dass sich auch die Probleme des Besonderen Teils nicht mit bloßer Wortinterpretation oder normlogischen Mitteln lösen ließen, sondern Rechtsgut und krimineller Gehalt wertend erfasst werden müssten.[141]

Leicht fatalistisch klingt der Abschluss:

„Aber auch im Strafrecht sind Formen und Ziele der Wissenschaft nicht freier Wille, sondern Schicksal. Bei aller Isolierung, die der juristischen Arbeit eigen ist, bleibt die Strafrechtswissenschaft ein Ausschnitt aus der geistesgeschichtlichen Gesamtentwicklung und muß es bleiben. Unsere heutige strafrechtliche Dogmatik ist ein Niederschlag der Wert-Wirklichkeitsbetrachtung der südwestdeutschen Schule und knüpft damit an die Namen *Windelband*, *Rickert* und *Lask* an. Von ihr übernimmt sie das Bemühen, das Recht als geistiges Kulturgut, als wertbezogene Wirklichkeit zu erfassen. In dieser inneren Verflochtenheit mit den grundlegenden geistigen Strömungen liegt die Grenze einer autonomen Strafrechtswissenschaft. Sie steht zwischen den Bedürfnissen der Praxis auf der einen und den Einflüssen der Philosophie auf der andern Seite.“[142]

An anderer Stelle hält Grünhut das verstärkte zeitgenössische Interesse an methodischen Untersuchungen auch deshalb für verständlich, weil aktuell „die Entscheidung über die kodifikatorische Grundlage der künftigen Dogmatik von politischen Mächten bedroht ist“[143]. Schließlich stellt er fest, dass die philosophische Entwicklung weitergehe:

„Die Philosophie aber drängt rastlos weiter. Sie fragt nach den Wirklichkeitsformen, auf die sich jedes Recht bezieht und die jedes Recht als sein a priori voraussetzen muß. Phänomenologie und Ontologie erstreben eine neue Lehre vom Sein der Dinge, das sich der intuitiven Schau des Forschers zu enthüllen verspricht. In *Erik Wolfs* Freiburger Antrittsvorlesung, Vom Wesen des Täters, 1932, kündigt sich der erste Durchbruch dieser Ideen in das strafrechtswissenschaftliche Denken an. Wie sich eine von hier aus orientierte Strafrechtswissenschaft zu den Aufgaben der Praxis stellen würde, darüber läßt sich heute keine Prognose stellen. Wohl aber bedeuten diese neuen Bemühungen eine ernste Warnung gegenüber jedweder Versuchung zu einer Erstarrung in neuer Klassik, eine eindringliche Mahnung zur Selbstbescheidung. Denn im geistigen Leben ist Gegenwart nur ein Grenzfall zwischen dem verklingenden Ueberkommenen und dem heraufdrängenden Neuen.“[144]

Wohin diese Entwicklung führe, sei noch unklar, jedenfalls werde man in der juristischen Einzelarbeit einer weiteren Überwindung formaljuristischer Grenzziehungen zustreben „und die Einheit der Rechtsschutzaufgabe im sozialen Leben bewußt zum Ausgangspunkt nehmen“. Ehrenschutz, Schutz der prozessua-

---

[140] *Grünhut*, Strafrechtswissenschaft (Fn. 32), 21.

[141] Ibid. 25.

[142] Ibid. 25 f.

[143] *Grünhut*, ZStW 52 (1932), 117.

[144] *Grünhut*, Strafrechtswissenschaft (Fn. 32), 26.

len Urteilsgrundlagen, Behandlung politischer Verbrechen seien „einheitliche soziale Probleme, die lediglich in der Form ihrer juristischen Behandlung etwas Komplexes" hätten.[145] Angestrebt wird eine zweckgebundene Zusammenfassung materiell-rechtlicher und prozessualer, strafrechtlicher und außerstrafrechtlicher Normen. Nur ein solcher Gesamtkomplex könne Gegenstand einer fruchtbaren Rechtsvergleichung sein[146] – was fraglos zutrifft. Wenn Grünhut allerdings fortfährt, dass es auf derselben Linie liege, wenn „wir in der Kriminalpolitik der Zweispurigkeit von Strafe und sichernden Maßnahmen ihre soziale Realität und damit ihre juristische Existenzberechtigung absprechen",[147] dann ist damit der neukantianische Ansatz *de lege ferenda* verlassen, denn „soziale Realität" ist nichts theorielos Gegebenes, wie er in seiner Antrittsvorlesung selbst sagte.

Eine ähnliche leichte Distanzierung findet sich bei der Besprechung des Mezgerschen Lehrbuchs, wo es heißt:

„Es ist ein besonderes Verdienst Mezgers, gegenüber den Gefahren einer einseitigen Nachfolge der südwestdeutschen Wertphilosophie die unverzichtbare Bedeutung der realen Vorgänge in ihren Seinsqualitäten hervorgehoben zu haben.",[148]

womit der leidenschaftliche Kampf für die Verbindung mit den Erfahrungswissenschaften hervorgehoben wird. Vielleicht ist damit aber auch nicht mehr gemeint als früher bei der Zurückweisung der Reinen Rechtslehre: „Die Handhabung des Rechts als einer formalen Ordnung des Lebens kann einer Berücksichtigung des zu ordnenden Lebens nicht entbehren."[149]

Gleichwohl wendet sich Grünhut gegen die in den 1930er Jahren offen hervortretenden Rematerialisierungstendenzen, die den neukantianischen Ansatz als relativistisch und formal bekämpfen:[150]

„Letzten Endes steht hinter den Vorwürfen des Formalen und Relativen der Glaube an die Möglichkeit eines mit wissenschaftlichen Methoden beweisbaren Systems inhaltlich bestimmter Werte. Eine neue, an altes Geistesgut anknüpfende wissenschaftstheoretische Wendung wirkt sich in der Strafrechtswissenschaft aus. Zu ihrer Begründung genügt freilich nicht die Polemik gegen den voraussetzungslosen Relativismus. Denn die Einsicht in die Grenzen der Voraussetzungslosigkeit ist alles andere als ein Nachweis materialer Werte. Auch die Werte, um die es im Strafrecht geht, und die hier an der Idee des Staates und der

---

[145] Ibid.

[146] Ibid.

[147] Ibid.

[148] *Grünhut*, ZStW 52 (1932), 117, 122 mit Verweis auf *Mezger*, KritV 22 (1929), 499 f.

[149] *Grünhut*, in: FG RG, 117; vgl. *ders.*, ZStW 52 (1932), 763, 776: „Nicht der Sinn einer isoliert betrachteten Gesetzesbestimmung, sondern die realen Wirkungen der strafrechtlichen Verbote in dem heutigen sozialen Leben unseres Volkes sind ausschlaggebend für Kritik und Reform des überkommenen Strafrechts."

[150] S. a. *Grünhut*, ZStW 52 (1932), 763, 777 ff.; *ders.*, ZStW 53 (1934), 1, 6 ff.

Gerechtigkeit orientiert sind, sind eines wissenschaftlichen Beweises nicht fähig und bedürftig, sondern Gegenstand letzter, eigentlicher Entscheidung und persönlicher Hingabe."[151]

Ein solcher Wertrelativismus, wie er im letzten Satz zum Ausdruck kommt, entspricht mehr der Position Max Webers[152] als dem südwestdeutschen Neukantianismus.[153]

Die neukantianisch motivierte Methodenlehre ist mithin bei Grünhut nur ein Bestandteil der Strafrechtswissenschaft und wohl nicht einmal der wichtigste, wie eine Passage am Ende des Vortrags von 1932 deutlich macht:

„Denn die Dogmatik ist nur die eine Seite des Strafrechts, der Zivilistik verwandt und in ihrer heutigen Form stärker als früher der zivilistischen Dogmatik angenähert. Aber zum Kriminalisten und zum Strafrichter gehört noch mehr: eine Personalunion mit dem Kriminalpsychologen und Kriminalsoziologen. Die Ermessensentscheidungen und Abwägungen, vor allem aber die Ausschöpfung der Strafzumessungsmöglichkeiten verlangen kriminalpsychologische Erfahrung und kriminalpädagogische Zielsetzung. Daß diese persönliche Intention wichtiger ist als das beste Gesetz, ist gewiß eine Banalität."[154]

In welchem Verhältnis die „Zweidimensionalität des strafrechtlichen Denkens", die „Wert-Wirklichkeitsbetrachtung" einerseits und die Empirie andererseits steht, wird letztlich nicht explizit aufgelöst. Teils formuliert Grünhut dies als schlichte Komplementarität:

„Die Beurteilung menschlichen Verhaltens unter unmittelbarer Bezugnahme auf die in den formalen Gesetzesbestimmungen zum Ausdruck gebrachten Werte ist eine notwendige Ergänzung zu seiner empirisch-kausalen Erklärung.",[155]

teils als „weitgespannte Gegensätzlichkeit", die aber einen tieferen Sinn habe:

„Sie stellt die gedankliche Arbeit unter den kontrollierenden Einfluß nüchterner realer Erfahrung und sie bleibt, soweit sie Erfahrung einbezieht, vor der Verflachung zu einem materialistischen Positivismus bewahrt. Das kriminalpolitische Optimum erfordert ein irrationales Minimum. Gerade die deutsche Strafrechtswissenschaft kann im Gegensatz zu ausländischen Vorbildern für sich in Anspruch nehmen, daß sie – mit verschwindenden Ausnahmen – eine ausschließlich naturwissenschaftliche, völlig wertindifferente Verbrecherbehandlung niemals befürwortet hat."[156]

---

[151] *Grünhut*, ZStW 52 (1932), 763, 780.

[152] Vgl. nur *Weber*, in: Gesammelte Aufsätze zur Wissenschaftslehre, 1922, 146, 149 ff.; 459 ff., der freilich den Terminus „Wertrelativismus" ablehnte (470); zu den Positionen Webers und Rickerts s. *Loos*, Zur Wert- und Rechtslehre Max Webers, 1970, 46 ff.

[153] Vgl. dazu *Pascher*, Einführung in den Neukantianismus, 1997, 60 ff., 64 m. w. Nachw. und den Beitrag von *Krijnen* in diesem Band.

[154] *Grünhut*, Strafrechtswissenschaft (Fn. 32), 27.

[155] *Grünhut*, ZStW 52 (1932), 763, 776 f.

[156] *Grünhut*, ZStW 53 (1934), 1, 3.

Grünhut hat die „werbende Kraft“ der von von Liszt initiierten Reformbewegung darin gesehen,

„daß hier der Strafe sichtbare und in ihrer Wirksamkeit nachprüfbare Ziele gegeben waren und die Strafrechtswissenschaft aus der Isolierung einer rein juristischen Betrachtungsweise befreit und in unmittelbare Verbindung mit den Erfahrungswissenschaften der Psychologie, Psychiatrie und Soziologie gebracht wurde.“[157]

Auch später betont er, dass die Strafrechtsreform keine exakte Wissenschaft sei, die mit messbaren Größen und Naturgesetzen arbeite, das empirische Material bedürfe stets der Bewertung.[158]

IV. Fazit

Grünhut bezieht sich mehrfach ausdrücklich auf Windelband, Rickert und Lask, freilich auch unterschiedslos und – wie viele andere Strafrechtler auch[159] – in einer vergröbernden Rezeption, die etwa die ohnehin schwierige[160] Unterscheidung von wertbeziehender Begriffsbildung und wertender Betrachtung verschleift. Auch bei Grünhut mutiert der Wertbegriff zumeist zur kleinen juristischen Münze der *ratio legis*.[161] Während Lask zwischen Rechtsphilosophie als der Wertbetrachtung des Rechts und der Rechtswissenschaft, die sich mit dem empirischen Wertsubstrat befasse, unterscheidet, wobei letztere als empirische Kulturwissenschaft eingestuft wird, die einen Methodendualismus sozialwissenschaftlicher und juristischer Betrachtungsweise zeige, unterscheidet Grünhut die empirisch arbeitende Kriminalpolitik und die wertende, mit teleologi-

---

[157] *Grünhut*, ZStW 71 (1959), 521, 522.

[158] *Grünhut*, Penal Reform (Fn. 25), 1 f.: „Penal reform with its achievements and its aims, its progress, and even more its disappointments, has to encounter many legal, social, and psychological problems. This fact makes a concerted scientific effort desirable, a study based on experience, but advancing in the light of that experience to an assessment of what could and should be done. But though penal reform requires such scientific help, and though it resorts to quantitative evaluation whenever, in dealing with certain types of personality, institution, treatment, or reaction quantity becomes significant, it is by no means a science in the strict sense of the word, by no means something which reduces every phenomenon to measured quantities and to fixed natural laws. The student of penal reform must never forget that his principal subject is men and women under penal and reformative treatment, their response and personal relationship, their lives and fate.“ Eine Aufhebung des Methodendualismus, wie *Fontaine* (Fn. 1), 124, meint, ist hierin nicht erkennbar.

[159] Vgl. *Wapler*, Werte und das Recht, 2008, 211.

[160] Krit. *Kelsen*, Schmollers Jahrbuch für Gesetzgebung, Verwaltung und Volkswirtschaft 40 (1916), 1181, 1189 ff. (auch in: Jestaedt (Hrsg.), Hans Kelsen, Werke, Band 3, 2010, 551, 560 ff.).

[161] S. a. *Stuckenberg* (Fn. 97), 136 f.

schen Begriffen befasste Dogmatik. Unklar bleibt daran, wieso die *lex ferenda*, die doch einmal *lex lata* werden soll, auf wertende Betrachtung verzichten können sollte.

Insgesamt lässt sich feststellen, dass die neukantianischen Motive der Wertorientierung und der Formung des Stoffes durch die Methode im wissenschaftlichen Werk Max Grünhuts nicht nur zweckgelöste rechtstheoretische Einsichten darstellen, sondern – wie bei Graf zu Dohna und anderen Anhängern der modernen Schule auch – in den Dienst der Strafrechtsreform gestellt werden. Die wichtigsten methodischen Instrumente dafür sind der wertende Charakter der Rechtsbegriffe und ihr Bezug auf weitere Werte oder Zwecke, ihre teleologische Ausrichtung. Am ausgeprägtesten ist der wertende Aspekt bei den normativen Tatbestandsmerkmalen, die ein Werturteil des Richters erfordern. Die damit verbundene Lockerung der strengen Gesetzesbindung schafft erst den nötigen Spielraum für spezialpräventive Einwirkung im Sinne eines Behandlungsvollzugs. Der unmittelbare Bezug auf Werte führt zu einer kalkulierten Zersetzung der Normbindung und – in der Terminologie Luhmanns[162] – zur partiellen Ablösung der Konditional- durch Zweckprogramme, wie dies für die Bedürfnisse der Strafzumessung und der Strafvollstreckung der propagierten relativ-unbestimmten Sicherungsstrafe unabdingbar ist.

Die Einsicht in den wertenden Charakter der Rechtsbegriffe ermöglicht ferner

> „die Überwindung des juristischen Formalismus, der sich in selbstgenügsamer Zergliederung und Systematisierung der begrifflichen Rechtssatzelemente erschöpft, durch eine ‚materielle', d. h. den sachlichen Gehalt wertend erfassende Verbrechensauffassung, für welche die äußeren juristischen Formen nur Indizien einer vorläufigen, durch unmittelbare Wertung zu ergänzenden und berichtigenden Zuordnung zu einer bestimmten strafrechtlichen Beurteilung menschlichen Verhaltens bedeuten."[163]

Die teleologische Ausrichtung der Begriffe erlaubt es insbesondere, den Zweckbezug namentlich der Systemkategorien wie Rechtswidrigkeit und Schuld bis zu den Strafzwecken durchzuziehen. Für Grünhut bedeutet dies während seiner gesamten wissenschaftlichen Tätigkeit letztlich eine Orientierung am Strafvollzug. Inhalte, mit denen der Zweckbezug auszufüllen wäre, lassen sich mit dem neukantianischen Ansatz indes nicht gewinnen. Grünhut schöpft sie aus der Empirie, insbesondere aus der Erforschung der Wirkungen der diversen Formen des Strafvollzugs, der seine Arbeit nach der Emigration hauptsächlich gewidmet war, und aus dem nicht weiter begründeten Bekenntnis zur Rechtsstaatlichkeit, zur Rechtsidee und zu im menschlichen Gewissen wurzelnden ethischen

---

162 *Luhmann*, Zweckbegriff und Systemrationalität, 5. Aufl. 1991, 88 ff.; *ders.*, Das Recht der Gesellschaft, 1993, 195 ff. mit dem Hinweis in Fn. 57, dass das Recht Finalprogramme nur im Rahmen von Konditionalprogrammen inkorporieren kann.

163 *Grünhut*, ZStW 53 (1934), 1, 3; ähnl. *ders.*, Begriffsbildung (Fn. 74), 29 f.

Standards[164]. Wie die Empirie aus neukantianischer Perspektive mit der Rechtswissenschaft verbunden werden kann, bleibt wie schon bei Lask letztlich ungeklärt, dem zufolge die Rechtsphilosophie als kritische Wertspekulation den Empirismus „bestätigt" wegen der dem „abstrakten Raisonnement unerreichbaren transzendentalen Prärogative der empirischen Wirklichkeit"[165] und in der Rechtswissenschaft sich die „schwierige Frage der Anschmiegung der Rechtsbegriffe an das vorrechtliche Substrat"[166] stellt, wobei die Rechtsordnung „bis zu einem gewissen Grade" die Eigentümlichkeiten der vorrechtlichen Welt in die juristische Bedeutungssphäre transponieren könne[167].

Nach der Emigration finden sich bei Grünhut keine methodischen Bezüge zum Neukantianismus mehr. Seine Gründe dafür sind nicht mitgeteilt, sei es, weil die „geistesgeschichtliche Gesamtentwicklung", deren Ausschnitt die Strafrechtswissenschaft seiner Ansicht nur ist, darüber hinweggegangen ist, sei es, dass die Begriffsbildung, nachdem viele Reformziele schon erreicht wurden, einfach aus dem Blickfeld seiner Arbeit gerückt ist und es ihm nun darum ging, „die Kriminologie [...] im Sinne einer schlichten, rein empirischen Verbrechensforschung zu entwickeln"[168].

---

164 *Grünhut*, Mod.L.Rev. 12 (1949), 257, 258.

165 *Lask*, Rechtsphilosophie, in: FS Kuno Fischer, 1907, 269, 274 f., 280.

166 Ibid. 313.

167 Ibid.

168 *Grünhut*, BewHi 2 (1955), 136, 138; *ders.*, in: Sexual Crime Today (Fn. 31), 1.

Edmund Mezger

Neukantianisch geschulter Strafrechtswissenschaftler, furchtbarer Jurist

Pepe Schladitz

Das Ganze ist nach einer berühmten Sentenz mehr als die Summe seiner Teile. Man ist gewillt, diesem Satz auch mit Blick auf die Strafrechtswissenschaft zuzustimmen. Die Strafrechtswissenschaft lässt sich in empirischer Hinsicht in der Summe der aktiven Strafrechtslehrerinnen und -lehrer charakterisieren.[1] Hierin aber erschöpft sich ihre Totalität keineswegs, vielmehr kann sie auf eine jahrhundertelange Tradition und eine reichhaltige Ideengeschichte aufbauen. Es hat in unserem Fach denn auch eine gute Tradition, die Theorien, Konzeptionen und methodischen Darlegungen der Altvorderen auf das *Lebendige*, also auf das Erhaltenswerte bzw. in die moderne Zeit Übertragbare hin zu untersuchen.[2] Zu den großen Namen, deren letzte Veröffentlichungen zwar schon Jahrzehnte zurückliegen, die aber gleichwohl in beständiger Regelmäßigkeit in unserem Diskurs auftauchen – ich denke bspw. an Hans Welzel, Franz v. Liszt, Adolf Merkel, Hellmuth v. Mayer oder Karl Binding – lässt sich auch Edmund Mezgers zählen.[3] Der nachfolgende Beitrag will die Gründe für diese Rezeption benennen und näher würdigen. Mezgers Wirken gilt es dabei dem Generalthema dieses Sammelbandes entsprechend auf seine neukantianischen Anteile hin zu untersuchen. Die Vollständigkeit und Redlichkeit gebieten es allerdings, im Rahmen der folgenden Darstellung neben biographischen Eckdaten aus Mezgers Lebenslauf auch auf dessen intensive Verstrickungen in den Nationalsozialismus hinzuweisen.

---

[1] Vgl. *Schünemann*, GA 1995, 201, 203.

[2] S. bspw. *Armin Kaufmann*, Lebendiges und Totes in Bindings Normentheorie, 1954; *Hoyer*, Strafrechtsdogmatik nach Armin Kaufmann, 1992; *Greco*, Lebendiges und Totes in Feuerbachs Straftheorie, 2009; s. a. die Beiträge in: Frisch/Jakobs/Kubiciel/Pawlik/Stuckenberg (Hrsg.), Lebendiges und Totes in der Verbrechenslehre Hans Welzels, 2015.

[3] Entsprechende Nachw. in Fn. 204, 206, 284. Bspw. geht auch der Begriff des Strafanwendungsrechts auf Mezger zurück, was vorliegend nicht vertieft werden kann, s. aber LK-StGB/*Werle/Jeßberger*, 13. Aufl. 2020, Vor § 3 Rn. 2.

I. Biographische Eckdaten

Mezger wurde am 15. Oktober 1883 in Basel geboren. Nach dem Tod des Vaters übersiedelte die Familie nach Schorndorf (Württemberg). Mezger studierte von 1902–1906 an den Universitäten Tübingen, Berlin und Leipzig. Nachdem er die erste höhere Justizdienstprüfung erfolgreich absolviert hatte, trat er den juristischen Vorbereitungsdienst an und legte 1910 die zweite höhere Justizdienstprüfung ab. Parallel zum Vorbereitungsdienst wurde Mezger 1908 an der Universität Tübingen mit einer von Ernst Beling betreuten Dissertation mit dem Titel „Prozessual-materielle Doppelrelevanz einer Tatsache im zivilprozessualischen Erkenntnisverfahren" (ausgezeichnet mit *magna cum laude*) promoviert. Einer dreijährigen Tätigkeit als Rechtsanwalt in Stuttgart folgte 1913 der Eintritt in den württembergischen Justizdienst, wo Mezger zunächst am AG Stuttgart-Stadt, später im Justizministerium tätig war.[4]

Mezger zeigte früh großes Interesse an der Psychiatrie. So reiste er 1910 nach Paris, um entsprechende Studien bei der Kriminalpolizei vorzunehmen, war ein Leben lang in produktiver und freundschaftlicher Weise mit dem Psychiater Ernst Kretschmer befreundet[5] und habilitierte sich 1916 an der Universität Tübingen mit einer Schrift zu *psychiatrischen Sachverständigen im Prozeß*, die 1918 publiziert wurde.[6] 1922 wurde er zum außerordentlichen Professor in Tübingen, 1925 zum ordentlichen Professor in Marburg und 1932 als Nachfolger Ernst Belings in München berufen.[7] Noch in die Marburger Zeit fiel die Erstveröffentlichung des Lehrbuchs zum Strafrecht, „das sich sofort nach dem Erscheinen im Jahre 1931 eine ebenbürtige Stellung neben dem führenden Lisztschen Lehrbuch erobern sollte".[8] Trotz seiner Rolle im Dritten Reich (hierzu noch II.) hat Mezger in der BRD noch viele Jahre die Ausbildung nachfolgender Juristengenerationen mit seinen Lehrbüchern beeinflusst.[9]

---

[4] Zu diesen wesentlichen Daten bspw. *Engisch*, Nachruf auf Edmund Mezger, Jahrbuch der Bayerischen Akademie der Wissenschaften (BAdW) 1962, 175 f. (abrufbar unter: https://badw.de/fileadmin/nachrufe/Mezger%20Edmund.pdf – zuletzt abgerufen am 21.2.2023); *Blei*, Neue Deutsche Biographie (NDB) 17 (1994), 412; *v. Jan*, FS C.H. Beck, 1988, 561 ff. Ausf. biographische Angaben bei *Thulfaut*, Kriminalpolitik und Strafrechtslehre bei Edmund Mezger (1883–1962), 2000, 5 ff.

[5] *Blei* (Fn. 4), 412; *Jescheck*, JZ 1963, 452, 453; *v. Weber*, NJW 1953, 1542, 1543. S. a. *Mezger*, Persönlichkeit und strafrechtliche Zurechnung, 1926, Vorwort.

[6] *Engisch* (Fn. 4), 175, 177; *Jescheck*, JZ 1963, 452.

[7] *Jescheck*, JZ 1963, 452.

[8] *Engisch*, JZ 1953, 645, 646.

[9] *Hilgendorf*, in: Steinberg/Koch/Popp (Hrsg.), Strafrecht in der alten Bundesrepublik 1949–1990, 2020, 15, 34; *Rüthers*, NJW 2016, 1068, 1071. S. bspw. *Kindhäuser*, in: Hilgendorf (Hrsg.), Die deutschsprachige Strafrechtswissenschaft in Selbstdarstellungen II, 2021,

Nach dem Zusammenbruch des Dritten Reiches wurde Mezger zunächst seines Amtes enthoben. Kurzzeitig wurde er gar inhaftiert, da er unter Verdacht stand, Mitglied der verbrecherischen Organisation des SD der SS gewesen zu sein.[10] In einem Entnazifizierungsverfahren wurde Mezger als Mitläufer qualifiziert. Nach der Zahlung von 2000 RM an den Wiedergutmachungsfonds endete das Kapitel der Verstrickungen. Selbstkritische Reflexionen hat Mezger (öffentlich) nie angestellt.[11] Schon 1948 konnte Mezger auch auf seinen Münchener Lehrstuhl zurückkehren und blieb bis zu seiner Emeritierung 1952 im Amt.[12] Trotz seiner Verstrickungen wurde Mezger 1954 in die Große Strafrechtskommission berufen (1954–1959)[13] und hat in dieser „seine juristische wie seine kriminologische Erfahrung zur Geltung bringen können".[14] Das ist freilich kein Alleinstellungsmerkmal, denn „ein großer Teil der Mitglieder [der Kommission], war, wie wir heute wissen, durch ihre Tätigkeit in der NS-Zeit disqualifiziert".[15] Der von der Kommission ausgearbeitete E 1962 ist bekanntlich nicht Gesetz geworden.[16]

Am 24. März 1962 verstarb Mezger im Alter von 79 Jahren nach längerer Krankheit.[17]

1991: „Meine maßgeblichen strafrechtlichen Lehrbücher im ersten Semester etwa gehörten in frühen Vorauflagen einmal zur strammen NS-Literatur" (Kindhäuser nennt die Werke von Mezger, Welzel und v. Liszt).

[10] Diese Verhaftung – „wohl auf Grund einer Denunziation" – sei für Mezger eine „bestürzende Erfahrung" gewesen, so *v. Jan* (Fn. 4), 561, 562.

[11] *Spendel*, RuP 41 (2005), 237, 243.

[12] *Muñoz Conde*, JoJZG 2007, 9, 12.

[13] *Jescheck*, JZ 1963, 452.

[14] *Engisch* (Fn. 4), 175, 178.

[15] *Rasehorn*, in: Vormbaum/Welp (Hrsg.), Das Strafgesetzbuch. Sammlung der Änderungsgesetze und Neubekanntmachungen, Supplementband I: 130 Jahre Strafgesetzgebung – Eine Bilanz, 2004, 38, 47; *Scheffler*, in: Vormbaum/Welp (Hrsg.), Das Strafgesetzbuch. Sammlung der Änderungsgesetze und Neubekanntmachungen, Supplementband I: 130 Jahre Strafgesetzgebung – Eine Bilanz, 2004, 174, 185 ff.; *Vormbaum*, Einführung in die moderne Strafrechtsgeschichte, 3. Aufl. 2016, 231; *Rosenbaum*, Die Arbeit der Großen Strafrechtskommission zum Allgemeinen Teil, 2004, 32. Deshalb ist in der Literatur auch von einer „rückwärtsgewandten Expertenreform" die Rede, so *Treiber*, KritV 1997, 378.

[16] *Scheffler* (Fn. 15), 174, 186. Grundlegend zur Geschichte der Großen Strafrechtsreform 1975 auch *Greco/Roger*, JZ 2016, 1125.

[17] *Engisch* (Fn. 4), 175; *Jescheck*, JZ 1963, 452.

II. Mezger und der Nationalsozialismus

Bekanntlich dienten sich diverse Rechtswissenschaftler (aus allen drei Fachsäulen) wie Carl Schmitt, Theodor Maunz, Karl Larenz und aus dem Strafrecht Richard Lange, Friedrich Schaffstein sowie Georg Dahm den neuen Machthabern an.[18] Auch Mezgers Biographie und sein wissenschaftliches Werk sind in umfassendem Ausmaß mit der NS-Diktatur verstrickt.[19] Der Schulterschluss mit den neuen Machthabern wurde von Mezger noch 1933 vollzogen, institutionell insbesondere durch den Eintritt in den NS-Rechtswahrerbund.[20] Der NSDAP trat er 1937 bei.[21]

1. Das wissenschaftliche Werk in der Zeit des Dritten Reichs

Muñoz Conde, der in einer bemerkenswerten Studie die zahlreichen Verwicklungen detailliert dargelegt hat,[22] qualifiziert Mezger als eine „prägende Kraft des gesamten NS-Strafrechts".[23] Die nachfolgenden Beispiele wollen die Richtigkeit dieser These näher belegen.

In rechtspolitischer Hinsicht unterstützte Mezger das Regime auf ganzer Linie.[24] Dass die Nationalsozialisten einen neuen „totalen" Staat erbauen wollten, der „auf den beiden Grundgedanken von Volk und Rasse" fußt, fand bereits 1934 Mezgers expliziten Beifall.[25] Das Strafrecht wurde von Mezger als „Kampfrecht" zum Schutz und zur Entfaltung des Volkes klassifiziert.[26]

In dem Beitrag „Tatstrafe und Täterstrafe, insbesondere im Kriegsstrafrecht" fabuliert Mezger vom „im Volksbewußtsein lebendigen Typus des ‚Diebs'" und anderen Tätertypen,[27] nennt die Analogie ein „anerkanntes Auslegungsmittel"[28] und stellt klar:

---

[18] *Rüthers*, ZRG 127 (2010), 888, 893. Für die Staatsrechtslehre *Stolleis*, Recht im Unrecht, 1994, 20. S. hierzu auch die Sammlung originaler Texte, in: Pauer-Studer/Fink (Hrsg.), Rechtfertigungen des Unrechts, 2. Aufl. 2019.

[19] Ausf. *Thulfaut* (Fn. 4), 123 ff., sowie die nachfolgenden Nw.

[20] *Thulfaut* (Fn. 4), 13. S. a. auch *Timm*, Der Entwurf eines Strafgesetzbuches von 1962, 2016, 59, wonach Mezger schon vor der Machtübernahme der NSDAP zugeneigt war.

[21] *Thulfaut* (Fn. 4), 14. S. a. *Telp*, Ausmerzung und Verrat, 1999, 161.

[22] *Muñoz Conde*, Edmund Mezger – Beiträge zu einem Juristenleben, 2007.

[23] Vgl. *Muñoz Conde*, JoJZG 2007, 9. Ähnlich *Telp* (Fn. 21), 205.

[24] *Rüthers*, ZRG 127 (2010), 888.

[25] *Mezger*, Kriminalpolitik und ihre kriminologischen Grundlagen, 1. Aufl. 1934, Vorwort.

[26] Zitiert nach *Muñoz Conde* (Fn. 22), 5.

[27] *Mezger*, ZStW 60 (1941), 353, 360.

[28] Ibid. 361.

„Die Eigenschaft als ‚Volksschädling' ist im Übrigen überall dort zu bejahen, wo der Täter in der Tat oder in seiner gesamten Persönlichkeitsführung den Beweis erbracht hat, daß er den Eigennutz höher als den Gemeinnutz stellt".[29]

Mezger, der große Sympathien für die irrationale Begriffsbildungsmethodik der *Wesensschau* bzw. *Ganzheitsbetrachtung* der sog. Kieler Schule (Dahm/Schaffstein)[30] zeigte[31] (obgleich er sich dieser nicht – in Gänze – anschloss),[32] verzichtete mit solchen Ausführungen ebenfalls auf rational-methodisch überprüfbare Grenzen der von ihm verwendeten Begrifflichkeiten und leistete einem „materiellen Rechtsdenken" Vorschub.[33] Mezger selbst kategorisierte sich als „Vertreter einer materialen Rechts- und Gesetzesanwendung".[34] Auch dem konkreten Ordnungsdenken Carl Schmitts näherte sich Mezger an, indem er „Rechtsdenken vom Volke her" einforderte und hierzu auf die konkreten Ordnungen bspw. der Familie verwies.[35] Die methodischen Topoi der völkischen Rechtserneuerung zeichnen sich durch Vieldeutigkeit und Offenheit aus und erlauben so „eine unbegrenzte Anschmiegsamkeit an gewandelte Tatsachen, Machtlagen und Wertvorstellungen".[36] Ziel dieser „methodischen" Instrumente war stets, die in Vorschriften (wie Tatbeständen) bestehenden formal-begrifflichen Grenzen im Dienste der völkischen Rechtserneuerung aufzulösen.[37] Namentlich die Kieler Schule steht dabei für ein „Recht", dass in der Praxis „leicht zu einem Willkürspruch werden konnte".[38] Dass dieses methodische Rüstzeug irrational ist, gab Mezger selbst zu, denn er führte aus,

„daß sich keine Wertung, also auch keine strafrechtliche Wertung restlos in ein Bündel von ‚Zweck'-Erwägungen auflösen läßt. Es bleibt in ihr immer ein letzter irrationaler Bestandteil, dem wir, soweit uns dies überhaupt möglich ist, mit andersartigen Methoden beizukommen versuchen müssen".[39]

---

[29] Ibid. 368.

[30] Hierzu *Wolf*, JuS 1996, 189; *Feldmüller-Bäuerle*, Die strafrechtliche Kieler Schule, 2010.

[31] S. *Mezger*, ZStW 57 (1938), 675 ff.

[32] *Mezger*, ZAkDR 1937, 417.

[33] S. bspw. *Mezger*, KritV 1936, 12, 14. Grundlegend *Thulfaut* (Fn. 4), 185 ff. S.a. *Telp* (Fn. 21), 179 f.; *Marxen*, Der Kampf gegen das liberale Strafrecht, 1975, 184.

[34] *Mezger*, ZStW 60 (1941), 353, 361.

[35] *Mezger*, ZStW 55 (1936), 1, 11.

[36] Umfangreich *Rüthers*, Entartetes Recht, 1994, 54 ff. (Zitat auf S. 96). S.a. *Stolleis* (Fn. 18), 23; *Lüken*, Der Nationalsozialismus und das materielle Strafrecht, 1988, 33 ff.

[37] *Rehbein*, MschKrim 1987, 193, 198. S.a. *Schünemann*, in: ders. (Hrsg.), Grundfragen des modernen Strafrechtssystems, 1984, 1, 33 f.

[38] *Wiener*, Kieler Fakultät und „Kieler Schule", 2013, 110.

[39] *Mezger*, ZStW 60 (1941), 353, 361.

Auch erklärte Mezger: „Es ist von vornherein klar, daß dieser Gestaltungswille, der Recht und Unrecht materiell bestimmt, nicht restlos in Worte faßbar ist“.[40] Begriffliche Grenzen können auf diesem Weg eingerissen werden, sodass Mezger bspw. postulieren konnte: „Der ‚Tätertypus‘ als Richtlinie für die Rechtanwendung ist gefühlsmäßig vorgebildet“.[41] Ganz in diesem Sinne propagierte Mezger auch eine *ganzheitliche Betrachtung* der Straftat.[42] Diese methodische Öffnung ermöglichte es ihm, im Sinne der Tätertypenlehre die Persönlichkeit des Täters in den Kreis der allgemeinen Lehre vom Verbrechen zu verschieben.[43] Das *Gewohnheitsverbrechergesetz* erlaube eine „willkommene Entlastung der strafrechtlichen Theorie“.[44]

Der Begriff der Lebensführungsschuld, also der Vorwurf des „So-Seins“ des Täters ohne Rückbindung an eine bestimmte Tat, der auch heute noch als Ausprägung des nationalsozialistischen Strafrechts genannt wird,[45] ist fester Bestandteil von Mezgers Straftatlehre in den Jahren des Dritten Reichs.[46] Schulddifferenzen zum Zeitpunkt der Tat könnten, so Mezger, nicht entlastend wirken, wenn der Einzelne gegen eine „besondere Pflicht zur Vorsorge“ verstoßen habe. Das sei u. a. der Fall, wenn der Einzelne wisse, dass ihm, bspw. wegen seiner „erhöhten Reizbarkeit, Alkoholintoleranz usw., besondere Gefahren in krimineller Hinsicht drohen“.[47]

Auch war Mezger der Auffassung, dass es verfehlt sei, den „geistig minderwertigen“ Menschen durch Berücksichtigung schuldmindernder Umstände milder zu bestrafen. Statt des Schuldprinzips bzw. den Aspekt schuldausgleichender Sühne gelte es bei „vermindert Schuldfähigen“, „Psychopathen“, „Schwachsinnigen“ und „mit einem kriminellem Hang Behafteten“ die „Gedanken des Schutzes und der Sicherung“ zu berücksichtigen“, denn „das unabweisbare praktische Bedürfnis führt weg vom Schuldprinzip zum ‚Schutzprinzip‘ und damit von der Schuldstrafe zur Schutzstrafe“.[48]

---

[40] *Mezger*, ZStW 55 (1936), 1, 9.

[41] *Mezger*, ZStW 60 (1941), 353, 362.

[42] *Mezger*, ZStW 57 (1938), 675.

[43] *Mezger*, ZStW 57 (1938), 675, 677 ff. S. *Thulfaut* (Fn. 4), 201.

[44] *Mezger*, ZStW 57 (1938), 675, 688.

[45] Vgl. *Petzsche*, ZStW 131 (2019), 576, 579 f.; *Vogel*, ZStW 115 (2003), 638, 666; *Roxin/Greco*, AT, Band I, 5. Aufl. 2020, § 6 Rn. 9.

[46] S. *Ambos*, Nationalsozialistisches Strafrecht, 2019, 58 f.; *Muñoz Conde*, JoJZG 2007, 9, 10; *Li*, in: Steinberg/Koch/Popp (Hrsg.), Strafrecht in der alten Bundesrepublik 1949–1990, 2020, 313, 323 Fn. 62, die Mezger gar als Urheber des Konzepts der Lebensführungsschuld nennen. Zweifelnd *Thulfaut* (Fn. 4), 206.

[47] *Mezger*, FS Kohlrausch, 1944, 180, 193. S. a. *ders.*, ZStW 60 (1941), 353, 370.

[48] *Mezger*, FS Kohlrausch, 1944, 180, 191 ff. (Zitat auf S. 194).

In einem Vortrag für die Strafrechtslehrertagung 1935 mit dem vielsagenden Titel „Die materielle Rechtswidrigkeit im kommenden Strafrecht" skandierte Mezger, dass die materielle Basis des künftigen Strafrechts und der entsprechenden Dogmatik im *Führerwillen* fundiert sei.[49] Grundlage der materiellen Rechtswidrigkeit sei die gesunde Volksanschauung.[50] Die „konkrete politische Wirklichkeit" dieser Volksanschauung stelle die NSDAP dar,[51] die wiederum ein „Instrument in der Hand des Führers" sei.[52] Materiell rechtswidrig sei ein „Handeln gegen die deutsche nationalsozialistische Weltanschauung".[53] Mezger gehört damit zu den vielen Rechtswissenschaftlern, die den Führerwillen als Rechtsquelle im Dritten Reich anerkannten und sich für eine Legitimierung einsetzten.[54]

Mezger zeigt sich in diesem Vortrag als überzeugter Anti-Positivist, denn er stellt explizit klar, dass sich zukünftig kein Richter „auf den Wortlaut des Gesetzes berufen" könne, wenn dieses Gesetz eine Entscheidung diktiert, die mit der gesunden Volksanschauung nicht zu vereinbaren ist.[55] Mezger setzt damit die Forderung Carl Schmitts um, wonach der formale Rechtsstaat durch einen „nationalsozialistischen Gerechtigkeitsstaat" ersetzt werden müsse, und desavouiert auf diesem Weg das Analogieverbot.[56]

Die dargestellten „methodischen" Grundlagen der völkischen Rechtserneuerung strafen die sog. Positivismus-These Lügen, wonach der Positivismus die Justizangehörigen des dritten Reich *wehrlos* gestellt und ohne Handlungsoption zur Umsetzung nationalsozialistischer Gesetze genötigt habe.[57] Indem Mezger bspw. begrüßte, dass sich eine Strafbarkeit nach dem 1935 reformierten § 2 StGB auch aus dem „gesunden Volksempfinden" ergeben kann,[58] legitimierte er

---

[49] *Mezger*, ZStW 55 (1936), 1 ff., 4. Siehe hierzu *Schoenmakers*, in: Hermann/Lahusen/Ramm/Saar (Hrsg.), Nationalsozialismus und Recht, 2018, 91. Zum Führerprinzip als Teil der NS-Weltanschauung *Lüken* (Fn. 36), 19 f.

[50] *Mezger*, ZStW 55 (1936), 1, 3.

[51] Ibid. 10.

[52] Ibid. 10.

[53] Ibid. 9.

[54] Vgl. *Werle*, NJW 1992, 2529, 2534. Ausf. zur Bedeutung des Führerwillens im Dritten Reich *Rehbein*, MschKrim 1987, 193 ff.

[55] *Mezger*, ZStW 55 (1936), 1, 4.

[56] *Rüthers*, ZRG 127 (2010), 888, 889. S.a. *Telp* (Fn. 21), 188.

[57] Die Positivismus-These wird nach ihrem Urheber auch Radbruch-These genannt, s. *Radbruch*, Gesetzliches Unrecht und übergesetzliches Recht, in: ders., Rechtsphilosophie, 8. Aufl. 1973, 339 ff., 344. S.a. *Welzel*, FS Niedermeyer, 1953, 279, 280. *Rehbein*, MschKrim 70, 193 ff. Gegen die Positivismusthese zutreffend *Walther*, in: Dreier/Sellert (Hrsg.), Recht und Justiz im „Dritten Reich", 1989, 323; *Rüthers/Fischer/Birk*, Rechstheorie, 12. Aufl. 2022, Rn. 481 ff.; *Rüthers* (Fn. 36), 22 ff.; *Stolleis* (Fn. 18), 11 f., 23. Ausf. *Aydin*, Gustav Radbruch, Hans Kelsen und der Nationalsozialismus, 2020, 228 ff. m.w.N.

[58] S. *Mezger*, ZStW 55 (1936), 1, 4.

diese „magna charta des Staatsterrorismus“.[59] Auch hat er gefordert, der Rechtsanwender möge nicht „bei den Worten des Gesetzes stehen bleiben“, sondern erkennen, „daß jede Gesetzesbestimmung einen Ausschnitt ‚lebendigen Rechtes‘ bedeutet.[60]

Auch auf „kriminologischem“ Gebiet äußerte Mezger sich unmissverständlich.[61] In „Kriminalpolitik auf kriminologischer Grundlage“ postulierte Mezger in affirmativem Duktus als Ziel des neuen Staates die „rassenmäßige Aufartung des Volkes als eines Ganzen“.[62] Er stellte klar, dass der *neue deutsche Staat* „als einheitliche Wertgrundlage für alle strafrechtlichen Maßnahmen den Gedanken der Volksgemeinschaft als einer biologisch-historisch-politischen Größe, also einer blutmäßig und rassisch begründeten, auf gemeinsamen Boden und in gemeinsamen geschichtlich geformten, zielbewußt geführten Gemeinschaft“ aufweist.[63] Der Wert des Einzelnen wird in einem solchen Verständnis naturgemäß stark relativiert[64] und unter eine „volksethische Richtlinie“ gedrängt,

> „für das Strafrecht ergeben sich hieraus zwei leitende Gedanken und Aufgaben: die Verantwortlichkeit des Einzelnen gegenüber der Volksgemeinschaft und die Ausscheidung volksschädlicher Bestandteile aus dieser“.[65]

Dem rassistischen Wahn der Nationalsozialisten entsprach im Bereich der Strafrechtspflege die Kriminalbiologie. So lässt sich bspw. die Einrichtung des sog. Kriminologischen Dienstes 1937 erklären, welcher Täterpersönlichkeiten und deren erbbiologischen Implikationen erforschen sollte.[66] Die einer Trivialkriminologie entstammenden Tätertypen des gefährlichen Gewohnheits- und Sittlichkeitsverbrechers[67] sollten im neuen Strafrecht *angemessene* Berücksichtigung finden.[68] Den Gesellschaftsfremden stellte Mezger ohne theoretisches Konzept

---

[59] So eindringlich *Rehbein*, MschKrim 1987, 193, 199. Zur Ablehnung des Analogieverbots in der NS-Strafrechtslehre grundlegend *Lüken* (Fn. 36), 68 ff.

[60] *Mezger*, Deutsches Strafrecht. Ein Grundriß, 1943, 43 f.

[61] S. hierzu auch *Berg*, Die Bekämpfung des Verbrechers als Sicherung des Volkes, 2018, 91, 164.

[62] Zitiert nach *Muñoz Conde* (Fn. 22), 3.

[63] *Mezger*, Kriminalpolitik auf kriminologischer Grundlage, 2. Aufl. 1942, 238 – Hervorhebungen getilgt. Ähnliche Formulierung bei *Mezger*, ZStW 57 (1938), 675, 695. Zum Topos der Volksgemeinschaft als Teil der NS-Weltanschauung *Lüken* (Fn. 36), 16 ff.

[64] S. *Stolleis* (Fn. 18), 29 f.; *Baumann/Weber/Mitsch/Eisele*, Strafrecht AT, 13. Aufl. 2021, § 4 Rn. 17.

[65] *Mezger*, Kriminalpolitik (Fn. 63), 238 – Hervorhebungen getilgt.

[66] *Mezger*, Kriminalpolitik (Fn. 63), 197 ff. Zum Ganzen *Dölling*, in: Dreier/Sellert (Hrsg.), Recht und Justiz im „Dritten Reich“, 1989, 194, 217 f.

[67] S. *Mezger*, Deutsche Justiz 1944, 215.

[68] *Dölling* (Fn. 66), 215 mit Fn. 110.

den „Normalen" gegenüber.[69] Auch forderte Mezger „rassenhygienische Maßnahmen" zur „Ausrottung krimineller Stämme".[70]

In einer zeitgenössischen Rezension im US-amerikanischen *Journal of Criminal Law and Criminology* zu Mezgers „Kriminalpolitik auf kriminologischer Grundlage" wird kritisiert, dass Mezger wichtige kriminologische Beiträge nicht gelesen habe; dem Werk werden außerdem fundamentale wissenschaftstheoretische Schwächen attestiert:

„In his attacks on the sociological school Mezger is simply climbing on the band-wagon, and giving further evidence of the capacity of German professors to adapt their scientific views to those of the political group in power".[71]

In affirmativem Duktus berichtet Mezger auch davon, dass der „rassepolitischen Lage", die in *Problemen* wie dem „Volkstod" und der „Entartung" bestünden, mit Maßnahmen „zielbewusster Erb- und Rassepflege" begegnet wird, wozu Mezger u. a. das „Gesetz zur Verhütung erbkranken Nachwuchses", das „Blutschutzgesetz" sowie die „umfangreiche Judengesetzgebung aus dem Jahre 1938" zählt.[72] Dieser Agenda entsprechend qualifizierte Mezger das Gesetz zur Verhütung erbkranken Nachwuchses („Sterilisierungsgesetz") als *wichtiges Rechtsgebiet*.[73] In dessen § 1 Abs. 1 wurde angeordnet, dass eine Person unfruchtbar gemacht werden *kann*. Mezger war aber der Ansicht, dass es sich insofern um ein gebundenes Ermessen „zum Schutz der Volksgesundheit" handelt, „demgegenüber der einzelne zurückzutreten hat".[74] In diesem Zusammenhang vertrat Mezger die Auffassung, dass eine Frau sich im Falle einer „Rassenschande" auch bei bestehender Verlobung *richtigerweise* nicht auf ein Zeugnisverweigerungsrecht berufen könne.[75] Vor exzessivem Antisemitismus schreckte Mezger ebenfalls nicht zurück. Während im früheren Schrifttum sachwidrig zwischen Rasse und Konfession differenziert worden sei, habe die „Rassengesetzgebung des neuen Staates" die „besondere Kriminalität der Juden" genügend berücksichtigt.[76]

---

69 *Mezger*, FS Kohlrausch, 1944, 180, 196. Auch noch 1955 wollte *Mezger*, Das Typenproblem in Kriminologie und Strafrecht, 1955, 11 den Tätertyp des „arbeitsscheuen Berufsverbrechers" anerkennen, welcher sich als „asoziale Sondergruppe" durch „Gaunersprache (Rotwelsch), geheime Verständigungsmittel, Aberglaube, Tätowieren, Bandenbildung u. dergl." auszeichne: „Triebhafte Unstetheit und innere Haltlosigkeit sind häufige Merkmale".

70 Zitiert nach *Dölling* (Fn. 66), 205.

71 *Ploscowe*, Journal of Criminal Law and Criminology 25 (1934), 494, 495.

72 *Mezger*, KritV 1939, 126, 132 f.

73 Ibid. 126.

74 Ibid. 129.

75 Ibid. 132, 136.

76 Zitiert nach *Muñoz Conde* (Fn. 22), 4.

Die „antipositivistische, völkisch-ethisierend aufgeladene (materielle) Rechtsbegründung auf der Grundlage des gesunden Volksempfindens, welches durch den Führer vermittelt werden sollte“ – angesprochen ist die *Ethisierung* des Strafrechts im Dritten Reich[77] – ist zusammengefasst von Mezger explizit begrüßt worden.[78] Er sprach in diesem Zusammenhang vom „Durchbruch des deutschen völkischen Wesens zur politischen Wirklichkeit“.[79] Insofern zeigen sich auch in Mezgers Werk[80] die ausgrenzenden, mörderischen Wirkungen des Kampfbegriffs der *Volksgemeinschaft*, dem alles „Fremde“ zum Opfer fiel.[81] So führte er auch aus: „Das Schöpferische im Menschen erstickt im Untermenschentum“.[82] Die Rassegesetzgebung des Dritten Reichs, im – auch von Mezger genutzten – nationalsozialistischen Duktus also die „Ausmerzung volks- und rasseschädlicher Teile“, wird durch kriminalbiologische Überlegungen abzusichern versucht.[83] Mezger begrüßt deswegen, dass die „neue deutsche Gesetzgebung und Rechtspflege [...] auf Schritt und Tritt auf biologische und erbbiologische Fragen und Probleme“ zurückgreift.[84]

Es mag bei alldem irritieren, dass Engisch in einem Nachruf auf Mezger auch „der kriminologischen Leistung des Dahingeschiedenen“ gedenken will und in diesem Kontext explizit die dritte Auflage des Buchs „Kriminalpolitik“ von 1944 sowie den Vortrag „Kriminalpsychologische Probleme im Strafrecht“ (1943) nennt.[85] Ein Buch, das ausschließlich den Titel „Kriminalpolitik“ trägt (noch dazu 1944 in dritter Auflage veröffentlicht), existiert laut der Bibliographie in Mezgers Festschrift nicht, vielmehr scheint Engisch tatsächlich „Kriminalpolitik auf kriminologischer Grundlage“ zu meinen, dessen Inhalt bereits mit aussagekräftigen Zitaten skizziert wurde.[86]

In den diversen (von großen Namen) verfassten Ehrungen und Nachrufen auf Mezger nach 1945 findet sich – dem Zeitgeist entsprechend, der von einer „Unwilligkeit sich zu erinnern“ und von einer „Verschweigungs- und Verdrängungsspirale“ geprägt war[87] – kein einziger Hinweis auf dessen Verstrickungen

[77] *Li* (Fn. 46), 313, 316.

[78] S. *Ambos* (Fn. 46), 41 m. w. N.

[79] *Mezger*, KritV 1936, 12, 13.

[80] Ausf. insbesondere *Mezger*, ZStW 55 (1936), 1, 8 ff.

[81] Allg. hierzu *Schoenmakers* (Fn. 49), 91, 93 f.; *Stolleis* (Fn. 18), 29.

[82] Zitiert nach *Frommel*, KJ 1995, 226, 232.

[83] *Mezger*, Kriminalpolitik (Fn. 63), 240.

[84] *Mezger*, KritV 1936, 416.

[85] *Engisch* (Fn. 4), 175, 178.

[86] Auch *Jescheck*, JZ 1963, 452, 453 pries dieses Buch.

[87] So *Rüthers*, NJW 2016, 1068, 1073 f. In den 1950iger Jahren „zählte nicht, was jemand für eine Vergangenheit hatte, sondern nur, was er für die neue Ordnung zu leisten imstande und bereit war“, hierzu *König*, Leviathan 1996, 163, 168. S. a. *Benz*, in: Danyel (Hrsg.), Die

in der NS-Diktatur.[88] Doch mit dieser bloßen Verschwiegenheit hatte es nicht sein Bewenden, vielmehr wurde dem „stets aus Überzeugung korrekten Mann"[89] eine charakterliche Güte zugeschrieben,[90] die sich bei Kenntnis des gesamten Bildes wohl vor allem durch die Arendtsche Banalität des Bösen erklären lässt.[91]

2. Beteiligung an Reformvorhaben

Mezgers Einsatz für die NS-Diktatur ist nämlich nicht beschränkt auf wissenschaftliche Publikationsprojekte, vielmehr war er aktiv an der Ausarbeit von Gesetzgebungsvorhaben beteiligt.[92] So ist er neben Kohlrausch, Nagler und Dahm Mitglied einer von Reichsjustizminister Gürtner sowie dessen Staatssekretär Roland Freisler geleiteten „Amtlichen Strafrechtskommission" beim Justizministerium gewesen, die seit 1933 in ca. 100 Sitzungen den Entwurf eines neuen Deutschen Strafgesetzbuchs ausarbeitete.[93]

Der spanische Strafrechtswissenschaftler und Rechtshistoriker Muñoz Conde hat in einem bemerkenswerten Buch über Edmund Mezger eindrücklich darge-

---

geteilte Vergangenheit, 1995, 47, 48: „Abwehrhaltungen, Trotzreaktionen, Mißverständnisse bestimmen diesen Bereich der kollektiven Erfahrung nach dem Zusammenbruch des nationalsozialistischen Staats". Die Lust am Verdrängen und Vergessen kam in der frühen Zeit der BRD auch *alten Kollegen* zugute, s. hierzu *Spendel*, RuP 41 (2005), 237. Auch *Wolf*, JuS 1996, 189 stellt klar: „Diese Ehrungen beruhen auf einer stillschweigend akzeptierten Übereinkunft: Das Verhalten der Jubilare während des Dritten Reichs wird verschwiegen oder verharmlost". S. a. die Darstellung von *Schneider*, JZ 2012, 1165, 1170, wonach sich die Kriminalbiologische Gesellschaft 1951 unter dem Vorsitz Mezgers neu konstituierte und keinerlei Bestrebungen zur Aufarbeitung der eigenen Verwicklungen im Dritten Reich zeigte.

[88] S. *Blei*, JR 1963, 175; *Engisch* (Fn. 4), 175 ff.; *ders.*, JZ 1953, 645; *Jescheck*, JZ 1963, 452 f.; *Lange*, ZStW 65 (1953), 331; *Würtenberger*, MschrKrim 1963, 82; *Klug*, NJW 1962,1336 gibt bspw. an, dass Mezger von 1932 bis zu seinem Tod als Professor der Universität München angehörte. Die Unterbrechung dieser Tätigkeit (1945–1948) wird nicht angesprochen.

[89] So *v. Jan* (Fn. 4), 561, 562.

[90] Die Bemerkung von *v. Jan* (Fn. 4), 1988, 561, 565, dass für Mezger „bei allen seinen Erörterungen der Mensch im Mittelpunkt steht", wirkt unter Berücksichtigung der vorangegangenen Zitate nachgerade zynisch.

[91] *Thulfaut* (Fn. 4), 338 f. qualifiziert Mezger nicht als glühenden Nationalsozialisten, vielmehr habe sich dieser den neuen Verhältnissen „gebeugt". Der überobligatorische Einsatz Mezgers für das Regime wird so freilich unzureichend erklärt, s. a. *Spendel*, RuP 41 (2005), 237, 243.

[92] Klarstellend *Muñoz-Conde*, JoJZG 2007, 9, 10.

[93] *Schreiber*, in: Dreier/Sellert (Hrsg.), Recht und Justiz im „Dritten Reich", 1989, 151, 158; *Lüken* (Fn. 36), 28 ff.; *Schuster*, Die Sicherungsverwahrung im Nationalsozialismus und ihre Fortentwicklung bis heute, 2018, 50 f.; *Thulfaut* (Fn. 4), 13; LK-StGB/*Weigend*, 13. Aufl. 2020, Einl. Rn. 31.

stellt, dass dieser gemeinsam mit Frank Exner noch 1944 maßgeblich am Entwurf des *Gesetzes über die Behandlung Gemeinschaftsfremder* beteiligt war.[94]

Als Gemeinschaftsfremde, die es in der völkischen Politik der Nationalsozialisten auszumerzen galt, verstand das Regime sozial Marginalisierte wie Bettler, Landstreicher, „Liederliche", Sittlichkeitsverbrecher (wozu neben Vergewaltigern auch Homosexuelle gezählt wurden), „Neigungsverbrecher", Menschen mit „unstetem Lebenswandel" und sonstige Personen, „die nicht den Mindestanforderungen der Volksgemeinschaft" entsprachen. Als Rechtsfolge sah der Entwurf u. a. Unterbringung in einer Besserungsanstalt, Zuchthaus- und Todesstrafe sowie die *Entmannung* für „Sittlichkeitsverbrecher" vor. Die SS unterstützte Mezger, indem sie ihm eine Besichtigung des KZ Dachau ermöglichte.[95] Wie von Muñoz -Conde ausgewertete Originalquellen (u. a. ein Brief von Mezger) belegen, war sich Mezger bewusst, dass der an der Ausarbeitung eines *Sonderstrafrechts* beteiligt war.[96]

Für das Verständnis, in welchem Ausmaß dieser Gesetzesentwurf Ausdruck der nationalsozialistischen Vernichtungspolitik ist, mag eine kleine Einordnung hilfreich sein: Der Befehl zur Ausarbeitung des Gesetzes über die Behandlung Gemeinschaftsfremder erging von Himmler und der SS, weil das Gewohnheitsverbrechergesetz (1933) und dessen Instrumentarium (i.F. der Maßregeln) nicht den Anforderungen des „totalen Krieges" gegen innere Feinde entspräche. Man wünschte sich vielmehr ein Gesetz, das für die beabsichtigte Diskriminierung und Vernichtung effizientere Instrumente und geringere gerichtliche Kontrollen ermöglichte. Der ausgearbeitete Entwurf wurde am 28.2.1944 von Mezger vor einem Ausschuss der Akademie für Deutschen Recht vorgestellt – und stieß auf Zustimmung.[97]

Das Gesetz über die Behandlung Gemeinschaftsfremder sollte am 30.1.1945 in Kraft treten. Die Entwicklungen des 2. Weltkrieges durchkreuzten diesen Plan.[98]

3. Abschließende Würdigung

Für eine Würdigung der skizzierten Verstrickungen gilt es zu berücksichtigen, dass die Machtergreifung in Mezgers 50. Lebensjahr fällt und dieser bereits über einen ausgezeichneten Ruf in der Strafrechtswissenschaft verfügte,[99] so-

---

[94] S. *Muñoz-Conde* (Fn. 22), passim.
[95] *Muñoz Conde*, JoJZG 2007, 9, 11.
[96] S. *Muñoz Conde*, JoJZG 2007, 9, 10.
[97] *Muñoz Conde*, JoJZG 2007, 9, 10.
[98] *Muñoz Conde* (Fn. 22), 24 ff.
[99] *Telp* (Fn. 21), 162.

dass sich sein *Engagement* (ebenso wenig wie bei Carl Schmitt und Julius Binder) nicht mit jugendlichem Karrieresinn erklären lässt.[100]

Auffällig ist außerdem, dass Mezgers Unterstützung des Regimes in den zwölf Jahren seines Bestehens nicht abnimmt (sondern sich eher im Rahmen des Entwurfs des Gesetzes über die Behandlung Gemeinschaftsfremder intensiviert).[101] Mezger ließ sich von dem in aller Öffentlichkeit veranstalteten Terror in der sog. Reichskristallnacht 1938 ebenso wenig mäßigen, wie von der Kenntnis des nationalsozialistischen KZ-Systems, das ihm zumindest (!) durch seinen Besuch in Dachau vermittelt wurde.[102] Auch Muñoz Conde stellt in diesem Zusammenhang in nachvollziehbarer Weise fest, dass „wir uns das grausame Schauspiel ausmalen [können], das Mezger bei seinen Besuchen in Dachau im Frühjahr 1944 persönlich betrachten konnte".[103]

Auf Mezger hatte dieses grausame Schauspiel keinen prägenden Einfluss, denn schon einige Monate später hielt er den Eröffnungsvortrag zu einem Einführungskurs über das *Gesetz für die Behandlung der Gemeinschaftsfremden*.[104] Schon zu Beginn des Dritten Reichs konnte Mezger hautnah die Aussonderungspolitik der neuen Machthaber erleben, weil sein Münchener Fakultätskollege, der Staatsrechtslehrer Nawiasky, im Zuge der „Säuberungen" vertrieben und durch Theodor Maunz ersetzt wurde.[105] Insbesondere durch sein „rechtspolitisches" Wirken muss man konstatieren, dass Mezger sich überobligatorisch für die Interessen des Regimes einsetzte.[106] Rehbein qualifiziert Mezger gar als führenden nationalsozialistischen Strafrechtstheoretiker.[107]

All diese Indizien legitimieren das Urteil, dass Mezger den Terror der Nationalsozialisten bewusst unterstützte.[108] Man wird zu der Ansicht gelangen können, dass sich die Vernichtungspolitik des Regimes auch ohne die rechtswissenschaftliche Legitimation hätte entfalten können, nichtsdestotrotz war Mezger tatsächlich Teil des „verbrecherischen Gesamtsystems".[109] Der Münchener

---

[100] S. *Rüthers*, ZRG 127 (2010), 888; *ders.* (Fn. 36), 57.

[101] S. a. *Telp* (Fn. 21), 172.

[102] Vgl. *Rüthers*, ZRG 127 (2010), 888, 891 f., auch zu den Gründen, warum der Terror *allgemein* in der deutschen Bevölkerung *bekannt* war.

[103] *Muñoz Conde*, JoJZG 2007, 9, 11.

[104] *Muñoz Conde*, JoJZG 2007, 9, 11.

[105] *Thulfaut* (Fn. 4), 12. Zu Maunz s. *Stolleis* (Fn. 18), 306 ff.

[106] Vgl. *Hilgendorf* (Fn. 9), 15, 33.

[107] *Rehbein*, MschKrim 1987, 193, 200.

[108] Vgl. *Frommel*, NK 2010, 82, 86 f. S. a. *dies.*, NK 2012, 152, 156, wo Mezger als *opportunistisch* klassifiziert wird. *Spendel*, RuP 41 (2005), 237, 242 gibt an, dass Mezger gegenüber Radbruch in einem Brief die Ansicht geäußert habe, dass die NSDAP Deutschlands Rettung vor der kommunistischen Bedrohung darstelle.

[109] Zutreffend *Streng*, MschrKrim 1993, 141, 163.

Ortsgruppenleiter der NSDAP bezeichnete Mezger gar als „wertvolles Mitglied des 3. Reichs".[110] Auch wenn man in der berühmten Studie von Ingo Müller seinen Namen im Personenverzeichnis vergeblich sucht, hat sich Mezger den Titel eines *Furchtbaren Juristen* zusammengefasst sicherlich verdient.[111]

III. Mezger und der Neukantianismus – Ein Überblick

1. Der Ausgangspunkt

Die übliche Erzählung in der allgemeinen Lehre vom Verbrechen bzgl. ihrer eigenen Entwicklungs- und Ideengeschichte beginnt bei der Epoche des klassischen Systementwurfs, die von einer *neoklassischen* Ära abgelöst wurde, bevor der Finalismus das Zepter übernahm. Der Übergang von der klassischen zur neoklassischen Entwicklungsstufe wird dabei mit methodischen Umschwüngen erklärt: Das neoklassische System sei Kind einer normativ wertenden Methodologie, die im Neukantianismus ihre philosophischen Wurzeln habe.[112]

Mit diesen wenigen Zeilen ist letztlich schon der Anlass bezeichnet, warum in einem Band zum strafrechtlichen Neukantianismus auch ein Beitrag über Edmund Mezger erscheint, denn auch dieser wird häufig als (prägender) Akteur der neoklassischen Epoche bzw. als Neukantianer qualifiziert.[113]

---

[110] S. *Timm* (Fn. 20), 59.

[111] In diese Richtung wohl auch *Wolf*, JuS 1996, 189.

[112] S. bspw. *Ambos*, ZIS 2006, 464, 465 f.; *Gallas*, ZStW 67 (1955), 1, 3; *Jescheck*, ZStW 73 (1961), 179, 190 f.; *ders.*, ZStW 93 (1981), 3, 10; *Jescheck/Weigend*, Strafrecht AT, 5. Aufl. 1996, 201 ff.; *Mir Puig*, ZStW 108 (1996), 759 f.; *Roxin/Greco* (Fn. 45), § 7 Rn. 15 ff.; LK-StGB/*Walter*, 13. Aufl. 2020, Vor § 13 Rn. 21 ff. S. a. *Schünemann* (Fn. 37), 1, 18 ff., 24 ff.; *Pawlik*, JoJZG 2014, 33; *Thulfaut* (Fn. 4), 48 f. S. a. Mezger selbst, der 1929 die Umbrüche in der Verbrechenslehre der *kritischen Philosophie* zuschrieb, *Mezger*, FG RG, Band 5, 1929, 13, 28.

[113] S. *Stuckenberg*, in: Kindhäuser/Kreß/Pawlik/Stuckenberg (Hrsg.), Strafrecht und Gesellschaft, 2019, 125, 134 Fn. 69; *Blei* (Fn. 4), 412; *Jescheck*, ZStW 73 (1961), 179, 191; *Roxin/Greco* (Fn. 45), § 7 Rn. 17; *Schmidhäuser*, Strafrecht AT, 2. Aufl. 1975, S. 167; *Schweikert*, Die Wandlungen der Tatbestandslehre seit Beling, 1957, 54; *Welzel*, Abhandlungen zum Strafrecht und zur Rechtsphilosophie, 1975, 70. *Ambos* (Fn. 46), 56, 71, 130, zählt Mezger zwar zu den strafrechtlichen Neukantianern, er sei aber kein „bedeutender" Vertreter gewesen. *Gallas*, ZStW 67 (1955), 1, 3 mit Fn. 2 nennt Mezgers Lehrbuch als „repräsentatives" Beispiel für die die neue teleologische-wertbezogene Betrachtungsweise, die „methodisch der südwestdeutschen Wertphilosophie" verpflichtet sei. Auch *Pawlik*, JoJZG 2014, 33 räumt dem „stark neukantianisch geprägte[n]" Mezger wegen seines weitverbreiteten Lehrbuchs eine prägende Rolle ein. S. a. den Beitrag von *Wohlers* in diesem Band. *Schwinge*, ARSP 25 (1932), 570 attestiert Mezger vom Neukantianismus südwestdeutscher Prägung beeinflusst zu sein, sein Lehrbuch überbetone diese philosophischen Grundlagen jedoch nicht, sondern

2. Eine kurze Charakterisierung des Neukantianismus

Diese Zuschreibung rational nachzuvollziehen fällt insbesondere deswegen nicht leicht, weil schon der Neukantianismus verstanden als philosophische Denkrichtung durch eine Vielzahl von Positionen geprägt ist, die sich jenseits des Bezugs auf Kant kaum auf einen Nenner bringen lassen.[114] Als Indiz für die unterschiedlichen Standpunkte, die von der Bezeichnung als *Neukantianismus* zusammengehalten werden sollen, mag schon der Umstand herhalten, dass in der Philosophiegeschichte mit der Marburger und der südwestdeutschen Schule üblicherweise zwei divergierende neukantianische Denkrichtungen genannt werden.[115] Für die Strafrechtswissenschaft diente vor allem die südwestdeutsche Schule als Ideengeber,[116] welche Philosophie als Wertwissenschaft konzipierte.[117] Die Rechtsphilosophie Rudolf Stammlers,[118] die einen großen Einfluss auf Mezger hatte (s. VI.1.), wird institutionell jedoch der Marburger Schule zugeordnet.[119]

---

widme sich vordergründig der Darstellung des positiven Strafrechts. A.A. *Frommel*, NK 2019, 334, 336. *Ziemann*, Neukantianisches Strafrechtsdenken, 2009, 126 Fn. 678 will Mezger explizit nicht als Neukantianer qualifizieren.

[114] S. *Aydin* (Fn. 57), 52; *Hilgendorf*, in: Hilgendorf/Joerden (Hrsg.), Handbuch Rechtsphilosophie, 2. Aufl. 2021, 165; *Kersting*, in: Willoweit (Hrsg.), Die Begründung des Rechts als historisches Problem, 2000, 268; *Krijnen*, in: Enders/Szaif (Hrsg.), Die Geschichte des philosophischen Begriffs der Wahrheit, 2006, 287; *Pascher*, Einführung in den Neukantianismus, 1997, 50 ff.; *Ziemann* (Fn. 113), 32 ff. S. a. *Ambos* (Fn. 46), 68 ff. Ausf. zur Problematik der „Definition des Neukantianismus" *Noras*, Geschichte des Neukantianismus, 2020, 23 ff. m. w. N.

[115] *Holzhey*, Der Neukantianismus, in: Holzhey/Röd (Hrsg.), Geschichte der Philosophie, Band XII, 2004, 1, 42 ff., 89 ff; *Ollig*, Der Neukantianismus, 1979, 29 ff., 53 ff.; *Noras* (Fn. 114), 429 ff., 513 ff. S. a. den Beitrag von *Krijnen* in diesem Band. *Oesterreich*, Die deutsche Philosophie des XIX. Jahrhunderts und der Gegenwart, 1923 stellt gar sieben verschiedene neukantianische Strömungen nebeneinander.

[116] *Schünemann* (Fn. 37), 1, 24. Grundlegend schon *Welzel* (Fn. 113), 70. S. a. *Larenz*, Methodenlehre der Rechtswissenschaft, 6. Aufl. 1991, 92 ff. Speziell zu Radbruch s. *Aydin* (Fn. 57), 55.

[117] Vgl. *Pascher* (Fn. 114), 60. Umfangreich zu dieser Schule *Noras* (Fn. 114), 429 ff.

[118] S. insbesondere *Stammler*, Lehrbuch der Rechtsphilosophie, 3. Aufl. 1928.

[119] Vgl. *Coing*, Grundzüge der Rechtsphilosophie, 5. Aufl. 1993, 71; *Kersting* (Fn. 114), 268, 270 f.; sowie den Beitrag von *Klesczewski* in diesem Band. Zum Verhältnis von Stammler zur Marburger Schule s. *Ollig* (Fn. 115), 50 f.; *Noras* (Fn. 114), 322; *Ziemann* (Fn. 113), 100 f. Allg. auch *Müller*, Die Rechtsphilosophie des Marburger Neukantianismus, 1994. Stammler selbst lehnte die Beschreibung als (Marburger) Neukantianer hingegen ab, s. *Haferkamp*, in: Senn/Puskás (Hrsg.), Rechtswissenschaft als Kulturwissenschaft?, 2007, 105, 111 f. *M.E. Mayer*, Rechtsphilosophie, 3. Aufl. 1933, 20 preist Stammler als „großen Erneuerer der Rechtsphilosophie".

Auch innerhalb des juristischen Neukantianismus lassen sich ganz unterschiedliche Strömungen differenzieren,[120] weswegen es als durchaus sinnvoll erscheint, den Neukantianismus mit Neumann als Typusbegriff zu qualifizieren, um der inhaltlichen Breite gerecht zu werden.[121]

Der Neukantianismus lässt sich vor allem durch eine erkenntnistheoretische Perspektive beschreiben, wonach Gegenstand der Betrachtungen primär das „Denken über die Phänomene" ist.[122] Dem Neukantianismus liegt wissenschaftstheoretisch eine Trennung von Wirklichkeit und Wert, von Sein und Sollen[123] zugrunde, welcher mit einem Methodendualismus korrespondiert, der für die Rechtswissenschaft die Betonung einer wertenden bzw. teleologischen Begriffsbildung zur Folge hatte.[124] Für die Rechtswissenschaft wirkten also insbesondere die Kultur- bzw. Wertphilosophie Windelbands und Rickerts sowie die Rechtsphilosophie Lasks attraktiv, denn die so ins Zentrum der Aufmerksamkeit gerückte Methodik teleologischer bzw. wertorientierter Begriffsbildung legitimierte eine neue Selbstvergewisserung und Eigenständigkeit der Jurisprudenz und ihrer Protagonisten ggü. anderen Wissenschaften.[125]

Dass allerdings wertrationale bzw. zweckabhängige Begriffsbildung weder erstmalig mit den Neukantianismus auftrat, noch dessen Alleinstellungsmerkmal bildet, ist bereits mehrfach dargelegt worden.[126] Gleichwohl beziehen sich diverse neukantianisch geschulte Rechtswissenschaftler für eine teleologische Begriffsbildung explizit auf maßgebliche Protagonisten des philosophischen Neukantianismus (wie Rickert).[127] Auch Mezger schreibt dem (südwestdeutschen) Neukantianismus das Verdienst zu, die methodische Eigenständigkeit

---

[120] S. nur *Demko*, ARSP 101 (2015), 226, 237.

[121] S. den Beitrag von *Neumann* in diesem Band.

[122] So *Coing* (Fn. 119), 71. S. a. *Holzhey* (Fn. 115), 1, 89 ff.; *Lübbe*, ARSP 44 (1958), 333, 337.

[123] Die Trennung von Sein und Sollen geht ursprünglich freilich auf Hume, nicht auf Kant zurück. S. nur *Aydin* (Fn. 57), 40.

[124] S. den Beitrag von *Neumann* in diesem Band. Grundlegend *Hilgendorf* (Fn. 114), 165; *Mahlmann*, Rechtsphilosophie und Rechtstheorie, 6. Aufl. 2020, § 14 Rn. 6; *Ambos* (Fn. 46), 72 f. S. a. *Aydin* (Fn. 57), 52; *Haferkamp* (Fn. 119), 105, 116. Ausf. *Zhao*, Die Rechtsphilosophie Gustav Radbruchs unter dem Einfluss von Emil Lask, 2020, 40 ff. S. a. *Polke*, Der Staat 2013, 99, 101, der betont, dass der Topos der *objektiven Werteordnung des Grundgesetzes* ohne die Wertephilosophie des Neukantianismus nicht denkbar sei.

[125] *Stuckenberg* (Fn. 113), 126, 133.

[126] Ibid. 133.

[127] S. hierzu *Ziemann* (Fn. 113), 118 Fn. 626, 130 Fn. 702; *Aydin* (Fn. 57), 26. S. bspw. *Radbruch* (Fn. 57), 87; *Honig*, Die Einwilligung des Verletzten, 1919, 82 ff; *Schwinge*, Teleologische Begriffsbildung im Strafrecht, 1930. Speziell zu Radbruch s. *Kersting* (Fn. 114), 268 f.

der Rechtswissenschaft und den Wert methodischer Begriffsbildung „gegenüber dem Positivismus" betont zu haben.[128]

Die eingangs erwähnte gängige Geschichtsschreibung in der allgemeinen Lehre vom Verbrechen muss allerdings als simplifizierend eingeordnet werden. Eindrücklich erläutert Frisch in diesem Band, dass der Anteil des Neukantianismus an den unzweifelhaft folgenschweren Weichenstellungen in dieser Epoche bisher wohl überschätzt wurde. Wichtig ist insbesondere Frischs Hinweis, dass der von Frank angestoßene Übergang zu einem normativen Schuldbegriff keineswegs einer neukantianischen Begriffsmethodologie entspringt, sondern einer fundierten Analyse, die die Schwächen eines psychologischen Schuldverständnisses deutlich herauskristallisieren lassen hat.[129] Auch dem wertfreien Tatbestandsverständnis Belings sind so fundamentale Schwächen eigen, dass es – anders als dies in der Literatur geäußert wird[130] – keiner spezifischen philosophischen Schule bedurfte, um diese Mängel zu identifizieren. 1928 hatte L. Wolter auf Basis einer überzeugenden Analyse Salz in die offenen Wunden des *wertfreien Tatbestands* geschüttet und festgestellt, „daß es dem Sprachgebrauch Gewalt antut, wenn man von der Rechtfertigung einer wertfreien Handlung spricht".[131]

Konstatiert werden kann gleichwohl, dass neukantianisches Denken als Inspirationsquelle für diverse Autoren diente und auf diesem Weg in der Allgemeinen Lehre vom Verbrechen wirkte bzw. Einfluss ausübte.[132] Das kann und soll nunmehr an Mezgers Werk illustriert werden.

IV. Mezgers strafrechtswissenschaftliches Werk

Mezger gilt als einer der bedeutendsten deutschen Strafrechtswissenschaftler seiner Zeit und genoss auch international großes Ansehen.[133] Ihm wurde häufig nachgesagt, verschiedenste fächerübergreifende Interessen verfolgt zu haben.[134]

---

128 *Mezger*, Strafrecht. Ein Lehrbuch, 3. Aufl. 1949, 38 f.

129 S. a. den Beitrag von *Wachter* in diesem Band.

130 S. bspw. *Jescheck*, ZStW 93 (1981), 3, 10 f.

131 *L. Wolter*, ZStW 48 (1928), 32, 39.

132 In diese Richtung auch *Stuckenberg* (Fn. 113), 134 f.

133 *Klug*, NJW 1962, 1336; *Hilgendorf* (Fn. 9), 15, 33; *v. Weber*, NJW 1953, 1542, 1543; *Würtenberger*, MschrKrim 1963, 82. *Jescheck*, JZ 1963, 452, nennt ihn gar den *führenden* Repräsentanten der deutschen Strafrechtswissenschaft. Für das spanischsprachige Ausland bspw. *Mir Puig*, in: Hilgendorf (Hrsg.), Die ausländische Strafrechtswissenschaft in Selbstdarstellungen, 2019, 267, 268.

134 *Blei*, JR 1963, 175; *Engisch* (Fn. 4), 175, 177; *ders.*, JZ 1953, 645; *v. Jan* (Fn. 4), 561, 564; *Jescheck*, JZ 1963, 452; *Klug*, NJW 1962, 1336; *Lange*, ZStW 65 (1953), 331. S. a. *Rüthers*, ZRG 127 (2010), 888.

In München vertrat er die Lehrgebiete Strafrecht, Strafprozessrecht, Rechtsphilosophie und (ab 1942) die Kriminologie.[135]

Bekannt ist Mezger heute noch vor allem durch zwei Abhandlungen, nämlich „Die subjektiven Unrechtselemente" (1924) sowie „Vom Sinn strafrechtlicher Tatbestände" (1926).[136] Insbesondere erstere war für die Prominenz der subjektiven Unrechtsmerkmale von entscheidender Bedeutung,[137] was auf das klassische Strafrechtssystem „höchst umstürzlerisch wirkte".[138] Die sog. Entdeckung der subjektiven und normativen Tatbestandsmerkmale besiegelte den Untergang des wertfreien Tatbestandsverständnisses Belings, machte eine Neuvermessung der strafrechtlichen Strukturebenen des (objektiv verstandenen) Unrechts und der (subjektiv gedeuteten) Schuld notwendig[139] und legten den Grundstein für den Siegeszug der personalen Unrechtslehre.[140] Berühmtheit sicherte Mezger darüber hinaus sein Lehrbuch, dessen erste Auflage 1931 veröffentlicht wurde.

Auf diese vor 1933 publizierten Schriften soll sich im Folgenden konzentriert werden. Diese Festlegung ist primär durch das Thema dieses Bandes begründet, denn der Neukantianismus verliert nach 1933 seine Bedeutung,[141] weil er als *liberale* Methodologie verbrämt wurde und materielle Wertphilosophien besser zu den rechtspolitischen Bedürfnissen des Regimes passten.[142] Mezger selbst distanzierte sich nach 1933 vom (Neu-)Kantianismus. In wissenschaftlicher Hinsicht hat er eine enorme geistige Wandelbarkeit an den Tag gelegt, die kaum methodische Grenzen kannte (s. bereits II. 1.). Mit diesem „Rüstzeug" konnte Mezger diverse Positionen im Sinne der Machthaber revidieren.[143] So hatte er

---

[135] *Rüthers*, ZRG 127 (2010), 888.

[136] S. die Nw. in den Abschnitten VI.2. und 3.

[137] Nicht selten wird Mezger gar die Entdeckung der subjektiven Unrechtsmerkmale zugeschrieben, so bspw. *Ambos* (Fn. 46), 56; *Jescheck*, JZ 1963, 452. S. a. *Telp* (Fn. 21), 189.

[138] *Engisch*, JZ 1953, 645.

[139] S. *Ambos*, ZIS 2006, 464, 465; *Engisch*, JZ 1953, 645 f.; *Falcone*, ZIS 2020, 212; *Gallas*, ZStW 67 (1955), 1, 3; *Jescheck*, ZStW 73 (1961), 179, 192; *ders.*, ZStW 93 (1981), 3, 11.

[140] S. nur Schönke/Schröder/*Eisele*, 30. Aufl. 2019, Vor § 13 Rn. 54 ff.; Lackner/Kühl/*Heger*, 29. Aufl. 2018, Vor § 13 Rn. 19 f.; *Jescheck/Weigend* (Fn. 112), 238 ff.; *Roxin/Greco* (Fn. 45), § 10 Rn. 88 ff. jew. m. w. N. Zur Entwicklung der Unrechtslehre allg. *Hirsch*, ZStW 93 (1981), 831; *ders.*, ZStW 94 (1982), 239. Grundlegend auch *Otto*, ZStW 87 (1975), 539, 541 ff.

[141] Ausf. hierzu der Beitrag von *Neumann* in diesem Band.

[142] Bspw. von *Dahm*, ZStW 57 (1938), 251 f., 269. Zum Ganzen *Thulfaut* (Fn. 4), 185 ff. S. a. *Larenz* (Fn. 116), 84. Mezger selbst distanzierte sich in der Zeit des Dritten Reichs vom Neukantianismus, indem er insbesondere die Trennung von Wirklichkeit und Wert relativierte, weil das Recht in der „völkischen Wirklichkeit" verwurzelt sei, s. *Mezger*, ZStW 57 (1938), 675, 700 f.

[143] *Hilgendorf* (Fn. 9), 15, 34; *Telp* (Fn. 21), 163.

bspw.in seinem rechtsphilosophischen Hauptwerk „Sein und Sollen im Recht“ 1920 ausgeführt:

„Die einzigen materiellen Träger alles gesellschaftlichen Lebens sind die Individuen; die ‚Gesellschaft‘ und ihre besondere Form, den ‚Staat‘, ihnen gegenüber als eine selbständige Wesenheit hypostasieren zu wollen, ist Mystizismus“.[144]

Das sind Zeilen, die schwerlich zur völkischen Volksgemeinschaft und dem Führerprinzip, zum stark ausgeprägten Mystizismus des Dritten Reichs passen. Deswegen wies Mezger nach 1933 auf einen Umstand hin, den „die an Kant orientierten Denkrichtungen zu wenig beachtet und herauszustellen vermocht [haben]: Die konkrete Gegenständlichkeit des sich geschichtlich offenbarenden objektiven Geistes“.[145] Während Mezger in „Sein und Sollen“ sich noch zur „kritischen Methode“ und zu einem erkenntnistheoretischen Ausgangspunkt bekannte (s. VI.1.), beanstandete er den Kritizismus 1936 als „weltfremd“.[146] Mezger gab an, dass die

„erkenntnistheoretische Problemstellung und Problemlösung […] in den hinter uns liegenden Jahrzehnten vielfach übertrieben und überspitzt worden [ist]. […] Man sehnt sich nach der Lebensnähe eines volksverbundenen Rechts“.[147]

Die kaum verhohlene Sympathie für die Phänomenologie bzw. das konkrete Ordnungsdenken harmoniert mit den politischen Bedürfnissen der Nationalsozialisten (s. II.1.), nicht aber mit Neukantianismus, der sich vor allem als Versuch der Verwissenschaftlichung der Philosophie, die nach dem Tod Hegels in eine Sinnkrise gestürzt war,[148] charakterisieren lässt.[149]

V. Mezger als Neukantianer?

Eine Rezeption philosophischer Überlegungen in der Strafrechtswissenschaft, die eine Charakterisierung eines Strafrechtswissenschaftlers als Neukantianer erst ermöglicht, setzt im Grundsatz voraus, dass der jeweilige Autor auch (rechts-)philosophisch geschult und ein entsprechendes Interesse aufweist, um die nötigen Kompetenzen für die Adaption der Überlegungen der philosophischen Fachöffentlichkeit in die Strafrechtswissenschaft aufzubringen. Das Buch „Sein und Sollen im Recht“ (1920, hierzu VI.1.) belegt ein solches philosophi-

---

144 *Mezger*, Sein und Sollen im Recht, 1920, 98 – Hervorhebungen getilgt.

145 *Mezger*, KritV 1936, 12, 14.

146 *Mezger*, KritV 1936, 225, 226.

147 Ibid. 230.

148 *Schnädelbach*, Philosophie in Deutschland 1831–1933, 1983, 120 f.

149 Vgl. *Pascher* (Fn. 114), 35 f.

sches Interesse Mezgers.[150] Nach Blei ist dieses Buch von zentraler Bedeutung für Mezgers wissenschaftliches Werk, denn es sei ursächlich gewesen für eine „sein ganzes künftiges Denken wesentlich bestimmende Hinwendung zur neukantianischen Konzeption von Norm und Wirklichkeit".[151] Auch Jescheck spricht von einer „klaren wertphilosophischen Grundlage" in Mezgers Werk.[152]

Es handelt sich bei diesen Klarstellungen von Blei und Jescheck nicht um bloße Fremdzuschreibungen. Auch Mezger selbst hat sich positiv auf den Neukantianismus bzw. strafrechtliche Neukantianer bezogen.[153] Im Vorwort zur 2. Auflage seines Lehrbuchs bekennt sich Mezger zur methodischen Leitidee des Neukantianismus, der Trennung von Sein und Sollen, und erklärt es zur „besonderen Aufgabe" seiner Zeit, „die Ergebnisse der empirischen Wissenschaften aus der naturalistischen Epoche organisch einzuarbeiten in eine neue wertende Strafrechtswissenschaft".[154] Seine Methodik charakterisiert Mezger so:

> „Handlung, Schuld, Persönlichkeit usw. wurzeln im festen Grunde der Empirie und der ‚natürlichen' Gesetze; aber als gewollte Handlung, strafbare Schuld, motivierbare Persönlichkeit usw. unterliegen die empirischen Gegebenheiten der ‚Auswahl' aus der Welt der Werte".[155]

VI. Publikationen mit Bezug zum Neukantianismus

Im Folgenden sollen diejenigen Publikationen gewürdigt werden, die die Qualifizierung Mezgers als Neukantianer tatsächlich legitimieren.

1. Sein und Sollen im Recht (1920)

a) Grundlagen und Methodik

In diesem recht dünnen Band – 106 Seiten Text – legt Mezger seine grundlegende rechtsphilosophische Konzeption vor. In einer zeitgenössischen Rezension ist das Buch als „eine der bedeutsamsten Erscheinungen aus der rechtsphilosophischen Literatur der letzte Jahre" geadelt worden.[156] Diesen lobenden Worten vermag ich mich mangels Innovation nicht anzuschließen. Mezger folgt in die-

---

150 *Engisch* (Fn. 4), 175, 177.
151 *Blei* (Fn. 4), 412.
152 *Jescheck*, JZ 1963, 452, 453.
153 *Mezger*, Lehrbuch (Fn. 128), 203.
154 Wiederabgedruckt in *Mezger*, Lehrbuch (Fn. 153), XXII.
155 Ibid. XIX.
156 *Bovensiepen*, ARSP 1 (1923/24), 76, 77.

sem Text nämlich zu weiten Teilen der Rechtsphilosophie Rudolf Stammlers,[157] welches als „Gebäude von imposanter Großartigkeit" gepriesen wird.[158]

Ausgangspunkt von Mezgers Gedankengang ist die im besten Sinne neukantianische Position,[159] dass sich aus einem Sein kein Sollen ableiten lässt[160]. Auch bezieht sich Mezger auf Max Weber und Rickert und diskutiert die *scharfe* Trennung von Erfahrungswissen und Werturteil.[161]

Mezger will mit seiner Untersuchung jedoch darlegen, „das zwischen ‚Sein' und ‚Sein-Sollen' doch weit größere Abhängigkeit besteht, als gemeinhin angenommen wird".[162] Hierzu wird sich zunächst dem Phänomen des rechtlichen *Sollens* genähert. Umfangreich argumentiert Mezger in diesem Zusammenhang gegen verschiedene Formen des von ihm sog. Objektivismus, also den Versuch, ein rechtliches Sollen aus kulturellen Gegebenheiten, materialistisch-ökonomischen Strukturen oder aus der Gesamtheit des natürlichen Geschehens heraus zu begründen.[163] Mezger stellt abschließend fest, dem Objektivismus „fehlt der innere Halt, er wird zum willenlosen Spiel äußerer Einflüsse, denn ihm fehlt der Gedanke der Zielsetzung; auch für ihn gibt es in Wahrheit kein ‚Sollen'".[164]

Mezger will demgegenüber auf einen „kritischen Subjektivismus" abstellen, den er als „rechtsphilosophischen Aufbau auf dem Boden des Kritizismus" klassifiziert und der mittels einer außersubjektiven Gegenständlichkeit „im Wege kritischer Selbstbesinnung zu allgemeingültigen Resultaten in der Begründung rechtlichen Sollens" kommen will.[165] Gewürdigt wird insbesondere

---

157 Die Abweichungen scheinen eine eher unterordnete Rolle zu spielen, so bspw. wenn Mezger den Begriff der Wissenschaft anders vermessen will als Stammler, s. *Mezger*, Sein und Sollen (Fn. 144), 70. Auch auf *Graf zu Dohna*, ARSP 39 (1939/49), 56, 63, hatte Stammler „bestimmenden Einfluß". Allg. zu Stammlers Rechtsphilosophie *Aydin* (Fn. 57), 61 ff.; *Haferkamp* (Fn. 119), 105, 108 ff.; *Ollig* (Fn. 115), 136 ff.; sowie der Beitrag von *Klesczewski* in diesem Band. S. a. *Kersting* (Fn. 114), 268, 277 ff., 285 ff., der a. a. O., 295 für Stammlers Rechtsphilosophie harte Worte findet: „Ordinäres Analysieren und Verallgemeinern; doch weit und breit keine metaphysische Deduktion, keine transzendentale Deduktion; weit und breit auch keine Argumentation".

158 *Mezger*, Sein und Sollen (Fn. 144), 2.

159 Zu Radbruchs Verhältnis zum Neukantianismus s. *Mahlmann* (Fn. 124), § 14 Rn. 5 f.

160 *Mezger*, Sein und Sollen (Fn. 144), 1. S. a. *dens.*, ARSP 5 (1911/1912), 625. Diese Forderung findet sich auch schon explizit bei Stammler, s. *Haferkamp* (Fn. 119), 105, 108. S. a. *Noras* (Fn. 114), 324.

161 *Mezger*, Sein und Sollen (Fn. 144), 10 mit Fn. 13.

162 Ibid. 1.

163 Ibid. 33 ff.

164 Ibid. 65.

165 Ibid. 12 ff., 65.

wie bereits angedeutet Stammlers Lehre vom richtigen Recht. Mezger wird im Laufe der anschließenden Diskussion dieser Rechtslehre zustimmen.[166]

Mit Stammler will Mezger zwischen dem Erkennen und dem Wollen als Bewusstseinsformen differenzieren und „in der Anwendung der kritischen Methode" sich der Rechtsidee nähern.[167]

Das Erkennen bzw. *Wahrnehmen* ermögliche die gegenständliche Verarbeitung von Eindrücken, während das Wollen es dem Menschen erlaubt, sich einen zu bewirkenden Zweck zu setzen.[168] Recht ist für Stammler eine spezifische Art des Wollens.[169] In Folge dessen wird die Rechtswissenschaft als Zweckwissenschaft charakterisiert.[170] Stammlers grundlegendes Postulat beinhaltet, dass Menschen mit ihren Zwecksetzungen nicht nur im Bereich persönlicher Individualität verbleiben. Es gebe nicht nur individuelles, sondern auch verbindendes Wollen:

> „Ein verbindendes Wollen ist also ein solches, das ein mehreres Wollen als Mittel für einander bestimmt. Das, was der eine will, nimmt zu seinem Mittel ein anderes Wollen, und diesem wird wiederum jener erste Willensinhalt als Mittel gestellt".[171]

Details zu Stammlers Rechtsphilosophie können hier nicht dargelegt werden.[172] Wegen ihrer erkenntnistheoretischen Prämisse wird Stammlers Rechtslehre im Ausgangspunkt als formal qualifiziert.[173] Gleichwohl geht es ihm – ebenso wie dem Naturrechtsdenken – in materieller Hinsicht auch darum, mit dem Institut der *Idee* des Rechts gutes von „schlechtem" Recht differenzieren zu können.[174] Stammler will in seiner Philosophie also zwischen einem Rechtsbegriff und einer Rechtsidee differenzieren.[175] Bei der Rechtsidee geht es nicht um die bloße Anschauung des Rechts.[176] Die Idee des Rechts erlaubt vielmehr die Formulierung von Kriterien, die *richtiges* Recht auszeichnen.[177] Maßgebliches Kriterium für die Bestimmung des richtigen Rechts sei die Idee des freien Wollens.[178] Die

[166] Ibid. 19 ff. – Hervorhebung getilgt.

[167] Ibid. 66. S. hierzu *Stammler* (Fn. 118), 56. Krit. zu dieser Prämisse *Larenz* (Fn. 116), 92.

[168] *Stammler* (Fn. 118), 56 f.

[169] Ibid. 65 ff.

[170] Ibid. 61 f.

[171] Ibid. 69.

[172] S. die Nachweise in Fn. 157.

[173] *Coing* (Fn. 119), 71; *Stier*, „Richtiges Recht" zwischen Entwicklungs- und Kulturgedanken, 2006, 58.

[174] S. *M.E. Mayer* (Fn. 119), 20.

[175] S. bspw. *Stammler* (Fn. 118), 1 ff. Hierzu auch *Ollig* (Fn. 115), 137; *Willoweit*, in: ders. (Hrsg.), Die Begründung des Rechts als historisches Problem, 2000, 315; *Müller* (Fn. 119), 148 ff.

[176] *Mezger*, Sein und Sollen (Fn. 144), 16 f.

[177] S. den Beitrag von *Klesczewski* in diesem Band.

[178] *Mezger*, Sein und Sollen (Fn. 144), 17.

Gemeinschaft frei wollender Menschen wird von Stammler als *soziales Ideal* qualifiziert.[179]

Auch Mezger will mit Stammler differenzieren zwischen einer Seinsbetrachtung des Rechts (Rechtsbegriff) und einer Sollensbetrachtung (Rechtsidee).[180] Das Recht, das Mezger wie Stammler im Wollen verwurzelt, eigne sich als Erkenntnisgegenstand jedoch nicht für eine erkenntnistheoretische Untersuchung.[181] Mezger postuliert, dass aus erkenntnistheoretischen Gründen wissenschaftliche Erkenntnis nur da möglich sei, wo sich Subjekt und Objekt differenzieren lassen. Weil aber das Recht just dem Subjekt, nämlich seinem Wollen entspringe, das Wollen also gegenständliches psychisches Geschehen des erkenntnistheoretischen Subjekts darstellt, wäre es ein „fundamentaler methodischer Fehler" auf die Rechtserkenntnis die Erkenntnistheorie, welche eine Divergenz von Subjekt und Objekt voraussetzt, übertragen zu wollen.[182] Die von Mezger so propagierte „Gegenüberstellung von ‚Erkennen' und ‚Wollen'"[183] ist von Stammler übernommen und kennzeichnet dessen Methode im Sinne der neukantianischen Marburger Schule, da divergierende Erkenntnismodelle strikt unterschieden werden.[184]

Mezger erweist sich in diesem Zusammenhang tatsächlich als (Neu-)Kantianer und versucht die kopernikanische Wende des Königsberger Weisen zu reproduzieren:[185]

> „Wenn ich wahrnehme und erkenne, so erkenne ‚Ich' immer ‚etwas'. In diesem Gegensatz von ‚subjektiv' und ‚objektiv' liegt in der Tat ein für alle Erkenntnis schlechthin ‚unbedingtes' Grundelement. Es gibt kein Erkennen ohne diese Voraussetzung einer Scheidung von Subjekt und Objekt."[186]

Mezger beruft sich auch auf Rickert und dessen Erkenntnistheorie, wonach das erkennende Subjekt als Bewusstsein im Vorgang des Erkennens eine untrennbare Einheit mit dem Objekt eingeht.[187]

---

179 S. *Stammler* (Fn. 118), 204.

180 *Mezger*, Sein und Sollen (Fn. 144), 19. S.a. *Müller* (Fn. 119), 152f. Diese Trennung zwischen Sein und Sollen liegt bspw. auch der Reinen Rechtslehre zugrunde, s. *Mahlmann* (Fn. 124), § 13 Rn. 9f.

181 *Mezger*, Sein und Sollen (Fn. 144), 70.

182 Ibid. 70.

183 Ibid. 72.

184 Vgl. *Ollig* (Fn. 115), 138. S. *Stammler* (Fn. 118), 56ff. Gemeinsamkeiten bestehen aber auch mit Windelbands Differenzierung von Urteilen und Beurteilungen, insbesondere da Windelband auch zwischen dem Subjekt und dem erkenntnistheoretischen Subjekt differenzierte, s. hierzu *Schnädelbach* (Fn. 148), 220.

185 Allg. *Aydin* (Fn. 57), 27ff.; *Krijnen* (Fn. 114), 287f.; *Stuckenberg* (Fn. 113), 125f.; *Ziemann* (Fn. 113), 34f.

186 *Mezger*, Sein und Sollen (Fn. 144), 66 – Hervorhebung im Original.

187 Ibid. 67f.

b) Der Endzweck des Rechts

Stammler wurde vorgeworfen, dass sein formal-erkenntnistheoretisches Prinzip des richtigen Rechts zwangsläufig materiell leer bleiben müsse und sich ausschließlich durch eine „auf nichts bezogene Schönheit" auszeichne.[188] Nach Radbruch biete Stammlers Rechtsphilosophie nur eine Logik, jedoch keine Werturteile.[189] Mezger will Stammler gegen diese Kritik verteidigen, indem er anführt, dass die kritische Methode Stammlers eben nur eine Methode darstellt und damit ein „Mittel zu weiteren Zwecken". An „irgendeinem" Punkt aber müsse die Perspektive der Methode verlassen werden, denn die *praktischen* Wissenschaften benötigten sachliche Ergebnisse. Die logische Methode könne nur die Form des Rechtsstoffs ermitteln, „ihr ‚wirkliches' Wesen zu erforschen, das ist eine besondere, hiervon völlig zu trennende Aufgabe".[190] Das ist freilich keine wirklich überzeugende Gegenkritik, vielmehr zeigt sich Mezger als ausgesprochener Pragmatiker, der „Ergebnisse liefern" will. Tatsächlich muss auch schon mit Blick auf Stammler konstatiert werden, dass das von ihm postulierte soziale Ideal keineswegs analytisch-formal gewonnen wurde, sondern eine „transrechtliche Beurteilungsinstanz" darstellt.[191]

Um die angesprochenen Ergebnisse liefern zu können, postuliert Mezger ohne große Umschweife einen „Endzweck des Rechts". Diesen *Endzweck*, der dem zwecksetzenden Wollen entspringe, identifiziert Mezger nach einigen wenigen Zeilen in der sozialen Lebenserhaltung und Lebensentwicklung.[192] Das Recht solle hiernach dem sozialen Leben dienen und die „Lebensbedingungen der Gesellschaft" schützen. Mezger bekennt sich gar zu einem *sozialen Utilitarismus*.[193] Stammler selbst hatte sich gegen das „Leben als Selbstzweck" positioniert. Hiergegen verweist Mezger allerdings auf den Lebens- und Selbsterhaltungstrieb und nimmt den „Standpunkt des Lebens" ein, also die

> „Bejahung aller derjenigen Voraussetzungen, welche kraft naturgesetzlicher Notwendigkeit das Leben in seiner Gegebenheit erhalten und fördern bei Verneinung aller entgegenstehenden lebenshemmenden und lebenszerstörenden Umstände".[194]

Es dürfte aufgefallen sein, dass Mezger hier *Endzwecke* für „empirisch gegebene Menschen" postuliert, und somit aus dem Sein des Menschen den Wert des

---

188 *M.E. Mayer* (Fn. 119), 21.

189 *Radbruch* (Fn. 57), 113.

190 *Mezger*, Sein und Sollen (Fn. 144), 30ff. (Zitat auf S. 32).

191 Näher *Holzhey* (Fn. 115), 1, 80.

192 *Mezger*, Sein und Sollen (Fn. 144), 78f.

193 Ibid. 79f.

194 Ibid. 79 – Hervorhebungen getilgt.

Lebens herauskristallisieren will. Auch insofern zeigt sich der Pragmatismus in Mezgers Auffassung.

Weil das Leben der Menschen *soziales* Leben ist, plädiert Mezger dafür, dass das Recht an soziale Tatsachen angepasst wird.[195] Diese Anpassung ist aber eine reine „Mittelerwägung“, denn soziale Tatsachen allein begründen keine Gesetze, da zwischen beiden ein erkenntnistheoretischer Unterschied bestehe.[196] So ist es zwar möglich aus sozialen Tatsachen mittels des *Kausaldogmas* Prognosen abzuleiten, dass bspw. nach einem Anstieg der Lebensmittelpreise auch Diebstahlstaten zunehmen.[197] Aber die „Wirklichkeit unter Gesetze zu bringen“ sei etwas anderes, als ein singuläres geschichtliches Ereignis festzustellen. Für eine genauere Charakterisierung dieser These greift Mezger auf Rickerts Differenzierung von individualisierender Geschichts- und generalisierender Gesetzeswissenschaft zurück.[198]

Ausführlichere materielle Ausführungen, die über diesen Endzweck hinaus gehen, tätigt Mezger nicht. Die „kognitive Ableitung“ eines richtigen Rechts habe aus der gesellschaftlichen Praxis zu erfolgen. Deshalb bestehe ein *praktisches* Ableitungsverhältnis zwischen dem rechtlichen Sollen und dem sozialen Sein: „Das ‚Sollen‘ ist ableitbar aus dem ‚Sein‘; dieser Satz ist theoretisch falsch, denn ‚Zwecksetzung‘ ist ‚formale‘ Voraussetzung alles ‚Sollens‘. Aber er ist praktisch richtig“.[199]

Das soziale Sein müsse in Folge dessen für ein *richtiges* Recht ermittelt werden, weshalb Mezger die Lehre vom richtigen Recht als „angewandte Psychologie und Soziologie“ qualifiziert.[200] Man kann das so formulierte Ziel als „teleologische Umformung der Wirklichkeit“ qualifizieren.[201] Mit seinem „theoretisch falschen“ Postulat weicht Mezger in pragmatischer Weise von Stammler ab, welcher streng zwischen Sein und Sollen differenzierte.[202] Der Einfluss des Neukantianismus auf Mezger kann diesem Buch zusammengefasst gleichwohl unzweifelhaft entnommen werden.

---

[195] Ibid. 79, 81.

[196] Ibid. 81 ff.

[197] Ibid. 85 f.

[198] Ibid. 83. S. hierzu *Stuckenberg* (Fn. 113), 128 f.; sowie den Beitrag von *Krijnen* in diesem Band.

[199] *Mezger*, Sein und Sollen (Fn. 144), 104 – Hervorhebung getilgt.

[200] Ibid.

[201] Vgl. *Stuckenberg* (Fn. 113), 145. S. a. *Pawlik*, in: Kubiciel/Pawlik/Seelmann (Hrsg.), Hegels Erben?, 2017, 247, 250.

[202] S. hierzu *Stier* (Fn. 173), 60 ff. m. w. N.

2. *Die subjektiven Unrechtsmerkmale (1924)*

Der umfangreiche Beitrag „Die subjektiven Unrechtsmerkmale“[203] ist in mehrfacher Hinsicht bemerkenswert. Nicht nur wird diesem die „Entdeckung“ der subjektiven Unrechtsmerkmale zugeschrieben,[204] auch für die normtheoretische Diskussion, die den aktuellen strafrechtswissenschaftlichen Diskurs beherrscht,[205] hat dieser Aufsatz wichtige Impulse gesetzt. In Folge dessen wird Mezger auch in der modernen normentheoretischen Diskussion Mezger noch rezitiert.[206] Der Grund für diese Nennung ist jedoch dogmengeschichtlicher Natur, denn die Normentheorie Mezgers hat heute keine Anhänger mehr.[207] Gleichwohl gehen auf diesen Beitrag die Begrifflichkeiten der Bewertungs- und Bestimmungsnorm zurück,[208] die in der modernen Lehre nach wie vor Verwendung finden.[209] Bzgl. der subjektiven Unrechtselemente ist das Lob der Pionierarbeit dabei wohl zu weit gegriffen.[210] Mezger selbst gibt dort an, dass die subjektiven Unrechtselemente ein „schon berührtes“ Thema darstellen.[211] Die systematische Tiefe des Beitrages ist gleichwohl beeindruckend. Die Darlegung illustrierte deutlich, dass die tradierten systematischen Grenzen zwischen (objektivem) Unrecht und (subjektiver) Schuld als augenscheinlichstem Charakteristikum des klassischen Verbrechensaufbaus[212] neu zu vermessen waren. Durch die subjektiven Unrechtsmerkmale wurde die formal-objektive Deutung des Unrechts als bloße Rechtsgutsverletzung oder -gefährdung brüchig, weil die nähere Charakterisierung des tatbestandlich erfassten Angriffs häufig genug

---

[203] *Mezger,* Der Gerichtssaal 89 (1924), 207 ff.

[204] S. bspw. *Krauß*, ZStW 76 (1964), 19, 27; *Stratenwerth*, ZStrR 79 (1963), 233, 237; LK-StGB/*Vogel/Bülte*, 13. Aufl. 2020, Vor § 15 Rn. 53 m. Fn. 105.

[205] S. hierzu nur die Beiträge in: Schneider/Wagner (Hrsg.), Normentheorie und Strafrecht, 2018; sowie in: Aichele/Renzkowski/Rostalski (Hrsg.), Normentheorie. Grundlage einer universalen Strafrechtsdogmatik, 2022.

[206] S. bspw. *Ast*, Normentheorie und Strafrechtsdogmatik, 2010, 11, 75; *Renzikowski*, in: Aichele/Renzikowski/Rostalski (Fn. 205), 119, 130 Fn. 55

[207] S. a. *Greco*, in: Aichele/Renzikowski/Rostalski (Fn. 205), 195 f. Fn. 2.

[208] S. a. *Haas*, in: Aichele/Renzikowski/Rostalski (Fn. 205), 239, 240.

[209] *Schladitz*, Normtheoretische Grundlagen der Lehre von der objektiven Zurechnung, 2021, 245 ff.

[210] So auch *Thulfaut* (Fn. 4), 44.

[211] *Mezger,* Der Gerichtssaal 89 (1924), S. 207. Bspw. von *Hegler*, ZStW 36 (1915), 19 (9 Jahre vor Mezger). Auch M.E. Mayer hatte Vorarbeiten geleistet, hierzu *Thulfaut* (Fn. 4), 35. *Hirsch*, ZStW 93 (1981), 831, 836, nennt Hegler vor Mezger. *Maiwald*, JZ 2016, 401, 401, und *Schünemann* (Fn. 37), 1, 31, schreiben Mezger und Hegler die *Entdeckung* gleichermaßen zu.

[212] S. *Baumann/Weber/Mitsch/Eisele* (Fn. 64), § 8 Rn. 4; *Schladitz* (Fn. 209), 38.

erst durch die Berücksichtigung subjektiver Umstände gelingt,[213] wie der Tatbestand des Diebstahls gem. § 242 StGB belegt.[214]

a) Gang und Inhalt der Untersuchung

Mezger verortet die subjektiven Unrechtselemente in einem „Grenzgebiet" zwischen Unrecht und Schuld. Eine Abgrenzung von Unrecht und Schuld sei naturgemäß aber nur dann notwendig, wenn diese beiden Strukturstufen zu differenzieren seien. Mit dieser Einführung ist für Mezger der nähere Grund für einen umfangreichen dogmengeschichtlichen Überblickt aufgeworfen. Mezger ging es in seinem Beitrag darum, einer subjektivistischen Unrechtskonzeption, wonach Unrecht ausschließlich einen Verstoß gegen eine Bestimmungsnorm und das Recht als psychisch wirkender Motivator aufzufassen sei, entgegenzutreten und zu betonen, dass Recht vor allem eine objektive Lebensordnung statuiert, welche ein geordnetes Zusammenleben garantieren wolle.[215]

Die Problemdarstellung entzündet sich an dem bekannten[216] Disput zwischen A. Merkel und R. v. Jhering zu der Frage, ob es objektives, d.h. schuldloses Unrecht geben kann.[217] Merkel hatte diese Frage bekanntlich verneint, da er das Recht als geistige Macht identifizierte, mit der Folge, dass die Gebote und Verbote der Rechtsordnung nur den Willen der Zurechnungsfähigen ansprächen.[218] Merkel sei so zu deuten, dass mit dem Fokus auf die Bestimmungsnorm „der Ursprung der Rechtsverletzung zum wesentlichen Kriterium derselben erhoben" wird, „das Recht selbst erscheint bei dieser Auffassung nicht als objektive Lebensordnung".[219] Jhering hingegen plädierte unter Hinweis auf den gutgläubigen Besitzer einer fremden Sache zwar für die Anerkennung schuldlosen Unrechts, der Begriff des objektiven Unrechts exkludiere aber nicht den Willen eines Menschen, sodass bloße Naturphänomene nicht als Subjekt des Rechts in Betracht kommen.[220]

Trotz der grundlegenden Differenzen identifiziert Mezger insofern eine Gemeinsamkeit zwischen Merkel und Jhering, als sie das „Wesen des Rechts" in

---

213 *Jescheck*, ZStW 93 (1981), 3, 11.

214 *Hegler*, ZStW 36 (1915), 19, 31 ff.

215 *Mezger*, GS 89 (1924), 207, 242.

216 S. hierzu *Koriath*, Grundlagen strafrechtlicher Zurechnung, 1994, 262; *Sinn*, Straffreistellung aufgrund von Drittverhalten, 2007, 247 f., 270 ff.; *Schladitz* (Fn. 209), 56 ff.

217 *Mezger*, GS 89 (1924), 207, 208 ff.

218 *Merkel*, Kriminalistische Abhandlungen I, 1867, 42 ff.

219 *Mezger*, GS 89 (1924), 207, 240 – Hervorhebung getilgt.

220 *v. Jhering*, FS Birnbaum, 1867, 5 ff.

gleicher Weise in einer „geistige[n] Herrschaft über Menschen" identifizieren.[221] Das Recht sei (vor allem für Merkel)

> „keine objektive Lebensordnung, sondern ein Motiv menschlichen Handelns, keine Bewertungsnorm, sondern stets und von vornherein Bestimmungsnorm. […] Das Recht trägt also ganz persönlichen Charakter".[222]

Auf Basis dieser Analyse will Mezger das Problem „an der Wurzel" fassen und der Frage nachgehen: „Was ist das Recht eigentlich?".[223] Mezger hält diese Frage für zentral zur Klärung der Natur des Unrechts.[224]

Dass das Recht *auch* als Bestimmungsnorm gedacht werden muss, hält Mezger im Grundsatz für „unbestreitbar", denn das Recht bezwecke, dass die Normunterworfenen sich in die gewünschte soziale Ordnung einfügen.[225] Für den hiesigen Sammelband besonders interessant ist die Argumentation, mit der er die These, das Recht stelle ausschließlich ein Komplex von Bestimmungsnormen dar, überprüfen will. Die Antwort nämlich

> „kann uns allein eine kritische, eine logisch-erkenntnistheoretische Erwägung geben. Kant hat uns gelehrt, in allem nach logischen Voraussetzungen unseres Denkens und unserer Begriffe zu forschen".[226]

Es sei daher notwendig, sich auf die „widerspruchslosen Voraussetzungen unserer Begriffe" zu konzentrieren, denn dies sei eine Prämisse für das „erkennende Denken a priori".[227] In Anknüpfung an die in „Sein und Sollen im Recht" (s. hierzu VI. 1.) entwickelte These sei zwischen dem Begriff und der Idee des Rechts zu differenzieren. Ob das Recht aber als Bestimmungs- oder auch als Bewertungsnorm zu denken ist, ist insofern ein Aspekt des *Rechtsbegriffs*. Nunmehr sei

> „die Antwort unbedingt klar: das Recht als ‚Bestimmungsnorm' ist gar nicht ‚denkbar' ohne das Recht als ‚Bewertungsnorm', das Recht als Bewertungsnorm ist unbedingte logische Voraussetzung des Rechts als Bestimmungsnorm. […] Denn wer jemanden zu etwas ‚bestimmen' will, der muß zuvor wissen, zu was er ihn bestimmen will: er muß jenes Etwas in bestimmtem positivem Sinne ‚bewerten'. Logisches Prius des Rechts als Bestimmungsnorm ist überall das Recht als Bewertungsnorm, als ‚objektive Lebensordnung'".[228]

---

[221] *Mezger*, GS 89 (1924), 207, 213. S.a. *Thulfaut* (Fn. 4), 36, der diese von Mezger gezogene Ähnlichkeit als „bemerkenswert" bezeichnet.

[222] *Mezger*, GS 89 (1924), 207, 210f.

[223] Ibid. 213.

[224] S.a. *Thulfaut* (Fn. 4), 36f.

[225] *Mezger*, GS 89 (1924), 207, 240.

[226] Ibid. 240 – Hervorhebung getilgt.

[227] Ibid.

[228] Ibid. 240f.

Dieser Gedankengang hat einen zutreffenden Kern: Wenn eine Bestimmungsnorm den Verhaltensbefehl zum Unterlassen einer bestimmten Handlung verbalisiert, muss *zunächst* diese Handlung als unwert identifiziert, also *bewertet* worden sein.[229]

Mezger postuliert im Anschluss das Bedürfnis, alles (Straf-)Recht an objektiven Gesichtspunkten zu orientieren.[230] Auch insofern rekurriert er auf Gedanken, die er in „Sein und Sollen im Recht" näher ausgebreitet hatte: Recht wolle „ein äußerlich geordnetes Zusammenleben der Rechtsunterworfenen" gewährleisten und sei somit eine objektive Lebensordnung, sodass Unrecht diese Ordnung verletze. Das „innere" Verhältnis zu dieser objektiven Lebensordnung verweist Mezger mit Kant im Grundsatz in den Bereich der Moral.[231] Es zeigt sich insofern die Verbindung von Mezgers neukantianisch geprägter Rechtsphilosophie und seiner Strafrechtsdogmatik.

Als (norm-)theoretische Grundlage dieser Lebensordnung führt Mezger im Folgenden das Institut der „adressenlosen Norm" ein, die „nur als unpersönliches Soll" besteht.[232] Diese Norm ist eine Bewertungsnorm, „gerichtet auf einen bestimmten objektiven sozialen Zustand".[233] Mezgers Bewertungsnorm liegt also ein Werturteil zugrunde, das adressatenlos „regelt": „Es soll ein bestimmter sozialer Zustand sein!"[234] Der objektive (!) Widerspruch gegen diese Sollordnung, gemeint ist also v.a. eine Rechtsguts- bzw. Interessenverletzung, wird in Folge dessen als rechtswidrig bewertet bzw. besteht in dieser Verletzung der *materielle Gehalt* des Unrechts.[235] In formaler Hinsicht zeichne sich Unrecht durch den Verstoß gegen die adressenlose Bewertungsnorm aus.[236]

Schuld charakterisiert Mezger demgegenüber unter expliziter Übernahme der *normativen* Auffassung im Ausgangspunkt als „persönliche Vorwerfbarkeit begangenen Unrechts".[237] Hiernach bestehe das Wesen der Schuld in der individuellen *Pflichtwidrigkeit*, die sich im Vorsatz und in der Fahrlässigkeit manifestiert.[238] Der Verstoß gegen die an den konkreten Bürger adressierte Bestim-

---

229 S. *Schladitz* (Fn. 209), 254.

230 *Mezger*, GS 89 (1924), 207, 242.

231 Ibid.

232 Ibid. 242ff.

233 Ibid. 245.

234 So *Kaufmann* (Fn. 2), 78. Klarstellend auch *Mezger*, ZStW 55 (1936), 1, 11, der freilich a.a.O. klarstellte, dass diese Ansicht „im kommenden deutschen Strafrecht" sich nicht halten lassen wird.

235 *Mezger*, GS 89 (1924), 207, 245ff.

236 Ibid. 249.

237 Ibid. 251.

238 Ibid.

mungsnorm ist hiernach eine Frage der Schuld.[239] Diese Bestimmungs- bzw. Pflichtnorm sei aus der Bewertungsnorm „abgeleitet“: „Ihre Verletzung ist nicht für den Nachweis des Unrechts, wohl aber für den der Schuld von entscheidender Bedeutung“.[240]

Trotz dieser Strukturierung von Unrecht und Schuld ließe sich nicht schlussfolgern, dass die unrechtsbegründende Interessenverletzung „immer unabhängig von der ‚subjektiven‘ Willensrichtung des sich gegen fremde Interessen Wendenden zu bestimmen wäre“.[241] Mezger gibt an, dass er sich zur Anerkennung unrechtsbegründender subjektiver Merkmale vor allem durch das positive Recht genötigt sah, wo dieses nämlich „bei Feststellung des Unrechts sich sozusagen mit einem bloßen Teil der objektiven Unrechtsvoraussetzungen begnügt und im Übrigen auf subjektiven Ersatz Bezug nimmt“.[242]

Dieser Argumentation lässt sich der implizite Vorwurf Mezgers entnehmen, dass der Gesetzgeber bei Delikten mit überschießender Innentendenz nicht objektives Unrecht im eigentlichen Sinne seiner Lehre kodifiziert habe. Mezger will diesem Vorgehen aber wegen des Prinzips „der maximalen Interessenbefriedigung“ Verständnis entgegenbringen.[243] Einer subjektiven Unrechtsbegründung erteilt er aber eine klare Absage.[244]

b) Nachtrag: Mezgers Rechtsgutslehre

Als eine im neukantianischen Sinne wertrationale Auffassung Mezgers kann seine Rechtsgutstheorie benannt werden, die in einer engen Wechselbeziehung mit seiner Normentheorie und Unrechtslehre steht.[245]

Das Rechtsgut eines Tatbestands könne durch dessen *wesenhafte Werterfassung* ermittelt werden. Die insofern anzuwendende Methodik beruhe folglich auf teleologischer Begriffsbildung.[246] Für Details zu Mezgers Rechtsgutslehre sei auf den Beitrag von Wohlers in diesem Band verwiesen.

c) Zusammenfassende Einordnung

Mezger war sich stets bewusst, dass die Anerkennung der subjektiven Unrechtselemente „eine Revision der gesamten modernen Verbrechenslehre nach sich

---

[239] *Renzikowski*, Restriktiver Täterbegriff und fahrlässige Beteiligung, 1997, 236.
[240] *Mezger*, Lehrbuch (Fn. 153), 166.
[241] *Mezger*, GS 89 (1924), 207, 259 f.
[242] Ibid. 260.
[243] Ibid.
[244] Ibid. 266 ff.
[245] Zur Rolle des Rechtsguts für Mezger während des Dritten Reichs s. *Thulfaut* (Fn. 4), 190 ff.
[246] *Mezger*, Lehrbuch (Fn. 153), 201 f.

ziehen" müsse,[247] wollte einem objektiven Unrechtsverständnis gleichwohl immer treu bleiben.[248] Die Subjektivierung des Unrechts wurde noch 1952 als „systematisch aber auch sachlich verfehlt" gerügt.[249] Straftatsystematisch hatte dieses Postulat zur Konsequenz, dass Mezger auch im Notwehrrecht kein subjektives Rechtfertigungselement anerkannte.[250]

Mezger wollte mit seiner Lehre „Form und Stoff" des Unrechts erfassen, also auf formal-logischem Weg und in wertender Sinnerfassung.[251] Auch insofern erscheint die Kategorisierung Mezgers als strafrechtlichen Neukantianer also angezeigt.

Die in diesem Beitrag entfaltete Normentheorie ist ebenfalls ein hervorragendes Anschauungsstück für eine wertrationale Begriffsbildung. Mezger wandte sich gegen die Imperativentheorie mit der Überlegung, dass der Kern des Urteils der Rechtswidrigkeit nicht in der psychischen Reaktion des Bürgers auf den Normbefehl liege. Es gehe vielmehr um eine originäre *Wertung*, nämlich um das Abgleichen eines Sachverhaltes mit einem Sollen.[252] Diese objektive Lebensordnung hänge nachgerade nicht von der individuellen Leistungsfähigkeit der Normunterworfenen ab. Insofern besteht eine ideengeschichtliche Verbindungslinie zwischen Mezgers objektiver Bewertungsnorm und der modernen Normentheorie Kindhäusers,[253] die zwischen objektivem Normverstoß und subjektiver Pflichtwidrigkeit differenziert[254] und auf diesem Weg fundamental der herrschenden Ansicht widerspricht, wonach schon die primären Normen als verhaltensbeeinflussende Bestimmungsnormen zu verstehen und daher schon im Zeitpunkt vor Handlungsvollzug (also ex ante) normative Steuerungswirkung entfalten.[255]

Trotz des Primats der Bewertungsnorm sah Mezger sich nicht in der Lage, gegen die Position zu opponieren, das Recht wolle (zumindest auch) das Verhalten der Normunterworfenen beeinflussen bzw. steuern. Die Differenzierung zwischen Bewertungs- und Bestimmungsnorm stellt somit das normtheoreti-

---

247 *Mezger*, Moderne Wege der Strafrechtsdogmatik, 1950, 33.

248 Ibid. 20ff., 38ff. S. a. *Krauß*, ZStW 76 (1964), 19, 27. S. a. *Ast*, in: Aichele/Renzikowski/Rostalski (Fn. 205), 55, 65 Fn. 26.

249 *Mezger*, JZ 1952, 673, 675.

250 *Mezger*, Lehrbuch (Fn. 153), 235.

251 So *Graf zu Dohna/Grünhut*, ZStW 52 (1932), 96, 119f.

252 Zusammenfassend *Gallas*, ZStW 67 (1955), 1, 37.

253 S. *Kindhäuser*, Gefährdung als Straftat, 1989, 29ff. 53ff.; *ders.*, GA 1994, 197, 200ff.; *ders.*, FS Schünemann, 2014, 143ff. S. a. *Vogel*, Norm und Pflicht bei den unechten Unterlassungsdelikten, 1993, S. 27ff.; *Dehne-Niemann*, GA 2012, 89, 92ff.

254 So *Renzikowski* (Fn. 206), 119, 130 mit Fn. 55.

255 S. *Greco* (Fn. 207), 195f. Ausf. zum Ganzen *Schladitz* (Fn. 209), 260ff., 422ff.,; *ders.*, JR 2021, 487, 491ff.

sche *Konstrukt* dar, mit dem diese individuelle Verhaltensbestimmung mit der objektiven Lebensordnung und der hierauf beruhenden objektiven Unrechtskonzeption in Einklang gebracht werden sollte.[256]

d) Würdigung

Die objektive Unrechtslehre im Allgemeinen sowie Mezgers Normentheorie im Besonderen gelten in der modernen Diskussion als überwunden, wie ich an anderer Stelle ausführlich dargelegt habe.[257] In gebotener Kürze sei hier klargestellt:

Die Ablehnung von Mezgers Straftatsystem und seiner Normentheorie basiert auf den dogmatischen Umbrüchen in der Allgemeinen Lehre vom Verbrechen, die sich vor allem durch eine allgemeine Hinwendung zur personalen Unrechtslehre charakterisieren lassen. Die Dogmengeschichte hat uns gelehrt, dass auch die „Eigengesetzlichkeit menschlichen Handelns" Gegenstand des Unrechtsurteils sein muss.[258] Schon 1935 urteilte von Weber, dass sich die subjektiven Unrechtselemente nicht ohne Friktionen in das tradierte, einer objektiven Unrechtskonzeption verpflichtete Strafrechtssystem einfügen ließen.[259] Tatsächlich muss die Etablierung der subjektiven Unrechtselemente als Spaltpilz der objektiven Unrechtskonzeption qualifiziert werden, die diese Ansicht schließlich zu Fall brachte: Wer *subjektive* Unrechtselemente anerkennt, gibt die Position, Unrecht bestehe allein in der Verletzung einer objektiven Ordnung, bei Lichte betrachtet schon auf.[260]

Noch 1950 schrieb Mezger: „Unrecht ist *Handeln* wider das Recht".[261] Das ist richtig, aber wie wir heute sehr genau wissen, harmoniert dieses Postulat nicht mit Mezgers weiteren Darlegungen, wonach

> „alles Unrecht eine objektive Bewertungsnorm voraussetzt, wider die es sich richtet. Das Strafrecht bezieht sich dabei allerdings ausschließlich auf menschliches Verhalten [...]. Aber: die ‚objektive Bewertungsnorm' beurteilt dieses menschliche Verhalten in seinem gegebenen Bestand ohne Rücksicht auf die Frage eines persönlichen Vorwurfs".[262]

Diese Argumentation beseitigt die Friktionen nicht, wie auch an anderer Stelle deutlich wird: Gegen Merkels Einwand, eine objektive Unrechtslehre müsse auch Naturereignisse als Unrecht bewerten, argumentierte Mezger, dass man

---

256 Zutreffend *Haas* (Fn. 208), 239, 240.
257 S. *Schladitz* (Fn. 209), 246 ff. m. w. N.
258 Zum Ganzen *Gallas*, ZStW 67 (1955), 1, 32 ff. (Zitat auf S. 37).
259 *v. Weber*, zum Aufbau des Straftatsystems, 1935, 6.
260 Vgl. *Otto*, ZStW 87 (1975), 539, 573.
261 *Mezger* (Fn. 247), 20 – Hervorhebung von mir.
262 Ibid. 20.

sich das Unrecht „nicht ohne ein Unrecht handelndes Subjekt zu denken vermag“.[263] Dass es also (im Sinne der personalen Unrechtslehre) auf das unrechte Handeln ankommt, hat Mezger *eigentlich* eingestanden, ohne dieses Postulat freilich konsequent umzusetzen.[264] Wenn das (Straf-)Recht Verhalten beeinflussen will, kann es nicht darum gehen, *Erfolge zu verbieten*. Rechtliche Verhaltenssteuerung erlaubt nur das Verbot von – gefährlichen – Handlungen, die diese Erfolge verursachen *könnten*.[265] In der Strafrechtswissenschaft ergab sich also, worauf Maiwald in anschaulicher Weise hingewiesen hat,[266] das Bedürfnis eines wissenschaftlichen Paradigmenwechsels im Sinne Thomas S. Kuhns.[267] Dieses neue Paradigma bot (durch entsprechende Impulse des Finalismus[268]) die personale Unrechtslehre.[269]

Auch Mezgers Normentheorie gilt als überwunden, weil sie der Botschafter einer objektiven Unrechtskonzeption ist, die ihrerseits von der personalen Unrechtslehre abgelöst wurde. Die objektive Unrechtskonzeption riss im Fall die mit ihr verbundene Normentheorie Mezgers mit.

Mezgers Normentheorie wird als undurchführbar bzw. logisch widersprüchlich zurückgewiesen. Indem Mezger den Preis für das objektive Unrecht zu zahlen bereit ist und eine Bewertungsnorm postuliert, führt er ein normtheoretisches Konstrukt ein, das mangels Adressaten gerade keine Freiheitssphären konkreter Bürger in Ausgleich bringen kann und nicht in der Lage ist, das Zusammenleben zu regeln.[270]

Mezger selbst war der Auffassung, dass Normen „ihrem Wesen nach“ gerade Sollensnormen darstellen.[271] Ihm gelingt es aber nicht, dieses Sollen stringent umzusetzen. Ein Sollen und damit ein Normbefehl braucht einen Normadressaten, ein adressatenloses Sollen ist insofern ein logischer Widerspruch. Gegen diese „apriorische Forderung“ wendet Mezger das bereits genannte Argument ein, dass, um *bestimmen* zu können, das Recht logisch vorrangig erst *bewerten* müsse.[272] Aber diese These ist nicht korrekt, worauf bereits mehrfach hingewiesen wurde:[273] Die von Mezger angesprochene Bewertung, die der Verhal-

---

263 *Mezger*, GS 89 (1924), 207, 246.

264 *Kröger*, Der Aufbau der Fahrlässigkeitsstraftat, 2016, 101.

265 S. *Schladitz* (Fn. 209), 238 ff.

266 *Maiwald*, JZ 2016, 401, 402 f.

267 *Kuhn*, Die Struktur wissenschaftlicher Revolutionen, 1967.

268 Ausf. *Schünemann* (Fn. 37), 1, 34 ff.

269 Grundlegend *Schladitz* (Fn. 209), 63 ff.

270 Richtig *Haas* (Fn. 208), 239, 243.

271 *Mezger*, GS 89 (1924), 207, 243.

272 Ibid. 244.

273 *Mir Puig*, ZStW 108 (1996), 759, 760; *Renzikowski* (Fn. 239), 237; *Koriath* (Fn. 216), 295; *Kaufmann* (Fn. 2), 74 f.

tensbestimmung vorausgeht, ist der Telos bzw. der Zweck, der im Prozess der Normgebung den Normgeber zum Erlass der Norm motiviert. Diese *Bewertungsebene* wird aber nach dem Normerlass verlassen. Nunmehr erfolgt die Verhaltensbeeinflussung, die ihre Legitimation in der der Norm zugrunde liegenden Bewertung findet.[274] Da Recht das Zusammenleben von Menschen regeln soll, kann der Mensch vom normativen Steuerungsziel, Rechtsgüter zu schützen, nicht ausgeschlossen werden.[275] Wenn Mezger anführt, dass es logisch verfehlt sei, „Norm und Normverwirklichungsmittel (Imperativ) als Einheit zu denken",[276] muss man diesen Vorwurf berichtigen – und gegen Mezger selbst richten: Es ist normlogisch verfehlt, Normanlass und Norminhalt zu vermengen.

Insbesondere die Diskussion um die finale Handlungslehre hat zusammengefasst eindrucksvoll belegt, dass Unrecht primär die rechtswidrige Handlung ist und hat auf diesem Weg die Wichtigkeit personaler Elemente für das Werturteil der Rechtswidrigkeit aufgezeigt.[277] Anders als Mezger meint,[278] sind der Vorsatz und die (objektiven) Fahrlässigkeitsvoraussetzungen also Merkmale des Unrechts.[279] Mit Mir Puig muss man folglich konstatieren:

> „Die normative Auffassung der Rechtswidrigkeit durch den Neu-Kantianismus erlaubte es nicht, Rechtswidrigkeit als Normwidrigkeit im Sinne der Verletzung der Verbotsnorm (der Primärnorm, der Verhaltensnorm) zu erklären".[280]

Wie aber bspw. der Topos des erlaubten Risikos beweist, war dies notwendig geworden, sodass das Institut der objektiven Rechtswidrigkeit und das hierauf beruhende Straftatsystem einer Revision bedurften.[281]

3. *Vom Sinn strafrechtlicher Tatbestände (1926)*

a) Inhalt

Als eine wesentliche Ausprägung neukantianischen Strafrechtsdenkens wird gemeinhin der Übergang zu einem materiellen Verständnis der Rechtswidrig-

---

274 Für ein Beispiel für diesen Mechanismus (aus dem Sexualstrafrecht) s. *Schladitz* (Fn. 209), 75.

275 *Münzberg*, Verhalten und Erfolg als Grundlagen der Rechtswidrigkeit und Haftung, 1966, 11, 64.

276 *Mezger*, GS 89 (1924), 207, 245.

277 *Schladitz* (Fn. 209), 63 ff. S. a. schon *Schmidhäuser* (gegen Mezger), ZStW 66 (1954), 27 ff.

278 S. *Mezger* (Fn. 247), 38 ff.

279 S. a. schon *Zielinski*, Handlungs- und Erfolgsunwert im Strafrecht, 1973, 48.

280 *Mir Puig*, ZStW 108 (1996), 759, 760.

281 Vgl. *Schladitz* (Fn. 209), 111 ff.

keit qualifiziert.[282] Rechtswidrigkeit wird in Folge dessen teleologisch-wertorientiert als Gefährdung bzw. Verletzung eines Rechtsguts gedeutet.[283] Teil dieser Entwicklung ist auch die Schärfung der dogmatischen Funktion der Tatbestandsebene im Straftataufbau. Der Beitrag Mezgers „Vom Sinn strafrechtlicher Tatbestände" (in: FS Traeger, 1926, 187 ff.) leistete für diese Entwicklung einen wesentlichen Beitrag.[284]

Die Dogmengeschichte der originär strafrechtsdogmatischen – in Abgrenzung zur allgemein rechtstheoretischen[285] – Kategorie des Tatbestands ist bekannt: Es war zunächst Beling, der die Prominenz des Tatbestandes begründete, diese Strukturstufe jedoch noch als wertfrei konzipierte. Im weiteren Verlauf der Entwicklung wurde die Tatbestandsebene hingegen normativ aufgeladen.[286] Der Tatbestand

> „verlor seine Wertfreiheit, wurde zur gesetzlichen Beschreibung der für das jeweilige Delikt typischen Rechtsgutsverletzung und damit aus einem bloßen Rechtswidrigkeitsindiz (ratio cognoscendi) zum Träger (ratio essendi) des Deliktsunrechts".[287]

Es war neben der „Entdeckung" der subjektiven und normativen Tatbestandsmerkmale auch der Beitrag Mezgers zur Festschrift für Traeger, der entscheidend dazu beitrug, die Konzeption des Tatbestands als bloßes Leitbild bei Beling zu überwinden und so der Idee des Tatbestandes als Unrechtstatbestand zum Durchbruch verhalf.[288] Der Tatbestand wurde so zum „eigentlichen Träger der Rechtswidrigkeit".[289] In offenem Widerspruch zu seinem akademischen Lehrer Beling wollte Mezger den Tatbestand nicht mehr „streng formal als juristisch-technische Schablone" und somit „rein von allen Rechtswidrigkeitsmomenten" verstehen, sondern als „Träger strafrechtlicher Wertung":[290]

---

[282] S. bspw. *Gallas*, ZStW 67 (1955), 1, 3; *Jescheck*, ZStW 73 (1961), 179, 193; *Walter* (Fn. 112), Vor § 13 Rn. 23. S. a. den Beitrag von *Frisch* in diesem Band.

[283] S. *Jescheck*, ZStW 93 (1981), 3, 10.

[284] *Gallas*, ZStW 67 (1955), 1, 3 ff.; NK-StGB/*Puppe*, 5. Aufl. 2017, Vor § 13 Rn. 9; NK-StGB/*Paeffgen/Zabel*, 5. Aufl. 2017, Vor § 32 Rn. 8; *Tateishi*, FS Maiwald, 2010, 799, 814; *Weigend*, in: Rostalski (Hrsg.), Grundlagen und Konzepte des Strafrechts, 2021, 57, 62; *Ziemann* (Fn. 113), 126. S. a. *Ast*, Handlung und Zurechnung, 2019, 64 f.; *Telp* (Fn. 21), 186.

[285] Zu dieser Gegenüberstellung schon *Mezger*, NJW 1953, 2.

[286] Ausführlich hierzu *Schweikert* (Fn. 113), passim; *Schladitz* (Fn. 209), 76 ff. S. a. *Mezger*, Lehrbuch (Fn. 153), 182 ff.

[287] *Gallas*, ZStW 67 (1955), 1, 3. So schon *Mezger*, Lehrbuch (Fn. 153), 182.

[288] *Pawlik*, Das Unrecht des Bürgers, 2012, 302; *Jescheck*, ZStW 73 (1961), 179, 193; *Maurach/Zipf*, Strafrecht AT, Band 1, 8. Aufl. 1992, § 24 Rn. 2; *Schweikert* (Fn. 113), 57 ff. So auch *Kadečka*, ZStW 59 (1949), 1, 13; *Lange*, ZStW 65 (1953), 331, 333. Zum Ganzen auch *Ambos*, ZIS 2006, 464, 465; *Walter* (Fn. 112), Vor § 13 Rn. 23.

[289] S. *Mezger*, Lehrbuch (Fn. 153), 182.

[290] *Mezger*, FS Traeger, 1926, 187, 189 ff.

„Für uns ist demgegenüber der ‚Tatbestand' hier und im folgenden der Ausdruck speziellen, typisierten Unrechts, also die Schaffung eines besonderen ‚Unrechtstyps' für die Zwecke des Strafrechts".[291]

Mezger betonte also in nachvollziehbarer Weise, dass der Gesetzgeber mit einem Tatbestand das Werturteil der Rechtswidrigkeit fundiert, weil der Gesetzgeber durch die Kodifizierung des Tatbestands just diese Handlungen für strafbar erklären will:

„Man muß sich klarmachen, was der Gesetzgeber, wenn er ein neues Strafgesetz und in ihm einen neuen Strafgesetz erläßt, in Wahrheit vollzieht. [...] Der Gesetzgeber kann eine bestimmte Handlung nicht entschiedener mißbilligen, verbieten und als Unrecht stempeln, als daß er ihre Vornahme mit Strafe bedroht. Indem er sie so unter Strafe stellt, verbietet er sie. Die Begründung der Rechtswidrigkeit der Handlung liegt im Strafgesetze selbst".[292]

Dass der Tatbestand nicht wertfrei sein könne, machte Mezger insbesondere auch am Institut der normativen Tatbestandsmerkmale fest, welche nach Mezger ein ergänzendes Werturteil des Richters erfordern.[293]

Der Tatbestand erlaubt hiernach eine „scharfe, gesetzlich bestimmte Unrechtsbestimmung"; freilich erfolge dieses Unwerturteil „niemals ohne den Vorbehalt besonderen Unrechtsausschlusses im Einzelfall" (auf der Strukturebene der Rechtswidrigkeit).[294] Mezgers Deliktsaufbau entspricht also der auch heute noch vorherrschenden Ansicht und kennt drei Stufen (Tatbestand, Rechtswidrigkeit, Schuld).[295] Die Diskussion zwischen zwei- und dreistufigen Deliktsaufbau kann vorliegend allerdings nicht vertieft werden.[296]

---

291 *Mezger*, FS Traeger, 1926, 187, 190f. – Hervorhebungen getilgt.

292 *Mezger*, Lehrbuch (Fn. 153), 184f. Vertreter der auf Binding zurückgehenden dualistischen, zwischen Verhaltens- und Sanktionsnorm differenzierenden Normentheorie mögen hiergegen einwenden, dass sich das Rechtswidrigkeitsurteil aus der primären Verhaltens-, nicht hingegen aus dem sekundären Strafgesetz ergibt. Hiergegen wendet Mezger a.a.O. mit Recht ein, dass sich nach Bindings Normentheorie die Verhaltensnorm analytisch aus dem Strafgesetz ergibt, sodass das Postulat i.E. doch zutreffend ist.

293 Ausf. *Mezger*, FS Traeger, 187, 215ff. Grundlegend hierzu *Ziemann* (Fn. 113), 137. In diesem Zusammenhang sei auch darauf hingewiesen, dass der Topos der Parallelwertung in der Laiensphäre auf *Mezger*, JW 1927, 2006 zurückgeht. S. hierzu bspw. *Engisch*, FS Mezger, 1954, 127, 128; *Papathanasiou*, FS Roxin, 2011, 467, 473, 485.

294 *Mezger*, FS Traeger, 187, 191 – Hervorhebungen getilgt.

295 S.a. *Mezger*, Lehrbuch (Fn. 153), 182.

296 S. hierzu *Schladitz* (Fn. 209), 84ff., 581ff. S.a. *Pawlik* (Fn. 288), 203, der mit großem Recht klarstellt, dass Mezgers Ansicht einer Eigenständigkeit der Deliktsstufe des Tatbestands schon die Basis entzogen hat.

b) Würdigung

Wenn der Gesetzgeber einen bestimmten Handlungstyp tatbestandlich umschreibt und für strafbar erklärt, liegt diesem Vorgang offensichtlich eine Wertung zugrunde.[297] Ein wertfreies Tatbestandsverständnis erscheint insofern „evident unplausibel“.[298] Mezger hat dies zutreffend betont.

Welzel wies nun darauf hin, dass sich der neukantianische Anteil in Mezgers Beitrag „Vom Sinn strafrechtlicher Tatbestände“ auf einen *knappen Hinweis* zur Methode beschränkt.[299] Es handelt sich um erkenntnistheoretische Überlegungen, mit denen Mezger versucht, das Wesen der normativen Tatbestandsmerkmale zu erfassen.[300] Auch wurde bereits darauf hingewiesen (III. 2.), dass die wertfreie Konzeption des Tatbestands bei Beling tatsächlich in einem solchen Ausmaß Kritik erlaubte, dass der Neukantianismus wohl nicht als eine Bedingung qualifiziert werden kann, ohne die es nicht zu einem Übergang zu einem wertenden Tatbestandsverständnis gekommen wäre. Diese Überlegung darf aber nicht den Blick auf die tatsächlich stattgefundene Dogmengeschichte verstellen: Mezger hat einen essentiellen Beitrag zur Tatbestandslehre verfasst und Mezgers Argumentation ist fundiert in Wertungen und einer erkenntnistheoretischen Differenzierung zwischen der Wertung des Objekts und dem Objekt der Wertung.[301] Es fällt daher nicht schwer, auch bzgl. der Mezgerschen Tatbestandslehre den Neukantianismus als Ideengeber zu qualifizieren und insofern dessen Bedeutung für die Entwicklungsgeschichte der allgemeinen Lehre vom Verbrechen zu betonen.

VII. Fazit

Der rechtswissenschaftliche Neukantianismus, der mit seiner Betonung wertender Begriffsbildung eine „konstruktivistische Überzeugung von der disziplinären und kategorialen Autonomie des Strafrechts“[302] befruchtete und den Autoren ihrer Zeit mindestens als Ideengeber diente, ist in Mezgers Werk vor 1933 ein häufig auftretender Akteur. Mezgers Dogmatik, die sich in der Genealogie der Allgemeine Straftatlehre ohne Weiteres nachweisen lässt, steht in einem engen Zusammenhang mit dieser philosophischen Strömung. Auch wenn der

---

297 *Schladitz* (Fn. 209), 75.

298 So *Frisch* in diesem Band.

299 *Welzel* (Fn. 113), 96.

300 *Mezger*, FS Traeger, 187, 215 f.

301 Zusammenfassend *Mezger*, NJW 1953, 2, 3. S. a. *Schweikert* (Fn. 113), 69.

302 Vgl. *Pawlik* (Fn. 201), 247, 249.

Anteil des Neukantianismus innerhalb der neoklassischen Systemepoche im Rahmen der klassischen Erzählung der straftatsystematischen Entwicklungsgeschichte einer Neuvermessung bedarf, waren doch diverse Autoren durch den Neukantianismus geprägt und inspiriert. Das gilt auch für Edmund Mezger. Nach 1933 lassen sich solche Anleihen in seinen Publikationen allerdings nicht mehr ausmachen, vielmehr wandelte sich Mezger in opportunistischer Art zu einem prägenden NS-Juristen.

Erik Wolf

Simon Kemper

I. Einführung

Selbst wenn man die – unplausible[1] – These unterstellt, dass sich eine präzise Definition des Begriffs des strafrechtlichen Neukantianers bilden lässt, wäre die Subsumtion Erik Wolfs unter diesen Begriff nicht offensichtlich. Ein Blick in Wolfs Biografie[2] mag vielmehr den ersten Eindruck erwecken, man habe es bestenfalls mit einem Rechtstheologen,[3] schlimmstenfalls mit einem Nationalsozialisten zu tun.[4] Jedenfalls ist die Aussage gesichert, dass Wolfs Werk vielseitig ist. So sieht etwa Wolfs Schüler Hollerbach das Werk seines Lehrers durch „Verschlingungen verschiedener Sachbereiche und Dimensionen" gekennzeichnet.[5] Würtenberger geht sogar davon aus, dass Wolfs Werk „nach vielen Seiten ausgelegt werden [kann], je nach der Neigung dessen, der es zu deuten versucht."[6] So wird Wolf denn auch treffend lexikalisch charakterisiert als: „Strafrechtslehrer, Rechtsphilosoph, Rechtshistoriker u. Rechtstheologe, ev. Kirchenrechtler u. ehrenamtlich engagierter Christ."[7]

---

[1] Zur Vagheit dieses Begriffs s. etwa *Ambos*, Nationalsozialistisches Strafrecht, 2019, 68 ff.; *Pawlik*, in: Kubiciel u. a. (Hrsg.), Hegels Erben?, 2017, 247, 248 f.; *Stuckenberg*, in: Kindhäuser u. a. (Hrsg.), Strafrecht und Gesellschaft, 2019, 125.

[2] Zur Biografie Wolfs s. *Hollerbach*, in: Wolf (Hrsg.), Studien zur Geschichte des Rechtsdenkens, 1982, 235 ff.; *Schwinge*, in: Bautz (Hrsg.), Biographisch-Bibliographisches Kirchenlexikon XXXIV, 2013, 1542 ff.

[3] Zur Rechtstheologie Wolfs vgl. *Behrendt*, WEX-11 Rechtsphilosophie 1976, 125 ff.; *Mehring*, ZRGG 1992, 140, 149 ff.; *von Simson*, in: FS für Erik Wolf, 1972, 22 ff.; *Wendt*, in: Würtenberger (Hrsg.), Quaestiones et Responsa, 1968, 18 ff.

[4] So insb. *Faye*, Heidegger, 2009, 235 ff., der meint, dass Wolf zeitlebens nicht mit dem Nationalsozialismus brach (insb. 253, 272). Auch wenn diese Auffassung zu weit gehen dürfte, ist jedenfalls Wolfs Verhältnis zum Nationalsozialismus zwischen 1933 und 1945 noch nicht abschließend geklärt, vgl. nur die Interpretationen von *Ambos* (Fn. 1), 123 ff.; *Hollerbach*, in: Denker/Zaborowski (Hrsg.), Heidegger und der Nationalsozialismus I, 2009, 284 ff.; *ders.* (Fn. 2), 247 ff.; *Mehring*, ZRGG 1992, 140, 145 ff.

[5] *Hollerbach* (Fn. 2), 236.

[6] *Würtenberger*, in: ders. (Hrsg.), Quaestiones et Responsa, 1968, 7.

[7] *Schwinge* (Fn. 2), 1542.

Der „universal gebildete Professor alter Schule“[8] wurde 1902 als Franz Erik Wolf in Biebrich geboren. Unmittelbar im Anschluss an seine Reifeprüfung im Jahr 1920 nahm er ein Studium auf: erst der Nationalökonomie, dann der Rechtswissenschaft; erst in Frankfurt am Main, dann in Jena. In der Frankfurter Studienzeit kann man die ersten Berührungspunkte Wolfs mit dem Neukantianismus erkennen. Dort traf er auf Max Ernst Mayer, also denjenigen Autor, der zuvor ein Verständnis der Rechtsnormen als Kulturnormen ausbuchstabiert hatte.[9] 1924 wurde Wolf in Jena promoviert, 1927 in einem „ausgeprägten geistigen Reizklima“[10] in Heidelberg unter Radbruch habilitiert. Über Kiel und Rostock wechselte Wolf zum Wintersemester 1930/31 nach Freiburg, um „Strafrecht, Strafprozeßrecht, Rechtsphilosophie, Allgemeine Rechtslehre und Gefängniskunde“ zu lehren. Nach der Machtergreifung der Nationalsozialisten wurde er unter dem neuen Rektor Heidegger erst Senatsmitglied, dann Dekan der Rechts- und Staatswissenschaftlichen Fakultät, trat aber kurze Zeit später zurück. 1945 wurde sein Lehrauftrag, unter Wegfall des Strafrechts, auf „Rechts- und Staatsphilosophie, Geschichte der Rechtswissenschaft und Kirchenrecht“ begrenzt und Wolf zum Direktor des Seminars für „Rechtsphilosophie und evangelisches Kirchenrecht“ ernannt. 1967 wurde Wolf emeritiert; 1977 verstarb er.

Während dieses Werdegangs gelang es Wolf, „ein Werk von ‚epochaler‘ Bedeutung“ zu schaffen,[11] von dem allerdings nur wenige Jahre auf die strafrechtliche Bühne entfallen.[12] Und sogar auf dieser Bühne wird Wolfs anfängliche Zuneigung zum Neukantianismus, der zu Wolfs Zeit bereits an Bedeutung verliert,[13] alsbald gebrochen. Als neukantianische Hauptwerke verbleiben nur seine Habilitationsschrift *Strafrechtliche Schuldlehre*[14] (1928) sowie seine Festschriftenbeiträge *Der Sachbegriff im Strafrecht*[15] (1929) und *Die Stellung der Verwaltungsdelikte im Strafrechtssystem*[16] (1930). Wohl schon *Die Typen der Tatbestandsmäßigkeit*[17] (1931), jedenfalls aber die „programmatische“[18] Freiburger Antrittsrede *Vom Wesen des Täters*[19] (1932) weisen zwar weiterhin neukantiani-

---

[8] *Hollerbach* (Fn. 2), 270.

[9] Zu dieser Deutung Mayers s. *Pawlik*, in diesem Band, III.2.

[10] *Hollerbach* (Fn. 2), 240.

[11] *Hollerbach*, in: Würtenberger (Hrsg.), Quaestiones et Responsa, 1968, 24, 25.

[12] S. nur das in FS für Erik Wolf, 1962, 489ff. abgedruckte Publikationsverzeichnis.

[13] *Stuckenberg* (Fn. 1), 125, 145f.: Bedeutungsverlust ab 1918, Verschwinden ab 1933.

[14] *Wolf*, Strafrechtliche Schuldlehre, 1928.

[15] *Wolf*, in: FG für das Reichsgericht, Band V, 1929, 44ff.

[16] *Wolf*, in: FG für Reinhard von Frank, Band II, 1930, 516.

[17] *Wolf*, Die Typen der Tatbestandsmäßigkeit, 1931.

[18] So *Mehring*, ZRGG 1992, 140, 143.

[19] *Wolf*, Vom Wesen des Täters, 1932.

sche Züge auf, deuten jedoch die Abkehr Wolfs von dieser Denkrichtung an.[20] Diese Abkehr vollendet er 1933 mit einer Hinwendung zum Nationalsozialismus; bereits 1939 zieht Wolf schließlich einen Schlussstrich unter seine strafrechtliche Begriffswelt.[21] Kurzum: Wer sich mit Wolf als einem strafrechtlichen Neukantianer auseinandersetzt, befasst sich mit wenigen Werken des jungen Erik Wolf in der Endphase des Neukantianismus. Dass Wolf dennoch ein strafrechtlicher Neukantianer war, möchte ich im Folgenden darlegen.[22] Im Einzelnen wird es zunächst um seine Grundlagen (II.), dann um seine Dogmatik (III.) und abschließend um wichtige Einzelfragen (IV.) gehen.

II. Grundlagen

Dieser Abschnitt ist Wolfs Grundlagen gewidmet. Im Ausgangspunkt übernimmt er die Aufteilung der Wissenschaften in Natur- und Kulturwissenschaften durch Windelband und Rickert (1.). Dabei schließt Wolf sich ihrem Verständnis der Kulturwissenschaften an; dies umfasst auch Rickerts Wertlehre, deren Schritt zu Hegel Wolf zwar andeutet, aber nicht vollzieht (2.). Über Lasks Verständnis der Rechtswissenschaft als Kulturwissenschaft entfaltet Wolf sodann eine eigene Theorie der Strafrechtswissenschaft (3.). Durch diese Theorie, so meine ich, lässt er sich in fruchtbarer Weise an die heutige strafrechtswissenschaftliche Diskussion anschließen: Wolf lässt sich als neukantianischer Vorläufer einer nützlichen und bescheidenen Allgemeinen Verbrechenslehre interpretieren (4.). Schließlich zeigt Wolf selbst eine Methodik auf, um eine solche Allgemeine Verbrechenslehre zu einer Allgemeinen Lehre vom Besonderen Teil auszubauen (5.).

---

[20] S. auch *Ambos* (Fn. 1), 119 ff.: vor und ab 1932; *Stuckenberg* (Fn. 1), 135: frühe und nicht-frühe Schriften; *Ziemann*, Neukantianisches Strafrechtsdenken, 2009, 112 f.: vor und ab 1930.

[21] Zu Wolfs nationalsozialistischer Zeit s. Fn. 4; zum Ende seiner strafrechtswissenschaftlichen Zeit s. Fn. 12.

[22] In diesem Sinne auch etwa *Heinemann*, Die Relevanz der Philosophie Martin Heideggers für das Rechtsdenken, 1970, 341: „durch die Schule der neukantianischen Philosophie gegangen"; *Welzel*, in: ders. (Hrsg.), Abhandlungen zum Strafrecht und zur Rechtsphilosophie, 1975, 29, 70: „Vermittler […] in klarster Prägung" zwischen dem Strafrecht und der „Wertphilosophie"; *Ziemann* (Fn. 20), 106, ferner 112 ff.: „Hauptvertreter des Neukantianischen Strafrechtsdenkens".

1. Wissenschaften

Die Wissenschaftslehre der südwestdeutschen Neukantianer rührt – wie jede philosophische These[23] – aus einer bestimmten zeitgenössischen Fragestellung. In der zweiten Hälfte des 19. Jahrhunderts, während des Aufstrebens des Neukantianismus,[24] ist diese Fragestellung die Suche nach dem Sinn einer naturwissenschaftlich „entzauberten“ Welt.[25] Diesen Sinn vermögen Windelband und sein Schüler Rickert – Begründer bzw. Entwickler der südwestdeutschen Schule[26] – nicht mithilfe der Naturwissenschaften zu finden, sodass sie diese Wissenschaften ergänzen. Diese Ergänzung besteht darin, dass sie den Naturwissenschaften eine weitere Wissenschaftsart gegenüberstellen: die Kulturwissenschaften.[27]

Diesen Ausgangspunkt teilt Wolf. Zwar will er in seiner Habilitationsschrift vordergründig nur eine „allgemeine Theorie der Schuld im Strafrecht“ entwickeln.[28] Da die Schuld jedoch ein strafrechtlicher Begriff ist, setzt diese Entwicklung für ihn die „Erkenntnis der Methode strafrechtlicher Begriffsbildung“ voraus.[29] Da diese Erkenntnis wissenschaftlich ist, will Wolf zunächst ein „Grundverständnis von Wissenschaft überhaupt“ skizzieren.[30] Somit steht für

---

23 *Pawlik*, in: FS für Hans-Ullrich Paeffgen, 2015, 13, 13 f., insb. Fn. 3 zur Rückbindung dieser Herangehensweise an den klassischen Pragmatismus.

24 *Stuckenberg* (Fn. 1), 125: Entstehung in den 1850er Jahren, Prägung der deutschen Philosophie ab 1870, Blütezeit ungefähr von 1895 bis 1912.

25 Die Metapher der „Entzauberung der Welt“ stammt von *Weber*, in: Sukale (Hrsg.), Max Weber – Schriften zur Wissenschaftslehre, 1991, 237, 250 f., 272. Zur Relevanz dieser Entzauberung für den Neukantianismus vgl. *Chang*, Wert und Kultur, 2012, 76 f.; *Krijnen*, Nachmetaphysischer Sinn, 2001, 86 ff.; *Tenbruck*, in: Oelkers u. a. (Hrsg.), Neukantianismus, 1989, 79, 89 ff. In diesem Sinne resümiert denn auch *Rickert*, System der Philosophie, 1921, 254: „Wir sagten, daß die Philosophie die Aufgabe habe, uns Klarheit über den ‚Sinn des Lebens‘ zu verschaffen.“

26 *Stuckenberg* (Fn. 1), 128.

27 S. zuerst *Windelband*, in: ders. (Hrsg.), Präludien II, 1915, 136, 138 ff., der „nomothetische Wissenschaften“ bzw. „Gesetzeswissenschaften“ und „idiographische Wissenschaften“ bzw. „Ereigniswissenschaften“ unterscheidet. S. sodann *Rickert*, Die Grenzen der naturwissenschaftlichen Begriffsbildung, 1929, insb. 19 f., 188 ff., der „Naturwissenschaften“ und „Geschichtswissenschaften“ unterscheidet; Geschichte bedeutet dabei aber schlicht das „in der Vergangenheit abgelaufene Geschehen“ (220). Später stellt *ders.*, Kulturwissenschaft und Naturwissenschaft, 1986, eine „Einführung“ in das eben genannte Werk (5), schon im Titel „Naturwissenschaften“ und „Kulturwissenschaften“ gegenüber. Die terminologische Gegenüberstellung ist denn auch ohnehin nachrangig zur sachlichen, dazu s. II.2.

28 *Wolf* (Fn. 14), V.

29 Ibid.

30 *Wolf*, in: Hollerbach (Hrsg.), Erik Wolf – Rechtsphilosophische Studien, 1972, 55, 57: „Rechtswissenschaft folgt dem jeweiligen Grundverständnis von Wissenschaft überhaupt“; ferner *ders.* (Fn. 14), 73 f.

Wolf – wie für Windelband und Rickert – am Beginn eine allgemeine Wissenschaftslehre.[31] Und auch in der Sache geht es Wolf darum, den „wissenschaftliche[n] Positivismus: das Haften an Gegebenheiten der naiven Erfahrung",[32] zu überwinden. Rickerts Werk gibt er daher bereits im Vorwort der *Strafrechtlichen Schuldlehre* als seine „erkenntnistheoretische Grundlage" aus,[33] später ehrt er es als die „notwendige und folgerichtige Weiterbildung der Kantschen Erkenntnistheorie".[34] Deshalb schlussfolgert auch Wolf: „[E]s gibt Wirklichkeits- oder Seinswissenschaft und Wert- oder Bedeutungswissenschaft."[35]

2. *Kulturwissenschaften*

Hat man die Wissenschaften in Natur- und Kulturwissenschaften aufgeteilt, stellt sich die Frage nach dem Kriterium ihrer Abgrenzung. Da Windelband und Rickert – im Anschluss an Kants Erkenntnistheorie[36] – annehmen, dass die Methode den Inhalt bestimmt,[37] ist ihr Kriterium methodisch: Neben die naturwissenschaftliche Erkenntnismethode tritt eine kulturwissenschaftliche Erkenntnismethode. Diese beiden Methoden werden dadurch unterschieden, dass erstere ein Geschehen in seiner Allgemeinheit zu erfassen sucht (generalisierend), letztere ein Geschehen in seiner Individualität (individualisierend).[38] An Kants Erkenntnistheorie nebst dieser neukantianischen Weiterentwicklung schließt Wolf sich – mehr oder weniger ausdrücklich – an.[39]

Mit dieser Vorgehensweise stehen die Kulturwissenschaften aber vor einem Problem: Wie sind sie, „wenn sie das Einmalige, Besondere und Individuelle darzustellen [haben], als Wissenschaft möglich?"[40] Zur Lösung dieses Problems ist laut Rickert „ein besonderes theoretisches Prinzip" notwendig, „das die Darstellung des Individuellen leitet".[41] Dieses Prinzip ist für ihn der Begriff des

---

[31] Vgl. auch *Grünhut*, ZStW 50 (1930), 283, 320: Wolfs Schuldlehre „gebührt das große Verdienst, die Fülle der Einzelfragen mit den kritischen Grundlagen der allgemeinen strafrechtlichen Schuldlehre zu verbinden und in dieser die letzten erkenntnis-theoretischen Voraussetzungen der Strafrechtswissenschaft überhaupt aufzudecken."

[32] *Wolf* (Fn. 19), 11; ähnlich schon *ders.*, Die Justiz 1927/28, 110, 112 ff.

[33] *Wolf* (Fn. 14), VI.

[34] Ibid. 2.

[35] Ibid. 74.

[36] *Kant*, KrV, AA 3, 11 ff.

[37] *Rickert* (Fn. 27, Kulturwissenschaft), 46 ff.; *Windelband*, in: ders. (Hrsg.), Präludien II, 1915, 1, 14 ff.

[38] *Rickert* (Fn. 27, Grenzen), insb. 188 ff.; *Windelband* (Fn. 27), 143 ff.

[39] S. II.1; s. ferner *Wolf* (Fn. 17), 53 f.; *ders.* (Fn. 14), 87 ff.

[40] *Rickert* (Fn. 27, Kulturwissenschaft), 102; ferner *ders.* (Fn. 27, Grenzen), 274 ff.

[41] *Rickert* (Fn. 27, Grenzen), 276.

Wertes.[42] Mit dieser zentralen Aufgabe des Wertbegriffs geht nun die schwierige Frage nach seiner Definition einher.[43] In der *Strafrechtlichen Schuldlehre* benennt Wolf – in Anlehnung an Rickert[44] – einen Dreiklang des Wertbegriffs, der diesen zum Wirklichkeitsbegriff in Beziehung setzt.[45] Das erste Merkmal dieses Dreiklangs ist die „Idealität": „‚Wert' bezeichnet hier lediglich das nicht-Existente und doch Seiende."[46] Diese etwas kryptische Bemerkung wird verständlich, wenn man sich fragt, welche Relevanz die Werte oder die Wirklichkeit für Normen haben. Denn obwohl „der Begriff des Wertes [...] mit dem des Sollens nicht [zusammenfällt]", ist „das Gesollte immer ein Werthaftes".[47] Die Werte sind also insoweit relevant für Normen, als die Normen aus ihnen folgen. Mit Lask kann man sagen: „Der Wertbegriff ist der sachliche Prius des Normbegriffs."[48] Anders verhält es sich demgegenüber mit der Wirklichkeit: „Denn das bloß Existierende kann als solches weder gefordert, noch gesollt sein: es ist."[49] Damit sind der Wert- und der Wirklichkeitsbegriff als Gegenbegriffe kontrastiert. Von dieser Kontrastierung ausgehend lässt sich auf ein weiteres Gegensatzpaar schließen, das den Wertbegriff weiter erhellt: Kultur und Natur. Kultur meint „das von einem nach gewerteten Zwecken handelnden Menschen entweder direkt Hervorgebrachte oder [...] doch wenigstens um der daran haftenden Werte willen absichtlich Gepflegte".[50] Natur bedeutet hingegen „das, was von selbst wird, also nicht ‚künstlich' gemacht ist."[51]

Mit dieser doppelten Gegenüberstellung stehen Rickert und Wolf vor einem weiteren Problem: Sind Wert und Kultur einerseits, Wirklichkeit und Natur andererseits auseinandergerissen, stellt sich die Frage, wie sich beide Gebiete mit-

---

[42] Grundlegend zu diesem Zusammenhang vgl. *Pawlik*, Das Strafrecht denken [unveröffentlichtes Manuskript]; vgl. ferner *Larenz*, Methodenlehre der Rechtswissenschaft, 1991, 94 ff. Zur Aufgabe des Wertbegriffs als Leitgedanke s. *Rickert* (Fn. 27, Grenzen), 277 ff. Wer nicht an Werte glaubt, so fordert auch schon *Windelband*, in ders. (Hrsg.), Präludien II, 1915, 99, 123, „der bleibe daheim: mit ihm weiß die kritische Philosophie nichts anzufangen."

[43] Da es sich laut *Rickert* (Fn. 25), 113 „um einen der letzten und unableitbaren Begriffe handelt", lässt er sich „nicht im strengen Sinn ‚definieren'". Möglich ist aber eine Annäherung, indem man den Wertbegriff zu anderen, insbesondere zu gegensätzlichen Begriffen in Beziehung setzt (113 ff.).

[44] *Rickert* (Fn. 25), 112 ff., 254 ff.

[45] *Wolf* (Fn. 14), 75.

[46] Ibid.

[47] Ibid. in Anlehnung an *Rickert* (Fn. 25), 115 f.

[48] So *Lask*, in: Herrigel (Hrsg.), Emil Lask – Gesammelte Schriften I, 1923, 275, 288 zur Politik, in deren Rahmen „der Wert unter den Gesichtspunkt der Verwirklichung im einzelnen [gerät]; der Wert wird zur Norm oder zum Postulat."

[49] *Wolf* (Fn. 14), 75.

[50] *Rickert* (Fn. 27, Kulturwissenschaft), 35.

[51] *Rickert* (Fn. 27, Grenzen), 171.

einander harmonisieren lassen. „[A]uf den Prozess des Zueinanderkommens und Zusammenwachsens von beiden Gebieten haben wir die Aufmerksamkeit zu richten, falls die Welteinheit uns verständlich werden soll“.[52] Im *System der Philosophie* von 1921 wird dies von Rickert versucht. Neben dem Verbindungsglied des Gutes als ein Stück der Wirklichkeit, an dem ein Wert – wie es nur vage heißt[53] – „haftet“,[54] ist dabei für Rickert der Gedanke der Stellungnahme wichtig.[55] Dieser Gedanke – „Der Akt verbindet doch irgendwie den Wert mit dem Realen“[56] – wird in der *Strafrechtlichen Schuldlehre* ebenfalls aufgegriffen. Er findet sich zunächst im Begriff der „Geltung“, dem zweiten Merkmal des Dreiklangs des Wertbegriffs. Denn es gehört für Wolf „zum Wesen der Werte“, dass ein handelndes Subjekt „zu ihnen Stellung nimmt“.[57] Durch diese Stellungnahme sind die Werte für ihn „mit der Realität verknüpft […], ohne doch ihr anzugehören“.[58] Diese Verknüpfung ist dabei unabhängig davon, ob die jeweilige Stellungnahme wertbejahend oder wertverneinend ausfällt. So heißt es zur „Allgemeinheit“, dem dritten Element in Wolfs Dreiklang des Wertbegriffs, dass es zwar „keine negative Existenz“ gibt, „[w]ohl aber […] negative Werte, d. h. Sinnumkehrungen. Das nicht Schöne ist nicht nichts, sondern das Häßliche; das nicht Rechte ist nicht nichts, sondern das Unrechte.“[59]

Mit einer solchen „Verknüpfung“ der Werte mit der Wirklichkeit über den Gedanken der Stellungnahme ist der Schritt zu einem Ansatz nicht mehr allzu groß, der sich eher an Hegel als an Kant orientiert.[60] Diesen Schritt scheint Wolf – wenn auch andernorts – zu erkennen, wenn er schreibt, dass

> „[d]er Sinngehalt der Norm […] von ihrer Verletzung im Rechtsgut natürlich unbetroffen [bleibt], aber er […] von demjenigen verneint [wird], der den empirischen Stand der rechtlichen Ordnung verletzt, d. h. sie in ihrer historischen Gestalt aufhebt, stört oder verändert.

[52] *Rickert* (Fn. 25), 256.

[53] *Wapler*, Werte und das Recht, 2008, 113.

[54] So etwa *Rickert* (Fn. 27, Kulturwissenschaft), 112; *ders.* (Fn. 25), 113. *Wolf* (Fn. 14), 76 übernimmt diese Terminologie. Die Güter haben für *Rickert* (Fn. 25), 256 gegenüber der Stellungnahme den Nachteil, dass die Werte zwar an ihnen haften, „aber das Prinzip der Verknüpfung […] dabei nicht deutlich [wird].“

[55] Grundlegend zu diesem Zusammenhang vgl. *Pawlik* (Fn. 42); vgl. ferner *Krijnen* (Fn. 25), 474 ff. Der Gedanke der Stellungnahme wird entfaltet in *Rickert* (Fn. 25), 254 ff. Der Ausgangspunkt dieses Gedankens ist, dass wir wissen wollen, „was die Akte des Wertens für das Erfassen des Wertes und seine Einführung in die Wirklichkeit, d. h. für die Entstehung von Gütern bedeuten“ (257).

[56] *Rickert* (Fn. 25), 257, präzisierend 257 ff.

[57] *Wolf* (Fn. 14), 75.

[58] Ibid.

[59] Ibid. in Anlehnung an *Rickert* (Fn. 25), 117 f.

[60] Grundlegend zu diesem Zusammenhang vgl. *Pawlik* (Fn. 42). Illustrativ für einen solchen Ansatz *ders.*, Normbestätigung und Identitätsbalance, 2017, insb. 7 ff., 47 ff.

Zwar kann er diesen Sinn allgemein bejahen und nur im besonderen Fall verneinen. Aber das besondere Stück Kulturwirklichkeit, das in den Rechtsgütern vorliegt, z. B. das Eigentumsverhältnis, wird in einem konkreten Fall durchbrochen, in seinem Güter-Wert verneint. Nun besitzt aber der Eigentumsbegriff ein normatives Element: es soll Eigentum sein und dieses Rechtsgut wird in seiner Gesolltheit durch eine Strafdrohung geschützt. Die Beziehung zwischen dem verbrecherischen Zustand und dem als unverletzbar gedachten Sollen der Rechtsordnung stellt die Wertbeziehung wieder her: diesmal aber in Gestalt der strafrechtlichen Normierung."[61]

Wenig später beruft Wolf sich sogar explizit auf Hegel, gelangt aber nicht über eine Nebenbemerkung hinaus, die er insoweit in eine Fußnote schiebt:

„Wir hatten erkannt, daß die strafrechtliche Begriffsbildung in einer Wiederherstellung der vom Subjekt einmalig durchbrochenen Rechtswertbeziehung besteht. Daraus folgt, daß die normative Wendung der Rechtsgüter im Strafrecht kein positives Sollen, sondern das allgemeine Nicht-Sollen der konkreten Verneinung des Sollens ergibt und somit in erhöhtem Maße auf subjektive Wertungen verweist. [...] Insofern behält auch Hegels Grundgedanke von der Strafe als Negation der Negation des Rechts – mindestens als das dialektische Prinzip der strafrechtlichen Begriffsbildung – über die Jahrhunderte hinaus seine Gültigkeit."[62]

Insgesamt übernimmt Wolf also von Windelband und Rickert den erkenntnistheoretischen Ansatz zur Abgrenzung von Natur- und Kulturwissenschaften samt Rickerts Wertlehre. Da Wolf den denkbaren Schritt von hier zu Hegel bloß andeutet, und nicht vollzieht, bleibt er eben ein Neukantianer. Innerhalb des Neukantianismus ist Wolf der südwestdeutschen Schule zuzuordnen, bei der der rein erkenntnistheoretische Neukantianismus zu einer umfassenden Kulturphilosophie ausgebaut ist.[63] Auf Grundlage dieses Ausgangspunkts können wir uns nun dem Gebiet zuwenden, das Wolf ohne Windelband und Rickert betritt: dem Gebiet der Strafrechtswissenschaft.[64]

3. *Strafrechtswissenschaft*

Das Gebiet der Strafrechtswissenschaft betritt Wolf jedoch nicht ohne eine Brücke. Diese Brücke findet er in Lasks *Rechtsphilosophie*.[65] Deren Ziel ist, eine Lücke in der Lehre Windelbands und Rickerts zu schließen: die Einführung des

[61] *Wolf* (Fn. 14), 121.

[62] *Wolf* (Fn. 14), 129 mit Fn. 15. Auf Hegels Dialektik kommt *ders.*, DRWiss 4 (1939), 168, 179 ff. unter ausdrücklicher Abkehr vom Neukantianismus zurück.

[63] Zu dieser Entwicklung des Neukantianismus vgl. *Pawlik* (Fn. 42). In diesem Sinne proklamiert schon *Windelband*, in: ders. (Hrsg.), Präludien I, 1915, IV: „Kant verstehen, heißt über ihn hinausgehen." Zur Einordnung Wolfs s. illustrativ *Wolf* (Fn. 14), 73 f.

[64] Windelband und Rickert entwarfen keine nennenswerte Rechtswissenschaftslehre, vgl. nur *Larenz* (Fn. 42), 96 f.; *Wapler* (Fn. 53), 120.

[65] *Lask* (Fn. 48), 275 ff.

Wertbegriffs in die „empirische Kulturwissenschaft"[66] Rechtswissenschaft.[67] Der für das Verständnis Wolfs zentrale Punkt an dieser Einführung ist Lasks Gedanke der doppelten Begriffsumformung; ein Gedanke, den Wolf aufgreift, überträgt und ausweitet, der aber bei Lask vorgezeichnet ist.[68] Für die Rechtswissenschaft sieht diese Umformung laut Lask so aus, dass die Wirklichkeit erst in einen Begriff des Rechts, dann der Begriff des Rechts in einen Begriff der Rechtswissenschaft umgeformt wird.[69] Gegenstand der Rechtswissenschaft sind also nicht die Elemente der Wirklichkeit, sondern die Begriffe des Rechts. Daher kommt der Rechtswissenschaftler

> „nicht umhin [...], in der von ihm bereits vorgefundenen primitiven Disziplinierung des Stoffes gleichsam Vorarbeiten der wissenschaftlichen Tätigkeit anzuerkennen. Allein wieweit auch diese ‚vorwissenschaftliche Begriffsbildung' [...] im einzelnen Fall bereits gediehen sein mag, stets muß ihr die eigentliche begriffliche Schärfe und wissenschaftliche Strenge fehlen. Auf jeden Fall wird darum der Wissenschaft immer noch die Aufgabe zufallen, unbestimmte Versuche zu präzisieren, begrifflich fixierten Ergebnissen weiterzubilden, z. B. die verschiedenen Kulturtypen exakt voneinander zu sondern und sie sodann in den einzelnen Disziplinen zu feineren systematischen Verästelungen fortzugestalten."[70]

Im Vergleich zu anderen Kulturwissenschaftlern ist diese Aufgabe laut Lask für den Rechtswissenschaftler von hervorgehobener Bedeutung, weil

> „die Existenz einer vorwissenschaftlichen Begriffsbildung nirgends eine so große Rolle spielt wie auf juristischem Gebiet. Es gibt [...] keine Kulturerscheinung, die sich als begriffsbildender Faktor auch nur annähernd mit dem Recht vergleichen ließe. Das Recht selbst nimmt bereits eine weitgehende Auseinandersetzung zwischen sich und der außerrechtlichen Wirklichkeit vor und bildet Begriffe von so hoher technischer Vollendung, daß sie sich oft nur dem Grade nach von denen der Wissenschaft unterscheiden [...]."[71]

Wolf greift Lasks Verständnis der Rechtswissenschaft auf[72] und dankt ihm im Vorwort der *Strafrechtlichen Schuldlehre* für die „Vorarbeit" in „philosophischer Hinsicht".[73] Die Rechtswissenschaft versteht also auch Wolf als

> „eine empirische Kulturwissenschaft komplex-methodischer Art. Ihre Aufgabe ist teleologisch, d. h. auf Formung der geschichtlichen Wirklichkeit gerichtet, ihre Methode darum weder rein theoretisch, noch rein empirisch, weder beschreibend, noch wertend, sondern wertbeziehend."[74]

---

66 Ibid. 307.
67 Vgl. *Larenz* (Fn. 42), 96 f.; *Wapler* (Fn. 53), 151.
68 *Lask* (Fn. 48), 308 ff.
69 Ibid. 310 ff.
70 Ibid. 309 zur Wissenschaft im Allgemeinen.
71 Ibid. 315 zur Rechtswissenschaft im Besonderen.
72 *Wolf* (Fn. 14), 77 ff.
73 Ibid. VI.
74 Ibid. 79 f.

Wie steht es nun um die Strafrechtswissenschaft als Teil der Rechtswissenschaft? Dies ist die Frage, die Wolf beantwortet wissen will. Innerhalb der Rechtswissenschaft nimmt die Strafrechtswissenschaft für ihn eine „Sonderstellung" ein, weil sie

„[m]ehr als jede andere juristische Disziplin [...] auf vorwissenschaftliche Erkenntnisse und außerrechtliches Material angewiesen [ist], das sie zu spezifisch kriminalistischen Begriffen umzuformen hat. Mehr als die anderen juristischen Disziplinen wiederum erscheint die Strafrechtswissenschaft auf die verschiedensten Kulturwerte bezogen."[75]

Wie muss man sich diese Umformung nun im Detail vorstellen? Ein anschauliches und von Wolf selbst vorgebrachtes Beispiel hierfür ist der Begriff der Krankheit. Auf der ersten Stufe ist dieser Begriff ein naturwissenschaftlicher Begriff; naturwissenschaftlich in dem Sinne, dass er „wertfrei" von einem „Pathologe[n]-Mediziner-Naturwissenschaftler" gebildet wird, also „das spezifische Urteil (nicht Wert-Urteil!) einer generellen Betrachtungsweise über Seinsvorgänge" ist.[76] Auf der zweiten Stufe wird der Begriff der Krankheit von einem naturwissenschaftlichen zu einem strafrechtlichen Begriff umgeformt. Rechtspraktisch betrachtet geschieht diese Umformung dadurch, dass der Gesetzgeber den Krankheitsbegriff in das Strafrecht aufnimmt und der Krankheitsbegriff damit zum Gegenstand der juristischen Auslegung wird.[77] Methodisch formuliert geschieht sie dadurch, dass der Begriff der Krankheit auf den obersten Strafrechtswert – den Staat[78] – bezogen wird.[79] Hierdurch „erhält" der Krankheitsbegriff „eine Wertbeziehung und wird zu einem Begriff, der kulturwissenschaftlich erfaßt werden muß."[80] Auf der dritten Stufe wird der strafrechtliche Begriff der Krankheit schließlich zu einem strafrechtswissenschaftlichen Begriff umgeformt. Diese Umformung besteht darin, dass der strafrechtliche Begriff der Krankheit auf den obersten Wissenschaftswert – die Wahrheit[81] – bezogen wird und damit „in die Systemform der Strafrechtswissenschaft eingeht", also zu einem „wissenschaftliche[n] Begriff" wird.[82] Wo diese doppelte Umformung misslingt, dort ist für Wolf die Begriffsbildung gescheitert. So bezeichnet er beispielsweise die zeitgenössische kausale Täterlehre wegen der fehlenden Umformung des Täterbegriffs als einen

[75] Ibid. 80.
[76] Ibid. 92.
[77] Ibid. 92 f., 95.
[78] Ibid. 116, 140, 175; s. auch *ders.*, in: FG Frank II, 518, 521.
[79] *Wolf* (Fn. 14), 93, 143.
[80] Ibid. 93.
[81] Ibid. 93, 143.
[82] Ibid. 93, ferner 143.

„verhängnisvolle[n] Irrtum. [...] Wir sagen ‚Irrtum': denn alle naturwissenschaftliche Begriffsbildung ist generalisierend, nicht individualisierend. Wir sagen ‚verhängnisvoll': denn die Anwendung dieser Methode im Bereich der Jurisprudenz hat den Täter vom Menschen zur organisierten Materie herabgewürdigt, ihn recht eigentlich denaturiert."[83]

Weiterführend ist die Frage, in welchem Verhältnis die beiden Umformungen zueinanderstehen. Im Ausgangspunkt betont Wolf ihre Trennung. Erst in ihrer „saubere[n] methodologische[n] Scheidung" sieht er „das Rüstzeug zur Erfassung des Sinngehalts aller im Bezirk strafrechtlichen Denkens auftretender Begriffe".[84] Umgekehrt: In der Verkennung dieser Scheidung sieht er den Grund für das Versagen der damaligen Lehre, den Schuldbegriff zu erfassen.[85] Wie Köhler, Rezensent der *Strafrechtlichen Schuldlehre*, herausarbeitet, läuft Wolfs Trennung zwischen strafrechtlichen und strafrechtswissenschaftlichen Begriffen daher auf die Trennung zwischen positivem und metapositivem Recht hinaus.[86] Diesen Gedanken greift Welzel in seiner Habilitationsschrift *Naturalismus und Wertphilosophie im Strafrecht* von 1935 auf und formt ihn zu scharfer Kritik um. Wolfs Ansatz bescheinigt er einen „Blick", der „stets primär auf die begrifflich-formende Tätigkeit am grünen Richtertisch oder am Schreibtisch des Forschers gerichtet" ist, ihren ontologischen Grundlagen „eine tiefbegründete Lebensfeindschaft, ein Abrücken nicht nur der Theorie, sondern auch der Werte vom lebendigen Sein."[87] Diese Kritik hat einen erkenntnistheoretischen Hintergrund, der darin besteht, dass für Welzel nicht – wie aber für die Neukantianer – die Methode den Inhalt hervorbringt, sondern – genau umgekehrt – der Inhalt die Methode bestimmt.[88] Ungeachtet dieses erkenntnistheoretischen Hintergrunds, der sich letztlich gegen Kant richtet,[89] möchte ich zu meiner These übergehen, dass Wolf als neukantianischer Vorläufer einer nützlichen und bescheidenen Allgemeinen Verbrechenslehre interpretiert werden kann. Wer dieser Interpretation beipflichtet, der wird Wolf keine Tätigkeit am „grünen Richtertisch" oder am „Schreibtisch des Forschers" vorhalten, sondern sein Interesse

---

83 *Wolf* (Fn. 19), 10; s. ferner IV.4.

84 *Wolf* (Fn. 14), 93.

85 Ibid. 142 f.

86 *Köhler*, KritV 1929, 501, 517; ähnlich *Mezger*, Strafrecht, 1931, 39; *Radbruch*, in: Kaufmann (Hrsg.), Gustav Radbruch – Gesamtausgabe II, 1993, 206, 353 mit Fn. 14. Diese Deutung legt darüber hinaus *Wolf*, JW 1931, 190 nahe: Wolf kritisiert, dass Schwinge nicht zwischen strafrechtlichen und strafrechtswissenschaftlichen Fragen, soll heißen: „empirisch-historischen" und „transzendent-apriorischen" Fragen, trennt.

87 *Welzel* (Fn. 22), 99 f.; ähnlich schon *E. Kaufmann*, Kritik der neukantianischen Rechtsphilosophie, 1921, 98 f.; kritisch auch *Schwinge*, Teleologische Begriffsbildung im Strafrecht, 1930, 24 ff.

88 *Welzel* (Fn. 22), 77 ff. Vgl. *Stuckenberg* (Fn. 1), 144 f.

89 S. Fn. 36.

an der Optimierung des Rechts und sein Fingerspitzengefühl für den Geist der Zeit preisen.

4. Allgemeine Verbrechenslehre

Zunächst ist zu sehen, dass die strenge Trennung zwischen strafrechtlichen und strafrechtswissenschaftlichen Begriffen ein nicht zu unterschätzendes Maß an Klarheit mit sich bringt. Diese Klarheit folgt aus der Offenlegung des eigenen Diskussionsgegenstandes, der *entweder* darin besteht, dass man das Strafrecht auslegt *oder* darin, dass man das Strafrecht systematisiert. Infolge dieser strengen Trennung lässt sich das Verhältnis zwischen strafrechtlichen und strafrechtswissenschaftlichen Begriffen überhaupt erst genauer benennen: Gibt es einen Einfluss in die eine oder andere Richtung?

Ohne dass Wolf das Gebot der strengen Trennung prinzipiell in Frage stellt, lassen sich hierzu bei ihm zwei interessante Aussagen finden: Zum einen wirkt das Strafrecht auf die Strafrechtswissenschaft dadurch ein, dass das Strafrecht die Begriffe festsetzt, die Gegenstand der Strafrechtswissenschaft werden. „Ein Gesetzbuch, das z.B. eine unterschiedliche Bestrafung der an einer Handlung Beteiligten nicht kennte, würde den kriminalistischen Begriff der Teilnahme nicht zur Entstehung kommen lassen.“[90] Zum anderen – und noch wichtiger – „gleichen sich im Lauf der geschichtlichen Rechtsentwicklung die beiden Stadien der Umformung immer mehr an.“[91] Diese Angleichung – ebenfalls ein Gedanke, der schon Lask bekannt ist[92] – folgt daraus, dass strafrechtswissenschaftliche Begriffe zu strafrechtlichen Begriffen werden, also Begriffe der Strafrechtswissenschaft in das Strafrecht zurückkehren.[93] „[D]ie Rechtsentwicklung nähert sich im Lauf der Geschichte dem Ideal des Naturrechts.“[94]

Wieso kommt es zu dieser Entwicklung? In der Beantwortung dieser Frage liegt der Schlüssel zu einer gewinnbringenden Lesart von Wolfs Ansatz. So kann man ihn so verstehen, dass der wissenschaftliche Unterbau nicht frei in der Sphäre der Wissenschaft schwebt, sondern primär – soweit semantisch zulässig – der Auslegung, subsidiär der Kritik, insgesamt also der Optimierung des Strafrechts dient. Durch diese Ergänzung des doppelten Umformungsprozesses ist eine nützliche Einwirkung der Strafrechtswissenschaft auf das Strafrecht benannt. In diesem Sinne verstehe ich schließlich Wolfs Auseinandersetzung mit

---

90 *Wolf* (Fn. 14), 84. Vgl. auch *Kunert*, Die normativen Merkmale der strafrechtlichen Tatbestände, 1958, 42 f.

91 *Wolf* (Fn. 14), 94.

92 *Lask* (Fn. 48), 315.

93 *Wolf* (Fn. 14), 93 f.

94 Ibid. 94.

dem Begriff der Sache. Denn obwohl er ausschließlich am strafrechtswissenschaftlichen Begriff der Sache interessiert ist, sieht er sich nicht daran gehindert, das Strafrecht auszulegen und zu kritisieren.[95] So gibt er denn auch zu Beginn seiner Auseinandersetzung die „Erschließung des Tatbestandselementes ‚Sache' im geltenden Reichsstrafgesetz" als Ziel aus, d. h. dass er

„das Tatbestandselement ‚Sache' in seiner bisherigen Auslegung durch Wissenschaft und Praxis an Hand der Kriterien [prüft], welche durch seine Wesensart als ‚normatives' Element des Tatbestandes vorgezeichnet sind und anschließend seinen rechtlichen Daseinsraum in den Einzeldeliktstypen [abgrenzt]."[96]

Der Nutzen dieser Einwirkung ist umso größer, als Wolf die strafrechtswissenschaftlichen Begriffe nicht in der „jedem Zweifel entzogenen Wahrheitssphäre" sucht,[97] sondern viel bescheidener auftritt. Diese Bescheidenheit ist ein zentraler Punkt bei der Interpretation Wolfs; sie rührt aus seinem Staatsbegriff. Der Staatsbegriff gelangt in Wolfs Umformungsprozess hinein, weil der Staat der oberste Strafrechtswert ist; er ist der Wert, dessen Inbezugnahme einen Begriff in einen strafrechtlichen Begriff umformt.[98] Trotz der zu Wolfs Zeit omnipräsenten Überhöhung des Staates,[99] ist dieser Begriff aufschlussreich. Denn Wolf versteht unter dem Staat „die Integration aller staatlichen Einzelwillen in stets erneuter dynamischer Selbstverwirklichung."[100] Dieses Verständnis führt nun zu dem entscheidenden Umstand, dass in unterschiedlichen Staaten unterschiedliche Staatsideen herrschen können, die unterschiedliche strafrechtliche Begriffe hervorbringen:

„Gewiß können in der Staatsidee als oberstem Strafrechtswert die verschiedensten Wertgedanken zusammengeballt liegen und es wird dieser jeweilige Inhalt den Inhalt der Strafgesetzgebung, der strafrechtlichen Begriffe bedingen. Im sozialistischen Staat finden wir ein anderes Strafrecht als im absolutistischen, liberalistischen oder demokratischen. In einer Theokratie bekommen die Strafrechtsbegriffe anderen Wertgehalt, als in einer Aristokratie, Plutokratie oder Despotie."[101]

Da also der relative Staatsbegriff die strafrechtlichen Begriffe schafft, hält Wolf es für eine „Selbstverständlichkeit", dass bei der strafrechtlichen Tätigkeit die

---

[95] *Wolf*, in: FG RG V, 66 ff.

[96] Ibid. 45.

[97] So die Charakterisierung der platonischen Philosophie durch *Welzel*, Naturrecht und Materiale Gerechtigkeit, 4. Aufl. 1962 (ND 1990), 21.

[98] S. Fn. 79.

[99] Illustrativ *Wolf* (Fn. 14), 179; *ders.*, ZStW 46 (1925), 203, 217.

[100] *Wolf*, in: FG RG V, 52; ferner auch *ders.*, Krisis und Neubau der Strafrechtsreform, 1933, 33, 43 f.

[101] *Wolf* (Fn. 14), 118; ferner *ders.*, Die Justiz 1927/28, 110, 110 f.

jeweils herrschende Staatsidee leitend ist.[102] Wie steht es aber nun um die strafrechtswissenschaftlichen Begriffe? Auf den ersten Blick ist der Staat hier irrelevant: Der oberste Wert der Wissenschaft ist nicht der Staat, sondern die Wahrheit; die Bezugnahme auf den Wahrheitswert formt einen strafrechtlichen Begriff in einen strafrechtswissenschaftlichen Begriff um.[103] Auf den zweiten und plausibleren Blick kann aber auch die Bildung strafrechtswissenschaftlicher Begriffe „nicht unter dem Gesichtspunkt der formalen Staatsidee geschehen, weil der das Strafrecht konstituierende oberste Wert eben ein inhaltlich-historisch bestimmter und erfüllter Staat ist."[104] Der Staatswert ist daher für den Strafrechtswissenschaftler zwar kein leitender Wert, aber „die Quelle des Verständnisses" des positiven Rechts.[105]

„Denn die verschiedenen Inhalte der Staatsidee bedingen die verschiedenen historischen Erscheinungsformen staatlicher Gemeinschaft, innerhalb deren Recht überhaupt erst zur Entstehung kommt. Mit diesem Relativismus wird nichts anderes zum Ausdruck gebracht, als das schon mehrfach erwähnte historische Element in aller strafrechtlichen Begriffsbildung, und damit ist diesem Element der Raum gelassen, den er theoretisch begründet in Anspruch nehmen darf."[106]

Damit ist ein bescheidener Anspruch nicht nur des Strafrechts, sondern auch der Strafrechtswissenschaft auf den Begriff gebracht. Weder der Raum der strafrechtlichen noch der Raum der strafrechtswissenschaftlichen Begriffe ist die Metaphysik.[107] Vielmehr sind beide Begriffsarten mit der herrschenden Staatsidee verquickt. Diese Verquickung spiegelt sich zugleich in der beschränkten Aufgabe des Strafrechtswissenschaftlers wider, die ausdrücklich nicht darin besteht, Letztbegründungen zu suchen:

„Die Entscheidung der Frage, welche unter den nebeneinander wirksamen Staatsideen die inhaltlich richtige sei, bleibt dem Juristen erspart, denn sie ist im voraus schon entschieden. Der dogmatisch arbeitende Jurist interpretiert und systematisiert ein geltendes Recht. Innerhalb dessen ist es die inhaltliche Idee des bestehenden Staates, welche den Wert bezeichnet, auf den alle Kulturmaterialien dieses Rechtes bezogen sind: Liberalismus, Demokratie, Sozialismus, oder Konservatismus."[108]

Mit dieser staatsbezogenen Relativität der Begriffsbildung baut Wolf eine Brücke zwischen dem südwestdeutschen Neukantianismus und der heutigen Straf-

[102] *Wolf* (Fn. 14), 118.
[103] S. Fn. 82.
[104] *Wolf* (Fn. 14), 118.
[105] Ibid.
[106] Ibid. 117.
[107] Metaphysik mit *Aristoteles*, in: Aristoteles – Philosophische Schriften V, 1995, 6 verstanden als „das Erste (Prinzipien) und die Ursachen".
[108] *Wolf* (Fn. 14), 117.

rechtswissenschaft. Zunächst knüpft Wolf an einen wichtigen Aspekt des südwestdeutschen Neukantianismus an, indem er die Strafrechtswissenschaft nicht als eine wertende Weltanschauung, sondern als eine wertbeziehende Weltanschauungslehre versteht.[109] Gerade Wolfs Nähe zu Radbruch ist in dieser Hinsicht bemerkenswert.[110] Für Radbruch leistet die Rechtsphilosophie ausschließlich eine relativistische Erkenntnis; es geht darum,

> „die überhaupt denkmöglichen letzten Voraussetzungen und damit alle Ausgangspunkte rechtlicher Wertung systematisch zu entwickeln, die Systeme rechtlicher Wertung in ihrem Gegensatz und ihrer Verwandtschaft erschöpfend darzustellen, im Rahmen einer Topik der überhaupt möglichen Weltanschauungen eine Topik der möglichen Rechtauffassungen zu entwerfen und so zwar nicht das System der Rechtsphilosophie, aber die vollständige Systematik ihrer möglichen Systeme zu geben."[111]

Durch seine relativistische Tendenz ist Wolf bei heutiger Betrachtung in besonders interessanter Weise für den Welzel-Schüler Jakobs anschlussfähig.[112] Denn Jakobs' „(Re-)Normativierung"[113] des Strafrechts führt Wolfs Fingerspitzengefühl für den jeweiligen Geist der Zeit in gewisser Weise auf einen Höhepunkt.[114] „Eine gute Strafrechtsordnung ist für Jakobs [...] gleichbedeutend mit einer gesellschaftsadäquaten Strafrechtsordnung."[115] Während Jakobs damit – wie Wolf – von Letztbegründungen explizit absieht,[116] soll das Recht „zu den nun einmal leitenden Wertvorstellungen der Gesellschaft",[117] zum „jeweils entwickelten Stand der stabilen sozialen Wirklichkeit" passen.[118] Die staatsbezogenen Gedanken Wolfs tauchen bei Jakobs also unter dem Motto der Gesellschaftssensibilität wieder auf.

Gegen diese Deutung liegt der Einwand nahe, dass aus Wolfs Staatsbegriff bei Jakobs der Gesellschaftsbegriff wird. In diesem Umstand muss man mehr als nur eine semantische Feinheit sehen, da Wolf seinen Staatsbegriff explizit

---

[109] Zum Verständnis der südwestdeutschen Neukantianer s. illustrativ *Rickert* (Fn. 27, Grenzen), 328 f.; *ders.* (Fn. 25), 24 ff. Zur Interpretation der südwestdeutschen Neukantianer vgl. *Krijnen* (Fn. 25), 121 ff.; *Pawlik*, GA 2014, 369, 375 f. Zur Einordnung Wolfs vgl. *ders.* (Fn. 42).

[110] Vgl. *Pawlik* (Fn. 42).

[111] *Radbruch* (Fn. 86), 234, ferner 230 ff.

[112] Zu „Berührungspunkten" zwischen dem Neukantianismus und Jakobs s. auch *Stuckenberg* (Fn. 1), insb. 146 ff., der jedoch davon ausgeht, dass die einzige „Gemeinsamkeit" zwischen ihnen die „teleologische Methode der Begriffsbildung" ist (150).

[113] *Jakobs*, Strafrecht Allgemeiner Teil, 2. Aufl. 1991, VII.

[114] Zu Jakobs' Lehre vgl. *Pawlik*, in: Kindhäuser u. a. (Hrsg.), Strafrecht und Gesellschaft, 2019, 217 ff.

[115] *Pawlik* (Fn. 114), 241.

[116] *Jakobs*, System der strafrechtlichen Zurechnung, 2012, 18 Fn. 15.

[117] *Jakobs* (Fn. 116), 18 Fn. 15.

[118] *Jakobs*, in: FS für Klaus Lüderssen, 2002, 559, 562.

dem „von der naturwissenschaftlichen Soziologie geschaffene[n] Gesellschaftsbegriff“ gegenübergestellt wissen will.[119] Eine noch deutlichere Verbindungslinie als zu Jakobs lässt sich daher von Wolf zum Jakobs-Schüler Pawlik ziehen. Pawlik geht es ausdrücklich darum, Wolfs strafrechtswissenschaftliches „Programm in die Tat umzusetzen“, das heißt

> „[e]in bestimmtes – und selbstverständlich bestreitbares – Kulturverständnis in ein – wiederum kontrovers diskutierbares – System strafrechtstheoretischer Grundbegriffe zu übersetzen, welches dann die Behandlung dogmatischer Einzelfragen anleitet […].“[120]

Damit lässt Wolf sich schließlich als Vorläufer einer Allgemeinen Verbrechenslehre interpretieren, die darauf abzielt, „die Wertungen und Argumentationsfiguren der etablierten Strafrechtsdogmatik in ein reflektiertes Verhältnis zu weiter ausgreifenden Konzeptionen der Weltdeutung und Lebensorientierung [zu setzen].“[121] Eine solche Allgemeine Verbrechenslehre ist – um den Kreis zu schließen – eine genuin philosophische Angelegenheit im Sinne Rickerts: ein Werkzeug, mit dessen Hilfe der Strafrechtswissenschaftler sich selbst reflektieren kann.[122]

5. Allgemeine Lehre vom Besonderen Teil

Eine solche Allgemeine Verbrechenslehre dient nicht nur einer verständigen Handhabung des Allgemeinen Teils, sondern kann darüber hinaus zu einer Allgemeinen Lehre vom Besonderen Teil ausgebaut werden. Eine Methodik für dieses Vorhaben findet sich ebenso bei Wolf, wodurch er bis heute einem kleinen Kreis an Strafrechtswissenschaftlern angehört.[123] – Auch von hier lässt sich eine, wenn auch losere, Verbindungslinie von den Neukantianern samt Wolf hin zu Jakobs und seiner Schule ziehen.[124]

---

[119] *Wolf* (Fn. 14), 25; ferner *ders.* (Fn. 100), 24 ff.

[120] *Pawlik*, in diesem Band, IV.3; ferner *ders.* (Fn. 42).

[121] *Pawlik*, GA 2014, 369, 373; ferner *ders.*, Das Unrecht des Bürgers, 2012, 14 ff.

[122] Vgl. *Pawlik*, GA 2014, 369, 375 ff.

[123] Vgl. *Kubiciel*, Die Wissenschaft vom Besonderen Teil des Strafrechts, 2013, 1 f.

[124] Nachweise zu strafrechtlichen Neukantianern bei *Ziemann* (Fn. 20), 129 Fn. 691. Dabei wird auch *Wolf* (Fn. 15) genannt. Dies entspricht zwar Wolfs Selbstverständnis (s. nur den Untertitel), kann aber nicht darüber hinwegtäuschen, dass sich dieses Werk in der Anlage von *ders.* (Fn. 19) und *ders.* (Fn. 17) unterscheidet. Zu Jakobs und seiner Schule s. illustrativ *Jakobs*, in: Pawlik (Hrsg.), Günther Jakobs – Strafrechtswissenschaftliche Beiträge, 2017, 427 ff.; *Pawlik*, Das unerlaubte Verhalten beim Betrug, 1999.

In den *Typen der Tatbestandsmäßigkeit* will Wolf eine „Allgemeine Lehre vom Besonderen Teil des Strafrechts" entwickeln.[125] Zur Entfaltung einer solchen Lehre steigt er mit der Klage ein, dass sich

> „die Darstellungen des Besonderen Teils [...] mit Glossierung oder Kommentierung der einzelnen Gesetzesstellen [begnügen]", wobei „einige Gruppen sinnverwandter Rechtsgüter zusammengestellt und innerhalb dieser dann die Einzeltatbestände abgehandelt [werden]."[126]

In diesem Vorgehen erkennt Wolf „zwar [einen] Ansatz zur Systematik [...], aber [kein] wirkliches, d.h. theoretisch begründetes System des Besonderen Teils."[127] Um ein solches System zu entwerfen, hält er es vielmehr für notwendig, dass „die Erkenntnis von den allgemeinen Eigenschaften der gesetzlichen Tatbestände erheblich weiter fortgeschritten [ist]".[128] Diese allgemeinen Eigenschaften der gesetzlichen Tatbestände erblickt Wolf in bestimmten Tatbestandstypen. Zum Handlungsbegriff gilt es laut ihm etwa,

> „eine Typologie der Tatbestandsmäßigkeiten [zu gewinnen], einen Katalog von Deliktstypengruppen, der nicht, wie üblich, von der sozialen Seite her als ein Katalog der ‚Interessenverletzungen' erscheint, sondern von der juristischen Seite her einen Handlungstypenkatalog darstellt."[129]

Ähnlich heißt es zum Täterbegriff, dass

> „[d]ie Problemstellung selbst und ihre Durchführung, insbesondere die Lehre von den ‚Typen der Täterschaftsmäßigkeit', neu [ist]. Sie bildet die Ergänzung zu meinen in diesem Jahre veröffentlichten ‚Typen der Tatbestandsmäßigkeit'. Beide Arbeiten zusammen sind der erste unvollkommene Versuch eines systematischen Entwurfs des ‚Allgemeinen Teils des Besonderen Teils' unseres Strafrechts."[130]

Zum Scharnier zwischen der Allgemeinen Verbrechenslehre und der Allgemeinen Lehre vom Besonderen Teil wird damit der Typusbegriff. Dies wirft die Frage auf, was er bedeutet. Wolfs allgemeine Definition, er bedeute „das sich Wiederholende und Gleichbleibende im Ablauf von Seinsvorgängen",[131] ist unergiebig. Ergiebig sind jedoch Wolfs konkretere Ausführungen in den *Typen der Tatbestandsmäßigkeit* und im *Wesen des Täters* selbst. Einerseits unterscheiden sich die Typen der Tatbestandsmäßigkeit von den Deliktstatbeständen, und zwar

---

125 So lautet schon der Unterteil von *Wolf* (Fn. 17) „Vorstudien zur Allgemeinen Lehre vom Besonderen Teil des Strafrechts"; s. ferner *ders.* (Fn. 19), 5 f.

126 *Wolf* (Fn. 17), 3.

127 Ibid.

128 Ibid.

129 Ibid. 4.

130 *Wolf* (Fn. 19), 5 f.

131 *Wolf*, Verbrechen aus Überzeugung, 1927, 22.

„dadurch, daß sie Produkte der Methode des Gesetzesaufbaus, Indizien für die vom Gesetzgeber befolgte Denkweise und nicht oder jedenfalls nur ‚unverbindlicher' Inhalt des Gesetzes sind. Sie haben formalen Charakter, sind Kategorien der Logik des Besonderen Teiles des Strafrechts."[132]

Andererseits unterscheiden sich die Typen der Tatbestandsmäßigkeit vom Verbrechensbegriff als dem „allgemeinsten Tattypus".[133] Bei ihnen handelt es sich also um „Zwischentypen", die zwischen dem Verbrechensbegriff als dem Genus und den Deliktstatbeständen als den Spezies stehen.[134] Am Beispiel des Handlungsbegriffs lautet demnach ihre „Grundformel": „wer dies und das auf typische Weise unter typischen Umständen und in typischer Einstellung tut, wird bestraft."[135] Entsprechendes gilt für den Täterbegriff:

„Zwischen den abstrakt-gesetzlichen Täterbegriff ‚Wer dies und das tut' und den konkretrichterlichen Täterbegriff ‚Dieser ... der einen Mord begangen hat' schiebt sich der systematisch-wissenschaftliche Täterbegriff ‚Ein solcher ... der dies und das so und so tut'; zwischen den allgemeinsten und des besonderen Tätertypus tritt der Typus der Täterschaftsmäßigkeit."[136]

Insgesamt steht hinter dieser Typologie, deren Anwendung hier im Detail irrelevant ist,[137] die Überzeugung vom Systemdenken, das nun eben auf den Besonderen Teil angewandt wird. Ob diese Überzeugung Wolfs nun eher auf den strafrechtlichen Neukantianismus oder eher unmittelbar auf Kant zurückgeht, ist schwierig zu klären.[138] Der Systembegriff des „alles zermalmenden Kant",[139] das heißt die „Einheit der mannigfaltigen Erkenntnisse unter einer Idee",[140] dürfte jedoch umfassender gemeint sein als der Systembegriff in Wolfs Typologie. Bei Kant hat der Systembegriff „die Aufgabe, den der Vernunft innewoh-

---

132 *Wolf* (Fn. 17), 5.

133 Ibid.

134 Ibid. 5 f.

135 Ibid. 5.

136 *Wolf* (Fn. 19), 26. Zur Frage des Überzeugungsverbrechers als Handlungs- oder Tätertypus s. *ders.* (Fn. 131), 19 ff.; zu dieser Frage als Schuldproblem s. Fn. 191.

137 Zum Handlungsbegriff: *Wolf* (Fn. 17), 17 ff. (Willensentschluss), 26 ff. (Willensbetätigung), 34 ff. (Erfolg), 51 ff. (empirische Handlungsumstände), 61 ff. (personale Handlungsumstände). Zum Täterbegriff: *ders.* (Fn. 19), 16 ff. (Stufen, Arten und Intensitäten des Gesinnungsverfalls), 27 ff. (Typen der Täterschaftsmäßigkeit: gemeingefährlich, gemeinwidrig, gemeinfeindlich, gemeinlässig und gemeinschädlich).

138 Vgl. auch *Stuckenberg* (Fn. 1), 125 ff., der einerseits davon ausgeht, dass „[d]er neukantianische Einfluss" dazu führt, dass „verstärkt der kantische Begriff des Systems als Definiens der Wissenschaft hervorgehoben" wird (135 f.), andererseits, dass „[d]ie Betonung des Systems [...] weniger als neukantisches denn als unmittelbar kantisches Erbe [erscheint]" (152).

139 *Mendelssohn*, Morgenstunden oder Vorlesungen über das Dasein Gottes, 1979, 5.

140 *Kant* (Fn. 36), 538.

nenden Anspruch auf geordneten Zusammenhang einzulösen",[141] bei Wolfs Typologie, „die Tatbestände des Besonderen Teils im Rahmen des Systems des Allgemeinen Teils einzuordnen und die logische Abhängigkeit ihrer Begriffe von den allgemeinen Kategorien des Verbrechens nachzuweisen."[142] Mit diesem Vorgehen geht es Wolf letztlich um eine Verwissenschaftlichung des Besonderen Teils; ein Ziel, das zwar wichtig, vom Umfang her aber eher bei den strafrechtlichen Neukantianern als bei Kant selbst zu verorten ist.[143] In diesem Sinne adelt Wolf denn auch Mayer als den „erfolgreichste[n] Systematiker unter den Neueren."[144]

III. Dogmatik

Dieser Abschnitt setzt sich mit Wolfs Dogmatik auseinander, also dem Verbindungsglied zwischen den Grundlagen (II.) und den Einzelfragen (IV.).[145] Seine Grundlagen führen Wolf zwangsläufig zu einer „Normativierung" des Tatbestands (1.) und seiner Merkmale (2.), die zunächst den Gedanken eines wertfreien Tatbestands verwirft und anschließend Mayers „Entdeckung" der normativen Tatbestandsmerkmale in aller Konsequenz zu Ende denkt.[146] Dieses Denken gipfelt schließlich in Wolfs Begriffslehre, die alle Begriffe des Rechts als normative Begriffe versteht; eine Lehre, die zwar anfällig für Missverständnisse, jedoch nur die Umsetzung seiner Grundlagen ist (3.).

1. Tatbestand

Den Tatbestandsbegriff löst Wolf aus der Welt der Natur heraus und verlegt ihn in die Welt der Kultur; der Tatbestand hat also einen Wertbezug.[147] Dies liegt daran, dass der Tatbestand für Wolf eine „typisierte menschliche Handlung" ist,[148] die „Abstraktion ursprünglich sozialer Vorgänge".[149] Als eine Abstraktion

---

141 So *Pawlik* (Fn. 121), 2; *ders.*, in: FS für Günther Jakobs, 2007, 469.

142 *Wolf* (Fn. 17), 4 f.

143 Vgl. *Pawlik* (Fn. 121), 15 f.; *Ziemann* (Fn. 20), 128 f.

144 *Wolf*, in: FG RG V, 44; ähnlich *ders.* (Fn. 14), 60.

145 Treffend bezeichnet *Welzel* (Fn. 22), 93, 96 – unter Hinweis auf Wolf – die Tatbestandslehre als „Eingangspforte" des Neukantianismus in das Strafrecht, die normativen Tatbestandsmerkmale präzisierend als dessen „[e]igentlichen Eingang".

146 Schon Wolfs Heidelberger Probevortrag (28.2.1927) heißt *Die normativen Tatbestandselemente im Strafrecht.* Dieser ist jedoch – soweit ersichtlich – nicht publiziert.

147 Vgl. *Jescheck*, in: FS für Erik Wolf, 1962, 473, 473 f.

148 *Wolf* (Fn. 17), 6; s. ferner II.5.

149 *Wolf* (Fn. 17), 11.

sozialer Vorgänge ist der Tatbestand aber nicht – wie etwa von Beling befürwortet – „rein" gehalten „von jeder Wertung im Sinne der Rechtswidrigkeit".[150] Im Gegenteil, Wolf geht davon aus, dass die „Dreigliederung [des Verbrechensbegriffs] und insbesondere die Scheidung von Tatbestandsmäßigkeit und Rechtswidrigkeit überhaupt nur heuristischen, aber nicht theoretischen Wert für sich beanspruchen kann."[151] Das Prädikat tatbestandsmäßig drückt für ihn also einen negativ bewerteten Sachverhalt aus.[152] Es ist, modern gewandt, ein Urteil über das Unrecht einer Tat, das in tatsächlicher und rechtlicher Hinsicht auf beschränkter Grundlage erfolgt.[153]

2. Tatbestandsmerkmale

Ein Wertbezug besteht für Wolf nicht nur beim Tatbestand, sondern auch bei seinen Merkmalen. Diese Annahme beruht insbesondere auf der Lehre Mayers,[154] die neben Mezgers Lehre Wolfs wichtigste dogmatische Grundlage ist.[155] Für Wolf war es Mayer, der zuerst erkannte, „daß es Elemente im gesetzlichen Tatbestand gibt, welche kein in der Außenwelt, sondern ein in der Rechtswelt sich abspielendes Ereignis bezeichnen" und sie als „normative Tatbestandselemente" in Umlauf brachte.[156]

Trotz aller Bewunderung kritisiert Wolf Mayers Lehre in entscheidender Weise. Wolfs Kritik lautet, dass Mayer zwar die „Entdeckung" der normativen Tatbestandsmerkmale gelang,[157] er sie jedoch als bloße „Kuriosa" verwarf.[158] Für Wolf hingegen gibt es „nur eine scheinbar erschöpfende Beschreibung der Tatmerkmale […], während in Wahrheit unter dem äußerlichen Prunk strenger Begriffslogik dehnbare, streckbare, vieldeutige Vorstellungen sich verbergen."[159] Daher sind für ihn auch die vermeintlich deskriptiven Tatbestandsmerkmale „normativ durchsetzt", weil man bei ihnen nur scheinbar Erfahrungs-

---

[150] *Beling*, Die Lehre vom Verbrechen, 1906, 206.

[151] *Wolf*, in: FG RG V, 54; ferner *ders.*, in: FG Frank II, 563 f.

[152] S. auch *Wolf* (Fn. 14), 130 f.; *ders.*, in: FG Frank II, 565. Vgl. auch *Kunert* (Fn. 90), 43 f.

[153] Zu diesem Tatbestandsverständnis s. nur NK-StGB/*Puppe*, 5. Aufl. 2017, Vor § 13 Rn. 9 f.

[154] *Mayer*, Der Allgemeine Teil des Deutschen Strafrechts, 1923, 182 ff.

[155] Auf Mayers Lehre baut Wolf die Normativierung der strafrechtlichen Begriffe auf, s. nur *Wolf* (Fn. 17), 56 ff.; *ders.*, in: FG RG V, 54 ff. Diese Normativierung wird bei Wolf ergänzt durch eine Subjektivierung, für die er sich vor allem auf Mezger beruft, s. nur *ders.*, ZStW 54 (1935), 544, 550 ff.; *ders.* (Fn. 19), 5; *ders.* (Fn. 17), 61 f.

[156] *Wolf*, in: FG RG V, 54; ferner *ders.*, MSchrKrimPsych 20 (1929), 665, 666.

[157] *Wolf*, in: FG RG V, 45. Entnaturalisiert müsste es eher „Erfindung" heißen.

[158] *Wolf* (Fn. 17), 16.

[159] *Wolf* (Fn. 19), 22.

tatsachen anwendet, während in Wahrheit auch „diese Erfahrung selbst wieder dem Reiche der wertbezogenen Kultur entstammt".[160] Diese Verortung der Erfahrung in der Kultur führt Wolf sodann zu der universalen Annahme: „alle Tatbestandselemente sind normative".[161]

3. Begriffe

Wolf geht schließlich noch einen Schritt über diese Annahme hinaus. Nicht nur die Tatbestandsmerkmale, sondern *alle* Begriffe des Strafrechts und des Rechts überhaupt sind für ihn eines: normativ.[162] Deshalb mag man Mayer zwar als „Entdecker" der normativen Tatbestandsmerkmale würdigen, aber es ist Wolf, der die Normativität aller rechtlichen Begriffe konsequent vollendet.[163] Ungeklärt ist aber noch die Frage, was die – im heutigen Diskurs – „Modevokabel"[164] normativ bei Wolf genau meint.

Zunächst könnte man meinen, dass Wolfs Gegenbegriff zum Normativismus der Deskriptivismus ist.[165] Den Anlass für dieses Missverständnis gäbe Wolf selbst, und zwar indem er regelmäßig die Begriffe normativ und deskriptiv gegenüberstellt.[166] Jenseits Wolfs missglückter Terminologie ist aber eine andere Interpretation naheliegender: Wolfs Gegenbegriff zum Normativismus ist nicht der Deskriptivismus, sondern der Naturalismus.[167] Der Naturalismus wurde vor allem durch von Liszt in die zeitgenössische Strafrechtswissenschaft hineingebracht und bestimmte – so Wolf – etwa den Handlungs-,[168] den Täter-[169] und den

---

[160] *Wolf*, in: FG RG V, 55.

[161] *Wolf* (Fn. 17), 59; ferner *ders.* (Fn. 19), 23; *ders.*, in: FG RG V, 56.

[162] *Wolf* (Fn. 19), 22 ff.; *ders.* (Fn. 17), 36.

[163] Ähnlich *Roxin/Greco*, Strafrecht Allgemeiner Teil I, 5. Aufl. 2020, 386; *Welzel* (Fn. 22), 96.

[164] *Hilgendorf*, in: FS Für Hubert Rottleuthner, 2011, 45.

[165] So wird Wolf von *Roxin/Greco* (Fn. 163), 386 f., 406 für die Abgrenzung deskriptiver und normativer Tatbestandsmerkmale in Anspruch genommen; in der Sache geht es aber auch bei ihnen nicht um den Inhalt eines Begriffs, sondern um die Methodik für die Bestimmung eines Begriffs.

[166] Illustrativ *Wolf* (Fn. 19), 22 f.; *ders.* (Fn. 17), 58 f., 61; *ders.*, in: FG RG V, 55 f. Bei *dems.* (Fn. 14), 121 meint der Begriff normativ denn auch: eine Norm ausdrückend.

[167] Vgl. auch *Goldschmidt*, in: FG Frank I, 1930, 428, 448; *Papathanasiou*, Irrtum über normative Tatbestandsmerkmale, 2014, 45 ff.; *Zielinski*, Handlungs- und Erfolgsunwert im Unrechtsbegriff, 1973, 97 f. In diesem Sinne wohl auch *Niewertberg*, Rechtswissenschaftlicher Begriff und soziale Wirklichkeit, 1983, 131 mit Fn. 446, der Wolf für seine These in Anspruch nimmt, dass ein Begriff dann ein normativer Begriff ist, wenn er in einer Norm vorkommt.

[168] *Wolf* (Fn. 17), 13 ff.

[169] *Wolf* (Fn. 19), 7 ff.

Schuldbegriff.[170] Wolf selbst weist diese Methode entschieden zurück: „Methodenkritischer Betrachtung gegenübergestellt," hält er sie für „unhaltbar".[171] „Die Frage: etwas ist geschehen? will nicht meinen: was hat sich physikalisch ereignet (er‚äug'net!) oder verändert, sondern: was hat sich rechtlich begeben?"[172] Wolfs These, dass alle Begriffe des Rechts normativ sind, bedeutet nach dieser Lesart nicht mehr und nicht weniger, als dass die Rechtswissenschaft ihre Begriffe selbst und wertbezogen bilden muss – statt Begriffe der Naturwissenschaften zu übernehmen.[173] Nur diese „teleologische"[174] Interpretation, nach der Wolf eine wichtige Diskussion seiner Zeit aufgreift,[175] entspricht seinen Grundlagen: Jeder naturwissenschaftliche Begriff ist in einen strafrechtswissenschaftlichen Begriff umzuformen.[176] Plakativ:

> „Selbst scheinbar unerschütterlich feststehende Begriffe, wie der des ‚Hundes' oder ‚Bauwerkes' schwanken. Ob z. B. eine Kreuzung zwischen Hund und Wolf den Vorschriften über die Hundebesteuerung unterliegt, richtet sich nicht nach zoologischer Artbestimmung, sondern nach der Teleologie des Gesetzes und der Rechtsanwendung."[177]

IV. Einzelfragen

Dieser Abschnitt geht auf zentrale Einzelfragen Wolfs ein. Er dient damit insbesondere der Veranschaulichung der Grundlagen (II.) und der Dogmatik (III.), da Wolf treffend davon ausgeht, dass die Bestimmung einzelner Begriffe durch ihren normativen Charakter „vorgezeichnet" ist.[178] Der Neukantianismus ist dabei besonders präsent in Wolfs Schuldbegriff (1.) und in seinem Sachbegriff (3.). Ersterer verdeutlicht die staatsbezogene Relativität der Begriffsbildung; letzterer die Frage nach der methodischen Abgrenzung einzelner Wissenschaftsge-

---

[170] *Wolf* (Fn. 14), 19 ff.

[171] *Wolf* (Fn. 17), 15.

[172] Ibid. 28 (zum Unterlassen).

[173] Vgl. *Kuhli*, Normative Tatbestandsmerkmale in der strafrichterlichen Rechtsanwendung, 2018, 60 f.; *Kunert* (Fn. 90), 42 f. *Wolf* (Fn. 17), 59 ff.; *ders.*, in: FG RG V, 54 f., gliedert dieses Begriffsverständnis in „wertgefüllte" und „wertausfüllungsbedürftige" Begriffe. Zum letzteren Aspekt vgl. *Kuhli* (Fn. 173), 61 ff.; *Kunert* (Fn. 90), 43 f.

[174] Laut *Jescheck*, in: FS Wolf, 473, hat Wolf die „teleologische Verbrechenslehre [...] in gewisser Hinsicht [...] auf einen Höhepunkt ihrer Entwicklung geführt".

[175] Illustrativ *Schwinge* (Fn. 87), insb. 19 ff.

[176] S. II.3.

[177] *Wolf*, in: FG RG V, 55; ähnlich *ders.* (Fn. 19), 23.

[178] So *Wolf*, in: FG RG V, 45 zum Begriff der Sache. Zur Normativität des Handlungsbegriffs s. *ders.* (Fn. 17), 13 ff. Zur Normativität des Täterbegriffs s. *ders.* (Fn. 19), 19 ff., 36. Zur Normativität des Schuldbegriffs s. *ders.*, in: FG Frank II, 578 ff.; *ders.* (Fn. 14), 112. Zur Normativität des Sachbegriffs s. *ders.*, in: FG RG V, 45, 56, 67.

biete. Darüber hinaus ist Wolfs Handlungsbegriff interessant: nicht nur, weil er Wolfs Anliegen hervorhebt, die Strafrechtswissenschaft zu entnaturalisieren, sondern vor allem, weil er in einem auffallenden Verhältnis zu Wolfs Schuldbegriff steht (2.). Der Täterbegriff deutet abschließend Wolfs Abwendung vom Neukantianismus an (4.).

1. Schuld

„Es bedurfte erst der großen geistigen Wirkung der südwestdeutschen Philosophie“, so liest man, „um die wertende Betrachtung für die Lehre von der Schuld fruchtbar zu machen.“[179] Obwohl diese Einschätzung von Wolfs Schüler Hall zu hoch gegriffen sein dürfte,[180] behält sie bezüglich Wolf ihren wahren Kern: „Wer die Schuld im psychologischen Sinne als die innere Seite der Tat, ihre Widerspiegelung in der Seele des Täters, versteht, hat ihr Wesen verfehlt.“[181] Wolfs Umformung heißt für den Schuldbegriff also: Entpsychologisierung.

Über das „Wesen der Strafrechtsschuld“ etwas „theoretisch, d. h. allgemein gültig auszumachen“,[182] kann also nicht im Bereich der reinen Empirie, sondern nur im Bereich der Kultur gelingen.[183] In diesem Bereich geht es nun nicht um eine Feststellung, sondern um einen Vorwurf.[184] Gegenstand dieses Vorwurfs sind die Motive des Täters: „Die Schuld ist nichts im Täter Nachweisbares, sondern das Urteil über ihn, das Vorwerfbarkeit der Motivation bedeutet.“[185] Ganz unabhängig von dem also, was heute als „normativer Schuldbegriff“ bezeichnet wird,[186] geht es bei Wolfs Schuldbegriff demnach um ein Werturteil über Motive. Dieses Werturteil lautet in

> „endgültig aufgeschlossener Form: der Täter hat verneint, von dem man weiß, daß man es bejahen soll, wenn Sinn sein soll, resp. der Täter hätte bejahen sollen, von dem man weiß, daß man es bejahen soll, wenn Sinn sein soll.“[187]

---

[179] So *Hall*, in: Würtenberger (Hrsg.), Quaestiones et Responsa, 1968, 9 f.

[180] Ich bin unsicher, wen er mit der „südwestdeutschen Philosophie“ meint; jedenfalls nennt er neben Frank die Neukantianer Radbruch, Dohna und Mayer. Den Einfluss des Neukantianismus auf die heutige Strafrechtswissenschaft bezeichnet *Stuckenberg* (Fn. 1), 145 jedoch treffend als „Desiderat der dogmengeschichtlichen Forschung.“ Äußerst zurückhaltend fällt auch das Urteil von *Frisch*, in diesem Band, aus.

[181] So *Hall* (Fn. 179), 9.

[182] *Wolf* (Fn. 14), 12.

[183] Ibid. 124 ff.

[184] Ibid.

[185] *Wolf* (Fn. 100), 38; ähnlich *ders.*, ZStW 54 (1935), 544.

[186] Diese Lehre geht zurück auf *Frank*, in: FS für die Juristische Fakultät in Gießen, 1907, 519 ff. Zur Auseinandersetzung Wolfs mit Frank s. *Wolf* (Fn. 14), 53 ff.

[187] *Wolf* (Fn. 14), 139.

Da es bei Wolfs Schuldbegriff demnach um eine Negation dessen geht, das sein soll, stellt sich die Frage, was sein soll.[188] Was sein soll, folgt für Wolf nicht aus einer Straftheorie oder aus einem Verbrechensbegriff, sondern – konsequenterweise[189] – aus dem Staatsbegriff.[190] Infolgedessen formuliert Wolf seinen Schuldbegriff abschließend als: „Staatspflichtwidrigkeit oder Mangel an Staatspflichtbeachtung."[191]

Dass dieser Schuldbegriff nicht nur kompliziert,[192] sondern auch leer ist, ist ein Einwand, der genauso alt ist wie der Schuldbegriff selbst.[193] Der zweite Aspekt dieser Kritik hat eine allgemeine Kritik am Neukantianismus zur Grundlage, die noch älter ist als Wolfs Schuldbegriff.[194] Die Entkräftung dieser Kritik gelingt jedenfalls hinsichtlich Wolfs Schuldbegriff nicht mit dem Argument, dass es sich nicht um einen „inhaltsleeren, formalen, statischen", sondern um einen „materialen, stoffgesättigten, teleologischen" Begriff handelt.[195] Vielmehr ist die Formalität von Wolfs Schuldbegriff seine Stärke; sie rührt aus der Bescheidenheit, die in der staatsbezogenen Relativität seiner Begriffsbildung liegt.[196] Dieser Zusammenhang wird deutlicher, sobald man den Schuldbegriff beachtet, den Mayer schon 1901 in seiner Schrift *Die schuldhafte Handlung und ihre Arten im Strafrecht* vorstellt.[197] Dort versteht Mayer unter Schuld die „pflichtwidrige Willensbethätigung, die einen rechtswidrigen Erfolg zur Wirkung hat."[198] Eine Teildefinition der Pflichtwidrigkeit gibt er dabei nicht an, denn dieser Begriff

---

188 Treffend *Wolf* (Fn. 100), 39.

189 Zur Bedeutung des Staatsbegriffs s. II.4.

190 *Wolf* (Fn. 14), 140; allgemeiner *ders.*, ZStW 54 (1935), 544 f.; *ders.* (Fn. 100), 5 f., 23 ff., 38 ff.; *ders.*, in: FG Frank II, 519 ff.

191 *Wolf* (Fn. 14), 179; ferner *ders.* (Fn. 100), 39; *ders.*, in: FG Frank II, 546 f., 581 f. Während die *Strafrechtliche Schuldlehre* laut *ders.* (Fn. 14), 39 Fn. 23, 176 nur einen ersten theoretischen Teil kennt, ist ein interessantes Anwendungsbeispiel der Überzeugungsverbrecher, dazu s. *ders.* (Fn. 131), insb. 23 ff.; ferner *ders.*, ZStW 54 (1935), 544, 548 f.; *ders.*, in: FG Frank II, 572; *ders.*, ZStW 46 (1925), 203, 215 f., 217. Zur Interpretation dieses Anwendungsbeispiels vgl. *Grünhut*, ZStW 50 (1930), 283, 318 f.

192 *Kantorowicz*, Tat und Schuld, 1933, 37 f. Fn. 5: „Ich muss allerdings mit der Möglichkeit rechnen, Wolfs System unrichtig dargestellt zu haben. Denn ich bekenne frei, dass ich sein Werk grossenteils nicht verstanden habe."

193 *Köhler*, KritV 1929, 501, 511; ähnlich *Schwinge* (Fn. 87), 24 f.

194 *E. Kaufmann* (Fn. 87), 100.

195 So die Verteidigung Rickerts gegen die allgemeine Kritik am Neukantianismus durch *Schwinge* (Fn. 87), 17. Wolf hingegen kritisiert auch Schwinge, s. Fn. 193.

196 Dazu s. II.4.

197 *Mayer*, Die schuldhafte Handlung und ihre Arten im Strafrecht, 1901. Zur Auseinandersetzung Wolfs mit Mayers Schuldbegriff s. *Wolf* (Fn. 14), 60 ff.

198 *Mayer* (Fn. 197), 106.

„ist ein solches durch und durch historisches Element, das im Verein mit dem Merkmal ‚rechtswidrig' den materiellen Inhalt der Formel in den Fluss der Zeit stellt, die Formel selbst aber vor der Gewalt der Zeit befreit. [...] Wie überall, so muss das Recht sich auch hier an die im Volke lebendigen Anschauungen halten; was der grossen Mehrzahl auf Grund der allgemeinen durch Religion und Erziehung gebildeten Anschauungen gut und böse ist, das ist es auch vor den Gerichten. [...] Im Anschlusse an Merkel können wir sagen: Die Pflichtwidrigkeit des Wirkens einer Person bemisst sich nach den geltenden Werturteilen."[199]

Infolge dieser Zurückhaltung stellt Mayer die maximal formale These auf, dass „der Begriff der schuldhaften Handlung [...] im Strafrechte [nur] die Funktion [hat], die Strafe zu konstituieren."[200] Mayers Schuldbegriff ist also – wie Stuckenberg betont – ein „formales Prinzip", weil er nur nach seinem Zweck bestimmt wird, der darin besteht, eine Strafe zu ermöglichen.[201]

An dieser Stelle ist erneut ein Zusammenhang mit Jakobs identifizierbar. Zwar verlässt Jakobs mit seiner These von der Schuld als „Derivat der Generalprävention"[202] den rein formalen Boden Wolfs und Mayers. Diesen Schritt geht Jakobs, indem er den Schuldbegriff durch den generalpräventiven Zweck der kontrafaktischen Normsicherung auflädt; für Jakobs besteht „die Ermittlung von Schuld bei Anwendung des geltenden Strafrechts [...] in der Begründung des Bedürfnisses, zur Bestätigung der Verbindlichkeit der Ordnung gegenüber dem rechtstreuen Bürger in bestimmtem Maß zu strafen".[203] Diese inhaltliche Aufladung dürfte nun zwar mit dafür verantwortlich sein, dass üblicherweise weder Wolfs noch Mayers Schuldbegriff als Vorläufer von Jakobs Schuldbegriff in Betracht gezogen wird.[204] Trotzdem darf sie nicht darüber hinwegtäuschen, dass Jakobs Schuldbegriff auf seiner höchsten Abstraktionsebene ein „formaler Begriff" ist.[205] „Nur der Zweck gibt dem Schuldbegriff Inhalt."[206] Für Jakobs hängt deshalb

„[w]as Schuld ist [...] in dem Maß von der jeweiligen Verfassung der Gesellschaft ab, in dem auch der Bestand des Unrechts davon abhängig ist. Was Schuld in einem allgemeinen Sinn ist, läßt sich deshalb allenfalls rahmenmäßig benennen; Konkretisierungen sind allein unter Bezug auf ein einigermaßen genau umrissenes soziales System möglich. [...] Der Schuldbegriff ist deshalb funktional zu bilden, d. h. als Begriff, der eine Regelungsleistung nach einer bestimmten Regelungsmaxime [...] für eine Gesellschaft bestimmter Verfassung erbringt."[207]

---

199 Ibid. 109 f.

200 Ibid. 3.

201 *Stuckenberg* (Fn. 1), 134.

202 *Jakobs*, in: Pawlik (Hrsg.), Günther Jakobs – Strafrechtswissenschaftliche Beiträge, 2017, 641, 664.

203 Ibid.

204 Vgl. *Stuckenberg* (Fn. 1), 148, insb. Fn. 196.

205 *Jakobs* (Fn. 202), 650.

206 Ibid.

207 *Jakobs* (Fn. 113), 483 f.

2. Handlung

In den *Typen der Tatbestandsmäßigkeit* wird auch der Handlungsbegriff „nicht mehr naturalistisch verstanden, sondern in seinem sozialen Sinngehalt erfaßt".[208] Dieser Sinngehalt besteht darin, dass eine Handlung nicht allein eine erfolgsbedingende „‚Willensbetätigung' = Innervation der Muskeln (sei's zur Tätigkeit, sei's zur Ruhe)" darstellt,[209] sondern sie ausschließlich als „Angriff auf ein Tatobjekt" interessiert.[210] Denn

> „[m]enschliches Verhalten läßt sich […] stets nur in sehr oberflächlicher Weise als abstrakte ‚Tatsachen'beschreibung typisieren. Menschliches Verhalten ist Willensverhalten und als solches niemals rein tatsächlicher Natur."[211]

Infolge dieser Bestimmung des Handlungsbegriff stehen sich bei Wolf ein reichhaltiger Handlungsbegriff und ein leerer Schuldbegriff gegenüber, auch wenn Wolf letzteren als „Zentralbegriff des strafrechtlichen Denkens" prononciert.[212] Dies wirkt sich notwendigerweise auf die Positionierung von Vorsatz und Fahrlässigkeit im Systemaufbau aus, die Jescheck als „einen Wendepunkt im strafrechtlichen Systemdenken" charakterisiert.[213] So zieht Wolf selbst eine Konsequenz, die üblicherweise der finalen Handlungslehre zugeschrieben wird: „Dem Vorsatz und der Fahrlässigkeit als psychischen Aktformen des Sichentschließens kann deshalb nur eine konstitutive Bedeutung für den Handlungsbegriff, aber nicht für den Schuldbegriff zukommen."[214] Wolfs Gedankengang rührt dabei indes weniger aus einer Gegenüberstellung des Schuldbegriffs mit dem Handlungsbegriff, sondern eher aus einer strafrechtlichen Analyse, die aber wiederum auf seinem Handlungsbegriff beruht.[215] Sein wesentliches Argument sind diejenigen Deliktstatbestände, die ausdrücklich eine Art subjektiven Tatbestand benennen, bei denen also vorsätzlich, absichtlich, etc. im Tatbestand selbst steht.[216] Diese – damals – „anomale Erscheinung"[217] verwirft er nicht un-

---

[208] So *Jescheck*, in: FS Wolf, 473.

[209] *Wolf* (Fn. 17), 13.

[210] Ibid. 17.

[211] Ibid. 10 f.

[212] *Wolf* (Fn. 14), V; ähnlich *Mayer* (Fn. 197), 11 f.

[213] *Jescheck*, in: FS Wolf, 474.

[214] *Wolf* (Fn. 100), 39; ferner *ders.* (Fn. 17), 18 f.; *ders.*, in: FG Frank II, 572 ff. Zur finalen Handlungslehre s. nur *Welzel*, in: ders. (Hrsg.), Abhandlungen zum Strafrecht und zur Rechtsphilosophie, 1975, 7 ff. Allgemein zu diesem Zusammenhang vgl. *Stuckenberg* (Fn. 1), 146; *ders.*, in: Frisch u. a. (Hrsg.), Lebendiges und Totes in der Verbrechenslehre Hans Welzels, 2015, 87, 91 f.

[215] Vgl. auch *Jescheck*, in: FS Wolf, 474.

[216] *Wolf* (Fn. 17), 17 ff.

[217] So *Jescheck*, in: FS Wolf, 474.

ter Hinweis auf eine „rein stilistische Bedeutung", sondern sieht sie „einem unbewußten Typisierungsbedürfnis" des Gesetzgebers entspringen.[218] Auf diesem Weg gelangt er zu dem universalen Ergebnis: Vorsatz und Fahrlässigkeit sind nicht die beiden Formen der Schuld, sondern jeweils ein „widerlegbares Schuldindiz".[219] Umgekehrt: „Schuld fängt erst dort an, wo das vorsätzliche oder fahrlässige Tun unwertbetont erscheint."[220]

3. Sache

Seinen Sachbegriff entfaltet Wolf in der Festgabe für das Reichsgericht von 1929. Nach Langes Einschätzung ist es dieser Beitrag Wolfs, seit dem „spätestens [...] außer Streit [steht], daß alle Tatbestandselemente normativ sind".[221] Für Wolf kann es demnach – wenig überraschend – keinen „naturalen Begriff der Sache (den es vielleicht in der Physik, aber jedenfalls nicht im Kulturleben gibt)" geben, „denn alles Rechtsleben ist Kulturleben".[222] Daher bedeutet Sache für Wolf gerade nicht – wie jedoch für das BGB[223] – körperlicher Gegenstand.[224] Als die „drei Grundvorstellungen des Sachbegriffs" identifiziert er vielmehr das „objektive Fürsichbestehen", das „kulturelle Dasein" und die „Beherrschtheit vom Menschen".[225]

Mit Wolfs Sachbegriff geht damit die Eigenheit einher, dass Wolf sein eigenes Vorhaben beschränkt, den Begriff zu verallgemeinern: Seine Verallgemeinerung bezieht sich nur auf die Strafrechtswissenschaft.[226] Hinter ihrem scheinbar speziellen Charakter steht zudem eine größere Frage, die Wolfs Diskussion des Sachbegriffs aus zeitgenössischer[227] und heutiger[228] Perspektive bedeutsam macht: Sind die strafrechtswissenschaftlichen Begriffe autonom oder akzessorisch zu bilden? Wolfs Antwort ist eindeutig: autonom. So heißt es zum Sachbegriff, dass

---

218 *Wolf* (Fn. 17), 18.

219 *Wolf* (Fn. 100), 39.

220 Ibid.

221 *Lange*, in: FS für Hans Göppinger, 1990, 103; ähnlich *Stuckenberg* (Fn. 1), 135.

222 *Wolf*, in: FG RG V, 50.

223 § 90 BGB.

224 *Wolf*, in: FG RG V, 46 f.

225 Ibid. 50. In der Sache geht es dabei um den Ausschluss kulturell bedeutungsloser Gegenstände (62).

226 Zum Verallgemeinerungsvorhaben s. bereits den Untertitel von *Wolf*, in: FG RG V, 44.

227 Illustrativ *Bruns*, Die Befreiung des Strafrechts vom zivilistischen Denken, 1938.

228 Illustrativ *Schulze-Bühler*, Die Zivilrechtsakzessorietät im Urheberstrafrecht und ihre Grenzen, 2020, insb. 122 ff.

„[d]ie weitgehende Sinngemeinschaft und wörtliche Übereinstimmung mit feststehenden zivilrechtlichen oder publizistischen Begriffen […] die Frage nach der besonderen ‚Nuance', welche der Sachbegriff durch seine Aufnahme ins Strafgesetz bekommt, nicht gleichgültig machen [kann]."[229]

Später stellt er dann die allgemeinere Regel auf, dass „[j]eder ab initio zivilrechtliche Begriff, der ins Strafrecht hineingenommen wird, […] in [seinem] neuen Licht und Lebensraum [erscheint]."[230] Wolfs Zeitgenosse Bruns leitet daraus treffend ab, dass diese Regel „nicht auf die […] dem Zivilrecht entlehnten Tatbestandsmerkmale beschränkt bleiben darf, sondern in gleicher Weise für alle Begriffe aus anderen Rechtsgebieten gelten muß".[231] So räumt er Wolfs Sachbegriff denn auch eine „offensichtlich[e]" Relevanz für sein Habilitationsvorhaben von 1938 ein, das Strafrecht vom „zivilistischen Denken" zu „befreien".[232]

Dabei steht hinter Wolfs These von der Autonomie der strafrechtswissenschaftlichen Begriffe auf den ersten Blick ein Gedanke der neukantianischen Wissenschaftslehre: die „Autonomie der einzelnen Wissensgebiete".[233] Aber wie groß zieht man den Bezirk eines Wissensgebiets? Zunächst scheint es, als gehe es um das Wissensgebiet Strafrechtswissenschaft, dessen Abgrenzung von den Naturwissenschaften stets hervorgehoben wird.[234] Auf Grundlage dieser Annahme liegt es nahe, das Wissensgebiet Strafrechtswissenschaft auch vom Wissensgebiet Zivilrechtswissenschaft abzugrenzen. So hätte man ein neukantianisches Argument für Wolfs These von der Autonomie der strafrechtswissenschaftlichen Begriffe entwickelt.

Zwingend ist diese Vorgehensweise jedoch nicht. In der Frank-Festgabe von 1930 stellt Wolf sich die Frage nach dem Verhältnis des Strafrechts zum Ordnungswidrigkeitenrecht.[235] Da beide Gebiete für ihn als Rechtsgebiete durch den Staatswert konstituiert sind,[236] steht seine These von ihrer qualitativen Abgrenzung[237] vor einem Problem. Zur Lösung dieses Problems gliedert Wolf den

---

229 *Wolf*, in: FG RG V, 46.

230 Ibid.

231 *Bruns* (Fn. 227), 111 f.

232 Ibid. 112. Schon im „Vorspruch" stellt Bruns seiner Schrift ein Zitat von Freisler voran, der über das Strafrecht das „volkstümliche Rechtsdenken überhaupt wieder zurückerober[n]" will. Zur geschichtlichen Einordnung dieser Schrift s. *Cornelius*, Verweisunbedingte Akzessorietät bei Straftatbeständen, 2016, 220 ff.

233 *Windelband* (Fn. 27), 139, ferner 139 f. Zu diesem Aspekt des Neukantianismus vgl. *Pawlik* (Fn. 1), 249.

234 S. II.3.

235 *Wolf*, in: FG Frank II, 516 ff.

236 Ibid. 520 f.

237 Ibid. 518 ff.; ferner *ders.*, ZStW 54 (1935), 544, 554 f.

Staatswert in drei Elemente: den Rechtswert, den Machtwert und den Wohlfahrtswert.[238] Diese Gliederung erlaubt es ihm, das Strafrecht dem Rechtswert, das Ordnungswidrigkeitenrecht dem Wohlfahrtswert zuzuordnen.[239] Mit diesem Vorgehen plausibilisiert man letztendlich die „Autonomie des Wissensgebiets“ Strafrechtswissenschaft gegenüber der Ordnungswidrigkeitenwissenschaft. Kann man sie auf das Verhältnis der Strafrechts- zur Zivilrechtswissenschaft übertragen? Diese Übertragung scheint zweifelhaft. Denn warum sollte – zugunsten Wolfs die Dreifaltigkeit des Staatswertes unterstellt[240] – der gerechte Staat nur der konstituierende Wert des Strafrechts und nicht auch des Zivilrechts sein? Es wird wohl nicht der Macht- oder der Wohlfahrtsstaat sein.[241] Wenn nun aber der gerechte Staat der konstituierende Wert beider Disziplinen ist, befinden sie sich dann nicht in einem Wissensgebiet? Wenn beide Disziplinen sich nun aber in einem Wissensgebiet befinden, dann liegt es jedenfalls nahe, identische Begriffe in beiden Disziplinen auch identisch zu bestimmen.[242]

4. Täter

Seinen Täterbegriff entfaltet Wolf im *Wesen des Täters*. Sein Ausgangspunkt ist, dass er die – von Lombroso auf die Spitze getriebene[243] – naturwissenschaftliche Betrachtung, nach der „bei jeder Wesenserkenntnis vom Menschen die Naturwissenschaft das entscheidende Wort zu reden habe“,[244] verwirft. Diese Betrachtung macht er dafür verantwortlich, „die Täterlehre auf das außerjuristische Feld der kausal-wissenschaftlichen Betrachtung geschoben“ zu haben.[245] Das Ergebnis eines solchen Denkens sieht Wolf in der „Aufstellung eines bloß

---

238 *Wolf*, in: FG Frank II, 521 f.

239 Ibid. 521 ff.

240 S. Fn. 238. *Wolf* (Fn. 14), 116 stellt hingegen immerhin als Ausgangspunkt fest: „Der Staat als oberster Rechtswert ist zugleich oberster Strafrechtswert. Insofern sind Strafrechtsbegriffe von anderen Rechtsbegriffen nicht unterschieden.“

241 Laut *Wolf*, in: FG Frank II, 521 f. ist die Wohlfahrt der höchste Verwaltungswert, die Autorität der höchste Machtwert. Beide Elemente passen aber nicht zum Zivilrecht.

242 Der Sachbegriff wäre also entgegen *Wolf*, in: FG RG V, 56 ein „wertgefüllter“ Begriff (dazu s. Fn. 173), bei dem, wie es in *ders.* (Fn. 17), 60 heißt, „Übergriffe des einen auf das andere Feld der rechtlichen Normierung zu vermeiden [sind].“ *Schwinge* (Fn. 87), 71, kritisiert Wolf denn auch immerhin bei denjenigen Begriffen, „die ausschließlich der Rechtssprache angehören und darin eine feste terminologische Bedeutung haben“.

243 Illustrativ *Lombroso*, L'Uomo Delinquente I, 1896, 136 ff. (berühmte Untersuchung von 689 Verbrecherschädeln), 275 ff. (darauf aufbauende Abbildungen von „typischen“ Verbrechern).

244 *Wolf* (Fn. 19), 9.

245 Ibid. 10.

generellen, transjuristischen und formalen Tätertypus."[246] Der naturalistische Täter ist daher für ihn „der abstrakte Idealtypus ‚Mensch' der Ideologie des 18. und der Politik des 19. Jahrhunderts", der „im Grunde schicksallose, individuell-beliebige Mensch des psychologischen Romans und der psychoanalytischen Diagnostik."[247] Diesem Täterbegriff stellt er einen entnaturalisierten Täterbegriff entgegen, der sich an der Gesinnung des Täters aufhängt:

„Der Verbrecher, der Täter ist deshalb nicht einer, der keine Rechtsgesinnung hat, sondern einer, dessen Rechtsgesinnung den Wesenszug plötzlichen oder dauernden, teilweisen oder gänzlichen Verfalls zeigt. Der Täter eines Delikts ‚verleugnet' seine Rechtsgesinnung, er weicht gewissermaßen ‚sich selber' aus, er gleitet aus und fällt und fällt, bis er verfallen, bis er ‚nicht mehr im Recht' ist."[248]

Insgesamt deutet jedenfalls das *Wesen des Täters*, wie wohl auch schon die *Typen der Tatbestandsmäßigkeit*, Wolfs Abkehr vom Neukantianismus an.[249] Von Heidegger und Husserl beeinflusst,[250] wandelt sich sein Denken von einer „juristischen Wertlehre" hin zu einer „wesenswissenschaftlichen Personlehre".[251] Auf deren Grundlage versucht Wolf vor allem, „das Wesentliche des Täters als einer Seinsweise des Menschen im Recht [zu entwickeln]."[252] Die Besonderheit dieser Seinsweise identifiziert Wolf eben in der verfallenden Rechtsgesinnung: Der Täter – so heißt es bereits 1930 – „verfehlt sein mögliches Dasein als Rechtsgenosse, er wird schuldig."[253] Die ideologische Anfälligkeit derartiger Sätze liegt auf der Hand. Es überrascht daher nicht, dass Wolf zwei Jahre nach dem *Wesen des Täters* vorträgt, dass

„in unserer heutigen deutschen Gegenwart [...] richtiges Recht nur ein solches sein [kann], das die Wirklichkeit dieser Gegenwart, die politische und kulturelle Einheit des deutschen Volkstums in dieser Gegenwart zum Ausdruck bringt. Der Name aber für diese in dem jüngsten Geschehen sichtbar gewordene Einheit des Volkstums heißt nationaler Sozialismus. Rich-

---

[246] Ibid. 13.

[247] Ibid. 11.

[248] Ibid. 16; ferner *ders.*, in: FG Frank II, 525. Zum Begriff der Gesinnung s. *ders.* (Fn. 19), 15: Definition; *ders.*, in: FG Frank II, 580 ff.: Illustration. Laut *ders.* (Fn. 17), 16 ist sogar der Erfolg eines Delikts nur „Symptom gefährlicher Gesinnung".

[249] S. auch Fn. 20.

[250] Illustrativ *Wolf*, in: Hollerbach (Hrsg.), Erik Wolf – Rechtsphilosophische Studien, 1972, 69, 72; *ders.* (Fn. 100), 27 f.; *ders.* (Fn. 19), 5. Allgemein zum Einfluss vor allem Heideggers vgl. *Heinemann* (Fn. 22), 340 ff.; *Hollerbach* (Fn. 4), 325 ff.

[251] *Wolf* (Fn. 19), 13 (ferner 14 ff.) stellt zwar formal beide Aspekte gleichberechtigt nebeneinander, die „wesenswissenschaftliche Personlehre" dürfte aber weit überwiegen. Die „Grundwerte" von *ders.* (Fn. 100), 27 f., 33 ff. sind denn auch nur noch „Staat und Person", ohne dass der Neukantianismus dabei eine nennenswerte Beachtung findet.

[252] *Wolf* (Fn. 19), 36.

[253] *Wolf*, in: FG Frank II, 580.

tiges Recht, d. h. also unser wirkliches Recht kann deshalb nur das Recht des Nationalsozialismus im Dritten Reich sein."[254]

Immerhin wendet Wolf sich spätestens 1942 literarisch vom Nationalsozialismus ab[255] und findet in der Nachkriegszeit Zuflucht in der Rechtstheologie.[256] Der Rechtstheologie – in seinem Spätwerk Gründung und Mündung der Rechtsphilosophie – schreibt er dabei sogar eine majestätische Leistung zu: „den Graben, der Sein und Sollen im Recht scheidet, zu übersteigen".[257] Aber wie dem auch sei: Thema meines Beitrags war weder Wolfs Hinwendung zum Nationalsozialismus noch seine Rechtstheologie. Beide Aspekte waren allein insoweit relevant, als sie der Deutung seines Neukantianismus dienten: wenige Werke des jungen Erik Wolf in der Endphase des Neukantianismus.

---

254 *Wolf*, Richtiges Recht im nationalsozialistischen Staate, 1934, 10, aufschlussreich etwa auch 16 ff., 22 f., 25 f. Zu Wolfs nationalsozialistischer Zeit s. ferner Fn. 4.

255 Der genaue Zeitpunkt ist umstritten, s. Fn. 4, dabei insb. *Ambos* (Fn. 1), 127 ff.

256 S. Fn. 3. Zudem tritt die damit verbundene Rechtsanthropologie hervor, s. illustrativ *Wolf*, Das Problem einer Rechtsanthropologie, 1966. Zur Interpretation der Rechtsanthropologie vgl. *Würtenberger*, in: FS für Erik Wolf, 1972, 1 ff.

257 *Wolf* (Fn. 250), 80 f.

Die Bedeutung des neukantianischen Strafrechtsdenkens für die Rechtsgutstheorie

Wolfgang Wohlers

I. Einleitung

Die wesentliche Bedeutung des neukantianischen Strafrechtsdenkens wird gemeinhin darin gesehen, dass dieses einen wesentlichen Beitrag dazu geleistet habe, das bis zum Beginn des 20. Jahrhunderts dominierende naturalistische Strafrechtsdenken durch ein wertbezogenes und normatives Denken abzulösen. Das neukantianische Strafrechtsdenken habe eine „normative Aufladung" der strafrechtlichen Systembegriffe bewirkt,[1] wobei neben den Tatbestandsmerkmalen[2] und den Systemstufen der Rechtswidrigkeit[3] und der Schuld[4] auch die Rechtsgutstheorie erfasst worden sei: Neukantianisch geprägte Strafrechtstheoretiker haben sich um die Fortentwicklung der Rechtsgutstheorie bemüht,[5] wobei der zentrale Ansatz hier darin bestand, das Rechtsgut als den „vom Gesetzgeber in den einzelnen Strafrechtssätzen anerkannten Zweck in seiner kürzesten Formel" (Honig) zu verstehen und den als „Abbreviatur des Zweckgedankens" (Grünhut) bezeichneten Rechtsgutsbegriff als Leitmotiv für die Auslegung zu etablieren.[6]

Zu konstatieren ist nun aber, dass die üblicherweise unter dem Etikett des methodisch-teleologischen Rechtsgutsbegriffs verhandelte Variante der durch das neukantianische Strafrechtsdenken beeinflussten Rechtsgutstheorie[7] in der

[1] *Schünemann,* in: Schünemann (Hrsg.), Grundfragen des modernen Strafrechtssystems, 1984, 27; vgl. auch *Jescheck/Weigend,* Lehrbuch des Strafrechts, Allgemeiner Teil, 5. Aufl. 1996, 204 ff.; *Vormbaum,* Einführung in die moderne Strafrechtsgeschichte, 2. Aufl. 2011, 157 ff.; *Ziemann,* Neukantianisches Strafrechtsdenken, 2009, 135 f.

[2] *Schünemann* (Fn. 1), 30; *Ziemann* (Fn. 1), 125 ff., 137.

[3] *Schünemann* (Fn. 1), 28.

[4] Ibid. 29.

[5] *Ziemann* (Fn. 1), 129 f., 138 ff.

[6] *Schünemann* (Fn. 1), 30.

[7] Vgl. *Sina,* Die Dogmengeschichte des strafrechtlichen Begriffs „Rechtsgut", 1962, 74 ff.; *Hassemer,* Theorie und Soziologie des Verbrechens, Ansätze zu einer praxisorientierten Rechtsgutslehre, 1973, 49; *Marx,* Zur Definition des Begriffs „Rechtsgut", Prolegomena einer materialen Verbrechenslehre, 1972, 20; *Rudolphi,* in: FS für Richard Honig, 1970, 154.

aktuellen Wahrnehmung über keinen guten Leumund verfügt.[8] Während die mit dem wertbeziehenden Denken einhergehende Vergeistigung des Rechtsgutsbegriffs teilweise noch als ein methodischer Fortschritt eingestuft wurde[9] und wird,[10] zielt die Kritik der modernen Rechtsgutstheoretiker vor allem darauf ab, dass die sich selbst als weltanschaulich neutral einstufenden neukantianischen Strafrechtsdenker[11] die vom Gesetzgeber gezogenen Grenzen als verbindlich anerkannt und sich darauf beschränkt hatten, „[dessen] Desiderate via ‚Zweckerkennung' in die Wirklichkeit umzusetzen."[12] Die methodisch-teleologische Rechtsgutstheorie wird verbreitet als eine Verfallsform der ursprünglich aufklärerischen Idealen verpflichteten Rechtsgutstheorie verstanden und von einigen Autoren vor allem als eine Vorstufe des nationalsozialistischen Strafrechtsdenkens wahrgenommen.[13] Die methodisch-teleologische Rechtsgutstheorie habe diese für autoritäre Anliegen anfällig gemacht,[14] der grundsätzlich beliebigen Inhalten gegenüber offene methodisch-teleologische Rechtsgutsbegriff sei durch das nationalsozialistische Strafrechtsdenken mit Inhalten gefüllt worden.[15]

Wie Amelung bereits gezeigt hat, sind die Einwände gegen die teleologische Rechtsgutstheorie allerdings „nur bedingt gerechtfertigt. Sie betreffen zum Teil gar keine spezifischen Schwächen der teleologischen Rechtsgutslehre, zum Teil sind sie einfach unrichtig".[16]

Mit den nachfolgenden Ausführungen sollen zunächst die einschlägigen Ausführungen der Autoren vorgestellt werden, die als die maßgeblichen Vertreter der methodisch-teleologischen Rechtsgutstheorie gelten: Richard M. Honig, Max Grünhut und Erich Schwinge. Ergänzend zu diesen Autoren, die sich mit Ausnahme von Schwinge allenfalls beiläufig auf Autoren beziehen, die dem Kreis des (philosophischen) Neukantianismus zuzurechnen sind, wird die Rechtsgutstheorie des neukantianischen Strafrechtstheoretikers Edmund Mezger vorgestellt, die zeigt, dass die methodisch-teleologische Rechtsgutstheorie tatsächlich dem entspricht, was die Rechtsgutstheorie aus der Sicht neukantianisch geprägter Strafrechtswissenschaftler leisten soll und zu leisten vermag (vgl. nachfolgend II.). In einem zweiten Schritt wird die methodisch-teleologi-

---

[8] Vgl. hierzu auch bereits *Amelung,* Rechtsgüterschutz und Schutz der Gesellschaft, 1972, 130 und 138.

[9] *Gallas,* in: FS für Graf Gleispach, 1936, 57; vgl. auch *Mezger,* ZStW 57 (1938), 657, 697.

[10] *Amelung* (Fn. 8), 134 f.

[11] Vgl. *Jescheck/Weigend* (Fn. 1), 208; *Ziemann* (Fn. 1), 130, 139 ff.

[12] *Hassemer* (Fn. 7), 49.

[13] *Hassemer* (Fn. 7), 49 ff.; vgl. auch *Marx* (Fn. 7), 19 f.; *Sina* (Fn. 7), 74 ff.

[14] *Jescheck/Weigend* (Fn. 1), 205.

[15] *Hassemer* (Fn. 7), 50 ff.

[16] *Amelung* (Fn. 8), 138.

sche Rechtsgutstheorie gewürdigt und in diesem Zusammenhang die Kritik an ihr hinterfragt (vgl. unten III.).

II. Die methodisch-teleologische Rechtsgutstheorie

Als Begründer der sog. methodisch-teleologischen Variante der Rechtsgutstheorie gilt Richard Honig,[17] der sich in seiner 1919 publizierten Schrift „Die Einwilligung des Verletzten" mit der „Frage nach dem Grund und den Grenzen der Wirksamkeit der Einwilligung" befasst hat.[18] Aufgegriffen und fortgeführt wurden die Überlegungen Honigs von Max Grünhut in dessen 1930 als Beitrag zur Festgabe für Frank publizierten Überlegungen zu den „Methodischen Grundlagen der heutigen Strafrechtswissenschaft". Eine nochmalige Zuspitzung hat die methodisch-teleologische Rechtsgutstheorie durch die von Erich Schwinge 1930 publizierte Schrift „Teleologische Begriffsbildung im Strafrecht" erfahren. Den dort entwickelten Ansatz hat Schwinge dann in dem 1937 zusammen mit Leopold Zimmerl vorgelegten Werk „Wesensschau und konkretes Ordnungsdenken im Strafrecht" gegen die Kritik verteidigt, die seinem Ansatz nicht nur, aber doch vor allem aus den Reihen der „Kieler Schule" entgegengehalten worden ist.

1. Richard M. Honig

Honig bezieht sich in seiner Abhandlung zur Einwilligung des Verletzten auf Arbeiten von Lask und Radbruch, Verweise auf Windelband und Rickert finden sich dagegen nicht. Auch in der Sache selbst stützt sich Honig nicht auf die Theorien des südwestdeutschen Neukantianismus, sondern geht vielmehr, ohne dies näher zu vertiefen, davon aus, dass wertbeziehendes Denken teleologisches Denken ist.[19]

Ausgangspunkt der Überlegungen Honigs zum Rechtsgutsbegriff ist die Erkenntnis, dass das Recht der „Schrankensetzung für das gegenseitige menschliche Verhalten" dient.[20] Mit der Strafe wolle der Gesetzgeber, so Honig, Sanktionen „bei solchen Handlungen androhen, die als die schwersten Überschreitungen der rechtlichen Schrankensetzung anzusehen sind".[21] Der Maßstab für

---

[17] *Amelung*, in: Alexy/Meyer/Paulson/Spenger (Hrsg.), Neukantianismus und Rechtsphilosophie, 2002, 363; *Sina* (Fn. 7), 76.

[18] *Honig,* Die Einwilligung des Verletzten, 1919, V.

[19] *Sina* (Fn. 7), 75.

[20] *Honig* (Fn. 18), 92.

[21] Ibid.

die Auswahl, die der Gesetzgeber zu treffen habe, ergebe sich aus den „überkommenen Volksanschauungen, aus der im Volksbewusstsein gegründeten Kultur“.[22] Für das Unwerturteil seien die Wirkungen maßgebend, die einem Geschehen in der Außenwelt zukommen. Maßgebend sei, ob die Wirkungen des Geschehens „zu den im Volksbewusstsein anerkannten, das Gemeinschaftsleben fördernden Werten in einem adäquaten Verhältnis stehen oder nicht.“[23]

Bei der Auswahl der zu schützenden Werte sei zu beachten, dass das Recht „der Wahrung und Förderung des Gemeinschaftslebens“ zu dienen habe.[24] Zu beachten sei aber auch,

> „dass der Maßstab für die Wertbedeutung, die die Rechtswissenschaft de lege lata an den Rechtssätzen, de lege ferenda an den Lebenserscheinungen zu erforschen hat, nur in einer Idee liegen kann, die wir nicht wiederum dem positiven Recht entnehmen (so die historische Rechtsschule), sondern nur unabhängig von diesem auffinden können.“[25]

Handlungen seien „unter dem Gesichtspunkt ihres Verhältnisses zur Wahrung und Förderung des Gemeinschaftslebens“ zu betrachten; entscheidend sei,

> „welche dem Gemeinschaftsleben förderlichen Güter, welche in der Gemeinschaft lebenden Interessen und Gefühle, welche dem Gemeinwohl entsprechenden Zustände und welche vom Recht der Gemeinschaft anerkannten subjektiven Rechte oder von ihm statuierten Pflichten sie verletzen oder gefährden.“[26]

Aus alledem folgt dann:

> „[D]er den Strafrechtssätzen eigentümliche Sinn, die ihnen spezifische Zweckmäßigkeit [ist] darin zu erblicken, dass jene Werte durch sie in ihrem Bestande geschützt werden sollen. In diesem Sinne und in diesen Grenzen sind jene Werte die Schutzobjekte der Strafrechtssätze.“[27]

Der Begriff des Schutzobjekts ist für Honig

> „diejenige kategoriale Synthese, mit welcher juristisches Denken Sinn und Zweck der einzelnen Strafrechtssätze in komprimierter Form zu erfassen bestrebt ist. Der Schutzobjektsbegriff ist gewissermaßen der Angelpunkt, um den sich die Unwertbedeutung des deliktischen Handelns dreht.“[28]

Und dies mündet dann in die auch heute noch vielzitierte Formel,[29] nach der das als Schutzobjekt einzelner Strafrechtssätze verstandene Rechtsgut nichts anderes sei

---

[22] *Honig* (Fn. 18), 93.
[23] Ibid.
[24] Ibid. 117.
[25] Ibid.
[26] Ibid.
[27] Ibid. 93; vgl. auch 109/110.
[28] Ibid. 94.
[29] *Amelung* (Fn. 8), 131; *Sina* (Fn. 7), 76.

„als der vom Gesetzgeber in den einzelnen Strafrechtssätzen anerkannte Zweck in seiner kürzesten Formel".[30]

Der Schutzobjektsbegriff ist nach Honig „nur eine Anschauungsform für die Zweckbestimmung der einzelnen Strafrechtssätze".[31] Schutzobjekte bzw. Rechtsgüter „existieren nicht als solche, sie gewinnen erst Leben, indem wir Gemeinschaftswerte als Zweckobjekte der Strafrechtssätze ins Auge fassen".[32] Und hieraus folgt:

„Die Rechtsgutseigenschaft eines Gemeinschaftswerts besteht nur so lange, wie das Recht sie bestimmten Handlungen gegenüber anerkennt. Rechtspolitische Gründe sind für die Auswahl dieser Handlungen entscheidend."[33]

Der Bestimmung der Wertbedeutung einzelner Ereignisse liegt eine erkenntnistheoretische Methode zugrunde, die Honig wie folgt beschreibt:

„Eine jede rechtliche Wertvorstellung geht zurück auf diejenige allgemeine Wertvorstellung, die den Rechtswert selber zum Gegenstand hat. Welchen Inhalts diese letztere Wertvorstellung ist, m. a. W.: Welcher Sinn dem Rechtswert als solchem zu geben ist, lässt sich nicht mehr erkennen, sondern nur bekennen (unter Verweis auf Radbruch, Rechtsphilosophie, 1 ff.). In der Bejahung eines bestimmten Rechtswerts haben wir ein Bekenntnis zu erblicken, ein Bekenntnis zu einer der geistesgeschichtlichen Formen, in denen menschliche Rechtsauffassung zum Ausdruck gelangt ist, und die als rechtsphilosophische Schulen ihre Macht zur Geltung gebracht haben. Fallen demnach die letzten rechtlichen Wertvorstellungen, die, wie gesagt, den Rechtswert als solchen zum Gegenstand haben, mit den Grundsätzen der rechtsphilosophischen Richtungen zusammen, so folgt, dass auch die einzelnen rechtlichen Wertvorstellungen partiellen Inhalts von der jeweiligen rechtsphilosophischen Grundrichtung abhängig sind. Dass ferner nur vom Standpunkt einer solchen Grundrichtung aus die Anerkennung der rechtlichen Partialwerte, die allein wir für berechtigt erachten, den Namen der Schutzobjekte insoweit zu führen, als sie Gegenstand strafrechtlichen Schutzes sind, erfolgen kann und de facto auch erfolgt, dass m. a. W. die Schutzobjekte ihrer materialen Seite nach präjudiziert sind durch den Inhalt, der dem Rechtswert als solchem zugesprochen wird."[34]

Bei der Auslegung der vom Gesetzgeber geschaffenen Strafnormen erweise es sich als

„notwendig, sich bei der Bestimmung der einzelnen Schutzobjekte auf die Ausprägung, die der Gesetzgeber dem Rechtswert als solchem gegeben, m. a. W. auf den rechtsphilosophischen Standpunkt, den er eingenommen hat, zu besinnen. Denn nur von einem solchen Standpunkt aus kann man mit sicherer Hand die Werte bestimmen, die der Gesetzgeber mit seinen Normen hat schützen wollen."[35]

---

[30] *Honig* (Fn. 18), 94; vgl. auch 113.

[31] Ibid. 95.

[32] Ibid. 94; vgl. auch 100: Substrate der Schutzobjekte der einzelnen Delikte sind diejenigen Werte, die durch die einzelnen Strafrechtssätze geschützt werden sollen.

[33] Ibid. 96.

[34] Ibid. 107 f.

[35] Ibid. 108; zur Notwendigkeit einer gesetzgeberischen Entscheidung vgl. auch 114.

Die von Honig propagierte Methode, den Sinn und Zweck von Strafrechtssätzen festzustellen, besteht im Ergebnis darin, dass

„die in den einzelnen Strafrechtssätzen umgrenzten Handlungen – in ihrer Eigenschaft als Ereignisse – auf den vom Gesetzgeber anerkannten Rechtswert bezogen werden.

Hierdurch „tritt ihre Unwertbedeutung, die das Motiv des gesetzgeberischen Rechtsschutzes ist, in der Form der Verletzung oder Gefährdung der einzelnen Gemeinschaftswerte heraus. Die Hintanstellung einer solchen Einwirkung auf Gemeinschaftswerte ist die Zweckbestimmung der Strafrechtssätze."[36]

2. Max Grünhut

Für Grünhut hat der Rechtsgutsbegriff für die Systematik der Delikte Bedeutung,

„vor allem aber ist er ein Hilfsmittel zur Auslegung der gesetzlichen Tatbestände: eine Substantivierung, eine Abbreviatur des Zweckgedankens."[37]

Mit dem Rechtsgut konkreter Straftatbestände werde „nicht ein naturrechtlich gebotener, sondern der vom Standpunkt dieses positiven Gesetzes vorauszusetzende Schutzgegenstand ermittelt."[38] Hierbei fordern

„verschiedene mögliche Zwecke und Schutzbedürfnisse Berücksichtigung, [...] deren Auswahl nicht Aufgabe des erkennenden Intellekts, sondern Sache der ‚Werturteile' und ‚Willensentscheidung' ist. Hierbei erhebt sich das Problem, wieweit eine solche Auswahl und damit eine auf ihr fußende strafrechtliche Begriffsbildung schon Politik ist oder noch den Anspruch erheben kann, wissenschaftliche Erkenntnis des geltenden Rechts zu sein."[39]

Inhaltlich gesehen können „Sachgüter, immaterielle Werte, persönliche und Gesamtinteressen aller Art" Rechtsgüter sein.[40] Nach Grünhut muss bei der Auslegung strafrechtlicher Normen teleologisch verfahren werden, d. h. der Inhalt der Strafnorm ist „aus dem Rechtswert und dem ihm entsprechenden Gesetzeszweck" abzuleiten.[41] Das Rechtsgut

„bezeichnet das typische Schutzbedürfnis, dem mit der strafrechtlichen Sanktion gedient werden soll, das für den Einzeltatbestand charakteristische schutzbedürftige Interesse".[42] „Der Begriff des Rechtsgutes verdeutlicht die Auslegung nach Zweckgesichtspunkten."[43]

---

36 Ibid. 109.

37 *Grünhut,* in: FG für Reinhard Frank, Band I, 1930, 8 unter Verweis auf *Honig* (Fn. 18), 94.

38 Ibid. 9.

39 Ibid. 12.

40 Ibid. 8.

41 Ibid.

42 Ibid.

43 Ibid. 9.

Grünhut fragt nicht danach, welche Überlegungen der Gesetzgeber anzustellen bzw. welche Grenzen er zu beachten hat, wenn er sich für oder gegen die Pönalisierung eines bestimmten Verhaltens entscheidet. Ihm geht es allein darum, wie der Rechtsanwender vorzugehen hat, um die dogmatische Richtigkeit einer am Rechtsgutsgedanken und am kriminellen Gehalt orientierte strafrechtliche Begriffsbildung sicherzustellen. Insoweit seien drei Voraussetzungen zu beachten:[44]

Erstens „darf die Auswahl des besonderen Schutzbedürfnisses und Zweckmomentes nicht willkürlich geschehen. Sie muss sachlich motiviert sein"; zweitens „müssen die zugrunde gelegten Auswahlprinzipien erkennbar gemacht sein" und drittens muss die Richtigkeit des Ergebnisses „ein bestimmtes Maß an Fungibilität" haben, wobei insoweit gilt: „Fungibilität ist nicht empirische Durchsetzbarkeit, andererseits mehr als subjektiver Glaube an die Überzeugungskraft der eigenen Meinung: ihre Annahme durch die anderen muss bei Aufdeckung der Gründe ‚objektiv möglich' sein."

„Auch die Auslegung des gesetzlichen Tatbestandes und die Erfassung seiner Begriffe erfordern eine Stellungnahme und damit eine Entscheidung. Gleichheit vor dem Gesetz, Objektivität und ein bestimmtes Maß von Fungibilität geben uns vor unserem wissenschaftlichen Gewissen das Recht, die Funktion der Richtigkeit für sie in Anspruch zu nehmen."[45]

„Die teleologische Begriffsbildung im Strafrecht hat ein eigenartiges Ergebnis. Sie führt zu einer starken Modifikation der formalen Norm durch die tatsächlichen Verhältnisse, auf welche sie sich bezieht. Die Gegenstände der Rechtsanwendung beeinflussen die Begriffe, denen sie subsumiert werden. Das Recht kann nicht ohne Rücksicht auf das zu ordnende Leben gehandhabt werden."[46]

Die methodologische Zukunftsaufgabe für die Strafrechtswissenschaft sieht Grünhut – im ausdrücklichen Anschluss an Lask – darin,

„zu ergründen, wie der Jurisprudenz, der doch begriffliche Exaktheit nachgerühmt wird, dieser Präzisierungsprozess gerade in den Schranken der wert- und zweckbeziehenden Methode gelingt."[47]

3. Erich Schwinge

Während Honig und auch Grünhut auf Vertreter des südwestdeutschen Neukantianismus allenfalls beiläufig Bezug nehmen, weist Schwinge in seiner 1930 publizierten Schrift „Teleologische Begriffsbildung im Strafrecht" ausdrücklich

---

[44] Ibid. 13.

[45] Ibid. 14.

[46] Ibid. 19.

[47] Ibid. unter Verweis auf *Lask,* Rechtsphilosophie, Sonderdruck aus der Festschrift für Kuno Fischer, Bd. II, 2. Aufl. 1907, 36.

darauf hin, dass Rickert in seiner Schrift „Lehre der Definition" in Anlehnung an Jhering „den Zweck der Einzelrechtssätze als Prinzip der im juristischen Sinne ‚wesentlichen' Begriffsmerkmale" bezeichnet habe.[48] In dieser Schrift Rickerts trete „anstelle des Wertbegriffs der Zweckbegriff".[49] Der Begriff des Zwecks sei zwar nicht unbedenklich, er verdiene

„aber deshalb den Vorzug vor dem Begriff ‚Wert', weil er sich in der juristischen Terminologie fest eingebürgert hat. In seinem Hauptwerk erklärt es Rickert ausdrücklich für zulässig, beide Ausdrücke synonym zu gebrauchen (a. a. O. 259), er spricht auch wiederholt statt von individualisierender von ‚teleologischer' Begriffsbildung (a. a. O. 343)."[50]

„Diese teleologisch-idiographische Methode ist diejenige, die der Eigenart der Kulturwissenschaften adäquat ist und deshalb vorwiegend in ihnen zur Anwendung kommt."[51]

Auch Radbruch stehe auf dem Standpunkt: „Juristische Interpretation ist Wertinterpretation – juristische Begriffsbildung teleologische Begriffsbildung".[52] Schwinge betont, dass die Methodenlehre Rickerts entgegen den Behauptungen ihrer Kritiker „nicht zu inhaltsleeren, formalen, statischen, sondern zu materialen, stoffgesättigten, teleologischen Begriffen" führe.[53] Der Annahme Rickerts, „dass als Auswahlprinzip aller Begriffsbildung objektiv gegebene Werte fungieren können",[54] treffe bezogen auf die Rechtswissenschaft allerdings nur dann zu,

„wenn die Auswahlprinzipien aus den Normen der Rechtsordnung herausgelesen werden können – d. h. nur dann, wenn die Begriffsbildung an positiv gegebene Rechtssätze anknüpfen kann [...] Zweifelhaft wird aber die Sache, wenn es sich um die Ausfüllung von Lücken oder um Untersuchungen de lege ferenda handelt. Für diese Art von Begriffsbildung (gesetzgeberisch-lückenfüllende Begriffsbildung) muss ein anderes Verfahren gelten, weil das Ausleseprinzip nicht aus dem positiven Recht festgestellt werden kann, sondern irgendwo andersher genommen werden muss – etwa aus den geltenden Kulturanschauungen, und falls diese schweigen oder einander widersprechen, aus der Subjektivität des Forschers. Normativ allgemeine Werte in dem strengen Sinne Rickerts werden sich bei dieser Art rechtswissenschaftlicher Betätigung in zahlreichen Fällen einfach nicht ermitteln lassen."[55]

Rickert hebe ausdrücklich hervor, dass er sich mit den letztgenannten Bereichen, insbesondere mit Untersuchungen de lege ferenda nicht befasse. Dies gelte auch für die von Schwinge selbst vorgelegte Abhandlung. Diese habe

---

[48] *Schwinge*, Teleologische Begriffsbildung im Strafrecht. Ein Beitrag zur strafrechtlichen Methodenlehre, 1930, 8.

[49] Ibid. 8.

[50] Ibid.

[51] Ibid.

[52] Ibid. 11; vgl. auch 23.

[53] Ibid. 17.

[54] Ibid. 18/19.

[55] Ibid. 19.

„ausschließlich die Sätze des positiven Rechts zum Gegenstand, daher ist grundsätzlich auch die Methodenlehre Rickerts uneingeschränkt anwendbar.“[56]

Bezogen auf den Begriff des Rechtsguts will Schwinge in Anlehnung an Rickert „das Verfahren der Wertbeziehung“ zur Anwendung kommen lassen.[57] Auswahlprinzip für die Bildung der Deliktsbegriffe des Besonderen Teils könne nur das sein, „was man die ‚gesetzgeberische Idee‘, den ‚Grund‘ oder ‚Zweck‘ des Rechtssatzes, seine ‚ratio‘ genannt hat – m. a. W. das, was Triebkraft oder Motiv für die Schaffung der Gesetzesnorm war.“[58]

„Wenn der Gesetzgeber einen Zustand unter Normenschutz nimmt, so geschieht das in der Regel deshalb, weil die Allgemeinheit an der ungestörten Aufrechterhaltung dieses Zustandes Interesse nimmt, weil er von ihr als erstrebenswert empfunden wird, irgendein von den Menschen anerkannter Wert in ihm verkörpert ist. Schutz von Gemeinschaftswerten – das ist die Aufgabe der Strafrechtssätze. Und so wird aus dem Lebens- oder Kulturgut durch den Rechtsschutz ein Rechtsgut.“[59]

„Wollen wir Inhalt, Tragweite und Herrschaftsbereich einer Strafrechtsnorm ermitteln, m. a. W. ihren Begriff genau umreißen, so müssen wir also deren einzelne Tatbestandsmerkmale zu ihrem Rechtsgut oder Schutzobjekt in Beziehung setzen.“[60] „Die Formel, die uns Inhalt und Umfang der Schutzwirkung der Tatbestände erschließt, lautet schließlich so: Was ist erforderlich, damit die betreffende Vorschrift die ihr vom Gesetz zugewiesene Rechtsschutzaufgabe erfüllt?“[61]

Honig habe

„bewusst und grundsätzlich die Betrachtung aus der Welt des Tatsächlichen heraus und in die Welt des Normativen hinein [verlegt]. Das völlig neue an seiner Lehre war, dass er im Gegensatz zu seinen Vorgängern auf eine einheitliche Erfassung der Schutzobjekte von vornherein verzichtete, ja sie für unmöglich erklärte.“[62]

Die methodologische Bedeutung des Rechtsgutsbegriffs, die Honig noch gar nicht erkannt habe, sei von Grünhut und Beling herausgearbeitet worden.[63] Tatsächlich erweise sich der Rechtsgutsgedanke als das leitende Prinzip bei der strafrechtlichen Begriffsbildung. Die Frage nach dem Rechtsgut sei „identisch

---

56 Ibid. 19.

57 Ibid. 21; demgegenüber versuchen *Schwinge/Zimmerl*, Wesensschau und konkretes Ordnungsdenken im Strafrecht, 1937, 71 f. die Bezugnahme auf den südwestdeutschen Neukantianismus mit dem Hinweis abzuschwächen, dass der Bezug auf Zwecke und Werte als leitende Prinzipien der juristischen Begriffsbildung „in der deutschen Wissenschaft [von] Philosophen verschiedenster Art und Herkunft“ übereinstimmend vertreten werde.

58 *Schwinge* (Fn. 48), 22.

59 Ibid.

60 Ibid.

61 Ibid. 23.

62 Ibid. 31.

63 Ibid. 32.

mit der Frage nach dem Zweck eines Rechtssatzes, seiner Funktion und Aufgabe".[64]

„Das bedeutet: Soll Inhalt, Geltungsbereich und Tragweite eines Strafrechtssatzes festgestellt werden, so muss dieser so, wie er im Gesetzbuch steht, in Beziehung zu seinem Rechtsgut gesetzt werden, wobei alsdann zu fragen ist, was unerlässlich ist, damit diese Vorschrift die ihr gesetzte Rechtsschutzaufgabe erfüllen kann."[65]

Allerdings müssen in den meisten Fällen „die Schutzobjekte (Rechtsgüter) erst aus den Strafrechtssätzen erschlossen werden",[66] womit sich dann die Frage stellt, „wie sich die Rechtsgüter aus den Sätzen des positiven Rechts ermitteln lassen".[67] Um zum Sinn eines Gegebenen vorzudringen, gebe es zwei Methoden: Begreifen und Verstehen.[68]

„Das Begreifen hat in den Naturwissenschaften seine Hauptdomäne; sie arbeiten ausschließlich damit. Es findet seinen Platz auch in den Geisteswissenschaften, aber deren charakteristische Betätigung ist das Verstehen."[69]

„Auch die Strafrechtswissenschaft operiert mit beiden Erklärungsweisen. Mit dem Verstehen z.B. dann, wenn sie Geschichte treibt, weil man bei der Würdigung historischer Gesetze oder des Gesamtwerks großer Gelehrter immer auf letzte Gesichtspunkte stößt, die rational nicht fassbar sind, sondern aus der Persönlichkeit der Verfasser ‚verstanden' werden sollen. Auch der Strafrichter verfährt ‚verstehend', wenn er versucht, sich in die Seele eines Angeklagten hineinzuversetzen. Anders verhält es sich, wenn – wie es unsere Aufgabe ist – die Funktion von Gesetzestatbeständen erfasst werden soll. Die dafür erforderlichen Denkprozesse gehören zum Herrschaftsbereich des Begreifens, und zwar ausschließlich."[70] Und deshalb gelte auch: „Vom Rechtssatz zurück zum Rechtsgut gelangen wir durch logische Denktätigkeit."[71]

Tatsächlich könne man sagen, „dass sich – wenn auch nicht mit absoluter Gewissheit, so doch mit größter Wahrscheinlichkeit – das Schutzobjekt jedes Strafrechtssatzes ermitteln lässt." Zu diesem Zweck sei „zu fingieren, das konkrete Gesetz sei der Befehl eines normalen vernünftigen Menschen, der alles, was er anordnet, zweckbedacht anordnet, selbst wenn er sich im Worte vergreift. Aus Worten und Umständen ermitteln wir diesen konkreten Zweck, immer davon ausgehend, dass der wörtliche Befehl als Mittel zur Erreichung desjenigen Zweckes gedacht und gewollt sei, den unter sonst gleichen Umständen ein einsichtiger Mensch, als Gesetzgeber gedacht, mit der Erlassung dieses konkreten Befehls verbunden haben würde."[72]

---

[64] Ibid. 60.
[65] Ibid. 59.
[66] Ibid.
[67] Ibid.
[68] Ibid. 60.
[69] Ibid.
[70] Ibid. 60 f.
[71] Ibid. 62.
[72] Ibid.

In den seltenen Fällen, in denen die so betriebene Sinndeutung eines Strafrechtssatzes zu verschiedenen möglichen Schutzobjekten hinführt, „ist eine nochmalige Auslese nötig“.[73] Hier ist dann

„davon auszugehen, dass das Gesetz im Zweifel nur sozial Förderliches, Vernünftiges will, und deshalb diejenige Deutung zu wählen, die diesem Gedanken am besten gerecht wird. Ein jedes Gesetz ist somit im Zweifel nach sozialer Angemessenheit, d.h. so auszulegen, dass seine Anordnung sich als das im gegenwärtigen Zeitpunkt förderlichste Mittel zur Herbeiführung eines gerechten und gesunden sozialen Zustandes herausstellt. Hier handelt es sich um Fälle, die verfahrenstechnisch auf der Grenze zwischen der streng dogmatischen und der oben erwähnten gesetzgeberisch-lückenfüllenden Begriffsbildung liegen.“[74]

Den Einwand, dass damit die Entscheidung letztlich doch „der subjektiven Wertung des Forschers oder Richters anheimfällt, sich irrationale Elemente in den Denkvorgang hineinmischen und damit die logische Natur des Verfahrens aufgehoben wird“,[75] weist Schwinge zurück:

„Das Recht ist eines der Hauptgebiete volitiv-emotionalen Denkens, daher haben seine Produkte auch dann logischen Charakter, wenn sie auf Willensentscheidungen (Werturteile) zurückzuführen sind.“[76] Hier „bildet gleichsam das Logische das ‚Rückgrat‘ der Willensentscheidung. Das bedeutet: Der Willensakt muss logisch so ‚verankert‘ sein, dass er in dem Wollenden und jedem Dritten ein ‚Zwangsgefühl‘ hervorruft – m.a.W. mit ihm muss sich das Bewusstsein verknüpfen, dass der zu ihm hinführende Denkakt unbedingt geschieht und von allen Denkenden ebenfalls vollzogen werden muss. Nur dann, wenn er in dieser Weise vor dem Verstand Rede und Antwort stehen kann, hat er objektive Geltung.“[77]

Schwinge hält aber auch fest:

„Auch wir sind der Meinung, dass in den streitigen Fällen die Entscheidung getroffen wird durch freien Entschluss für eine der sich anbietenden Lösungsmöglichkeiten, wir sind aber [...] der Auffassung, dass die Schlussfolgerungen, die zu einer solchen Entscheidung hinführen, auch unter logischen Gesetzen stehen, sogar stehen müssen. Nur wenn einer Lösungsmöglichkeit logische Notwendigkeit innewohnt, dürfen wir uns für sie entscheiden. Wir geben zu, dass der Ausgangspunkt irrational ist. Damit hat der Irrationalismus aber auch ein Ende.“[78]

Und dies alles mündet dann in das Fazit: „Damit ist der Weg vom Rechtssatz zum Rechtsgut auch für die Fälle logisch sichergestellt, in denen das kognitive Denken zu keinem eindeutigen Ergebnis führt.“[79]

---

[73] Ibid.
[74] Ibid. 63.
[75] Ibid.
[76] Ibid. 65.
[77] Ibid. 66.
[78] Ibid.
[79] Ibid. 67.

4. Erich Schwinge und Leopold Zimmerl

In der im Jahre 1937 von Erich Schwinge zusammen mit Leopold Zimmerl unter dem Titel „Wesensschau und konkretes Ordnungsdenken im Strafrecht" publizierten Abhandlung verteidigen die Autoren die 1930 von Schwinge entwickelte Rechtsgutstheorie gegen die Kritik, die insbesondere von Dahm und Schaffstein, aber auch von anderen Autoren gegen den Ansatz Schwinges erhoben worden war.

Schwinge und Zimmerl betonen, dass das Rechtsgut in der neueren Lehre „der Ausdruck für das leitende Prinzip aller Auslegung und Begriffsbildung ist",[80] wobei in Bezug auf diesen methodologischen Rechtsgutsbegriff die Frage nach dem geschützten Rechtsgut „gleichbedeutend mit der Frage nach dem Zweck der Vorschriften des StGB" sei.[81] Der Rechtsgutsbegriff treffe keine Aussage über das Substrat des Verbrechens, sondern habe allein methodologische Bedeutung.[82]

Entgegen der Kritik von Schaffstein[83] sei die mit dem so verstandenen Rechtsgutsbegriff verbundene Aufgabe der ursprünglichen aufklärerischen Gestalt des Rechtsguts keine nur scheinbare,

> „[d]enn indem die moderne Rechtsgutslehre den Richter anweist, bei Auslegung und Rechtsanwendung ständig Sinn und Zweck des einzelnen Tatbestandes, der zugehörigen Gesetze und der Rechtsordnung im Allgemeinen im Auge zu behalten, dient sie der Ausrichtung des Rechts am Gemeinschaftsgedanken und der Durchdringung der Rechtsprechung mit dem Geiste des Nationalsozialismus. Nicht das Rechtsgutsdenken als solches gilt es im Strafrecht zu überwinden, sondern die individualistische Geisteshaltung, die ihm früher mitunter eine falsche Richtung gegeben hat. Die Rechtsgutslehre in ihrer neueren und neuesten Fassung steht der Forderung, ‚in der Strafrechtsauffassung und in der Rechtsgüterbewertung des nationalsozialistischen Rechts die unbedingte Überlegenheit der völkischen Gemeinschaftswerte gegenüber den Ansprüchen und Bedürfnissen der einzelnen eindeutig und klar zum Ausdruck zu bringen', nicht nur nicht entgegen – sie verlangt sie geradezu!"[84]

---

[80] *Schwinge/Zimmerl* (Fn. 57), 61.

[81] Ibid. 62.

[82] Ibid. 64.

[83] *Schaffstein*, Deutsches Strafrecht 1935, 97, 98 ff.

[84] *Schwinge/Zimmerl* (Fn. 57), 65; in diese Richtung auch *Klee,* Deutsches Strafrecht 1936, 1, 13: „Sobald man den Rechtsgutsbegriff seines individualistischen Inhalts entkleidet, steht nichts im Wege, das Interesse der Volksgemeinschaft an der Erhaltung eines Wertes oder diesen Wert selbst als Rechtsgut zu bezeichnen." Klee steht allerdings „der neueren blutleeren Abstraktion (Honig, Schwinge, Mezger), der Begriff des Rechtsguts sei ‚diejenige kategoriale Synthese, mit welcher juristisches Denken Sinn und Zweck der einzelnen Strafrechtssätze in komprimierter Form zu erfassen bestrebt ist', […] vom Standpunkt eines lebendigen Volksschutzes ablehnend und teilnahmslos gegenüber" (ibid. 14). Vielmehr sei „der alte individualistische Rechtsgutsbegriff durch den sozialen Rechtsgutsbegriff zu ersetzen, mit dieser Massgabe aber an der Rechtsgutsverletzung als dem Kern des Verbrechens auch künftig festzuhalten" (ibid. 16).

Der Vorwurf des Individualismus und Liberalismus[85] könne vielleicht im Hinblick auf Birnbaum und seine Zeitgenossen und möglicherweise auch gegenüber Franz von Liszt berechtigt gewesen sein,[86] die moderne Rechtsgutslehre treffe er aber nicht,

> „weil mit der Wendung des Rechtsgutsbegriffs ins Methodologische und Teleologische von vornherein jeder Gedanke an eine substantielle Deutung des Verbrechensbegriffs ausgeschlossen ist".[87]

Der methodologische Rechtsgutsbegriff erweise sich

> „allen Anfeindungen zum Trotz auch heute noch als grundlegend und unentbehrlich [...] Die nationalsozialistische Rechtsgutsidee gibt ihm eine Zielsetzung, die bei gleichbleibender Methode völlig andere Inhalte liefert."[88]

Der von Dahm und Gallas erhobene Vorwurf, dass bei der Auslegung nicht das Rechtsgut allein, sondern eine Vielheit der widerstreitenden Interessen zu berücksichtigen seien, wobei die Gegeninteressen neben dem (eng verstandenen) Schutzgesichtspunkt zu kurz kämen, weshalb der methodische Rechtsgutsbegriff überflüssig und schädlich sei,[89] treffe die moderne Rechtsgutslehre ebenfalls nicht:

> „Es ist in der neueren Rechtsgutslehre noch niemand eingefallen, zu bestreiten, dass hinter jedem Einzeltatbestand eine Vielheit von Interessen steht, die bei der Auslegung niemals außer Acht gelassen werden dürfen. In dem steten Hinweis des Richters auf Zweck und Schutzaufgabe der gesetzlichen Vorschriften, m.a.W. auf die Gesamtheit aller Gesichtspunkte, die ihre Schaffung veranlasst haben, liegt gerade die Eigenart des modernen Rechtsgutsdenkens im Strafrecht."[90]

---

[85] Vgl. *Gallas* (Fn. 9), 51 und 62 ff.

[86] *Schwinge/Zimmerl* (Fn. 57), 65 ff.

[87] Ibid. 67/68.

[88] Ibid. 72; vgl. auch *H. Mayer,* Deutsches Strafrecht 1938, 73, 81 f.: Gerade Schwinge und Zimmerl hätten wichtige Belege für die antiindividualistische Tendenz des Rechtsgutsbegriffs erbracht, es bestehe „kein Anlass den Begriff fallen zu lassen oder auch nur die Terminologie zu ändern" (82); vgl. aber auch *Schaffstein,* Deutsches Strafrecht 1935, 97, 101: Bei den Vertretern der Rechtsgutstheorie würde der weltanschauliche Gehalt der Aufklärungsideologie als selbstverständlich vorausgesetzt, der allerdings „durch die geistige Revolution unserer Zeit der Boden entzogen" sei. „Deshalb kann im nationalsozialistischen Strafrecht die Rechtsgüterschutztheorie die systematischen und methodischen Funktionen nicht mehr erfüllen, welche ihr Aufklärung und Liberalismus in ihrem Strafrecht zuerkannt hatten."

[89] Vgl. *Dahm,* ZStW 57 (1938), 225, 231 ff.; *Gallas,* FS Gleispach, 62; *Schaffstein,* Deutsches Strafrecht 1937, 335, 338 und 342 ff.; vgl. auch *Welzel,* Naturalismus und Wertphilosophie im Strafrecht, 1935, 73 sowie *Mittasch,* Die Auswirkungen des wertbeziehenden Denkens in der Strafrechtssystematik, 1939, 31 ff.; vgl. auch *Amelung* (Fn. 8), 135 ff., der diesen Vorwurf – wohl zu Recht – auch gegenüber Mezger erhebt (136).

[90] *Schwinge/Zimmerl* (Fn. 57), 69 f.

„Wenn Schwinge – wo es irgend geht – an die Stelle des Ausdrucks ‚Rechtsgut‘ die Worte ‚Zweck‘ und ‚Schutzaufgabe‘ verwendet, so geschieht das deshalb, um dadurch ständig auf die Notwendigkeit umfassender Würdigung der Tatbestände hinzuweisen (‚Gesamtschau‘).“[91]

5. Edmund Mezger

Wie bereits eingangs erwähnt, finden sich weder bei Honig noch bei Grünhut mehr als beiläufige Bezugnahmen auf Autoren, die dem neukantianischen Denken zugerechnet werden. Allein Schwinge hat sich in seiner Habilitationsschrift dezidiert auf Schriften Rickerts bezogen und seinen eigenen Ansatz damit selbst als neukantianisch geprägt dargestellt. Dass die methodisch-teleologische Rechtsgutstheorie tatsächlich dem entspricht, was aus der Sicht des neukantianisch geprägten Strafrechtsdenkens von der Rechtsgutstheorie erwartet wurde und geleistet werden konnte, soll nachfolgend am Beispiel der einschlägigen Ausführungen Mezgers gezeigt werden.

Mezger definiert das Rechtsgut als das vom Handlungsobjekt zu unterscheidende „im Tatbestand geschützte Wertobjekt […], das vom Strafrecht unter Schutz gestellt und im Verbrechen angegriffen wird“.[92] Das Rechtsgut sei als Schutzobjekt ein „ideeller Bestandteil der Wertwelt des Rechts“, das „den Wert- und Sinngehalt des gesamten Tatbestandes“ umschreibt und damit „eine wertende Zusammenfassung, eine ‚Synthese‘ dieses Tatbestandes“ darstelle.[93] Als Rechtsgut habe er stets den Zustand verstanden, „an dem das vom objektiven Recht berücksichtigte Interesse besteht, also den vom Recht anerkannten ‚objektiven Wert, dem das Strafrecht seinen Schutz angedeihen lässt‘“.[94] Ohne eine Vergeistigung, die es beispielsweise erlaube, Schutzobjekte wie die Ehre zu erfassen, sei „der Begriff des Rechtsguts überhaupt nicht brauchbar“.[95]

Der materielle Unrechtsgehalt der Straftat ergibt sich nach Mezger aus der „Verletzung oder Gefährdung des Rechtsguts (Schutzobjekts, Angriffsobjekts)“.[96] Das Unrecht sei zu verstehen „als Verletzung oder Gefährdung bestimmter Lebensinteressen“.[97]

---

[91] Ibid. 70.

[92] *Mezger,* Strafrecht, Ein Lehrbuch, 2. Aufl. 1933 (identisch mit 3. Aufl. 1949), 188 f.

[93] Ibid. 189; vgl. aber auch *ders.,* Deutsches Strafrecht, Ein Leitfaden, 1936, 50: Rechtsgüter seien „keine leeren Abstraktionen“, sondern „die lebensvollen Werte der völkischen Wirklichkeit“.

[94] *Mezger,* ZStW 57 (1938), 675, 697 unter Verweis auf Lehrbuch (Fn. 92), 200.

[95] Ibid.

[96] *Mezger,* Lehrbuch (Fn. 92), 197; bei den drei Bezeichnungen Rechtsgut–Schutzobjekt–Angriffsobjekt handelt es sich um „synonyme, gleichbedeutende Bezeichnungen“ (200); so auch *Mezger,* ZStW 57 (1938), 675, 696.

[97] *Mezger,* Lehrbuch (Fn. 92), 198.

„Verletzt und gefährdet können individuelle oder soziale Interessen sein. Interesse ist daher genauer gesagt die Anteilnahme des individuellen oder sozialen Willens an dem Bestehen eines bestimmten Zustandes. Die Verletzung oder Gefährdung dieses Zustandes verletzt oder gefährdet damit mittelbar das auf seinen Bestand gerichtete Interesse."[98]

Die Aussage, der materielle Gehalt des Unrechts sei die Verletzung oder Gefährdung eines Rechtsguts, sei „[n]ur eine andere, wenn auch anschaulichere, fassbarere und daher gebräuchlichere Formulierung des gleichen Gedankens".[99] Im Begriff des Rechtsguts

„besitzen wir den auf eine einfache Formel gebrachten objektiven Wert, dem das Strafgesetz seinen Schutz angedeihen lässt. In ihm erscheint, wie es Honig in treffenden Worten ausgedrückt hat, der ‚vom Gesetzgeber in den einzelnen Strafrechtssätzen anerkannte Zweck in seiner kürzesten Formel', ‚diejenige kategoriale Synthese, mit welcher juristisches Denken Sinn und Zweck der einzelnen Strafrechtsätze in komprimierter Form zu erfassen bestrebt ist'".[100]

Übereinstimmend mit Honig, Grünhut und Schwinge sieht auch Mezger die wesentliche Aufgabe des Rechtsguts im Rahmen der Auslegung:

„Das Rechtsgut (Schutzobjekt, Angriffsobjekt) des einzelnen Tatbestandes ist die maßgebende Richtlinie für die Auslegung dieses Tatbestandes."[101]

„Die Ermittlung des Rechtsguts in Beziehung auf den einzelnen strafgesetzlichen Tatbestand erfolgt im Wege der Auslegung des Gesetzes". Das so ermittelte Rechtsgut „ist seinerseits wiederum das wichtigste Auslegungsmittel in Beziehung auf diesen Tatbestand und seine einzelnen Merkmale. Aus dem ‚Sinn', aus der ‚kategorialen Synthese', aus der wesenhaften Werterfassung, die wir für den einzelnen Tatbestand im Rechtsgut gewonnen haben, strömt erst das klärende Licht auf alle seine Einzelheiten. Nur aus dem Ganzen ‚begreifen' wir seine Teile. Diese juristische Begriffsbildung, die das Wesen des strafgesetzlichen Tatbestandes im Einzelnen zu erfassen und klarzustellen trachtet, ist also, wie früher hervorgehoben, stets teleologische Begriffsbildung. Es gibt keinen einzelnen Rechtsbegriff, also auch keinen solchen im Rahmen des Tatbestandes, der anders als aus seinem ‚Telos', das heißt seinem ‚Zweck', zu verstehen wäre."[102]

„Die Ermittlung des Rechtsguts erfolgt an Hand des Gesetzes als einer bindenden Richtlinie, aber notwendig zugleich auch an Hand des übergesetzlichen Rechts. Dass die Ermittlung des Rechtsguts, welches für die Auslegung des einzelnen gesetzlichen Tatbestandes maßgebend ist, zunächst an Hand des Gesetzes zu erfolgen hat, bedarf an dieser Stelle keiner näheren Ausführung. Es hieße den Gedanken juristischer Begriffsbildung überhaupt preiszugeben, wollte man in Erfüllung der berührten Aufgabe den festen Boden des Gesetzes verlassen."[103]

---

[98] Ibid.

[99] Ibid. 199/200.

[100] Ibid. 200 unter Bezugnahme auf Honig; vgl. auch *Mezger,* ZStW 57 (1938), 675, 699.

[101] *Mezger,* Lehrbuch (Fn. 92), 200.

[102] Ibid. 201 unter Verweis auf Grünhut und Schwinge.

[103] Ibid. 202.

Da aber kein Gesetz das Ganze des Rechts erschöpfen könne,[104] bedürfe es einer kritischen

„Besinnung auf die letzten Grundlagen der Rechtsordnung. Alle Gesetze sind positive Erscheinung des Rechts, die nur unter ganz bestimmten Voraussetzungen möglich ist. Solche Voraussetzungen des Gesetzes aber sind der gesamte Zusammenhang der Kultur, aus der das Recht erwächst und auf die es regelnd sich bezieht, und die rationale Idee des Rechts selbst, die überhaupt erst Recht als Recht schafft. Es ist das Verdienst der am Neukantianismus orientierten Schrift von Graf zu Dohna (1905), zum ersten Mal die Strafrechtswissenschaft grundsätzlich auf solche kritischen Gedankengänge hingewiesen zu haben."[105]

„Auf den ganzen Kulturzusammenhang des Rechts weist nachdrücklich M.E. Mayer hin, gesteht aber in juristisch unzulässiger Weise der ‚Kulturnorm' einen Vorzug vor der positiv maßgebenden ‚Rechtsnorm' zu. Letzte und höchste Richtlinie alles Rechts und aller Gesetzesauslegung, also rationale Idee des Rechts aber ist: einen gerechten Ausgleich zu schaffen zwischen den Interessen der Gemeinschaft und denen des Einzelnen."[106]

Bei alledem handelt es sich aber nicht um etwas „dem Rechte Tranzendentes, sondern vielmehr um die dem Rechte und der Rechtsordnung immanenten Zwecke und Ziele".[107]

III. Die Leistungsbilanz der methodisch-teleologischen Variante der Rechtsgutstheorie

1. Die Einwände der Vergeistigung des Rechtsgutsbegriffs und des Positivismus

Die Kritik, die im modernen Schrifttum an der methodisch-teleologischen Rechtsgutstheorie geäußert wird, bezieht sich, wie eingangs bereits erwähnt, vor allem auf zwei Punkte: Zum einen geht es um die Vergeistigung des Rechtsgutsbegriffs, zum anderen geht es darum, dass die methodisch-teleologische Rechtsgutstheorie die Zwecksetzungen des Gesetzgebers akzeptiert und das Strafrecht damit dem Gutdünken des Gesetzgebers ausgeliefert habe, was dann zur Folge habe, dass das Strafrecht vom Gesetzgeber mit beliebigen Inhalten gefüllt werden könne, was der nationalsozialistische Gesetzgeber denn auch getan habe.[108]

Bezogen auf den Vorwurf der Vergeistigung des Rechtsgutsbegriffs bleibt festzuhalten, dass die Vergeistigung des Rechtsgutbegriffs nichts ist, was man als ein spezifisches Manko der methodisch-teleologischen Rechtsgutstheorie auffassen kann.[109] Tatsächlich ist noch keine Rechtsgutstheorie ohne ein gewis-

---

[104] Ibid.
[105] Ibid. 203.
[106] Ibid. 204.
[107] Ibid.
[108] Vgl. die Nachweise in Fn. 13.
[109] Vgl. hierzu auch bereits *Amelung* (Fn. 8), 139 ff.

ses Maß an Vergeistigung des Rechtsgutsbegriffs ausgekommen. Selbst die von Hassemer begründete, grundsätzlich auf den Schutz handfester Individualrechtsgüter abstellende sog. personale Rechtsgutslehre[110] muss ja zum einen anerkennen, dass bestimmte Universalrechtsgüter als strafschutzwürdig anzuerkennen sind,[111] wobei es sich bei diesen dann mitnichten um handfeste Schutzgüter handelt, sondern es darum geht, die Integrität bestimmter Interaktions- bzw. Funktionszusammenhänge zu schützen, wie z. B. die Rechtspflege oder die Integrität des Rechts- bzw. Beweisverkehrs mit Urkunden;[112] und auch bei den klassischen Individualrechtsgütern gibt es neben den zumindest vordergründig betrachtet eher substanzhaft-handfesten erscheinenden Rechtsgütern von der Art „Leib und Leben" eben auch Individualrechtsgüter, bei denen es ohne eine Vergeistigung gar nicht geht, wie z. B. die Ehre oder auch die Willensfreiheit.[113]

Der Einwand des Positivismus[114] ist insoweit begründet, als sich die Vertreter der methodisch-teleologischen Rechtsgutstheorie tatsächlich dezidiert dazu bekennen, dass der Rechtsgutsbegriff – entgegen den Ansprüchen der sich selbst als Vertreter einer systemkritischen Rechtsgutstheorie verstehenden Rechtsgutstheoretiker – keinen Maßstab zur Verfügung stellt, mit denen die (Pönalisierungs-)Entscheidungen des Gesetzgebers kritisch hinterfragt werden können. Die von Honig, Grünhut und Schwinge dezidiert propagierte Beschränkung auf den Bereich der Interpretation des vom Gesetzgeber gesetzten Rechts, schließt es aus, dem Rechtsgutsbegriff eine systemexterne (systemkritische) Funktion beizumessen. Bei Honig und Grünhut bleibt diese Konsequenz implizit, bei Schwinge wird sie explizit. Und auch M.E. Mayer geht ausdrücklich davon aus, dass man von einem Rechtsgut erst dann sprechen kann, wenn der Staat ein Interesse als schutzwürdig anerkannt hat.[115] Nicht anders als bei Binding wird für ihn ein Gut erst dadurch zum Rechtsgut, dass der Gesetzgeber das Gut zum Rechtsgut erhebt.[116] Für eine systemkritische Betrachtung bzw. eine Betrachtung de lege ferenda

[110] Vgl. *Hassemer,* in: Scholler/Philipps (Hrsg.), Jenseits des Funktionalismus, 1989, 85, 91 ff. sowie NK-StGB/*Hassemer/Neumann*, 4. Aufl. 2013, Vor § 1 Rn. 131 ff. und hierzu *Wohlers,* Deliktstypen des Präventionsstrafrechts – zur Dogmatik „moderner" Gefährdungsdelikte, 2000, 91 ff.

[111] *Hassemer* (Fn. 110), 92; NK-StGB/*Hassemer/Neumann*, Vor § 1 Rn. 138.

[112] NK-StGB/*Hassemer/Neumann*, Vor § 1 Rn. 134 ff.; *Wohlers* (Fn. 110), 224 ff.

[113] *Wohlers* (Fn. 110), 224 ff.; vgl. auch *B. Vogel,* ZStW 128 (2016), 139, 144 sowie dezidiert *Mezger,* ZStW 57 (1938), 657, 697 (vgl. Abschnitt II.5. bei Fn. 95).

[114] Vgl. hierzu auch bereits *Amelung* (Fn. 8), 143 ff.

[115] *M.E. Mayer,* Der Allgemeine Teil des Deutschen Strafrechts, 1915, 21.

[116] Vgl. *M.E. Mayer* (Fn. 115), 22: „Wer wissen will, welche Güter Rechtsgüter sind, muss das geltende Recht studieren."

„hat der Begriff des Rechtsgutes keine Bedeutung, er enthält eine Konstatierung, kein Postulat. Dass ihm trotzdem oft legislatorischer Wert beigemessen worden ist, beruht darauf, dass die Kritik, irgendeinem Gut, das ihr abweichend vom geltenden Recht schutzwürdig oder nicht schutzwürdig erscheint, die Qualität als Rechtsgut zu- oder abspricht.“[117]

Der Befund, dass die methodisch-teleologische Rechtsgutstheorie keinen Maßstab zur Verfügung stellt, anhand derer man die Pönalisierungsentscheidungen des Gesetzgebers kritisch hinterfragen und auf ihre Legitimität hin untersuchen kann, ist also für sich gesehen eindeutig richtig. Zu einem Vorwurf würde dieser Befund aber erst dann, wenn dem Rechtsgutsbegriff ein entsprechendes Potential innewohnen würde, was von den Vertretern der modernen, sich selbst als „systemkritisch“ verstehenden Rechtsgutstheorie(n) so gesehen wird,[118] was man aber durchaus auch anders sehen kann.[119]

Für sich gesehen richtig ist auch, dass ein methodisch-teleologischer Rechtsgutsbegriff vom Gesetzgeber grundsätzlich mit beliebigen Inhalten gefüllt werden kann.[120] Auch insoweit bleibt aber festzuhalten, dass sich der Gesetzgeber schon immer an Wertungen orientiert hat, die nicht aus der Rechtsgutstheorie selbst kommen;[121] das einzig neue war, dass die Neukantianer von kulturellen Werten sprechen.[122] Heute könnte man daran denken, dem methodisch-teleologischen Rechtsgutsbegriff nicht durch den Rückgriff auf Kulturnormen oder auf die gesellschaftliche Realität, sondern durch den Bezug auf die Verfassung mit Inhalt zu füllen.[123] Abgesehen davon, dass man sich mit guten Gründen fragen kann, ob aus dem Rekurs auf Vorgaben der Verfassung viel gewonnen werden kann,[124] war dieser Ansatz vor 100 Jahren keine wirklich zur Verfügung stehende Option.

---

[117] *M.E. Mayer* (Fn. 115), 22 Fn. 8.

[118] Vgl. *Hassemer* (Fn. 110), 86 sowie insbesondere NK-StGB/*Hassemer/Neumann*, Vor § 1 Rn. 115, die für die (systemkritische) Rechtsgutstheorie den Anspruch erheben, „dem Gesetzgeber ein plausibles und verwendungsfähiges Kriterium seiner Entscheidungen an die Hand zu geben und zugleich einen externen Prüfungsmaßstab für die Gerechtigkeit dieser Entscheidungen zu ermitteln“.

[119] Kritisch hierzu *Wohlers,* in: Kubiciel et al. (Hrsg.), „Eine gewaltige Erscheinung des positiven Rechts“, Karl Bindings Normen- und Strafrechtstheorie, 2020, 155 ff.; *ders.,* in: Kindhäuser et al. (Hrsg.), Strafrecht und Gesellschaft, 2019, 317 ff.

[120] Vgl. auch *Amelung,* in: Alexy et al. (Fn. 17), 369 f.

[121] *Amelung* (Fn. 8), 208 ff.; *ders.,* in: Hefendehl/von Hirsch/Wohlers (Hrsg.), Die Rechtsgutstheorie, 2003, 160 f.; *Wohlers* (Fn. 110), 229 ff.

[122] *Amelung* (Fn. 8), 143 f.

[123] Vgl. hierzu insbesondere *Roxin,* GA 2013, 433, 449 ff.; in diese Richtung auch bereits *Rudolphi,* FS Honig, 158 ff.; vgl. auch *Stuckenberg,* GA 2011, 653, 654 ff.

[124] Kritisch hierzu *Wohlers,* in: Kindhäuser et al. (Fn. 119), 318 f.; *ders.,* in: Kubiciel et al. (Fn. 119), 159; vgl. aber auch *Appel,* Verfassung und Strafe, Zu den verfassungsrechtlichen Grenzen staatlichen Strafens, 1998, 198 ff., 372 ff., 381 ff.; *Lagodny,* Strafrecht vor den Schran-

Richtig ist schließlich auch noch, dass der rein formal-abstrakt bleibende Wertbegriff des Neukantianismus erst durch die Anbindung an die Kulturidee inhaltlich aufgeladen[125] und damit an das gesellschaftlich vorherrschende Wertesystem gebunden wurde,[126] was dann wiederum – bei entsprechenden gesellschaftlich vorherrschenden Überzeugungen – eine Moralisierung des Strafrechts zur Folge haben kann, bei der die Unsittlichkeit eines Verhaltens an die Stelle der Sozialschädlichkeit tritt.[127] Das bei allen Vertretern des neukantianischen Strafrechtsdenkens zu konstatierende Abstellen auf den Schutz von Kultur- bzw. Gemeinschaftswerten wird aber erst dann von einem Befund zu einem Vorwurf, wenn man das gesellschaftliche Grundverständnis und den rechtlichen Diskurs des frühen 20. Jahrhunderts mit den Maßstäben misst, die sich – nota bene erst nach der Katastrophe des Nationalsozialismus – in der zweiten Hälfte des 20. Jahrhunderts zur vorherrschenden Sichtweise entwickelt haben. Und auch hier stellt sich dann wieder die Frage, ob dem Rechtsgutsbegriff ein kritisches Potenzial zukommt und, wenn ja, ob dieses tatsächlich in der Tradition des aufklärerischen Denkens liegt.[128] Dass eine systemkritische Rechtsgutstheorie die Instrumentalisierung des Strafrechts für die Zwecke des Nationalsozialismus verhindern oder auch nur in Grenzen hätte halten können, dürfte zu bezweifeln sein.

2. Die methodisch-teleologische Rechtsgutstheorie: eine Konsequenz neukantianischen Strafrechtsdenkens?

Vordergründig betrachtet sollte man eigentlich erwarten dürfen, dass das wertbezogene neukantianische Strafrechtsdenken durchaus etwas beizutragen hat, wenn es darum geht, die Frage zu klären, welche Werte[129] strafrechtlichen Schutz verdienen und welche nicht.[130] Dies würde allerdings voraussetzen, dass

---

ken der Grundrechte, 1996, 21 ff., 424 ff., 354 f.; *Stächelin,* Strafgesetzgebung im Verfassungsstaat, 1998, 30 ff. sowie resümierend *Roxin/Greco,* Strafrecht Allgemeiner Teil I, 5. Aufl. 2020, § 2 Rn. 86 ff.

[125] *Ziemann* (Fn. 1), 139; vgl. auch *Amelung,* in: Alexy et al. (Fn. 17), 365 f. sowie *M.E. Mayer* (Fn. 116), 21.

[126] *Ziemann* (Fn. 1), 136 f. (zu Grünhut und Schwinge).

[127] *Amelung* (Fn. 8), 157 f.

[128] Kritisch hierzu *Amelung* (Fn. 8), 45 ff.; *ders.,* in: Hefendehl et al. (Fn. 121), 160 f.; *Wohlers,* in: Kubiciel et al. (Fn. 119), 155 f.; *ders.,* in: Kindhäuser et al. (Fn. 119), 313; dezidiert bejahend dagegen: *Rudolphi,* FS Honig, 154 ff.; *Schünemann,* in: FS für Rolf Dietrich Herzberg, 2008, 47; *Steinberg,* in: FS für Hinrich Rüping, 2008, 95 ff.; *Swoboda,* ZStW 122 (2010), 24, 25.

[129] Zum philosophischen Wertediskurs in der ersten Hälfte des 20. Jahrhunderts vgl. *Schnädelbach,* Philosophie in Deutschland 1831–1933, 8. Aufl. 2013, 198 ff.

[130] Vgl. *Amelung,* in: Alexy et al. (Fn. 17), 365.

der Neukantianismus einen Weg gefunden hätte, wie man zu Werten gelangt, die als strafschutzwürdig einzustufen sind. Dies hat der philosophische Neukantianismus aber nicht geleistet – und von seinem Ausgangspunkt her wohl auch gar nicht leisten können.[131] Das für das Rechtsgutsdenken grundlegende Zusammendenken von Werten und Wirklichkeit in der Konzeption von (Rechts-) Gütern stellt für den Neukantianismus eine letztlich nicht überwindbare Schwierigkeit dar.[132]

Ausgangspunkt des neukantianischen Strafrechtsdenkens ist die Wiederbelebung der Erkenntnis gewesen, dass aus einem Sein kein Sollen folgen kann und dass „durch eine empirische Analyse der Wirklichkeit niemals normative Maßstäbe für deren Bewertung gefunden werden können".[133] Grundlegend für das Theoriegebäude des Neukantianismus ist die Unterscheidung von Naturwissenschaften einerseits und Geistes- bzw. Kulturwissenschaften andererseits,[134] wobei die Rechtswissenschaft gemeinhin als eine Kulturwissenschaft i. S. Rickerts eingestuft[135] und aus dieser Einstufung dann abgeleitet wird, dass die Begriffsbildung innerhalb des Rechtssystems mit Hilfe eines im Rickertschen Sinne wertbeziehend vorgehenden, teleologischen Verfahrens zu erfolgen hat, die Rechtsbegriffe also Wertbegriffe sind.[136]

Was sich aus dem philosophischen Neukantianismus für das Strafrecht konkret ergibt, ist von den Vertretern des südwestdeutschen Neukantianismus an keiner Stelle näher ausbuchstabiert worden.[137] Zu konstatieren ist aber, dass das von ihnen für die Kulturwissenschaften propagierte wertbeziehende Denken jedenfalls nicht „werten" i. S. von bewerten meint.[138] Tatsächlich haben weder Windelband noch Rickert aufgezeigt, wie und woraus sich Werte ableiten las-

---

[131] Vgl. hierzu den Beitrag von *Seelmann* (in diesem Band).

[132] *Amelung* (Fn. 8), 128 f.

[133] *Schünemann* (Fn. 1), 24 f.; zum Dualismus von Sein und Sollen vgl. auch *Radbruch,* Rechtsphilosophie, 4. Aufl. (hrsg. von Erik Wolf) 1950, 97 ff.

[134] Vgl. hierzu die Beiträge von *Krijnen* und *Seelmann* (in diesem Band); zum Neukantianismus als Kulturphilosophie vgl. den Beitrag von *Krijnen* (in diesem Band).

[135] Vgl. *Mittasch* (Fn. 89), 10 f., 18; *Radbruch* (Fn. 133), 220; *Lask* (Fn. 47), 27: „Die Rechtswissenschaft ist ein Zweig der empirischen ‚Kulturwissenschaften'"; kritisch hierzu *Amelung,* in: Alexy et al. (Fn. 17), 367; nach *Mittasch* (Fn. 89), 35 habe Lask gezeigt, dass es auch systematisierende Kulturwissenschaften gebe und die Rechtswissenschaft eine solche sei; vgl. hierzu auch *Mittasch* (Fn. 89), 37 ff.; *Amelung* (Fn. 8), 127 mit Fn. 11.

[136] *Mittasch* (Fn. 89), 3, 10 f., 21 f.; *Radbruch* (Fn. 133), 93 ff., 168.

[137] Vgl. hierzu den Beitrag von *Krijnen* (in diesem Band).

[138] *Amelung* (Fn. 8), 126 f.; dazu, dass es dem philosophischen Neukantianismus nicht darum ging, eine materiale Wertlehre zu entwickeln, vgl. *Krijnen* (in diesem Band).

sen: Windelband scheint insoweit auf Evidenz(erlebnisse) abzustellen[139] und für Rickert ist die Anerkennung von Werten letztlich eine Glaubensfrage.[140]

Im Ergebnis wird man deshalb die Frage stellen müssen, ob die methodisch-teleologische Rechtsgutstheorie überhaupt dem neukantianischen Denken zugrechnet werden kann. Der Honig und Schwinge gemeinsame Ansatz besteht darin, dass sie die methodologische Bedeutung des für die Kulturwissenschaften relevanten wertbeziehenden Verfahrens aufgegriffen und in die Rechtswissenschaft übertragen haben.[141] Die Frage ist aber, ob das teleologische Denken wirklich neukantianisch ist oder nicht vielmehr der Sache nach das fortführt, was Rudolph von Jhering und von Liszt mit dem Zweckdenken entwickelt haben.[142] Dass es bei den Rechtsgütern um ein Werturteil geht, hat im Übrigen auch schon Binding so gesehen.[143] Honig und Schwinge orientieren sich zwar an den von der neukantianischen Wertphilosophie entwickelten Denkkategorien und Begrifflichkeiten, in der Sache führen sie aber die eben genannten Ansätze des zweckbezogenen, teleologischen Denkens fort.[144] Die Variante des Wertbezugs, die sich bei den neukantianischen Strafrechtsdenkern durchsetzt, ist das teleologische Denken. Nach Sina ist die teleologische Richtung „der präzise Abdruck der neukantianischen Problemstellungen auf rechtsphilosophischem Gebiet".[145] Im Ergebnis spricht damit vieles dafür, dass die neukantianisch wirkende Einkleidung der methodisch-teleologischen Rechtsgutstheorie nicht mehr ist als der Versuch, sich dadurch Legitimität als Strafrechts*wissenschaft* zu verschaffen, dass man sich äußerlich betrachtet an ein Theoriegebäude anlehnt, das zur damaligen Zeit als die wohl führende Wissenschaftstheorie en vogue war.[146]

3. Der Wert des Rechtsgutsbegriffs als Leittopos für die Auslegung strafrechtlicher Normen

Wie oben dargelegt, bestand das eigentliche Kernanliegen der Vertreter der methodisch-teleologischen Rechtsgutstheorie darin, den Rechtsgutsbegriff als Zentralbegriff der Auslegung zu etablieren.[147] Darin, dass sich das Rechtsgut als

---

139 Vgl. *Wapler,* Werte und das Recht, 2008, 69; vgl. auch *Schnädelbach* (Fn. 129), 221 f.

140 Vgl. *Wapler* (Fn. 139), 85 ff.; *Ziemann* (Fn. 1), 79 f.; vgl. auch *Radbruch* (Fn. 133), 100: Letzte Sollenssätze seien „nicht der Erkenntnis, sondern nur dem Bekenntnis fähig".

141 *Amelung* (Fn. 8), 129.

142 Zu diesem Ansatz vgl. *Amelung,* in: Alexy et al. (Fn. 17), 366.

143 *Amelung,* in: Alexy et al. (Fn. 17), 366 unter Verweis auf *Bindung,* Die Normen und ihre Übertretung, Band 1, 2. Aufl. 1922, 356.

144 Vgl. auch *Amelung,* in: Alexy et al. (Fn. 17), 366 f.

145 *Sina* (Fn. 7), 75; vgl. auch *Mittasch* (Fn. 89), 37 f.

146 Vgl. hierzu auch den Beitrag von *Seelmann* (in diesem Band).

147 Vgl. auch *Vormbaum* (Fn. 1), 157; *Ziemann* (Fn. 1), 129 f., 138, 140 f.

„*das* Kriterium einer teleologischen Auslegung“[148] etabliert hat, hat Amelung zu Recht einen über Binding hinausweisenden bedeutenden Fortschritt gesehen.[149]

Ebenfalls zu Recht hat Amelung aber die von Schwinge/Zimmerl propagierte Gleichsetzung des Rechtsguts mit der Ratio legis als verfehlt kritisiert.[150] H. Mayer hatte schon 1938 zutreffend darauf hingewiesen, dass der von Schwinge/Zimmerl 1937 vertretene Ansatz in einem Gegensatz dazu steht, dass Schwinge selbst das Rechtsgut noch 1930 mit dem zu schützenden Gemeinschaftswert gleichgesetzt hat.[151] Der von Honig und Schwinge vertretene Rechtsgutsbegriff sei unbrauchbar, weil er nicht angebe, „worin allgemein oder im Besonderen der Unrechtsgehalt der Straftat besteht“.[152]

Die Ausweitung des ursprünglichen Rechtsgutsverständnisses durch Schwinge und Zimmerl stellt eine Reaktion auf die Kritik dar, die nicht nur, aber insbesondere von Dahm und Schaffstein am ursprünglichen Ansatz Schwinges vorgetragen worden ist.[153] Ziel war es, die Tauglichkeit des teleologischen Strafrechtsdenkens für die Zwecke des Nationalsozialismus darzulegen.[154] Ob man dies nun als einen Fall des puren Opportunismus bzw. der Anpassung an das gewandelte politische Umfeld oder aber als einen Fall sehen muss, in dem ein dogmatischer Standpunkt mit welchen Mitteln auch immer verteidigt werden soll – entweder um seiner selbst willen oder aber, um schlimmeres zu verhindern, wie z.B. die von den nationalsozialistischen Strafrechtsdenkern propagierte Wesensschau –, kann in der Rückschau nicht abschließend entschieden werden.[155]

In der Sache selbst bleibt festzuhalten, dass die Gleichsetzung des Rechtsguts mit der Ratio legis methodisch gesehen eine zweifelhafte Weichenstellung ist.

---

148 *Rudolphi*, FS Honig, 151; vgl. auch *Jescheck/Weigend* (Fn. 1), 259; LK/*Dannecker/Schuhr,* 13. Aufl. 2020, § 1 Rn. 319; Schönke/Schröder/*Hecker*, 30. Aufl. 2019, § 1 Rn. 48; SK-StGB/*Jäger*, 9. Aufl. 2017, § 1 Rn. 72; *Kudlich,* ZStW 127 (2015), 635, 638; Satzger/*Satzger,* 2009, § 1 Rn. 43; kritisch NK-StGB/*Hassemer/Kargl*, 4. Aufl. 2013, § 1 Rn. 114c; vgl. auch *Wohlers,* in: Kubiciel et al. (Fn. 119), 161 mit dem Hinweis darauf, dass das Rechtsgut nicht zu einem „punitiven Superargument“ werden dürfe; vgl. hierzu auch bereits *Kudlich,* ZStW 127 (2015), 635, 638.

149 *Amelung* (Fn. 8), 134 f.; dazu, dass Binding selbst die auslegungsleitende Funktion des von ihm propagierten Rechtsgutsbegriffs nicht erkannt, jedenfalls nicht genutzt hat, vgl. auch *Wohlers,* in: Kubiciel et al. (Fn. 119), 163.

150 *Amelung* (Fn. 8), 135 ff. m.w.N.; *ders.,* in: Alexy et al. (Fn. 17), 368.

151 *H. Mayer*, Deutsches Strafrecht 1938, 73, 82.

152 *H. Mayer*, Strafrecht Allgemeiner Teil, 1967, 52.

153 *H. Mayer,* Deutsches Strafrecht 1938, 73, 83; vgl. auch *Amelung* (Fn. 8), 136 sowie den Beitrag von *Neumann* in diesem Band.

154 *Vogel,* ZStW 115 (2003), 638, 652.

155 Vgl. hierzu auch den Beitrag von *Neumann* in diesem Band.

Amelung hat zutreffend hervorgehoben, dass die sinnvolle Funktion, die der Rechtsgutsbegriff im Rahmen der Auslegung spielt, durch die Gleichsetzung mit der Ratio legis „eher verdunkelt als erhellt" wird.[156] Die Frage, was der Gesetzgeber eigentlich erreichen bzw. schützen wollte, als er die in Frage stehende Strafnorm geschaffen hat, ist ohne Zweifel ein wichtiger Gesichtspunkt, wenn es darum geht zu entscheiden, ob man ein bestimmtes Straftatmerkmal eher weit oder aber eng zu verstehen hat.[157] Abgesehen davon, dass häufig nicht ohne weiteres zu entscheiden sein wird, was genau der Gesetzgeber zu schützen beabsichtigt,[158] sind, worauf bereits die zeitgenössischen Kritiker Schwinges zutreffend hingewiesen haben,[159] stets auch eine ganze Reihe anderer und zumindest teilweise diametral entgegengesetzter Gesichtspunkte zu berücksichtigen.[160] So ist insbesondere zu klären, ob das Rechtsgut umfassend gegen alle oder aber nur gegen bestimmte (wenn ja: welche?) Angriffe geschützt werden soll.[161] Die Ratio legis ist damit stets das Ergebnis eines Interessenausgleichs bzw. eines Kompromisses.[162] Darüber hinaus sind auch die Konsequenzen einer Auslegung zu berücksichtigen[163] sowie die Relation zur angedrohten Sanktion.[164] Erst aus dem Zusammenwirken aller Gesichtspunkte ergibt sich der Sinn und Zweck einer Strafnorm, d. h. deren Ratio legis.[165]

Wenn man nun, wie von Schwinge/Zimmerl propagiert, das Rechtsgut mit der Ratio legis gleichsetzt, dann geht entweder der Begriff für das „Etwas" verloren, dem der Gesetzgeber Schutz gewähren will, oder es drohen die Gesichtspunkte unter die Räder zu kommen, deren Berücksichtigung verhindern soll, dass sich das Rechtsgut zum Super-Pönalisierungsargument entwickelt. Die Rationalität des Diskurses wird gestärkt, wenn man das Rechtsgut als Kurzfor-

---

156 *Amelung* (Fn. 8), 135.

157 *Wohlers,* in: Kubiciel et al. (Fn. 119), 161; vgl. auch bereits *Amelung* (Fn. 8), 156.

158 Vgl. auch *O.A. Germann,* Probleme und Methoden der Rechtsfindung, 2. Aufl. 1967, 85: Oft werden mit einer Norm verschiedene Zwecke oder verschiedenartige Interessen verfolgt, ohne dass dabei einem der absolute Vorrang zukommt; vgl. auch *Engisch,* Einführung in das juristische Denken, 9. Aufl. 1997, 96 f.

159 Vgl. die Nachweise in Fn. 89.

160 Vgl. *Wohlers,* in: Kubiciel et al. (Fn. 119), 162.

161 Vgl. hierzu SK-StGB/*Jäger,* § 1 Rn. 72.

162 *Germann,* (Fn. 158), 86; *Vogel,* Juristische Methodik, 1998, 126; vgl. auch *Herzberg,* NJW 1990, 2525, 2528.

163 Vgl. LK/*Dannecker/Schuhr,* § 1 Rn. 325; SK-StGB/*Jäger,* § 1 Rn. 73, 75; *M. Deckert,* Jus 1995, 480 ff.; *Hassemer,* in: FS für Helmut Coing, 1982, 493, 498 ff.; *Kudlich,* ZStW 115 (2003), 4 f.

164 *Germann,* Methodische Grundfragen, 1946, 124 f.; *ders.* (Fn. 158), 88 f.; *Kudlich,* ZStW 115 (2003), 1, 13 ff.; LK/*Dannnecker/Schuhr,* § 1 Rn. 319; Schönke/Schröder/*Hecker,* § 1 Rn. 49; SK-StGB/*Jäger,* § 1 Rn. 74; Satzger/*Satzger,* § 1 Rn. 43.

165 *Wohlers,* in: Kubiciel et al. (Fn. 119), 162.

mel dafür versteht, was der Gesetzgeber zu schützen beabsichtigt, und man diesen Gesichtspunkt dann gegen die Gesichtspunkte abwägt, die gegen eine Pönalisierung sprechen und erst das Ergebnis dieser Abwägung als die Ratio legis versteht. Das Rechtsgut ist nicht die Ratio legis, sondern es ist ein Anhaltspunkt dafür, was die Ratio legis sein könnte.[166]

Selbst dann, wenn man den Begriff des Rechtsguts in dem hier propagierten engen Sinne als Kurzformel dafür versteht, was der Gesetzgeber schützen will,[167] bleiben noch genug Unwägbarkeiten, wie z. B. die, ob man den Schutzgegenstand eher objektiv-teleologisch oder aber subjektiv-teleologisch zu bestimmen hat.[168]

IV. Fazit

Zusammenfassend bleibt festzuhalten, dass Amelung vollkommen zu Recht darauf hingewiesen hat, dass von den Vorwürfen, die den Vertretern der methodisch-teleologischen Variante der Rechtsgutstheorie entgegengehalten werden, einige unzutreffend sind und andere nur dann zutreffen, wenn man davon ausgeht, dass eine Rechtsgutstheorie zwingend eine systemkritische zu sein hat. Wenn man das nicht so sieht – und die Vertreter des methodisch-teleologischen Rechtsgutsdenkens haben dies dezidiert anders gesehen –, laufen die Vorwürfe weitgehend ins Leere. Dass die methodisch-teleologische Rechtsgutstheorie kein Bollwerk gegen totalitäre Tendenz darstellt, steht für sich außer Zweifel. Die entscheidende Frage ist dann aber die, ob man derartiges von der Rechtsgutstheorie überhaupt erwarten kann, was wiederum durchaus zweifelhaft erscheint. Letztlich hat das Rechtsgut eine spezifische Funktion im Rahmen der Auslegung zu erfüllen, wo sich das Rechtsgut zwar nicht als Königsargument, wohl aber als Flucht- und Angelpunkt erweist.[169] Dies herausgearbeitet zu haben, ist und bleibt der Verdienst der neukantianischen Strafrechtsdenker.

Festzuhalten bleibt aber auch, dass das neukantianische Strafrechtsdenken auf einer gänzlich anderen Ebene und mit gänzlich anderen Zielen arbeitet als der philosophische Neukantianismus. Die neukantianischen Strafrechtsdenker haben nicht das Denken des philosophischen Neukantianismus auf die Ebene des Strafrechts transformiert, sondern sie haben die vom philosophischen Neukantianismus entwickelten Begrifflichkeiten und Worthülsen verwendet, um

---

166 *Germann* (Fn. 164), 125 f.

167 So auch *B. Vogel*, ZStW 128 (2016), 139, 149 ff.

168 Vgl. *Wohlers*, in: Kubiciel et al. (Fn. 119), 162 f.

169 Vgl. *Wohlers*, in: Hefendehl/von Hirsch/Wohlers (Fn. 121), 282 f.; *ders.*, in: Kubiciel et al. (Fn. 119), 163 f.; *ders.*, in: Kindhäuser et al. (Fn. 119), 320.

ihren eigenen Anliegen wissenschaftliche Legitimität zu geben. Dieser für sich gesehen durchaus ernüchternde Befund ändert aber nichts daran, dass die Beantwortung der Frage, was von den Leistungen des neukantianischen Strafrechtsdenkens zu halten ist, davon abhängt, ob und wie die entsprechenden Leistungen strafrechtstheoretisch zu bewerten sind. Die methodisch-teleologische Variante der Rechtsgutstheorie schneidet hierbei nach hier vertretener Auffassung deutlich besser ab, als es die üblicherweise sehr kritischen Stellungnahmen im aktuellen Schrifttum erwarten lassen.

Vom Zurechnungs- zum Kausalkonzept

Handlung und Tat von der Philosophie der Aufklärung bis zur Strafrechtswissenschaft der Weimarer Zeit

Stephan Ast

Ist die Tatbestandslehre der neukantianischen Strafrechtswissenschaftler eigentlich kantianisch? – Um diese Frage zu beantworten, muss geklärt werden, wie zur Zeit Kants wesentliche Aspekte dessen behandelt wurden, was später Tatbestandslehre hieß. Es sind die Konzepte von Handlung und Tat zurückzuverfolgen.

I. Baumgarten: Handlung und Tat im Sinne der imputatio facti

Den Begriff der Tat, den das geltende Gesetz als Synonym für die Tatbestandsverwirklichung verwendet, kannte man. So übersetzte man das lateinische *factum*. Baumgarten, ein wichtiger Bezugsautor Kants, schreibt:

„Zurechnung im weiten Sinn wird genannt
1) das Urteil, wodurch einer der Urheber einer bestimmten Tat zu sein beurteilt wird,
2) die Anwendung des Gesetzes auf eine Tat bzw. die Unterfällung einer Tat unter ein Gesetz. Erstere wollen wir die Zurechnung der Tat (*imputatio facti* oder *imputatio physica*), letztere die Zurechnung des Gesetzes (*imputatio moralis*) nennen.“[1]

In Bezug auf verbietende oder gebietende Rechtsgesetze[2] liegt der Unterscheidung von *imputatio facti* und *moralis* diejenige von Tat- und Rechtsfragen zugrunde. Das wird an der Irrtumslehre Baumgartens deutlich: Irrtümer über tatsächliche Umstände berühren das Gegebensein einer Tat;[3] Irrtümer über das Gesetz betreffen die *imputatio juris*.[4]

---

[1] *Baumgarten*, Anfangsgründe der praktischen Metaphysik, 2019, 208 ff., § 125, in der äußerst verdienstvollen Übersetzung von Alexander Aichele.

[2] Zur Unterscheidung von Verbot und Gebot ibid. 102 f., § 68, zur Unterscheidung von natürlichen und positiven Gesetzen 96 ff., §§ 63–66.

[3] Ibid. 216 ff., § 128.

[4] Ibid. 300 ff., § 171.

Bereits die Tat muss als frei beurteilt werden.[5] Eine Tat wird zuvörderst als frei beurteilt, wenn der Handelnde die Tat wollte.[6] Die Umstände der Tat musste er kennen.[7] Die Zurechnung kann sich aber auch dann auf die Freiheit des Handelnden berufen, wenn es ihm möglich war, die Folge einer Tat vorherzusehen, die er tatsächlich nicht vorhergesehen hat, wobei diese Folge auch als negativ bewertete erkennbar sein musste.[8] Allgemein sind aber Kenntnis oder Erkennbarkeit der Norm nicht vorausgesetzt. Die Freiheit im Sinne der *imputatio facti* kann deswegen nicht mit der Freiheit im Sinne der heutigen Schuld gleichgesetzt werden, sondern entspricht den Freiheitsvoraussetzungen, die auf der Tatbestandsebene abgehandelt werden.[9]

Gleichwohl ist nicht möglich, das heutige Tatbestandsurteil der *imputatio facti* zuzuweisen oder es gar mit ihr gleichzusetzen. Die *imputatio facti* zielt zwar auf die Feststellung von Tatsachen und deren Zurechnung zu einer Person als Subjekt von Handlungen. Bei dieser Zurechnung wird aber noch nicht unter die vom Gesetz verwendeten Begriffe subsumiert. Vielmehr wird eine umgangssprachliche Beschreibung des Geschehens angefertigt, auf deren Grundlage unter die gesetzlichen Begriffe subsumiert wird. Baumgarten schreibt: Der „Obersatz [des „zurechnenden Syllogismus"] ist ein Gesetz, dessen Untersatz eine Tat."[10] Die Zurechnung als Tat geht somit der Subsumtion unter das Gesetz voraus. Die Auswahl der zuzurechnenden *facta* wird dabei mit Blick aufs Gesetz bestimmt – im Sinne des von Engisch geprägten Bildes vom Hin- uns Herwandern des Blickes.[11] Jedoch findet eine Subsumtion unter die Gesetzesbegriffe noch nicht statt. Mit dem Tatbestandsurteil im heutigen Sinn wird dagegen unter die Gesetzesbegriffe subsumiert. Auch das heutige Tatbestandsurteil ist daher ein Bestandteil der *imputatio moralis*.

Die geschilderte Struktur ist in allen Fällen einer Gesetzesanwendung gegeben, wird aber besonders gut sichtbar, wenn das Gesetz auslegungsbedürftig ist: Die *imputatio facti* ist etwa das Urteil, dass die Person A in einem Selbstbedienungsladen einen Schokoladenriegel in ihre Hosentasche gesteckt hat, um ihn ohne zu bezahlen zu behalten. Die Subsumtion unter die Rechtsbegriffe Wegnahme und rechtswidrige Zueignung wird erst mit der *imputatio moralis* (*iuris*)

---

5 Ibid. 224 f., § 131: „Was keine freie Bestimmungen sind, sind keine Taten."

6 Ibid. 18 f. Fn. 9 mit Zitat aus *Baumgartens* Metaphysica, § 719: „Das Vermögen, nach eigenem Belieben zu wollen oder nicht zu wollen, ist die (freie Willkür) Freiheit."

7 Ibid. 216 f., § 128: „Vollständiges oder teilweises Unwissen bezüglich der veränderlichen Bestimmungen welcher Tat auch immer sind Unwissen und Irrtum der Tat."

8 Ibid. 228 ff., § 133.

9 *Joerden,* Logik im Recht, 2. Aufl. 2010, 138 f., 263.

10 *Baumgarten* (Fn. 1), 300 ff., § 171.

11 *Engisch*, Logische Studien zur Gesetzesanwendung, 3. Aufl. 1963, 14 f.

vollzogen. Der Subsumtion geht dabei zumindest implizit eine Auslegung voraus – nämlich im Beispiel, dass eine fremde Sache wegnimmt und sie sich rechtswidrig zueignet, wer einen Schokoladenriegel in einem solchen Laden in die Hosentasche steckt, um ihn ohne zu bezahlen zu behalten.[12] Darauf baut dann die Subsumtion als das Urteil auf, dass A eine fremde Sache weggenommen und sich rechtswidrig zugeeignet hat. Das abschließende Urteil über die *imputatio moralis* setzt dann noch die Subsumtion unter weitere Voraussetzung desjenigen Gesetzes voraus, welches über die Zurechenbarkeit bestimmt – etwa betreffend die Folgen von Normunkenntnis. Liegen alle Voraussetzungen vor, ist die *imputatio moralis* das Urteil, dass jemand die im Gesetz bezeichnete Handlung vollzogen und das Gesetz missachtet hat.

Die Tat im heutigen ist also mit der in Baumgartens Sinn nicht identisch. Baumgartens Tat ist vortatbestandlich. Ihre Voraussetzungen aber nehmen solche des Tatbestands wie Vorsatz oder Fahrlässigkeit im Sinne von Vorhersehbarkeit in sich auf. Interessant an dieser Konzeption ist, dass sie insbesondere beim Fahrlässigkeitsdelikt bereits den Blick auf diejenigen Handlungen richtet, durch welche die Taten verwirklicht werden. In neuerer Zeit wird der Zusammenhang von Handlungen mit ihren Ausführungshandlungen als Akkordeoneffekt beschrieben und auch von der Lehre von der objektiven Zurechnung in den Blick genommen. Problematisch erscheint dagegen, dass die letztlich maßgebliche Handlungsart durch das Gesetz bestimmt wird, so dass sich etwa der Vorsatz auf den objektiven Tatbestand dieser Handlung beziehen muss. Praktisch ergeben sich daraus kaum Schwierigkeiten, weil ein Subsumtionsirrtum unbeachtlich ist: Wenn das „Einstecken eines Schokoladenriegels im Selbstbedienungsladen" vorsätzlich ist, ist es auch das „Wegnehmen einer fremden Sache."

Der Begriff der Tat hat daher eine moralische Konnotation; Baumgarten schreibt: „Ein Urheber *(auctor)* ist Ursache einer freien Handlung, und ebenso die Handlung wie ihre Folgen sind Wirkungen des Urhebers bzw. (sittliche) Taten."[13] Somit ist die Tat eine Handlung und umgekehrt ist jede sittliche Handlung eine Tat. Jede zurechenbare Folge konstituiert eine weitere Tat. Die Begriffe Handlung und Tat werden durch den Begriff der Zurechnung erschlossen. Dasjenige, was mit der *imputatio facti* imputiert wird, sind nach Baumgarten

[12] Zur Auslegung *Baumgarten* (Fn. 1), 306 ff., §§ 175 ff. Zur Unterscheidung von Auslegung und Subsumtion auch *Ast*, ARSP-Beiheft 128 (2012), 31, 33 ff. – Im gegebenen Beispiel wird die Deutung des Diebstahls als vollendete Zueignung zugrunde gelegt, hierzu *Kindhäuser*, in: ders., Abhandlungen zum Vermögensstrafrecht, 2018, 63 ff.

[13] *Baumgarten* (Fn. 1), 110 f. Fn. 147 (Referenz hierauf in § 125, S. 214 f.), mit Zitat aus *Baumgarten*, Metaphysica, § 940. Vgl. auch S. 32 f. Fn. 29 mit Zitat aus der Metaphysica, § 341 und Fn. 23, S. 28 f. mit Zitat aus der Metaphysica, § 342.

beliebige äußere und innere Begebenheiten.[14] Bei einer äußeren Handlung ist es ein Ereignis oder das Nichtstattfinden eines Ereignisses, abstrakt eine Veränderung oder Nichtveränderung. Eine äußere Veränderung ist im Diebstahlsbeispiel der Gewahrsamswechsel an einer Sache, eine innere die Begründung von Eigenbesitz. Die zuzurechnende Veränderung kann eine einfache Körperbewegung sein – wie beim Heben des Armes der Umstand, dass sich der Arm eines Menschen bewegt. Die meisten Handlungsarten sind indes durch andere äußere Ereignisse als Körperbewegungen definiert.

II. Kant: Die Freiheit von Handlung und Tat

Kants bekannte Definition der Zurechnung ist kurz gefasst:

„Zurechnung (*imputatio*) in moralischer Bedeutung ist das Urteil, dass einer der Urheber (*causa libera*) einer Handlung, die alsdann Tat (*factum*) heißt und unter Gesetzen steht, angesehen wird."[15]

Mit „Gesetz" meint Kant das Vernunftgesetz, einen Imperativ, der an den Handelnden unbedingt adressiert ist, zum Beispiel das Verbot zu lügen. Demnach ist etwa das Urteil, dass jemand dem Gesetz zuwider gelogen hat, ein Zurechnungsurteil in Kants Sinn. Auch ein Strafgesetz, sofern es einem Vernunftgesetz entspricht, kann Grundlage der Zurechnung sein. Ihm gemäß kann etwa das Zurechnungsurteil gefällt werden: „A hat gemordet und soll deshalb in bestimmter Weise bestraft werden." Kant nennt diese Art der Zurechnung, die „zugleich die rechtlichen Folgen aus dieser Tat bei sich führt, eine rechtskräftige (*imputatio iudiciaria, s. valida*)." Die Zurechnung, die sich nur auf das Vernunftgesetz bezieht, ist dagegen „eine beurteilende Zurechnung (*imputatio diiudicatoria*)."[16] Weil die *imputatio iudiciaria* notwendig eine beurteilende Zurechnung enthält, wird sie durch einen zusätzlichen Aspekt gekennzeichnet, etwa den Strafausspruch. Dieser ist strukturell kein Zurechnungsurteil: Die Zurechnung ist retrospektiv, der Strafausspruch prospektiv.

Kants Definition geht auf die Unterscheidung von *imputatio facti* und *moralis* nicht explizit ein. Sie klingt aber in der Rede davon an (erstens), dass einer „als Urheber […] einer Tat angesehen wird," die (zweitens) „unter Gesetzen steht." Kants Formulierung könnte aber auch so gedeutet werden, dass die Handlung, die eine Tat ist, gewissermaßen in sich selbst gesetzeswidrig ist, also erst durch

[14] Ibid. 212ff., § 127; 254ff., § 147.

[15] *Kant*, Metaphysik der Sitten, Rechtslehre, Erstauflage, 1797, 29 = Weischedel-Werkausgabe, 1956, Band IV, 334.

[16] ibid.

die *imputatio moralis* und somit das Urteil zustande kommt, dass ein Gesetzesverstoß vorliegt. Ein Zurechnungsurteil in diesem Sinn ist etwa das Urteil: „A hat O (schuldhaft) ermordet." Das Ergebnis dieses Urteils ist eine singuläre Handlung, die, da moralisch beurteilt, Tat ist – und, wie man hier hinzufügen darf, im strafrechtlichen Sinne Straftat. Mit diesem Urteil wird der Person A der Tod von O zugerechnet und *zugleich* der Bezug der Tat zum Gesetz – nämlich dessen Missachtung – festgestellt.[17]

Diese Deutung entspricht der Hegelschen Konzeption und löst zwei Probleme, die das ältere Zurechnungskonzept mit sich bringt. Das eine ist die bereits aufgezeigte Inkohärenz von Tat und Gesetz: Die Tat wäre demnach die ihrer Art nach im Gesetz bezeichnete Handlung. Das andere Problem ergibt sich mit Blick auf den Grund für die Zurechnung: Kant verweist insoweit wie Baumgarten auf die Freiheit des Subjekts, das als *causa libera* der Handlung beurteilt werden muss. Die Freiheit ist in der Kantischen Ethik aber zuvörderst die Freiheit, sich nach dem Vernunftgesetz oder im Fall der juridischen Zurechnung nach dem juridischen Gesetz zu richten, das einem Vernunftgesetz entspricht. Frei ist eine Handlung in diesem Sinne, wenn sie dem Gesetz bzw. der Vernunftnatur des Subjekts entspricht. Die dem Gesetz widersprechende Handlung ist unfrei.[18] Soll letztere stattdessen im Rahmen des Zurechnungsurteils als frei beurteilt werden, bedarf es eines anderen Freiheitsbegriffs: Ihm gemäß ist die nicht gesetzeskonforme Handlung frei, wenn dem Handelnden eine gesetzeskonforme Handlung möglich war.[19] Diese Möglichkeit setzt aber neben der Erkenntnis der Situation und der Konzeption verfolgbarer Zwecke auch die aktuelle oder potentielle Kenntnis des Gesetzes sowie die Fähigkeit voraus, ihm zu folgen. Auch dieser zweite Freiheitsbegriff wird somit, gerade weil er sich auf den ersten bezieht, durch den Bezug zum Gesetz bestimmt. Es ist deswegen nicht möglich, eine der *imputatio moralis* vorausgehende *imputatio facti* anzunehmen, deren Freiheitsurteil den Gesetzesbezug nicht enthält. Kant kann aufgrund der Betonung der sittlichen Autonomie nicht mehr einer Konzeption der *imputatio facti* folgen, deren Freiheitsbegriff ohne Rücksicht auf die normative Dimension der Handlungen gefasst ist.

Ein zentraler Aspekt der vernunftrechtlichen Zurechnungslehre, der in deren Rezeption häufig nicht richtig wahrgenommen wird, ist die begriffliche Verknüpfung von Handlung und Zurechnung. So ergibt Baumgartens und Kants

---

[17] Für diese Deutung spricht auch die Definition des Tatbegriffs ibid., Erstauflage 22 = Weischedel IV, 329: „Tat heißt eine Handlung, sofern sie unter Gesetzen der Verbindlichkeit steht, folglich auch, sofern das Subjekt in derselben nach der Freiheit seiner Willkür betrachtet wird."

[18] Ibid., Erstauflage 26 ff. = Weischedel IV, 332 f.

[19] *Blöser*, Zurechnung bei Kant, 2014, 48 ff., 73 ff.

Definition der Zurechnung umgekehrt gelesen folgende weitere Definitionen: Die Tat im moralischen Sinn wird als Handlung bestimmt. Der Begriff der Handlung wiederum wird durch den der Zurechnung definiert: Die Zurechnung ist das Urteil, dass jemand Urheber einer Handlung (Tat) ist; Urheber (*causa libera*) einer Handlung ist deren Subjekt. Das Urteil, dass jemand eine bestimmte Handlung vollzogen hat, ist demnach ein Zurechnungsurteil, und umgekehrt kommt die Handlung durch das bejahende Urteil über die Zurechnung zustande. Sie ist nicht schon vorher da und bloßer Gegenstand der Zurechnung.[20]

Die Unterscheidung von Handlung und Tat eröffnet schließlich auch die Möglichkeit eines allgemeinen Begriffs der Handlung, dem der Bezug auf das Gesetz nicht immanent ist. Zu denken ist hier an die ethisch gleichgültigen Handlungen.[21] Für sie kann auch der Freiheitsbegriff weniger anspruchsvoll gefasst sein; aber auch der Begriff dieser Handlung ist durch den der Zurechnung (in nicht moralischer Bedeutung) zu definieren.[22]

III. Hegel: Das Verbrechen als Handlung

Das vernunftrechtliche Zurechnungskonzept der Handlung blieb im 19. Jahrhundert dominierend – dank des großen Einflusses von Hegel. Hegel hat Kants Definition im Wesentlichen übernommen. Er bestimmt, für eine Philosophie der Freiheit folgerichtig, erst das Verbrechen als solches als Handlung.[23] Der Begriff der Tat bezeichnet bei ihm nur noch dasjenige, was im Rahmen einer Handlung zugerechnet wird, das *factum* im Sinne des „Gemachten“.[24]

In der strafrechtsdogmatischen Literatur in der zweiten Hälfte des 19. Jahrhunderts übernimmt einflussreich Berner bis zur 18. Auflage seines Lehrbuchs 1898 Hegels Konzept. Er schreibt:

---

[20] So aber *Blöser* (Fn. 19), 13. – Eine Handlung ohne Subjekt ist aber eine Absurdität, und die Zuordnung auf das Subjekt ist sofort eine Zurechnung. Auch *Quante*, Hegels Begriff der Handlung, 1993, 14, 28 f., 142 ff., 150 deutet Hegel im Sinne der analytischen Handlungstheorie, die ein kausales Handlungskonzept vertritt und die Handlung als ein Ereignis erfasst, das in unterschiedlicher Weise beschreibbar ist. Hegels Konzeption wird so ihrem Kontext entrissen.

[21] *Kant* (Fn. 15), Erstauflage 21 f. = Weischedel IV, 329.

[22] *Blöser* (Fn. 19), 13 f. deutet die Zurechnung im nicht moralischen Sinn als eine solche vor dem Hintergrund von Naturgesetzen. Vgl. zu diesem Sprachgebrauch auch *Hälschner,* Das gemeine deutsche Strafrecht, Band 1, 1881, 198. Indessen ist die Beschreibung eines Naturvorgangs kein praktisches Urteil.

[23] *Hegel*, Grundlinien der Philosophie des Rechts, 1821, §§ 113 f., 131.

[24] Ibid. §§ 115–118.

„Eine […] lebendige Vermittlung des Willens zur Tat heißt Handlung. Sie fasst das subjektive und das objektive Element, mit Einschluss des Erfolgs, zu einem geist-leiblichen Ganzen zusammen, während „Tat“ nur das abgelagerte objektive Ergebnis der Handlung bezeichnet.“[25]

Der Begriff der Handlung wird wiederum durch den der Zurechnung definiert:

„In dem Begriffe der Handlung ist der Begriff der Zurechnung enthalten. Zurechnen heißt nämlich: ein Geschehenes einem Willen auf die Rechnung schreiben, es als das Resultat einer Handlung auffassen, die Vermittelung des Geschehenen mit dem Willen nachweisen.“[26]

Als Grund der Zurechnung werden Vorsatz und Fahrlässigkeit benannt:

„Dolus und Kulpa [bilden] die beiden Abstufungen auf der subjektiven Seite der Handlung. Fragt man, wie ein Geschehenes dem Willen zuzurechnen sei und in welchem Maße es das Gepräge der Subjektivität trage, so muss geantwortet werden, entweder dass Dolus, oder dass Kulpa vorhanden sei.“[27]

IV. Binding: Die im Verbrechen vorausgesetzte Norm

Das Hegelsche Straftatmodell stützte sich somit auf die Subjektivität des Handelnden. Es wurde von zwei Tendenzen überholt, die einerseits als Ausdifferenzierung, andererseits als Objektivierung gekennzeichnet werden können. Veranlasst wurde die Fortentwicklung durch folgende Problemlage: Das Verbrechen ist gewissermaßen in sich selbst verboten, weil es als Verbotenes definiert ist. Zwar ist das Urteil, dass A gemordet hat, ein Zurechnungsurteil, aber das Urteil, dass dieser Mord verboten ist, ist bloß analytisch. Worauf richtet sich dann aber das anzunehmende Verbot, das der impliziten *imputatio iuris* zugrunde liegt?

Binding entwickelt sein System von genau dieser Fragestellung her, welche Rechtsnorm bei der Konstitution des Verbrechens vorausgesetzt ist und was ihr Gegenstand ist. Weil Binding den Handlungsbegriff eng an Hegel anlehnt,[28] nimmt er Verbote des Verursachens und Gefährdens an.[29] Das sind objektiv

---

25 *Berner*, Lehrbuch des Deutschen Strafrechts, 18. Aufl. 1898, § 62, S. 117. Eine Übersicht über die vielfältigen Definitionen von Handlung und Tat im 19. Jahrhundert gibt *Binding*, Die Normen und ihre Übertretung, Band II-1, 2. Aufl. 1914, 83 ff. Fn. 1. Gegen Bindings eigenen Vorschlag *Hälschner* (Fn. 22), 185 f.

26 *Berner* ibid.

27 Ibid. § 65, S. 123.

28 *Binding* (Fn. 25), 93 ff.

29 *Binding*, Die Normen und ihre Übertretung, Band I, 2. Aufl. 1890, 111 ff. Gegen die Möglichkeit, stattdessen auf idealistischer Grundlage einen weniger anspruchsvollen Begriff der Handlung zu entwickeln, dem eine nur „formale Zurechnung“ zugrunde liegt, etwa bei *Hälschner* (Fn. 22), 198 f.; *Binding* (Fn. 25), 91.

beschriebene Sachverhalte, keine Handlungen. Bei deren Feststellung sind Vorsatz und Fahrlässigkeit grundsätzlich nicht vorausgesetzt, sondern nur ein allgemein gefasstes Fahrlässigkeitsurteil.[30] Die Tendenz zur Ausdifferenzierung führt also zu einer Objektivierung dessen, was als Gegenstand der Norm bestimmt wird.

V. von Liszt: Die Handlung als Gegenstand der Norm

Eine noch stärkere Objektivierung wurde unter anderem durch v. Jhering angeregt, der in seinen Überlegungen davon ausging, dass das Zivilrecht rechtswidrige Zustände kennt.[31] Die Ausdifferenzierung von Unrecht und Schuld und die Möglichkeit einer weitgehend objektiven Bestimmung des Unrechts war auch für das Strafrecht attraktiv. Es kann freilich nicht allein Zustände als rechtswidrig bezeichnen, sondern muss den Blick auch auf deren Hervorbringung richten. Auch die Konzeption eines objektiven, verschuldensunabhängigen Unrechts setzt dabei begrifflich die Annahme von Normen voraus. Deren Gegenstand hat einflussreich v. Liszt als Handlung und diese wiederum als willkürliche Körperbewegung mit darüber hinaus gehenden Wirkungen bestimmt.[32]

Der Handlungsbegriff des Idealismus mit der Auffassung des Verbrechens als solchem als Handlung wurde von dieser Konzeption in der Folge ganz verdrängt. Weil der Handlungsbegriff bei v. Liszt kein Schuldurteil mehr impliziert, wird auch die Voraussetzung der Freiheit anders aufgefasst und auf ein Minimum reduziert: Das Körperverhalten, das die Handlung ist, muss willkürlich, darf also nicht durch Natur oder Zwang veranlasst sein.[33] Welche Absicht der Handelnde mit dem Körperverhalten verfolgt, wird dagegen nicht berücksichtigt. Somit werden zwar nicht verschiedene Handlungs-, aber Freiheitsbegriffe ausdifferenziert. Weil die Handlung abgelöst von subjektiven Voraussetzungen verstanden wird, ist konsequent, dass ihr keine Zurechnungsfunktion gegeben wird. Zugerechnet wird – übereinstimmend mit Hegel – erst mit dem Schuldurteil.[34]

---

[30] *Binding* (Fn. 25), 235 ff., 241.

[31] *v. Jhering*, Über das Schuldmoment im römischen Privatrecht, in: ders., Vermischte Schriften juristischen Inhalts, 1879, 155, 159 ff. Die Diskussion zusammenfassend *Nagler*, in: FS für Binding, 1911, 273, 331 ff.

[32] In sehr deutlicher Wendung des eigenen „realistischen" gegen Bindings „formalistischen" Handlungsbegriff *v. Liszt*, in: ders., Strafrechtliche Aufsätze und Vorträge, 1905, 212, 221 f., 241 ff., zuerst in ZStW 6 (1886), 663. Zu v. Liszts Inzestbeispiel *Ast*, Handlung und Zurechnung, 2019, 134.

[33] *v. Liszt*, Lehrbuch des Deutschen Strafrechts, 8. Aufl. 1897, § 27 IV, S. 119.

[34] Ibid. § 35, S. 153 ff.

VI. Kausalkonzept I: Die Handlung als Ereignis

Daraus resultiert der größte Unterschied des lisztschen zum hegelschen Handlungsbegriff: Die Handlung wird nicht mehr als das Ergebnis eines praktischen Urteils über die Zurechnung aufgefasst, das einen Beobachter voraussetzt, sondern wie ein Gegenstand in der natürlichen Welt, der dem Beobachter vorgegeben ist; sie wird nicht gemacht, sondern beschrieben. Der Begriff einer beliebigen Handlungsart bezeichnet ein willkürliches Körperverhalten, das die Handlung *ist*. Im Vergleich mit der Zurechnungskonzeption der Handlung wird dabei der Gegenstand ausgetauscht, auf den sich der Begriff einer Handlungsart bezieht: Anstelle des zuzurechnenden Ergebnisses einer Handlung – in strafrechtlicher Terminologie des Erfolgs – tritt das Körperverhalten.

Identifiziert man die Handlung derart mit dem Körperverhalten, werden Handlungsarten zum Problem, deren Ergebnisse nicht in einem Körperverhalten bestehen. Erfolge dieser Art sind in den meisten Begriffen von strafrechtlichen Handlungsarten vorausgesetzt – etwa beim Töten. Getötet im Sinne des Gesetzes hat man nur, wenn ein Mensch gestorben ist. Einige Autoren sehen den Erfolg als Bestandteil der Handlung an – so v. Liszt, Radbruch und Mezger. Andere sondern ihn konsequent aus der Handlung aus. Max Ernst Mayer schreibt in seiner Habilitationsschrift: „Handlungen sind Willensbetätigungen, die sich in positiven oder negativen Körperbewegungen äußern und *erschöpfen*.“[35]

Dem Körperbewegungskonzept der Handlung liegt offensichtlich die Annahme zugrunde, dass Handlungen in gleicher Weise beschrieben werden können wie Gegenstände und Ereignisse in der natürlichen Welt – und zwar prinzipiell nicht anders als man durch die Sprache Sachen und Vorgänge in der Natur beschreibt, etwa Bäume, Gewitter und Vulkanausbrüche. Es ist sehr reizvoll, dass die naturalistisch-positivistische, aber auch die neukantianische Dogmatik diese Vorstellung ins Extrem treibt. Das durch den Begriff der Handlung Bezeichnete wird als etwas Konkretes, nur Physisches aufgefasst – als äußere Bewegung, Lauterzeugung und -wahrnehmung, Muskelinnervation und Nervenimpuls.

VII. Kausalkonzept II: Körperverhalten und Erfolg

Aus der Naturalisierung der Handlung folgt fast zwangsläufig, dass die Kausalbetrachtung auf die Handlung angewendet wird, denn Kausalität verknüpft Ereignisse in der Natur. Die Kausalverknüpfung wird handlungsintern für zwei

[35] *Mayer*, Die schuldhafte Handlung und ihre Arten im Strafrecht, 1901, 18.

Aspekte angenommen: zum einen die Relation von Wille und Körperbewegung, zum anderen von Körperbewegung und Erfolg.

Zuerst zum Erfolgsaspekt. Gleichgültig, ob man den Erfolg zur Handlung rechnet oder nicht, nimmt man an, dass das Körperverhalten für den Erfolg ursächlich sein müsse. Die Ursächlichkeit wird dem Anspruch nach im naturwissenschaftlichen Sinn aufgefasst. Auch das steht im Gegensatz zur idealistischen Handlungsauffassung. So kritisierte Berner das sich durchsetzende Kausaldogma in der 18. Auflage seines Lehrbuchs 1898 als verwirrende und unfruchtbare Abstraktion: „Jeder Versuch, eine solch abstrakte Theorie der Ursächlichkeit in die Praxis einzuführen, könnte nur zu einer ungesunden Grübelei Anlass geben.“[36]

Man grübelt weltweit schon über einhundert Jahre, aber eine Reflexion darüber, ob es sich überhaupt um eine angemessene Fragestellung handelt, findet zumeist nicht statt. So ist man der von Berner angesprochenen unzutreffenden Verallgemeinerung der Kausalität nicht mehr auf die Spur gekommen.

VIII. Kausalkonzept III: Wille und Körperverhalten

Der zweite Aspekt der kausalen Organisation der Handlung ist die Verknüpfung von Wille und Körperverhalten. Auch insoweit wurde eine Kausalverknüpfung angenommen: Der Wille müsse das Körperverhalten verursachen. Diese Kausalverknüpfung wurde in einer Extremposition als Kette von neuronalen Vorgängen und Muskelinnervationen bis hin zur Bewegung gedacht. In der Strafrechtsdogmatik hat das zu einer rein psychologischen Auffassung des Vorsatzes beigetragen.

Für ein Zurechnungskonzept der Handlung dagegen fungiert der Vorsatz innerhalb der Handlung als Zurechnungsgrund. Er ist der mitgeteilte, verstandene Wille, den ein Beobachter zum Anlass nimmt, eine Handlung anzunehmen. Vorsatz ist, was in dem Handeln des Zurechnungssubjekts als Wille erkennbar wird und worauf sich der Handelnde durch dieses Handeln festlegt. Das wird an zwei für das Strafrecht wichtigen Fällen erkennbar:

Der Vorsatz, der für den Beobachter die Handlung konstituiert, ist erst mit dem Beginn des Versuchs der Handlung gegeben. Er ist also durch das Körperverhalten bedingt und nicht umgekehrt. Was vor der Handlungsausführung gegeben ist, ist unter Umständen ein bewusster Plan oder Entschluss zur Handlung, aber kein Vorsatz im strafrechtlichen Sinn. Die Annahme, dass das Fassen

[36] *Berner* (Fn. 25), § 62, S. 117.

des Plans ursächlich für die Handlungsausführung ist, ist für die Handlungskonstitution verzichtbar. Der Handelnde ist für den Beobachter eine *blackbox*.

Zweitens wird ein Wille nicht nur im Fall der Absicht, sondern auch des Inkaufnehmens angenommen, also der Wissentlichkeit und des sogenannten Eventualvorsatzes. Das Inkaufnehmen kann aber nicht als Grund und noch viel weniger als Ursache der Handlung aufgefasst werden. Die anderweitige Absicht, die der Handelnde neben der durch das Inkaufnehmen begründeten Handlung verfolgt, ist ihr selbst extern und spielt für die Handlungskonstitution keine Rolle.

Die Auffassung der Handlung als Ereignis sowie die Kausalannahmen in der Verknüpfung von Wille, Körperverhalten und Erfolg sind diejenigen Kennzeichen einer naturalistischen Handlungsauffassung, denen auch Welzel, der Überwinder der neukantianischen Epoche der Strafrechtsdogmatik, nicht entkommen ist. Der Wille, der den Erfolg antizipiert und das Geschehen auf ihn hin steuert, wird als Kausalfaktor aufgefasst. Vielmehr zementiert Welzel diese Struktur noch durch die Annahme, dass sie dem Strafrecht ontologisch vorgegeben sei, und wendet sich gegen den neukantianischen Konstruktivismus.[37] Neukantianische Strafrechtler mussten dagegen nicht beanspruchen, einen Handlungsbegriff zu bilden, der außerhalb der Fachdisziplin bedeutsam ist. Sie konnten ihn allein nach Systembedürfnissen konstruieren, wie Radbruch es in seiner Monographie zum Handlungsbegriff von 1904 mustergültig vorgeführt hat.[38]

IX. Beling: Der Tatbestandsbegriff

Ein weiteres Kennzeichen der naturalistischen Handlungsauffassung, die der Neukantianismus übernommen hat, teilt die finale Handlungslehre allerdings nicht. Das kennzeichnende Schlagwort ist insoweit die Bedeutungslosigkeit der Handlung: Wenn man die Handlung als Körperverhalten versteht, liegt alles, was nicht Körperbewegung ist, zunächst einmal außerhalb der Handlung. Das betrifft schon den Erfolg. Aber auch der sprachliche Sinn von Lauterzeugungen erscheint durchaus als etwas der Handlung Externes. Eine Handlung ist in dieser Sicht nur der physische Träger von Bedeutungen – so wie es die Schallwellen für die Kunst der Fuge sind.

Die Abschichtung von Handlung und Bedeutung führte am konsequentesten Beling durch.[39] Handlung wie Unterlassung sei nur die Körperbewegung. Alles

---

[37] *Welzel*, Naturalismus und Wertphilosophie im Strafrecht, 1935.

[38] *Radbruch*, Der Handlungsbegriff in seiner Bedeutung für das Strafrechtssystem, 1904.

[39] *Beling*, Die Lehre vom Verbrechen, 1906, 8ff., 20ff., 144f.

andere – der Erfolg ebenso wie Sinnaspekte sei als Frage, was gehandelt oder unterlassen werde, eine Frage des Tatbestands. Die Handlung selbst ist vortatbestandlich. Die Tatbestandlichkeit ist für sie ein begrifflich unwesentliches Attribut. Die Urteile über Rechtswidrigkeit und Schuld stehen aber nicht bloß neben dem Urteil über die Tatbestandlichkeit, sondern beziehen sich notwendig auf eine Handlung, die als tatbestandlich beurteilt ist. Insofern ist der Tatbestand bei Beling durchaus handlungsbezogen gedacht. Er spezifiziert die Handlungsart und fängt auf, was aus der Handlung als gattungsunwesentlich ausgelagert wurde. Die Entwicklung des Tatbestandsbegriff ist daher eine notwendige Folge der Naturalisierung der Handlung: Wenn diese eine bloße Körperbewegung ist, der keine Bedeutung zukommt, braucht man eine neue Systemstelle, die die Bedeutung auffängt.

Das Verhältnis von Handlung und Tatbestand und somit die gesamte Tatbestandskonzeption blieben prekär, da die Elemente des Tatbestands in enger Beziehung zur Handlung stehen, diese selbst aber vortatbestandlich ist. So wird bei Mezger die Handlung samt Erfolg und Kausalität als vortatbestandlich behandelt. Im Tatbestand werden dann erstens das Subjekt der Handlung erörtert, zweitens deren Modalitäten: ihre räumlichen und zeitlichen Beziehungen, die Mittel der Verwirklichung des Erfolgs und schließlich das Handlungsobjekt.[40] Die Handlung kommt somit im Tatbestand wieder vor, und zwar in all ihren Bedeutungsbezügen.

X. Radbruch: Die Tat als Systemgrundbegriff

Die Trennung von Handlung und Tatbestand ist nicht überzeugend gelungen. Der nächste Schritt der Theorieentwicklung war daher die Integration der Handlung in den Tatbestand. Vollzogen wurde er in zwei Aufsätzen in der Frank-Festgabe: zum einen Radbruchs Aufsatz zur Systematik der Verbrechenslehre, zum anderen Honigs Aufsatz zur objektiven Zurechnung.

Radbruchs These ist, dass nicht die Handlung, sondern die Tatbestandsverwirklichung bzw. Tat das Grundelement von Verbrechensdefinition und Deliktssystem sei. Zur Begründung stützt er sich nicht etwa darauf, dass sich das Rechtswidrigkeits- und Schuldurteil sowohl beim Begehungs- als auch Unterlassungsdelikt, bei Vollendung und Versuch sowie beim Vorsatz- und Fahrlässigkeitsdelikt nicht in jedem Fall auf eine Handlung, wohl aber eine Tat bezieht. Vielmehr schreibt er Folgendes:

---

[40] *Mezger*, Strafrecht, 1931, 91 ff., 186 ff.

„Der nicht von vornherein in den Rahmen des Tatbestands eingeordnete vorstrafrechtliche und überhaupt vorrechtliche Handlungsbegriff, der eben deshalb nur ganz naturalistisch als willentliche Körperbewegung mit der Wirkung gewisser Veränderungen in der Außenwelt aufgefasst werden kann – dieser durchaus naturalistische Handlungsbegriff ist nicht geeignet, dem Strafrechtssystem als Eckstein und den weiteren Verbrechensmerkmalen, der Rechtswidrigkeit, der Zurechenbarkeit, der Tatbestandsmäßigkeit als Träger zu dienen."[41]

Radbruch zeigt dies am Beispiel der Beleidigung, das schon v. Liszt gewählt hatte. Er distanziert sich aber nicht vom naturalistischen Handlungsbegriff. Vielmehr zieht er aus dessen fehlender Eignung nur die Konsequenz, die Urteile über Rechtswidrigkeit und Zurechenbarkeit und somit auch den Vorsatz auf die Tatbestandsverwirklichung statt auf die Handlung zu beziehen. Den Handlungsbegriff fügt Radbruch dagegen „als Bauglied im Begriff der Tatbestandsverwirklichung ein."[42] Demnach ist die Handlung innerhalb des Tatbestands ein Merkmal unter anderen; sie füllt ihn nicht aus. Radbruch bleibt also in der Handlungsauffassung ein treuer Schüler v. Liszts.

Seine Überlegungen zum Verhältnis von Handlung und Tatbestand sind auch auf dem heutigen Stand der Dogmatik aktuell – wobei eine begriffliche und methodologische Reflexion meist fehlt. Zumeist gibt man der Handlung entweder die Aufgabe, Träger der Attribute Tatbestandlichkeit, Rechtswidrigkeit und Schuld zu sein – dann kann sie nichts bezeichnen, was im Tatbestand erst darzulegen ist, sondern ist ein nur physischer Vorgang in Belings Sinn; oder man fügt sie in den Tatbestand ein, trennt aber Handlung, Erfolg und sonstige Handlungsumstände.

XI. Honig: Die Tat als Handlung

Derart verkürzende Handlungsauffassungen liegen eigentlich fern, wenn man von den Formulierungen der Strafgesetze ausgeht, was schon aufgrund des Gesetzlichkeitsprinzips nahe liegt. Denn die Strafgesetze bezeichnen meist Handlungsarten und setzen sie so unter generelle Verbote – etwa: eine fremde Sache wegzunehmen und sie sich dadurch rechtswidrig zuzueignen, jemanden zu täuschen, ihn dadurch zu schädigen und dabei zu versuchen, sich rechtswidrig zu bereichern. Der gesamte Tatbestand solcher Delikte besteht aus Handlungsmerkmalen.

Der handlungsbezogene Charakter des Tatbestandsbegriffs war bei Beling durchaus angelegt. Die neukantianische Doktrin bemerkt das aber kaum und arbeitet sich stattdessen an den Unterscheidungen von objektiv/subjektiv (Un-

[41] *Radbruch*, in: FG für Reinhard Frank, 1930, 158, 161.

[42] Ibid. 162.

recht/Schuld) und deskriptiv/normativ (Tatbestand/Rechtswidrigkeit) ab, mit Blick auf einerseits subjektive, andererseits normative Tatbestandsmerkmale.[43] Das begünstigte auch eine Nivellierung von Tatbestand und Rechtswidrigkeit.[44]

Der handlungsbezogene Charakter des Tatbestands wird erst in Honigs Aufsatz voll zur Geltung gebracht.[45] Honigs Überlegungen gehen von einem anderen Problem aus als Radbruchs, nämlich dem Umstand, dass die Kausalität, die ja für die naturalistische Auffassung das einzige Kriterium ist, das die Reichweite der Handlung definiert, sich zu eben diesem Zweck als ungeeignet erwiesen hatte. Honig unternimmt es deshalb, wieder ein material-inhaltliches Kriterium in die Definition des allgemeinen Handlungsbegriffs aufzunehmen, nämlich die Bezweckbarkeit.

Noch bemerkenswerter ist aber zum einen, dass Honig den Tatbestand ausdrücklich auf die Frage der Konstitution der Handlung bezieht. Daran wird Welzel anschließen. Zum anderen überwindet er die naturalistische Handlungsauffassung. Er definiert die Handlung als das Ergebnis einer Zurechnung und schließt somit explizit an die Kantische und Hegelsche Tradition an. Die Zurechnung kennzeichnet Honig als objektiv wegen ihres Grundes, den er nur als potentielle Willentlichkeit bestimmt. In der späteren Lehre von der objektiven Zurechnung wird dieser Aspekt wieder verloren gehen, weil diese Lehre nicht auf das Problem der Konstitution der tatbestandlichen Handlung zu beziehen ist.

XII. Neukantianismus und Kant

Zur Ausgangsfrage zurückkehrend, lässt sich feststellen, dass die Handlungs- und Tatbestandslehre der neukantianischen Strafrechtler nicht kantianisch ist. Die neukantianische Strömung innerhalb der Strafrechtswissenschaft bezog sich auf die theoretische, nicht auf die praktische Philosophie Kants. Die Begriffe Handlung und Tat, wie sie von diesen Autoren vertreten werden, knüpfen systematisch nicht an das kantische Denken an, sondern sind naturalistisch-kausalistisch gefasst. Erst am Ende der neukantianischen Epoche finden sich wieder Bezüge zum Denken Kants, namentlich bei Honig. Jedenfalls die Handlungs- und Tatbestandslehre der Neukantianer rechtfertigt deren Bezeichnung als solche nicht.

---

43 *Mezger*, in: FS für Traeger, 1926, 187.

44 *Radbruch*, in: FG Frank, 158, 164–167.

45 *Honig*, in: FG Frank, 174, 179ff., 184, 194ff.

Mayers und Dohnas Lehren der Rechtswidrigkeit

Milan Kuhli

I. Einleitung

Auf die Frage nach dem Inhalt des Begriffs der Rechtswidrigkeit findet sich bei Karl Binding eine apodiktische Antwort. So formuliert er 1914: „[H]inter Verbot und Gebot beginnt [...] für den, der nach der Rechtswidrigkeit sucht, tiefster undurchdringlicher Nebel".[1] Der Normentheoretiker sieht den Zweck einer Norm einzig und allein im Erhalt der Rechtsordnung, während ein darüber hinausgehender inhaltlicher Zweck aus Bindings Sicht unerheblich ist.[2] Es sei schlicht sinnlos zu fragen, ob eine Norm auch vernünftig oder gerecht sei, da diese Frage niemals eindeutig beantwortet werden könne.[3] Die eigentliche Bedeutung einer Norm besteht nach Binding gerade darin, jeglichen Dissens über die Zulässigkeit menschlichen Verhaltens zu unterbinden.[4] Allerdings muss das eben skizzierte Bild des undurchdringlichen Nebels aus der Sicht von Max Ernst Mayer unzulänglich erscheinen. So bemerkt er im Jahre 1923, die Gleichsetzung eines Rechtswidrigkeitsurteils mit der Feststellung eines Verstoßes gegen eine Rechtsnorm enthalte zwar „nichts Falsches", sei jedoch „nicht mehr als eine Nominaldefinition".[5] Sie versage dort, wo rechtliche „Lücken auszufüllen oder ungesetztes Recht festzustellen ist, aber auch wo das gesetzte Recht mehrere Deutungen zuläßt".[6]

---

[1] *Binding*, Die Normen und ihre Übertretung, Bd. 2: Schuld und Vorsatz, Hälfte 1, 2. Aufl. 1914 (Neudr. 1965), 160 f.

[2] Vgl. hierzu auch *Kuhli*, in: Kubiciel u. a. (Hrsg.), „Eine gewaltige Erscheinung des positiven Rechts", 2020, 169, 183; *ders.*, in: Collin/Wolckenhaar (Hrsg.), Plurale Rechtsverständnisse? Begriff und Grundlagen des Rechts in den juristischen Teildisziplinen im späten 19. und frühen 20. Jahrhundert (im Erscheinen).

[3] *Binding* (Fn. 1), 156, 159; vgl. hierzu auch die Darstellung bei *Arm. Kaufmann,* Lebendiges und Totes in Bindings Normentheorie, 1954, 12.

[4] *Binding* (Fn. 1), 157–159.

[5] *M. E. Mayer*, Der Allgemeine Teil des deutschen Strafrechts, 2. Aufl. 1923, 173 f.

[6] *Mayer* (Fn. 5), 174; vgl. in diesem Kontext auch die Kritik von *Mayer*, ibid. 177: „Binding begründet das Wesen der Rechtswidrigkeit intern, während es nur extern ergründet werden kann".

Damit stellt sich die Frage nach einem alternativen Konzept der Rechtswidrigkeit – eine Frage, die von Max Ernst Mayer und von seinem Zeitgenossen Alexander Graf zu Dohna unterschiedlich beantwortet wird. Der Schwerpunkt des vorliegenden Beitrags widmet sich den Bezugspunkten der Rechtswidrigkeitsbegriffe beider Wissenschaftler (Abschnitt III). Ehe auf diese Aspekte einzugehen ist, wird im folgenden Abschnitt aber zunächst beleuchtet, warum der Rechtswidrigkeitsbegriff Anfang des 20. Jahrhunderts eine Neubetrachtung erfuhr.

II. Theoretische und praktische Notwendigkeiten

In dieser Hinsicht ist hier das wertbeziehende Methodenverständnis zu nennen[7] – ein Methodenverständnis, das mit Heinrich Rickert verbunden ist, einem der Hauptvertreter der sogenannten[8] südwestdeutschen Schule des Neukantianismus.[9] Nach Rickert stellt der Vorgang der Erkenntnis keine bloße Abbildung oder Reproduktion der empirischen Wirklichkeit dar, sondern ein begrifflich erfolgendes Umbilden und Vereinfachen.[10] Dies folge bereits daraus, dass sich der Erkenntnisgegenstand – die empirische Wirklichkeit – „als eine für uns unübersehbare Mannigfaltigkeit" erweise, „die immer größer zu werden scheint, je mehr wir uns in sie vertiefen".[11] In Anbetracht dieser Feststellung könne der Erkenntnisakt immer nur in Form einer Auswahl des Wesentlichen stattfinden. Damit dieser Vorgang des Umbildens und Vereinfachens im Bereich der Wis-

---

[7] Die folgende Darstellung des wertbeziehenden Methodenverständnisses basiert auf *Kuhli*, Normative Tatbestandsmerkmale in der strafrichterlichen Rechtsanwendung, 2018, 15ff.

[8] Wapler weist darauf hin, dass „die südwestdeutschen Neukantianer […] sich mit ihrer Philosophie zwar auf *Kant* beriefen, sie aber selbst nicht als ‚Neukantianismus' bezeichneten" (*Wapler*, Werte und das Recht, 2008, 29).

[9] Die südwestdeutsche Schule stellt eine Ausrichtung des Neukantianismus dar, deren Benennung sich aus den primären Wirkungsstätten ihrer Hauptvertreter Wilhelm Windelband, Heinrich Rickert sowie Emil Lask ergibt (*Achenbach*, Historische und dogmatische Grundlagen der strafrechtssystematischen Schuldlehre, 1974, 51; *Wapler* [Fn. 8], 16, 29ff., 39ff.; *Ziemann*, Neukantianisches Strafrechtsdenken, 2009, 20, 25f.; *Schweikert*, Die Wandlungen der Tatbestandslehre seit Beling, 1957, 52).

[10] *Rickert*, in: Festschrift für Kuno Fischer, 2. Aufl. 1907, 321, 332; *ders.*, Kulturwissenschaft und Naturwissenschaft, 6./7. Aufl. 1926, 29ff.; vgl. hierzu *Küpper*, Grenzen der normativierenden Strafrechtsdogmatik, 1990, 14; *Amelung*, Rechtsgüterschutz und Schutz der Gesellschaft, 1972, 126; *Welzel* (1935), in: ders., Abhandlungen zum Strafrecht und zur Rechtsphilosophie, 1975, 29, 74.

[11] *Rickert*, Kulturwissenschaft (Fn. 10), 30 (im Original mit Hervorhebung); vgl. auch *dens.*, in: FS Kuno Fischer, 321, 332.

senschaft jedoch nicht willkürlich ablaufe, sei ein *a priori* gültiges Auswahlprinzip erforderlich, mithilfe dessen sich das Wesentliche vom Unwesentlichen trennen lasse.[12]

Vor diesem Hintergrund trifft Rickert eine grundlegende Unterscheidung zwischen Natur- und Kulturwissenschaften, wobei er konstatiert, dass es durchaus fließende Übergänge geben könne.[13] Entsprechend dem zuvor Gesagten betont er, dass die angesprochene Differenzierung zwischen beiden Disziplinen keineswegs inhaltlich erfolgt, sondern ausschließlich in formaler und methodologischer Weise anhand des genannten Auswahlprinzips:[14] Natur- und Kulturwissenschaften betrachten demnach dieselbe Wirklichkeit, allerdings unter zwei verschiedenen Gesichtspunkten.[15] So arbeiten jene unter Bezugnahme auf allgemeine, allgegenwärtige oder wiederkehrende Gegebenheiten, die sie mithilfe generalisierender[16] Begriffe oder Gesetze[17] zu erfassen suchen.[18] Demgegenüber arbeiten Kulturwissenschaften nicht generalisierend, sondern unter Zugrundelegung einer individualisierenden Methodik, die die Untersuchungsgegenstände in ihrer Einmaligkeit erfasst.[19] Das Ziel der Kulturwissenschaften besteht aus dieser Perspektive darin, „das Besondere und Individuelle und dessen einmaligen Verlauf" in einer Weise zu erfassen, die „historisch individualisierend" ist.[20] Das Auswahlkriterium, anhand dessen die Kulturwissenschaften wesentliche Untersuchungsgegenstände von unwesentlichen unterteilen, sieht Rickert in der sogenannten Kulturbedeutung.[21] So kann ein Ereignis oder ein

---

[12] *Rickert*, Kulturwissenschaft (Fn. 10), 35; vgl. *Amelung* (Fn. 10), 126.

[13] *Rickert*, Kulturwissenschaft (Fn. 10), 97.

[14] Ibid. 56, 97; vgl. auch *Rickert*, in: FS Kuno Fischer, 321, 332.

[15] *Rickert*, Kulturwissenschaft (Fn. 10), 55; vgl. hierzu *Welzel* (Fn. 10), 29, 75; *Wapler* (Fn. 8), 108 ff.

[16] *Rickert*, in: FS Kuno Fischer, 321, 337; vgl. hierzu *Larenz*, Methodenlehre der Rechtswissenschaft, 6. Aufl. 1991, S. 93 f.

[17] Rickert definiert Gesetze als „*unbedingt* allgemeine […] Urteile […] über mehr oder minder umfassende Gebiete der Wirklichkeit, die niemand in ihrer Totalität beobachtet hat", Kulturwissenschaft (Fn. 10), 39.

[18] In entsprechender Weise legt Windelband dar, dass die Naturwissenschaft „ihre Tatsachen feststellt, sammelt und verarbeitet nur unter dem Gesichtspunkte und zu dem Zwecke, daraus die allgemeine Gesetzmässigkeit zu verstehen, welcher diese Tatsachen unterworfen sind", *Windelband*, Geschichte und Naturwissenschaft, 3. Aufl. 1904, 10.

[19] *Rickert*, Kulturwissenschaft (Fn. 10), 55; vgl. zur Geschichtswissenschaft *ders.*, in: FS Kuno Fischer, 321, 339; *ders.*, Die Grenzen der naturwissenschaftlichen Begriffsbildung, 5. Aufl. 1929, 220; vgl. hierzu auch *Schwinge*, Teleologische Begriffsbildung im Strafrecht, 1930, 5 ff.; *Amelung* (Fn. 10), 126; *Ziemann*, JJZG 4 (2002/2003), 395, 400 f.

[20] *Rickert*, Kulturwissenschaft (Fn. 10), 79 (im Original mit Hervorhebung); vgl. zur Geschichtswissenschaft: *Rickert*, Grenzen (Fn. 19), 220; vgl. in diesem Kontext auch *Amelung* (Fn. 10), 126.

[21] *Rickert*, Kulturwissenschaft (Fn. 10), 79.

Objekt nur dann in seiner Dimension als kulturbedeutendes Gut erfasst werden, wenn es gerade im Hinblick auf seine kulturelle Besonderheit und Einmaligkeit dargestellt wird.[22] Erkenntnisinteresse und -methode sind demnach wechselseitig aufeinander bezogen – Rickert spricht von dem „Zusammenhang zwischen sinnvoller, wertbehafteter Kultur einerseits und individualisierender Geschichte andererseits".[23] Die Umsetzung des Auswahlprinzips der Kulturbedeutung sieht Rickert in einer wertbeziehenden Methode,[24] mit welcher etwa ein Historiker für seine Darstellung solche Ereignisse und Objekte auswählt, die mit Kulturwerten der Religion, des Staates, des Rechts, der Sitten, der Kunst etc.[25] in Beziehung stehen und die „entweder faktisch allgemein, d[as] h[eißt] von allen gewertet oder allen Gliedern der Kulturgemeinschaft als gültig wenigstens zugemutet werden".[26]

Eine der bedeutsamen Wirkungen des Neukantianismus besteht demnach in der Betonung der Bedeutung der Kulturwissenschaften als eigenständigem Wissenschaftszweig.[27] Zugleich ist auch festzuhalten, dass der südwestdeutsche Neukantianismus hierdurch eine Wissenschaftstheorie begründet, die die Konzepte des *Wertes* und der *Kultur* miteinander verknüpft.[28] Kultur soll erkennbar sein durch ihren Bezug auf geltende Werte. Als „Kulturerscheinung", wie Gustav Radbruch es 1932 ausdrückt, bedarf demnach auch das Recht einer wertbeziehenden Methode, um adäquat erfasst werden zu können.[29]

Das wertbeziehende Methodenverständnis des Neukantianismus beeinflusst letztlich auch die Strafrechtsdogmatik des beginnenden 20. Jahrhunderts.[30] Da-

---

22 Ibid. 79 f.

23 *Rickert*, Kulturwissenschaft (Fn. 10), 80.

24 Welzel wirft diesbezüglich die kritische Frage auf, „von wo für die Geschichtswissenschaft plötzlich die Werte herkommen, von denen die objektive Realität durchaus noch frei sein soll", *Welzel* (Fn. 10), 29, 76.

25 Vgl. auch Windelband, der die „begrifflichen Grundlagen des Wissens, der Sittlichkeit, des Rechts, der Geschichte, der Kunst, der Religion" als Prinzipien der Kultur nennt (*Windelband*, in: ders., Präludien. Aufsätze und Reden zur Philosophie und ihrer Geschichte, Bd. 1, 7. Aufl. 1921, 273, 274); vgl. hierzu *Ziemann* (Fn. 9), 58; an anderer Stelle nennt Rickert als Wertgebiete die Wissenschaft, die Kunst, die Religion, die Sittlichkeit, das persönliche Leben (worunter er Aspekte wie Familie, Freundschaft und Liebe fasst) sowie die Religion (*Rickert*, Logos 1913, 295, 306–322).

26 *Rickert* Kulturwissenschaft (Fn. 10), 87, 95 (im Original mit Hervorhebung); vgl. *Amelung* (Fn. 10), 126; *Larenz* (Fn. 16), 96.

27 *Hepfer*, Philosophische Ethik, 2008, 28.

28 *Wapler* (Fn. 8), 23.

29 *Radbruch*, Rechtsphilosophie, 3. Aufl. 1932, 4.

30 *Würtenberger*, Die geistige Situation der deutschen Strafrechtswissenschaft, 1957, 2; *Amelung* (Fn. 10), 126; *Fontaine*, Max Grünhut (1893–1964), 1998, 118; *Ziemann*, JJZG 4 (2002/2003), 395, 400 f.; *Eb. Schmidt*, Geschichte der deutschen Strafrechtspflege, 3. Aufl.

bei liefert die südwestdeutsche Erkenntnistheorie nicht nur den methodischen Schlüssel, sondern begründet auch die theoretische Notwendigkeit eines wertbeziehenden Verständnisses der Verbrechenslehre. Doch dürfte der Umstand, dass dieses Methodenverständnis schließlich auch die Rechtswidrigkeitslehre des frühen 20. Jahrhunderts tangiert, noch einen weiteren Grund gehabt haben: Es wird schlichtweg eine praktische Notwendigkeit gesehen, eine „Realdefinition" (Max Ernst Mayer)[31] der Rechtswidrigkeit zu finden. In diesem Kontext ist auch Alexander Graf zu Dohna zu nennen, der 1905 vor dem Irrglauben warnt, dass „das kritische Material zur rechtlichen Wertung menschlicher Handlungen in vollem Umfange und ohne Rest von der Rechtsordnung – im Sinne technisch geformter Rechtssatzung – dargeboten werde".[32] Alle Rechtsanwender bringen geschriebene und ungeschriebene Vorannahmen mit, nämlich in den Worten Dohnas den „gesicherten Bestand unserer kulturellen Entwicklung".[33] Darüber hinaus könne in keinem Fall „der Geist des Rechts in der technischen Formulierung des einzelnen Paragraphen in der gewünschten, jedes Mißverständnis ausschließenden Art und Weise zum Ausdruck gelangen",[34] da rechtliche Formulierungen notwendigerweise generalisieren und objektivieren müssten.[35] Das Problem, dass das geschriebene Recht nicht alle dogmatischen Streitfragen beseitigen kann, stellt sich also nicht nur für die einzelnen Deliktstatbestände, sondern auch für die Frage der Rechtswidrigkeit.

III. Bezugspunkte der Rechtswidrigkeit

Nach alledem lässt sich sagen, dass um die Jahrhundertwende eine theoretische und eine praktische Notwendigkeit gesehen wird, einen außergesetzlichen – vielleicht sogar einen außerrechtlichen – Bezugspunkt herauszuarbeiten, an dem sich das Urteil über die Frage der Rechtmäßigkeit bzw. Rechtswidrigkeit einer menschlichen Handlung auszurichten hat. Damit ist allerdings noch nichts über die Ausgestaltung dieses Bezugspunktes gesagt. Mayer und Dohna finden auf diese Frage jedenfalls unterschiedliche Antworten:

1965, 390 f.; vgl. hierzu auch *Mittasch*, Die Auswirkungen des wertbeziehenden Denkens in der Strafrechtssystematik, 1939, 84 ff.

[31] *Mayer* (Fn. 5), 179.

[32] *Dohna*, Die Rechtswidrigkeit als allgemeingültiges Merkmal im Tatbestande strafbarer Handlungen, 1905, 13.

[33] Ibid.

[34] Ibid.

[35] Ibid. 14.

1. Kulturnormen (Mayer)

Mayer vertritt ein Konzept der Rechtswidrigkeit, dessen Bezugspunkt in sogenannten Kulturnormen liegen soll.[36] Im Ausgangspunkt geht er in Abweichung zu Binding[37] davon aus, dass Rechtsnormen grundsätzlich nicht an das Volk gerichtet sind,[38] demnach also auch nicht an den einzelnen potenziellen Straftäter. Gegen eine anderslautende Überlegung spreche bereits der Umstand, dass das Volk die Rechtssätze in aller Regel überhaupt nicht kenne.[39] Nun könnte man gegen diese Überlegung einwenden, dass jeder Mensch grundsätzlich eine Pflicht hat, sich Kenntnis von den maßgeblichen Gesetzen zu verschaffen. Doch weist Mayer auch eine solche Annahme zurück: „Unsere Gesetze müssten von Grund auf anders redigiert sein, wenn sie der Auffassung, Richtschnur zu sein für die Unterthanen, auch nur Raum geben sollten".[40] Auch die Gesetzesverkündung diene einzig der Schaffung und Veröffentlichung eines authentischen Abdrucks, nicht aber der Bekanntmachung gegenüber einem möglichst großen Personenkreis – hierfür würden sich andere Publikationsformen viel eher eignen.[41]

Vor diesem Hintergrund stellt Mayer die grundsätzliche Frage, warum die angesprochenen „Gesetze, obwohl sie sich nicht an die Bürger richten, doch für die Bürger verbindlich sind".[42] Er sieht die Lösung in einer kulturellen Norminternalisierung: Die Verbindlichkeit ergebe sich daraus, dass die angesprochenen Gesetze mit Normen einhergehen, die grundsätzlich von allen Menschen verinnerlicht sind:

> „Die Rechtfertigung des Rechts und in Sonderheit die Verbindlichkeit der Gesetze beruht darauf, dass die Rechtsnormen übereinstimmen mit Kulturnormen, deren Verbindlichkeit das Individuum kennt und anerkennt."[43]

Damit verortet Mayer auch die Gebote und Verbote, die von einem Verbrecher in strafbarer Weise missachtet werden, grundsätzlich in Kulturnormen – und zwar in solchen Kulturnormen, die staatlicherseits anerkannt sind.[44] Durch sie

---

[36] Die folgende Darstellung von Mayers Kulturnormtheorie basiert in Teilen auf *Kuhli* (Fn. 7), 36 ff.; *ders.*, in: Collin/Wolckenhaar (Fn. 2).

[37] Vgl. *Binding*, Handbuch des Strafrechts. Erster Band, 1885, 191.

[38] *M.E. Mayer*, Rechtsnormen und Kulturnormen, 1903 (Nachdr. 1965), 6–13, spricht in einer Kapitelüberschrift von „Rechtsnormen" (6), im dazugehörigen Kapitel aber häufig vom „Gesetz" (z. B. 6) und teilweise von „Gebote[n] und Verbote[n], die dem Rechte angehören" (7).

[39] Ibid. 6; vgl. hierzu auch *Utzerath*, Die Rechtsphilosophie Max Ernst Mayers, 1965, 64.

[40] *Mayer* (Fn. 38), 8.

[41] Ibid. 10 f.

[42] Ibid. 16.

[43] Ibid.

[44] *Mayer* (Fn. 5), 37.

werde „bestimmt, welches Verhalten rechtswidrig ist".[45] Den Begriff der *Kulturnormen* definiert Mayer als „Verbote und Gebote, durch die eine Gesellschaft das ihrem Interesse entsprechende Verhalten fordert"[46] und „die als religiöse, moralische, konventionelle, als Forderungen des Verkehrs und des Berufs an das Individuum herantreten".[47] Die – als Bestrafungsvoraussetzung notwendige[48] – staatliche Anerkennung der Kulturnormen erfolgt nach Mayer durch die Strafgesetzgebung sowie durch jeden anderen legislatorischen Akt, der zwischen erlaubtem und verbotenem Verhalten differenziert.[49] Die Entscheidung, ein bestimmtes Strafgesetz zu erlassen, impliziert damit regelmäßig die Anerkennung einer spezifischen Kulturnorm,[50] kann umgekehrt aber auch die Zurückweisung einer konfligierenden Kulturnorm bedeuten.

Der konstitutive Einfluss der Staatlichkeit auf die Ausgestaltung der rechtlichen Normativität offenbart sich nach Mayer letztlich auf zweierlei Weise: zum einen in der Negation solcher Kulturnormen, die nicht umgesetzt werden, zum anderen in einer möglichen inhaltlichen Präzisierung derjenigen Normen, die dem Grunde nach anerkannt werden. So kann etwa das strafrechtliche Bestimmtheitsgebot die Notwendigkeit begründen, eine Kulturnorm nur unter Abänderung ihres Inhalts und ihrer Reichweite in ein Strafgesetz aufzunehmen.[51] In der Konsequenz beeinflussen sich Kultur und Recht nach dieser Sichtweise wechselseitig.[52] Mayer sucht den Rechtswidrigkeitsmaßstab demnach letzt-

---

[45] Ibid.; vgl. hierzu *Schlüchter*, Irrtum über normative Tatbestandsmerkmale, 1983, 14; *Schweikert* (Fn. 9), 41.

[46] *M.E. Mayer*, Rechtsphilosophie, 1922, 38; *ders.* (Fn. 5), 44; vgl. hierzu *Michels*, Strafbare Handlung und Zuwiderhandlung, 1963, 11.

[47] *Mayer* (Fn. 38), 17.

[48] So betont Mayer die Notwendigkeit des Gesetzlichkeitsprinzips: „Keine Strafe ohne Gesetz! Wir sind uns des Wertes dieses Grundsatzes wohl bewusst. Willkür würden wir es nennen, wenn das Gericht die Strafbarkeit einer Handlung, an die kein Gesetz je gedacht hat, auf Grund seines Gutdünkens behaupten wollte. […] Die Gesetze sind Garantien der bürgerlichen Freiheit, sie schützen den Bürger vor der schrankenlosen Macht des Staates und der Staatsorgane und stellen ihn in den Schutz der eingeschränkten Staatsmacht, d. h. in den Schutz des Rechtes.", *Mayer* (Fn. 38), 2.

[49] *Mayer* (Fn. 5), 45; vgl. auch *ders.* (Fn. 46), 39; in grundsätzlicher Ablehnung dieser Ansicht versteht Mezger das staatliche Recht als durchaus selbständigen Kulturnormkomplex, „der nicht etwa nur anderweitig bereits bestehende Kulturnormen ‚anerkennt'. […] Richtig ist dagegen […], daß das Recht und so auch das Strafrecht außerordentlich häufig auf außerrechtliche Kulturnormen verweist und sie für sich in Bezug nimmt", *Mezger*, in: Festschrift für Ludwig Traeger, 1926, 187, 227 Fn.

[50] *Mayer* (Fn. 38), 45.

[51] Ibid. 49.

[52] Vgl. *Arth. Kaufmann*, Das Unrechtsbewusstsein in der Schuldlehre des Strafrechts, 1949, 135.

lich in einem „vorjuristischen Normenkomplex, aus dem das Recht geschaffen wird“.[53]

Der Schwerpunkt von Mayers Aussagen zum Begriff der Kulturnormen verschiebt sich im Laufe der Zeit insoweit, als der Wissenschaftler zunächst den empirischen Aspekt, später aber auch den „überempirischen Wertaspekt“ (Wapler) der Kultur betont.[54] Der zweite Teil von Mayers oben wiedergegebener Definition der Kulturnormen („[...] die als religiöse, moralische, konventionelle, als Forderungen des Verkehrs und des Berufs an das Individuum herantreten“) stammt nämlich aus seiner 1903 veröffentlichten Abhandlung „Rechtsnormen und Kulturnormen“.[55] Allerdings dürfte es zu weit gehen, in der Betonung dieses Aspekts der Kulturnormen eine grundsätzliche Ablehnung ihrer metaphysischen Dimension zu sehen. So ist zu berücksichtigen, welche Zielsetzung mit der eben genannten Abhandlung verfolgt wurde – nämlich eine rechtswissenschaftliche Auseinandersetzung,[56] für die der bloße Hinweis auf die Anerkennung von Kulturnormen aus Mayers Sicht ausgereicht haben dürfte. Mit dem überempirischen Wertaspekt der Kultur beschäftigt er sich vertieft in seiner 1922 erschienenen Monographie „Rechtsphilosophie“.[57] Dort heißt es:

> „Kultur ist nicht bloß Wirklichkeit und ist nicht bloß Wert, sondern die Einheit von beiden. Kultur ist wertvoll gewordene Wirklichkeit und darum auch wirklich gewordener Wert.“[58]

Im Hinblick auf den Wertaspekt unterscheidet Mayer zwei Ebenen, die von Wapler wie folgt umschrieben werden:

> „Für die Wirklichkeit beschreibt er [Mayer, M.K.] die Werte als relativ und durch den jeweiligen Kulturzustand einer Gesellschaft determiniert. Über dieser Ebene der Tatsächlichkeit aber nimmt er eine höchste Idee des Rechts an, die absolut und zeitlos gilt.“[59]

---

[53] *Mayer* (Fn. 38), 181.

[54] Diesbezüglich wird hier angeknüpft an Gedanken von *Wapler* (Fn. 8), 209–211 (Zitat auf S. 210).

[55] *Mayer* (Fn. 38), 17.

[56] So heißt es in der Einleitung: „[I]n der Frage, die hier zur Sprache kommen soll, ob das Gesetz an das Volk Befehle richtet, ist die Normentheorie nur eine verbesserte Auflage der hier zu bekämpfenden allgemeinen Ansicht. [...] Die Rechtssätze regeln das Verhalten des Richters, für ihn sind sie Normen, Rechtsnormen, weil sie Sätze des objektiven Rechtes sind. – Diese Behauptung soll für alle Gesetze, nicht nur für die Strafgesetze gelten, im folgenden aber wenn nicht ausschliesslich, so doch hauptsächlich für die Strafrechtssätze erhärtet werden.“, *Mayer* (Fn. 38), 4 f.

[57] Vgl. hierzu *Wapler* (Fn. 8), 210 f.

[58] *Mayer* (Fn. 46), 34 (im Original mit Hervorhebung).

[59] *Wapler* (Fn. 8), 239 m. w. N.

Nach Mayer ist „die Kultur, die doch ‚wertvoll gewordene Wirklichkeit' ist, in jeder ihrer Gestalten eine Erscheinung der Humanitätsidee".[60] Selbst die

„abgestorbenen Werte der Vergangenheit, die uns absolut verwerflich scheinen, haben damals, als sie lebendig waren, kraft ihrer Lebendigkeit eine gewisse Richtigkeit gehabt und sind insoweit Sendboten der Humanität gewesen".[61]

Für die Strafrechtsdogmatik folgt hieraus, dass der Humanität keine eigenständige Bedeutung für die Feststellung der Rechtswidrigkeit zukommt: Ein Verhalten gilt vielmehr immer bereits dann als rechtswidrig, wenn es gegen eine Kulturnorm verstößt. Eine Besonderheit soll allerdings in denjenigen strafrechtlichen Bereichen gelten, deren Inhalt kulturell indifferent[62] ist – Mayer spricht diesbezüglich von „Normen des Verwaltungsstrafrechtes".[63] Bei derartigen Regelungen aus dem Bereich des Nebenstrafrechts kann Mayers grundsätzliche Anknüpfung an eine Internalisierung von Kulturnormen nicht zum Tragen kommen. Im Bereich des Verwaltungsstrafrechts werde die Unterscheidung zwischen Recht und Unrecht daher ausschließlich kraft Gesetzes getroffen:[64]

„[D]as Verwaltungsdelikt ist dadurch charakterisiert, dass es bloss einer (durch Strafdrohung sanktionierten) Rechtsnorm, nicht aber einer Kulturnorm widerspricht. Während das kriminelle Delikt stets ebensowohl mit einer Kulturnorm als einer Rechtsnorm in Widerspruch steht, erschöpft sich das Verwaltungsdelikt darin, einer Rechtsnorm zu widersprechen."[65]

Das Gesagte entfaltet auch Auswirkungen auf den Adressatenkreis des Verwaltungsstrafrechts:

„Die Normen des (materiellen) Verwaltungsstrafrechts sind die einzigen Rechtsnormen, die nicht nur für die mit der Handhabung betrauten Organe, sondern auch für das Volk [...] Normen sind; ihre verpflichtende Kraft beruht somit darauf, dass sie als abstrakte Befehle des Staats denjenigen, die die Norm angeht, wirksam bekannt gegeben werden. Die unmittelbare Erteilung des Befehls (also nicht etwa die ‚Publikation') rechtfertigt das Verwaltungsstrafrecht."[66]

Hierin zeigt sich eine relevante Einschränkung des materiellen Gehalts des Mayerschen Rechtswidrigkeitsbegriffs, da im Bereich des Verwaltungsstrafrechts unmittelbar nur ein rein formeller Bezugspunkt greift. Allerdings versteht Mayer das Verwaltungsstrafrecht im Ergebnis nicht rein formal, sondern unterwirft es zumindest mittelbar einem materiellen Bezugspunkt: Die Rege-

[60] *Mayer* (Fn. 46), 90.
[61] Ibid. 91; vgl. hierzu *Utzerath* (Fn. 39), 31.
[62] *Mayer* (Fn. 38), 27.
[63] Ibid. 116.
[64] Vgl. auch *Mayer* (Fn. 5), 53–56; vgl. hierzu *Arth. Kaufmann* (Fn. 52), 135.
[65] *Mayer* (Fn. 38), 116 (im Original mit Hervorhebung).
[66] Ibid. 122 (im Original mit Hervorhebung).

lungen des Verwaltungsstrafrechts würden nämlich gerade deshalb vom Staat erlassen, um die Grundlage für die Erfüllung von Kulturaufgaben zu bewahren.[67] In dieser Hinsicht besteht bei Mayer also durchaus ein – zumindest mittelbarer – Zusammenhang zwischen Verwaltungsstrafrecht und Kultur.

2. Formale Maxime (Dohna)

Mayers Gleichsetzung der Rechtswidrigkeit mit der Kulturnormwidrigkeit[68] stößt in der zeitgenössischen Literatur auf Kritik.[69] So bemängelt Dohna, dass Mayer keine hinreichende Methodik vermittelt, den genauen Inhalt der Kulturnormen festzustellen.[70] Er schreibt in einer 1904 erschienenen Rezension zu Mayers Abhandlung „Rechtsnormen und Kulturnormen“:

„Pflichtwidrig handelt, wer Kulturnormen verletzt – dieser Gedanke kehrt in der Arbeit mehrfach wieder [...]. Hier also bewegen wir uns im Zirkel; Kulturnorm = Pflichtgebot – Kulturnormwidrigkeit = Pflichtwidrigkeit – x = y: eine Gleichung mit zwei Unbekannten!“[71] Und weiter heißt es: „Statt einer Definition bietet er [Mayer, M.K.] uns eine casuistische Exemplification, statt einer Begriffsbestimmung eine Fülle unbestimmter Begriffe. Aus dieser Mannigfaltigkeit heraus zur Einheit zu gelangen, dazu bedarf es einer formalen Methode“.[72]

Dohna nimmt für sich in Anspruch, eine Rechtswidrigkeitslehre zu begründen, die auf einer formalen Maxime beruht. Aus dem Umstand, dass der Gesetzgeber das Merkmal der Rechtswidrigkeit in den Tatbestand einzelner Delikte aufgenommen hat, folgert Dohna, dass „das Wesen der Rechtswidrigkeit sich in der Verbotswidrigkeit zum mindesten nicht erschöpfen kann“.[73] Dem mag im Ergebnis zuzustimmen sein, allerdings ist Dohnas Begründung keineswegs zwingend. Soweit eine Strafvorschrift in ihren Voraussetzungen ein rechtswidriges Verhalten fordert (z. B. § 303 Abs. 1 StGB),[74] folgt hieraus lediglich, dass sich die Feststellung der Rechtswidrigkeit nicht in der Annahme eines Verstoßes gegen die jeweilige Strafvorschrift erschöpfen kann. Hiermit ist allerdings noch nicht gesagt, dass sich das Rechtswidrigkeitsurteil bei der Sachbeschädigung nicht auch aus einem Verstoß gegen sonstige öffentlich-rechtliche oder privat-

---

[67] Ibid. 120.

[68] *Mayer* (Fn. 5), 37; vgl. hierzu *Escher*, Neukantianische Rechtsphilosophie, teleologische Verbrechensdogmatik und modernes Präventionsstrafrecht, 1993, 166.

[69] Beispielsweise *Kohlrausch*, ZStW 25 (1905), 656.

[70] *Dohna*, GS 63 (1901), 355, 358; vgl. hierzu *Escher* (Fn. 68), 166.

[71] *Dohna*, GS 63 (1901), 355, 358.

[72] Ibid.

[73] *Dohna*, Die Rechtswidrigkeit als allgemeingültiges Merkmal im Tatbestande strafbarer Handlungen, 1905, 19 f. (Zitat auf S. 20).

[74] Ein Beispiel bildet die Strafvorschrift der Sachbeschädigung nach § 303 Abs. 1 StGB, die seit 1872 in ihrem Wortlaut ein rechtswidriges Verhalten fordert.

rechtliche gesetzliche Verbote ergeben könnte. Dohna ist allerdings zuzugestehen, dass es damals wie heute keine Legaldefinition der Rechtswidrigkeit gibt.[75] Er gelangt deshalb zu dem nachvollziehbaren Schluss, dass die Legislative den Terminus der Rechtswidrigkeit keineswegs konstituiert, sondern vielmehr voraussetzt.[76] Vor diesem Hintergrund greift er zur Bestimmung der Rechtswidrigkeit „auf die Idee des Rechtes" zurück[77] – ein Ansatz, für den im Folgenden etwas weiter auszuholen ist.

Den Maßstab der kritischen Würdigung rechtlicher Normen bildet nach Dohna die formale Anforderung, dass „sie rechtes Mittel zu rechtem Zwecke seien".[78] Der Einsatz eines unangemessenen Mittels darf demnach nicht mit dem Argument zu rechtfertigen sein, es diene einem richtigen Zweck.[79] Das hierin zum Ausdruck kommende Angemessenheitskriterium[80] stellt ein Element dar, das einen durchaus überzeitlichen Charakter aufweist.[81] Dohna geht davon aus,

> „daß die Frage nach dem rechten Mittel zur Erreichung eines bestimmten vorgesetzten Zweckes aus dem Gesichtspunkte der Angemessenheit heraus allemal mit genügender Sicherheit sich beantworten läßt; es kann jedes etwa vorgeschlagene Mittel im Hinblick auf einen damit zu erzielenden Effekt als geeignet oder ungeeignet angesehen und nachgewiesen werden".[82]

Demgegenüber beinhalte die Voraussetzung des *Zwecks* ein „Element von empirischer Bedingtheit".[83] Die „sachliche Richtigkeit irgendwelcher menschlicher Zwecksetzung" lasse sich daher „immer nur in relativer Weise bemessen".[84]

Hervorzuheben ist allerdings, dass die Gültigkeit eines positiven Gesetzes nach Dohna nicht von seinem Inhalt abhängen soll, sondern nur davon, dass es formell ordnungsgemäß zustande gekommen ist.[85] Zugleich betont er aber 1905:

> „Wir leugnen nicht, daß der Gesetzgeber die Macht hat, unrechtes Handeln zu fordern und rechtes Handeln zu verbieten; wir leugnen aber bis zum Beweise des Gegenteils, daß er in dem geltenden Reichsstrafrechte von dieser seiner Macht Gebrauch gemacht hat."[86]

Soweit Gesetzeslücken oder Interpretationsspielräume bestehen, darf der Rechtsanwender demnach unterstellen, dass der Gesetzgeber nur ein solches

---

[75] Vgl. für das Jahr 1905: *Dohna* (Fn. 73), 38 f.
[76] Ibid. 39.
[77] *Dohna*, ZStW 27 (1907), 329, 344; vgl. hierzu *Escher* (Fn. 68), 144, 182 m. w. N.
[78] *Dohna* (Fn. 73), 48 (im Original mit Hervorhebung).
[79] Vgl. *Mayer* (Fn. 5), 179.
[80] *Dohna* (Fn. 73), 48.
[81] Vgl. hierzu *Escher* (Fn. 68), 180.
[82] *Dohna* (Fn. 73), 48.
[83] Ibid. 49 (im Original mit Hervorhebung).
[84] Ibid.
[85] Ibid. 50.
[86] Ibid. 52.

Verhalten fordert, das zur Erreichung eines rechten Zwecks angemessen ist.[87] Hierdurch unterscheidet sich Dohna letztlich von Rudolf Stammler,[88] auf dessen Ansatz Dohna sich im Grundsatz bezieht.[89] Stammler postuliert,

„daß der Richter das richtige Recht in unmittelbarem Finden bloß dann einzusetzen und durchzuführen hat, wenn der wirkliche Wille des gesetzten Rechtes ihm dieses auferlegt. Er soll in seinem Amte immer nur gesetztes Recht durchführen".[90]

Im Unterschied hierzu kommt das richtige Recht bei Dohna gerade auch dann zum Tragen, wenn das gesetzte Recht schweigt.

Berücksichtigt man den Umstand, dass einige Rechtfertigungsgründe im Strafrecht nicht gesetzlich normiert sind, so zeigt sich die Bedeutung von Dohnas bisherigen Ausführungen für die Rechtswidrigkeit: Danach ist eine Handlung dann rechtmäßig, wenn sie ein „rechtes Mittel zu rechtem Zwecke" bildet, da „sie dasjenige Verhalten darstellt, auf dessen Erzielung die Rechtsordnung letzten Endes gerichtet ist".[91] Einer expliziten gesetzlichen Regelung dürfte es insoweit nicht bedürfen, sodass strafrechtliche Rechtfertigungsgründe durchaus auch aus dem Angemessenheitsprinzip und aus allgemeinen Rechtsprinzipien hergeleitet werden könnten.[92] Zugleich erkennt Dohna jedoch an, dass die „Grenzen der Rechtswidrigkeit […] sich nur aus der Rechtsordnung gewinnen lassen".[93] Er gelangt daher im Ergebnis zu einem Rechtswidrigkeitsbegriff im Strafrecht, der aus einem formellen und aus einem materiellen Element besteht: Danach ist ein Verhalten nur dann rechtswidrig, wenn es – erstens – nicht als rechtes Mittel zu einem rechten Zweck angesehen werden kann und wenn es – zweitens – einen Straftatbestand erfüllt.[94]

In seiner Rezension[95] bemängelt Eduard Kohlrausch, dass

„der formale Maßstab des ‚richtigen Mittels zum richtigen Zweck' ihm [dem Richter, M.K.] in Wahrheit gar keine Stütze bei seiner Entscheidung gewährt. Ein Maßstab, der jedes inhaltlichen Momentes entbehrt, ist zwar allgemein gültig in dem erkenntnistheoretischen Sinne,

---

[87] Ibid. 51 f.

[88] Vgl. hierzu *Escher* (Fn. 68), 182 f.

[89] *Schünemann*, in: ders. (Hrsg.), Grundfragen des modernen Strafrechtssystems, 1984, 1, 28 Fn. 54; vgl. *Escher* (Fn. 68), 182.

[90] *Stammler*, Die Lehre von dem richtigen Recht, 1926, 210 (im Original mit Hervorhebung).

[91] *Dohna* (Fn. 73), 53.

[92] Vgl. aber auch *Escher* (Fn. 68), 183, dem zufolge es „richtiger" erscheine, „die Zweckformel als Auslegungslehre des positiven Rechts zu verstehen" (im Original mit Hervorhebung).

[93] *Dohna* (Fn. 73), 54.

[94] Ibid.

[95] Kohlrauschs Rezension bezieht sich auf *Dohna* (Fn. 73), *Kohlrausch*, ZStW 25 (1905), 656 Fn. 1.

daß ich mit seiner Hilfe empirisch gegebene Erscheinungen einer allgemeinen Gesetzmäßigkeit einordnen kann. Aber er ist untauglich, solchen Erscheinungen gegenüber zur Richtschnur unseres Verhaltens genommen zu werden".[96]

Dohna selbst gesteht die mangelnde Konkretheit seiner Maxime zu,[97] versucht das Problem zugleich aber auf prozeduralem Wege zu entschärfen: Die Aufgabe der Subsumtion unter die formale Maxime obliegt dem Menschen[98] – also nicht nur dem Richter, sondern zuallererst auch dem Täter:[99] Er ist es, der über die Frage der Angemessenheit des von ihm gewählten Mittels und über die sachliche Richtigkeit des von ihm verfolgten Zwecks entscheiden muss. Dabei ist es nach Dohna häufig sogar notwendig, die Frage nach der Angemessenheit dem „subjektive[n] Ermessen" – also dem „beste[n] Wissen und Gewissen" – des Täters anzuvertrauen.[100] So könne „von einer objektiven Unrichtigkeit des Verhaltens immer erst dann die Rede sein, wenn es der Angeklagte erwiesenermaßen an der erforderlichen Prüfung und Sorgfalt bei Vornahme der inkriminierten Handlung hat fehlen lassen".[101]

IV. Fazit

„Auffallend häufig ist in der letzten Zeit der Versuch unternommen worden, dem Recht hinter die Koulissen zu schauen, das materielle Etwas aufzudecken, an das die formellen Rechtsnormen anknüpfen, und diese Klarlegung fruchtbar zu machen für die Beantwortung von verschiedenen Einzelfragen, um die bisher nur in Kreisschlüssen herumgeredet zu werden pflegte"

– mit diesen Worten bezieht sich Eduard Kohlrausch im Jahre 1905 nicht nur auf die hier skizzierten Überlegungen Alexander Graf zu Dohnas, sondern auch auf diejenigen von Max Ernst Mayer.[102] Beide begründen Anfang des 20. Jahrhunderts Konzepte der Rechtswidrigkeit, die über den Wortlaut des Gesetzes hin-

[96] *Kohlrausch*, ZStW 25 (1905), 656, 662; vgl. hierzu auch *Escher* (Fn. 68), 173.

[97] „Aus der formalen Maxime, daß jeder vorgesetzte Zweck in sich begründet und also objektiv gerechtfertigt sein müsse, läßt sich nie und nimmer ein konkreter unter allen Umständen anzustrebender Zweck ableiten", *Dohna* (Fn. 73), 49 (im Original mit Hervorhebung).

[98] *Dohna* (Fn. 73), 73.

[99] „Wenn es erlaubt ist, im untechnischen Sinne einmal den Ausdruck ‚Sachverständige' zu wählen zur Bezeichnung derjenigen Personen, welche dazu berufen sein sollen, die in solchen Fällen unumgängliche ‚Würdigung der Handlung' vorzunehmen, so ist Sachverständiger in diesem Sinne in erster Linie der Täter selbst. Urteilender und Beurteilter stehen sich also nach dieser Richtung gleichberechtigt gegenüber.", *Dohna* (Fn. 73), 76.

[100] *Dohna* (Fn. 73), 77.

[101] Ibid.; vgl. hierzu *Escher* (Fn. 68), 169.

[102] *Kohlrausch*, ZStW 25 (1905), 656.

ausreichen, dabei aber in unterschiedliche Richtung gehen. Während Mayer die Rechtswidrigkeit mit der Kulturnormwidrigkeit gleichsetzt, fußt Dohnas Rechtswidrigkeitslehre auf einer formalen Maxime. Bei aller Unterschiedlichkeit wurde gegen beide Auffassungen bereits von Zeitgenossen derselbe Vorwurf erhoben – der Vorwurf der Vagheit.

Der Einfluss des Neukantianismus auf die Entwicklung der normativen Schuldlehre

Matthias Wachter

I. Einleitung

Nach einer verbreiteten Deutung ist die Genese des normativen Schuldbegriffs auf das Engste mit der Lehre des Neukantianismus verknüpft. Zwar gehen nur wenige so weit, den Neukantianismus als dessen Urheber zu beschreiben.[1] Eine gewisse „Beeinflussung" durch die damals herrschende Geistesrichtung,[2] zumindest aber eine Fügung in den Zeitgeist[3] scheint jedoch auf der Hand zu liegen. Zu augenfällig ist die zeitliche Kongruenz zwischen der „Geburt" des normativen Schuldbegriffs und der Adaption des Neukantianismus durch die Strafrechtswissenschaft zu Beginn des 19. Jahrhunderts. Bemerkenswert an dieser Deutung ist dabei weniger der Umstand, dass eine strafrechtliche Lehre auf philosophische Ansätze rückgeführt wird. So zählt es durchaus zur Arbeitsbeschreibung der deutschen Rechtsdogmatik, Anleihen bei benachbarten Geisteswissenschaften zu machen und deren Erkenntnisse mit einer spezifischen „Latenzzeit" in den eigenen Bestand zu übernehmen. Nicht ungewöhnlich ist auch

---

[1] So *Zaczyk*, in: Neumann/Schulz (Hrsg.), Verantwortung in Recht und Moral, 2000, 103, 105, der davon spricht, dass wir dem Neukantianismus den normativen Schuldbegriff „verdanken". Ebenso *Frommel*, in: GS für Herbert Tröndle, 2019, 203: „neukantianische Begründung […] des *normativen Schuldbegriffs*".

[2] *Achenbach*, Historische und dogmatische Grundlagen der strafrechtssystematischen Schuldlehre, 1974, 51; *Ambos*, Nationalsozialistisches Strafrecht, 2019, 56; *Escher*, Neukantianische Rechtsphilosophie, teleologische Verbrechensdogmatik und modernes Präventionsstrafrecht, 1993, 132; MüKo/*Freund*, 4. Aufl. 2020, Vor § 13 Rn. 7 f.; *Roxin*, Kriminalpolitik und Strafrechtssystem, 2. Aufl. 1973, 12 f.; *Schladitz*, Normtheoretische Grundlagen der Lehre von der objektiven Zurechnung, 2021, 39; *Schünemann*, in: ders. (Hrsg.), Grundfragen des modernen Strafrechtssystems, 1984, 1, 27 ff.; *ders.*, Gesammelte Werke I: Rechtsfindung im Rechtsstaat und Rechtsdogmatik als ihr Fundament, 2020, 399 Fn. 99; *Simmler*, Normstabilisierung und Schuldvorwurf, 2018, 20; *Ziemann*, Neukantianisches Strafrechtsdenken, 2009, 122 Fn. 651.

[3] So die zurückhaltenderen Deutungen von *Kuhli*, Normative Tatbestandsmerkmale in der strafrichterlichen Rechtsanwendung, 2018, 24; *Vormbaum*, Einführung in die moderne Strafrechtsgeschichte, 4. Aufl. 2020, 153.

die in dogmengeschichtlichen Interpretationen häufig zu beobachtende Unschärfe, mit der die Zusammenhänge beider Lehren umschrieben werden. Auffallend an der Erzählung ist vielmehr, dass Reinhard Frank, der anerkanntermaßen als „Bahnbrecher“[4] des normativen Schuldbegriffs gilt, diesen weder unter Rückgriff auf die Lehren des Neukantianismus entwickelte[5] noch als vom Neukantianismus inspirierter Denker in die Geschichte eingegangen ist[6]. Ähnliches gilt für die Riege derer, die im Anschluss an Frank im Ruf stehen, seine Schuldlehre weiterentwickelt zu haben.

Im Folgenden soll daher untersucht werden, inwieweit das Aufkommen des normativen Schuldverständnisses zu Beginn des 20. Jahrhunderts und dessen Etablierung in den darauffolgenden Jahrzehnten tatsächlich auf neukantianische Denkansätze zurückzuführen ist. Wie sich zeigen wird, gilt Frank zwar zu Recht als derjenige, der die „grundlegende dogmatische Wende“[7] im Bereich der Schuld angestoßen hat. Doch hat auch er seine Lehren nicht im „luftleeren Raum“ entworfen, sondern mit Blick auf die Umstände seiner Zeit. Deswegen werden in einem ersten Schritt (II.) die Entwicklungslinien nachgezeichnet, die die nachhaltige Umwandlung im Verbrechensaufbau herbeiführten. In einem zweiten Abschnitt (III.) soll dann herausgearbeitet werden, inwieweit die Kernelemente dieser Entwicklung mit neukantianischen Denkansätzen übereinstimmen oder sich sogar auf diese zurückführen lassen. Und schließlich wird noch auf die Rolle und den Einfluss der neukantianischen Strafrechtler einzugehen sein, die sich in ihren Werken explizit mit der Schuldlehre auseinandergesetzt haben (IV.).

II. Der normative Schuldbegriff

Die allgegenwärtige Rede vom „normativen Schuldbegriff“ lässt eine terminologische Klarheit vermuten, die in einem krassen Gegensatz sowohl zu seinem tatsächlichen Inhalt als auch zu seiner Entstehungsgeschichte steht. Wie Rudolf Thierfelder richtig erkannte, haftete dem Adjektiv „normativ“ schon bei seinem erstmaligen Auftauchen im Bereich der Schuldlehre ein „mysteriöser Anstrich“[8] an. Die Folgezeit trug jedoch nur begrenzt zu einer Aufhellung bei. In einer

---

[4] *Goldschmidt*, FG für Reinhard Frank, Band I, 1930, 428, 431.

[5] So deutlich etwa *Kuhli* (Fn. 3), 24; *Schünemann* (Fn. 2), 29 Fn. 58; *Vormbaum* (Fn. 3), 138.

[6] Vgl. hierzu die weitgehend erschöpfende Auflistung in dem Werk von *Ziemann* (Fn. 2), passim, in dem Frank an keiner Stelle erwähnt wird.

[7] *Achenbach* (Fn. 2), 101.

[8] *Thierfelder*, Normativ und Wert, 1934, 48 (Zitat grammatisch angepasst).

Ende der 1960er Jahre veröffentlichten Dissertation bringt der Autor entnervt zum Ausdruck, dass die „Verwendung des Ausdrucks ‚normativ' im Zusammenhang mit der Schuldlehre […] die Diskussion um die Schuld mehr verwirrt als geklärt"[9] habe. Und auch heute noch ärgern sich Autoren über die „Normativitätshypertrophie", mit der sich der „Eindruck besonderer Dignität und Tiefe erzeugen" lässt, „ohne irgendeinen intellektuellen Aufwand treiben zu müssen."[10]

Diese wenigen Bemerkungen lassen bereits erahnen, dass sich der normative Schuldbegriff nicht auf eine prägnante Allerweltsformel herunterbrechen lässt. Überblickt man die einschlägigen Darstellungen, scheint es vor allem darum zu gehen, mit ihm eine Entwicklung namhaft zu machen, an deren Ende nicht nur ein bestimmtes Verständnis von der Wesenheit der Deliktskategorie „Schuld" steht, sondern auch Klarheit über die von ihr beherbergten Elemente gewonnen ist. Gerade in der Strafrechtswissenschaft verlaufen Entwicklungen jedoch selten ohne geistige Vorarbeiten, an die entweder angeknüpft wird oder die bewusst als Kontrapunkt zu einer „neuen" Richtung dienen. Deswegen soll im Folgenden nicht nur das Schuldverständnis Franks sowie die daran anknüpfenden Arbeiten vorgestellt, sondern zunächst auch der „dogmatische Nährboden" aufgezeigt werden, auf dem Frank sein Schuldverständnis errichtete.

1. Schuldverständnisse im 19. Jahrhundert

Zu Beginn des 20. Jahrhunderts bekundete der Binding-Schüler August Finger sein Erstaunen darüber, dass über den Begriff der Schuld „bisher so wenig Übereinstimmung herrscht"[11]. Als symptomatisch für diesen „Übelstand" nennt er die weitgehende „Ignorierung des Schuldbegriffs in der Theorie"[12]. In den führenden Lehrbüchern seiner Zeit – namentlich nennt Finger die Werke Berners und Schützes – werde der Begriff gar nicht oder, wie in dem verbreiteten Lehrbuch von Hugo Meyer, nur in „kurzen mehr gelegentlichen Bemerkungen" und „gleichfalls nicht ex professo"[13] behandelt. In der Tat offenbart ein genauerer

[9] *Weber*, Die Entwicklung der normativen Schuldlehre, 1967, 6.

[10] *Hilgendorf*, in: FS für Hubert Rottleuthner, 2011, 45, 47, 61.

[11] *Finger*, GS 72 (1908), 249. Der Sache nach ebenso *Köhler*, GS 95 (1927), 433, 436; *Maurach*, Schuld und Verantwortung im Strafrecht, 1948, 20.

[12] *Finger*, GS 72 (1908), 249.

[13] Ibid. Im Falle Berners ist ihm allerdings zu widersprechen: Dieser geht in seinem Lehrbuch zumindest an einer Stelle knapp auf die „Schuld" in dem hier interessierenden Sinne ein, vgl. *dens.*, Lehrbuch des Deutschen Strafrechts, 18. Aufl. 1898, 49 ff. Auch in anderen Werken geht Berner zumindest mit knappen Worten auf die Schuld ein, vgl. *dens.*, Grundlinien der criminalistischen Imputationslehre, 1843, 239 f.; *dens.*, Die Lehre von der Theilnahme am Verbrechen, 1847, 34 ff.

Blick in die Literatur des 19. Jahrhunderts eine wechselhafte und von Unsicherheiten begleitete Geschichte des Begriffs.[14] Seine nur langsam voranschreitende Etablierung als Verbrechenselement geht dabei einher mit einer schrittweisen Verabschiedung des naturrechtlichen Zurechnungsbegriffs. Während dieser noch als „Erklärung“ dafür fungierte, „dass dem Handelnden „*etwas auf die Rechnung zu schreiben sey*“[15], führte der Begriff der Schuld zu einer „Ethisierung“[16]: Mit ihm sollte im Gegensatz zu „Belohnung“ und „Verdienst“ die Unwertigkeit bzw. die Strafwürdigkeit des Verhaltens zum Ausdruck gebracht werden. Da der strafrechtliche Schuldbegriff aber stets auch als Gegenbegriff zur reinen Erfolgshaftung auftrat[17], verband sich damit – gewissermaßen in der Tradition der naturrechtlichen Zurechnungslehre stehend – die Forderung nach einer Bestrafung nur des in seinem Handeln *freien* Urhebers. Damit war die Tür für ein weiteres Schuldelement geöffnet, das die Schuldlehre bis heute prägen sollte: dem des „freien Willens“, das zunächst noch als allgemeines Zurechnungsprinzip diente. Insbesondere die strafrechtlichen Hegelianer verblieben in ihren Verbrechenslehren noch ansatzweise der überkommenen Zurechnungsdoktrin verhaftet, indem ihnen Schuld als objektive und subjektive Momente umfassende Handlung galt, die „in der freien Kausalität eines Subjekts begründet“[18] ist.

Obwohl Binding als derjenige gefeiert wird, der dem Schuldbegriff im letzten Drittel des 19. Jahrhunderts erstmals einen festen Rang innerhalb der Verbrechenslehre zuwies,[19] war es die noch in dieser älteren Tradition stehende Lehre Adolf Merkels, die für die weitere Entwicklung des Schuldbegriffs bedeutend sein sollte. In seinem 1889 erschienenen Lehrbuch arbeitet er die oben benannten Elemente der Zurechnung und der Unwertigkeit einer Handlung klar heraus.[20] Dadurch erhält die Kategorie der Schuld ein neuartiges Gepräge. Sie ist ihm „das pflichtwidrige Wirken oder Nichtwirken einer Person, das ihr als sol-

---

[14] Vgl. hierzu und zum Folgenden insbesondere *Stübinger*, Schuld, Strafrecht und Geschichte, 2000, 378 ff.

[15] *Jarcke*, Handbuch des gemeinen deutschen Strafrechts, Band 1, 1827, 130.

[16] *Stübinger* (Fn. 14), 383.

[17] Vgl. hierzu den bekannten Satz *M.E. Mayers* (Der allgemeine Teil des deutschen Strafrechts, 1915, 228), wonach „[d]es Strafrechts Würde […] in der Verwerfung der Erfolgs- und der Anerkennung der Schuldhaftung“ liege.

[18] *Köstlin*, Neue Revision der Grundbegriffe des Criminalrechts, 1845, 138. In diese Richtung auch *Abegg*, Lehrbuch der Strafrechts-Wissenschaft, 1836, 24 ff.; *Hälschner*, Das preußische Strafrecht, 2. Teil, 1858, 103 ff.; *v. Wächter*, Das Königlich Sächsische und das Thüringische Strafrecht. Ein Handbuch, 1858, 395 f.

[19] Hierzu umfassend *Achenbach* (Fn. 2), 27 ff. Vgl. dort auch S. 35 mit der treffenden Feststellung, dass Bindings Schuldlehre keine nennenswerte Gefolgschaft („auch von seinen Schülern nicht“) fand.

[20] *Merkel*, Lehrbuch des Deutschen Strafrechts, 1889, 68 ff.

ches den geltenden Werturteilen gemäß in Anrechnung gebracht ist."[21] Bemerkenswert an dieser Einordnung ist die klare Benennung des „Urteilscharakters" der Schuld: Deutlich insistiert Merkel darauf, dass sie „nicht etwas *neben* dem kausalen Verhalten des Schuldigen Hergehendes, nicht ein zu jenem als ein selbständiges, aus besonderem Stoff geformtes Gebilde Hinzutretendes, sondern das an den geltenden Werturteilen gemessene und demnach in Anrechnung gebrachte kausale Verhalten selbst"[22] ist. Der Sache nach ist Schuld im Verbrechensverständnis Merkels daher lediglich eine „Wertungsstufe", die die kausale und rechtsverletzende Handlung näher charakterisiert.

Prägender für die Schuldlehre zu Beginn des 20. Jahrhunderts war jedoch zunächst eine andere Richtung, die sich von der klassischen Zurechnungsdoktrin und ihrer philosophischen Tradition deutlich löste.[23] Den Kern dieser Auffassungen bildet der veränderte Blick auf den „Willen", der stärker als Substrat der naturwissenschaftlichen, insbesondere der psychologischen Forschung verstanden wurde. Dieser erfährt zunehmend die Bedeutung eines mess- bzw. feststellbaren Faktums, das im Innenleben des Handelnden beheimatet ist. Gegenüber der „klassischen Lehre" führt dies zu einer zweifachen Engführung: Einerseits bildet der Wille demnach nicht mehr den zentralen Zurechnungsgrund, dem das gesamte Verhalten „angeschrieben" wird; vielmehr umfasst er lediglich noch die emotionale Seite als „das agens", welches „die Körperkräfte in Bewegung gesetzt hat"[24]. Andererseits spielen genuin rechtliche Aspekte – mit Merkel gesprochen: das *pflichtwidrige* Wirken oder Nichtwirken – keine Rolle mehr. Folgerichtig identifizierten die Vertreter dieser Richtung die Schuld mit vorsätzlichem und fahrlässigem Handeln – genauer: mit dem „Willenszusammenhang zwischen der eigenen Handlung und dem eingetretenen Erfolge"[25]. Was die Schuld demnach ausmacht, ist nicht mehr das objektive und subjektive Momente umfassende Verhalten nebst anderer Voraussetzungen, sondern nur noch das psychische Faktum der Innenseite.

---

[21] *Merkel* (Fn. 20), 70. Ähnlich bereits *H. Meyer*, Lehrbuch des deutschen Strafrechts, 1875, 176, der davon spricht, dass die Fahrlässigkeit sich als „Vernachlässigung derjenigen Achtsamkeit" darstellt, „welche vom rechtlichen Standpunct verlangt werden kann".

[22] *Merkel* (Fn. 20), 71.

[23] Vgl. zu dieser Entwicklung *Stübinger*, Rechtswissenschaft 2010, 154, 170 ff.

[24] *v. Buri*, Ueber Causalität und deren Verantwortung, 1873, 1.

[25] *v. Buri* (Fn. 24), 15. Ebenso *Kuhlenbeck*, Der Schuldbegriff als Einheit von Wille und Vorstellung, 1892, 59 ff.; *Löffler*, Die Schuldformen des Strafrechts in vergleichend-historischer und dogmatischer Darstellung, 1895, 5. Der Sache nach auch *Allfeld*, Lehrbuch des deutschen Strafrechts, 8. Aufl. 1922, 158; *Kauffmann*, Das Verschuldungsprinzip im Strafrecht, 1912, 52; *Köhler*, GS 95 (1927), 433, 457 f.; *Lucas*, Die subjektive Verschuldung im heutigen deutschen Strafrecht, 1883, 2; *Miřička*, Formen der Strafschuld, 1903, 102; *Radbruch*, ZStW 24 (1904), 333, 348.

2. Die Schuldlehre Franks

Es war genau jene Engführung, gegen die sich Frank in seinem epochalen Beitrag im Jahr 1907 wandte. Für ihn zählt die Zurechnungsfähigkeit zum festen Bestandteil der Schuld: „[N]ur der Schuldige ist strafwürdig und strafbar, und zur Schuld gehört die Zurechnungsfähigkeit."[26] Den Kern seiner Kritik am damals herrschenden Schuldverständnis bildet jedoch der Umstand, dass die Identifikation der Schuld mit den Begriffen Vorsatz und Fahrlässigkeit dem „Sprachgebrauch des täglichen Lebens"[27] widerstreitet. Wie er herausarbeitet, macht es für die „Bemessung der Schuld" einen Unterschied, welche Motive eine Straftat leiten: Wer Geld unterschlägt, um seinen „Neigungen auf Weiber und Wein" nachzugehen, verwirklicht ein höheres Maß an Schuld als derjenige, der „eine kranke Frau und zahlreiche kleine Kinder"[28] zu versorgen hat. Neben Vorsatz und Fahrlässigkeit treten daher die Zurechnungsfähigkeit sowie die „die Tat begleitenden Umstände"[29] als Schuldelemente.

Der Sache nach knüpft Frank damit zwar lediglich an die ältere, noch von Merkel vertretene Schuldlehre an. Neuartig sind jedoch Franks weitergehende begriffsanalytische Reflexionen sowie seine Überlegungen zum Wesen des von ihm präferierten Schuldbegriffs. Während für die zu seiner Zeit herrschende Schuldauffassung die Formen des Vorsatzes und der Fahrlässigkeit Artbegriffe des sie zusammenfassenden Gattungsbegriffs „Schuld" darstellen – Frank verwendet zur Veranschaulichung die logische Beziehung „zwischen Baum und Pappel"[30] –, sind ihm die einzelnen Schuldvoraussetzungen Elemente, die erst in ihrem Zusammenwirken den Schuldbegriff ergeben.[31] Dies ermöglicht ihm nicht nur die Feststellung, dass einzelne Begriffselemente für sich genommen ethisch farblos sind: Wer seine eigene „Uhr mit Vorsatz ins Wasser fallen"[32] lässt, verwirklicht keine Schuld. Frank bemüht sich darüber hinaus um eine schlagwortartige Zusammenfassung der von ihm erarbeiteten Schuldmerkmale, die er im Ausdruck der „Vorwerfbarkeit"[33] findet – ein Begriff, der bekanntermaßen die Wende in der Schulddogmatik einleiten sollte.

---

[26] *Frank*, Über den Aufbau des Schuldbegriffs, 1907, 9.

[27] Ibid. 5.

[28] Alle Zitate ibid.

[29] Ibid. 10.

[30] Ibid.

[31] Für seine eigene Auffassung bemüht Frank die Beziehung „zwischen Baum und Wurzel", ibid.

[32] Ibid. 11.

[33] Ibid.

3. Die Systematisierung durch Hegler

Wer Franks Abhandlung aufmerksam studiert, wird sich des Eindrucks nicht erwehren können, dass er seinen Ausführungen selbst nicht die Bedeutung beimaß, die ihnen schon bald nach ihrer Veröffentlichung zukam.[34] Dies gilt insbesondere für den Begriff der Vorwerfbarkeit. Er sei, so Frank selbstkritisch, „nicht schön, aber ich weiß keinen besseren."[35] Ausdrücklich stellt Frank klar, dass der Begriff „auf synthetischem Wege" gewonnen sei; er solle daher „seinen Wert nicht in sich selbst, sondern nur in dem Hinweis auf das haben, was er charakterisieren will."[36] So betrachtet, scheint der Begriff der Vorwerfbarkeit kaum dazu geeignet zu sein, eine Deliktskategorie materiell zu prägen. Dies ändert sich jedoch bereits acht Jahre später mit der berühmten Abhandlung Heglers zu den Merkmalen des Verbrechens.[37] Dieser stellt die Vorwerfbarkeit an den Anfang seiner Ausführungen. Grund hierfür ist ein abweichendes Verständnis von der Funktion der einzelnen Deliktskategorien: Während Frank noch auf synthetischem Wege die am Einzelfall begründeten Elemente zusammenfügt, steht Hegler dezidiert auf dem „Standpunkt einer teleologischen Rechtswissenschaft, daß die Sätze des Rechts [...] getragen sind von rationellen Ideen, Zweckgedanken"[38]. Die einzelnen Elemente haben sich demnach an übergeordneten Zweckerwägungen zu beweisen, indem sich ihre Funktion „vergleichbar der Beschreibung eines Organismus oder einer Maschine"[39] in Abhängigkeit von diesen teleologischen Prämissen bestimmt.

Hegler identifiziert die „Schuld im weiteren Sinn" mit dem Begriff der Vorwerfbarkeit, der ein „sozialethisches negatives *Bewertungsurteil*"[40] zum Ausdruck bringe. Sie setze voraus, dass der zu Strafende „voller Herr dieser seiner gesellschaftsschädlichen Tat gewesen ist."[41] Er muss sich dazu im Zustand der Handlungsfreiheit sowie der geistigen Reife und Gesundheit befunden haben.[42] Hinzu kommt die vorsätzliche oder fahrlässige Begehung der Tat sowie die Freiheit von Entschuldigungsgründen[43] – „[d]ann erst kann man dem Täter aus sei-

---

[34] Ähnlich die Einschätzung bei *Achenbach* (Fn. 2), 101 f.

[35] *Frank* (Fn. 26), 11.

[36] Ibid. 12.

[37] *Hegler*, ZStW 36 (1915), 19; 184.

[38] *Hegler*, ZStW 36 (1915), 19, 20.

[39] Ibid. 21 Fn. 4.

[40] *Hegler*, ZStW 36 (1915), 184, 219.

[41] Ibid. 186.

[42] Ibid. 191 ff.

[43] Ibid. 194 ff., 214 ff.

ner Tat einen Vorwurf machen, den Vorwurf der Gesellschaftsfeindlichkeit oder Gesellschaftsgleichgültigkeit“[44].

Die einzelnen Voraussetzungen der Schuld weisen damit eine auffallende Ähnlichkeit mit den von Frank bereits herausgestellten auf. Dennoch ist der Heglersche Entwicklungsschritt ein für die normative Schuldlehre zentraler: Er ist dogmengeschichtlich der erste, der den Begriff der Vorwerfbarkeit als „teleologisch beherrschende[n] Einheitspunkt“[45] für die Schuldkonstruktion gebraucht.[46] Die Zuordnung der einzelnen Elemente bestimmt sich dabei nicht mehr nach formalen Kriterien oder nach ihrer Tauglichkeit zur Befriedigung des Rechtsgefühls, sondern nach einem materiellen „Bauplan“. Welche Elemente in den Schuldbegriff eingehen, bestimmt sich nach dem übergeordneten Leitprinzip der Vorwerfbarkeit. Dies führte dazu, dass Hegler im Ergebnis recht deutlich zwischen der Wertungsebene und dem ausfüllenden Substrat unterscheidet.[47] Zwar markiert auch seine Zuordnung nicht den Endpunkt der Entwicklung um den normativen Schuldbegriff. So ist etwa die Zuweisung von Vorsatz und Fahrlässigkeit als „*auf die Tat* […] *gerichtete innere Beziehung*“[48] in den Bereich der Schuld noch ersichtlich von der älteren, naturalistisch orientierten Lehrmeinung beeinflusst. Die damit für die unbewusste Fahrlässigkeit auftretenden Insuffizienzen hat Hegler immerhin erkannt, aber noch nicht zu lösen vermocht. Doch ist es der von ihm eingeleitete Übergang zu einem teleologischen Schuldverständnis und der damit eingeführte Gegensatz von Wert und Objekt, der von nun an der „Strafrechtswissenschaft den Grundstil verleiht“[49]: Ergänzt um das Kriterium des Unrechtsbewusstseins und um die Zuweisung des Vorsatzes zum Unrecht stellt sie das Grundgerüst dar, das bis heute das Bild vom normativen Schuldbegriff prägt.[50]

---

[44] Ibid. 220.

[45] Ibid. 185 Fn. 62.

[46] So auch die Einschätzungen bei *Achenbach* (Fn. 2), 110; *Jakobs*, Strafrecht Allgemeiner Teil, 2. Aufl. 1991, 17/8.

[47] Ebenso *Achenbach* (Fn. 2), 111.

[48] *Hegler*, ZStW 36 (1915), 184, 202.

[49] *Sauer*, Grundlagen des Strafrechts, 1921, 217.

[50] Vgl. insoweit nur Baumann/Weber/Mitsch/*Eisele*, Strafrecht Allgemeiner Teil, 12. Aufl. 2016, § 16 Rn. 13 f.; Schönke/Schröder/*Eisele*, 30. Aufl. 2019, Vor §§ 13 ff. Rn. 113 ff.; MüKo-StGB/*Radtke*, 4. Aufl. 2020, Vor § 38 Rn. 22. Als für die Entwicklung zur herrschenden Schuldlehre maßgeblich dürfte freilich *Mezgers* (insbes. Strafrecht. Ein Lehrbuch, 1931, 248 ff.) und *v. Hippels* (Deutsches Strafrecht, Band II, 1930, 270 ff.) Anhängerschaft gewesen sein.

4. Normative Schuldmerkmale?

Die in der Linie Franks und Heglers stehende Entwicklung war nicht die einzige, die sich in bewusstem Gegensatz zur psychologischen Schuldauffassung bildete. Parallel zu ihr traten nicht wenige dafür ein, ein normatives Element in den Schuldbegriff zu implementieren. Bereits zwei Jahre vor Heglers teleologischer Wende war es Goldschmidt, der die phänotypische Differenz zwischen Vorsatz und Fahrlässigkeit zum Anlass für eine derartige Anreicherung nahm. Für seine Überlegungen leitend war der Strukturunterschied zwischen dem Vorsatz als rein psychologische Beziehung („aktuelle Erfolgsvorstellung") und der unbewussten Fahrlässigkeit, bei der – mangels psychischer Beziehung – der Vorwurf darauf gründe, „sich nicht *aktiv* selbst durch die Erfolgsvorstellung in dem von der Rechtsordnung gewünschten Sinne motiviert"[51] zu haben. Die Pflichtwidrigkeit oder, in der auf Goldschmidts Pflichtnormenlehre aufbauenden Diktion, die „Pflichtnormwidrigkeit", die in der mangelnden Bildung einer erfolgsabwendenden Gegenmotivation besteht, bildet dabei ein normatives Schuldelement innerhalb der unbewussten Fahrlässigkeit.[52] Im Gegensatz zu Radbruch, der zur Angleichung beider Schuldarten die Fahrlässigkeit entnormativierte, überträgt Goldschmidt das wertende Schuldelement auf den Vorsatz. Dieser bleibt zwar eine psychische Beziehung, doch wird ihm das „negative Werturteil" an die Seite gestellt.[53] In systematisch stimmiger Weise führt er diese Überlegungen im Bereich der Entschuldigungsgründe fort. Goldschmidt lehnt sich hier bewusst an die Ausführungen Franks zur „anormalen Motivierung" in Notstandssituationen an. Ihre Legitimation finde die Straffreistellung dabei in der Überlegung, dass dem Täter eine Motivierung durch die Pflichtnorm „den Umständen nach nicht zugemutet werden konnte"[54]. Zu der „Pflichtnormwidrigkeit" tritt damit ergänzend die „Zumutbarkeit".

Obwohl sich kein geringerer als Binding über die „wieder so vollständig abstruse Abhandlung von Goldschmidt"[55] echauffierte, entfaltete seine Lehre in den darauffolgenden beiden Dekaden eine gewisse Faszination. Zahlreiche Autoren machten sich gezielt daran, dem „normativen Schuldmoment" einen festen Inhalt und Rang in der Schulddogmatik zu bereiten.[56] Doch dürfte es über-

---

[51] *Goldschmidt*, Österreichische Zeitschrift für Strafrecht 4 (1913), 129, 154.

[52] Ibid. 140 f.

[53] Vgl. hierzu *Mittasch*, Die Auswirkungen des wertbeziehenden Denkens in der Strafrechtssystematik, 1939, 149 f.; *Thierfelder* (Fn. 8), 57 f.

[54] *Goldschmidt*, Österreichische Zeitschrift für Strafrecht 4 (1913), 129, 162. Goldschmidt bezieht sich dabei ausdrücklich auf die Ausführungen Franks.

[55] *Binding*, Die Normen und ihre Übertretung, Band IV, 1919, 347 Fn. 15 (Zitat grammatisch angepasst).

[56] So – in chronologischer Reihenfolge – *Freudenthal*, Schuld und Vorwurf im geltenden

trieben sein, einen scharfen Gegensatz zu den Anhängern eines normativen Schuldbegriffs zu zeichnen.[57] Auch deren Ausführungen lag der zwar unausgesprochene, aber deutlich erkennbare Gedanke zugrunde, dass nur dem „pflichtwidrig" Handelnden ein „Vorwurf" gemacht werden könne.[58] Gleiches gilt für die „Zumutbarkeit": Recht verstanden, fungiert sie schlicht als wertender Grenz- und Sammelbegriff (für die von Frank sog. begleitenden Umstände), der die Voraussetzungen umschreibt, bis zu denen ein rechtlicher *Vorwurf* denkbar ist.[59] Was beide Lehrmeinungen demnach voneinander unterscheidet, ist lediglich die Verortung des Werturteils: Während es in der normativen Schuldlehre dazu dient, „die ganze Schuld hintergründen zu lassen"[60], setzen es die Vertreter des normativen Schuldelements nach Art einer zusätzlichen Gliederungsebene *in die Schuld* bzw. *neben den Vorsatz*.[61] Da der genauere Inhalt dieses Werturteils offen bleibt, ist damit ein Zugewinn an Klarheit nicht notwendigerweise verbunden.

III. Neukantianische Einflüsse in der Entwicklung des normativen Schuldbegriffs

Der Begriff des Neukantianismus vereinigt unterschiedlichste geistige Entwürfe in sich, die in ihrer Gesamtheit als die herausragende philosophische Strömung um die Jahrhundertwende gelten.[62] Zwar ist es das Charakteristikum all dieser Ansätze, wissenschaftliche Erkenntnisse in zum Teil sehr lockerer An-

---

Strafrecht, 1922, 5 ff.; *Wegner*, JR 1925, Sp. 581 f.; *Tarnowski*, Die systematische Bedeutung der adaequaten Kausalitätstheorie für den Aufbau des Verbrechensbegriffes, 1927, passim; *v. Liszt/Schmidt*, Lehrbuch des deutschen Strafrechts, 25. Aufl. 1927, 209 ff.; *Marcetus*, Der Gedanke der Zumutbarkeit und seine Verwertung in den amtlichen Entwürfen eines Allgemeinen Deutschen Strafgesetzbuches von 1925 und 1927, 1928, 4; *Siegert*, Notstand und Putativnotstand, 1931, 45 ff.; *Henkel*, Der Notstand nach gegenwärtigem und künftigem Recht, 1932, 55 ff. Daneben freilich auch Goldschmidt selbst, vgl. *dens.*, JW 1922, 252 ff.; *dens.*, FG Frank, Band I, 428 ff.

[57] So tendenziell jedoch *Achenbach* (Fn. 2), 105 ff., 163 ff. einerseits, 113 ff., 143 ff. andererseits.

[58] *Frank*, Das Strafgesetzbuch für das Deutsche Reich nebst dem Einführungsgesetz, 18. Aufl. 1931, 138; *Hegler*, FG Frank, Band I, 251, 288 Fn. 1. Letztlich dürfte es hier um die Erkenntnis gehen, dass das gesamte Unrecht auch zum Schuldtatbestand gehört (so zutreffend *Jakobs* (Fn. 46), 17/15).

[59] *v. Weber*, DJZ 1931, 663, 666; *Weber* (Fn. 9), 92.

[60] *Thierfelder* (Fn. 8), 58.

[61] Vgl. hierzu *Kitzinger*, Juristische Aphorismen insbesondere zum allgemeinen Recht und zum Strafrecht, 1923, 34.

[62] *Kersting*, in: Alexy u. a. (Hrsg.), Neukantianismus und Rechtsphilosophie, 2002, 23, 24.

knüpfung an die Philosophie Kants zu fördern.[63] Kennzeichnend dafür ist das nicht selten zu beobachtende Bestreben, unter Berufung auf Kant über dessen Erkenntnisse hinauszugehen.[64] Doch fällt es schwer, auch nur selektiv einige Gemeinsamkeiten dieser Richtung freizulegen. Am grundsätzlichsten scheint hierbei noch die Einschätzung zu sein, dass sich der Neukantianismus nur zutreffend fassen lässt mit Blick auf die geistige Atmosphäre seiner Zeit.[65] Diese war im zweiten Drittel des 19. Jahrhunderts geprägt durch einen Abschied nicht nur von Hegel, sondern von jeglichem metaphysischem Einfluss überhaupt: „An die Stelle des Ideals eines philosophischen Gesamtverständnisses der Welt ist das Ideal der ‚exakten Tatsachenwissenschaft', der Wissenschaft der Laboratorien und Archive getreten"[66]; objektiv gültige „Werte" und „Sinn" fielen zugunsten empirisch zu beobachtender Gesetzlichkeiten aus dem Wissenschaftsverständnis heraus. Die Naturwissenschaften besetzten damit zunehmend das Feld, das einst der Philosophie vorbehalten war. Hierzu erweist sich der Neukantianismus als bewusste Gegenströmung: Wie Hans Welzel, einer der vehementesten Kritiker neukantianischen Denkens, anerkennend einräumt, wird es „das unvergängliche Verdienst des Neukantianismus bleiben, wieder auf echte philosophische Problemstellungen hingelenkt zu haben"[67].

Schon diese knappen einleitenden Bemerkungen scheinen eine enge Verzahnung mit der Genese des normativen Schuldbegriffs nahezulegen. Beiden ging es im Kern um das Zurückdrängen positivistisch-naturwissenschaftlicher Omnipotenz durch eine Rehabilitierung transzendentaler bzw. wertender Geltungsprinzipien: hier als Widersacher zum Diktat der Sinnesdaten, dort in Gegnerschaft zur Begrenzung der Schuld auf eine rein psychologische Beziehung. Im Folgenden soll der Versuch unternommen werden, diese Gemeinsamkeiten etwas näher zu untersuchen. Den Schwerpunkt der Darstellung nehmen dabei die Positionen der Südwestdeutschen Schule des Neukantianismus ein, die sich ex-

---

63 Vgl. nur *Köhnke*, Entstehung und Aufstieg des Neukantianismus, 1993, 214; *Stuckenberg*, in: Kindhäuser u. a. (Hrsg.), Strafrecht und Gesellschaft, 2019, 125.

64 Vgl. *Arthur Kaufmann*, Das Schuldprinzip, 1976, 57; *Ollig*, Der Neukantianismus, 1979, 13 f., 56; *Wapler*, Werte und das Recht, 2008, 33, 104; *Ziemann* (Fn. 2), 23 f. Programmatisch insofern *Windelband*, Vorwort 1883, in: ders., Präludien, Band 1, 19. Aufl. 1924, IV: „Kant verstehen, heißt über ihn hinausgehen."

65 *Noras*, Geschichte des Neukantianismus, 2020, 21; *Pascher*, Einführung in den Neukantianismus, 1997, 7.

66 *v. Aster*, Die Philosophie der Gegenwart, 1935, 4. Ebenso *Coing*, Grundzüge der Rechtsphilosophie, 4. Aufl. 1985, 59 ff.

67 Naturalismus und Wertphilosophie im Strafrecht, in: *Welzel*, Abhandlungen zum Strafrecht und zur Rechtsphilosophie, 1975, 29, 72. Der Sache nach ebenso *Ollig* (Fn. 64), 136.

plizit dem Konzept des Werts gewidmet und in der Strafrechtswissenschaft die augenfälligste Rezeption erlebt hat.[68]

1. Wertbeziehendes Verfahren

In ihrem Rückgriff auf Kant waren sich die neukantianischen Denker darin einig, dass die „Abwehr des Positivismus und des Empirismus"[69] in der Erkenntnistheorie Kants ihren Ausgang zu nehmen hat. Dabei knüpfen sie bewusst an dessen Postulat an, dass Erkenntnis auf einem Zusammenspiel von Begriffen und Anschauungen[70] beruht. Erkenntnis ist demnach nicht die direkte Abbildung einer objektiven Wirklichkeit, sondern die verstandesmäßige Verknüpfung unstrukturierter Empfindungen (Anschauungen) mit einer einheitsstiftenden Regel (Begriff). Die Gesamtheit aus Schreibfläche und tragenden Füßen bildet, um ein Beispiel Höffes aufzugreifen, ein Stehpult nur vermittelt über die ordnende Eigentätigkeit des Verstandes.[71] In dieser Begriffsabhängigkeit aller Erkenntnis liegt zum einen der Umstand begründet, dass zwischen „wirklichen Dingen" und „erkannten Gegenständen" stets eine unüberbrückbare Kluft liegt[72]; ihr entspringt die später zu behandelnde (III. 2.) Differenzierung zwischen „Wertung des Objekts" und „Objekt der Wertung". Zum anderen bildet sie den Übergang von einer Erkenntnis- zu einer Wissenschaftstheorie. Wenn die Begriffsbildung maßgeblich die Gegenstände formt, hängt die Art der Erkenntnis von der Methode der Begriffsbildung, d. h. vom angewandten Erkenntnisprinzip ab[73]: „Die Beurteilungsart schafft sich selbst den zu beurteilenden Gegenstand."[74]

Von hier aus wird die neukantianische Differenzierung zwischen „nomothetischen" und „idiographischen" Wissenschaften[75] bzw. generalisierenden Naturwissenschaften und individualisierenden Kulturwissenschaften[76] verständlich. Wenngleich nicht von Wendungen und Ungenauigkeiten verschont[77], bildet

---

[68] *Stuckenberg* (Fn. 63), 125, 128 ff. Zur Rechtsphilosophie des Marburger Neukantianismus vgl. *Müller*, Die Rechtsphilosophie des Marburger Neukantianismus, 1994.

[69] *Bauch*, Blätter für Deutsche Philosophie 11 (1937), 45, 46.

[70] Hierzu *McDowell*, Geist und Welt, 2001, 27 ff., insbes. 30.

[71] *Höffe*, Kants Kritik der reinen Vernunft, 2011, 120.

[72] *Rickert*, Die Grenzen der naturwissenschaftlichen Begriffsbildung, 2. Aufl. 1913, 193; *Windelband*, in: Ruge (Hrsg.), Encyclopädie der philosophischen Wissenschaften in Verbindung mit Wilhelm Windelband, Band 1: Logik, 1912, 1, 42.

[73] *Wapler* (Fn. 64), 45 f.

[74] *Grünhut*, Begriffsbildung und Rechtsanwendung im Strafrecht, 1926, 14.

[75] *Windelband*, Geschichte und Naturwissenschaft, in: ders., Präludien, Band 2, 19. Aufl. 1924, 144 f., 150; *ders.* (Fn. 72), 42.

[76] *Rickert*, Kulturwissenschaft und Naturwissenschaft, 3. Aufl. 1915, 34 f.

[77] Hierzu *Wapler* (Fn. 64), 105 ff.

der *Wertbezug* den maßgeblichen erkenntnis- und wissenschaftstheoretischen Differenzierungsgrund: Während die naturwissenschaftliche Forschung wertneutral sei, zeichneten sich die Kulturwissenschaften dadurch aus, dass sich ihre Forschungsobjekte durch einen Bezug auf Werte konstituierten.[78] Werte sind dabei weder empirische noch übersinnliche Gebilde, sondern zählen zur Sphäre der Bedeutung, des Sinns oder des Sollens.[79] Sie sind damit nicht in der wahrnehmbaren Wirklichkeit oder im Reich der Metaphysik beheimatet, sondern stehen *in Geltung*, indem sie diejenigen Güter einer Kultur zum Ausdruck bringen, an denen die Wirklichkeit gemessen werden kann.[80] Auch wenn ihr Geltungsgrund, ihre Kriterien und allgemein ihre Funktion weitgehend opak und in den einzelnen Ausarbeitungen nicht ohne Widersprüchlichkeiten bleiben,[81] handelt es sich bei Werten um Maßstäbe, mit denen über eine Bedeutungsfestsetzung entschieden wird. Sie sind damit im Kern normative Begriffe.[82] Dieser Funktion nach decken sie sich mit der Aufgabe, die der normativen Schuldlehre bzw. den normativen Schuldelementen zukommt: Sie dienen dazu, ein bestimmtes Substrat an einem Bewertungsmaßstab zu messen.

Weitreichende Bedeutung kam dieser wissenschaftstheoretischen Grundlegung für die strafrechtliche Begriffsbildung zu. Es leuchtet unmittelbar ein, dass sich „die wertblinde Begriffsbildungsmethode der Naturwissenschaften“[83] nicht für die Arbeit im Bereich der wertbeziehenden Kulturwissenschaften eignet. Rickert, dessen Vorarbeiten die Aufnahme der wertbeziehende Methode wissenschaftlicher Begriffsbildung in die Strafrechtswissenschaft prägte, bezeichnete diese als „teleologisch“, da „der Begriff des Zweckes als der eines in der Zukunft liegenden, zu verwirklichenden Gutes gedacht wird, also mit ihm gewöhnlich der Begriff eines Wertes, der daran haftet, verbunden ist“[84]. Demnach seien die strafrechtlichen Begriffe, die in den vielzitierten Worten Emil Lasks „mit einem teleologischen Gespinst überzogen“[85] sind, von den Zwecken des Strafrechts her zu begreifen. Die Verwendung des Ausdrucks „teleologisch“

---

78 *Rickert* (Fn. 76), 81; *Windelband* (Fn. 72), 1, 43.

79 *Binder*, Philosophie des Rechts, 1925, 690 ff., 886 ff.; *Wapler* (Fn. 64), 42.

80 *Rickert* (Fn. 72), 509.

81 Hierzu *Schwinge*, Teleologische Begriffsbildung im Strafrecht, 1930, 16; *Wapler* (Fn. 64), 113, 116 ff.

82 So deutlich auch *Rickert* (Fn. 72), 509; *Windelband*, Ueber die Gewissheit der Erkenntniss, 1873, 64. Vgl. *Hilgendorf* (Fn. 10), 45, 49 f., der zutreffend als Kern des Normativen herausarbeitet, dass dort, wo eine „Bewertung“ enthalten ist, eine „persönliche Stellungnahme“ impliziert ist und diese im Gegensatz zu bloß beschreibender oder erklärender Tätigkeit steht.

83 *Mittasch* (Fn. 53), 11.

84 *Rickert* (Fn. 72), 337.

85 *Lask*, Rechtsphilosophie, in: ders., Gesammelte Schriften, Band 1, 1923, 275, 316.

und der damit verbundene Zweckbezug waren dabei nicht unproblematisch, da diese leicht mit den psychologischen Rechtstheorien Windscheids und Bierlings identifiziert werden konnten.[86] Doch knüpfte die teleologische Begriffsbildung der Neukantianer inhaltlich an die zu jener Zeit populäre und später von Heck ausgebaute Lehre Jherings an, wonach „der Zweck der Schöpfer des gesammten Rechts“[87] sei.

So verwundert es nicht, dass Hegler in seiner systematischen Ausarbeitung der Ansätze Franks zur normativen Schuldlehre dem „Standpunkt einer teleologischen Rechtswissenschaft“[88] huldigen konnte, ohne dabei auf neukantianisches Gedankengut zurückzugreifen. Die teleologische, sich an den Aufgaben des Rechts orientierende Begriffsbildung war kein Alleinstellungsmerkmal neukantianischen Rechtsdenkens, sondern konnte auf eine durchaus weitverzweigte Grundlegung zurückgreifen. Die an den Strafzwecken orientierten Lehren Feuerbachs und v. Liszts, die ältere Interessenjurisprudenz um Stoll und Heck oder Bindings bekanntes Postulat, wonach „auch *der Stoff* der Rechtsbegriffe […], wie diese selbst, aus dem Steinbruch des Rechts gehauen“[89] sein müssen, bilden hierfür nur besonders ausgereifte Beispiele.[90] Deswegen wäre es verfehlt, der auf den Neukantianismus zurückgehenden teleologischen Methode einen revolutionären Charakter beizumessen. Ihr Beitrag ist eher darin zu sehen, eine „in der Luft liegende“ Entwicklung im Bereich der Schuld theoretisch unterfüttert und damit klarer auf den Begriff gebracht zu haben. Wie noch eingehender gezeigt wird, machten sich zu Beginn des 20. Jahrhunderts Max Ernst Mayer und Graf zu Dohna daran, die inzwischen gut wahrnehmbaren Normativierungen auf der Ebene der Schuld theoretisch zu fundieren. Pate stand ihnen dabei die zu dieser Zeit in ihrer Blüte stehende neukantianische Lehre, die nicht nur tatsächlich den „normativierenden Boden“ bereiten, sondern auch als einigendes Dach der zahlreichen Einzelansätze fungieren konnte. Mit Blick auf die nur stückwerkartigen Ausführungen Franks und Goldschmidts ist dieser Beitrag nicht gering zu schätzen. Davon aber, dass der Neukantianismus „System und

---

86 Vgl. zu diesen Lehren *Larenz*, Methodenlehre der Rechtswissenschaft, 6. Aufl. 1991, 28ff., 39ff.

87 *Jhering*, Der Zweck im Recht, Band 1, 1877, VI. Dieser Zusammenhang folgt bereits aus der Dissertation Rickerts, in der sich dieser zur Lehre Jherings bekennt, vgl. *Rickert*, Zur Lehre von der Definition, 1888, 29ff. Er zeigt sich aber z.B. auch an M.E. Mayers Rückgriff auf Jhering in seiner Arbeit zur schuldhaften Handlung, vgl. *dens.*, Die schuldhafte Handlung, 1901, 3 Fn. 3. Näher herausgearbeitet wird dieser Zusammenhang bei *Schwinge* (Fn. 81), 8; *Stuckenberg* (Fn. 63), 130f., 133.

88 *Hegler*, ZStW 36 (1915), 19, 20.

89 *Binding*, Die drei Grundfragen der Organisation des Strafgerichts, 1876, 36.

90 Ähnlich *Stuckenberg* (Fn. 63), 133.

Methode der Strafrechtswissenschaft geradezu revolutioniert"[91] habe, kann im Bereich der Schuldlehre keine Rede sein.

2. Objekt der Wertung und Wertung des Objekts

Über die Frage, wie weit sich der Neukantianismus inhaltlich von der Kantschen Erkenntnistheorie entfernte, besteht seit geraumer Zeit Uneinigkeit.[92] Gewiss unterscheiden sich die von den jeweiligen Protagonisten verwendeten Termini in nicht unerheblichem Maße voneinander. Während für die theoretische Philosophie Kants die Begriffe der „sinnlichen Anschauung", der „Idee" oder der „Kategorie" leitend waren, bauten die Neukantianer ihre Systeme auf dem „Wert", der „Wirklichkeit" oder den „Gegebenheiten" auf.[93] Gerade der für den Südwestdeutschen Neukantianismus so zentrale Begriff des „Werts" spielt für Kant nur eine nebensächliche Rolle.[94] In einer Hinsicht jedoch folgten sie ihrem Ahnherrn: Ebenso wie Kant lag ihrem Denken eine strikte Trennung zwischen deskriptiven und normativen Elementen zugrunde, die in der Rechtslehre Kelsens gipfelte.[95] Anknüpfend an die begriffliche Prägung alles Erkannten etablierte sich im Denken der Neukantianer die Differenzierung zwischen aufzunehmendem Stoff und ordnungsstiftender Form bzw. – rechtsphilosophisch gewendet – zwischen Sein und Sollen. Die Rechtsphilosophie des Neukantianismus war damit von einer „großen Isolierung des Normativen vom Wirklichen"[96] gezeichnet.

Diese strikte Spaltung führte vereinzelt zu Konsequenzen im Verbrechensaufbau, die in den späteren Schriften Dohnas ihren markantesten Niederschlag fanden. Seine Trennung zwischen einer das psychische Verhalten wertenden Schuld und einer objektive Elemente wertenden Rechtswidrigkeit[97] erwies sich, obwohl sie Gefolgschaft bei den Vertretern der finalen Handlungslehre fand[98], nicht als weiterführend. Trotz oder gerade aufgrund der klinischen Aufspaltung zwischen wertenden und ontischen Kategorien wurden die Mängel dieser Me-

---

[91] *Schünemann* (Fn. 2), 31.

[92] Vgl. hierzu die Beiträge in dem Sammelband von Heinz/Krijnen (Hrsg.), Kant im Neukantianismus, 2006, sowie *Aydin*, Gustav Radbruch, Hans Kelsen und der Nationalsozialismus, 2020, 26ff.

[93] Vgl. *v. d. Pfordten*, JZ 2010, 1021, 1023.

[94] *v. d. Pfordten*, JZ 2010, 1021, 1024.

[95] Ausführlich zu diesem Aspekt *Eisfeld*, Erkenntnis, Rechtserzeugung und Staat bei Kant und Fichte, 2015, 48ff. Freilich gab es zwischen den Lehren der Neukantianer teils erhebliche Unterschiede; vgl. hierzu nur *Eisfeld* (ebd.), 81ff.; *Wapler* (Fn. 64), 155f.

[96] *Ollig* (Fn. 64), 139.

[97] *Dohna*, Der Aufbau der Verbrechenslehre, 4. Aufl. 1950, 39f.

[98] Vgl. *Welzel*, Das deutsche Strafrecht, 3. Aufl. 1954, 104; *Niese*, Finalität, Vorsatz und Fahrlässigkeit, 1951, 31f.

thode rasch sichtbar: Die Existenz normativer Tatbestandsmerkmale – eine der epochalsten Errungenschaften der ersten Hälfte des 20. Jahrhunderts – ließ sich mit ihr ebenso wenig erklären wie die Beheimatung deskriptiver Elemente in Rechtswidrigkeit und Schuld.[99] Die Attraktivität theoretischer Reinheit zerschellt hier an den Klippen dogmatischer Brauchbarkeit.

Als wirkmächtiger sollten sich solche Überlegungen erweisen, die die Beheimatung deskriptiver und normativer Elemente innerhalb der Schuld vorantrieben. Dass die Kategorie der Schuld, mit der im 19. Jahrhundert zunehmend missbilligte Verhaltensweisen konnotiert wurden, mit der wertfreien „psychischen Beziehung des Täters zu seiner Tat" nicht abschließend durchdrungen war, lag auf der Hand. In sie ging daher mit der „Pflichtwidrigkeit" ein Element ein, das diese ethische Dimension zum Ausdruck brachte. Schon sechs Jahre vor Franks Begründung der normativen Schuldlehre war es Max Ernst Mayer, der unter dem Einfluss Windelbands und Rickerts diese Entwicklung anstieß;[100] und nur drei Jahre später schlug mit Dohna der zweite Neukantianer in diese Kerbe.[101] In dieser Hinsicht ist der Einfluss neukantianischen Denkens auf die Schuldlehre eindeutig festzustellen. Eine Urheberschaft für die Lozierung der Pflichtwidrigkeit in der Schuld kann ihnen damit gleichwohl nicht zugesprochen werden. Wie gezeigt, war es Adolf Merkel, der unter Rückgriff auf die überkommene Imputationenlehre bereits die Pflichtwidrigkeit als Element der Schuld bezeichnete;[102] Max Ernst Mayer knüpfte dabei ausdrücklich an ihn an[103]. Auch Beling[104] und Liepmann[105] bekannten sich noch vor den Neukantianern unter dem Einfluss Merkels hierzu. Wiederum führte damit die Reflexion neukantianischer Gedanken nicht zu Innovationen in der Schuldlehre, sondern allenfalls zur Bekräftigung einer bereits prominent vertretenen Richtung.

IV. Der Einfluss neukantianischer Strafrechtsdenker auf die Entwicklung der normativen Schuldlehre

Die soeben ausgeführten Überlegungen münden in der Erkenntnis, dass es nicht genuin die neukantianische Denkweise war, die zu fundamentalen Brüchen in der Schulddogmatik geführt hat. Zwar treffen sich beide Entwicklungslinien in

---

99 *Lange*, ZStW 65 (1951), 471 f.; *ders.*, JZ 1953, 13.
100 *M.E. Mayer* (Fn. 87), 105 f.
101 *Dohna*, GS 65 (1905), 304, 312.
102 *Merkel* (Fn. 20), 70.
103 Vgl. *M.E. Mayer* (Fn. 87), 110 (mit Fn. 1), 114 Fn. 1, 115.
104 *Beling*, Grundzüge des Strafrechts, 1899, 30.
105 *Liepmann*, Einleitung in das Strafrecht, 1900, 15 f., 157 ff.

entscheidenden Punkten; ein normatives Verständnis der Schuld, die Notwendigkeit ihrer teleologischen Umgestaltung und die Etablierung normativer Momente gehen konform mit den theoretischen Grundannahmen des Neukantianismus. Eine andere Frage aber ist es, wie bedeutend der Beitrag neukantianischer Strafrechtsdenker für die Normativierung des Schuldbegriffs gewesen ist. Im Folgenden wird untersucht werden, inwieweit diejenigen Strafrechtsdenker faktisch Einfluss auf die Entwicklung der normativen Schuldlehre genommen haben, die sich explizit von neukantianischen Denkansätzen leiten ließen oder ihre Lehren zumindest unter Rückgriff auf diese formuliert haben.

1. Der synthetische Schuldbegriff Max Ernst Mayers

Einer der ersten, die sich um eine Aufnahme neukantianischen Denkens in die Strafrechtsdogmatik bemühten, war Max Ernst Mayer. Bereits in seiner Erstlingsschrift zur Kausalität lässt er keine Zweifel an der theoretischen Ausrichtung aufkommen, die ihn prägt.[106] Die Aspekte, die Mayer um die Jahrhundertwende dabei leiteten, sind durchgehend klassisch-neukantianischen Zuschnitts: Wiederbelebung philosophischen Denkens[107], Zurückdrängung naturwissenschaftlicher Methodik[108], Trennung der Wissenschaften nach ihren Funktionen[109], Orientierung an Werten[110] und Betonung der Form[111]. Insbesondere sein methodischer Zugriff auf die Schuld, die er ableiten will „aus der Aufgabe (dem Zwecke) der Einzelwissenschaft, welcher der zu bestimmende Begriff angehört“[112], erscheint dabei vielversprechend.

Wer diesen Ausgangspunkt beim Wort nimmt, wird über die konkrete Ausgestaltung des Mayerschen Schuldbegriffs überrascht sein. So preist er – durchaus in Widerspruch zu seiner theoretischen Grundlegung – gleich zu Beginn seiner Ausführungen die „Psychologie“ als „die unentbehrlichste“ aller „Hilfswissenschaften der Jurisprudenz“[113] an. Unter bewusstem Rückgriff auf die psychologische Forschung seiner Zeit[114] bildet Mayer dann auch die einschlägigen Begriffe in einem starken naturwissenschaftlichen Sinne: Unumwunden definiert

---

[106] *M.E. Mayer*, Der Causalzusammenhang zwischen Handlung und Erfolg im Strafrecht, 1899, 1 ff.

[107] *M.E. Mayer* (Fn. 106), 1 ff.; *ders.* (Fn. 87), 6 ff.

[108] *M.E. Mayer* (Fn. 87), 5 ff.

[109] *M.E. Mayer* (Fn. 106), 2; *ders.* (Fn. 87), 6 f.

[110] *M.E. Mayer* (Fn. 87), 12.

[111] Ibid. 13.

[112] Ibid. 3.

[113] Ibid. 25.

[114] Mayer beruft sich etwa auf die Forschung Wundts (Vorlesungen über die Menschen- und Tierseele, 2. Aufl. 1892), vgl. nur *dens.* (Fn. 87), 38 Fn. 2, 39 Fn. 1, 46 Fn. 2.

er den Willen, der auch ihm als Schuldelement gilt, als „psychisches Geschehen“ – genauer: als „aus den einzelnen bewussten Wollungen“[115] bestehend, bezieht die Schuld allgemein auf die Psyche des Betroffenen[116], misst dem Charakter und der Gesinnung Einfluss auf die Schuld bei[117] und erklärt Handlungen zum „Produkt aus Motiv und Charakter“[118]. Erst hierauf aufbauend lässt Mayer genuin strafrechtliche Erwägungen in seinen Schuldbegriff eingehen. Von der Aufgabe des Rechts ausgehend, die „für wertvoll erachteten Lebensgüter“[119] zu bewahren, ist ihm der rechtswidrige Erfolg der Zentralbegriff in der Verbrechenslehre.[120] Diejenige Willensbetätigung, die zu einem rechtswidrigen Erfolg führt, bezeichnet demnach die schuldhafte Handlung. Da sie aufgrund ihrer Erfolgskausalität moralisch verwerflich und damit pflichtwidrig ist, kommt Mayer zu der Formel der Schuld als *„pflichtwidrige Willensbethätigung, die einen rechtswidrigen Erfolg zur Wirkung hat.*“[121]

Seinem Charakter nach setzt sich der Schuldbegriff Mayers demnach aus unterschiedlichen Elementen zusammen: hier die explizit naturwissenschaftliche Willenslehre, dort die an den Aufgaben des Rechts orientierte pflichtwidrige Erfolgsherbeiführung, wobei sich Mayer mit Blick auf das normative Element ausdrücklich auf Merkel beruft[122]. Diesen Synkretismus behielt er auch in seinen später erschienenen Arbeiten bei. Schuld blieb ihm ein aus psychologischen und normativen Versatzstücken zusammengesetztes Gebilde.[123] Mayer selbst erkannte früh, dass das von ihm eher vernachlässigte normative Schuldmerkmal der „Pflichtwidrigkeit“ kaum aussagekräftig ist: Die Bemessung *„nach den geltenden Werturteilen*“[124], die seiner Kulturnormentheorie entspringt[125], ist derart unspezifisch, dass Mayer sie schlicht als von dem Richter auszufüllendes Blankett bezeichnet.[126]

Indem Mayer damit nicht nur zu keiner Klärung des normativen Schuldelements beitrug, sondern durch die Betonung der Kausalität im Schuldbegriff die-

[115] *M.E. Mayer* (Fn. 87), 26 (erstes Zitat grammatisch angepasst). Vgl. auch S. 30 Fn. 2, wo er bewusst auf die „psychologische Rechtfertigung“ abstellt.

[116] Ibid. 37.

[117] Ibid. 49 f.

[118] Ibid. 53.

[119] Ibid. 104.

[120] Ibid. 106.

[121] Ibid.

[122] Vgl. ibid. 110 mit Fn. 1, 115, 119 Fn. 2.

[123] *M.E. Mayer* (Fn. 17), 232; *ders.*, ZStW 32 (1911), 492, 511.

[124] *M.E. Mayer* (Fn. 87), 110. Ähnlich *ders.*, ZStW 32 (1911), 492, 496; *ders.* (Fn. 17), 236 f.

[125] Hierzu *M.E. Mayer*, Rechtsnormen und Kulturnormen, 1903, 16 ff.

[126] *M.E. Mayer* (Fn. 87), 110.

sen zusätzlich empirisch anreicherte[127], fallen seine Ausführungen gedanklich hinter die Lehre Adolf Merkels zurück. So überrascht es auch nicht, dass seine Schuldlehre letztlich nur wenig Beachtung fand. Noch zu sehr verblieb sie dem naturwissenschaftlichen Denken verhaftet, als dass sie bereits als nennenswerte Weiterentwicklung gelten konnte. Zwar wurde Mayer in den einschlägigen Abhandlungen regelmäßig zitiert; insbesondere sein 1915 erschienenes Lehrbuch zählte zum Standard in den jeweiligen Fußnotenkolonnen. Hinzu kommt sein bleibendes Verdienst, neukantianische Lehren am konsequentesten in die Strafrechtsdogmatik eingeführt zu haben. Doch ging er weniger für seine Ausführungen zur Schuld denn als Begründer der Kulturnormentheorie und Entdecker normativer Tatbestandsmerkmale in die Strafrechtsgeschichte ein.[128] Mayers Ausführungen blieben nach alledem deutlich hinter dem innovativen Scharfsinn Franks, der systematisierenden Kraft Heglers und der deutlich präziseren Ausarbeitung des normativen Schuldelements durch Goldschmidt zurück.[129]

2. *Die proteusartige Schuldlehre Graf zu Dohnas*

Einen komplexeren Schuldbegriff konstruierte Graf zu Dohna. Die von Mayer ausgegebene Formel von der Schuld als pflichtwidriger und erfolgsverursachender Willensbetätigung schien ihm zwar im Ansatz richtig, aber „nicht erschöpfend“[130] zu sein. Deswegen richtete er sein Hauptaugenmerk auf die nähere Ausgestaltung des Pflichtwidrigkeitsbegriffs und seiner Beziehung zu den übrigen Schuldelementen. Dabei waren seine Überlegungen durchaus ideenreich: Dohna war in seiner Antrittsvorlesung im Jahr 1904 nicht nur der erste, der den Terminus „normativ“ in die Schuldlehre einführte[131], sondern wies noch vor Frank auf die Rolle der die Tat begleitenden Umstände hin. Wer eine Scheibe zertrümmere, damit lebensbedrohender „Rauch entweichen und frische Luft eindringen kann“[132], mache sich nur dann nicht strafbar, wenn die Lebensrettung den

---

[127] Vgl. *M.E. Mayer* (Fn. 87), 120, wo er dies ausdrücklich in Auseinandersetzung mit Adolf Merkel klarstellt. Hierzu auch *Achenbach* (Fn. 2), 79.

[128] Hierzu jüngst *Kuhli* (Fn. 3), 29 ff.

[129] Ähnlich auch *Schumacher*, Um das Wesen der Strafrechtsschuld, 1927, 5 ff., sowie *Liepmann*, ZStW 43 (1922), 706, 710, nach dem es insbesondere Frank und Freudenthal waren, die „Gedanken, die seit längerem in unserer Wissenschaft spuken, erstmals zu klarem Ausdruck“ gebracht haben.

[130] *Dohna*, GS 65 (1905), 304, 312 Fn. 4.

[131] Ibid. 310. Vgl. hierzu *Thierfelder* (Fn. 8), 43, der zutreffend festhält, dass Dohna den Begriff als „Kampfwort“ gegen Naturalismus und für die Berücksichtigung der Pflichtwidrigkeit verwendet.

[132] *Dohna*, GS 65 (1905), 304, 311. Bemerkenswerterweise hat Frank sich in seiner zwei Jahre später erschienenen Schrift nicht auf Dohna bezogen.

Zweck seiner Handelns bildet. Deshalb nennt Dohna pflichtwidrig einen Willen, „dessen Motive Mißbilligung verdienen“[133]. Im Anschluss an Windelband bemühte er sich um eine noch weitergehende Analyse: Den missbilligenden Charakter erhalte schuldhaftes Verhalten aufgrund eines Werturteils, dem „Beurteilungsnormen zu Grunde“[134] lägen.

„Die Beurteilungsnormen, zunächst nur Maßstäbe, an denen das Gewordene gemessen und gewertet werden kann, verwandeln sich dem handelnden Menschen gegenüber zu Richtlinien seines Verhaltens. Wie der schaffende Künstler die ästhetischen Normen – bewußt oder unbewußt – beobachtet, wie der denkende Mensch die Gesetze der Logik befolgt, so dienen dem handelnden Menschen die Normen des sittlichen Verhaltens zur Richtschnur.“ [135]

An wohl kaum einer anderen Stelle der Schuldlehre ist der neukantianische Einfluss vergleichbar stark. Sie bringt nicht nur die divergierenden Zugriffsweisen in den einzelnen Wissenschaften, sondern auch den wertenden Aspekt strafrechtsdogmatischer Begriffsbildung mit Blick auf das normative Schuldmerkmal zum Ausdruck. Dohna darf daher mit Recht als derjenige angesehen werden, der den Inhalt und die Funktion des normativen Schuldelements als erster deutlich formuliert hat.[136]

Doch war auch seinen Ausführungen keine nennenswerte Anhängerschaft beschieden. In den Werken Franks, Heglers und Goldschmidts, die in der Schuldlehre tonangebend werden sollten, finden seine Ansätze kaum Berücksichtigung. Und auch in der reichhaltigen Schuldliteratur der 1920er Jahre scheinen sie weitgehend unbeachtet geblieben zu sein. Der Grund dafür ist von anderen Autoren bereits herausgearbeitet worden: In dem Bestreben, zu immer präziseren Deutungen vorzudringen, durchlief seine Schuldlehre vielfache Wendungen, die schon bald von seinen erstmaligen Ausführungen zur Schuld nicht mehr viel übrig ließen.[137] Bereits zwei Jahre nach dem Erscheinen seiner Antrittsvorlesung stechen dem interessierten Beobachter erhebliche Änderungen ins Auge. Schuld definierte er nun als „diejenige psychische Disposition des Täters, an welche das Zurechnungsurteil anknüpft“[138], und in den Blick geraten u.a. die „menschliche Persönlichkeit“, die „[f]reie Willensbestimmung“, die „Entwicklungsreife“ und der „auf einen Willen zurückführbare Erfolg“[139].

---

[133] Ibid. 312.

[134] Ibid. 317.

[135] Ibid. 317f. Dohna bezieht sich hier auf Ausführungen Windelbands in seinem Beitrag „Normen und Naturgesetze“.

[136] Einseitig und überzogen ist daher die Kritik bei *Thierfelder* (Fn. 8), 46f.

[137] *Achenbach* (Fn. 2), 88; *Escher* (Fn. 2), 206, 208f.; *Thierfelder* (Fn. 8), 46f.

[138] *Dohna*, ZStW 27 (1907), 329, 345.

[139] *Dohna*, ZStW 27 (1907), 329, 346f. Ähnlich auch *ders.*, ZStW 32 (1911), 323, 326f., wenngleich er hier den Charakter der Schuld als Vorwerfbarkeit betont. Auf neukantianische

Schließlich führten seine wiederum nur wenige Jahre später erschienenen Ausführungen, in denen er sich im Ergebnis erfolglos um eine Harmonisierung psychischer und normativer Elemente bemühte[140], zu einem erneuten Umschwung in der Schuldlehre. Einer wohlwollenden Rezeption waren diese Wandlungen, die für die Frage nach dem Wesen des Schuldbegriffs keine überzeugenden Antworten fanden, nicht zuträglich.[141]

3. Lösung von der normativen Schuldlehre: Die hegelianisch beeinflusste Schuldlehre Erik Wolfs und die funktionale Schuldlehre Felix Kaufmanns

Während der Neukantianismus in der deutschen Philosophie bereits nach dem Ersten Weltkrieg rasch an Bedeutung verlor,[142] ging seine Blütezeit in der Strafrechtswissenschaft in den letzten Jahren der Weimarer Republik ihrem Ende entgegen. Die Gründe für diesen Niedergang dürften in der einflussreichen „Kritik der neukantischen Rechtsphilosophie" Erich Kaufmanns, in den ins Zentrum der Aufmerksamkeit rückenden materialen Wertethiken Schelers und Hartmanns[143] und in der zunehmenden Politisierung des Strafrechts infolge der nationalsozialistischen Machtergreifung[144] liegen. In der Schuldlehre zeigt sich dieser Rückgang neukantianischen Denkens in den Schriften Erik Wolfs und

Denker bezieht sich Dohna ab 1907 nicht mehr, was auch in seiner Methodik zum Ausdruck gelangt.

[140] *Dohna*, ZStW 32 (1911), 323, 335.

[141] Hinzu kommt, dass Dohna im Laufe der Zeit ausdrücklich einige seiner früheren Positionen kassierte, vgl. *dens.*, ZStW 32 (1911), 323, 336 f. Nur am Rande sei bemerkt, dass seine Variationen zu teils bemerkenswerten Ergebnissen führten. So begreift er die Schuld in einer Zeit, als sich Belings Verbrechensaufbau zunehmend durchzusetzen begann (vgl. hierzu *Ambos*, ZIS 2006, 464 ff.; *dens.*, JA 2007, 1 ff.), als Voraussetzung der Rechtswidrigkeit: „es fehlt an der Rechtswidrigkeit, weil es an der Schuld fehlt" (ZStW 32 (1911), 323, 335). Andere Ausführungen deuten darauf hin, dass er als wohl erster den Vorsatz jenseits der Schuld verortet: „Es ist aber ebenso zweifellos, daß die Zurechnungsfähigkeit die Voraussetzung für ein pflichtwidriges Verhalten bildet, daß also ein Unzurechnungsfähiger zwar vorsätzlich oder fahrlässig, nicht aber pflichtwidrig und *deshalb* nicht schuldhaft handeln kann" (ZStW 32 (1911), 323, 336). Soweit ersichtlich, gelten in der Strafrechtsgeschichtsschreibung *Paul Merkel* (ZStW 43 (1922), 299, 336 ff.) und *Otto Berg* (Der gegenwärtige Stand der Schuldlehre im Strafrecht, 1927, 65) als die ersten, die den Vorsatz dem Unrecht zuwiesen, vgl. *Achenbach* (Fn. 2), 180 ff.

[142] Vgl. *Stuckenberg* (Fn. 63), 125.

[143] Hierzu *Augsberg*, ARSP 89 (2003), 53 ff.

[144] Beispielhaft hierfür *Schaffstein*, Zur Problematik der teleologischen Begriffsbildung im Strafrecht, 1934; *ders.*, Politische Strafrechtswissenschaft, 1934.

Felix Kaufmanns, die – obwohl selbst noch neukantianisch inspiriert – in ihren Lehren bereits deutliche Absetzbewegungen aufwiesen.

Beiden gemeinsam ist eine merkliche Zurückhaltung gegenüber normativ ausgeprägten Schuldbegriffen. Zwar nahm Wolf noch den „*methodologischen Trennungsstrich zwischen Wirklichkeit und Wert*“[145] zum Ausgangspunkt seiner Ausführungen.[146] Die für das neukantianische Methodendenken grundlegende strikte Aufspaltung von deskriptiven und normativen Elementen weicht bei ihm jedoch einer der Strafrechtswissenschaft „*eigentümlichen Verschlingung beider Materialsphären*“[147]. Als „empirische Kulturwissenschaft“[148] gehe es der Strafrechtswissenschaft darum, ihre Begriffe inhaltlich „als eine Synthesis von Wert- und Wirklichkeitsbestandteilen“ darzustellen, „deren vollständige Trennung unmöglich ist“[149]. Seinen methodologischen Gewährsmann findet Wolf dabei in Hegel.[150] Diesem entnimmt er nicht nur „*die Staatsidee als sittlicher Wert*“, welche „*die besondere Gestaltung der Rechtswertbeziehung begrifflich zustande kommen läßt*“[151], sondern auch „das dialektische Prinzip der strafrechtlichen Begriffsbildung“[152]. Zwar bleibt seine eigene Schuldlehre letztlich unbestimmt[153]: Wesentlich mehr als die Feststellung, dass das Schuldurteil in „*das psychologische Feststellungsurteil der psychischen Aktform und das normative Werturteil über die Vorwerfbarkeit*“[154] zerfällt und Schuld „*Staatspflichtwidrigkeit* oder *Mangel an Staatspflichtbeachtung*“[155] darstelle, erfährt der Leser nicht. Doch zeigen seine Ausführungen bereits eine Abkehr sowohl von neukantianischen Ansätzen als auch von der ursprünglichen Normativierung im Bereich der Schuld, die Wolf mit substantielleren Aspekten anzureichern versuchte.[156]

---

145 *Wolf*, Strafrechtliche Schuldlehre, 1928, 65.

146 Ibid. 71.

147 Ibid. 85. Von einer „*Strukturverschlingung faktischer und normativer Elemente* in den einzelnen Tatbestandsmerkmalen“ sprach zuvor bereits *Grünhut* (Fn. 74), 8.

148 *Wolf* (Fn. 145), 117.

149 Ibid. 122 (der Sache nach ebenso auf S. 112, 142).

150 Diese behält er in späteren Schriften bei, vgl. *Wolf*, DRWiss 4 (1939), 168, 181.

151 *Wolf* (Fn. 145), 116. Auf S. 118 wendet sich Wolf jedoch gegen „einen Staatsabsolutismus im Hegelschen Sinne“ – eine Auffassung, die zu jener Zeit noch der herrschenden Hegel-Deutung entsprechen dürfte.

152 Ibid. 129 Fn. 15.

153 Maßgeblich hierfür dürfte sein, dass ein ursprünglich angekündigter zweiter Teil seiner „Strafrechtlichen Schuldlehre“ nicht erschienen ist.

154 *Wolf* (Fn. 145), 134 (ähnlich S. 142).

155 Ibid. 179.

156 Anders *Ziemann* (Fn. 2), 122 Fn. 651, der – ohne nähere Begründung – der Schrift von Wolf eine „in idealtypischer Weise“ verwirklichte „methodologische Grundlegung der Schuldlehre auf neukantianischer Basis“ zuschreibt.

Noch deutlicher werden diese Tendenzen bei Felix Kaufmann.[157] In seiner Analyse des Schuldbegriffs, die in einer „bis dahin nicht gekannten Radikalität und Differenziertheit“[158] erfolgt, knüpft er unmittelbar an den das neukantianische Denken prägenden Wertrelativismus an.[159] Wie er herausarbeitet, bleibt jeder Versuch, inhaltserfüllte Wertungen im Bereich der Schuld a priori zu begründen, höchst unzulänglich; seine Angriffe richten sich gegen jene, die in der Schuld „dem Irrlicht einer Erkenntnis absoluter Werte nachjagen“[160]. Deshalb wendet er sich konsequent gegen jeden formalen Wertbegriff innerhalb der Schuld, an dessen Stelle „eindeutige sachliche Bestimmungen“[161] zu treten hätten. Der Sache nach ist dieses Anliegen durchaus nachvollziehbar: Mehr als die beinahe selbstverständliche Wertung, dass schuldhaftes Handeln missbilligenswert und verwerflich sei, lässt sich der normativen Schuldlehre neukantianischer Prägung nicht entnehmen. Dies zeigt sich bereits daran, dass die neukantianischen Denker unisono die genauere inhaltliche Bestimmung des normativen Schuldelements dem Richter überließen.[162] Wie Felix Kaufmann erkennt, sind es die subjektiv präferierten kriminalpolitischen Erwägungen, die sich hinter den jeweiligen „Wertungen“ verbergen[163]: „Es ist also in Wahrheit die ‚Schwere‘ der Schuld nichts anderes als eine Schuld, deren ‚Vergeltung‘ durch eine schwerere Strafe angemessen (richtig, gerecht) erscheint“[164]. Deshalb ist, wie er in kaum übertroffener Klarheit herausstellt, „[d]er Begriff der Schuld [...] aufs engste verknüpft mit demjenigen des Strafzwecks.“[165] Zwar ist damit noch keine „Absage“ an eine normative Schuldlehre per se verbunden. Felix Kauf-

---

[157] Dies liegt natürlich auch daran, dass Felix Kaufmann als Kelsen-Schüler und Anhänger der Reinen Rechtslehre (vgl. *Felix Kaufmann*, Theorie der Rechtserfahrung oder reine Rechtslehre?, in: Paulson (Hrsg.), Die Rolle des Neukantianismus in der Reinen Rechtslehre, 1988, 425 ff.) eine Sonderstellung unter den hier im Einzelnen vorgestellten Neukantianern bildet. Zu ihm näher *Stuckenberg* (Fn. 63), 139 ff.

[158] *Stuckenberg* (Fn. 63), 142 (Zitat grammatisch angepasst).

[159] *Felix Kaufmann*, Die philosophischen Grundprobleme der Lehre von der Strafrechtsschuld, 1929, 27, 34, 120, 123, 127 f. Vgl. zum Wertrelativismus als Kennzeichen neukantianischen Denkens *Ambos* (Fn. 2), 77 ff.

[160] *Felix Kaufmann* (Fn. 159), 120. Der Sache nach ebenso *Arthur Kaufmann* (Fn. 64), 60; *Stammler*, Die Lehre vom richtigen Rechte, 1964 (ND der Ausgabe von 1926), 94.

[161] *Felix Kaufmann* (Fn. 159), 120.

[162] *Dohna*, GS 65 (1905), 304, 324; *M.E. Mayer* (Fn. 87), 110; *dens.* (Fn. 17), 255; *Wolf* (Fn. 145), 126 f. Vgl. zu diesem Mangel an Bestimmtheit eingehend *Achenbach* (Fn. 2), 80, 90. Gut hierzu *Erich Kaufmann*, Kritik der neukantischen Rechtsphilosophie, 1921, 8, in seinem auf Max von Rümelin zurückgehenden Bonmot, wonach „der Polarstern sowenig wie der Kompaß jemals einem den Weg gewiesen, der nicht wußte, wohin er wollte.“

[163] *Felix Kaufmann* (Fn. 159), 127.

[164] Ibid. 121.

[165] Ibid. 72. Ebenso später *Mittasch* (Fn. 53), 152 f.

mann ging es jedoch bereits ersichtlich darum, das teleologische Denken in der Schuldlehre auf einen tragfähigeren, weil inhaltsreicheren Grund zu stellen. Der Sache nach überschreitet er den neukantianischen Formalismus ebenso wie Wolf. Einen Beitrag zur Etablierung der normativen Schuldlehre auf neukantianischem Boden hat er damit jedenfalls nicht mehr geleistet.

V. Fazit

Die vorangehenden Ausführungen haben gezeigt, dass die Verknüpfung zwischen dem Neukantianismus und der Entwicklung des normativen Schuldbegriffs weniger eng ist, als gemeinhin angenommen wird. Gewiss ist es der wesentliche Ertrag neukantianischen Denkens im Strafrecht, zu einer eingehenden Methodenreflexion und Begriffsanalyse geführt zu haben.[166] Die dadurch bedingte Differenziertheit und Klarheit in der dogmatischen Arbeit hat ohne Zweifel dazu beigetragen, dass neue Wege in der Schuldlehre beschritten wurden. Insbesondere die neukantianische Differenzierung zwischen geistes- und naturwissenschaftlicher Methodik und die Betonung eines teleologischen Strafrechtsdenkens führten zu plausiblen Grundannahmen, mit denen sich eine bereits in der Luft liegende Tendenz auf den Begriff bringen ließ. Mit der Autorität einer zu jener Zeit führenden philosophischen Lehrmeinung ausgestattet, diente der Neukantianismus dabei als passender theoretischer Unterbau. Dies bescherte den normativierenden Tendenzen im Bereich der Schuld eine weitaus größere Aufmerksamkeit und Anschlussfähigkeit, als es die Ausführungen eines einzelnen Denkers vermocht hätten.

Doch waren es nicht die innovativen Gedanken des Neukantianismus oder der von ihm inspirierten Strafrechtsdenker, die zu einer Umwälzung in der Schuldlehre geführt haben. Wer mit Vormbaum zwischen den Dogmatikern und den neukantianischen Rechtsphilosophen unterscheiden will[167], wird im Bereich der Schuld den Dogmatikern die Auszeichnung im Kampf um die Meinungshoheit ans Revers heften. Mit Frank, Hegler und Goldschmidt waren die drei Hauptprotagonisten in der Entwicklung der normativen Schuldlehre nicht oder nur unmerklich vom Neukantianismus beeinflusst; ihre Ausführungen zur Schuld jedenfalls gründen rein auf strafrechtsdogmatischen Überlegungen. Den explizit neukantianisch orientierten Strafrechtlern war hingegen keine breite Gefolgschaft beschieden. Ein Grund dafür dürfte sicherlich auch in den Diskontinuitäten ihrer Lehren liegen: Während Max Ernst Mayer zu jung verstarb, um

---

[166] Ebenso *Stuckenberg* (Fn. 63), 146.

[167] *Vormbaum* (Fn. 3), 138.

seinen Überlegungen deutlichere Konturen zu verleihen, war die Schuldlehre Dohnas von etlichen Umbrüchen gezeichnet, die ihn letztlich gar als Vordenker eines finalistischen Straftatsystems erscheinen ließen.[168] Bei Erik Wolf schließlich wich die Begeisterung für den Neukantianismus schon bald einem Bekenntnis zum nationalsozialistischen Strafrechtsdenken.[169]

Dass die normative Schuldlehre weitaus langlebiger sein sollte als der strafrechtliche Neukantianismus, ist ein weiteres Indiz dafür, dass zwischen beiden kein verbindlicher Zusammenhang besteht. Solange sie sich mit dem blassen Werturteil der „Missbilligung" oder der „Vorwerfbarkeit" begnügte, ging die normative Schuldlehre mit dem Formalismus und Wertrelativismus neukantianischen Denkens konform. Doch war sie durchaus offen dafür, materielle Wertkriterien in sich aufzunehmen. So dürfte es kein Zufall sein, dass die strafrechtliche Rezeption des neukantianischen Lehrgebäudes in dem Maße zurücktrat, in dem sich die Strafrechtswissenschaft um materielle Kriterien für den Schuldvorwurf bemühte. Die sicherlich bis heute reifste Frucht dieser Bemühungen – das Unternehmen, diese Kriterien strafzweckorientiert zu bestimmen – verdrängte den normativen Schuldbegriff deswegen nicht. Von Ulfrid Neumann, der insofern überzeugend von einem „normativ-funktionalen Schuldbegriff"[170] spricht, stammt die zutreffende Analyse, dass normative Begriffe einen „Raum für angemessene strafrechtsdogmatische Regeln" schaffen, diesen aber selbst nicht ausfüllen.[171] Es wird das Verdienst neukantianischen Strafrechtsdenkens im Bereich der Schuld bleiben, einen höchst hilfreichen Beitrag dazu geleistet zu haben, dass sich der Zugang zu diesem Raum öffnen konnte.

---

168 Vgl. *Welzel* (Fn. 98), 104, sowie jüngst *Safferling*, Vorsatz und Schuld, 2008, 61.

169 Eingehend hierzu *Ambos* (Fn. 2), 119 ff.

170 *Neumann*, ZStW 99 (1987), 567, 579 Fn. 41.

171 Ibid. 573.

Strafrechtlicher Neukantianismus in der Zeit des Nationalsozialismus

Ulfrid Neumann

I. Einleitung

1. Zeitgeschichtliche und ideengeschichtliche Dimension des Themas

Das Thema „Strafrechtlicher Neukantianismus und Nationalsozialismus" hat eine zeitgeschichtliche und eine ideengeschichtliche Dimension. Unter der *zeitgeschichtlichen Dimension* verstehe ich den politisch-ideologischen Kontext, in den sich die Philosophie des Neukantianismus nach der Machtergreifung der Nationalsozialisten gestellt sah. In einem politisch-ideologischen Kontext geht es nicht um philosophische Theoreme, sondern um die Klassifikation einer philosophischen Richtung nach politischen Kriterien – etwa anhand der Kategorienpaare liberal/autoritär, individualistisch/kollektivistisch, nationalistisch/universalistisch. *Ideengeschichtlich* geht es dagegen um Inhalte: um die Frage, welche „endogenen" Veränderungen bestimmte Theorie-Elemente innerhalb eines bestimmten Zeitraums erfahren haben. Innerhalb der neukantianischen Rechtsphilosophie wäre hier ein Beispiel die „Entspannung" des Prinzips des Methodendualismus durch die Anerkennung der Denkform der „Natur der Sache" in der Rechtsphilosophie Radbruchs.[1]

Vergröbernd könnte man zwischen einer „äußeren" und einer „inneren" Dynamik in der Entwicklung philosophischer Richtungen unterscheiden. Die äußere Dynamik spielt vor allem in Zeiten des politischen Umbruchs eine zentrale Rolle. Auf diese äußere Dynamik zielt etwa die Formulierung von Helmut Holzhey, der Neukantianismus sei im Jahre der Machtergreifung des Nationalsozialismus „abgewürgt" worden.[2] Ein anderer Autor spricht von einem „Rufmord",

---

[1] Dazu *Ulfrid Neumann*, „Methodendualismus" in der Rechtsphilosophie des Neukantianismus, 2015, in: ders., Rechtsphilosophie im Spiegel der Zeit. Beiträge zum Rechtsdenken Gustav Radbruchs (1878–1949), hrsg. von Stanley L. Paulson, 2021, 113 ff., 126 ff. (in diesem Band S. 111 ff., 125 ff.); *Jing Zhao*, Die Rechtsphilosophie Gustav Radbruchs unter dem Einfluss von Emil Lask, 2020, 317 ff.

[2] *Holzhey*, in: Holzhey/Röd, Die Philosophie des ausgehenden 19. und des 20. Jahrhunderts. 2. Neukantianismus, Idealismus, Realismus, Phänomenologie, 2004, 13, 41.

der in der NS-Diktatur am Neukantianismus begangen wurde.[3] Beides impliziert: Der Neukantianismus wurde das Opfer einer dominanten politischen Ideologie, nicht einer überlegenen Philosophie. Die Verdrängung des Neukantianismus durch Neuhegelianismus, materiale Wertphilosophie, „Lebensphilosophie“ und eine auf die „Wesensschau“ reduzierte Phänomenologie ist aus dieser – überzeugenden – Sicht das Resultat ideologischer Bedürfnisse des politischen Systems. Massiv unterstützt wurde sie durch die Amtsenthebung zahlreicher neukantianisch orientierter Wissenschaftler, die als Juden oder als politisch „unzuverlässig“ von ihren Lehrstühlen vertrieben wurden – erinnert sei hier nur an Ernst Cassirer und Siegfried Marck, aus dem Bereich des Strafrechts an Max Grünhut, Richard Honig, Hermann Kantorowicz und Gustav Radbruch.

Es liegt auf der Hand, dass die Unterscheidung zwischen äußerer und innerer Dynamik, zwischen der zeitgeschichtlichen und der ideengeschichtlichen Dimension, idealtypischen Charakter hat. Denn selbstverständlich wird die Entwicklung einer Philosophie sowohl von externen als auch von internen Faktoren bestimmt. Konkret: Ob der Übergang von der zunächst vorherrschenden *kritischen* Wertphilosophie zur *materialen* Wertphilosophie in erster Linie dem politischen Bedürfnis nach einer ontologischen Verankerung der dominierenden Ideologie oder aber einer inneren Logik geschuldet war, darüber lässt sich trefflich streiten. Dass diese Faktoren sich bei der Rekonstruktion der Entwicklung nicht säuberlich voneinander isolieren lassen, spricht aber nicht dagegen, sie analytisch zu unterscheiden.

2. „Neukantianismus“ als Typusbegriff

Eine weitere Bemerkung zum Methodologischen: Es ist wiederholt darauf hingewiesen worden, dass es sich bei „dem“ Neukantianismus nicht um eine geschlossene Schule handelt, sondern um eine philosophische Richtung, die Raum für erhebliche sachliche Differenzen lässt.[4] Dies gilt auch dann, wenn man die geläufige Untergliederung in zwei unterschiedliche „Schulen“ des Neukantianismus voraussetzt. Die Frage, ob ein bestimmter Autor dem Neukantianismus zuzuordnen ist (umstritten etwa für Edmund Mezger),[5] sollte deshalb durch die

---

[3] *Sieg*, in: Lehmann/Oexle (Hrsg.), Nationalsozialismus in den Kulturwissenschaften, Bd. 2, 2004, 199, 210.

[4] *Wapler*, Werte und das Recht, 2008, 29. An sie anschließend *Ambos*, Nationalsozialistisches Strafrecht, 2019, 69 f.

[5] Für die Einordnung als Neukantianer etwa *Pawlik*, JoJZG 2014, 33. Anders *Frommel*, NK 2019, 334, 336; *Ziemann*, Neukantianisches Strafrechtsdenken, 2009, 126 m. Fn. 678. In seinem Lehrbuch (1931) bekennt sich *Mezger* unter Hinweis auf Hegler, Grünhut, Rickert

andere ersetzt werden, *in welchem Maße* er Positionen verpflichtet ist, die als konstitutiv für den neukantianischen Ansatz angesehen werden. „Neukantianismus" wird insofern als Typusbegriff verwendet, nicht als klassifikatorische Kategorie. Selbstverständlich können sich hinsichtlich der Zugehörigkeit eines Autors zum Neukantianismus auch Verschiebungen auf der Zeitachse ergeben – verwiesen sei hier etwa auf Julius Binder[6] und Erik Wolf[7].

3. Programm

Ich werde im Folgenden zunächst die explizit „politische" Kritik skizzieren, die von Seiten der NS-Juristen am Neukantianismus und dessen Umsetzung in der Strafrechtswissenschaft geübt wurde (II.). In einem zweiten Schritt geht es um rechtstheoretische und rechtsdogmatische Auseinandersetzungen und deren ideologischen Hintergrund. Im Zentrum stehen hier Fragen der rechtswissenschaftlichen Begriffsbildung und der Interpretation des Verbrechens als Rechtsguts- oder aber als Pflichtverletzung (III.). Im letzten Teil geht es um den Versuch einer Bilanz zum Verhältnis von NS-Ideologie und Neukantianismus. Dabei wird auch der Vorwurf einer Mitverantwortung des Neukantianismus für den Nationalsozialismus zu thematisieren sein (IV.).

II. Ideologische Verortung des Neukantianismus durch den Nationalsozialismus

1. Zuordnung zu „Individualismus" und „Liberalismus"

Die politische Dimension der Kritik, die von NS-Juristen und „NS-Philosophen" an der neukantischen Philosophie und deren strafrechtlichen Ausläufern geübt wird, tritt teils unverhüllt und aufdringlich, teils in etwas gemäßigterer Form in Erscheinung. Am drastischsten äußert sie sich in der – selbstverständlich kritisch gemeinten – Feststellung, der Neukantianismus sei „[von] dem Geist des

---

und Windelband sowie auf eigene frühere Arbeiten zum Prinzip der teleologischen Begriffsbildung (S. 38 f). Zu Mezgers Verstrickung in das NS-System *Muñoz Conde*, Edmund Mezger – Beiträge zu einem Juristenleben, 2007.

[6] Zu Binders Wandlung vom (Neu-)Kantianer zum Neuhegelianer *Dreier*, in: Loos (Hrsg.), Rechtswissenschaft in Göttingen, 1987, 435, 441 ff.

[7] Zu Erik Wolfs Abwendung vom Neukantianismus, die sich insbesondere unter dem Einfluss Gerhart Husserls vollzog, vgl. *Ziemann* (Fn. 5), 132. Umfassend zu den Wandlungen im politischen und wissenschaftlichen Denken Erik Wolfs *Hollerbach*, Zu Leben und Werk Erik Wolfs, 1982, in: ders., Ausgewählte Schriften, hrsg. von G. Robbers, 2006, 487 ff.

Rassegedankens am weitesten entfernt".[8] Deutlicher lässt sich nicht ausdrücken, dass die Philosophie auf die Funktion einer politischen Ideologie reduziert werden sollte. Überwiegend lastete man dem Neukantianismus eine Nähe zu *Individualismus* und *Liberalismus* an, verbunden mit dem „Vorwurf", dem Rationalismus der Aufklärung verhaftet zu sein. – In Parenthese: Es ist daran zu erinnern, dass Larenz schon 1931 dem Rationalismus bescheinigte, er wolle „in der Nacht bleiben [...], die man Aufklärung nennt".[9] Auch der Vorwurf des „Individualismus" wurde in politisch-ideologischer Zuspitzung erhoben. So liest man bei Karl Siegert, gefährlich seien „die letzten Stellungen der individualistisch-liberalen Reaktion deshalb, weil sie Keimzellen für die Entwicklung des großen Gegners des Nationalsozialismus, des *Bolschewismus*, enthalten."[10] Der „individualistische Liberalismus" wird als Mitläufer der Anarchie, als deren Vorläufer der „Bolschewismus" gebrandmarkt,[11] der behauptete „starre Individualismus" der letzten Jahrzehnte wird auf die „Wurzellosigkeit und Bindungslosigkeit des Juden" zurückgeführt.[12] Eine höchst zweifelhafte Ehrenrettung aus der Feder eines überzeugten Nationalsozialisten dürfte es sein, wenn Walther Schönfeld dem Neukantianismus zugutehält, dass er gegenüber dem – gleichfalls dem Bolschewismus zugeordneten – „Positivismus" den „kritischen Gedanken" wieder eingeführt habe[13] – nicht ohne hinzuzufügen, dass der Neukantianismus Kants System anthropozentrisch interpretiert und damit „den Gedanken des Transzendentalen in Grund und Boden" verdorben habe.[14]

Auch wenn die Mehrzahl der Autoren derartige Exzesse vermied – die Kritik am „individualistischen Liberalismus" war nahezu allgemein, und dieser wurde hinsichtlich seiner philosophischen Basis weithin dem Neukantianismus angelastet. Zwischen Liberalismus und Neukantianismus wurden dabei zwei Brücken geschlagen.

a) Relativismus als Wegbereiter des politischen Liberalismus

Die erste stützte sich auf den Pfeiler des erkenntnistheoretischen „Relativismus" der Neukantianer, demzufolge der Gegenstand der Erkenntnis von der

---

[8] *Riecke*, Der Rassegedanken und die neuere Philosophie, 1935, 11, zitiert bei *Lepsius*, Die gegensatzaufhebende Begriffsbildung, 1994, 306.

[9] *Larenz*, Rechts- und Staatsphilosophie der Gegenwart, 1931, 67.

[10] *Siegert*, Ziele und Wege des deutschen Rechts, in: A. Schürmann (Hrsg.), Volk und Hochschule im Umbruch, 1937, 118.

[11] Ibid. 119.

[12] Ibid. 121.

[13] *Schönfeld*, Die Geschichte der Rechtswissenschaft im Spiegel der Metaphysik, 1943, 11, 135.

[14] Ibid. 287 m. Fn. 216.

Methode konstituiert wird. Welzel spricht hier von einer Position des „Szientismus“ und sieht in diesem eine „Bevorzugung des Begriffs zuungunsten des ontischen Seins“, in der er den Grundzug der „hochliberalen Wissenschaft“ erkennen will.[15] Die „Flucht [des Szientismus] in irreal-neutrale Begriffswelten“ sei nichts anderes als „der theoretische Ausdruck“ einer „‚unpolitischen‘ liberalen Haltung“.[16] An diesem Punkt wird man Welzel zwar nicht in der Bewertung, wohl aber in der Analyse zustimmen müssen. Die Philosophie des Neukantianismus taugt nicht als Basis eines politischen Programms. Der Versuch des „Neukantianers“ Radbruch, gerade auf der Basis des erkenntnistheoretischen Relativismus bestimmte politische Strukturprinzipien als notwendig zu erweisen,[17] kann hier außen vor bleiben; denn es geht dabei um die Fundierung *prozeduraler* Regeln, nicht um die Auszeichnung bestimmter politischer Inhalte.

b) Neukantianismus als „positivistischer Naturalismus“

Die zweite Verbindung, die zwischen der Philosophie des Neukantianismus einerseits und Individualismus sowie Liberalismus andererseits hergestellt wurde, stützt sich auf eine Gleichsetzung des Neukantianismus mit Positivismus und Naturalismus, die auch unter den Apologeten der NS-Ideologie nicht unumstritten war. Den Begriff des „Positivismus“ verwendete man dabei nicht im Sinne der rechtsphilosophischen Terminologie, als Gegenposition zu Rechtsmoralismus oder Naturrecht, sondern zur Kennzeichnung der antimetaphysischen, die Wirklichkeit auf das empirisch Erfahrbare reduzierenden Weltanschauung. In diesem Sinne konnte man Positivismus und Naturalismus weithin gleichsetzen.[18] So spricht Gallas wiederholt vom „naturalistischen Positivismus“, den er bei Birnbaum und anderen Verfechtern einer Rechtsgutslehre am Werk sieht und dem nach Gallas weltanschaulich ein „individualistischer Materialismus“ entspricht.[19]

Ob es folgerichtig ist, die Rechtsgutslehre auf eine individualistische Position festzulegen, wird noch zu erörtern sein. An dieser Stelle interessiert die Zuord-

---

15 *Welzel*, Naturalismus und Wertphilosophie im Strafrecht, 1935 (wiederabgedruckt in und zitiert nach: *Welzel*, Abhandlungen zum Strafrecht und zur Rechtsphilosophie, 1975, 29, 78).

16 Ibid. 88.

17 *Radbruch*, Der Relativismus in der Rechtsphilosophie, 1934, GRGA Bd. 3, 17 ff. Dazu *Neumann*, Naturrecht und Positivismus im Denken Gustav Radbruchs – Kontinuitäten und Diskontinuitäten, 2007, in: ders., Rechtsphilosophie im Spiegel der Zeit (Fn. 1), 57, 65 ff.

18 Kritisch zur undifferenzierten Verwendung der Begriffe „Naturalismus“ und „Positivismus“ in der NS-Zeit *Frommel*, Die Rezeption der Hermeneutik bei Karl Larenz und Josef Esser, 1981, 184 f.

19 *Gallas*, in: Festschrift für Graf Gleispach, 1936, 50, 55.

nung des Neukantianismus zur Position eines „naturalistischen Positivismus“, auf die sich die Kritik an dem strafrechtlichen Neukantianismus stützte. Ganz überwiegend wurde der Neukantianismus nicht als Gegenposition zum Positivismus verstanden, sondern als dessen „Komplementärtheorie“. Das war insbesondere die Position von Welzel[20] und Larenz.[21] Nach Welzel zeigen sich Gemeinsamkeiten mit dem Positivismus vor allem in der „szientistischen“ Einstellung des Neukantianismus und in der Ablehnung jeder Metaphysik.[22] Unter „Szientismus“ versteht Welzel dabei das, was in der Philosophiegeschichte als „kopernikanische Wende“ in der Erkenntnistheorie festgehalten ist: die These, dass unsere Erkenntnis den Gegenstand dieser Erkenntnis nicht lediglich spiegelt, sondern ihn konstituiert.[23]

2. Kritik des „Mangels“ einer politisch produktiven Ontologie

Wenn Welzel hier Szientismus und Ablehnung der Metaphysik als wesentliche Gemeinsamkeiten von Positivismus und Neukantianismus anführt, so wird damit die Stoßrichtung der Kritik deutlich, die aus der Sicht der nationalsozialistischen Ideologie an der Philosophie des Neukantianismus zu üben war. Es ging nicht um alternative, NS-kritische staatstheoretische oder politische Positionen, sondern um das, was im Neukantianismus *nicht* zu finden war, nämlich: eine normativ produktive Ontologie, auf die man die These von den „Rechtsquellen“ Volksbewusstsein und Führerwille hätte stützen können. Insofern besteht eine Parallele zu der Ablehnung, auf die Hecks Interessenjurisprudenz bei den führenden NS-Rechtstheoretikern gestoßen ist.[24] Der „Liberalismus“ des Neukantianismus, den man bekämpfte, war keine Richtung der praktischen Philosophie, sondern eine wissenschaftstheoretische Position (Relativismus), die man

---

[20] *Welzel* (Fn. 15), 71. Krit. zu Welzels „tendenziöser“ Gleichsetzung von Neukantianismus und Positivismus *Lepsius* (Fn. 8), 319 m. Fn. 46. Eb. Schmidt stellt zutreffend Naturalismus und Neukantianismus einander gegenüber. Irreführend ist allerdings seine Behauptung, dass „Hans Welzel (1935) ‚Naturalismus‘ und ‚Wertphilosophie‘ im Strafrecht konfrontierte“ *(Eb. Schmidt*, Einführung in die Geschichte der deutschen Strafrechtspflege, 3. Aufl. 1965, 429). Wie gezeigt, sah Welzel in der Wertphilosophie gerade eine „Komplementärtheorie“ des Naturalismus.

[21] *Larenz*, in: ders. (Hrsg.), Reich und Recht in der deutschen Philosophie, Bd. 1, 1943, 178 m. Fn. 20.

[22] *Welzel* (Fn. 15), 71. Noch in der Nachkriegsschrift „Naturrecht und materiale Gerechtigkeit“ nennt Welzel „Positivismus und Neukantianismus“ in einem Atemzug und nivelliert damit die Bedeutung der Wertdimension, die der Neukantianismus gegenüber dem Positivismus herausgearbeitet und betont hat (4. Aufl. 1962, 183–190).

[23] Vgl. schon oben bei Fn. 15.

[24] Dazu *Rüthers/Fischer/Birk*, Rechtstheorie, 12. Aufl. 2022, Rn. 534.

aber für den „politischen" Liberalismus mit verantwortlich machte. Auch in diesem Punkt ist die Argumentation Welzels aufschlussreich. Er sieht im Neukantianismus zunächst die Rechtfertigung einer „hochliberalen Wissenschaft", die aber zugleich als Ausdruck eines *politischen* Liberalismus erscheint. So sei Rickerts Philosophie „der umfassendste und am tiefsten begründete geistige Ausdruck des spät-liberalen Denkens um die Wende und den Anfang unseres Jahrhunderts".[25] Dass das Lob, das Welzel Rickert hier scheinbar spendet, vergiftet ist, zeigt der Zusatz: „Wie der Wertrelativismus als niedere Abart der Wertphilosophie die Ideologie der parlamentarisch-demokratischen Nachkriegszeit ist."[26] Was man von dem parlamentarisch-demokratischen System zu halten habe, bedurfte im Jahre 1935 keiner Explikation. Rickert selbst wird von Welzel die „Begründung und Rechtfertigung der Lebens- und Wirklichkeitsferne der liberalen Wissenschaft" vorgeworfen.[27]

III. Rechtstheoretische und rechtsdogmatische Streitpunkte

Der Kampf gegen neukantianische Ansätze ist ein dominierendes Motiv auch der nationalsozialistisch geprägten *Strafrechtswissenschaft*. Auch hier geht es um die Durchsetzung einer Ideologie gegen den wirklichen oder vermeintlichen Widerstand philosophischer Theoreme und ihrer Konsequenzen. Die Situation ist hier allerdings komplexer als in der allgemeinen politisch-ideologischen Auseinandersetzung. Denn die ideologisch motivierte Kritik musste sich der Sprache und der Kategorien der Rechtsdogmatik und der Rechtstheorie bedienen, wenn sie wissenschaftlich ernst genommen werden wollte. Sie konnte dabei in zahlreichen Punkten an Kontroversen anschließen, die schon vor 1933 in der Strafrechtswissenschaft präsent waren. Keinesfalls lassen sich alle Argumente, die von nationalsozialistisch geprägten Wissenschaftlern gegen das neukantianische Strafrechtsdenken vorgebracht wurden, auf das Konto einer ideologisch verblendeten Sichtweise setzen. Andererseits blieb der politisch-ideologische Hintergrund der „wissenschaftlichen" Argumentation stets präsent und wurde häufig offen formuliert. Wissenschaft und Ideologie liegen hier nicht nur nahe beieinander, sie sind teilweise bis zur Unentwirrbarkeit miteinander verwoben.

Thematisch gilt der Kampf der NS-Ideologen gegen die neukantianische Wissenschaftstheorie in Dogmatik und Methodologie des Strafrechts in erster Linie

[25] *Welzel* (Fn. 15), 81.
[26] *Welzel* (Fn. 15), 81 m. Fn. 52.
[27] *Welzel* (Fn. 15), 81.

dem Modell der teleologischen Begriffsbildung (1.) und der von ihm beeinflussten Rechtsgutstheorie (2.).

1. Teleologische Begriffsbildung

a) Teleologische Begriffsbildung in theoretischen und in praktischen Wissenschaftsdisziplinen

Das Prinzip der teleologischen Begriffsbildung wird zunächst von Radbruch,[28] später ausführlicher von Honig[29] und Schwinge[30] in Übernahme des von Rickert ausgearbeiteten Modells des „wertbeziehenden“ Verfahrens der Kulturwissenschaften entwickelt.[31] Der Begriff „teleologisch“ ist in diesem Kontext mit dem Terminus „wertbeziehend“ in der Philosophie des Neukantianismus *wissenschaftstheoretisch* gesehen weitgehend synonym.[32] Auch in dem „teleologischen“ Denken der Rechtswissenschaft geht es nach den neukantianischen Strafrechtlern darum, den Gegenstand der Erkenntnis auf einen bestimmten Wert zu beziehen, beispielsweise einen Straftatbestand auf den Wert „Rechtsgut“.

Ein wichtiger Unterschied resultiert aber aus dem Charakter der Rechtswissenschaft als einer praktischen Disziplin. Anders als die theoretischen Kulturwissenschaften nimmt die Rechtswissenschaft – als Rechtsdogmatik – Stellung; sie formuliert Deutungsmuster und Entscheidungsmaximen. Sie tritt damit nicht nur wert*beziehend*, sondern auch *wertend* in die soziale Welt. Damit optiert sie zwangsläufig *für* bestimmte und *gegen* alternative Deutungsmuster und Entscheidungsmaximen. Konkret: Wenn die neukantianische Strafrechtswissenschaft das Verbrechen weithin als Verletzung eines Rechtsguts interpretierte, so wurde damit dessen mögliche Deutung als Pflichtverletzung zurückgedrängt. Wenn sie Rechtsnormen nach deren Zweck auslegen wollte, so wurde damit der Wille des Gesetzgebers zum Maßstab der Interpretation erhoben – und nicht etwa das Prinzip, die Auslegung an „völkischen Werten“ oder dem „Willen des Führers“ zu orientieren.

---

[28] *Radbruch*, Grundzüge der Rechtsphilosophie, 1914, 198ff. (= GRGA Bd. 3, 190 ff).

[29] *Honig*, Die Einwilligung des Verletzten, 1919, insbes. 82ff. Zu Honigs Rechtsgutskonzept und zur Auseinandersetzung um das Rechtsgutsmodell in der NS-Zeit *Weiglin*, Richard Martin Honig (1890–1981), 2011, 72ff.

[30] *Schwinge*, Teleologische Begriffsbildung im Strafrecht, 1930.

[31] Dazu *Ziemann* (Fn. 5), 118 m. Fn. 626; 130 m. Fn. 702.

[32] Ibid.

b) Ideologische und methodologische Kritik

Es war deshalb unvermeidlich, dass engagierte Verfechter einer nationalsozialistischen Strafrechtswissenschaft in der teleologischen Begriffsbildung und Gesetzesauslegung eine gegnerische Position sahen. Insbesondere der „teleologischen" Rechtsgutslehre wurde entgegengehalten, sie begreife das Verbrechen „utilitaristisch", als Verstoß gegen Zwecksetzungen, und nicht als Abfall von völkischen Kulturwerten.[33] Dass der prominenteste Verfechter des teleologischen Rechtsdenkens, Erich Schwinge, sich 1937 in der gemeinsam mit Leopold Zimmerl verfassten Arbeit „Wesensschau und konkretes Ordnungsdenken im Strafrecht" zur nationalsozialistischen Rechtsauffassung bekannte, änderte an dieser Einschätzung wenig. Die Behauptung von Schwinge/Zimmerl, die teleologische Gesetzesinterpretation diene „der Ausrichtung des Rechts am Gemeinschaftsgedanken und der Durchdringung des Rechts mit dem Geiste des Nationalsozialismus",[34] war ein Angebot, das von den Ideologen des Nationalsozialismus ebenso wenig angenommen wurde wie vergleichbare Offerten von Seiten der Interessenjurisprudenz.[35]

Allerdings gab es auch auf Seiten von Strafrechtlern, die grundsätzlich der NS-Ideologie folgten, differenziertere Positionen. So attestiert Welzel, der sich in seinen zwischen 1935 und 1938 publizierten Arbeiten nachdrücklich zum Nationalsozialismus bekannte,[36] der Lehre von der teleologischen Begriffsbildung, dass sie auf die „Überwindung des positivistischen Naturalismus" ziele; diese Tendenz werde ihr, so Welzel weiter, „als unabdingbares Recht verbleiben"[37]. Selbst Schaffstein, einer der schärfsten Kritiker der teleologischen Be-

---

[33] *Kempermann*, Die Erkenntnis des Verbrechens und seiner Elemente, 1934, 226 m. Fn. 89. Gegenüberstellung der Zweck- und der Wertorientierung auch bei *Thierfelder*, Normativ und Wert in der Strafrechtswissenschaft unserer Tage, 1934, 8 f.

[34] *Schwinge/Zimmerl*, Wesensschau und konkretes Ordnungsdenken im Strafrecht, 1937, 64.

[35] Oben bei Fn. 24.

[36] Vgl. neben der Habilitationsschrift „Naturalismus und Wertphilosophie im Strafrecht" etwa *Welzel*, in: Schürmann (Hrsg.), Volk und Hochschule im Umbruch, 1937, 87 ff. mit der These, dass Hegels „Substanz" „nicht unsere Substanz" sei, nämlich die der völkischen Existenz. Von Hegel werde der „naturhaft-mütterliche Boden des Volkstums" nicht genügend berücksichtigt (dazu *Kindhäuser*, in: ders., Analytische Strafrechtswissenschaft, Bd. 1, 2021, 144, 145 m. Fn. 6). Näher zur Stellung Welzels im und gegenüber dem Nationalsozialismus *Kubiciel,* in: Frisch u. a. (Hrsg.), Lebendiges und Totes in der Verbrechenslehre Hans Welzels, 2015, 135 ff. Vgl. auch *Loos*, ZStW 114 (2002), 674, der auf die ideologische Belastung der Arbeiten von Welzel zwischen 1935 und 1937 hinweist, zugleich aber konstatiert, dass davon in den „Studien zum System des Strafrechts" (1939) und in „Persönlichkeit und Schuld" (1941) „nicht mehr viel zu spüren" sei (S. 675).

[37] *Welzel* (Fn. 15), 100 (mit Hinweis auf *Schwinge*, Teleologische Begriffsbildung im Strafrecht, 1930).

griffsbildung, sieht in dem Einfluss der Südwestdeutschen Schule des Neukantianismus auf die strafrechtliche Methodenlehre eine „enge, vielfach befruchtenden Berührung"[38]. Er bezieht sich dabei ausdrücklich auf Radbruch, Erik Wolf, Grünhut und Schwinge, die unmittelbar an Windelband, Rickert und Lask anknüpften.[39]

In der Argumentation dieser „gemäßigteren" strafrechtlichen Vertreter der NS-Ideologie verbinden sich politisch-weltanschauliche Motive mit wissenschaftlich salonfähigen Elementen. So begründet Schaffstein zwar die angebliche Überlegenheit der von ihm propagierten „rechtspolitischen" Methode gegenüber der teleologischen unter anderem damit, dass sie die Bindung des Richters an den „Führerwillen" zum Ausdruck bringe.[40] Neben diesem offenen Rekurs auf die NS-Ideologie finden sich aber differenzierte und bedenkenswerte Argumente gegen die teleologische Rechtsgutslehre, auf die zurückzukommen ist. Auch Welzel bezieht sich positiv auf den „Führerwillen"[41] sowie auf „Rasse" und „Volkstum";[42] seine klare Analyse zur Rolle des neukantianischen Topos der „stoffgestaltenden Funktion der Methode" wird durch die opportunistischen Konzessionen aber nicht beeinträchtigt. Näher dazu an späterer Stelle bei der Erörterung von Welzels Kritik am „Szientismus".

c) Methodologische Kritik an einer individualisierenden Begriffsbildung

Überwiegend methodologischer Natur ist die Kritik an dem Prinzip der individualisierenden Begriffsbildung, das innerhalb des strafrechtlichen Neukantianismus von einigen Autoren im Anschluss an Rickerts Gegenüberstellung von generalisierenden Naturwissenschaften und individualisierenden Kulturwissenschaften[43] verfochten wurde. Ein Beispiel ist die Auseinandersetzung Erik Wolfs mit Liszts These, das Verbrechen sei durch Anlage und Umwelt bedingt. Wolf erhebt gegen Liszt den Vorwurf, dass er den Täter „generalisierend" auffasse, indem er einen kausalen Zusammenhang mit den Faktoren „Anlage" und „Umwelt" herstelle. Damit unternehme er ein „methodologisch verfehltes Bemühen"[44]. Auch in der *Schuldlehre* Erik Wolfs kommt das Prinzip der individualisierenden Begriffsbildung klar zum Ausdruck. So soll es für die Frage der

---

[38] *Schaffstein*, Zur Problematik der teleologischen Begriffsbildung im Strafrecht, 1936, wieder abgedr. in: Ellscheid/Hassemer (Hrsg.), Interessenjurisprudenz, 1974, 380, 386.

[39] Ibid.

[40] Ibid. 398.

[41] *Welzel* (Fn. 15), 105.

[42] Ibid. 102.

[43] *Rickert*, Kulturwissenschaft und Naturwissenschaft, 6./7. Aufl. 1926.

[44] *Erik Wolf*, Vom Wesen des Täters, 1932, 10. Näher dazu *Breneselović*, Die wissenschaftskritischen Zuordnungen von Franz von Liszt, 2020, 361 ff.

Zurechnungsfähigkeit, wie auch der Schuld generell, „einzig und allein auf die teleologischen Werturteile des Richters" ankommen.[45] Auf die Angabe genereller Kriterien der Feststellung von Zurechnungsfähigkeit und Schuld wird damit verzichtet.

Ob sich eine derartige, extrem „individualisierende" Position tatsächlich auf Rickert berufen kann, erscheint zweifelhaft. Denn Rickert hat, worauf Amelung hinweist,[46] gesehen, dass die Rechtswissenschaft nicht durchgehend individualisierend verfahren kann. Zwar sei sie als Kulturwissenschaft grundsätzlich den individualisierenden („idiographischen") Disziplinen zuzuordnen; es müsse aber berücksichtigt werden, dass die Rechtssätze auf eine Vielzahl gleichartiger Fälle zugeschnitten sind.[47] Wo genau die Grenze zwischen individualisierender und generalisierender Methode in der Rechtswissenschaft verlaufen soll, blieb bei Rickert allerdings offen.[48]

Jedenfalls erscheint die Kritik, die aus den Reihen der NS-nahen Strafrechtler an einer rein individualisierenden Begriffsbildung geübt wurde, nachvollziehbar. So zeigt Schaffstein am Beispiel der Auseinandersetzung zwischen Substanz- und Sachwerttheorie, dass bei der strafrechtlichen Begriffsbildung auch generalisierende Faktoren berücksichtigt werden müssen.[49] In die gleiche Richtung geht die Kritik von Mittasch, der noch im Jahre 1939 eine erstaunlich differenzierte Arbeit zu den „Auswirkungen des wertbeziehenden Denkens in der Strafrechtssystematik" vorgelegt hat.[50] Wenn Schaffstein zudem darauf hinweist, dass bei der strafrechtlichen Begriffsbildung auch allgemeine Rechtsprinzipien wie Rechtssicherheit und Rechtsbestimmtheit berücksichtigt werden müssen, so lässt er diese zutreffende Feststellung allerdings nicht ohne den Zusatz, Rechtssicherheit müsse keineswegs im Sinne der Magna-Charta-Funktion

---

[45] *Erik Wolf*, Strafrechtliche Schuldlehre, 1928, 172.

[46] *Amelung*, Rechtsgüterschutz und Schutz der Gesellschaft, 1972, 127.

[47] *Rickert* (Fn. 43), 107. Der Hinweis, dass Rickert das Problem der Individualisierung in der Rechtswissenschaft mit „außerordentlicher Vorsicht" behandelte, findet sich schon bei *Thierfelder* (Fn. 33), 34 m. Fn. 2 (dort auch Hinweis auf die zurückhaltende Stellungnahme von *M.E. Mayer*, Die schuldhafte Handlung, 1901, 6 ff. und *Lasks* Zuordnung der Rechtswissenschaft zu den „systematisierenden" Disziplinen, die er den historischen gegenüberstellt. – Die anschließende Behauptung *Thierfelders*, dass für eine „rechtsfeindliche" (Über)Individualisierung (bezogen auf die Person des Straftäters) „die zersetzende Wirkung, die die jüdisch infizierte Literatur und Presseberichterstattung der letzten Jahre auf unser Rechtsdenken gehabt hat", verantwortlich sei (S. 37), bedarf keines Kommentars.

[48] Zu den Konsequenzen für die Diskussion innerhalb des strafrechtlichen Neukantianismus *Amelung* (Fn. 46), 127 m. Fn. 11.

[49] *Schaffstein* (Fn. 38), 398 f.

[50] *Mittasch*, Die Auswirkungen des wertbeziehenden Denkens in der Strafrechtssystematik, 1939, 36 ff.

des Strafrechts verstanden werden; sie könne auch dem Wunsch nach Bindung des Richters an den Führerwillen entspringen.[51]

2. Rechtsgutslehre

Thematisch konzentriert sich die Kritik an der teleologischen Begriffsbildung vor allem auf das Rechtsgut und die Bedeutung, die ihm von Seiten der neukantianischen Strafrechtswissenschaft für die Interpretation des Verbrechens und bei der Auslegung von Straftatbeständen beigemessen wird. Auch hier stehen dogmatisch relevante und ideologisch kontaminierte Argumente dicht beieinander. Weithin ideologisch geprägt ist vor allem die Kritik, die sich auf die alternative Deutung des Verbrechens als Pflichtverletzung stützt. Ich stelle diese Kritik zurück und widme mich zunächst den dogmatischen Einwänden, die teilweise auch heute noch gegen die Rechtsgutslehre erhoben werden.

a) „Eindimensionalität" des Rechtsgutsdenkens

Ein geläufiger Topos der Kritik ist der Hinweis auf die angebliche Eindimensionalität des Rechtsgutsdenkens, das sich bei der Interpretation des Verbrechens wie bei der Auslegung eines Straftatbestands auf das verletzte oder gefährdete Gut fixiere und deshalb Gegeninteressen nicht berücksichtigen könne.[52] Schaffstein verweist in diesem Zusammenhang lobend auf die – von der Rechtsgutslehre angeblich vernachlässigte – „Einsicht" der Interessenjurisprudenz, dass das Gesetz als „Kraftdiagonale ringender Faktoren" gesehen werden müsse.[53] Es entbehrt nicht einer ironischen Pointe, dass gerade Schaffstein, der Koautor eines Werkes, das nachdrücklich Position für ein autoritäres – und gegen ein liberales – Strafrecht bezieht, in diesem Kontext auf die „besondere Bedeutung der Freiheit als Gegeninteresse bei den unechten Unterlassungsdelikten" hinweist.[54]

In der Sache ist der Hinweis auf *Gegeninteressen*, die bei der Entscheidung über die Kriminalisierung eines Verhaltens wie auch bei der Auslegung eines Straftatbestands zu berücksichtigen sind,[55] zutreffend. Er ist aber kein tauglicher Einwand gegen die Rechtsgutslehre, die selbstverständlich nicht behauptet, dass Gegeninteressen bei kriminalpolitischen Entscheidungen und bei der Aus-

---

[51] *Schaffstein* (Fn. 38), 398.

[52] *Schaffstein*, (Fn. 38), 389, 393 ff., 400; *Gallas* (Fn. 19), 62; *Welzel* (Fn. 15), 102 f.

[53] *Schaffstein* (Fn. 38), 389.

[54] Ibid. 401 m. Fn. 39 (unter Hinw. auf *Kissin*, Die Rechtspflicht zum Handeln bei den Unterlassungsdelikten, 1933, 93 f).

[55] Zu diesem Einwand auch *Dahm*, ZStW 57 (1938), 225, 232.

legung von Straftatbeständen keine Rolle zu spielen hätten. Die nationalsozialistische Kritik am Rechtsgutsdenken baut sich hier einen Popanz auf, der sich dann trefflich attackieren lässt.

b) Strafbarkeitsrelevante Elemente jenseits des Rechtsguts

Ähnliches gilt für weitere dogmatische Argumente, die von Seiten des NS-Strafrechts vorgebracht werden. Natürlich ist es richtig, dass der Rechtsgutsgedanke allein nicht genügt, um *tatbestandlich typisierte Schuldmerkmale* zu erfassen.[56] Das ist aber auch nicht sein Anspruch. Auch das Argument, die Beschränkung bestimmter Straftatbestände auf einen bestimmten *Täterkreis* (einen bestimmten „Tätertyp") sei mit der Rechtsgutslehre nicht zu begründen,[57] ist richtig, verfehlt aber das Ziel einer Kritik der Rechtsgutslehre. Das Gleiche gilt für das Argument, die Rechtsgutslehre könne nicht erklären, dass das Strafgesetz in bestimmten Fällen die Strafbarkeit nicht allein von dem Deliktserfolg, sondern von den Modalitäten der Handlung abhängig mache.[58]

c) „Nationalsozialistische" Rechtsgutslehre?

In den Grenzbereich von Dogmatik und Ideologie führt der Einwand, das Rechtsgutsdogma sei einem aufklärerisch-liberalen Rechtsdenken verhaftet und könne deshalb im nationalsozialistischen Rechtssystem keinen Platz beanspruchen. Insbesondere Schaffstein hat mit Nachdruck die These vertreten, die Interpretation des Verbrechens als Rechtsgutsverletzung sei im Kern nichts anderes als die individualistische Lehre vom Verbrechen als Verletzung eines subjektiven Rechts.[59] Dass mit dem Vorwurf des Individualismus das Todesurteil über die Rechtsgutslehre gesprochen werden sollte, bedarf keiner Hervorhebung. Auch Gallas betrachtete das Rechtsgutsdenken als „das Ergebnis einer individualistisch-liberalen Denkweise"[60] und damit als Fremdkörper in der nationalsozialistischen Rechtsordnung.

Schwinge[61] und andere zeitgenössische Autoren[62] widersprachen dieser Deutung vehement. Überwunden werden müsse, so die Argumentation von Schwinge/Zimmerl, nicht die Rechtsgutslehre, sondern die individualistische Geistes-

---

[56] *Schaffstein*, (Fn. 38), 397.

[57] Ibid.

[58] *Gallas* (Fn. 19), 61. Überzeugend gegen diese Kritik *Mezger*, ZAkDR 1937, 417, 421.

[59] *Schaffstein,* Deutsches Strafrecht 2 (1935), 97 ff., 99. Näher dazu *Amelung* (Fn. 46), 232 ff.

[60] *Gallas* (Fn. 19), 51.

[61] *Schwinge/Zimmerl* (Fn. 34), 65.

[62] Nachw. bei *Amelung* (Fn. 46), 237 m. Fn. 148.

haltung, die ihr früher mitunter eine falsche Richtung gegeben habe.[63] Diese Argumentation ist folgerichtig und hätte auch aus der Sicht der nationalsozialistischen Rechtsideologie akzeptabel erscheinen können. Denn „die" Rechtsgutslehre, wenn man diesen kollektiven Singular für erlaubt hält, ist selbstverständlich nicht auf die Anerkennung individueller Rechtsgüter beschränkt – weder strukturell noch auch nach ihrer Entstehungsgeschichte. Eine solche Beschränkung findet sich weder bei Birnbaum noch bei Binding. Auch der (südwestdeutsche) Neukantianismus, dessen Rezipient die zeitgenössische Rechtsgutslehre nach Schaffstein ist, zwingt nicht zu einer solchen Beschränkung. Denn das „wertbeziehende" Verfahren, als dessen rechtsspezifische Umsetzung man das teleologische Rechtsgutsdenken in dieser Rekonstruktion zu sehen hat, legt den betreffenden Wert inhaltlich nicht fest.

Das Gleiche gilt, wenn man mit Erik Wolf die Rechtsgutslehre an Rickerts Konzeption des „Guts" als der Einheit von Wert und Wirklichkeit anschließt.[64] Auch die Unterscheidung zwischen Rechtsgut und Handlungsobjekt, die in der Konsequenz der „wertbeziehenden" Methode liegt,[65] nötigt nicht zu einer individualisierenden Interpretation des Rechtsgutsbegriffs. Der Hinweis von Schwinge/Zimmerl, die Rechtsgutslehre sei zu ihrer Rechtfertigung nicht auf den südwestdeutschen Neukantianismus angewiesen,[66] ist zur Verteidigung gegen den Vorwurf des „Individualismus" nicht erforderlich. Man konnte dem Begriff eine Bedeutung geben, die es zuließ, mit Hellmuth Mayer auch die „Reinheit der Rasse" als strafrechtlich schützenswertes Rechtsgut zu bestimmen.[67] Der rein methodologische Rechtsgutsbegriff Schwinges[68] bot von vornherein keinen Ansatzpunkt für eine individualisierende Beschränkung der Rechtsgutslehre. Insofern konnten Schwinge/Zimmerl mit Recht behaupten, im nationalsozialistischen Rechtssystem diene die Rechtsgutslehre „der Durchdringung der Rechtsprechung mit dem Geiste des Nationalsozialismus."[69]

---

[63] *Schwinge/Zimmerl* (Fn. 34), 64 f.

[64] *Erik Wolf*, in: Die Justiz. Zeitschrift für Erneuerung des deutschen Rechtswesens 3 (1927/28), 110 ff., in Anschluss an *Rickert*, System der Philosophie, 1921. Dazu *Amelung* (Fn. 46), 127 ff.

[65] Dazu *Amelung* (Fn. 46), 133 (mit Bezug auf Honig).

[66] *Schwinge/Zimmerl* (Fn. 34), 71.

[67] *Hellmuth Mayer*, Das Strafrecht des Deutschen Volkes, 1936, 101 f.

[68] Vgl. *Schwinge/Zimmerl* (Fn. 34), 68 m. Fn. 52 (Bestätigung der Einschätzung von Gallas, Schwinge wolle „den Begriff des Rechtsguts auf seine methodische Funktion beschränken" [*Gallas* {Fn. 19}, 57 m. Fn. 20]).

[69] *Schwinge/Zimmerl* (Fn. 34), 64 (dort kursiv). Vgl. schon oben bei Fn. 34.

3. Das Verbrechen als Rechtsguts- oder als Pflichtverletzung

Gerade wegen dieser großen Toleranzbreite schien der Rechtsgutsbegriff, insbesondere in seiner teleologischen, dem wertbeziehenden Denken des Neukantianismus verhafteten Gestalt, aus der Sicht zahlreicher NS-Juristen aber nicht geeignet, das „Wesen“ des Verbrechens angemessen zum Ausdruck zu bringen. Denn der Begriff der „Rechtsgutsverletzung“ bezieht sich auch bei einem „vergeistigten“, nicht-naturalistischen Verständnis des Rechtsguts notwendig auf die *Folgen* einer Handlung, nicht auf deren intrinsischen Wert. Aus Sicht der NS-Ideologie lag das Wesen des Verbrechens aber in der „Auflehnung des Einzelwillens gegen die Gemeinschaft“[70]; es war Pflichtverletzung, nicht Rechtsgutsverletzung. Der Begriff der Pflicht bezog sich dabei primär nicht auf *rechtliche*, sondern auf *moralische* Pflichten, die sekundär als Rechtspflichten ausgestaltet werden konnten. Es ging um Verpflichtungen gegenüber der „Volksgemeinschaft“; und im Einklang mit der „Volksanschauung“ sollten Recht und Sittlichkeit einander wieder angenähert werden.[71] Die Diskussion drehte sich nicht um deontische Modalitäten, sondern um ideologische Elemente des nationalsozialistischen Strafrechtsdenkens.

Von einzelnen Autoren wurde der Gegensatz zwischen Rechtsguts- und Pflichtverletzung relativiert. So enthält nach Gallas die Lehre vom Verbrechen als Pflichtverletzung „die gleiche Einseitigkeit wie die vom Verbrechen als Rechtsgutsverletzung“; hier werde „der teleologische, dort der ethische Standpunkt zum wesensbestimmenden Prinzip erhoben.“[72] Mittasch, einer der wenigen Strafrechtler, die sich in der NS-Zeit nicht vom Neukantianismus distanzierten, sieht den Unterschied zwischen dem Begriff der Pflichtwidrigkeit und dem der Rechtsgutsverletzung nur darin, dass „der Begriff der Pflichtwidrigkeit an der staatlichen Wertordnung in ihrer Gesamtheit ausgerichtet ist, während der Begriff der Rechtsgutsverletzung auf einen [...] Ausschnitt der Wertordnung bezogen ist“[73].

---

[70] *Larenz* (Fn. 21), 175 mit Hinweis auf *Schaffstein*, Das Verbrechen als Pflichtverletzung, 1935.

[71] *Larenz* (Fn. 21), 175.

[72] *Gallas* (Fn. 19), 68.

[73] *Mittasch* (Fn. 50), 191.

IV. Neukantianismus und Nationalsozialismus – Versuch einer Bilanz

1. Politische Neutralität des Neukantianismus

Die Rekonstruktion der dogmatisch und rechtstheoretisch ansetzenden Kritik der NS-Juristen am strafrechtlichen Neukantianismus könnte gezeigt haben, dass das nationalsozialistische Rechtsdenken mit Philosophie und Wissenschaftstheorie des Neukantianismus nicht von vornherein unvereinbar war. Denn die formale, wissenschaftstheoretische Ausrichtung des Neukantianismus implizierte eine grundsätzliche Neutralität gegenüber politischen und weltanschaulichen Positionen. Zugespitzt formuliert: So wenig die Logik bestimmte Weltanschauungen ausschließt, so wenig tut dies die Wissenschaftstheorie. Das für die Kulturwissenschaften und damit auch für die Rechtswissenschaft konstitutive Element der „Wertbeziehung" legt den maßgeblichen Wert zumindest inhaltlich nicht fest. Ob Radbruch über den neukantianischen Ansatz hinausgeht, wenn er als notwendige Bezugsgröße des Rechts die Gerechtigkeit identifiziert,[74] sei hier dahingestellt. In jedem Falle aber ließe sich auf der Basis des Neukantianismus diese Gerechtigkeit nur formal definieren, nicht aber inhaltlich konturieren. Wertbeziehung und Wertung sind jedenfalls in dem „klassischen" Ansatz des Neukantianismus klar getrennt.

Das Prinzip der Neutralität gilt auch für die an der Wissenschaftstheorie des Neukantianismus orientierte Strafrechtswissenschaft. So wenig das Prinzip der Wertbeziehung den maßgebenden Wert festlegt, so wenig das Prinzip der teleologischen Begriffsbildung das maßgebliche Telos, und so wenig die Rechtsgutslehre die maßgeblichen Rechtsgüter.

Auf der anderen Seite ist es verfehlt, wenn der südwestdeutsche Neukantianismus beschuldigt wird, geradezu einen Beitrag zur „Korrumpierung des Rechtsbewusstseins" geleistet zu haben – so wörtlich Hans Friedrich Fulda.[75] Dass Anhänger des Neukantianismus zugleich Nationalsozialisten sein konnten, beweist selbstverständlich nichts. Und ebenso selbstverständlich ist in diesem Kontext irrelevant, dass Rickert in den drei Lebensjahren, die ihm nach der Machtübernahme der Nationalsozialisten verblieben, vereinzelt verbale Konzessionen an die NS-Ideologie gemacht hat und seine Präferenz für den Kulturwert der Nation bei oberflächlicher Betrachtung an die Volks-Mystik der Nationalsozialisten erinnern mag. Wer behauptet, der Neukantianismus habe einen Beitrag zur Korrumpierung des Rechtsbewusstseins geleistet, müsste zeigen

---

[74] So *von der Pfordten*, JZ 2010, 1021, 1025.

[75] *Fulda*, in: Sandkühler (Hrsg.), Philosophie im Nationalsozialismus, 2009, 83, 109.

können, dass sich der neukantianischen Philosophie jedenfalls Argumente für das politische System des Nationalsozialismus entnehmen lassen. Zu diesem Nachweis fehlt, soweit ich sehe, bisher jeder Ansatz. Auch die Anschuldigungen, die der argentinische Strafrechtler Eugenio Zaffaroni gegenüber dem strafrechtlichen Neukantianismus erhoben hat und die durch die Replik in einer deutschsprachigen Monografie über den spanischsprachigen Raum hinaus bekannt wurden,[76] sind hier ohne Beweiskraft.

2. Absage an eine normativ produktive „Wirklichkeit“

Man wird an diesem Punkt aber noch einen Schritt weiter gehen können. Denn: auch wenn die politisch-weltanschauliche Neutralität des Neukantianismus eine grundsätzliche Opposition gegen die „Werte“ des Nationalsozialismus ausschließt: Die klare Trennung von Wirklichkeit und Wert, von Sein und Sollen blockiert die Idee einer normativ produktiven „Wirklichkeit“, die in der Ideologie des Nationalsozialismus auf der Begründungsebene eine zentrale Rolle spielt. Der maßgebende normative Bezugspunkt ist das „völkische Leben“[77]; im „konkreten Ordnungsdenken“ spiegelt sich die Vorstellung von einer sozialen Wirklichkeit, die nicht heteronomen Normen unterworfen wird, sondern ihre Normen in sich trägt. Wissenschafts- und Erkenntnistheorie des Neukantianismus standen damit nicht einzelnen „Werten“ der NS-Ideologie entgegen, wohl aber der für diese Ideologie charakteristischen Begründung dieser Werte aus einer normativ aufgeladenen Wirklichkeit.

a) Methodendualismus

So richtete sich die Kritik, die von Seiten der NS-Ideologie am Neukantianismus geübt wurde, zentral gegen das Prinzip des Methodendualismus, die scharfe Trennung von Wirklichkeit und Wert. In dem Gegenmodell einer intrinsisch wertvollen Wirklichkeit spielte der Begriff des *Wesens* eine entscheidende Rolle. Im Rückgriff auf das Wesen der Ehe, beispielsweise, konnte die Beschreibung der sozialen Wirklichkeit mit normativen Konsequenzen verbunden werden. In Parenthese: Ob man solche Wesensaussagen heute als obskure Metaphysik zu verwerfen hat, oder ob man sie als – sprachlich veraltete – Rekonstruktion institutioneller Tatsachen interpretieren kann, ist hier nicht zu entscheiden.

Umstritten war, ob sich derartige Wesensaussagen durch einen Rückgriff auf die Phänomenologie stützen ließen, was jedenfalls auf der sprachlichen Oberflä-

---

[76] *Ambos*, Nationalsozialistisches Strafrecht, 2019 (instruktive Rezension von *Frommel*, NK 2019, 334 ff.).

[77] Begriff etwa bei *Dahm*, ZStW 57 (1938), 225, 285.

che durch Husserls Begriff der „Wesensschau" nahegelegt wurde. Entsprechende Versuche finden sich vor allem bei Eugen Kempermann.[78] Den Begriff der Wesensschau verwendet, ohne ausdrücklichen Bezug auf Husserl, auch Schaffstein. Nur die „Wesensschau" könne, so Schaffstein, über die „ausschließlich analytische Methode des Neukantianismus" hinaus zu jener ganzheitlichen Betrachtungsweise verhelfen, die allein der Idee des Nationalsozialismus entspreche.[79] Kempermann konzediert dem Neukantianismus, dass er das „Reich der Werte" (wieder)entdeckt habe, beanstandet aber, dass diesen Werten kein Sein, sondern lediglich Geltung zuerkannt werde und sie deshalb abgehoben über der Welt des Seins schweben würden[80] – auch hier also eine klare Kritik an der neukantianischen Trennung von Wert und Wirklichkeit. Er propagiert ein „neues Seinsverständnis", aus dessen Sicht etwa Begriffe wie „Schuld", „Ehre" und „Gesinnung" Gegenstände bezeichnen, die der phänomenologischen Analyse offenstehen.[81] Bezugsgröße dieses neuen Seinsverständnisses sei die „völkische Sittenordnung". [82]

Dieser Rückgriff auf die Phänomenologie stieß von verschiedenen Seiten auf Kritik – drastisch, aber eher pauschal bei Schwinge/Zimmerl, methodisch orientiert bei Engisch und Mezger, eher rustikal bei Georg Dahm. Schwinge und Zimmerl befürchten eine Kolonialisierung der Rechtswissenschaft durch die Philosophie: Während der Neukantianismus sich im Strafrecht nur bei Einzelproblemen und im Hintergrund auswirke, werde in der Gegenwart von der Phänomenologie Husserls „ohne Rücksicht auf Eigenwert und Eigenständigkeit der Rechtswissenschaft […] die Forderung auf schrankenlose Unterwerfung gestellt".[83] Engisch[84] und Mezger[85] weisen darauf hin, dass der Begründer der Phänomenologie, Edmund Husserl, „alle Arten von Kulturgebilden" und damit auch „Staat, Sitte, Recht, Religion" von der phänomenologischen Reduktion explizit ausgeschlossen hatte.[86]

---

78 *Kempermann*, Die Erkenntnis des Verbrechens und seiner Elemente, 1934; *ders.*, ARSP 31 (1937/38), 292 ff.

79 *Schaffstein*, in: Larenz (Hrsg.), Grundfragen der neuen Rechtswissenschaft, 1935, 108, 120. Krit. dazu *Schwinge/Zimmerl* (Fn. 34), 9.

80 *Kempermann*, ARSP 31 (1937/38), 292, 294.

81 *Kempermann,* ARSP 31 (1937/38), 292, 297.

82 *Kempermann*, ARSP 31 (1937/38), 292, 322.

83 *Schwinge/Zimmerl* (Fn. 34), 3.

84 *Engisch*, ARSP 30 (1936/37), 130 ff.

85 *Mezger* im Rahmen einer an *Schwinge/Zimmerl* anschließenden Kritik „phänomenologischer" Betrachtungen im Strafrecht (*Mezger* [Fn. 58], 417, 419).

86 *Edmund Husserl*, Ideen zu einer reinen Phänomenologie und phänomenologischen Philosophie, 1913, § 56 (zitiert nach *Edmund Husserl*, Gesammelte Schriften [hrsg. von Elisa-

Dahm schließlich verwahrt sich gegen den „Verdacht", die Kieler Schule sei in irgendeiner Weise philosophisch orientiert. Die methodischen Grundlagen der Kieler entspringen, so Dahm wörtlich, „nicht irgendeiner philosophischen Richtung, sondern einer bestimmten Grundanschauung vom Recht und seinem Verhältnis zum völkischen Leben".[87] Die Zuordnung der Kieler Schule zur Phänomenologie bei Schwinge/Zimmerl empört ihn auch deshalb, weil damit „eine Richtung der jüngeren deutschen Rechtswissenschaft auf die Lehre eines jüdischen Philosophen zurückgeführt" werde.[88] Zu den phänomenologischen Analysen Reinachs schließlich wird angemerkt, ein „handfester und grober Positivismus" sei „dieser Art von ‚Rechtsphilosophie' auch wissenschaftlich weit überlegen."[89] In der Sache wirft Dahm Reinach vor, dass dieser die Rechtsbegriffe in einer abstrakten, idealen Sphäre lokalisiert und nicht aus dem völkischen Leben gewinnt.[90] Die Kritik an der phänomenologischen Rechtslehre geht in diesem Punkt damit in die gleiche Richtung wie die an der neukantianischen Trennung der Sphären von Wert und Wirklichkeit. Verteidigt wird die für die NS-Ideologie zentrale Vorstellung einer „Seinsverwurzelung der Werte"[91], die als Verwurzelung im – nationalsozialistisch interpretierten – „Volksbewusstsein" verstanden werden konnte.

b) Konstitution des Erkenntnisgegenstands durch die Methode

Dieser Vorstellung widersprach nicht nur das Prinzip des Methodendualismus, sondern auch und erst recht das neukantianische Prinzip der Konstitution des Erkenntnisgegenstands durch die Methode. Denn dieses Prinzip verbietet nicht nur eine Konfundierung von Sein und Wert, sondern verwirft bereits die Vorstellung eines der Erkenntnis vorgegebenen „Seins". Folgerichtig wendet sich Welzel als Verfechter einer „Seinsverwurzelung der Werte" scharf gegen dieses Prinzip, für das er den Begriff des „Szientismus" einführt. Dieser „Szientismus" wird als „Übergriff der Wissenschaft auf das Ontische" gebrandmarkt.[92] Kritisiert wird insbesondere der aus diesem Prinzip folgende Pluralismus der möglichen wissenschaftlichen Perspektiven. Gegen Rickerts Behauptung, unterschiedliche Wissenschaften könnten hinsichtlich ihrer unterschiedlichen Sichtweisen friedlich nebeneinander bestehen, wendet sich Welzel mit einem

beth Ströker], 1992 ff., Bd. 5, 122). Gegen die Interpretation von Engisch und Mezger aber *Kempermann,* ARSP 31 (1937/38), 292, 313 m. Fn. 51.

[87] *Dahm,* ZStW 57 (1938), 225, 285.

[88] Ibid.

[89] Ibid. 289 m. Fn. 166.

[90] Ibid. 289.

[91] Begriff bei *Welzel* (Fn. 15), 84.

[92] Ibid. 77.

durchaus zeitgemäßen Beispiel: Die Biologie wolle zu einem historischen Gegenstand naturwissenschaftliche Momente beisteuern, etwa in Gestalt der „Rasseforschung". Er bezieht sich in diesem Zusammenhang ausdrücklich auf die angebliche „Bedeutung der Rassenmischung für den Verfall des alten Rom"[93].

Mag auch dieses Beispiel eine opportunistische Konzession an die politischen Machtverhältnisse darstellen – dass es Welzel mit seiner Kritik am „Szientismus" ernst ist, kann keinem Zweifel unterliegen. Im rechtstheoretischen Kontext äußert sie sich als Kritik an dem Prinzip der „stoffgestaltenden Funktion der Methode" bei Emil Lask, Erik Wolf und Max Grünhut – Radbruch wird von Welzel hier nicht genannt. Beanstandet wird die Vernachlässigung der „unmittelbaren Lebenswirklichkeit" zugunsten einer „Begriffswelt", die den Bezug zum Ontischen verloren habe. Genannt, aber nicht eigens gewürdigt wird dabei Lasks Lehre von den „Halbfabrikaten", die sich in ähnlicher Form bei Erik Wolf finde.[94] Das ist deshalb bemerkenswert, weil diese Lehre geeignet wäre, den scharfen Gegensatz zwischen dem „Chaos natürlicher, amorpher Tatsachen" auf der einen, der Begriffswelt der Rechtswissenschaft auf der anderen Seite, den Welzel etwa bei Grünhut diagnostiziert,[95] zu entspannen. Denn nach *Lask* wird die Strukturierung der sozialen Wirklichkeit nicht erst durch den Zugriff der Wissenschaft geleistet; sie liegt ihm voraus.[96] Eine Verbindung zwischen Sein und Sollen errichtet auch Lasks Lehre vom „Hingelten" der Werte, die Radbruch übernimmt. Der von Welzel behauptete scharfe Gegensatz zwischen seiner und der neukantianischen Position besteht hier in Wahrheit nicht. Radbruch kann deshalb in seiner Rezension von Welzels Habilitationsschrift feststellen, sie enthalte in diesem Punkt nur eine Fortbildung etablierter philosophischer Positionen, nicht aber, wie von Welzel behauptet, einen Umbruch.[97]

3. Deutungsspielräume

Allerdings: Ob „Fortbildung" oder „Umbruch", ist eine Frage der Bewertung, nicht der Beschreibung einer vorgegebenen Relation. Diese Feststellung lässt

---

[93] Ibid. 78.

[94] Ibid. 97.

[95] *Welzel* (Fn. 15), 97 (unter Hinweis auf *Grünhut*, Begriffsbildung und Rechtsanwendung im Strafrecht, 1926, 15).

[96] *Lask*, Rechtsphilosophie, 1905, in: ders., Gesammelte Schriften, hrsg. von Herrigel, 1923, Bd. 1, 275, 311. Näher dazu *Neumann*, Wissenschaftstheorie der Rechtswissenschaft bei Hans Kelsen und Gustav Radbruch, 2005, in: *ders.*, Rechtsphilosophie im Spiegel der Zeit (Fn. 1), 93, 111 f.

[97] *Radbruch*, GRGA, Bd. 3, 29.

sich verallgemeinern. Ideengeschichtliche Kontinuitäten und Diskontinuitäten sind das Ergebnis einer Rekonstruktion, deren Gestaltung selbstverständlich nicht beliebig, aber weithin von der Auswahl der relevanten Parameter abhängig ist. Konkret: Wer einen *Zusammenhang* zwischen Neukantianismus und dem Strafrechtsdenken des Nationalsozialismus herstellen will, kann darauf verweisen, dass die wertbeziehende Methode ein Tor geöffnet habe, durch das auch totalitäre Ideologien in das Strafrecht und die Strafrechtswissenschaft eindringen konnten. Wer den Neukantianismus als *Widerpart* des NS-Strafrechts sieht, kann sich darauf berufen, dass Methodendualismus, Wertrelativismus und das Prinzip der Konstitution des Gegenstands durch die Methode mit dem Grundgedanken des nationalsozialistischen Rechtsdenkens, der Idee der normativen Kraft des völkischen Lebens, generell: des sozialen Seins, unvereinbar war.

Dass ich selbst der letzteren Position zuneige, dürfte deutlich geworden sein. Aber unabhängig von möglichen unterschiedlichen Sichtweisen sollte gelten: In irgendeinem moralisch relevanten Sinn „verantwortlich" machen kann man den Neukantianismus und seine Vertreter für die nationalsozialistische Ideologie nicht. Man kann einen erkenntnis- und wissenschaftstheoretischen Ansatz mit erkenntnis- und wissenschaftstheoretischen Argumenten kritisieren, nicht aber mit Hinweis auf einen möglichen politischen Gebrauch oder Missbrauch. Hier gilt ein striktes Regressverbot: Verantwortlich ist ein Autor für seine eigenen Thesen, nicht für das, wozu andere sie nutzen.

Dies gilt erst recht für das, was ein Autor *nicht* vertritt, strafrechtlich gesprochen: für Unterlassungen. Es ist deshalb nicht nachvollziehbar, wenn dem Neukantianismus vorgehalten wird, er habe sich durch seine „Verabschiedung" von der praktischen Philosophie Kants unfähig zu einer Bekämpfung des heraufziehenden Nationalsozialismus gemacht.[98] Es ist nicht die Aufgabe der Philosophie, Bollwerke gegen totalitäre Ideologien zu errichten. Zudem ist die Vorstellung, eine stärkere Ausrichtung des Neukantianismus an der praktischen Philosophie Kants hätte dem Nationalsozialismus auf dem Weg zur Macht auch nur ein kleines Steinchen in den Weg gelegt, naiv. Was die Philosophie leisten kann, ist: gegenüber Mystizismen aller Art das Potential rationaler Analyse zu demonstrieren. Das ist der Philosophie des Neukantianismus gelungen – und gerade deshalb wurde sie von Verfechtern des Irrationalen im Recht, für die hier exemplarisch Georg Dahm stehen kann,[99] scharf kritisiert.

---

[98] So aber *Fulda* (Fn. 75), 105. Gegen Versuche, dem Neukantianismus eine Mitverantwortung für den Nationalsozialismus zuzuschreiben, wie hier *Lepsius* (Fn. 8), 304, 341.

[99] *Dahm*, ZStW 57 (1938), 225, 274.

Zum Einfluss des Neukantianismus auf das heutige Strafrecht am Beispiel des Straftatsystems

Wolfgang Frisch

Über den Begriff und die Grundgedanken des Neukantianismus ist bereits eingehend in den früheren Referaten auf dieser Tagung berichtet und anschließend diskutiert worden; desgleichen über Vertreter des Strafrechts, die diesem Denkansatz zugeordnet werden, und ihre Leistungen. Schon in diesen Referaten ist auch deutlich geworden und wiederholt von den Referenten selbst betont worden, dass der Einfluss dieses philosophischen Denkansatzes auf die Entwicklung der strafrechtlichen Lehren möglicherweise überschätzt werde. Dieser Eindruck steht in deutlichem Gegensatz zu Äußerungen, die sich im strafrechtlichen Schrifttum bis heute finden. Danach stellt der Neukantianismus eine wichtige und entscheidende Phase in der Entwicklung des Strafrechts zu seinem heutigen Stand dar. Ihm sei vor allem die Abwendung strafrechtlichen Denkens von jenem naturalistischen und positivistischen Denken zu verdanken, welches das Strafrecht lange Zeit beherrscht und seinen deutlichsten Ausdruck vor allem in den Systementwürfen Franz von Liszts und Ernst Belings und deren Kategorien gefunden habe.

I. Entscheidende Neuerungen im Verbrechensbegriff als Leistung neukantianischen Denkens – eine These und ihre Vertreter

Dezidiert in diesem Sinn hat sich vor allem Schünemann geäußert. Nach seiner Auffassung „gab die neukantianische Philosophie“ nicht nur „den Anstoß zur Überwindung des naiven Naturalismus“, der seit dem Erscheinen des von Lisztschen Lehrbuchs im Jahre 1881 „ungefähr zwei Jahrzehnte lang dominierte“.[1] Auch die Überwindung dieser Entwicklungsstufe des Strafrechts selbst ist danach dem Neukantianismus zu verdanken.

---

[1] *Schünemann*, in: ders. (Hrsg.), Grundfragen des modernen Strafrechtssystems, 1984, 1, 24 f.

„Durch den Einfluss des Neukantianismus ist die Dimension der spezifisch rechtlichen, d.h. nach Wertmaßstäben erfolgenden Entscheidung für die Strafrechtssystematik und Strafrechtsdogmatik zurückgewonnen worden".[2]

Diese „normative Aufladung"[3] wird von Schünemann im Folgenden nicht nur für die Systemgrundbegriffe der Rechtswidrigkeit (mit dem Übergang von einer formalen zu einer materiellen Rechtswidrigkeit) und der Schuld (mit der Ersetzung des psychologischen durch den normativen Schuldbegriff) verdeutlicht.[4] Auch im Bereich des Tatbestands habe

„der Einfluss des Neukantianismus zur Überwindung der Begriffsjurisprudenz durch eine teleologische Begriffsbildung geführt, die unmittelbar in der (neukantianischen) Konzeption Rickerts und Lasks wurzelte, wonach die Rechtswissenschaft als eine Kulturwissenschaft es [...] mit neu geschaffenen, spezifisch kulturwissenschaftlichen, nämlich durch ein wertbezogenes Denken gewonnenen Begriffen zu tun hat."[5]

Beispielhaft: Mit der im Tatbestand geforderten „Verursachung" sei daher nicht die naturwissenschaftliche Kausalität, sondern eine spezifisch rechtliche Erfolgszurechnung gemeint,[6] und im Übrigen habe eine Auslegung im Bereich des Tatbestands „vom geschützten Rechtsgut her" zu erfolgen.[7] Aus all dem schließt Schünemann zusammenfassend, dass das neukantianische Denken „im Vergleich zum strafrechtlichen Naturalismus System und Methode des Strafrechts" geradezu „revolutioniert" habe.[8]

Etwas zurückhaltender im Lob, aber in der Sache ähnlich äußern sich zwei führende Lehrbücher. Nach der Ansicht von *Jescheck/Weigend*[9] wurde der Übergang vom klassischen Verbrechensbegriff, wie ihn von Liszt und Beling vertreten haben, zu einem sogenannten neoklassischen Verbrechensbegriff

„wesentlich durch die Erkenntnistheorie des Neukantianismus bestimmt, die neben die naturwissenschaftliche Methode des Beobachtens und Beschreibens wieder eine eigene geisteswissenschaftliche Methode des Verstehens und Bewertens gestellt hatte. Daraus ergab sich der Anstoß, auch das Wesen des Strafrechts in der Ausrichtung auf Zwecke, Werte und Ideen zu erblicken"

---

2 *Schünemann* (Fn. 1), 27.

3 Ibid.

4 Ibid. 27 f., 28 f.; s. dazu ergänzend und die Wirkungen der neukantianischen Philosophie im Strafrecht zusammenfassend *Mittasch*, Die Auswirkungen des wertbeziehenden Denkens in der Strafrechtssystematik, 1939, insbes. 126 ff., 144 ff.

5 *Schünemann* (Fn. 1), 30.

6 Ibid. 27.

7 Ibid. 30.

8 Ibid. 31; ähnlich positiv über den Einfluss der Neukantianer auf die Methode der Strafrechtswissenschaft und die Lehre vom Rechtsgut *Amelung*, Rechtsgüterschutz und Schutz der Gesellschaft, 1972, 126.

9 *Jescheck/Weigend*, Lehrbuch des Strafrechts. Allgemeiner Teil, 5. Aufl. 1996, 204 f.

– was nach und nach, wie Jescheck/Weigend verdeutlichen, zu einer Umbildung aller Merkmale des klassischen Verbrechensbegriffs geführt habe.[10] In ganz entsprechender Weise sehen *Roxin/Greco*[11] das

> „neoklassische System überwiegend fundiert durch die einflussreiche neukantianische Wertphilosophie […], die in der Abwendung vom Naturalismus den Geisteswissenschaften ein selbstständiges Fundament zurückgeben wollte und deren Eigenarten darin erblickte, dass die Realität auf bestimmte, den jeweiligen Disziplinen zugrunde liegende oberste Werte zu beziehen, durch sie zu formen und abzugrenzen und unter ihrem Blickwinkel zu systematisieren sei. Von einem solchen Standpunkt aus ist es konsequent, Unrecht und Schuld von den wertenden Maßstäben der Sozialschädlichkeit und der Vorwerfbarkeit her zu deuten […]".[12]

Dass beide Lehrwerke ihrerseits bei dem neoklassischen Verbrechensbegriff nicht stehen bleiben wollen, sondern einen über diesen hinausweisenden Verbrechensbegriff für notwendig erachten,[13] tut dieser Bewertung der Leistungen des neukantianischen Denkens keinen Abbruch.

Auf den ersten Blick erscheinen diese Feststellungen zum Einfluss und zur Wirkkraft der neukantianischen Philosophie sehr plausibel. Tatsächlich lässt sich ja nicht bestreiten, dass die Umbildung der Kategorien und Grundbegriffe des bis dahin entwickelten Systems im Wege einer Betrachtung erfolgte, in der der Zweck dieser Kategorien, ihre Funktion und ihr Hintergrund bei der Inhaltserfüllung eine zentrale Rolle spielten. Und ebenso unbestreitbar ist, dass damit bei der Inhaltserfüllung der Systemkategorien und Grundbegriffe ein Verfahren angewandt wurde, für das auch die Vertreter des neukantianischen Denkens warben – nämlich wertbeziehendes oder teleologisches Denken.[14]

---

[10] *Jescheck/Weigend* (Fn. 9), 205, 207.

[11] *Roxin/Greco*, Strafrecht Allgemeiner Teil I, 5. Aufl. 2020, § 7 Rn. 21 (s. ergänzend Rn. 16 f.).

[12] *Roxin/Greco* (Fn. 11), § 7 Rn. 21; s. als Ergänzung *Roxin*, Kriminalpolitik und Strafrechtssystem, 2. Aufl. 1973, 12 f.

[13] *Jescheck/Weigend* (Fn. 9), 207 f., 210; *Roxin/Greco* (Fn. 11), § 7 Rn. 21, 27 ff.

[14] Vgl. zu diesem Verfahren aus philosophischer Sicht *Rickert*, Kulturwissenschaft und Naturwissenschaft, 6./7. Aufl. 1926, 18 ff., 24, 50 f., 78 ff., 85 ff., 107 ff.; *dens.*, Die Grenzen der naturwissenschaftlichen Begriffsbildung, 5. Aufl. 1929, 318 ff., 339 ff.; zur Übertragung auf die Rechtsphilosophie *Lask*, Gesammelte Schriften, Bd. 1, 1923, 275 (279 ff., 306 ff.; entspricht *Lask*, Rechtsphilosophie, in: FS für Kuno Fischer, 2. Aufl. 1907, 269 [297 ff.]); für die Übertragung auf das Strafrecht *M. E. Mayer*, Rechtsnormen und Kulturnormen, 1903, 2 ff. (m. Fn.), 40 ff.; *dens.*, Allgemeiner Teil des deutschen Strafrechts, 1915, 37 ff.; *Graf zu Dohna*, Die Rechtswidrigkeit als allgemeingültiges Merkmal im Tatbestand strafbarer Handlungen, 1905, 38 ff., 46 ff.; *Grünhut*, Begriffsbildung und Rechtsanwendung im Strafrecht, 1926, insbes. 14 ff.; *Hegler*, ZStW 36 (1915), 19, 20 ff.; *Honig*, Die Einwilligung des Verletzten, 1919, 93 f., 108 ff., 112 ff.; *Radbruch*, Grundzüge der Rechtsphilosophie, 1914, 1 ff., 21 ff., 190 ff.; *dens.*, in: FG für R. Frank, Bd. 1, 1930, 158 ff.; *E. Wolf*, Strafrechtliche Schuldlehre, Erster Teil, 1928, 73 ff.; gute Zusammenfassung zur Wertbezogenheit der strafrechtlichen Begriffs-

Wenn sich gleichwohl Zweifel an der Richtigkeit der oben skizzierten Bewertungen einstellen – und auch bei einigen Referenten dieser Tagung eingestellt haben –, so hat dies mehrere Gründe.

II. Gründe, die These von der systemprägenden Kraft des Neukantianismus zu hinterfragen

Ein erster Grund zu zweifeln liegt darin, dass der Rekurs auf Werte und Zwecke zur inhaltlichen Erfüllung von Begriffen und das teleologische Denken ja alles andere als ein Alleinstellungsmerkmal neukantianischen Denkens im Recht sind. Dass Begriffe im Recht nicht einfach begriffsjuristisch oder nach ihrer umgangssprachlichen Bedeutung ausgelegt werden dürfen, sondern dass im Recht auf den mit der Verwendung dieser Begriffe verfolgten Zweck abzustellen ist, hat geraume Zeit vor den entsprechenden Äußerungen von Rechtswissenschaftlern, die dem neukantianischen Denken zugeordnet werden, in aller Deutlichkeit schon Rudolf von Jhering in seinem berühmten Buch „Der Zweck im Recht" dargelegt und belegt.[15] Erst recht sind das wertende und auch das wertbezogene Verständnis von Begriffen als solches sowie deren an Wertungen geknüpfter Einsatz nichts, was erstmals durch die Vertreter des neukantianischen Denkens für das Recht eingefordert und praktiziert wurde. Es kennzeichnet rechtliches Denken und den Umgang mit rechtlich relevanten Begriffen schon vor dem Neukantianismus und auch vor Kant selbst[16] und nicht weniger unab-

---

bildung bei *Mittasch* (Fn. 4), 30ff., 84ff., 126ff. – Eingehend zum Neukantianismus, seiner Entwicklung sowie seinen Schulen aus der neueren Literatur z.B. *Pascher*, Einführung in den Neukantianismus, 1997, 33ff.; *Köhnke*, Entwicklung und Aufstieg des Neukantianismus, 1986/1993; zur Marburger und zur Südwestdeutschen Schule der Neukantianer *Holzhey*, in: Holzhey/Röd (Hrsg.), Geschichte der Philosophie, Bd. XII, 2004, 42ff., 89ff.; *Larenz*, Methodenlehre der Rechtswissenschaft, 6. Aufl. 1973, 85ff., 92ff.; zum Neukantianismus im Strafrecht aus heutiger Sicht *Stuckenberg*, in: Kindhäuser (Hrsg.), Strafrecht und Gesellschaft, 2019, 125ff., 128f., 132ff. und *Ziemann*, Neukantianisches Strafrechtsdenken, 2009, insbes. 91ff., 134ff.; dort auch zu den Strafrechtlern, die als Vertreter des Neukantianismus gelten (103ff., 106ff., 126ff.). – Aus der italienischen Literatur *A. Nisco*, Neokantismo e Scienza del Diritto Penale, 2019.

[15] Und zwar andeutungsweise bereits im Motto auf der Titelseite des ersten Bandes: „Der Zweck ist der Schöpfer des ganzen Rechts"; vgl. weiter *v. Jhering*, Der Zweck im Recht, 1877, I, VIIIf., aber auch passim und insoweit insbes. das 8. Kapitel (234ff., 375ff., 435ff.). – Zu v. Jherings pragmatischem Zweckansatz *Larenz* (Fn. 14), 43ff. und *Wieacker*, Privatrechtsgeschichte der Neuzeit, 2. Aufl. 1967, 450ff.

[16] So der Neukantianer Lask selbst, vgl. nur *Lask*, in: FS für Kuno Fischer, 2. Aufl. 1907, 269, 305f., 310f. = *Lask*, Gesammelte Schriften (Fn. 14), 275 (315f., 320f.): das von der Jurisprudenz schon „stets angewandte teleologische Prinzip". – Vielfältige Beispiele unterschied-

hängig von der kantianischen Philosophie nach deren Publikation. Vor diesem Hintergrund hätte es schon eines etwa spezifischeren Beweises für die Feststellung des Einflusses des neukantianischen Denkens auf das Strafrecht als des bloßen Hinweises auf den wertbezogenen und teleologischen Charakter der den klassischen Verbrechensbegriff ablösenden gewandelten Begriffe des neuen Verbrechensbegriffs bedurft. Es hätte zumindest die Frage gestellt werden müssen, ob bei denen, die an der Entwicklung der neuen Begriffsverständnisse maßgeblich beteiligt waren, neukantianisches Denken überhaupt sichtbar in Erscheinung tritt oder als Denkansatz herangezogen wird oder ob insoweit nicht ganz andere Erwägungen die (nur letztlich wertbezogene) Begriffsbildung leiten. Eine erste „Tiefenbohrung" bei mehreren Begriffen wird zeigen, dass der angebliche Einfluss neukantianischen Denkens schon aus derartigen Gründen bei einer Reihe der neuen Begriffsbildungen eine problematische These ist.

Aber auch dann, wenn in den neuen, die Inhalte des klassischen Verbrechensbegriffs ablösenden Begriffsbildungen Niederschläge neukantianischen Denkens, etwa in Gestalt von Rekursen auf die von den Neukantianern für das Recht geforderte Methode der Begriffsbildung zu finden sind, ist Vorsicht vor einer allzu raschen Buchung der neuen Begrifflichkeit auf das Konto des Neukantianismus geboten. Das gilt insbesondere dann, wenn das Einzige, das die Zuordnung der Begriffsbildung zum neukantianischen Denken zu stützen vermag, die Anwendung der *Methode* wertbezogenen oder teleologischen Denkens ist – denn diese Methode ist, wie schon erwähnt, kein Alleinstellungsmerkmal des neukantianischen Denkens. Entscheidend ist vielmehr auch, woher die *Inhalte* kommen, die schließlich als Ergebnis wertbeziehenden Denkens präsentiert werden.[17] Das ist gerade in Bezug auf angebliche inhaltliche Einflüsse des neukantianischen Denkens zu beachten. Denn da diesem in Bezug auf die Werte, an denen sich die Begriffsbildung zu orientieren hat, überwiegend Zurückhaltung bis Vagheit attestiert wird,[18] ist es ziemlich unwahrscheinlich, dass die Inhalte das Produkt neukantianischen Denkens sind – vielmehr liegt es nahe, dass die Inhalte anderen Systemen, Ansätzen oder Quellen entlehnt sind. Das gilt auch dann, wenn im Rahmen der Begriffsbildung Kant selbst zu Worte kommt. Auch insoweit erscheint es nicht ausgeschlossen, dass der schließlich

---

lichster Art dafür aus dem gemeinen Recht bei *Schaffstein*, Die allgemeinen Lehren vom Verbrechen, 1930; aus dem System Pufendorfs bei *Welzel*, Die Naturrechtslehre Samuel Pufendorfs, 1958 (für das Strafrecht dort 84 ff.). – Dass zweckrationale Begriffsbildung nichts spezifisch Neukantianisches ist, betont mit Recht auch *Stuckenberg* (Fn. 14), 133.

[17] Zutreffend *Stuckenberg* (Fn. 14), 146: teleologisches Denken „liefere nur die Form, die noch mit Inhalten gefüllt werden muss."

[18] So von *Jescheck/Weigend* (Fn. 9), 207 f.

präsentierte Begriffsinhalt das Ergebnis eigener Denkarbeit des jeweiligen Autors oder eine Übernahme durchaus nicht-kantianischer Gedankengänge ist.

Der Überprüfung bedarf freilich nicht nur, ob die Veränderungen des Verbrechensbegriffs, die neukantianischem Denken zu verdanken sein sollen, tatsächlich aus diesem (und ggf. allein aus ihm) erwachsen sind. Der neukantianische Ansatz muss noch grundsätzlicher zugleich daraufhin überprüft werden, was er in Bezug auf die Konstitution des Verbrechensbegriffs überhaupt zu leisten vermag. Dies nicht nur deshalb, weil – wie schon erwähnt – einigermaßen unklar bleibt, wie mithilfe eines Ansatzes, dem Vagheit und Zurückhaltung in Bezug auf die für die Begriffsbildung maßgebenden Werte bescheinigt wird, wertbezogene Begriffe entwickelt worden sein sollen. Auffällig ist noch etwas anderes: Selbst die Autoren, die dem Ansatz wichtige Weiterentwicklungen des Verbrechensbegriffs bescheinigen, sehen doch gleichwohl noch entscheidende Mängel an dem Verbrechensbegriff, der unter dem Einfluss des Neukantianismus entstanden sein soll. Für die einen fehlen gewisse (erst durch den Finalismus aufgedeckte) ontologische Einsichten,[19] die anderen vermissen funktionale Einsichten und Elemente des Verbrechensbegriffs.[20] Dies könnte auf eine beschränkte Leistungsfähigkeit des Ansatzes hindeuten, der nicht nur selbst zu einer Neubestimmung vorhandener Begriffe aufruft, diese aber nicht hinreichend leitet, sondern vor allem auch im Übrigen an gewisse Grenzen stößt – nämlich z.B. zu einer Überprüfung der Vollständigkeit des Verbrechensbegriffs und gegebenenfalls seiner zielgerichteten Weiterentwicklung nicht taugt. Möglicherweise stoßen an dieser Stelle freilich Rückgriffe auf die allgemeine Philosophie überhaupt auf Grenzen – bedarf es vielmehr spezifischerer Ansätze (etwa zu den Legitimationsvoraussetzungen der staatlichen Strafe).

Zumindest am Ende dieser Untersuchung und nach der Überprüfung der angeblichen Leistungen und der Leistungsfähigkeit neukantianischen Denkens in Bezug auf den Verbrechensbegriff sollte freilich auch noch eines nicht ganz unterbleiben: ein Blick auf den klassischen Verbrechensbegriff, der im Lobgesang auf die neukantianischen Leistungen zum Verbrechensbegriff reichlich Schelte erfahren hat. Verkennt seine Klassifikation als „naiver Naturalismus" und „unzulänglicher Gesetzespositivismus",[21] der auf die Schöpfer des Begriffs, Franz von Liszt und Ernst Beling, zurückfällt, nicht möglicherweise doch einiges? Franz von Liszt, ein Vater der zweckrationalen Strafe, der auch seinen Verbrechensbegriff zumindest im Ausgang auf eine normwidrige Handlung im

[19] So z.B. *Jescheck/Weigend* (Fn. 9), 207f., 210; ansatzweise auch *Schünemann* (Fn. 1), 34f.

[20] So *Roxin/Greco* (Fn. 11), § 7 Rn. 21, 27, 29; *Schünemann* (Fn. 1), 18f., 31, 51.

[21] So *Schünemann* (Fn. 1), 24f., 26.

Sinne Bindings stützte[22] und an dessen Schuldlehre noch heute Roxin (im Rahmen der Schuldfähigkeit) anknüpft[23] – ein „naiver Naturalist“? Und Ernst Beling, der sich im Strafprozessrecht als erster grundlegend auch mit im positiven Recht nicht geregelten Beweisverboten als Grenzen der Wahrheitsfindung beschäftigt hat[24] und im Rahmen des Verbrechensbegriffs als Maßstab für die „Ermittelung, ob und inwieweit menschliches Verhalten rechtswidrig ist“, ausdrücklich auch das „ungeschriebene Recht“ (z. B. mit der Figur des übergesetzlichen Notstands) anerkennt[25] – ein reiner Positivist? Möglicherweise waren die Schwächen des klassischen Systems doch von etwas anderer Art!

Wenden wir uns nach dieser tour d'horizon zunächst der ersten aufgeworfenen Frage zu – der Frage, was von den durch verschiedene Autoren beschriebenen Änderungen der strafrechtlichen Systembegriffe wirklich auf das Konto des neukantianischen Denkens geht.

III. Dem Neukantianismus zugeschriebene Veränderungen des Verbrechensbegriffs und seiner Inhalte, die andere Wurzeln haben

Wie schon oben angedeutet, gibt es unter den Neuerungen des strafrechtlichen Verbrechensbegriffs und seiner Inhalte eine Reihe von Veränderungen, die zwar durchaus auf der Linie des neukantianischen Denkens liegen, weil sie einem Begriff eine neue wertbezogene Inhaltsbestimmung geben, die aber gleichwohl nicht philosophischem Denken entspringen, sondern andere Wurzeln haben – und deren Vereinnahmung für den Neukantianismus auch die eigentlich maßgebende Veränderung und Leistung (zumindest zum Teil) verdeckt.

---

22 Vgl. *von Liszt*, Das deutsche Reichsstrafrecht, 1. Aufl. 1881, 5 f., 65; in der unter dem Titel „Lehrbuch des deutschen Strafrechts“ erschienenen 2. Aufl. von 1884 sind die entsprechenden Bezüge auf Binding stark gekürzt worden, s. dort S. 83, 100 f.

23 Vgl. *Roxin*, Strafrecht Allgemeiner Teil I, 4. Aufl. 2006, § 19 Rn. 36 ff. unter Berufung auf *von Liszt*, Strafrechtliche Vorträge und Aufsätze, 1905, Bd. 2, 83, 85 und 219; zu weiteren Übereinstimmungen *Roxin*, in: Franz von Liszt zum Gedächtnis, 1969, 69 ff.; umfassender *Breneselović*, Die wissenschaftstheoretischen Zuordnungen von Franz von Liszt, 2020, 392 ff., 512 ff.

24 *Beling*, Die Beweisverbote als Grenzen der Wahrheitsfindung im Strafprozeß, 1903, insbes. S. 32 ff., wo die Frage der Existenzberechtigung auch bisher nicht positiv geregelter Beweisverbote und die insoweit auftauchenden schwierigen Fragen der Güterabwägung klar gesehen und sogar Richtlinien für die Berechtigung solcher Verbote entwickelt werden.

25 *Beling*, Grundzüge des Strafrechts, 11. Aufl. 1930, 14 und 15; im Kern auch schon zuvor in der 1. Aufl. der „Grundzüge“ von 1899 auf S. 29.

1. Veränderungen im Bereich der Schuld

Ein erstes Beispiel dafür bildet ausgerechnet die Verbrechenskategorie, die den Übergang von einer Begrifflichkeit, welche auf empirisch feststellbare Sachverhalte setzt, auf eine wertbezogene Begrifflichkeit besonders deutlich verkörpert und damit als Paradefall der begrifflichen Veränderung des Verbrechensbegriffs unter dem Einfluss neukantianischen Denkens erscheinen mag: die Schuld. Im Anschluss an die grundlegende Arbeit Reinhard Franks[26] und aufbauend auf diese ist der ehedem meist durch den Bezug eines bestimmten psychischen Sachverhalts auf das äußere Tatgeschehen umschriebene Begriff der Schuld durch einen normativen Schuldbegriff ersetzt worden, wobei Schuld durch Frank als Vorwerfbarkeit beschrieben[27] und dieses Begriffsverständnis von vielen übernommen wurde.[28] Sicher handelt es sich hier um einen Wechsel von einer psychologisch bestimmten zu einer normativen, wertbezogenen Begrifflichkeit. Aber handelt es sich deswegen auch um eine Errungenschaft neukantianischen Denkens? – In Wahrheit verdeckt eine solche Sicht die tatsächlich formenden Kräfte und verzeichnet zudem die eigentliche Leistung Franks.

Diese lag nicht darin, einen längst gefestigten und anerkannten Rechtsstoff aus einer verkürzenden psychologischen Begrifflichkeit befreit und auf den richtigen, nämlich einen wertbezogenen Begriff gebracht zu haben. Seine zentrale Leistung bestand vielmehr darin, aufgezeigt zu haben, dass der Kreis der zur Kategorie der Schuld gehörenden Elemente deutlich umfassender ist, als das bis dahin angenommen worden war.[29] Schuld setzt – wie Frank im Einzelnen darlegt – nicht nur eine bestimmte psychische Beziehung des Täters zu seiner Tat voraus. Sie fordert nicht weniger, dass die Person, die diese psychische Beziehung hat, auch schuldfähig ist – die Schuldfähigkeit ist also, anders als damals viele annahmen, nicht ein der Schuld vorgelagertes eigenes Element, sondern ein unverzichtbares Element der Schuld selbst.[30] Weiter gehören zur Schuld

---

[26] *Frank*, in: FS der Juristischen Fakultät der Universität Gießen, 1907; hier zitiert nach dem (mit S. 3 beginnenden) Sonderdruck; zu Frank und der Weiterentwicklung von Franks Auffassung eingehend *Achenbach*, Historische und dogmatische Grundlagen der strafrechtssystematischen Schuldlehre, 1974, 97 ff., 99 f., 101 ff. und *Goldschmidt*, in: FG für R. Frank, Bd. 1, 428 ff.

[27] *Frank* (Fn. 26), 11 und danach mehrfach.

[28] Eingehende Darstellung des Rezeptionsprozesses und der Vertreter der Literatur, die Frank folgten, bei *Achenbach* (Fn. 26), 105 ff., 133 ff., 163 ff.; Zusammenstellung der Autoren, die Franks Schuldverständnis in den ersten Jahrzehnten des 20. Jahrhunderts weitgehend übernommen hatten, bei *R. von Hippel*, Deutsches Strafrecht, Bd. 2, 1930, 279 f.; *Mezger*, Strafrecht, 1931 (= 3. Aufl. 1949), 248 ff.; *von Liszt/Schmidt*, Lehrbuch des deutschen Strafrechts, 25. Aufl. 1927, 215 f.

[29] Klar erfasst von *Mezger* (Fn. 28), 250 Fn. 6; auch *Achenbach* (Fn. 26), 103 f.

[30] *Frank* (Fn. 26), 8 ff.

nach seiner Auffassung aber auch gewisse die Tat „begleitende Umstände".[31] Das – so Frank – sei für die Strafzumessung, bei der diese begleitenden Umstände (wie die Motive, eine situative Erschwerung usw.) eine besondere Rolle spielten, längst anerkannt.[32] Es gelte aber auch für die Frage des Vorhandenseins von Schuld überhaupt. Denn die begleitenden Umstände könnten die Fähigkeit des Täters zu richtigem Handeln im Extremfall praktisch ausschließen – wie im Fall des (deshalb) entschuldigenden Notstands.[33] Auch die unvermeidbare Unkenntnis des Gesetzes könne dieselbe Bedeutung haben.[34]

Es versteht sich, dass bei einer solchen umfassenderen Sicht der für die Schuld relevanten Sachverhalte auch der Begriff der Schuld als „zusammengesetzter Begriff"[35] eine Änderung erfahren musste. Der Begriff ist bei einer solchen Sicht der relevanten Sachverhalte nicht mehr allein über das Vorhandensein oder Nichtvorhandensein eines psychischen Sachverhalts bestimmbar. Er muss vielmehr so bestimmt werden, dass er auch die anderen der Schuld zugehörigen Elemente einschließt – sodass bei ihrem Gegebensein einerseits Schuld vorliegt und andererseits Schuld ausgeschlossen ist, wenn es an einem dieser für die Schuld notwendigen Sachverhalte fehlt. Da die einzelnen Elemente der Schuld auf ganz unterschiedlichen Ebenen liegen (nämlich u. a. auf der einer bestimmten Fähigkeit, des Vorhandenseins eines bestimmten psychischen Sachverhalts oder des Gegebenseins oder Fehlens bestimmter begleitender Umstände) ist ein dies alles abdeckender Begriff von vornherein nur auf einer höheren, wertbezogenen oder normativen Ebene zu bilden. Frank findet die Lösung in dem Begriff der Vorwerfbarkeit:[36] dieser setze bestimmte Fähigkeiten, ein bestimmtes psychisches Substrat, aber auch das Nichtvorhandensein bestimmter die Vorwerfbarkeit ausschließender Umstände voraus. Frank selbst ist über diesen Begriff nicht besonders glücklich[37] – er hätte ihn gerne durch einen besseren ersetzt.

---

[31] Ibid. 5 f., 12 f., 14, 28; krit. dazu wegen einer Vermengung der objektiven und der subjektiven Tatseite *Beling*, Unschuld, Schuld und Schuldstufen im Vorentwurf zu einem Deutschen Strafgesetzbuch, 1910, 8 f. (in der Fn.) und *Hegler*, ZStW 36 (1915), 184, 189 m. Fn.; s. auch *Goldschmidt*, in: FG für R. Frank, 428, 431 ff., 447 ff.

[32] *Frank* (Fn. 26), 5 f.; kritisch zu dieser Argumentation aus der Strafmaßschuld auf die Elemente der Strafbegründungsschuld *Achenbach* (Fn. 26), 102 f.

[33] *Frank* (Fn. 26), 6 f., 14; anders gewendet: zur Schuld gehört die normale Beschaffenheit der begleitenden Umstände (14).

[34] Ibid. 21 f.

[35] Ibid. 10, 12.

[36] Ibid. 11 und danach mehrfach

[37] Ibid.; auch nach *Achenbach* (Fn. 26), 101 f. kommt der Begriff sehr unvermittelt (dort freilich auch zu älteren Tendenzen einer solchen Umschreibung der Schuld, etwa bei *Beling*, Grundzüge des Strafrechts zum Gebrauch bei Vorlesungen, 1899, 30, 32; *dems.*, Die Lehre vom Verbrechen, 1906, 79; später auch in *Beling* [Fn. 31], 8).

Aber er hält an dem Begriff fest, weil er keinen Begriff findet, der das Maßgebliche nach seiner Sicht besser ausdrückt.

Die neukantianische Philosophie spielt bei all dem keine Rolle[38] – sie wird von Frank nicht einmal nebenbei erwähnt. Maßgebend ist für ihn rein juristische Arbeit: das Bemühen um die richtige und vollständige Erfassung der für die Schuld relevanten Sachverhalte und das Streben, das so Erfasste auch möglichst treffend zu benennen. Wem das schon genügt, um von neukantianischem Denken und darauf basierenden Errungenschaften zu sprechen, der mag so reden – aber bei einem solchen Verständnis drückt der Begriff nur eine selbstverständliche Seite korrekten wissenschaftlichen Arbeitens aus. Und mit der Betonung allein dieser begrifflichen Seite, genauer: der insoweit vorgeschlagenen Umbenennung, wird die eigentliche Leistung Franks, die in einer zutreffenden Erfassung der bis dahin nur unzureichend erfassten schuldrelevanten Sachverhalte (und nicht nur in der Findung des dafür passenden normativen Begriffs) liegt, geradezu verschleiert.

2. Veränderungen des Tatbestandsbegriffs

Ein weiteres Beispiel, das gerne für den Wandel des Verbrechensbegriffs von einem Begriff, der bestimmte Sachverhalte nur wertfrei beschreibt, zu einem wertbezogenen Begriffsverständnis angeführt wird, ist der Wandel, den das Begriffsverständnis des „Tatbestands" im Laufe der Zeit erfahren hat. Auch darin sehen manche ein Wirken neukantianischen Denkens[39] – wobei das wertbezogene Endprodukt des Wandels überwiegend in einem Tatbestandsverständnis gesehen wird, in dem der Tatbestand einen sogenannten Unrechtstypus verkörpert,[40] vereinzelt vertreten wird aber auch ein Verständnis als (die Schuldmerk-

[38] So auch *Stuckenberg* (Fn. 14), 136; das gibt auch *Schünemann* (Fn. 1), 29 Fn. 58 zu: nicht in der Philosophie des Neukantianismus verankert. – Es ist vielmehr nur so, dass der von Frank entwickelte (und zum Teil schon von Beling so gebrauchte) Schuldbegriff sich natürlich hervorragend mit dem Konzept wertbezogener Begriffsbildung der Neukantianer (als Konkretisierung des neukantianischen Ansatzes für die Schuld) verbinden ließ und vermittelt durch die dieser Begriffsbildung (deshalb) überwiegend zustimmende neukantianische Schuldlehre und deren einflussreiche Anhänger in den zwanziger Jahren des vergangenen Jahrhunderts allmählich zum Allgemeingut der Strafrechtswissenschaft wurde (*Achenbach* [Fn. 26], 133 f. m. w. N.). Reichlich verkrampft und konstruiert daher der Versuch von *Hegler*, ZStW 36 (1915), 184 ff. und *Mittasch* (Fn. 4), 146 f., die Auffindung des Begriffs der Vorwerfbarkeit durch Frank als *notwendige Folge* eines *teleologischen Denkens* (durch Frank) auszugeben.

[39] S. etwa *Jescheck/Weigend* (Fn. 9), 206, 245 f.; *Schünemann* (Fn. 1), 30.

[40] Vgl. etwa *Jescheck/Weigend* (Fn. 9), 205 f., 245 f.; früher schon *Mezger* (Fn. 28), 175 ff. m. Nachw. der Literatur bis Anfang 1932; *Roxin/Greco* (Fn. 11), § 10 Rn. 19 f.; eingeh. w. Nachw. dieser Auffassung bei *Schweikert*, Die Wandlungen der Tatbestandslehre seit Beling,

male einschließender) Deliktstypus oder als Gesamtheit der in der Sanktionsnorm geforderten speziellen Voraussetzungen für den Eintritt der im Tatbestand des Besonderen Teils festgelegten Strafe.[41]

Richtig daran ist, dass das von Beling für den klassischen Verbrechensbegriff nachdrücklich vertretene und verteidigte Verständnis des Tatbestands als wertfreie Beschreibung eines für die Bestrafung erforderlichen Sachverhalts[42] von Anfang an – mit Recht – auf Kritik stieß, und zwar auf Kritik aus den unterschiedlichsten Lagern.[43] Richtig ist, zugegebenermaßen, auch, dass ein wertbezogenes Verständnis des Tatbestands – etwa dessen Verständnis als Unrechtstypus – besonders gut mit einem neukantianischen Denkansatz harmoniert; denn der Wertbezug kann nach diesem Denkansatz auch ein negativer sein, wie dies beim „Unrecht" in Bezug auf das „Recht" der Fall ist.[44] Aber das allein bedeutet noch lange nicht, dass der neukantianische Denkansatz es damit auch war, der das Konstrukt des wertfreien Tatbestands zu Fall brachte – oder dass dieses Denken dafür notwendig war. Belings Konzept vom wertfreien Tatbestand konnte sich nicht halten, weil es schon analytischer Kritik nicht standhielt: Gegen die These von der Wertfreiheit des Tatbestands sprach nicht nur der schon bald nach dem Erscheinen der Belingschen Verbrechenslehre erhobene Einwand, dass eine Reihe von Tatbeständen objektive wie auch subjektive Merkmale enthalten, die in der Anwendung Wertungen erforderten oder (wie gerade auch subjektive Tatbestandsmerkmale) wertungsrelevant seien.[45] Es war vor allem evident unplausibel und fast widersprüchlich, im Tatbestand einer-

---

1957, 40 ff., 48 ff., 51 ff., 55 ff.; gegen diese Qualifikation nochmals *Beling*, Die Lehre vom Tatbestand, 1932, 9 ff.

[41] Vgl. dazu und zu Vertretern dieser Auffassungen zusammenfassend *Schweikert* (Fn. 40), 82 ff., 133 ff. und *Frisch*, in: Rostalski (Hrsg.), Grundlagen und Konzepte des Strafrechts, 2021, 111, 122 ff.

[42] *Beling*, Lehre vom Verbrechen (Fn. 37), 145, 147 und 112; in evidentem Widerspruch dazu freilich die Überschrift auf S. 110 (und der ihr sogleich folgende Text): „Der Tatbestand als Umriß des Verbrechenstypus".

[43] Widerspruch selbst bei M. E. Mayer, der dem Tatbestandsbegriff Belings im Übrigen weitgehend zustimmt, vgl. *M. E. Mayer*, Der Allgemeine Teil des deutschen Strafrechts, 1915, 2. Aufl. 1923, 10 Fn. 22 (und allgemein 3 ff.); ablehnend vor allem *Mezger*, in: FS für Traeger, 1926, 187, 190 f.; zu dieser Kritik zusammenfassend *H. Bruns*, Kritik der Lehre vom Tatbestand, 1932, 16 f., 34 ff., 38 f., 41, 46 f.; *Mittasch* (Fn. 4), 128 f.; *Schweikert* (Fn. 40), 29 ff., 48 ff., 94 ff.; *Zimmerl*, Zur Lehre vom Tatbestand, 1928, 7, 64.

[44] Vgl. dafür *E. Wolf* (Fn. 14), 75; *Amelung* (Fn. 8), 128.

[45] Zu derartigen normativen Tatbestandsmerkmalen s. etwa *M. E. Mayer* (Fn. 43), 182 ff.; *Hegler*, ZStW 36 (1915), 19, 35 f.; *dens.* in: FG für Frank, 251, 274 f.; *Mezger*, in: FS für Traeger, 1926, 187, 216 ff.; zu im Tatbestand enthaltenen subjektiven (Unrechts-) Merkmalen *Hegler*, ZStW 36 (1915), 19, 31 ff. und *Mezger*, GS 89 (1924), 207 ff., 259 ff.; *dens.*, in: FS für Traeger, 187, 195 ff.

seits eine notwendige Mindestvoraussetzung für die Strafbarkeit und damit auch für strafrechtlich relevantes Unrecht und strafrechtlich relevante Schuld zu sehen, andererseits aber gleichzeitig den Tatbestand und seine Verwirklichung überhaupt als wertfrei zu qualifizieren.[46] Wenn es auf den Tatbestand und seine Verwirklichung für die Annahme einer rechtswidrigen und schuldhaften, zur Strafe führenden Tat ankam, so musste bereits seine Verwirklichung in Spannung zu einem rechtlichen Wert stehen – und damit (un-)wertbezogen oder negativ wertbezogen sein. Richtig war nur, dass dieser negative Wertbezug auf das Recht, also die Rechtswidrigkeit, noch kein endgültiges Urteil war, sondern unter Vorbehalt (des Nichteingreifens von Rechtfertigungsgründen) stand.[47] Das war denn auch der gemeinsame Tenor der aus den unterschiedlichsten Lagern stammenden Kritik.

Die Antwort auf die Frage, auf welchen Wert der Tatbestand (negativ) bezogen ist, hängt dabei davon ab, welchen Ausschnitt der in der Sanktionsnorm des Besonderen Teils aufgeführten Merkmale man in den Blick nimmt und als Tatbestand bezeichnet. Zu einem Tatbestand als Verkörperung des Unrechtstypus gelangt, wer nur die für das typische Unrecht des Delikts maßgebenden Umstände in den Blick nimmt, zu einem Tatbestand als Deliktstypus, wer auch die schuldprägenden Merkmale der Sanktionsnorm hinzunimmt.[48] Aber natürlich kann man in den Tatbestand auch die in den Sanktionsnormen des Besonderen Teils geforderten außerhalb von Unrecht und Schuld stehenden speziellen Merkmale einbeziehen. Jeder dieser Tatbestandsbegriffe ist möglich; sie werden auch in unterschiedlichen Kontexten benötigt[49] – weshalb der lange geführte Streit darüber, ob der Tatbestandsbegriff überhaupt als Begriff berechtigt und welcher

---

[46] *Hardwig*, Die Zurechnung, 1957, 181, 209 f.: „irreführendes und unzulängliches Trennungsdenken"; zuvor schon *Mezger* (Fn. 28), 176: der Tatbestand ist „der eigentliche Träger der Unrechtsbewertung". – „Wertfrei" war der Tatbestand allenfalls in dem Sinne, dass mit ihm noch keine abschließende, endgültige Wertung über das Unrecht und die Schuld verbunden war – was Beling möglicherweise meinte; treffend in diesem Sinn *Jakobs*, Strafrecht Allgemeiner Teil, 2. Aufl. 1991, 6/50.

[47] Treffend aus der heutigen Literatur *Jakobs* (Fn. 46), 6/50; *Stratenwerth/Kuhlen*, Strafrecht Allgemeiner Teil, 6. Aufl. 2011, § 7 Rn. 9; aus der Literatur in der ersten Hälfte des 20. Jahrhunderts z. B. *von Liszt/Schmidt* (Fn. 28), 175 f.; *Mezger*, in: FS für Traeger, 1926, 187, 191; *ders.* (Fn. 28), 182 ff.; *Sauer*, Grundlagen des Strafrechts, 1921, 307 ff.

[48] Zu diesen unterschiedlichen Verständnissen z. B. *Engisch*, in: FS für Mezger, 1954, 127, 129 ff.; *Schweikert* (Fn. 40), 76 ff., 82 ff., 133 ff.

[49] Der Tatbestand als Unrechtstypus z. B. als Bezugspunkt des Vorsatzes; der auch Merkmale außerhalb von Unrecht und Schuld umfassende Tatbestand als maßgeblicher Bezugspunkt des Satzes nullum crimen sine lege (Garantietatbestand); dazu schon früher *Bruns* (Fn. 43), 21 ff., 26 f., 33; *Schweikert* (Fn. 40), 85 f.; heute *Jescheck/Weigend* (Fn. 9), 246; *Otto*, Grundkurs Strafrecht, Allgemeine Strafrechtslehre, 7. Aufl. 2004, § 5 Rn. 6 ff.; *Roxin/Greco* (Fn. 11), § 7 Rn. 6, § 10 Rn. 4; eingehend *Engisch*, in: FS für Mezger, 127, 129 ff.

dieser Tatbestandsbegriffe der richtige sei,[50] eine relativ unfruchtbare Diskussion darstellt.

3. Veränderungen im Bereich des notwendigen Zusammenhangs zwischen Handlung und Erfolgseintritt

Der Kreis der Beispiele von Veränderungen und Ersetzungen naturalistischer Begriffe durch wertbezogene Begriffe, der in diesem Abschnitt etwas näher behandelt werden soll, sei durch einen Blick auf einen Grundbegriff der Erfolgsdelikte beschlossen – nämlich den Begriff der Kausalität. An seine Stelle ist in den letzten Jahrzehnten zunehmend der Begriff der Zurechnung des Erfolgs getreten – sei es im Sinne einer vollständigen Ersetzung,[51] sei es in Gestalt einer Ergänzung der Kausalität durch ein spezifisches Erfordernis der Zurechnung.[52] Auch für diese Entwicklung soll neukantianisches Denken den Anstoß gegeben haben.[53]

Dieser Verknüpfung des Erfordernisses der Zurechnung des Erfolgs mit der Gedankenwelt des Neukantianismus ist zuzugeben, dass es aus einer wertbezogenen Sicht schwerfällt, einen eingetretenen Erfolg als für die Erfüllung eines vollendeten Erfolgsdelikts bereits ausreichend zu erachten, wenn eine Person durch ihr Handeln nur überhaupt eine Bedingung für den Erfolgseintritt gesetzt hat. Denn die Belastung des Täters gerade auch mit dem eingetretenen Erfolg als von ihm verursachtes Unrecht setzt eine besondere Verantwortlichkeit für den Erfolgseintritt voraus, die nicht schon ohne weiteres gegeben ist, wenn der Täter für den Erfolgseintritt zwar eine Bedingung gesetzt hat, der Erfolg aber z. B. erst durch das Handeln des Opfers selbst, das Handeln eines Dritten oder auf ganz zufällige Weise eingetreten ist.[54] In diesem Sinne erscheint es auch aus der – hypothetisch eingenommenen – Sicht eines neukantianischen Ansatzes

---

[50] Zu dieser Diskussion *Schweikert* (Fn. 40), passim, insbes. 29 ff.

[51] Beispielhaft dafür *Otto* (Fn. 49), § 6 Rn. 5 ff.; *ders.*, NJW 1980, 417 ff.

[52] Im Sinne einer solchen Ergänzung wohl – im Anschluss an die Relevanztheorie Mezgers, die ergänzend zur Feststellung der Kausalität nach deren Relevanz fragt (*Mezger* [Fn. 28], 122) – z. B. *Jakobs* (Fn. 46), 7/5 ff., 7/29 ff., 7/35 ff.,; *Jescheck/Weigend* (Fn. 9), 275 ff., 284 f., 286 ff.; *Roxin/Greco* (Fn. 11), § 11 Rn. 1 f., 3 ff., 44 ff., je m. w. N.; zuvor auch schon *Honig*, in: FG für Frank, 174, 178 ff., 182, 192 f., 196.

[53] So nach dem Gang seiner Darstellung *Schünemann* (Fn. 1), 24, 27.

[54] Dazu, dass das die eigentlichen Problemfälle sind, vgl. schon *Frank*, Das Strafgesetzbuch für das Deutsche Reich, 18. Aufl. 1931, 14 f., der deshalb für einen Teil dieser Fälle ein Regressverbot vorsieht. Eingehend zur Problematik *Frisch*, Tatbestandsmäßiges Verhalten und Zurechnung des Erfolgs, 1988, insbes. 86 ff., 127 ff., 148 ff., 230 ff., 385 ff.; *Roxin/Greco* (Fn. 11), § 11 Rn. 55 ff., 106 f., 118 f., 137 ff., § 24 Rn. 26 ff.; kurz gefasst in *Frisch*, JuS 2011, 116, 117 f., 119 f., 120 f.

sachgerecht, den eingetretenen Erfolg für die Verwirklichung eines vollendeten Erfolgsdelikts nur dann genügen zu lassen, wenn er mit dem Handeln in einem spezifischen, die Belastung mit dem Erfolg rechtfertigenden Zusammenhang steht – was man, bei aller Ungenauigkeit des Begriffs der Zurechnung als Zurechnung (besser: Zurechenbarkeit) des Erfolgs bezeichnen mag.

Indessen bedeutet diese *Möglichkeit* einer Begründung (Einführung) des Erfordernisses der Zurechnung des Erfolgs über einen neukantianischen Denkansatz noch nicht, dass der Neukantianismus wirklich den Anstoß zur Entwicklung dieses Erfordernisses und zu einer Ersetzung der Kausalität (oder deren Ergänzung) durch eine Zurechnung gegeben hat. Gegen eine solche Sicht spricht vielmehr die Geschichte der Einführung des Begriffs. Der Begriff der Zurechnung des Erfolgs als Voraussetzung für die berechtigte Annahme eines vollendeten Erfolgsdelikts taucht im Strafrecht – nach dem Aufkommen der neukantianischen Philosophie – erstmals im Jahr 1930 bei *Honig* auf. In seinem Beitrag zur Festgabe für Reinhard Frank fordert Honig hier für die Belastung des Täters mit dem Erfolg, dass der Täter den Erfolg nicht nur verursacht hat (Kausalität), sondern dass der Erfolg ihm auch *als sein Werk müsse zugerechnet* werden können – was (nur) dann der Fall sei, wenn der „Erfolg als zweckhaft gesetzt gedacht werden kann“,[55] d. h. sein Eintritt durch den Willen beherrschbar ist. Das von Honig postulierte Erfordernis der Zurechnung des Erfolgs unterscheidet sich damit zwar noch etwas von dem, was heute für die Zurechnung des Erfolgs meist (auch von Schünemann) gefordert wird.[56] Doch mag das dahinstehen. Im vorliegenden Zusammenhang wichtiger ist, dass der Text des Beitrags keine Anhaltspunkte dafür enthält, dass der Aufstellung des Erfordernisses neukantianisches Denken zugrunde liegt. Mehr noch: Dieser Hintergrund und Ausgangspunkt wird sogar von Honig selbst infrage gestellt, wenn er ausdrücklich darauf verzichtet, dem Gedanken der Zurechnung „von der kantischen Philosophie aus nachzugehen“[57], es ihm vielmehr „darauf ankommt, den Begriff der objektiven Zurechnung unabhängig von jeder philosophischen Einstellung aus den allgemein anerkannten Grundsätzen der allgemeinen Rechtslehre abzuleiten“[58], und er sich zur weiteren Begründung des von ihm aufgestellten Erforder-

---

[55] *Honig*, in: FG für R. Frank, 174, 183 f., 185, 187, 188, 191 f.

[56] Zu den Unterschieden zwischen dem Honigschen Verständnis von objektiver Zurechnung und der heutigen Zurechnungslehre (mit dem Erfordernis der Schaffung einer *missbilligten* Gefahr, die sich im Erfolg realisiert hat; dazu eingehend *Frisch* [Fn. 54], 33 ff., 50 ff., 69 ff., 507 ff., 518 ff.; *Roxin/Greco* [Fn. 11], § 11 Rn. 47 ff., 53 ff., 69 ff., je m. w. N.) näher *Maiwald,* in: FS für Miyazawa, 1995, 465, 467 ff., 476 ff.

[57] *Honig*, in: FG für R. Frank, 174, 181.

[58] Ibid. 181 f.

nisses schließlich auf die (zivilrechtliche) Dissertation von Larenz[59] beruft, der (für das Zivilrecht) ebenfalls ein Erfordernis der Erfolgszurechnung postuliert, sich dabei aber explizit nicht auf Kant oder den Neukantianismus, sondern auf die Philosophie Hegels (und nicht auf neukantianische Ansätze) gestützt hatte.[60] Im Übrigen argumentiert Honig meist nur mit der Unangemessenheit des Ergebnisses in gewissen Fällen, wenn man für die Belastung einer Person mit dem eingetretenen Erfolg allein schon die Kausalität ihres Handelns für den Erfolgseintritt ausreichen ließe.[61] Die bloße Zugehörigkeit Honigs zum Kreis der strafrechtlichen Neukantianer rechtfertigt es bei dieser Sachlage schwerlich, von einer Frucht neukantianischen Denkens zu sprechen.

Auch in der späteren Wiederaufnahme des Erfordernisses der Erfolgszurechnung durch Roxin und Rudolphi habe ich einen Bezug des Erfordernisses zum neukantianischen Denken oder gar eine explizite Begründung des Erfordernisses aus der Sicht neukantianischen Denkens nicht gefunden.[62]

4. Zwischenbilanz

Es lohnt sich, an dieser Stelle ein erstes Resümee zu ziehen. Nach dem Bisherigen ist es also nicht so, dass man bestimmten Begriffen (Schuld, Tatbestand, Zusammenhang zwischen Handlung und Erfolg) unter Anwendung des neukantianischen Denkansatzes und seiner Einsichten zum Wesen der Begrifflichkeit in den Kulturwissenschaften einen neuen, wertbezogenen Inhalt gegeben hatte. Zur Bildung eines wertbezogenen Begriffs kam es im Fall des Tatbestands, weil man merkte, dass ein Begriff, wenn er eine Weichenstellung in Richtung auf Strafbarkeit oder fehlende Strafbarkeit enthielt, nicht wertfrei sein konnte, was

---

59 Ibid. 181 f., 184 f., 196 f.; *Larenz*, Hegels Zurechnungslehre und der Begriff der objektiven Zurechnung, 1927, 60 ff., 67 ff.

60 Vgl. *Larenz* (Fn. 59), 68 ff.

61 Vgl. etwa *Honig*, in: FG für R. Frank, 174, 176 f., 186 f.

62 Vgl. etwa *Roxin*, in: FS für Honig, 1970, 133, 134, wo Roxin den Verzicht Honigs auf eine Fundierung aus der neukantianischen Philosophie konstatiert, die insoweit bestehende Fundierungslücke aber auch nicht selbst schließt); *dens.*, in: FS für Gallas, 1973, 241 ff.; *Rudolphi*, JuS 1969, 549 ff. – Am ehesten findet sich ein expliziter Versuch, den Zusammenhang zwischen Handlung und Erfolg aus der Perspektive des wertbeziehenden Denkens zu bestimmen, bei *Mittasch* (Fn. 4), dessen Überlegungen aber – ähnlich wie bei M. L. Müller (zu ihm Fn. 90), jedoch weniger präzise – bei einer Verortung der Problematik in der Rechtswidrigkeit enden (142 f.), und *Sauer* (Fn. 47), 208, 429, 443, der feststellt, dass „die vermeintlich kausale Beziehung keine kausale, sondern eine teleologische" sei, die er dann freilich kaum anders als die Adäquanztheorie bestimmt (430 ff.). Doch kann diese Problematik und die bei M. L. Müller erörterte Frage nach dem richtigen Standort des von der Adäquanztheorie bezeichneten Erfordernisses im Rahmen dieser thematisch anders ausgerichteten Untersuchung nicht mehr näher behandelt werden; s. dazu *Frisch*, GA 2018, 553, 561 ff.

den Anlass gab, über den Wertbezug eingehender nachzudenken. Oder: Es kam zu einer solchen Begriffsbildung, weil man sah, dass der Zusammenhang zwischen Handlung und Erfolg mit der Kausalität nicht befriedigend erfasst werden konnte, sondern es für akzeptable Ergebnisse zusätzlicher Wertungen bedurfte, über deren genaueren Inhalt man sich dann Gedanken machte – mit Folgen für die dies abbildende Begrifflichkeit. Im Falle der Schuld schließlich war es die Einsicht, dass das Schuldurteil von weiteren (über die psychische Beziehung hinausgehenden) Sachverhalten abhing und dass das Gesamt der heterogenen Sachverhalte nur über einen normativen Begriff beschreibbar war. Selbst wenn an der Entwicklung solcher Begriffe Neukantianer beteiligt gewesen sein sollten (was z. B. bei der ersten Entwicklung des normativen Schuldbegriffs durch Frank nicht der Fall war), wäre es damit verfehlt, die Veränderungen in der Begrifflichkeit auf das Konto des Neukantianismus zu setzen. In Wahrheit hatte die Beschäftigung mit bestimmten Sachfragen hier zur Einsicht in die Notwendigkeit bestimmter Wertungen (bzw. Wertbezüge) geführt und dem musste auf der begrifflichen Ebene Rechnung getragen werden – was die Bildung wertbezogener Begriffe zur Folge hatte. Die „den Kulturwissenschaften entsprechende wertbezogene Begriffsbildung" war also nicht Ausgangspunkt, Triebfeder oder Leitlinie hin zu einer den Einsichten des Neukantianismus entsprechenden wertbezogenen Umbildung vorhandener Begriffe. Sie war vielmehr das schlichte Ergebnis einer durch Sacheinsichten zur Schuldrelevanz bestimmter Sachverhalte oder zur Unverzichtbarkeit bestimmter Wertungen bei der Bestimmung des Zusammenhangs von Handlung und Erfolgseintritt notwendig gewordenen Anpassung der Begriffsbildung, die – zur Erfassung dieser Wertungen – nur wertbezogen ausfallen konnte. In anderen Fällen trug die wertbezogene Begriffsbestimmung nur sachlogischen Einsichten Rechnung (so beim Tatbestand).

Selbst die Rede vom „Anstoß", der vom Neukantianismus in Richtung auf die Bildung wertbezogener Begriffe ausgegangen sein soll,[63] verzeichnet die Zusammenhänge. Den Anstoß zur Neubildung des Verbrechensbegriffs gab z. B. die Einsicht in evidente Ungereimtheiten bestimmter Begriffsbildungen („wertfreier" Tatbestand) oder in das Fehlen bestimmter relevanter Sachverhalte bei der Frage nach der Schuld bzw. in die Notwendigkeit zusätzlicher Wertungen zur adäquaten Bestimmung des Zusammenhangs zwischen Handlung und Erfolg. Dieser Anstoß führte im einfachsten Fall zu einer schlichten (wertbezogenen) berichtigenden Begriffsbildung, sonst über sach- und fallbezogene spezifisch juristische Erwägungen zur Einführung der für die Annahme von Schuld oder eines ausreichenden Zusammenhangs notwendigen Sachverhalte oder Kriterien, der schließlich auch durch eine – dann meist wertbezogene – Begriffsbil-

[63] *Schünemann* (Fn. 1), 24 f.

dung Rechnung getragen wurde. Die vom Neukantianismus für die Kulturwissenschaften reklamierte wertbezogene Begriffsbildung stand also *am Ende* eines sachbezogenen juristischen Argumentations- und Wertungsprozesses; sie war weder Anstoß noch impulsgebende Kraft der Begriffsbildung. Und der aus einer juristischen Sachdiskussion als deren Endprodukt entstandene Begriff hat nur die Aussage des Neukantianismus zur Beschaffenheit (nämlich Wertbezogenheit) sachgerecht gebildeter Begriffe in der Rechtswissenschaft *bestätigt*.

Diese Einsicht ist zugleich bedeutsam für den nun folgenden Blick auf die Veränderungen des Verbrechensbegriffs, bei denen die Dinge etwas komplizierter liegen, weil hier bei der Veränderung der Begrifflichkeit auch neukantianische Denker am Werk waren und zumindest zum Teil Kriterien aus dem Fundus des Neukantianismus eine Rolle spielen.

IV. Veränderungen des klassischen Verbrechensbegriffs, an denen Vertreter des Neukantianismus entscheidend beteiligt waren

Zu den Veränderungen des Verbrechensbegriffs, deren Zurückführbarkeit auf neukantianisches Denken auf den ersten Blick kaum bestreitbar erscheint, gehören die Begriffsveränderungen, an deren Herbeiführung Vertreter des Neukantianismus entscheidend beteiligt waren und bei denen sie zur Begriffsveränderung maßgeblich – zumindest mit – durch eigene Formeln beigetragen haben. Das wichtigste Beispiel dafür bilden die Veränderungen im Bereich der Rechtswidrigkeit.[64]

---

[64] Natürlich wäre an dieser Stelle auch noch auf die Mitwirkung von Neukantianern an der weiteren Ausarbeitung des Schuldbegriffs einzugehen. Indessen erlaubt der beschränkte Raum für diesen Beitrag einen solchen Ausgriff nicht. Dieser dürfte im Endergebnis auch entbehrlich sein, weil gerade die von den wichtigsten in diesem Zusammenhang relevanten Neukantianern (Goldschmidt, Freudenthal, Erik Wolf) ausgehenden Einflüsse auf die heutige Schuldlehre doch eher begrenzt erscheinen (vgl. dazu näher *Achenbach* [Fn. 26], 17, 133 f., 143 ff., 155 ff.). Erik Wolfs Begriff der Schuld als „Staatspflichtwidrigkeit oder Mangel an Staatspflichtbeachtung“ (*E. Wolf* [Fn. 14], 124 ff., 179) drückt das eigentlich Entscheidende der Schuld wohl kaum aus und hat keinen größeren Widerhall gefunden; die dieser Definition folgende Feststellung, dass dem Täter „die Missachtung des Strafgesetzes als Bestimmungsnorm“ zum „Vorwurf gereicht“, ist in dem Zentralbegriff der „Missachtung“ (und dessen Voraussetzungen) noch viel zu vage. Letztlich ohne größeren Einfluss geblieben sind auch die Versuche, die Zumutbarkeit als allgemeines Schuldmerkmal zu etablieren (Freudenthal, Goldschmidt, Eb. Schmidt), s. *Achenbach* (Fn. 26), 143 ff., 155 ff.; zu den (gescheiterten) Versuchen, die Unrechtskenntnis als zentrales Unrechtselement aufzuweisen, s. *Achenbach* (Fn. 26), 172 ff., 175 f.

1. Zur Entwicklung des materiellen Begriffs der Rechtswidrigkeit

Auch in diesem Bereich soll der neukantianische Denkansatz nach der Auffassung der zu Beginn dieses Beitrags genannten Autoren zu einer grundlegenden Veränderung des Verbrechensbegriffs geführt haben. An die Stelle eines vormals formal-positivistischen Verständnisses der (zweiten) Systemstufe der Rechtswidrigkeit war für diese Auffassung unter dem Einfluss neukantianischen Denkens eine materiale Sicht der Rechtswidrigkeit getreten. Konkret: Während die Frage nach der Rechtswidrigkeit sich im klassischen, auf von Liszt und Beling zurückgehenden Verbrechenssystem auf die (der Feststellung der Tatbestandsverwirklichung folgende) Frage nach dem Eingreifen eines Rechtfertigungsgrundes beschränkte und man dabei regelmäßig nur den begrenzten Kanon der im positiven Recht verankerten Rechtfertigungsgründe vor Augen hatte, sollte der Frage der Rechtswidrigkeit nach der hier in Rede stehenden, auf den Neukantianismus zurückgehenden neuen Sicht eine eigenständige materiale Bedeutung zukommen – mit ihr sollte ein zusätzliches materiales für die Annahme einer Straftat notwendiges Erfordernis verbunden sein (ein Erfordernis, das freilich bei Gegebensein eines der positiv verankerten Rechtfertigungsgründe nicht erfüllt war).

Grundlegend für diese Sicht waren vor allem die Arbeiten Graf zu Dohnas, eines Schülers des Neukantianers Stammler, und später auch von Liszts.[65] Graf zu Dohnas Habilitationsschrift zur „Rechtswidrigkeit als allgemeingültiges Merkmal [...] strafbarer Handlungen“ macht freilich auch die Schwierigkeiten deutlich, die die Umsetzung eines Verständnisses der Rechtswidrigkeit als eigenständiges materielles Merkmal des Verbrechensbegriffs aufwirft. Eine eigenständige Umschreibung der Rechtswidrigkeit erscheint Dohna letztlich nur – unter Berufung auf seinen Lehrer Stammler und die formale Definition des Rechts bei Kant – im Wege der Angabe einer formalen Maxime möglich.[66] Die formale Maxime, die er als maßgeblich für die Beurteilung von Handlungen wie von Normen ansieht, lautet dabei, dass diese – um rechtmäßig zu sein – „rechtes Mittel zum rechten Zweck“ sein müssten.[67] Rechtswidriges Verhalten (oder unrichtiges Verhalten) ist dementsprechend für Dohna „ein solches, welches nicht anerkannt werden kann als rechtes Mittel zu rechtem Zweck“[68] – eine Anforderung, die auch von Verhaltensweisen erfüllt sein müsse, die den Tatbestand ei-

[65] Zu nennen sind insoweit insbesondere *Graf zu Dohna*, Die Rechtswidrigkeit als allgemeingültiges Merkmal im Tatbestand strafbarer Handlungen, 1905; *ders.*, Recht und Irrtum, 1925.

[66] *Graf zu Dohna*, Rechtswidrigkeit (Fn. 65), 38 ff., insb. 41 f., 45, 46 f.

[67] Ibid. 48.

[68] Ibid. 54.

nes Strafgesetzes verwirklichen.[69] Oder umgekehrt: Ein den Tatbestand (und damit die Anforderungen des positiven Rechts) verwirklichendes Verhalten ist dementsprechend nicht rechtswidrig, wenn es das rechte (oder angemessene) Mittel zur Erreichung eines rechten Zwecks darstellt.[70] – Die Fruchtbarkeit dieses Prinzips versucht Dohna dann im zweiten Teil der Arbeit an einigen zu seiner Zeit besonders umstrittenen Fallkonstellationen zu verdeutlichen. Aus heutiger Sicht (noch immer) von besonderem Interesse sind die von Dohna unter dem Titel „Die Not des Verletzers“[71] abgehandelten Konstellationen, in denen es um das Grundproblem der Kollision rechtmäßiger Interessen geht. Dass in einem Fall, in dem zwei Interessen kollidieren und von ihnen nur eines aufrechterhalten werden kann, sich das Recht nur für die Aufrechterhaltung des überwiegenden Interesses entscheiden könne, dessen Erhaltung zu Lasten des niedrigeren also das rechte Mittel zum rechten Zweck sei, ist für ihn dabei so „selbstverständlich“, „dass diese Feststellung fast auf eine Tautologie hinausläuft“.[72]

Dass die Gedanken des Neukantianers Graf zu Dohna zur Rechtswidrigkeit die weitere Entwicklung dieses Merkmals in der Folgezeit entscheidend beeinflusst haben, steht außer Zweifel: Sie wurden von Franz von Liszt schon in der nächsten Auflage seines Lehrbuchs übernommen, wobei von Liszt der Zwecktheorie vollständig folgte, an die Stelle der etwas umständlichen positiven Umschreibung der Rechtswidrigkeit (als Widerspruch zur Norm, dass das Verhalten rechtes Mittel zum rechten Zweck sein müsse) bei Graf zu Dohna aber schlicht den „antisozialen Gehalt“, die „Gesellschaftsschädlichkeit“ des Verhaltens setzte.[73] Auf nahezu uneingeschränkten Beifall stieß vor allem die Einsicht, dass in Fällen der Kollision zweier Interessen, von denen nur eines aufrechterhalten werden kann, ein Verhalten, das die Aufrechterhaltung des höheren Interesses bezweckt und bewirkt, nicht rechtswidrig sei. Ihr verschlossen sich auch

---

[69] Ibid.

[70] Ibid. 48 ff., 51, 53 f.; ebenso *Graf zu Dohna*, Recht und Irrtum (Fn. 65), 14.

[71] *Graf zu Dohna*, Rechtswidrigkeit (Fn. 65), 121 ff.

[72] Ibid. 128; s. erg. zu dieser Lösung der Interessenkollision auch *Graf zu Dohna*, Recht und Irrtum (Fn. 65), 11 ff. – Freilich gilt das, wie Dohnas Einschränkung, dass jeder einen ihm drohenden Schaden prinzipiell selbst zu tragen habe, deutlich macht, nur für die eigentlichen Kollisionsfälle – die sogenannten Abwälzungsfälle (wie die in § 904 BGB geregelten Sachverhalte) will auch Graf zu Dohna einem anderen Regime unterwerfen (Rechtswidrigkeit [Fn. 65], 128 ff.).

[73] Vgl. *von Liszt*, Lehrbuch des deutschen Strafrechts, 14./15. Aufl., 1905, 139 f., 141 (beibehalten bis zur 21./22. Aufl. 1919, 132 f.); ebenfalls im Sinne der Sozialschädlichkeit (Gesellschaftsschädlichkeit) als materiale Rechtswidrigkeit später *Hegler*, ZStW 36 (1915) 19, 29, 31 f. – In der gegenwärtigen Literatur wurde dieser Begriff zum Teil fälschlich Graf zu Dohna selbst zugeschrieben, vgl. etwa *Jescheck/Weigend* (Fn. 9), 206.

diejenigen nicht, die der etwas vagen Zweckformel skeptisch gegenüberstanden – wie manche Neukantianer selbst[74] und insbesondere das Reichsgericht in seiner berühmten Entscheidung zum Schwangerschaftsabbruch[75]. Über die temporäre Zwischenlösung des sogenannten übergesetzlichen Notstands haben die bei dem Neukantianer Graf zu Dohna zu findenden Gedanken letztlich sogar das heutige positive Recht beeinflusst.[76] – Aber kann man deshalb schon sagen, dass der Neukantianismus den „Anstoß" zu unserem heutigen Verständnis der Rechtswidrigkeit gegeben hat und dieses Verständnis dem „Einfluss neukantianischen Denkens" zu verdanken ist – wie dies von den eingangs zitierten Autoren behauptet wird?

Ich meine, dass auch das so nicht ganz zutrifft – und zwar nicht nur deswegen nicht, weil sich die Idee Graf zu Dohnas von der Notwendigkeit einer prinzipiell eigenständigen positiven Bestimmung der Rechtswidrigkeit eigentlich nicht durchgesetzt hat,[77] sondern es letztlich nur dazu gekommen ist, den Kanon der Rechtfertigungsgründe auf der Basis materialer Einsichten von Recht zu erweitern. Auch den Anstoß zu diesen Erweiterungen gab nicht etwa die neukantianische Annahme, dass rechtliche Begriffe als kulturwissenschaftlich gewonnene Begriffe wertbezogen zu bestimmen seien. Den Anstoß gab ganz einfach eine Reihe von Fallkonstellationen, die mit den herkömmlichen Regeln des Verbrechensbegriffs (Rechtswidrigkeit bei Tatbestandserfüllung und Fehlen von Rechtfertigungsgründen) auf der Basis des begrenzten Kreises der bis dahin allgemein anerkannten, nämlich positivistisch verankerten Rechtfertigungsgründe nicht befriedigend gelöst werden konnte.[78] Für deren überzeugungskräftige rechtliche Bewältigung bedurfte es dringend eines geeigneten neuen Instrumentariums. Dass an der Entwicklung dieses Instrumentariums Neukantia-

---

[74] Vgl. etwa *Hegler*, ZStW 36 (1915), 19, 38 Fn. 47; *Mezger* (Fn. 28), 242 f.; *Eb. Schmidt*, in: von Liszt/Schmidt (Fn. 28), 175 Anm. 6; s. auch *Heimberger*, in: Birkmeyer (Hrsg.), Vergleichende Darstellung des deutschen und ausländischen Strafrechts, Bd. IV, 1908, 1, 3, 4.

[75] RGSt 61, 242, insbes. 253, 254 f.; eingeh. dazu *Wachinger*, in: FG für R. Frank, Bd. 1, 1930, 469 ff.

[76] Vgl. nur § 34 StGB, der in seinem Satz 1 eine Weiterbildung der „Güterabwägungslehre" des RG zu einer Interessenabwägung enthält und in Satz 2 eine an die Zwecktheorie angelehnte weitere Begrenzung vorsieht.

[77] Nicht durchgesetzt hat sich insbesondere seine Auffassung, dass die Rechtswidrigkeit „ein allgemeingültiges Merkmal *des Tatbestands*" (Hervorhebung vom Verfasser) sei; hiervon ist Dohna später selbst abgerückt, vgl. *Graf zu Dohna*, Der Aufbau der Verbrechenslehre, 2. Aufl. 1941, 3. Aufl. 1947, 29.

[78] Insoweit sind die (damals kontrovers behandelten) Fallkonstellationen, die Graf zu Dohna im zweiten Teil seiner Untersuchung zur Rechtswidrigkeit (Rechtswidrigkeit [Fn. 65], 83 ff., 121 ff.) auf der Grundlage seiner im ersten Teil der Arbeit gewonnenen allgemeinen Einsichten näher erörtert, wohl das gewesen, was den Anlass zu den grundsätzlichen Erörterungen im ersten Teil der Arbeit gegeben hatte.

ner (wie Graf zu Dohna und andere[79]) mitgewirkt haben, ist richtig, rechtfertigt es aber noch lange nicht, die ganze Entwicklung einfach auf das Konto „Auswirkungen des philosophischen Neukantianismus im Recht" zu setzen. Eine solche Feststellung übersähe nicht nur, dass der Gedanke des Vorrangs des überwiegenden Interesses schon lange vor dem Aufkommen des Neukantianismus im Recht begegnet (etwa bei Jhering, aber auch noch früher,[80] sowie in der frühen Rechtsprechung des Reichsgerichts zu Sachverhalten der Pflichtenkollision[81]) und ähnliche Gedanken längst zuvor im Zusammenhang mit der neuen Notstandsregelung des § 904 BGB diskutiert worden waren[82] (wobei sich insoweit auch bereits der als Naturalist bezeichnete Franz von Liszt einschlägig – wertend – geäußert hatte[83]). Die Feststellung von Dohnas selbst, dass der Vorrang des überwiegenden Interesses im Kollisionsfall „selbstverständlich", ja geradezu eine „Tautologie" sei,[84] belegt sehr deutlich, dass es hier nicht um eine neue Einsicht des Neukantianismus, sondern um etwas bereits weithin Anerkanntes, weil Vernünftiges ging (und in Wahrheit nur der beschränkende Positivismus überwunden werden musste – was freilich nicht nur Neukantianer meinten). Und wenn man in diesen Fällen überhaupt einen philosophischen „Vater" bemühen wollte, so jedenfalls nicht Kant (und die ihn aufgreifende Philosophie), nachdem gerade Kant doch der Philosoph war, der selbst bei unausweichlichen Interessenkollisionen ein Notrecht verneint hatte![85]

---

[79] Wie etwa *Hegler*, ZStW 36 (1915), 19, 29 ff., 39 ff.; *Sauer* (Fn. 47), 275 ff. und *Eb. Schmidt*, ZStW 49 (1929), 350 ff.

[80] Vgl. *Jhering*, Der Zweck im Recht, Bd. 2, 2. Aufl. 1886, 177 ff., 180 ff., 193 ff., 197 ff., 210 ff.; zuvor schon *Berner*, Lehrbuch des Deutschen Strafrechts, 1857, 127 f.; 8. Aufl. 1876, 146; ferner *Janka*, Der strafrechtliche Notstand, 1878, 161 ff., 204 ff.

[81] S. etwa RGSt 20, 191 f.; weitere Nachweise bei *von Hippel* (Fn. 28), 228, 237.

[82] S. dazu vor allem *Rudolf Merkel*, Die Kollision rechtmäßiger Interessen und die Schadensersatzpflicht bei rechtmäßigen Handlungen, 1895, 23 ff. und eingehend *Hatzung*, Dogmengeschichtliche Grundlagen und Entstehung des zivilrechtlichen Notstands, 1984, 145 ff., 152 ff., 162 f., 164, 167 ff., 173 f.; Darstellung des damaligen Meinungsstands im Strafrecht bei *van Calker*, ZStW 12 (1892), 443, 447 ff.; weitere Nachweise bei *Kühnbach*, Solidaritätspflichten Unbeteiligter, 2007, 38 ff.

[83] *von Liszt*, in: Bekker/Fischer (Hrsg.), Beiträge zur Erläuterung und Beurtheilung des Entwurfs eines Bürgerlichen Gesetzbuches des Deutschen Reiches, Bd. 5, 1898, 9 ff. mit dem Beispiel der Beschädigung fremder Sachen zur Rettung eines Kindes aus einem brennenden Haus (allerdings ohne zureichende Herausarbeitung der Interessenkollision und des bei weitem überwiegenden kollidierenden Interesses). Auf den maßgebenden Gesichtspunkt dann aber abstellend *von Liszt*, Lehrbuch, 14./15. Aufl. (Fn. 73), 139 f.

[84] *Graf zu Dohna*, Rechtswidrigkeit (Fn. 65), 98.

[85] S. nur *Kant*, Metaphysik der Sitten, Anhang zur Einleitung in die Rechtslehre, II. Das Notrecht, Bd. IV der Ausgabe von W. Weischedel, Kants Werke, 1956, 343; s. dazu freilich auch *Kühl*, Die Bedeutung der Rechtsphilosophie für das Strafrecht, 2001, 47 ff.

2. Nochmalige Zwischenbilanz

Die vorstehenden Darlegungen haben zu zeigen versucht, dass die Leistungen des Neukantianismus im Gesamtprozess der Entwicklung hin zu unserem heutigen Verbrechensbegriff doch eher etwas bescheidener sein dürften, als manche Autoren meinen. Von einer revolutionierenden Umgestaltung des Verbrechensbegriffs gerade durch den Neukantianismus bzw. dessen strafrechtliche Vertreter kann wohl kaum die Rede sein.

Der entscheidende Durchbruch im Rahmen der Schuld ist einem Autor, Frank, zu verdanken, dessen normative Begriffsbestimmung nicht durch die neukantianische Philosophie angeregt und bestimmt wurde, sondern durch eine sorgfältige Analyse der schuldrelevanten Sachverhalte und das Bestreben, für die insoweit relevanten Sachverhalte einen insgesamt passenden Begriff zu finden. Neukantianer waren zwar an der weiteren Diskussion um das so Gefundene beteiligt, doch haben ihre – zum Teil in der Tat „revolutionären" – Vorschläge nicht viel bewirkt und den Begriff nicht mehr wesentlich verändert.[86]

Das von Neukantianern zum Teil angestrebte Ziel, die Rechtswidrigkeit eigenständig (und über das bis dahin Gefundene hinausgehend) zu bestimmen, ist letztlich nicht erreicht worden; die Neubestimmung der Rechtswidrigkeit als sogenannte materiale Rechtswidrigkeit besagt nichts weiter, als dass für strafrechtliches Unrecht die Tatbestandserfüllung und das Fehlen eines positivierten Rechtfertigungsgrundes nicht genügen, sondern das Verhalten auch nicht material gerechtfertigt sein darf – wobei die insoweit in Betracht kommenden Sachverhalte[87] weitgehend schon gesehen worden waren, bevor strafrechtliche Neukantianer sich zu diesen Fragen geäußert haben.

Was schließlich die Änderungen im Tatbestandsbereich betrifft, so bedurfte es insoweit keiner neukantianischen Philosophie, sondern nur etwas analytischen Denkens und einer detaillierten Untersuchung der Bestandteile des Tatbestands, um zu erfassen, dass der Tatbestand kein wertfreies Gebilde sein konnte.

---

[86] Dazu die eingehende Darstellung bei *Achenbach* (Fn. 26), 137 ff., 143 ff., 155 ff., 172 ff. sowie schon oben in Fn. 64.

[87] Also insbesondere die Fälle der Interessenkollisionen und die zunächst nur im BGB geregelten Fälle des Zugriffs auf fremde Sachen zur Abwendung eigener Not (§ 904 BGB). Zu weiteren damals diskutierten Problemkonstellationen *Graf zu Dohna*, Rechtswidrigkeit (Fn. 65), 83–152.

V. Zur beschränkten Leistungsfähigkeit des neukantianischen Denkansatzes für die begriffliche Bestimmung des Verbrechens

Die – bei realistischer Sicht – doch eher bescheidene Erfolgsbilanz des neukantianischen Denkens im Gesamtprozess der Umgestaltung des Verbrechensbegriffs kommt nicht von ungefähr. Sie hat auch etwas mit der beschränkten Leistungsfähigkeit dieses Ansatzes zu tun.

1. Neukantianisches Denken und Neubestimmung vorhandener Begriffe

Diese begrenzte Leistungsfähigkeit zeigt sich bereits an der Veränderung des Verbrechensbegriffs durch die Überprüfung und ggfs. (den Vorstellungen des Neukantianismus scheinbar Rechnung tragende) Neubestimmung vorhandener Begriffe (des Tatbestands, der Rechtswidrigkeit und Schuld oder des Zusammenhangs zwischen Handlung und Erfolg), auf die sich die Arbeit der strafrechtlichen Neukantianer am Straftatsystem weitgehend beschränkte.

Der erste Teil der Überprüfung und einer etwaigen Neubestimmung lässt sich hier meist leicht bewältigen, weil insoweit etwas Analytik und die Frage nach der Akzeptanz bestimmter Folgen der Begriffsbildung weiterhelfen: Es ist leicht zu sehen, dass der Tatbestand nicht wertfrei sein kann, und ebenso, dass die Kausalität zur abschließenden Bestimmung des Zusammenhangs zwischen Handlung und Erfolg nicht genügen kann.[88] Aber in der Frage, wie der Zusammenhang zwischen Handlung und Erfolg dann richtig zu bestimmen ist, ob sich der eingetretene Erfolg z.B. als Werk des Täters[89] oder – spezifischer – als auf die Handlung zurückführbarer Unrechtserfolg muss begreifen lassen,[90] führt

---

[88] Vgl. als Beispiel für Letzteres nur die induktive Überprüfung und Feststellung der fehlenden Angemessenheit der Ergebnisse, die sich auf der Grundlage der Äquivalenztheorie ergeben, bei *Honig*, in: FG für R. Frank, 174, 176ff.

[89] So *Honig*, in: FG für R. Frank, 174, 183ff. und heute noch *Maiwald*, in: FS für Miyazawa, 1995, 465, 467ff., 476ff.

[90] So die heute herrschende Meinung, die deshalb – spezifischer wertbezogen – fordert, dass der eingetretene tatbestandliche Erfolg sich auf eine missbilligte Risikoschaffung seitens des Täters zurückführen lässt; s. etwa *Freund/Rostalski*, Strafrecht Allgemeiner Teil, 3. Aufl. 2019, § 2 Rn. 11ff., 21ff., 55ff., 82ff.; *Frisch* (Fn. 54), 18ff., 33ff., 50ff., 69ff., 518ff.; *dens.*, JuS 2011, 19ff., 116ff., 205ff.; *Goeckenjan*, Revision der Lehre von der objektiven Zurechnung, 2017, 9ff., 83ff.; *Roxin/Greco* (Fn. 11), § 11 Rn. 47ff., 53ff., 69ff.; als Vorläufer dieser Sicht schon im zweiten Jahrzehnt des 20. Jahrhunderts (von Honig nicht gesehen) *M. L. Müller*, Die Bedeutung des Kausalzusammenhangs im Straf- und Schadensersatzrecht, 1912, 22ff., 30ff. – Zusammenfassend zu dieser Diskussion *Frisch*, GA 2018, 553, 561ff. und *Goeckenjan*, ibid., passim.

der neukantianische Denkansatz nicht weiter (und ist auch kein Schlüssel zu einer dieser Möglichkeiten) – denn wertbezogene Begriffsbildungen wären beide. Oder: Weiß man, dass der Tatbestand nicht wertfrei sein kann, so hilft neukantianisches Denken doch nicht weiter, wenn es anschließend um die zutreffende wertbezogene Begriffsbestimmung geht – wertbezogen ist der Tatbestand als Unrechtstypus wie als Deliktstypus oder als Typus strafwürdiger Sozialschädlichkeit[91]. Und wenn man bei der Schuld erkannt hat, dass die bloße psychische Beziehung (z.B. der Vorsatz) nicht ausreicht, vielmehr auch Schuldfähigkeit gefordert ist: Ob es auch bei Gegebensein der Schuldfähigkeit und des Vorsatzes gleichwohl noch an der Schuld fehlen kann und wann und inwieweit das der Fall ist – für eine Antwort hierauf hilft der neukantianische Ansatz ebenso wenig weiter, wie nicht zuletzt auch der heftige Streit unter den Neukantianern selbst in dieser Frage[92] zeigt. Für akzeptanzfähige Antworten auf all diese und ähnliche Fragen braucht man vielmehr Theorien: Theorien zur Funktion des eingetretenen Erfolgs bei der Bestrafung aus dem vollendeten Erfolgsdelikt, Theorien dazu, welche Funktion der Tatbestand als elementare Voraussetzung der Strafbarkeit hat, oder dazu, wann die Erhebung des in der Strafe liegenden Vorwurfs auch bei vorsätzlicher Begehung nicht mehr legitimiert werden kann, etwa weil sie ausnahmsweise nicht notwendig oder geboten erscheint. Der Aufruf des Neukantianismus zu wertbezogener Begriffsbildung führt in dieser Situation nicht weiter.

2. Neukantianismus und Überprüfung des Straftatsystems von Grund auf

Noch deutlicher wird die äußerst beschränkte Leistungsfähigkeit des Ansatzes, wenn man das Feld der Überprüfung schon vorhandener Begriffsbildungen verlässt und sich der Frage zuwendet, ob der vorfindbare Verbrechensbegriff wirklich alle maßgeblichen Elemente des Verbrechens benennt.

Diese Frage ist – ebenso wie die Frage nach der richtigen Binnenaufteilung der verbrechensnotwendigen Sachverhalte auf die herkömmlichen Kategorien[93] – eine Frage, die sich durchaus stellt. Nicht nur der klassische, sondern auch der sogenannte neoklassische Verbrechensbegriff ist in einer Zeit entstanden, in

[91] Letzteres liegt vor allem aus einer Sicht nahe, die die Rechtswidrigkeit allgemein materiell als Sozialschädlichkeit bestimmt (wie z.B. von Liszt – dazu IV., insbes. zu Fn. 73).

[92] Vgl. zu diesem Streit (insbes. um einen allgemeinen Entschuldigungsgrund der Unzumutbarkeit) *Achenbach* (Fn. 26), 137 f., 143 ff., 155 ff. m. eingeh. w. Nachw.

[93] Klassische Frage dazu: Wohin (d.h. in welche Kategorie der Straftat) gehören Vorsatz und Fahrlässigkeit? – Oder aus heutiger Sicht: Wohin gehören Sachverhalte stark reduzierter Schuld, die aus präventiven Gründen straffrei gestellt worden sind?

der die tragenden Straftheorien die Theorie der Vergeltung und des Schuldausgleichs waren[94] – vor diesem straftheoretischen Hintergrund sind beide Begriffe in grundsätzlicher Hinsicht plausibel. Dieser straftheoretische Hintergrund hat sich längst gewandelt – heute sind es präventive Gründe und Notwendigkeiten, vor allem solche der Bekräftigung der Normgeltung, die überwiegend als Hintergrund der Reaktion mit Strafe auf begangene Straftaten genannt werden.[95] Damit drängt sich eine Frage geradezu auf: die Frage, ob diesen präventiven Bedürfnissen oder ihrem Fehlen nicht auch gezielt im Rahmen des Verbrechensbegriffs Rechnung zu tragen wäre – und zwar möglicherweise nicht nur im Rahmen einer schon vorhandenen Kategorie,[96] sondern durch eine eigenständige Kategorie.[97] In ganz ähnlicher Weise mag man fragen, ob vor dem Hintergrund eines Verständnisses der Strafe als Bekräftigung der vom Täter verletzten Norm nicht auch diese Norm stärkerer Hervorhebung bedürfte.[98]

Es ist leicht ersichtlich, dass der neukantianische Ansatz auf diese und andere Fragen, die sich gegenwärtig stellen, keine Antworten oder auch nur brauchbare Ansatzpunkte für die richtige Antwort liefert. Aber auch von anderen Philoso-

[94] Zu diesem straftheoretischen Hintergrund des überkommenen Straftatsystems *Beling*, Grundzüge (Fn. 25), 4 ff.; *ders.*, Unschuld (Fn. 31), 1 ff.; *von Hippel*, Deutsches Strafrecht, Bd. 1, 1925, 486 ff., 493 f., 497 ff.; Bd. 2, 1930, 281 ff., 286; *Mezger* (Fn. 28), 483 f.; *Nagler*, Die Strafe, 1918 (Neudruck 1970), insbes. 561 ff.; zum Teil anders freilich *von Liszt*, Reichsstrafrecht (Fn. 22), 3 f.; s. erg. *Frisch*, GA 2015, 65, 70 ff.; *dens.*, GA 2019, 185, 186 f.

[95] Kennzeichnend dafür die Stellungnahme des Alternativ-Entwurfs der Strafrechtslehrer aus dem Jahr 1966 (2. Aufl. 1969), vgl. insbes. die Begründung dieses Entwurfs zu den §§ 2, 59, S. 29, 115; zuvor schon *Noll*, Die ethische Begründung der Strafe, 1962, 6 ff., 17, 20 f.; aus der Rechtsprechung des BGH auch BGHSt 24, 40, 42; s. erg die Nachw. bei *Frisch*, GA 2015, 65, 72 ff.; *dems.*, GA 2019, 185, 188 ff.; eingeh. w. Nachw. bei *Kalous*, Positive Generalprävention durch Vergeltung, 2000, passim.

[96] Das ist bekanntlich der Weg, den z. B. Jakobs im Sinne einer funktionalen Aufladung der Schuld beschritten hat; vgl. *Jakobs*, Schuld und Prävention, 1976, 7 ff., 32; *dens.* (Fn. 46), 17/18 ff., 20/4, 20/28; w. Nachw. bei *Frisch*, in: Kindhäuser u. a. (Hrsg.), Strafrecht und Gesellschaft, 2019, 647, 676 ff. – Als Vorläufer einer solchen Sicht schon *M. E. Mayer*, Die schuldhafte Handlung und ihre Arten im Strafrecht, 1901, 3: „der Begriff der schuldhaften Handlung hat im Strafrecht die Funktion, die Strafe zu konstituieren“; Entfaltung des Ansatzes 102 ff.; *Felix Kaufmann*, Die philosophischen Grundprobleme der Lehre von der Strafrechtsschuld, 1929, 59 f., 61 ff., 126, 128 f.

[97] Weitere Überlegungen dazu bei *Frisch*, GA 2015, 65, 84 f.; *dems.*, GA 2019, 185, 202 ff.; *dems.* (Fn. 96), 647, 688, 689 f., 695. – In der Sache ähnlich *Roxin*, in: FS für Henkel, 171, 181 ff.; *ders.*, in: FS für Bockelmann, 1979, 279, 282 ff.; *Roxin/Greco* (Fn. 11), § 19 Rn. 1 ff., wenn sie bei fehlender Bestrafungsnotwendigkeit nicht die Schuld, sondern die Verantwortlichkeit ausschließen wollen und darin den Hintergrund der Entschuldigungsgründe sehen – wobei mir freilich der Ausdruck der Verantwortlichkeit wenig glücklich gewählt erscheint.

[98] Erste Überlegungen dazu bei *Frisch*, GA 2019, 185, 197 ff.; *dems.* (Fn. 96), 647, 657 ff., 692 f., 695 und bei *dems.*, in: Hilgendorf (Hrsg.), Die deutschsprachige Strafrechtswissenschaft in Selbstdarstellungen II, 2021, 55, 76 f., 78 ff.

phien sollte man sich an dieser Stelle nicht zu viel erwarten. Antwort auf diese und ähnliche Fragen kann allein eine – juristische – Theorie liefern, die den Verbrechensbegriff als Inbegriff der Voraussetzungen sieht, die aus funktionaler und legitimationsbezogener Sicht an den Einsatz der Strafe als Rechtseingriff und Tadel zu stellen sind.

VI. Eine kleine Rehabilitierung des klassischen Verbrechensbegriffs und seiner Schöpfer

So wie in den eingangs wiedergegebenen Würdigungen die durch den Neukantianismus bewirkten Fortschritte am Verbrechensbegriff weit überhöht erscheinen, kommt der klassische, auf von Liszt und Beling zurückgehende Verbrechensbegriff doch etwas zu schlecht weg, wenn er einfach nur als Ausdruck eines naiven Naturalismus und Gesetzespositivismus dargestellt wird.

Mit der Reduzierung des klassischen Systems auf diese beiden es angeblich tragenden (heute meist) negativ besetzten Begriffe wird der große Fortschritt verschwiegen, den dieses einfache und relativ klare System im Vergleich zum Gewirr der (zum Teil philosophisch beeinflussten) Systeme des 19. Jahrhunderts gebracht hat.[99] Dass dies von vielen ebenso empfunden wurde, beweist die rasche Übernahme dieses Systems nicht nur in Deutschland, sondern in zahlreichen anderen Staaten. Natürlich wies das System, das von Liszt als 31-Jähriger und Beling, zur Zeit der Entwicklung seines Systems an Lebensjahren kaum wesentlich älter, entworfen hatten, Schwächen auf. Aber diese Schwächen lagen nicht darin, dass ihre Systeme einem „naiven Naturalismus" huldigten oder dem Gesetzespositivismus verschrieben waren. Sie lagen vielmehr vor allem in Konstruktions- und Wertungsfehlern sowie zum Teil irreführenden Formulierungen – Fehler, die freilich leicht den Eindruck erwecken konnten, die Verfasser des klassischen Systems seien dem Naturalismus und Gesetzespositivismus verschrieben gewesen.

Letzteres zeigt sich besonders deutlich an von Liszts Schuldbegriff. Der Eindruck des Naturalismus oder Psychologismus entsteht hier dadurch, dass von Liszt die Schuldfähigkeit und den Notstand aus der Schuld ausscheidet – die Schuldfähigkeit sieht er in Anlehnung an gewisse vor allem philosophisch geprägte Systeme des 19. Jahrhunderts[100] nicht als Element der Schuld selbst, son-

[99] S. dazu schon *Frisch*, in: Koch/Löhnig (Hrsg.), Die Schule Franz von Liszts, 2016, 1, 4 ff.

[100] Vgl. nur *Berner*, Lehrbuch des deutschen Strafrechts, 1857, 110 ff. („Zurechnungsfähigkeit" unter den „Subjekten des Verbrechens"), 142 ff. („Dolus und culpa" unter „Verbrecherische Handlung").

dern als eigenständige Schuldvoraussetzung[101] und den Notstand klassifiziert er aufgrund einer Fehlwertung insgesamt als Rechtfertigungsgrund.[102] Damit bleibt für die Schuld wegen des Wegfalls der Elemente, die bei ihrer Einbeziehung in die Schuld eine wertende Begriffsbestimmung notwendig machen würden, nur die psychische Beziehung des Täters zur Tat übrig – was den Vorwurf des Naturalismus oder Psychologismus ermöglicht. Ähnlich liegt es bei der Kausalität. Dass von Liszt sich hier mit der Übernahme der Äquivalenztheorie begnügt, hat nichts mit einer unkritischen Übernahme eines naturalistischen Kausalbegriffs zu tun,[103] sondern ist dadurch motiviert, dass von Liszt – wie viele seiner Zeitgenossen – der Auffassung war, die durch die Bedingungstheorie zunächst eröffnete Weite der erfassten Handlungen sei sinnvoll, weil sie die Berücksichtigung aller möglichen Kandidaten einer Straftat eröffne, sie sei aber zugleich auch unproblematisch, weil sich das, was nicht für eine Straftat taugt, auf der späteren Ebene der Schuld ausfiltern lasse.[104] Wir wissen heute, dass Letzteres nicht ganz stimmt – an dieser Stelle und nicht im Naturalismus lag der Fehler des Systems. Dass Franz von Liszts Systementwurf nicht einfach über den Leisten des „naiven Naturalismus" geschlagen werden kann, zeigt im Übrigen in aller Deutlichkeit schon das erste Prädikat, das von Liszt ursprünglich benutzte, um die strafbare Handlung von anderen Handlungen abzuheben. Gefordert ist danach eine *normwidrige* Handlung,[105] d. h. – in expliziter Anlehnung an Binding – eine solche, die gegen die Norm verstößt, die dem in Betracht kommenden Strafgesetz zugrunde liegt,[106] und auch rechtswidrig ist, also nicht durch einen rechtlichen Erlaubnissatz gedeckt ist. Später hat von Liszt – möglicherweise beeinflusst durch kritische Bemerkungen Bindings selbst – die exponierte Benennung der Normwidrigkeit fallen lassen und sich mit der Rechtswidrigkeit der Handlung begnügt.[107] Diese wird zunächst im damals üblichen formalen Sinn, spätestens seit der Habilitationsschrift seines Schülers Graf zu Dohna dezidiert aber auch in einem materialen Sinn bestimmt, wobei von Liszt es ist, der diese materielle Rechtswidrigkeit im Sinne eines antisozialen bzw. sozialschädlichen Handelns versteht und sie zugleich verneint, wenn die an sich

---

101 *von Liszt* (Fn. 22), 95 ff.: Zurechnungsfähigkeit außerhalb der „Schuld selbst" (105 ff.) mit Vorsatz (108 ff.) und Fahrlässigkeit (117 ff.).

102 Ibid. 93 f.

103 Der ja gerade nicht *eine* bloße Bedingung als Ursache für den eingetretenen Erfolg erachtet, sondern die Gesamtheit der Bedingungen, die für den Eintritt des Erfolgs notwendig sind (zutreffend *von Liszt* [Fn. 22], 76 f.).

104 *von Liszt* (Fn. 22), 76 f., 79; auch in späteren Auflagen beibehalten, vgl. z. B. *von Liszt*, Lehrbuch des deutschen Strafrechts, 2. Aufl. 1884, 109 f.

105 *von Liszt* (Fn. 22), 5 f., 65.

106 Ibid. 5 ff.

107 *von Liszt*, Lehrbuch des deutschen Strafrechts, 2. Aufl. 1884, 93, 121 ff.

(insbesondere bei Interessenkollisionen) normwidrige Handlung sich als rechtes (angemessenes) Mittel zum rechten Zweck darstellt.[108] Spätestens damit wird sichtbar, dass von Liszt auch nicht einfach ein Gesetzespositivist ist.[109]

Ähnlich liegt es bei Ernst Beling. Auch ihm unterlaufen Fehler in der Konstruktion des Systems – wie die Qualifikation der Eingangskategorie des Tatbestands als angeblich „wertfrei“. Denn wenn er zugleich den Tatbestand als „Umriss des Verbrechenstypus“ bezeichnet,[110] kann der Tatbestand nicht zugleich wertfrei sein – richtig ist nur, dass er noch keine abschließende Bewertung enthält (was Beling möglicherweise meint, aber schief ausdrückt). Dass Beling kein Anhänger eines naiven Naturalismus ist, zeigt in aller Deutlichkeit sein Schuldbegriff. Schuld bedeutet für ihn, wie er schon fast zehn Jahre vor Frank schreibt, die Möglichkeit, dem Täter wegen seiner Tat einen Vorwurf zu machen, weil er die Tat hätte vermeiden können (was nur bei Schuldfähigkeit möglich ist, die er – wie Frank – als Element der Schuld auffasst).[111] Zwar fehlen in seinem Schuldbegriff Ausschlussgründe, weil er den Notstand als „bloßen“ Strafausschließungsgrund ansieht.[112] Bedenkt man freilich, dass der (nur) entschuldigende Notstand auch aus heutiger Sicht keinen Sachverhalt des völligen Schuldausschlusses darstellt,[113] sondern insoweit nach verbreiteter Sicht nur auf die Bestrafung der verbleibenden geringen Schuld aus Gründen fehlender Präventionsinteressen verzichtet wird,[114] so ist diese Einordnung bei den Strafausschließungsgründen (wegen Fehlens der Strafwürdigkeit oder Strafbedürftigkeit) durchaus nicht völlig indiskutabel.[115] – Auch der Vorwurf des Gesetzes-

---

[108] *von Liszt*, Lehrbuch des deutschen Strafrechts, 14./15. Aufl. 1905, 140 f.

[109] Dazu ergänzend *Frisch* (Fn. 99), 14. – Eingehend und differenziert zur Einordnung Franz von Liszts als Positivist zuletzt *Breneselović* (Fn. 23), 115 ff., 142 ff., 149 f., 386 f.

[110] So *Beling*, Lehre vom Verbrechen (Fn. 37), IX und 110; damit nicht wirklich vereinbar, sondern überzogen, 112.

[111] Vgl. *Beling*, Grundzüge, 1899 (Fn. 37), 30 i. V. m. 32 f.; deutlicher noch im Sinne der Vorwerfbarkeit *Beling*, Grundzüge, 6./7. Aufl. 1920, 36 f.; ebenso im Kern in der 11. Auflage der „Grundzüge des Strafrechts“, 1930, 17 f., 19 f.

[112] So schon *Beling*, Grundzüge, 1899 (Fn. 37), 29 (straflos), unklar aber dann 49 (einerseits „entschuldigt“, andererseits: „die Meinung, der Notstand schließe die Schuld aus“, sei „unhaltbar“); deutlicher im Sinne eines bloßen Bestrafungsausschlusses *Beling*, Grundzüge, 1920, 35, 56 und 1930, 32 f.

[113] Vgl. etwa *Jescheck/Weigend* (Fn. 9), 476 f.; *Kühl*, Strafrecht Allgemeiner Teil, 8. Aufl. 2017, § 12 Rn. 9 f.; *Wessels/Beulke/Satzger*, Strafrecht Allgemeiner Teil, 51. Aufl. 2021, Rn. 682.

[114] Vgl. *Jakobs* (Fn. 96) 9, 19 f. 23 f.; *dens.* (Fn. 46), 17/18 ff., 20/4, 28; *Roxin*, in: FS für Henkel, 171, 181 ff.; *ders.*, in: FS für Bockelmann, 279, 282 ff.; *Roxin/Greco* (Fn. 11), § 19 Rn. 3 ff.; s. auch *Achenbach* und *Schünemann*, in: Schünemann (Hrsg.), Grundfragen des modernen Strafrechtssystems (Fn. 1), 140 ff. und 18 ff., 45 ff.

[115] Dazu erg. *Frisch* (Fn. 96), 689 ff.; *ders.*, GA 2015, 65, 85.

positivismus lässt sich wohl kaum aufrechterhalten. Es mag Beling vor dem ersten Auftreten gewisser Kollisionsfälle an der Vorstellung gefehlt haben, dass es neben den nach seiner Auffassung bei der Frage der Rechtswidrigkeit zu berücksichtigenden etwa eingreifenden gesetzlichen Erlaubnissätzen[116] weitere Fallkonstellationen geben könnte, in denen die Tat aufgrund übergesetzlicher Erwägungen nicht als rechtswidrig erachtet werden kann. Wenn er sich jedoch – wie es geschehen ist – mit dem Bekanntwerden solcher Fälle (insbesondere in der Rechtspraxis) die Annahme derartiger ungeschriebener Rechtfertigungsgründe ohne Wenn und Aber zu eigen machte,[117] so kann man ihn wohl schwerlich als Gesetzespositivisten bezeichnen.

VII. Abschließendes Resumee

Das klassische System war nach allem vielleicht doch nicht so naturalistisch und positivistisch, wie manche Kritiker meinen. Und der Gesamtbeitrag der Neukantianer zu unserem heutigen System, der auch in mancher Sackgasse endete und Fehlentwürfe enthielt,[118] war möglicherweise ebenfalls nicht so revolutionär, wie in mancher Würdigung behauptet wird. Er bestand bei realistischer Sicht vor allem darin, Einsichten zur Begriffsbildung wieder bewusst gemacht zu haben, die im Laufe des 19. Jahrhunderts zum Teil abhandengekommen waren. Indem er diese Einsichten wieder ins Bewusstsein rückte,[119] hat er einer sachgerechten, nämlich zweck- und wertbezogenen Begriffsbildung im Strafrecht den Weg gewiesen, Bedenken gegen sie die Grundlage entzogen und damit zugleich eine derartige Begriffsbildung in verschiedenen Zusammenhängen erleichtert – auch in Bezug auf den Verbrechensbegriff.

[116] *Beling*, Lehre vom Verbrechen (Fn. 37), 169: „Unrechtsausschließungsgründe können nur aus dem positiven Recht erwachsen"; s. allerdings auch schon *Beling*, Grundzüge, 1899 (Fn. 37), 29, wo Beling – freilich unter Exemplifizierung u. a. durch § 904 BGB – feststellt, dass „die Aufopferung des geringeren Gutes zugunsten des höheren erlaubt ist, sog. Nothrecht, Güterabwägungstheorie"; beibehalten und vertieft in der 6./7. Aufl. 1920, 34 f., wo die §§ 228, 904 BGB nur noch als „Teil der durch das Prinzip gedeckten Fälle" bezeichnet werden (35).

[117] *Beling*, Grundzüge des Strafrechts, 1930, 14, 15; zur Vorbereitung dieser Auffassung schon in den früheren Auflagen der Grundzüge vgl. die vorhergehende Fn.

[118] Man vergleiche insoweit als Beispiel zur Schuld nur die Darstellung der Diskussionen um einen allgemeinen Entschuldigungsgrund der Unzumutbarkeit (dazu *Achenbach* [Fn. 26], 143 ff., 155 ff.).

[119] Dass es darum ging, etwas an sich Vorhandenes wieder bewusst zu machen, verdeutlicht auch ein Satz von Emil Lask, in dem dieser das von den Neukantianern eingeforderte Denken als das von der Jurisprudenz schon „stets angewandte teleologische Prinzip" bezeichnet (*Lask*, in: FS für Kuno Fischer, 269, 305 f., 310 f.).

Aber darauf beschränkte sich seine Leistung auch. Nicht abgenommen hat der Neukantianismus der Strafrechtswissenschaft die Suche nach jenen Werten, Zwecken oder Topoi, an denen eine sachgerechte Begriffsbildung nach seinem Denkansatz richtigerweise auszurichten gewesen wäre. Das gilt gerade auch in Bezug auf den Verbrechensbegriff und seine etwaigen Unterbegriffe. Mehr noch: Insoweit haben es sich die strafrechtlichen Neukantianer bei ihrer eigenen Begriffsbildung sogar ausgesprochen leicht gemacht – und bei Licht besehen nur eingeschränkt neukantianisch gedacht und gehandelt, nämlich nicht wirklich Sein und Sollen getrennt[120] und danach gefragt, wie der Verbrechensbegriff *richtigerweise* aufzubauen ist, was er zu enthalten hat und worauf mögliche Unterbegriffe sich zu beziehen haben. Statt so vorzugehen, haben sie sich schlicht an den schon vorfindbaren Elementen des Verbrechens – Tatbestand, Rechtswidrigkeit und Schuld – orientiert. Einfach aus dem Vorhandenen haben sie dann auch die Zwecke und Werte entnommen, auf die diese Begriffe zu beziehen seien, sowie die ihnen zukommende Bedeutung. Konkret: Sie haben sich darauf beschränkt, den vorhandenen Begriffshülsen als Bezugswerte, Zwecke oder Leitmotive das zu unterlegen, was sich bei einem Blick auf die mit den Begriffen bereits bezeichneten Sachverhalte als Wertbezug, Zweck oder Leitmotiv am ehesten überzeugend herauslesen ließ.[121] Sie sind – mit anderen Worten – letztlich nicht anders verfahren als der nicht zum Kreis der Neukantianer zählende analysierend und intuitiv vorgehende Reinhard Frank bei der Bildung seines Schuldbegriffs.[122] Bezeichnenderweise ist die Mehrzahl der strafrechtlichen Neukantianer dann auch bei dem Schuldbegriff zu keinem anderen Begriff gelangt als Frank – nämlich zum Verständnis der Schuld als Vorwerfbarkeit (oder den Vorwurf ermöglichender Sachverhalt), der aus der Schuldfähigkeit, einer bestimmten inneren Beziehung des Täters zu seiner Tat und dem Fehlen von Entschuldigungsgründen zusammengesetzt ist.[123]

Entsprechend ging man bei der begrifflichen Umschreibung des Tatbestands vor, soweit man den Tatbestand als notwendiges Element des Verbrechensbe-

---

[120] Wie auch der neukantianische Denkansatz dies eigentlich gefordert hätte, vgl. *Radbruch*, Rechtsphilosophie, 6. Aufl. 1963, 97 ff.; *dens.*, Über die Methode der Rechtsvergleichung, MSchrKrim 2 (1905/1906), 422, 423 f., wieder abgedruckt in: Gustav Radbruch – Gesamtausgabe, Bd. 15 (hrsg. von H. Scholler), 1999, 152, 154; dazu schon *Kant*, Kritik der reinen Vernunft, 2. Aufl. 1787, 375 f. (in der Ausgabe der Wissenschaftlichen Buchgesellschaft, Kants Werke [hrsg. von W. Weischedel], Bd. II, 1956/1983, 325).

[121] Zur beschränkten Aussagekraft einer solchen Erschließung der Idee aus dem vorfindbaren Stoff *Radbruch*, Rechtsphilosophie (Fn. 120), 98 f.

[122] Dazu oben III. 1.

[123] S. dazu z.B. *Hegler*, ZStW 36 (1915), 184 ff.; *Mezger* (Fn. 28), 249 f.; *Eb. Schmidt* (Fn. 28), 215 ff.; *Mittasch* (Fn. 4), 146 f.

griffs akzeptierte.[124] Das Verständnis des Tatbestands als Unrechtstypus etwa war nicht wirklich theoretisch fundiert und aus einer Theorie des Verbrechens als Notwendigkeit begründet worden, sondern aus der zusammenschauenden Erkenntnis gespeist, dass die vorfindbaren Tatbestände Unrechtstypen umschrieben. Und auch mit dem Verständnis der Rechtswidrigkeit dahin, dass die Tat nicht nur einen Unrechtstypus erfüllen, sondern auch in Widerspruch zur Rechtsordnung insgesamt stehen musste, also nicht durch einen rechtlichen Erlaubnissatz gedeckt sein durfte, orientierte man sich nur an einer Zwecksetzung, die dieser Stufe des Verbrechensbegriffs seit langem zugeschrieben worden war; der eigenständige Rechtswidrigkeitsbegriff Dohnas[125] hat sich selbst unter den Neukantianern nicht durchgesetzt (so wenig wie der eigenständige Schuldbegriff Erik Wolfs[126]). Alles in allem waren die Leistungen des strafrechtlichen Neukantianismus damit durchaus nicht „revolutionär“, sondern nichts weiter als eine „Herstellung der Firmenwahrheit“ hinsichtlich dessen, was sich hinter den vorhandenen Begriffen bereits verbarg.

Der Finalismus und der Funktionalismus haben diesem Bild weitere Facetten hinzugefügt. Aber auch ihre Ergänzungen blieben methodisch im gewohnten Rahmen. Sie haben Facetten hinzugefügt, die sich aus der Analyse des Materials ergaben: dem Tatbestand wurden vorhandene Einsichten zum Begriff der Handlung und deren finaler Seite eingefügt und den schon vorhandenen Ausschlussgründen bestimmte zweckrationale Denkmuster unterlegt, die sich in diesen Ausschlüssen oder in ihrer Handhabung durch die Praxis als begründender Hintergrund entdecken ließen. Ein Verbrechensbegriff, der aus grundsätzlichen theoretischen Erwägungen jene Voraussetzungen bezeichnet und begründet, die Verhaltensweisen in einem Rechtsstaat aufweisen müssen, um als Straftaten qualifiziert und legitimiert werden zu können, ist damit nach wie vor ein Desiderat.

---

124 Wegen der Gegner des Tatbestandsbegriffs unter den dem Neukantianismus nahestehenden Strafrechtlern vgl. *Schweikert* (Fn. 40), 29 ff.

125 Der freilich in Wahrheit gar kein wirklich eigenständiger (positiver) Rechtswidrigkeitsbegriff war; dazu oben IV.1. (um Fn. 77). Soweit später zum Teil die Sozialschädlichkeit als Kern des materiellen Rechtswidrigkeitsbegriffs ausgegeben wurde, hat man übersehen, dass es sich insoweit um die materielle Kennzeichnung *der vom Strafrecht erfassten Unrechtstypen* handelte.

126 Der freilich im Grunde auch nur eine – andere – (ziemlich vage) Facette aus dem vorhandenen der Schuld zuordenbaren Material als wesentlich anführte.

Verzeichnis der Autoren

PD Dr. Stephan Ast, Privatdozent an der Martin-Luther-Universität Halle-Wittenberg

Prof. Dr. Dr. h.c. mult. Wolfgang Frisch, em. Professor für Strafrecht, Strafprozessrecht und Rechtsphilosophie an der Albert-Ludwigs-Universität Freiburg

Simon Kemper, Wissenschaftlicher Mitarbeiter am Institut für Strafrecht und Strafprozessrecht der Albert-Ludwigs-Universität Freiburg

Prof. Dr. Dr. h.c. mult. Urs Kindhäuser, em. Professor für Strafrecht und Strafprozessrecht an der Rheinischen Friedrich-Wilhelms-Universität Bonn

Prof. Dr. Diethelm Klesczewski, Professor für Strafrecht, Strafprozessrecht, Europäisches Strafrecht und Rechtsphilosophie an der Universität Leipzig

Prof. Dr. Christian Krijnen, Professor für Philosophie an der Vrije Universiteit Amsterdam

Prof. Dr. Dr. Milan Kuhli, Professor für Strafrecht und Strafprozessrecht einschließlich ihrer internationalen und historischen Bezüge an der Universität Hamburg

Prof. Dr. Dres. h.c. Ulfrid Neumann, em. Professor für Strafrecht, Strafprozessrecht, Rechtsphilosophie und Rechtssoziologie an der Goethe-Universität Frankfurt am Main

Prof. Dr. Dr. h.c. mult. Michael Pawlik, Professor für Strafrecht, Strafprozessrecht und Rechtsphilosophie an der Albert-Ludwigs-Universität Freiburg

Dr. Pepe Schladitz, Akademischer Rat am Institut für Wirtschaftsstrafrecht der Universität Osnabrück

Prof. Dr. Dr. h.c. Kurt Seelmann, em. Professor für Strafrecht und Rechtsphilosophie an der Universität Basel

Prof. Dr. Stephan Stübinger, Professor für Strafrecht, Strafrechtsgeschichte und Rechtsphilosophie an der Fernuniversität Hagen

Prof. Dr. Carl-Friedrich Stuckenberg, Professor für deutsches und internationales Strafrecht und Strafprozessrecht, Strafrechtsvergleichung sowie Strafrechtsgeschichte an der Rheinischen Friedrich-Wilhelms-Universität Bonn

Dr. Matthias Wachter, Akademischer Rat am Lehrstuhl für Deutsches, Europäisches und Internationales Straf- und Strafprozessrecht, Medizin- und Wirtschaftsstrafrecht der Universität Augsburg

Prof. Dr. Wolfgang Wohlers, Professor für Strafrecht und Strafprozessrecht an der Universität Basel